NEW 내신 잡는 필수 개념서

올리드

Allead

NEW 올리드

생활과 윤리

CONCEPT

개념 이해부터 내신 대비까지 완벽하게 끝내는
필수 개념서

BOOK GRADE

WRITERS

김윤정 동광고 교사 | 서울대 윤리교육과
문일호 과천여고 교사 | 서울대 교육대학원 윤리교육과
안인선 한가람고 교사 | 서울대 윤리교육과
이상일 건대부고 교사 | 건국대 교육대학원 윤리교육과
이수빈 고양국제고 교사 | 서울대 윤리교육과
성선우 인천대인고 교사 | 공주대 윤리교육과

COPYRIGHT

인쇄일 2024년 3월 25일(1판11쇄)
발행일 2018년 8월 1일

펴낸이 신광수
펴낸곳 ㈜미래엔
등록번호 제16-67호

교육개발2실장 김용균
개발책임 김문희
개발 정은주, 박경화, 김하나, 공햇살

디자인실장 손현지
디자인책임 김기욱
디자인 진선영

CS본부장 강윤구
CS지원책임 강승훈

ISBN 979-11-6233-563-5

Introduction

머리말

지금 여러분이 가는 길이 맞는지 하루에도 몇 번씩 생각할 거예요.

내가 하는 공부가 어떤 도움이 될지 의심도 생기고,

이 공부가 끝나기는 할까 막막하기도 할 거예요.

여러분이 하는 모든 고민을

올리드는 함께하고 있어요.

여러분은 지금 뭐든지 할 수 있는 중요한 시기에 있어요.

여러분의 이 중요한 시간을 올리드가 함께할 수 있어 참 다행이에요.

앞으로 어떤 분야에서 어떤 꿈을 펼치든

올리드와 함께 배우고 익히는 모든 것이

여러분의 삶을 더욱 빛나게 할 거예요.

올리드가 믿음을 줄게요.

오늘도 올리드와 함께 하루를 알차게 만들고

꿈을 향한 여행이 더 즐거울 수 있도록 노력해요.

Structure

01 핵심 개념과 필수 자료로 개념 완성하기

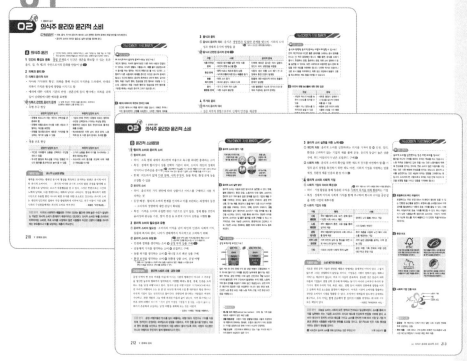

핵심 개념 정리&필수 자료 분석
꼭 알아야 할 핵심 개념을 일목요연하게
정리하고, 꼭 챙겨야 할 필수 자료를 엄
선하여 분석하였습니다.

개념더하기 자료채우기
내용 이해를 돕는 보충 개념과 시험에
잘 나오는 알짜 자료만 모아 수록하였
습니다.

질문 있어요
개념을 익히면서 생기는 질문에 친절히
답하여 보충 설명하였습니다.

용어사전
어려운 용어를 설명하여 내용 이해를 돕
도록 구성하였습니다.

02 다양한 단계별 문제로 유형 파악하기

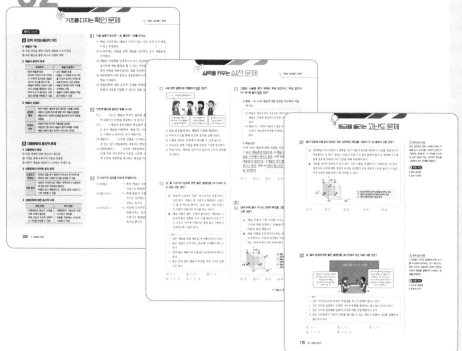

기초를 다지는 확인 문제
개념을 이해하고 있는지 확인할 수 있
는 문제로 구성하여 빠르게 기초를 다질
수 있습니다.

실력을 키우는 실전 문제
실제 학교 시험과 유사한 형태의 문제
로 구성하여 탄탄하게 실력을 키울 수
있습니다.

등급을 올리는 고난도 문제
까다로운 고난도 문제와 새로운 유형의
문제로 구성하여 완벽하게 1등급을 공략
할 수 있습니다.

03 올리드만의 학습 비법과 수능 공략법 전수받기

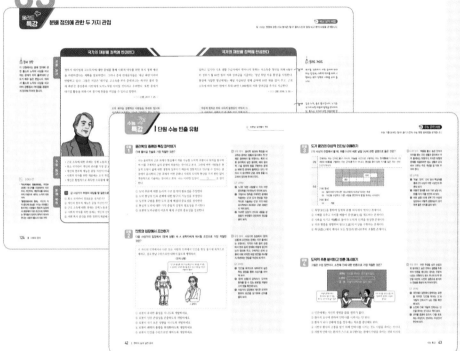

올리드 특강
생활과 윤리에서는 쟁점을 비교 분석하는 것이 필수입니다. 시험에 자주 나오는 제시문과 대표 사상가, 그리고 연습 문제를 수록하여 쟁점을 비교 분석하는 비법을 공개하였습니다.

수능 특강
단원별 수능 빈출 유형 문제를 제시하고 유형 분석과 함께 올리드만의 수능 공략법을 공개하였습니다.

04 구조화된 개념 정리와 실전 문제로 마무리하기

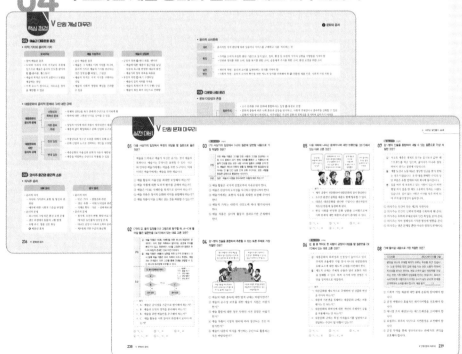

핵심 점검 단원 개념 마무리
단원의 핵심 개념을 구조화하여 한눈에 파악할 수 있도록 구성하였습니다.

실전 대비 단원 문제 마무리
단원의 핵심 개념을 실전 문제로 최종 점검할 수 있도록 구성하였습니다.

Contents
차례

올리드 생활과 윤리는
대단원 여섯 개로
구성되어 있어요.

사회와 윤리

문화와 윤리

과학과 윤리

평화와 공존의 윤리

Search

┤ 교과서 단원 찾는 방법 ├

❶ 내가 가지고 있는 교과서의 출판사명과 공부할 단원을 확인한 후, 올리드에서 해당 쪽수를 찾아 공부한다.

❷ 예 미래엔 생활과 윤리 교과서의 'Ⅰ. 현대의 삶과 실천 윤리' 단원에서 '3. 윤리 문제에 대한 탐구와 성찰' 부분 32~41쪽은 올리드 32~41쪽을 공부하면 된다.

미래엔	금성	비상	지학사	천재
12~19	10~19	10~19	12~21	12~21
20~31	20~29	20~31	22~33	22~33
32~41	30~37	32~41	34~41	34~43
46~55	42~53	46~55	46~55	46~57
56~65	54~65	56~66	56~65	58~69
66~75	66~75	67~75	66~75	70~79
80~89	78~89	80~90	80~89	82~93
90~99	90~103	91~102	90~99	94~105
100~109	104~113	103~113	100~109	106~115
114~123	116~125	118~127	114~123	118~127
124~133	126~135	128~137	124~133	128~137
134~145	136~147	138~149	134~143	138~149
150~159	150~159	154~162	148~157	152~163
160~169	160~169	163~172	158~167	164~173
170~179	170~181	173~181	168~177	174~183
184~193	184~193	186~196	182~191	186~195
194~203	194~203	197~207	192~201	196~205
204~213	204~213	208~217	202~211	206~215

생활과 윤리 에서는 무엇을 배울까요?

생활과 윤리는 일상생활에서 일어나는 다양한 윤리 문제를 어떻게 해결하는 것이 바람직한지에 관해 탐구하는 과목입니다. 생활과 윤리를 공부하면서 여러 가지 윤리적 쟁점에 대한 바람직한 해결 방안을 모색하고, 도덕적 인간이자 정의로운 시민으로서 살아가려는 윤리적 실천 의지를 길러 봅니다.

I. 현대의 삶과 실천윤리

현대의 윤리 문제를 해결하기 위해 동서양의 윤리적 접근을 이해하고, 다양한 윤리 이론을 구체적인 윤리 문제에 적용할 수 있는 탐구 및 성찰 능력을 지닌다.

꼭 알아둬!

유교 윤리, 불교 윤리, 도가 윤리, 의무론, 공리주의, 덕 윤리, 도덕 과학적 접근

II. 생명과 윤리

삶과 죽음, 생명, 성과 관련된 윤리 문제에 다양한 윤리 이론을 적용하여 자신의 관점을 정립하고, 관련 윤리 문제를 비판적으로 성찰하여 올바른 윤리관을 형성한다.

꼭 알아둬!

출생과 죽음의 윤리적 의미, 임신 중절·자살·안락사·뇌사의 윤리적 쟁점

III. 사회와 윤리

국가와 시민의 윤리적 문제를 개인의 행복과 공동체 번영의 관점에서 탐구하고, 행복한 삶과 정의로운 사회를 실현하기 위한 도덕적 공동체 의식을 함양한다.

꼭 알아둬!

직업에 대한 여러 관점, 직업 윤리, 청렴의 의미, 청렴한 삶의 필요성

IV. 과학과 윤리

과학 기술이 발달함에 따라 발생하는 과학 기술 윤리, 정보 윤리, 환경 윤리와 관련된 윤리적 쟁점을 이해하고, 이를 해결할 수 있는 윤리적 실천 방안을 제안한다.

꼭 알아둬!

인간 중심주의, 동물 중심주의, 생명 중심주의, 생태 중심주의, 기후 정의 문제, 미래 세대에 대한 책임 윤리

V. 문화와 윤리

예술, 의식주, 다문화 사회와 관련된 문제를 윤리적 관점에서 탐구 및 성찰하고, 이에 대한 극복 방안을 제안하며 일상에서 실천할 수 있는 성향을 기른다.

꼭 알아둬!

다문화주의 이론, 윤리적 상대주의와 보편 윤리, 종교를 바라보는 관점, 종교 간 갈등 극복을 위한 자세

VI. 평화와 공존의 윤리

우리 사회와 지구 공동체의 다양한 갈등 양상을 파악하고, 사회 통합, 민족의 평화, 지구촌의 공존을 위한 윤리적 과제를 탐구하여 도덕적 공동체 의식을 기른다.

꼭 알아둬!

평화의 가치, 통일 비용과 분단 비용, 국제 질서 및 평화, 남북 평화를 위한 실천 방안

I 현대의 삶과 실천 윤리

자~! 힘을 내서 차근차근 시작해요.

01 현대 생활과 실천 윤리

학습길잡이 • 윤리학의 의미와 개별 분과의 특징을 비교하여 정리해 둔다.
• 현대 사회의 윤리 문제를 해결하기 위한 실천 윤리의 접근 방식과 분과별 쟁점을 정리해 둔다.

A 윤리학의 의미와 분류

1 윤리학의 의미와 특징 _{질문}

① **윤리학의 의미** : 사회의 승인을 통해 *구속력을 지니고, *당위의 형식으로 제시되는 규범과 가치의 총체 **1**
　　　　　　인간이 행동하거나 판단할 때 마땅히 따르고 지켜야
② **윤리학의 특징**　할 가치 판단 기준을 의미한다.

• 옳음과 그름, 좋음과 나쁨을 이해하고 바람직한 것을 실천하기 위한 삶의 지침을 제공함

• 인간의 행위와 관련된 윤리를 연구 대상으로 삼음 **2**

> **자료로 보는**　　**윤리학(ethics)의 어원**
>
> 탁월성[덕]은 두 종류가 있다. 하나는 지적 탁월성이고, 다른 하나는 성품적 탁월성이다 지적 탁월성은 가르침에 의해 생겨나기 때문에 경험과 시간이 있어야 한다. 한편 성품적 탁월성은 습관의 결과로 생겨난다. 이런 이유로 성품과 관련된 에티케(ēthike)라는 말은 습관을 의미하는 에토스(ethos)라는 말을 변형해서 얻어진 것이다.
> 　　　　　　　　　　　도덕적 덕을 말한다.
> 　　　　　　　　　　　　　　　　– 아리스토텔레스, 『니코마코스 윤리학』 –
>
> **자료 분석**　아리스토텔레스는 성품적 탁월성, 즉 도덕적 덕은 반복된 실천인 습관의 결과로 나타난다고 설명하였다. 윤리학(ethics)은 성품 또는 인격에 관한 그리스어 에토스(ethos)와 에티케(ēthike)에서 유래하였다.
> **Q** 아리스토텔레스가 바른 성품을 지니기 위해 강조한 것은 무엇인가?　　　　관습 **A**

2 윤리학의 분류

① **문제 해결 주체에 따른 분류**

개인 윤리	개인의 양심이나 윤리 의식 등 개인의 도덕성을 바로잡아 개인적 차원에서 윤리 문제의 해결을 모색하는 윤리
사회 윤리	사회 구조와 제도 등의 모순, 부조리, 부정의 등을 바로잡아 사회적 차원에서 윤리 문제의 해결을 모색하는 윤리

② **탐구 방법에 따른 분류**

메타 윤리학	도덕 언어의 의미를 분석하고 도덕적 추론의 타당성을 입증하는 것을 주된 목표로 하는 윤리학 **3** 예 인간 배아 세포를 이용한 실험과 관련하여 사용되는 '인간'이라는 용어의 의미는 무엇인가?
규범 윤리학	인간이 어떻게 행위를 해야 하는가에 관한 보편적 원리를 탐구하는 것을 주된 목표로 하는 윤리학 → 이론 윤리와 실천 윤리로 나뉜다. 예 인간 배아 세포를 이용한 실험은 인간 존엄성을 훼손하기 때문에 허용해서는 안 된다.
기술 윤리학	도덕적 풍습이나 관습에 관해 묘사하거나 객관적으로 *기술하는 것을 주된 목표로 하는 윤리학 예 '인간 배아 세포를 이용한 실험이 인간 존엄성을 훼손하는가?'라는 물음에 생명 공학 전문가 집단의 70%는 '예'라고 답했다.

> **질문 있어요**
>
> **윤리와 도덕은 어떻게 다른 건가요?**
> 윤리의 어원은 관습, 기질, 성격, 사고방식을 뜻하는 'ethos'입니다. 한편 도덕의 어원은 관습, 본성, 규제를 뜻하는 'mores'입니다. 이처럼 두 용어의 어원은 다르지만, 모두 '마땅히 지켜야 할 도리'를 말한다는 공통점이 있습니다. 사회적으로는 '행동 규범의 총체'를 뜻하고, 개인적으로는 '올바른 품성'을 의미합니다.

1 동서양에서 다루는 윤리의 의미

• 동양에서 윤리(倫理)란 사람과 사람 사이의 관계, 즉 인간관계의 이치와 도리를 뜻한다.
• 서양에서 윤리(ethics)란 사회의 풍습과 관습, 개인의 품성을 뜻한다.

2 윤리학의 학문적 위상

철학은 일반적으로 논리학, 인식론, 존재론 등을 다루는 이론 철학과, 윤리학 등을 다루는 실천 철학으로 구분된다. 실천 철학으로서의 윤리학은 행위의 좋고 나쁨, 옳고 그름에 대하여 탐구한다.

3 메타 윤리학의 주요 물음

• '좋음(good)'과 '옳음(right)'이라는 말의 의미는 무엇인가?
• '해야 한다'는 것과 '해서는 안 된다'는 것의 의미는 무엇인가?
• 도덕 판단을 어떻게 논리적으로 정당화할 수 있는가?

용어사전

* **구속력**(잡을 拘, 묶을 束, 힘 力)　어떤 행위를 강제로 못하게 하는 힘
* **당위**(마땅할 當, 할 爲)　마땅히 그렇게 해야 하거나 되어야 하는 것
* **기술**(기록할 記, 설명할 述)　있는 그대로를 기록하고 설명하는 것

실천을 위한 학문으로서 규범 윤리학은 이론 윤리학과 실천 윤리학으로 구분할 수 있다. 이론 윤리학은 윤리 이론을 정립하고 이를 정당화하면서 행위를 인도하는 도덕 판단의 기준을 명확히 하고자 한다. 한편 실천 윤리학은 현대인의 삶의 영역에서 제기되는 다양한 윤리 문제를 해결하는 것을 목표로 삼는다. 이론 윤리학과 실천 윤리학은 모두 현실의 윤리 문제에 해결책을 제시하고 올바른 삶의 방향을 제시하는 것에 관심을 둔다.

자료 분석 이론 윤리학은 행위를 정당화하는 규범적 근거를 제시하고자 하며, 윤리적 원리나 원칙을 옳은 행위의 기준으로 제시한다. 한편 실천 윤리학은 실제 삶에서 발생하는 다양한 문제에 도덕 원리를 적용하여 구체적이고 실천적인 지침을 제공하고자 한다. 이론 윤리학과 실천 윤리학은 모두 규범 윤리학에 속한다.

└─ 모든 사람 또는 어떤 행위 전체에 관해 보편적으로 평가하여 내리는 판단. '일반적인 도덕 판단'이라고도 한다.

B 현대인의 삶과 다양한 윤리적 쟁점들

1 새로운 윤리 문제의 등장

① **등장 배경**: 과학 기술이 급속히 발달하는 동시에 사회 구조가 복잡해지고 다양해짐 → 과거에는 나타나지 않았던 새로운 윤리 문제가 나타남 **6**

오늘날 사람들이 삶의 도덕적 영역에 대해 고민하는 이유는, 우리 사회에서 현재 *봉착하는 대부분의 도덕적 문제에 그들의 신념을 제대로 적용하는 방식을 모르고 있기 때문이다. 실천 윤리학은 바로 그러한 문제에 응답하고자 하는 시도이다. 우리는 이론적인 도덕적 신념으로는 해결할 수 없는 여러 가지 도덕적 문제에 봉착하고 있다. 이러한 문제들은 우리의 삶이 갖는 도덕적 차원의 정당성에 대한 도전은 아니다. 또한 그것은 옳고 그름 간에 아무런 차이도 없다거나, 무엇이 옳고 그른지 알 수 없음을 의미하지 않는다. 그러나 문제들이 암시하는 것은 우리가 현재 당면한 여러 실제 문제에 윤리적 지식을 적용하기 어렵다는 점이다.

– 바루흐 브로디, 『응용 윤리학』 –

자료 분석 현대인의 삶은 과학 기술의 발전과 가치관의 변화에 따라 지속적으로 변화해 왔으며, 그 결과 새로운 윤리 문제들이 나타나고 있다. 새로운 윤리학은 우리가 당면한 다양하고 복잡한 윤리 문제들에 윤리적 지식을 바르게 적용하고 구체적인 문제를 해결하기 위해 등장하였다.

Q 새로운 윤리학이 필요하게 된 배경은 무엇인가?

A 과학 기술의 발달과 사회 구조의 변화로 인해 기존의 신념을 적용하기 어려운 새로운 문제가 등장하였기 때문이다.

② **새로운 윤리 문제의 특징**

- **파급 효과가 광범위함**: 하나의 윤리 문제가 전 지구적으로 영향을 미치며, 현세대는 물론 미래 세대까지 위협할 수 있음 **예** 경제 성장과 환경 보전의 갈등

- **책임 소재가 불분명함**: 새로운 윤리 문제의 주된 원인과 그 책임이 누구에게 있는지 명확하게 판단하기 어려움 **예** 환경 오염 문제

- **전통 윤리 규범만으로는 한계가 있음**: 전통적인 윤리 규범을 토대로 새로운 윤리 문제를 해결하기 어려움 **예** 배아 복제 문제 **질문**

---

4 이론 윤리학의 종류

- **의무론**: 행위에 대한 도덕 판단은 의무와 원칙에 따라 이루어져야 한다고 보는 견해
- **공리주의**: 행위의 결과가 가져다주는 쾌락이나 행복을 행위의 도덕 판단 기준으로 보는 견해
- **덕 윤리**: 행위자에 초점을 두어 도덕적 행동이 행위자의 덕성에 따라 정해진다고 보는 견해

5 실천 윤리학의 토대: 이론 윤리학

- 윤리 문제의 원인을 분석함
- 의무론, 공리주의, 덕 윤리와 같은 이론 윤리를 구체적인 삶의 문제에 적용함
- 윤리 문제의 해결을 도모함

6 새로운 윤리 문제의 예시

- **로봇 윤리**: 로봇의 설계, 제작 및 사용 과정에서 제기되는 윤리 문제를 다루는 분야
- **신경 윤리**: 믿음, 자아, 자유 의지, 도덕성의 본질이 무엇인지 신경 과학적으로 탐구하고 설명하는 분야

과거에는 윤리적 사유 대상이 되지 않았던 영역에서 윤리적 판단이 필요한 경우 새로운 윤리 문제가 발생한다.

질문 있어요

현대의 윤리 문제는 왜 전통적인 윤리 규범으로 해결하기 어려운가요?

'인간을 존중하라.'와 같은 전통적인 윤리 규범을 토대로 배아 복제의 윤리적 문제를 판단한다고 생각해 볼까요? 배아를 인간으로 간주하고 복제를 반대하는 것이 옳을까요, 아니면 배아는 인간으로 간주할 수 없기 때문에 난치병 치료를 위해 배아 복제를 허용하는 것이 옳을까요? 쉽사리 판단하기 어렵습니다. 즉, 배아에 관한 과학적 사실과 철학적 고찰 없이 '인간 존중'의 규범만으로 옳고 그름의 판단을 내리거나 구체적인 해결 방안을 찾기 어렵지요. 이 쟁점은 Ⅱ 단원에서 좀 더 자세히 다룹니다.

용어사전

* **봉착**(만날 逢, 붙을 着) 어떤 처지나 상황에 부닥침
* **파급**(물결 波, 미칠 及) 어떤 일의 여파나 영향이 차차 다른 데로 미침

01 현대 생활과 실천 윤리

2 현대 사회의 윤리 문제와 핵심 쟁점들

① **새로운 윤리의 등장** : 전통 윤리의 한계를 극복하고 구체적인 현실 문제를 다루는 새로운 윤리가 요청됨

② **새로운 윤리의 핵심 쟁점들**

생명 윤리 영역	인공 임신 중절, 자살, 안락사, 뇌사, 생명 복제, 동물 실험과 동물의 권리 등 삶과 죽음 및 생명의 존엄성에 관한 쟁점
	핵심 쟁점 • 생명의 시작과 끝에서 만나는 윤리는 무엇인가? • 생명 과학 기술의 발달로 발생하는 윤리적 쟁점들은 무엇인가? • 성의 가치는 무엇이고 사랑과 성의 바람직한 관계는 무엇인가?
사회 윤리 영역	직업 윤리 문제, 공정한 분배 및 처벌과 관련된 문제, 시민 참여와 시민 불복종 문제 등에 관한 쟁점
	핵심 쟁점 • 직업을 통해 어떻게 행복한 삶을 영위할 수 있는가? • 공정한 사회로 발전하기 위해 우리에게 필요한 정의는 무엇인가? • 참여는 시민의 의무인가?
과학 윤리 영역	과학 기술의 가치 중립성과 사회적 책임 문제, 정보 기술과 매체의 발달에 따른 문제, 환경 문제 등에 관한 쟁점 ■
	핵심 쟁점 • 과학 기술은 사실의 문제인가, 가치의 문제인가? • 사이버 공간의 사이버 윤리와 현실의 윤리는 다른가? • 지속 가능한 발전을 위해 필요한 윤리는 무엇인가?
문화 윤리 영역	예술과 대중문화와 관련된 문제, 의식주 및 소비와 관련된 문제, 다문화 사회에서 발생하는 문제, 종교 문제 등에 관한 쟁점
	핵심 쟁점 • 예술과 도덕은 갈등할 수밖에 없는가? • 왜 의식주와 소비가 윤리적인 문제로 등상하고 있는가? • 문화를 초월한 보편적 가치는 존재할까?
평화 윤리 영역	사회 갈등 문제, 통일 문제, 국제 사회의 분쟁과 국가 간 빈부 격차 문제 등에 관한 쟁점
	핵심 쟁점 • 사회의 다양한 갈등을 극복하는 데 필요한 소통의 윤리는 무엇인가? • 통일이 지향해야 할 윤리적 가치는 무엇인가? • 지구촌 평화에 기여할 수 있는 방법은 무엇이 있을까?

C 실천 윤리학의 성격과 특징

┌ 실천 윤리학은 '문제 중심 윤리학' 또는 '응용 윤리학'이라고도 부른다.

1 실천 윤리학의 의미와 성격

① **의미** : 구체적이고 실천적인 원칙과 지침을 제공해 주는 학문

② **성격** : 실천 지향적인 성격을 지니고 있음 _{질문}
↔ 이론 지향적 성격

③ **이론 윤리학과 실천 윤리학 비교**

구분	이론 윤리학	실천 윤리학
의미	윤리적 판단과 행위 원리를 탐구하고 이에 대한 정당화 근거를 마련하는 데 초점을 두는 학문	이론 윤리를 현대 사회의 여러 윤리 문제에 적용하여 구체적인 윤리 문제를 해결하는 데 초점을 두는 학문
종류	의무론, 공리주의, 덕 윤리 등	생명 윤리, 환경 윤리, 정보 윤리 등 ■

④ **이론 윤리학과 실천 윤리학의 관계** **왜?** 실천 윤리학은 이론 윤리학의 연구 성과들을 적극적으로 활용하며 윤리 이론 체계를 세우고자 하기 때문이다.

• 이론 윤리학과 실천 윤리학은 유기적 관계에 있음

• 실천 윤리학도 이론 윤리학과 마찬가지로 어떤 윤리 이론이 타당한 것인지 밝혀내는 데 관심을 가짐

① 자율 주행차의 윤리적 문제

미국의 한 고속도로에서 자율 주행차로 이동하던 운전자가 트레일러와 충돌하여 사망한 사건이 발생하였다. 이 사건은 자율 주행 자동차에 의해 발생한 첫 사망 사고였다. 이를 계기로 자율 주행 기술의 안정성, 상용성뿐만 아니라 윤리성에 대해서도 문제가 제기되었다. 예를 들면 '자율 주행 중 직선거리에서 정면에 세 사람이, 갓길에 한 사람이 있을 때 직진할 것인가, 핸들을 돌릴 것인가?'와 같은 딜레마 상황에서 자동차에 어떤 원리를 장착할지의 문제가 발생할 수 있다.

위의 사례는 과학 기술의 발전과 시대의 변화 속에서 나타나는 새로운 윤리 문제를 보여 준다. 이러한 문제에 대하여 기존의 윤리적 사유를 적용하면 된다는 주장도 있고, 반대로 기존 윤리와 다른 새로운 윤리가 필요하다는 주장도 있다. 현대 사회에 등장하는 다양한 윤리적 쟁점을 파악하고 탐구할 때에는 어느 한쪽의 입장으로 치우치기보다는 균형 있는 시각을 가지는 것이 필요하다.

✋ 질문 있어요

실천 윤리학에서 다루는 윤리 문제의 성격은 현대 사회의 어떠한 특징을 반영하고 있나요?

윤리학에서 다루는 문제의 성격은 시대 상황과 조건에 영향을 받기 때문에, 실천 윤리학은 현대 사회의 특징을 반영하고 있다고 볼 수 있습니다. 다양성과 전문성을 동시에 추구하며 과학과 산업, 특히 정보 기술이 비약적으로 발달한 현대 사회는 여러 가지 새로운 윤리 문제가 등장하고 있습니다. 따라서 현대 사회의 윤리 문제는 다양성과 복잡성을 지닙니다.

② 정보 윤리로 보는 이론 윤리와 실천 윤리의 관계

• 급속한 정보 통신 기술의 발달로 사생활 침해, 악성 댓글과 같은 사이버 폭력, 저작권 침해, 해킹 등 다양한 윤리 문제가 발생한다.

• 정보 윤리 문제를 해결하기 위해 '정보 윤리'라는 하위 영역이 나타났으며, 정보 윤리에서는 존중, 책임, 정의, 해악 금지의 원칙을 제시한다.

✳ 용어사전

✳ **쟁점**(다툴 爭, 점검할 點) 서로 다투는 중심이 되는 점

✳ **매체** 어떤 일이나 작용을 전달하는 데 매개가 되는 것

✳ **유기적 관계** 구성하고 있는 각 부분이 서로 밀접하게 관련을 맺고 있어서 떼어 낼 수 없는 관계

자료로 보는 — 실천 윤리학의 탐구 과제와 성격

실천 윤리학은 삶의 실천적 영역에서 제기되는 도덕 문제를 이해하고 해결하고 자 하는 모든 체계적인 탐구를 포괄하는 학문 분야이다. 예를 들어 의학, 과학 등 과 관련된 문제뿐만 아니라 고용 평등이나 사형 제도 등의 사회적 관심사 역시 실천 윤리학의 탐구 과제가 된다. 또한 실천 윤리학은 근본적인 윤리 이론이나 도덕 원리를 탐구하는 이론 윤리학과 달리 "윤리 문제를 어떻게 해결할 것인가?" 를 주요 물음으로 다룬다. 즉 실천 윤리학에서는 구체적인 윤리 문제가 일차적인 물음이고 윤리 이론이나 도덕 원리는 이차적인 의미를 지닌다.

– 김상득, 『서양 철학의 눈으로 본 응용 윤리학』 –

자료 분석 실천 윤리학은 새로운 윤리 문제에 대응하기 위해 윤리 이론을 단순히 적 용하는 데 그치지 않고, 구체적인 실천 방안을 모색하여 문제를 해결하고자 한다. 즉 실 천 윤리학은 문제 해결에 일차적으로 관심을 기울이는 실천 지향적인 성격을 갖는다.

◎ 이론 윤리학과 구분되는 실천 윤리학의 성격은 무엇인가?   ▲ 상택 지향적인 성격

2 실천 윤리학의 특징

① **현대 사회에 발생하는 새로운 윤리 문제를 다룸**
- 과학 기술이 발달함에 따라 새로운 과학 기술은 삶의 다양한 영역에 영향 을 미치며 새로운 윤리 문제를 야기함
- 다양성을 추구하는 사회 문화적 변화 속에서 새로운 문제가 발생함 **3**

② **윤리 문제에 대한 실질적 해결을 지향함** : 구체적이고 실천적인 도덕 판단과 행위 지침을 강조함

③ **최선의 대안을 모색함** : 윤리 이론을 문제 상황에 기계적으로 적용하는 것이 아니라 다양한 윤리 이론을 활용하여 최선의 대안을 모색함 **질문**

④ **다른 학문과의 협력을 강조함** : 윤리 문제를 해결하기 위해 다양한 학문 영역 과 긴밀하게 협력하여 학제적으로 접근함 **4**

자료로 보는 — 새로운 윤리의 요청 **5**

모순 또는 대립을 근본 원리로 하여 ┐
사물의 운동을 설명하는 논리 ┘

기술의 발전을 통해 인간은 점점 더 많은 힘을 가지게 된다는 의미에서 기술은 인간의 힘의 행사이며 동시에 인간 행위의 한 형식이다. 인간의 행위는 도덕적으 로 숙고되어야 하며, 인간의 힘의 행사 역시 마찬가지이다. 힘의 변증법에서 첫 번째 단계의 힘은 인간이 자연에 대해 행사하는 힘인데, 이것은 인간 이성의 작 용이다. 두 번째 단계의 힘은 힘 자체가 힘에 대해 통제를 하게 되고 힘의 주인이 되어 버린다. 세 번째 단계의 힘은 인간을 다시 힘의 통제자로 돌려놓고 두 번째 단계의 힘이 자연의 한계를 넘어서기 전에 그 힘의 지배를 깰 수 있는 힘이다. 세 번째 단계의 힘은 우리가 기술의 발전에 내재한 무한한 진보의 이념을 지혜의 도 움으로 제한할 수 있어야 비로소 가능하게 된다.   – 요나스, 『책임의 원칙』 –

└ 이성의 통찰과 실천 윤리

자료 분석 과학 기술의 발전과 사회 변화에 대응하려면 이론 윤리만으로는 올바른 행 동에 대한 구체적인 지침을 얻을 수 없다는 문제의식이 꾸준히 제기되었다. 요나스는 이를 '윤리적 공백'이라고 표현한다. 그는 이러한 공백이 이성적 인간(Homo sapiens)에 대한 도구적 인간(Homo fabar)의 지배를 초래할 것이라고 우려하면서, 과학 기술에 대 한 이성적인 통찰과 실천 윤리학의 필요성을 주장하였다.

---

3 사회 문화적 변화로 나타난 윤리적 문제

20세기 후반에 이르러 도시화, 세계화, 정보화 등 사회 문 화적 변화를 거치면서 새로운 문제들이 발생하였다. 예를 들어 성에 대한 인식의 변화, 안락사의 인정 여부, 기후 변 화 문제 등을 둘러싼 국가 간의 갈등 등이 있다.

✋ 질문 있어요

실천 윤리학에서 활용하는 주요 윤리 이론에는 무엇이 있 나요?

오늘날 실천 윤리학에서 가장 영향력이 큰 규범 윤리 이론은 두말할 나위 없이 의무론과 공리주의입니다. 그 이유는 실천 윤리 분야에서 발생하는 실제 윤리 문제들이 대개 도덕적 의 무와 결과의 이익 사이의 갈등을 함축하는 것처럼 보이기 때 문입니다.

4 학제적 접근의 예시

'무뇌증 태아의 인공 임신 중절을 허용해야 하는가?'라는 윤리 문제를 해결하기 위해 실천 윤리학은 생명 존중의 도 덕 원리나 윤리 이론뿐만 아니라 다양한 전문적 지식과 정 보를 요청한다. 즉 관련 법률과 무뇌증에 관한 생명 과학 및 의학 지식도 필요하며, 종교계의 의견도 경청할 필요가 있다.

5 요나스의 윤리적 공백

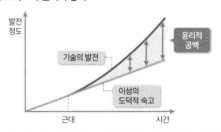

요나스는 이성의 도덕적 숙고가 과학 기술의 발전 속도를 따라잡지 못할 뿐만 아니라 과학 기술이 미치는 영향을 충 분히 고려하지 못함에 따라 생기는 간극을 '윤리적 공백'이 라고 부른다.

✱ 용어사전

* **학제**(학문 學, 만날 際) 둘 이상의 학문 분야가 복합적으로 관계된 것
* **통찰**(꿰뚫을 洞, 살필 察) 예리한 관찰력으로 사물을 꿰뚫어 보는 것

올리드 포인트

A 윤리학의 의미와 분류

1 윤리학 사회적 승인을 통해 구속력을 지니고, 당위의 형식으로 제시되는 규범과 가치의 총체

2 윤리학의 분류
① 문제 해결 주체에 따라 : 개인 윤리, 사회 윤리
② 탐구 방법에 따라

메타 윤리학	도덕 언어의 의미를 분석하고 도덕적 추론의 타당성 검토를 주된 목표로 하는 윤리학
규범 윤리학	인간이 어떠한 행위를 해야 하는가에 대한 보편적 원리의 탐구를 주된 목표로 하는 윤리학
기술 윤리학	도덕적 풍습 또는 관습에 대한 묘사나 객관적 기술을 주된 목표로 하는 윤리학

B 현대인의 삶과 다양한 윤리적 쟁점들

1 새로운 윤리 문제의 등장 과학 기술이 급속히 발달하고 사회 구조가 복잡 다양해지면서 과거에 없었던 새로운 윤리 문제가 나타남 → 파급 효과가 넓고, 책임 소재를 가리기 어려우며, 전통 윤리 규범만으로 해결하기 쉽지 않음

2 현대 사회의 윤리 문제

생명 윤리	인공 임신 중절, 자살, 안락사, 뇌사, 생명 복제, 동물 실험 등 생명의 존엄성에 관한 문제 등
사회 윤리	직업 윤리 문제, 공정한 분배 및 처벌에 관한 문제, 시민 참여와 시민 불복종 문제 등
과학 윤리	과학 기술의 가치 중립성과 사회적 책임 문제, 정보 기술과 매체 발달에 따른 문제, 환경 문제 등
문화 윤리	예술과 대중문화에 관한 문제, 의식주 소비에 관한 문제, 다문화 문제, 종교 문제 등
평화 윤리	사회 갈등 및 소통의 문제, 통일 문제, 국제 사회의 분쟁과 국가 간 빈부 격차 문제 등

C 실천 윤리학의 성격과 특징

1 실천 윤리학 구체적이고 실천적인 원칙과 지침을 제공해 주는 학문으로 실천 지향적인 성격을 지님

2 실천 윤리학과 이론 윤리학의 상호 유기적 관계 실천 윤리학은 이론 윤리학의 연구 성과를 적극 활용하며, 어떤 윤리 이론이 타당한지 밝히는 데 관심을 둠

3 실천 윤리 문제의 특징
① 현대의 윤리 문제를 실질적으로 해결하고자 함
② 여러 개별 학문과의 학제적 접근을 통해 최선의 대안을 모색함

01 다음 설명이 맞으면 ○표, 틀리면 ✕표를 하시오.

(1) 윤리학은 인간이 살아가면서 지켜야 할 도덕적 행동의 기준이나 규범을 탐구하는 학문이다. (   )

(2) 현대 사회에서는 윤리 문제의 원인이 되는 대상이 누구인지 명확하게 판단할 수 있다. (   )

(3) 기술 윤리학은 도덕 언어의 의미를 분석하고 도덕적 추론의 타당성 검토를 주된 목표로 하는 윤리학이다. (   )

(4) 현대의 새로운 윤리 문제는 파급 효과가 광범위하고 문제에 대한 책임 소재를 가리기 어렵다. (   )

(5) 실천 윤리학과 이론 윤리학은 엄격하게 분리할 수 있는 상호 독립적인 관계이다. (   )

02 빈칸에 들어갈 알맞은 말을 쓰시오.

(1) (   ) 윤리학은 도덕적 풍습 또는 관습에 대한 묘사나 객관적 기술을 주된 목표로 하는 윤리학이다.

(2) 인간 배아 세포 실험과 관련하여 '이때 사용되는 인간의 의미는 무엇인가?'라는 질문을 던지는 것은 (   ) 윤리학적 접근에 해당한다.

(3) 실천 윤리학은 다양한 학문 영역과 긴밀한 협력을 통해 새로운 윤리 문제에 대해 (   )으로 접근한다.

(4) 요나스는 과학 기술의 발달과 그것을 따라가지 못하는 도덕적 숙고의 간격을 (   )(이)라고 표현하였다.

03 실천 윤리 분과와 그것이 다루는 문제를 바르게 연결하시오.

(1) 생명 윤리 •
(2) 평화 윤리 •
(3) 사회 윤리 •
(4) 문화 윤리 •

• ㉠ 사회 갈등 및 통합 문제, 국제 사회의 분쟁과 국가 간 빈부 격차 문제

• ㉡ 직업 윤리 문제, 공정한 분배 및 처벌에 관한 문제, 시민 불복종 문제

• ㉢ 인공 임신 중절, 안락사, 뇌사, 생명 복제, 동물 실험 등에 관한 문제

• ㉣ 예술과 대중문화에 관한 문제, 의식주 소비에 관한 문제, 다문화 문제, 종교 문제 등

실력을 키우는 실전 문제

바른답·알찬풀이 2쪽

중요

01 ㉠에 관한 설명으로 적절하지 않은 것은?

> (㉠)은/는 사회적 승인을 통해 구속력을 지니는 규범과 가치의 총체이다. (㉠)은/는 이론보다는 실천을 위한 학문으로, 인간으로서 지켜야 할 행동의 기준을 탐구한다.

① 당위의 형식으로 제시되는 규범을 연구한다.
② 도덕적 본질과 구체적인 도덕 현상을 탐구한다.
③ 가치 중립적인 삶의 방향을 제시하는 것을 목표로 삼는다.
④ 바람직한 삶을 영위하기 위하여 필요한 가치를 탐구한다.
⑤ 윤리 문제의 해결책을 모색하며 윤리적 결과를 숙고한다.

02 ㉠의 특징에만 모두 'V'를 표시한 학생은?

> ㉠ 이 윤리학은 '문제 중심 윤리학' 또는 '응용 윤리학'이라고도 부른다. ㉠ 이 윤리학이 다루는 문제들은 인공 임신 중절, 안락사, 생명 복제, 사형 제도의 정당성, 기후 정의 등 현대인이 직면하는 구체적인 문제들이다.

특징 \ 학생	갑	을	병	정	무
실천적 규범을 통한 구체적인 도덕 문제 해결을 강조한다.	V	V			
도덕적 탐구가 학문적으로 정립 가능한 분야임을 부정한다.	V		V	V	
도덕규범의 현실적인 적용과 구체적인 대안의 실천을 강조한다.		V	V		V
도덕적 관행은 단지 문화적 사건의 인과 관계일 뿐임을 강조한다.				V	V

① 갑　② 을　③ 병　④ 정　⑤ 무

03 A 윤리학과 달리 B 윤리학에서 제기할 주요 물음만을 〈보기〉에서 있는 대로 고른 것은?

> (A) 윤리학은 어떤 도덕 원리가 윤리적 행위를 위한 근본 원리로 성립할 수 있는지 연구에 주된 관심을 둔다. 이와 달리 (B) 윤리학은 윤리학의 학문적 성립 가능성을 모색하기 위해 도덕적 언어의 의미 분석과 도덕적 추론의 정당성을 검증하기 위한 논리 분석에 주된 관심을 둔다.

보기
ㄱ. 인생에서 무엇을 추구해야 하는가?
ㄴ. 인간이 지향해야 할 윤리적 가치는 무엇인가?
ㄷ. 도덕 진술은 주관적 감정의 표현에 불과한가?
ㄹ. 도덕 판단을 논리적으로 정당화할 수 있는가?

① ㄱ, ㄴ　② ㄱ, ㄹ　③ ㄷ, ㄹ
④ ㄱ, ㄴ, ㄷ　⑤ ㄴ, ㄷ, ㄹ

중요

04 다음은 윤리학을 구분한 표이다. (가), (나)에 관한 설명으로 옳지 않은 것은?

(가)	도덕 원리와 도덕 규칙으로 이루어진 일반적인 체계를 탐구한다.
(나)	도덕적 용어의 의미와 도덕적 추론의 논리적 타당성을 탐구한다.

① (가)는 도덕 원리의 근거를 제시하는 데 주된 관심을 가진다.
② (가)는 인간이 마땅히 행해야 할 보편적 도덕 원리를 연구한다.
③ (나)는 도덕적 언어의 분석을 윤리학의 핵심 과제로 삼는다.
④ (나)는 윤리학이 하나의 객관적 학문으로 성립 가능한지를 탐구한다.
⑤ (가), (나)는 모두 규범 윤리학으로서 실천적인 성격을 지닌다.

05 다음은 윤리학을 분류한 도표이다. A~C 윤리학에 관한 설명으로 옳은 것은?

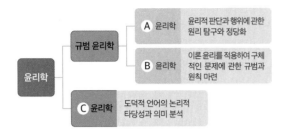

① A 윤리학은 윤리학의 본질을 도덕 언어의 논리적 분석이라고 본다.
② B 윤리학은 윤리학 자체가 학문으로 성립 가능한지 탐구한다.
③ B 윤리학은 현실 도덕 문제에 대한 윤리적 해법을 모색해야 함을 강조한다.
④ C 윤리학은 행위의 선악을 판단하는 일반적 도덕 원리를 정립하고자 한다.
⑤ C 윤리학은 윤리학의 주요 과제를 도덕적 관습에 대한 가치 중립적 서술이라고 본다.

06 ㉠의 예시로 적절하지 <u>않은</u> 것은?

> 20세기 후반에 이르러 도시화, 세계화, 정보화 등 사회 문화적 변화는 실천 윤리학의 등장 배경 중 하나이다. 이러한 변화 속에서 다원성과 다양성이 추구되면서 ㉠ 새로운 문제가 발생하였고, 이에 대한 윤리적 대응이 요청되고 있다.

① 성(性)에 관한 인식 변화로 생기는 문제
② 안락사를 허용해야 하는지에 관한 문제
③ 기후 변화를 둘러싼 국가 간 책임 소재의 문제
④ 산업화 과정에서 무분별한 개발로 인해 발생한 환경 문제
⑤ 윤리학이 하나의 객관적 학문으로 성립할 수 있는지의 문제

07 ㉠이 등장한 이유로 적절한 내용만을 〈보기〉에서 있는 대로 고른 것은?

> ㉠ 이 윤리학은 도덕 원리를 적용하여 인간의 삶에 구체적이고 실천적인 지침을 제공하고자 한다. 예를 들어 생명 윤리, 정보 윤리, 환경 윤리 등이 이 윤리학에 해당한다.

| 보기 |
ㄱ. 도덕적 용어의 의미에 관한 분석이 필요해졌기 때문
ㄴ. 전통 윤리학만으로는 구체적인 문제 해결이 어려워졌기 때문
ㄷ. 과거로부터 내려온 절대적 신념과 제도를 고수할 필요가 있기 때문
ㄹ. 현대 과학 기술이 급속하게 발달하면서 새로운 윤리 문제가 발생했기 때문

① ㄱ, ㄴ　　　② ㄱ, ㄷ　　　③ ㄴ, ㄹ
④ ㄱ, ㄷ, ㄹ　　⑤ ㄴ, ㄷ, ㄹ

중요
08 다음 글을 통해 알 수 있는 실천 윤리학의 특징으로 가장 적절한 것은?

> 생명법과 의료법 모두 생명과 관련된 법이다. 의료법에서는 전통적인 의학 부문을 다루지만, 생명법은 생명을 다루는 법적 관점 등을 연구한다. 생명 의료 윤리 문제에 관한 바람직한 해법을 제시하려면 생명 존중의 도덕 원리나 법적 관점뿐만 아니라 다양한 전문 지식과 정보가 필요하다. 생명 의료 윤리에 관한 토론회에 의대생과 법대생이 함께 참여하는 것도 좋은 방법이다.

① 인접 학문 영역과 분리된 윤리학적 정체성을 가진다.
② 실천적 지식 탐구보다 이론적 지식 탐구를 지향한다.
③ 현실적인 문제를 해결하기 위해 법적 장치를 마련한다.
④ 여러 학문 영역의 지식을 활용하여 더 나은 해결 방안을 모색한다.
⑤ 전통 윤리학의 지침에 따라 좀 더 바람직한 삶의 방향을 안내한다.

09 갑, 을의 입장에 관한 설명으로 가장 적절한 것은?

① 갑은 학교 폭력이 개인의 도덕적 타락 때문에 발생한다고 본다.

② 갑은 사회 구조가 개인의 도덕적 행위에 미치는 영향력이 크다고 본다.

③ 을은 사회 문제의 원인이 사회 구조의 부조리함에 있다고 본다.

④ 을은 사회 구조나 제도의 개선을 통해 윤리 문제를 해결해야 한다고 본다.

⑤ 갑, 을은 개인의 인격과 사회 제도의 도덕성은 밀접한 관련이 없다고 본다.

10 (가), (나)에 해당하는 윤리 영역을 바르게 짝지은 것은?

> (가) 예술 지상주의와 도덕주의 논쟁, 대중문화의 상업화에 따른 선정성과 폭력성 문제, 윤리적 소비, 다문화 사회에서 필요한 문제 등을 다룬다.
> (나) 분배적 정의를 실현하기 위한 공정한 분배 기준, 우대 정책과 역차별 문제, 교정적 정의에서 사형제도의 존폐 등을 다룬다.

	(가)	(나)
①	성 윤리	평화 윤리
②	정보 윤리	환경 윤리
③	문화 윤리	성 윤리
④	평화 윤리	정보 윤리
⑤	문화 윤리	사회 윤리

11 ㉠을 다루는 실천 윤리학 분과에서 제시할 핵심 쟁점의 예시를 <u>두 가지</u> 서술하시오.

> 인터넷이 대중에게 보급되고 SNS 등 사회 소통망이 발달함에 따라 ㉠ 다양한 문제가 발생하고 있으며, 이에 대한 윤리적 판단이 요청된다.

12 다음 글을 읽고 물음에 답하시오.

> 현대 과학 기술은 빠른 속도로 발전하고 있고, 우리는 이에 관해 성찰해 볼 여유조차 없다. 과학 기술의 발전 속도와 과학 기술의 장기적 효과, 그에 따른 부작용 등에 관한 도덕적 숙고가 충분히 이루어지지 못해서 생기는 간극을 요나스는 '(㉠)'(이)라고 부른다.

(1) ㉠에 들어갈 용어를 쓰시오.

(2) ㉠과 같은 문제를 해결하기 위해 필요한 노력을 서술하시오.

13 다음은 윤리학을 분과별로 정리한 표이다. 보고 물음에 답하시오.

구분	A	B
의미	윤리적 판단과 행위 원리를 탐구하고, 어떤 도덕 원리가 윤리적 행위를 위한 근본 원리로 성립하는지 연구하는 학문	이론 윤리를 현대 사회의 여러 윤리 문제에 적용하여 구체적인 윤리 문제를 해결하는 데 초점을 두는 학문
종류	㉠	㉡

(1) A, B에 들어갈 용어를 각각 쓰시오.

(2) ㉠, ㉡에 들어갈 종류를 각각 <u>세 가지</u>씩 쓰시오.

(3) 'A와 B는 유기적 관계이다.'라는 주장의 근거를 보충하여 서술하시오.

[01~02] 다음 글을 읽고 물음에 답하시오.

> (A) 윤리학은 윤리적 판단과 행위 원리를 탐구하고 이에 대한 정당화에 초점을 두는 학문이다. 예를 들어 '어떤 행위가 옳은 행위인가?'라는 물음에 공리주의에서는 '최대 다수의 최대 행복에 기여하는 행위'가 옳은 행위라고 주장한다.
> 반면 (B) 윤리학은 이론 윤리를 현대 사회의 여러 문제에 적용하여 해결하는 데 초점을 두는 학문이다. 예를 들어 롤스는 빈부 격차 문제를 해결하기 위해서는 사회적·경제적 불평등은 사회의 최소 수혜자를 포함하여 모두에게 이익이 되는 경우에만 허용되어야 한다는 원칙을 제시한다.

01 A 윤리학과 B 윤리학의 공통점으로 가장 적절한 것은?

① 도덕 판단을 위한 도덕규범의 필요성을 중시한다.
② 윤리학의 학문적 성립 가능성을 엄밀히 검토하고자 한다.
③ 사회 규범을 조사하여 객관적으로 기술하는 것을 강조한다.
④ 이론적 근거를 마련하여 도덕성의 기초를 정립하고자 한다.
⑤ 도덕 언어의 개념을 분석하고 논증의 타당성 입증하고자 한다.

02 B 윤리학의 주요 쟁점만을 〈보기〉에서 있는 대로 고른 것은?

> **보기**
> ㄱ. 사회적 약자를 위한 우대 정책은 역차별인가?
> ㄴ. 생명에 관한 자기 결정권이 인간에게 주어져 있는가?
> ㄷ. 표현의 자유를 제한하는 것은 국민의 알 권리를 침해하는가?
> ㄹ. '바람직하다', '유덕하다' 같은 도덕적 술어는 어떤 의미를 지니는가?

① ㄱ, ㄷ　　② ㄱ, ㄹ　　③ ㄴ, ㄹ　　④ ㄱ, ㄴ, ㄷ　　⑤ ㄴ, ㄷ, ㄹ

03 갑의 입장에 대해 을이 제기할 반론으로 적절하지 <u>않은</u> 것은?

> 갑 : 인간으로서 따라야 할 도덕규범은 변하지 않는다. 도덕규범은 모든 사람에게 구속력을 지니므로 보편적이고 절대적인 것으로 이해해야 한다.
> 을 : 사회 문화적 환경의 변화에 따라 도덕규범도 지속적으로 변하기 때문에 어떤 사람에게도 예외 없이 무조건 구속력을 지니는 도덕규범은 존재하지 않는다.

① 도덕규범은 상대적인 것이 아닌 절대적인 것임을 모르고 있다.
② 도덕규범은 시대와 상황에 따라 변화 가능한 것임을 모르고 있다.
③ 도덕규범이 모든 사람에게 구속력을 지니지 않음을 간과하고 있다.
④ 도덕규범을 모든 상황에 적용하는 것은 불가능함을 경시하고 있다.
⑤ 도덕규범은 사회 문화적 환경의 변화를 반영해야 함을 간과하고 있다.

문제 접근 방법

먼저 A 윤리학의 범주에 공리주의가 포함된다는 사실과, B 윤리학의 예시를 통해 각각의 윤리학이 어떤 윤리학인지 파악한다. 다음으로 A 윤리학과 B 윤리학이 속하는 윤리학의 범주를 상기하여 문제를 해결한다.

적용 개념

\# 이론 윤리학
\# 실천 윤리학
\# 규범 윤리학

적용 개념

\# 실천 윤리학
\# 주요 쟁점

문제 접근 방법

먼저 갑, 을의 대화에서 쟁점을 파악한다. 갑은 도덕규범이 보편적이고 절대적인 것이라고 보는 반면, 을은 상대적인 것이라고 주장함을 파악한 후 문제를 해결한다.

적용 개념

\# 도덕규범의 절대성
\# 도덕규범의 상대성

04 (가)의 갑, 을, 병의 입장을 (나)의 그림으로 탐구하고자 할 때, A~D에 들어갈 적절한 질문만을 〈보기〉에서 있는 대로 고른 것은?

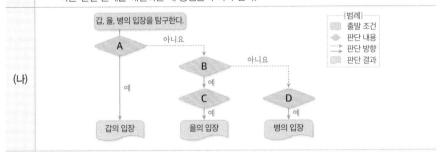

(가)
갑	윤리학은 당위에 관한 학문이므로 객관적인 도덕 원리를 정립함으로써 무엇이 옳고 그른지 판단하는 기준을 제시해야 한다.
을	윤리학은 '무엇을 해야만 하는가?'를 다루는 당위가 아니라, '그러한 당위가 학문적으로 성립할 수 있는가?' 하는 문제를 규명해야 한다.
병	윤리학은 '하늘의 별'을 고찰하는 것이 아니라 '발밑에 문제'를 해결하는 것이어야 한다. 즉, 윤리학은 현실 문제를 해결하는 데 중점을 두어야 한다.

| 보기 |
ㄱ. A : 윤리학의 목적은 도덕 언어의 의미를 명료하게 분석하는 것인가?
ㄴ. B : 현실에 당면한 구체적인 도덕 문제를 해결하는 데 무관심한가?
ㄷ. C : 윤리학은 특정 사회의 도덕 현상을 객관적으로 기술하는 학문인가?
ㄹ. D : 윤리학과 인접 학문 간의 학제적 연계를 중시하는가?

① ㄱ, ㄷ   ② ㄱ, ㄹ   ③ ㄴ, ㄹ   ④ ㄱ, ㄴ, ㄷ   ⑤ ㄴ, ㄷ, ㄹ

🔍 **문제 접근 방법**

먼저 갑은 객관적 도덕 원리의 정립을, 을은 윤리학의 성립 자체를, 병은 현실 문제에 대한 해결을 중시하고 있음을 파악한다. 갑, 을, 병이 강조하는 윤리학의 입장에서 〈보기〉의 질문에 긍정 혹은 부정으로 답해 보며 문제를 해결한다.

✏️ **적용 개념**

\# 메타 윤리학
\# 이론 윤리학
\# 실천 윤리학

05 갑, 을이 제시할 윤리학의 주요 탐구 과제를 〈보기〉에서 골라 바르게 짝지은 것은?

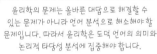

윤리학의 문제는 올바른 대답으로 해결할 수 있는 문제가 아니라 언어 분석으로 해소해야 할 문제입니다. 따라서 윤리학은 도덕 언어의 의미와 논리적 타당성 분석에 집중해야 합니다.

윤리학의 문제는 언어 분석으로 해소될 수 있는 문제가 아니라 올바른 대답으로 해결해야 할 문제입니다. 따라서 윤리학은 도덕적 행위에 대한 이론적 분석과 정당화를 다룸으로써 도덕 판단의 근거가 되는 도덕 원리를 체계화해야 합니다.

| 보기 |
ㄱ. 각 시대의 다양한 도덕률을 실증적으로 기술한다.
ㄴ. '선하다', '옳다' 등과 같은 도덕적 언어의 의미를 분석한다.
ㄷ. 우리가 따라야 할 객관적이고 보편적인 도덕규범을 정립한다.
ㄹ. 구체적인 도덕 문제에 도덕규범을 적용하여 적합한 해결 방안을 찾는다.

	갑	을		갑	을
①	ㄱ	ㄴ	②	ㄱ	ㄹ
③	ㄴ	ㄱ	④	ㄴ	ㄷ
⑤	ㄷ	ㄹ			

🔍 **문제 접근 방법**

먼저 '언어 분석', '도덕 원리를 체계화' 등과 같은 핵심어를 통해 (가), (나)가 각각 강조하는 윤리학이 무엇인지 파악한 후, 각각의 윤리학에서 제시하는 주요 탐구 과제를 추론하여 문제를 해결한다.

✏️ **적용 개념**

\# 이론 윤리학
\# 메타 윤리학

02 현대 윤리 문제에 대한 접근

(학습길잡이) • 유교, 불교, 도가 윤리의 특징과 현대 윤리 문제에 주는 시사점을 정리해 둔다.
• 의무론, 공리주의, 덕 윤리, 도덕 과학적 접근의 특징과 현대의 윤리 문제에 주는 시사점을 비교해 둔다.

A 동양 윤리의 접근

1 유교 윤리적 접근

① 유교 윤리의 핵심 ┌ 유교에서는 누구나 지속적으로 수양하면 도덕적으로 완성된
└ 군자(君子)나 성인(聖人)이 될 수 있다고 본다.

• 도덕적 인격 완성과 도덕적 이상 사회의 실현을 강조함

• 사후 세계나 초월적 존재보다 현실에서 나타나는 삶의 문제를 중시함

② 유교 윤리의 특징

• 인간의 도덕적 본성을 강조 : 인간의 본성은 이미 하늘에 내재한 것으로, 하늘의 의지가 인간에게 반영된 것으로 봄

• 도덕적 실천에 필요한 여러 가지 가치를 제시 : 효제(孝悌), 충서(忠恕), 오륜(五倫)을 통해 인(仁)을 실천하고자 함 질문 1 2
  └ 타인에 대한 사랑

• 구성원 간의 역할과 책임을 강조 : 각자 자기 역할에 맞는 덕을 실현해야 한다는 정명(正名)을 강조함

• 개인의 이익보다 사회 전체의 정의(正義)를 중시 : 이익을 보면 의를 먼저 생각해야 한다는 견리사의(見利思義)를 강조함

• 천인합일(天人合一) 사상으로 인간과 자연의 조화를 추구함

③ 현대 윤리 문제에 주는 시사점 : 도덕적 해이 현상을 극복하고, 인간성 상실이나 이기주의 문제를 해결하는 데 도움을 줄 수 있음

자료로 보는 ── 공자가 제시한 이상 사회의 모습

큰 도가 행해진 세상에는 천하가 모든 사람의 것이다. 사람들은 어진 이와 능한 이를 선출하여 관직을 맡게 하고, 온갖 수단을 다하여 서로 간의 신뢰와 친목을 두텁게 한다. …… 노인에게는 생애를 편안하게 마치게 해 주며, 장정에게는 충분한 일자리를 제공해 주며, 어린아이에게는 마음껏 성장할 수 있게 해 주며, …… 재화가 헛되이 낭비되는 것을 미워하지만, 반드시 자기만 사사로이 독점하지 않으며, …… 노력은 자기 자신의 사적인 이익을 위해서만 쓰지 않는다. 모두가 이러한 마음가짐이기 때문에 모략이 있을 수 없으며, 절도나 폭력도 없으며, 아무도 문을 잠그는 일이 없다. 이러한 세계를 '대동(大同)'이라 한다. ─「예기」─

자료 분석 대동 사회는 인륜(人倫)이 실현된 사회로 각 개인이 자기 능력을 충분히 발휘하며, 누구에게나 기본적인 삶이 보장되고 서로 신뢰하고 도와주는 사회이다.

ⓠ 공자가 제시한 이상 사회는 무엇인가? △ 대동 사회

2 불교 윤리적 접근

① 불교 윤리의 핵심

• 모든 현상에는 원인[因]과 조건[緣]이 있다는 연기적 세계관을 강조함 3

• 연기를 깨달으면 자비(慈悲)를 절로 실천하며 열반 혹은 해탈이라는 이상적인 경지에 도달할 수 있다고 봄
  └ 깨달음을 얻어 자비를 실천하며 중생을 구제하고자 하는 보살을 이상적 인간상으로 제시한다.

개념 더하기 자료 채우기

(✊질문 있어요)

인(仁)을 어떻게 실천하라는 건가요?

인(仁)은 가족에 대한 사랑을 타인에게 넓혀 가는 것입니다. 부모에게 효도하고, 형제간에 우애 있게 지내는 것이 인을 실천하는 근본이 되는 셈입니다. 유교에서는 인간관계에 대한 도덕적 실천을 확대해 나가면 사회 전체 질서도 바르게 된다고 봅니다.

1 충과 서에 담긴 성실과 배려의 덕목

충서는 모두 유교의 실천 원리이다. 먼저 '충(忠)'은 가운데 중(中)과 마음 심(心)으로 이루어진 한자어로, 마음의 중심을 잡고 맡은 바 최선을 다하여 성실함을 의미한다. 다음으로 '서(恕)'는 같을 여(如)와 마음 심(心)으로 이루어진 한자어로, 자신의 마음을 미루어 보아 다른 사람을 존중하고 배려함을 말한다.

2 인간관계의 핵심 규범 : 오륜

부자유친 (父子有親)	어버이와 자식 사이에는 친함이 있어야 한다.
군신유의 (君臣有義)	임금과 신하 사이에는 의로움이 있어야 한다.
부부유별 (夫婦有別)	부부 사이에는 분별이 있어야 한다.
장유유서 (長幼有序)	어른과 아이 사이에는 차례와 질서가 있어야 한다.
붕우유신 (朋友有信)	친구 사이에는 믿음이 있어야 한다.

3 연기(緣起)

이것이 있기 때문에 저것이 있고, 이것이 생기기 때문에 저것이 생긴다. 이것이 없기 때문에 저것이 없고, 이것이 사라지기 때문에 저것이 사라진다. 비유하면 세 개의 갈대가 아무것도 없는 땅 위에 서려고 할 때 서로 의지해야 설 수 있는 것과 같다. ─「잡아함경」─

불교에서는 만물을 상호 의존 관계로 이해하며 인연이 없으면 결과도 없다고 설명한다.

(✱용어사전)

* **견리사의**(볼 見, 이익 利, 생각 思, 의로울 義) 눈앞에 이로움을 보면 먼저 의로운지를 생각한다는 뜻
* **도덕적 해이**(풀어질 解, 늦출 弛) 도덕규범을 지키려는 마음이 느슨해지는 현상

② 불교 윤리의 특징
- 평등적 세계관 : 살아 있는 모든 존재자에게 불성이 있으므로 모든 존재자는 평등하다고 봄
- 주체적 인간관 : 인간은 누구나 삼학(三學)을 수행함으로써 진리를 깨달을 수 있다고 봄 **4**
- 자비의 실천 : 공(空)을 자각하여 자신에게 얽매지 않고 세상의 모든 생명에게 자비를 실천해야 함을 강조함 **5**

③ 현대 윤리 문제에 주는 시사점
- 인간의 내면을 성찰하고 정신 수양을 하는 데 기여함
- 생명 경시 풍조나 생태계 문제에 시사점을 줌
- 보편적 인류애의 중요성을 되새기게 함

3 도가 윤리적 접근

① 도가 윤리의 핵심
- 자연의 순리에 따르는 <u>무위자연(無爲自然)</u>의 삶을 강조함 **6**
  └─ 사람의 힘이 더해지지 않은 자연 그대로의 상태를 말한다.
- 인간의 자연성 회복을 통해 진정한 행복을 이룰 수 있다고 봄

② 도가 윤리의 특징
- 인위적으로 강제하지 않고 무위(無爲)의 다스림이 이루어지는 소국 과민을 이상 사회로 제시함
- 모든 차별이 소멸된 정신적 자유의 경지에 이른 지인(至人), 진인(眞人), 신인(神人), 천인(天人)을 이상적 인간으로 제시함
- 세상 만물을 평등하게 바라볼 것을 강조 : 좌망과 심재의 수양을 통해 소요와 제물(齊物)의 경지를 지향함 **7**
  └─ 제물의 경지란 도(道)의 관점에서 만물을
③ 현대 윤리 문제에 주는 시사점   평등하게 바라본다는 의미이다.
- 세속적 가치에 대한 지나친 욕망에서 벗어나 내면의 자유로움을 추구하게 해 줌
- 평등적 세계관을 바탕으로 다양한 윤리 문제를 해결하는 데 도움을 줄 수 있음 예 사회적 약자에 대한 차별 문제, 환경 문제 질문

자료로 보는   상선약수(上善若水)의 가르침

가장 선한 사람은 물과 같다. 물은 만물을 이롭게 하면서도 다투지 않고, 뭇사람들이 싫어하는 곳에 머문다. 그러므로 도(道)에 가깝다. 거처로는 땅을 좋게 여기고, 마음가짐으로는 맑고 깊은 연못같이 고요함을 좋게 여기며, 함께함에는 어진 것을 좋게 여기고, 말에는 신실한 것을 좋게 여기며, 바르게 함에는 다스려지는 것을 좋게 여기고, 일이 능한 것을 좋게 여기며, 움직임에는 시기적절한 것을 좋게 여긴다. 오직 다투지 않을 뿐이다. 그러므로 허물이 없다. – 노자, 『도덕경』 –

자료 분석 노자는 가장 선한 사람은 물과 같고, 도에 가깝다고 말한다. 즉, 물이 지니는 겸허(謙虛)와 부쟁(不爭)의 덕은 무위자연을 잘 보여 준다는 것이다.

Q 노자가 이상적 인간의 덕목으로 제시한 것은 무엇인가?   쟁부 Ⅴ 허겸

---

4 계·정·혜 삼학의 수행

계(戒)	몸과 입, 뜻으로 나쁜 짓을 하지 않도록 막는 것
정(定)	어지럽게 흩어진 마음을 한곳에 모으는 것
혜(慧)	분별심을 없애고 진리를 있는 그대로 보는 것

5 공의 자각을 통한 자비의 실천

불교에 따르면, 모든 것은 연기적 존재이므로 고정불변하는 실체는 없다. 이러한 깨달음을 얻으면 만물을 차별하지 않고 자비의 사랑을 베풀 수 있다.

⚫ **방생** 불교에서 사람에게 잡힌 생물을 놓아 주는 일로, 자비를 실천하는 방법 중 하나이다.

6 무위자연

무위(無爲)란 인위적인 것을 하지 않는 것으로 자연의 본성과 어긋나지 않고 자연의 법칙에 순응하는 것이다. 자연(自然)이란 작위나 억지가 없는 자유로운 상태를 의미한다.

7 도가의 수양법 : 좌망과 심재
- 좌망(坐忘) : 조용히 앉아서 자신을 구속하는 일체의 것을 잊어버리는 것
- 심재(心齋) : 마음을 비워서 깨끗이 하는 것

🙋 질문 있어요

불교와 도가는 환경 문제에 어떤 도움을 줄 수 있을까요?
불교에서는 모든 생명체에 불성이 내재되어 있다고 보기 때문에 무분별한 살생과 환경 파괴를 경계합니다. 한편, 도가에서는 인간을 자연의 일부로 보며 자연의 질서에 순응할 것을 가르칩니다. 즉, 불교와 도가는 모두 환경 문제를 근본적으로 해결하기 위한 사고의 전환을 이루는 데 도움을 줄 수 있습니다.

✱ 용어사전

* **불성**(부처 佛, 성품 性) 누구나 가지고 있는 부처의 마음으로 깨달음을 얻어 부처가 될 수 있다는 의미
* **소국 과민**(작은 나라 小國, 적은 백성 寡民) 영토가 작고 인구가 적은 도가의 이상 국가
* **소요**(거닐 逍, 거닐 遙) 자유롭게 이리저리 거닐며 돌아다님

02 현대 윤리 문제에 대한 접근

B 서양 윤리의 접근

1 의무론적 접근

① **의무론** : 언제 어디서나 따라야 할 보편타당한 법칙이 존재하며, 행위가 이 법칙을 따르면 옳고 따르지 않으면 그르다고 판단함

② **칸트의 의무론**

- 행위의 결과보다 동기를 중시함 ─ 오로지 의무 의식과 선의지에서 나온 행위만이 도덕적 가치를 지닌다고 본다.
- 보편적인 도덕 법칙을 정언 명령의 형식으로 제시함 **1**

③ **칸트 윤리의 시사점** : 보편적인 윤리를 확립하여 도덕적 판단의 확고한 근거를 제시하며, 인간 존엄성 정신을 강조하여 인권 보호에 기여할 수 있음

자료로 보는 칸트의 윤리적 의사 결정 과정

윤리적 의사 결정 과정의 첫 번째 단계는 우리가 하려는 행위의 밑바탕에 있는 행위의 준칙을 고려하는 것이다. 예를 들어 내가 곤경에 처한 어떤 사람을 도와줄 것인지를 생각할 때, 내가 하려는 행위의 밑바탕에 있는 준칙은 다음과 같다. 즉 '그 행위가 나에게 과도한 부담을 주지 않는 한 누군가 곤경에 처하면 나는 그를 도와주어야 한다.' 두 번째 단계는 이러한 준칙을 모든 사람에게 보편적으로 적용할 수 있는지를 고려하는 것이다. 즉 '그 행위가 자신에게 과도한 부담을 주지 않는 한 곤경에 처한 누군가를 발견하는 모든 사람은 그를 도와주어야 한다.'

– 포이만·피저, 『윤리학』

자료 분석 칸트는 어떤 준칙이 도덕 법칙이 될 수 있는지를 검토하기 위해 먼저 해당 준칙을 보편화 가능성과 인간 존엄성의 관점에서 검토하였다. 그 진술이 이 검토를 통과하면 도덕 법칙으로 받아들이고 통과하지 못하면 받아들이지 않았다.

Q 칸트가 도덕 법칙을 검토하는 두 가지 기준은 무엇인가? **A** 보편화 가능성과 인간 존엄성

---

④ **자연법 윤리**

- 자연법에 따르는 행위는 옳지만 그것을 어기는 행위는 그르다고 봄
  인간 본성에 의거하는 자연의 질서로서, 모든 인간에게 자연적으로 주어져 있는 보편적인 법이다.
- 어떤 행위가 자연의 질서에 부합하는지 어긋나는지를 검토함 **2**

⑤ **자연법 윤리의 시사점** : 인간의 자연적 생명권 및 신체의 완전성을 해치는 행위를 반대하는 입장에 이론적 근거를 제공함

2 공리주의적 접근

① **공리주의** : 쾌락과 행복을 가져다주는 행위는 옳고, 고통과 불행을 가져다주는 행위는 그르다고 판단함 → 유용성의 원리를 기준으로 윤리적 의사 결정을 함 **3**

② **벤담의 양적 공리주의**

- 모든 쾌락은 질적으로 같으며 양적인 차이만 있다고 가정하여 쾌락을 계산할 수 있다고 봄 **질문**
  왜? 사회는 개인의 집합체이며, 개인의 행복과 사회 전체의 행복은 연결되어 있다고 보기 때문이다.
- 최대 다수의 최대 행복을 도덕과 입법의 원리로 제시함

③ **밀의 질적 공리주의** : 쾌락의 양뿐만 아니라 질의 차이도 고려해야 한다고 주장하며, 질적 공리주의를 제시함

---

1 정언 명령과 가언 명령

① 네 의지의 준칙이 언제나 동시에 보편적 입법의 원리가 되도록 행위하라.
② 너 자신이나 다른 사람의 인격을 언제나 동시에 목적으로 대우하고 수단으로 대하지 말라.

정언 명령이란 행위의 결과와 상관없이 행위 자체가 선(善)이기 때문에 무조건 수행해야 하는 도덕 명령이다. 이와 달리 가언 명령은 일정한 조건이 붙는 명령으로 "만일 네가 A를 원한다면 너는 B를 행해야 한다."라는 형식으로 제시된다.

2 아퀴나스가 말하는 자연의 질서

아퀴나스는 인간이 본성적으로 지니는 자연적 성향으로 자기 보존, 종족 보존, 신과 사회에 대한 진리 파악을 제시하였다. 생물학적 존재로서 자신과 자기 종족을 보존하려는 성향과 이성적 존재로서 진리를 파악하려는 성향으로부터 생명의 불가침성 및 존엄성, 인간 양심의 자유, 만민 평등 등의 자연법적 권리를 도출한 것이다.

3 유용성의 원리

이익 당사자들의 행복(쾌락)을 증가시키느냐 또는 감소시키느냐에 따라 어떤 행위를 승인하거나 거부하는 원리를 의미한다.

질문 있어요

벤담은 쾌락의 양을 어떻게 계산했나요?

강하다. 길다. 확실하다. 빠르다. 효과적이다. 순수하다 – 쾌락의 이런 특징들을 지속시켜라. 만약 사적인 쾌락이 너의 목적이라면, 그런 쾌락을 추구하라. 만약 공적인 쾌락이 너의 목적이라면, 그런 쾌락을 확대하라.
– 벤담, 『도덕과 입법의 원리 서설』 –

벤담에 따르면 모든 쾌락은 질적으로 동일하고 단지 양에서만 차이가 나는 것이지요. 그는 쾌락의 강도, 지속성, 확실성, 근접성, 생산성, 순수성, 파급 범위에 의해 쾌락의 양적을 측정할 수 있다고 봅니다.

용어사전

- **준칙**(법도 準, 법칙 則) 도덕 법칙과 구별되는 개인적 행위 규칙 ≒ 격률(格率)
- **공리주의** 행위의 목적이나 선악 판단의 기준을 인간의 이익과 행복을 증진하는 데에 두는 사상
- **유한**(있을 有, 한계 限) 수, 양, 공간, 시간 따위에 일정한 한도나 한계가 있음 ↔ 무한(無限)

---

④ 행위 공리주의와 규칙 공리주의 비교

행위 공리주의	• '어떤 행위가 최대의 유용성을 가져오는가?'를 중시함 → 다른 행위보다 더 많은 공리를 가져오는 행위를 옳은 행위로 봄 • 한계 : 우리의 상식적 도덕과 일치하지 않을 수 있음, 각 상황마다 행위의 결과를 계산하기 어려움 **4**
규칙 공리주의	'어떤 규칙이 최대의 유용성을 가져오는가?'를 중시함 → 규칙이 가져올 유용성을 비교하여 더욱 큰 유용성을 가져오는 규칙을 따르는 것을 옳은 행위로 봄

⑤ 공리주의의 시사점 : 사익과 공익의 조화에 대한 하나의 해법을 제시하며, 융통성 있는 대안을 도출할 수 있음 **왜?** '최대 다수의 최대 행복'이라는 도덕 원리에 따르기 때문이다.

3 덕 윤리적 접근

① 덕 윤리 : 올바르게 행위하려면 유덕한 성품을 길러야 함 → 옳고 선한 행위를 습관화하여 자신의 행위로 내면화할 것을 강조함 **질문**

② 덕 윤리의 특징
• 행위자 내면의 인성을 중시함 → 의무론과 공리주의 비판 **5**
• 더불어 사는 공동체 구성원의 삶을 강조함
• 개인의 자유와 선택보다는 공동체의 역사와 전통을 중시함
• 도덕 판단은 구체적이며 맥락적인 사고를 반영함

③ 덕 윤리 시사점 : 윤리학의 논의 범위를 확장하였으며, 도덕적 실천력을 높이는 데 기여하였음 **왜?** 덕 있는 자에게 도덕적 행위란 억지로 하는 고통스러운 일이 아니라 성품에서 우러나오는 자연스러운 행위이기 때문이다.

4 도덕 과학적 접근

① 도덕 과학적 접근 : 인간의 도덕성과 윤리적 문제를 과학에 근거하여 탐구하는 방식을 의미함

② 신경 윤리학
• 이성과 정서의 역할, 자유 의지나 공감 능력 여부 등을 과학적 방법으로 측정하여 입증하고자 함 **6**
• 도덕적인 판단과 행위에 대한 이성 중심의 전통적인 견해를 재검토할 필요성을 경험적 근거를 통해 밝힘

③ 진화 윤리학
• 도덕성을 진화의 측면에서 설명함 → 이타적 행동과 성품은 자연 선택을 통해 진화한 결과라고 봄
• 인간은 자신의 생존과 번식, 즉 자기 유전자를 복제하는 데 도움을 주기 때문에 이타적 행위를 한다고 봄

④ 도덕 과학적 접근의 시사점
• 인간의 도덕성과 도덕적 행동을 새롭게 해석하여 이해의 폭을 넓혀 줌
• 도덕 판단이나 윤리 문제에 대한 객관적 정보를 제공해 줌
• 현대 사회의 다양한 윤리 문제를 해결하는 데 이성뿐만 아니라 정서와 신체적인 부분까지 통합적으로 고려해야 한다는 점을 강조함

4 행위 공리주의의 한계점

행위 공리주의는 각 행위의 유용성을 계산하여 선택한 행위가 도덕적 직관에 어긋날 수 있다는 한계가 있다. 예를 들어 한 명의 무고한 사람을 처벌하는 것이 최대 행복을 가져온다면 그를 처벌하는 것이 옳은 행위이다. 이러한 판단은 일반적인 정의관에 어긋난다.

질문 있어요

덕 윤리는 윤리적 의사 결정을 어떻게 하나요?
덕 윤리는 윤리적 의사 결정을 내릴 때 특정 상황에서 유덕한 행위자가 할 법한 것을 행하라고 요구합니다. 즉 "보편타당한 규칙을 따르라."거나 "최대 공리를 산출하는 행위를 선택하라."가 아니라 "정직한 사람이 되어라."라고 말하며, "정직한 사람이 할 법한 것을 행하라."고 요구합니다.

5 덕 윤리가 의무론과 공리주의를 비판하는 이유

덕 윤리에서는 의무론과 공리주의가 인간 성품의 윤리적 특성을 간과하고, 각 행위의 옳고 그름의 판단만을 강조하는 점을 비판한다. '의무'나 '공리'의 개념으로는 인간의 삶을 총체적으로 설명할 수 없기 때문에 인간 성품인 '덕'을 중시해야 한다고 본다.

6 신경 과학적 접근에서 던지는 윤리적 물음

• 도덕성과 관련된 뇌 영역이 심각하게 손상된 사람에게 도덕적 책임을 물을 수 있을까?
• 도덕적 행동을 촉진하는 약물이 개발된다면 우리 사회는 어떻게 될까?

신경 윤리는 뇌 신경의 유형과 그 물리적 변화 형식이 인간의 윤리적 의식과 밀접한 관련이 있다고 보면서 이성과 감정이 도덕적 근원으로서 어떤 기능을 하며, 양자가 도덕 판단의 과정에서 어떤 관계를 갖는지에 대해 뇌 과학에 근거하여 탐구한다. 신경 윤리학자들은 도덕적 위기 상황에서 인간의 공격성을 감소시키고 사회적 협력을 증진할 수 있는 약물 개발 등을 통해 도덕성의 향상을 기대할 수 있다고 본다.

용어사전

* **맥락적 사고** 어떠한 인식, 발화, 행위 등을 주어진 상황을 통해 이해하는 것
* **자연 선택** 동종의 생물 개체 사이에 일어나는 생존 경쟁에서 환경에 적응한 개체가 생존하여 자손을 남기는 일

A 동양 윤리의 접근

1 유교 윤리적 접근

특징	• 도덕적 인격 완성과 도덕적 이상 사회 실현을 강조함 • 인(仁)의 실천, 정명, 오륜, 덕치 등을 강조함
시사점	인간성 상실이나 이기주의 문제, 도덕적 해이 현상을 극복하는 데 기여함

2 불교 윤리적 접근

특징	• 모든 존재에 불성이 있다고 보며 모든 생명의 평등성을 강조함 • 누구나 진리를 깨닫고 자비를 실천할 수 있다고 봄
시사점	• 인간 내면을 성찰하고 정신 수양을 하는 데 기여함 • 생명 경시 풍조나 생태계 문제 해결에 기여함

3 도가 윤리적 접근

특징	• 세상 모든 만물은 평등한 가치를 지닌다고 봄 • 인간의 자연성 회복을 통한 정신적 자유를 강조함
시사점	• 세속적 가치에 대한 지나친 욕망을 경계함 • 환경 문제 등을 해결하는 데 도움을 줌

B 서양 윤리의 접근

1 의무론적 접근

특징	• 언제 어디서나 따라야 할 보편타당한 법칙이 존재한다고 봄 ⓓ 정언 명령, 자연법 • 행위의 결과보다 동기를 중시함
시사점	• 도덕 판단의 확고한 근거를 마련하고자 함 • 인간의 존엄성을 강조함

2 공리주의적 접근

특징	• 유용성의 원리를 기준으로 윤리적 행위를 검토함 • 최대 다수의 최대 행복을 강조하며, 개인의 행복과 사회적 행복을 조화시키고자 함
시사점	사익과 공익의 조화를 도모하며, 융통성 있는 대안을 도출하고자 함

3 덕 윤리적 접근

특징	• 행위자 내면의 도덕성과 인성을 중시함 • 더불어 사는 공동체의 구성원의 삶을 강조함
시사점	도덕적 실천력을 높이는 데 기여함

4 도덕 과학적 접근

특징	윤리적 문제를 과학에 근거하여 탐구함
시사점	도덕성에 대한 과학적·객관적 정보를 제공함

01 다음 설명이 맞으면 ○표, 틀리면 ×표를 하시오.

(1) 유교 윤리에서는 인(仁)을 인간이 타고난 내면적 도덕성으로 본다. (   )

(2) 불교 윤리에서는 살아 있는 모든 존재에게는 불성이 있기 때문에 모든 생명은 평등하다고 본다. (   )

(3) 도가 윤리는 제물의 경지에 이르기 위한 방법으로 계·정·혜의 삼학과 같은 수행 방법을 제시한다. (   )

(4) 칸트는 도덕성을 판단할 때 행위의 동기보다 결과를 중시하면서 오로지 의무 의식에서 나온 행위만이 도덕적 가치가 있다고 본다. (   )

(5) 밀은 벤담과 달리 쾌락의 양뿐만 아니라 질의 차이도 고려해야 한다고 본다. (   )

02 빈칸에 들어갈 알맞은 말을 쓰시오.

(1) 도가 윤리는 무위자연을 이상적 삶의 모습으로 제시하며, 무위의 다스림이 이루어지는 (   )을/를 이상 사회로 본다.

(2) (   )은/는 인간이 본성적으로 지니는 자연적 성향으로 자기 보존, 종족 보존, 신과 사회에 대한 진리 파악을 제시하였다.

(3) 의무론과 공리주의의 한계를 극복하고자 하는 (   )은/는 윤리적으로 옳고 선한 결정을 하려면 유덕한 성품을 길러야 한다고 주장한다.

(4) (   )은/는 도덕성을 생물학적 적응의 산물로 보면서 이타적 행위도 과거 수백만 년 동안 자연 선택한 결과라고 본다.

03 동양 사상과 각 사상에서 제시하는 이상적 인간상을 바르게 연결하시오.

(1) 유교 •

(2) 불교 •

(3) 도가 •

• ㉠ 보살(菩薩)

• ㉡ 군자(君子), 성인(聖人)

• ㉢ 진인(眞人), 지인(至人), 신인(神人)

중요

01 다음 규범을 강조한 사상에 관한 설명으로 옳은 것은?

> • 어버이와 자식 사이에는 친함이 있어야 한다.
> • 임금과 신하 사이에는 의로움이 있어야 한다.
> • 부부 사이에는 구별이 있어야 한다.
> • 어른과 아이 사이에는 차례와 질서가 있어야 한다.
> • 친구 사이에는 믿음이 있어야 한다.

① 연기(緣起)에 대한 깨달음을 강조한다.
② 인(仁)과 같은 도덕성을 형성해야 함을 강조한다.
③ 형벌과 무력으로 백성을 다스려야 함을 강조한다.
④ 충서(忠恕)의 덕목을 실천하며 타인을 존중할 것을 강조한다.
⑤ 모든 차별이 소멸된 정신적 자유의 경지에 오를 것을 강조한다.

02 (가) 사상의 입장을 (나) 그림과 같이 탐구하고자 할 때 A, B에 들어갈 질문으로 적절하지 <u>않은</u> 것은?

(가)	도를 도라고 할 수 있으면 항상 된 도가 아니다. 이름을 이름이라고 할 수 있으면 항상 된 이름이 아니다. 이름 없음은 천지의 시작이고, 이름 있음은 만물의 어미이다.
(나)	(가) 사상의 입장을 탐구한다. A → 아니요 → B B → 예 → 특징을 가진 입장 범례: 출발 조건 / 판단 내용 / 판단 방향 / 판단 결과

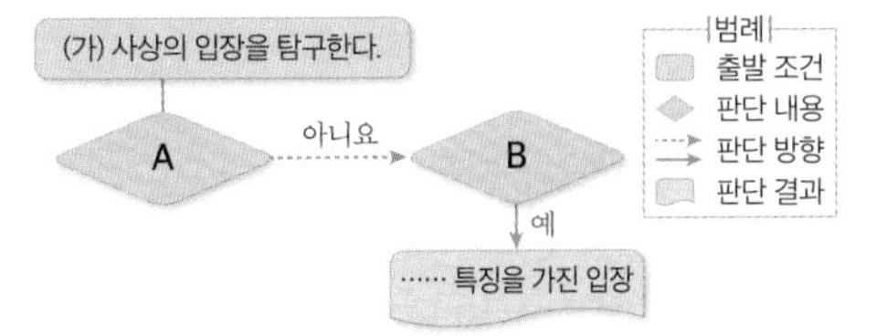

① A : 옳고 그름, 선과 악을 구별해야 하는가?
② A : 인간을 자연의 일부분으로 간주해야 하는가?
③ B : 세상 만물을 평등하게 바라보아야 하는가?
④ B : 타고난 본성을 해치면 불행으로 이어지는가?
⑤ B : 인위적인 삶에서 벗어나 소박한 삶을 추구해야 하는가?

03 다음 윤리 사상에 관한 옳은 설명만을 〈보기〉에서 있는 대로 고른 것은?

> 이것이 있으므로 저것이 있고, 이것이 생기므로 저것이 생긴다. 이것이 없으므로 저것이 없고, 이것이 없으므로 저것이 멸한다.

> **│ 보기 │**
> ㄱ. 초월적인 신에 의지하여 깨달음을 얻을 것을 강조한다.
> ㄴ. 자연 만물에 영원불변하는 고정된 실체가 있음을 강조한다.
> ㄷ. 팔정도와 삼학의 수행을 통해 자비를 실천할 것을 강조한다.
> ㄹ. 모든 존재가 인연으로 연결되어 있다는 연기의 깨달음을 강조한다.

① ㄱ, ㄴ   ② ㄱ, ㄷ   ③ ㄷ, ㄹ
④ ㄱ, ㄴ, ㄹ   ⑤ ㄴ, ㄷ, ㄹ

04 ㉠, ㉡에 들어갈 이상적 인간상을 바르게 짝지은 것은?

> 유교에서는 수양을 쌓아 도덕적 본성을 확충하고 실천하며, 일상 속에서 지극한 선을 실현하는 (㉠)을/를 이상적 인간으로 본다. 한편 대승 불교에서는 위로는 진리를 구하고 아래로는 중생을 구제하는 (㉡)을/를 이상적인 인간으로 제시한다.

	㉠	㉡
①	신선(神仙)	지인(至人)
②	군자(君子)	보살(菩薩)
③	군자(君子)	신선(神仙)
④	진인(眞人)	보살(菩薩)
⑤	진인(眞人)	군자(君子)

05 다음 사상가의 입장만을 〈보기〉에서 있는 대로 고른 것은? **★★ 중요**

> • 네 의지의 준칙이 언제나 동시에 보편적 입법의 원리가 될 수 있도록 행위하라.
> • 너 자신에게 있어서나 다른 사람에게 있어서나 언제나 동시에 인격을 목적으로서 대하고 결코 수단으로서 대하지 말라.

┤ 보기 ├
ㄱ. 시대와 상황에 따라 도덕적 기준은 변해야 한다.
ㄴ. 유용성의 원리를 도덕과 입법의 원리로 삼아야 한다.
ㄷ. 오로지 의무 의식에서 나온 행위만이 도덕적 가치를 지닌다.
ㄹ. 도덕 명령은 어떠한 조건적 이유도 없는 정언 명령의 형식으로 제시되어야 한다.

① ㄱ, ㄴ   ② ㄱ, ㄷ   ③ ㄷ, ㄹ
④ ㄱ, ㄴ, ㄹ   ⑤ ㄴ, ㄷ, ㄹ

06 다음 사상가가 긍정의 대답을 할 질문으로 적절하지 **않은** 것은?

> 서로 다른 두 가지 쾌락을 모두 경험한 사람들이 선택한 쾌락이 좀 더 바람직한 쾌락이다. 더 높은 능력을 가진 사람이 행복하려면 열등한 사람보다 더 많은 것을 필요로 하고 더 많은 고통을 느낄 수 있다. 그러나 이러한 부담에도 그는 스스로 낮은 수준의 삶으로 떨어지는 것을 원하지는 않을 것이다.

① 모든 쾌락은 질적으로 같으며 양적 차이만 있는가?
② 최대 다수의 최대 행복을 도덕 원리로 삼아야 하는가?
③ 행위의 옳고 그름은 유용성에 따라 판단되어야 하는가?
④ 개인의 행복과 사회 전체의 행복을 조화시켜야 하는가?
⑤ 질적으로 높고 고상한 쾌락을 추구하는 것이 바람직하다고 보는가?

07 ㉠, ㉡에 관한 설명으로 적절하지 **않은** 것은?

> (㉠)은/는 유용성의 원리를 개별적 행위에 적용하여 각각의 행위가 가져오는 쾌락이나 행복에 따라 행위의 옳고 그름을 결정한다. 이와 달리 (㉡)은/는 어떤 규칙이 최대의 유용성을 산출하는지 판단한 후, 그 규칙에 부합하는 행위를 옳은 행위로 본다.

① ㉠ : 개별 행위가 낳은 유용성을 계산한다.
② ㉠ : 행위의 유용성을 매번 따지기가 어렵다는 한계가 있다.
③ ㉡ : 도덕 판단의 기준은 행위의 결과가 아닌 행위의 동기에 있다고 본다.
④ ㉡ : 규칙들이 충돌할 때 어떤 규칙을 따라야 하는지 정하기 어렵다는 한계가 있다.
⑤ ㉠, ㉡ : 공리를 기준으로 행위를 평가한다는 공통점이 있다.

08 갑, 을의 입장에 관한 옳은 설명을 〈보기〉에서 고른 것은?

> 갑 : 윤리적으로 옳은 행동을 하려면 유덕한 품성을 길러야 한다. 그리고 이러한 품성을 갖추려면 옳고 선한 행위를 습관화하여 자신의 행위로 내면화해야 한다.
> 을 : 어떤 행위가 옳은지 그른지를 알기 위해서는 그 행위의 결과가 무엇인가를 알아야 한다. 옳은 행위란 다른 어떤 가능한 행위보다 더 큰 유용성을 낳는 행위이다.

┤ 보기 ├
ㄱ. 갑은 도덕 공동체의 역사와 전통을 배제한 덕의 함양을 중시한다.
ㄴ. 갑은 도덕 판단이 구체적이고 맥락적인 사고를 반영해야 한다고 본다.
ㄷ. 을은 자신을 배제한 다수에게 쾌락을 가져다주는 행위를 옳은 행위로 본다.
ㄹ. 을은 쾌락과 고통에 대한 인간의 자연적 경향성을 존중해야 한다고 본다.

① ㄱ, ㄴ   ② ㄱ, ㄷ   ③ ㄴ, ㄷ
④ ㄴ, ㄹ   ⑤ ㄷ, ㄹ

중요

09 ⊙에서 제시할 도덕적 명령으로 가장 적절한 것은?

> 윤리적 의사 결정을 내릴 때 ⊙이 윤리는 특정 상황에서 유덕한 행위자가 행할 것을 행하라고 요구한다. 즉 "보편타당한 규칙을 따르라." 또는 "최대의 공리를 산출하는 행위를 선택하라."가 아닌 "정직한 사람이 되어라.", "정직한 사람이 행할 것을 행하라."라고 요구한다.

① 자연의 질서에 부합하는 행위를 하라.
② 모든 사람의 인격을 수단이 아니라 목적으로 대우하라.
③ 더 많은 사람이 최대의 쾌락을 누릴 수 있는 선택을 하라.
④ 유덕한 품성을 갖추기 위해서 선한 행위를 지속적으로 실천하라.
⑤ 규칙이 가져올 유용성을 비교하여 더 큰 유용성을 가져오는 규칙을 준수하라.

10 다음과 같은 윤리적 접근의 시사점으로 가장 적절한 것은?

> 하버드 대학의 심리학자인 그린은 신경 과학 기술을 활용하여 '트롤리 딜레마' 상황에 대한 인간의 도덕 판단을 연구하였다. 그가 실험에 참가한 사람들의 뇌를 스캔한 결과, 첫 번째 딜레마처럼 결정이 필요한 경우에는 이성을 담당하는 전전두엽이 활성화하였다. 반면 두 번째 딜레마처럼 직접적이고 적극적인 행동이 필요한 경우에는 감정과 관계된 편도체가 활성화하였다.

① 보편 윤리를 확립하여 도덕 판단에 대한 확고한 근거를 제공한다.
② 개인의 실천 가능성을 강조하여 도덕적 실천력을 높이는 데 기여한다.
③ 인간의 자연적 생명권을 해치는 행위를 반대하는 이론적 근거를 제공한다.
④ 개인과 사회에 가장 좋은 결과를 가져오는 대안을 도출하는 데 도움을 준다.
⑤ 도덕적 문제 상황에서 이성과 감정이 어떻게 작용하는지 과학적으로 해명하는 데 도움을 준다.

11 (가)의 사상이 (나)의 문제 상황에 주는 시사점을 서술하시오.

(가)	• 하늘을 아버지로 칭하고 땅을 어머니로 칭한다. …… 모든 백성은 나의 형제이고, 만물은 나와 같이한다. • 세상 모든 사람은 나의 동포이고, 만물은 모두 나와 평등한 존재이다.
(나)	다문화 사회로 급속히 변화한 결과 여러 인종 간의 편견과 선입견에 따른 갈등이 심화하고 있어 해결 방안을 모색할 필요가 있다.

12 (가), (나) 입장에서 〈문제 상황〉의 갑에게 제시할 적절한 조언을 각각 서술하시오.

> ㈎ 이것이 있으므로 저것이 있고, 이것이 생기므로 저것이 생긴다. 이것이 없으므로 저것이 없고, 이것이 멸하므로 저것이 멸한다.
> ㈏ 도(道)의 입장에서 본다면 물건에는 귀하고 천한 것이 없다. 세속적인 입장에서 본다면 귀하고 천한 것은 자신에게 달려 있는 것이 아니라 남이 정해 주는 것이다.
>
> 〈문제 상황〉
> 갑은 선생님께 짝을 바꾸어 달라고 요청하였다. 왜냐하면 그 아이의 외모가 마음에 들지 않기 때문이다.

13 갑, 을의 입장에서 〈문제 상황〉의 A 군에게 제시할 적절한 조언을 각각 서술하시오.

> 갑 : 모든 사람의 인격을 단순히 수단으로 대우하지 말고 언제나 동시에 목적으로 대우하라.
> 을 : 정의로운 행위를 해 보아야 정의로워지고, 절제 있는 행위를 해 보아야 절제하게 된다.
>
> 〈문제 상황〉
> A 군이 다니는 학교에서는 지진 피해를 입은 지역의 주민을 위해 성금을 모금하고 있다. A 군은 자기 용돈을 성금으로 내야 할지 말아야 할지 고민하고 있다.

01 (가)의 서양 사상가의 입장에서 (나)의 갑의 행위에 대해 평가한 내용으로 가장 적절한 것은?

(가)	의지를 결정할 수 있는 것은 객관적으로 보면 법칙뿐이며 주관적으로 보면 실천 법칙에 대한 순수한 존경, 즉 나의 모든 경향성을 포기하고서라도 그 법칙에 따르겠다는 준칙뿐이다.
(나)	길을 가던 갑은 불량배에게 폭행을 당하고 있는 사람을 보았다. 그는 두려움 때문에 잠시 망설였지만 다른 사람을 해치는 것은 사람의 도리가 아니라고 판단하여 112에 신고 전화를 하였다.

① 의무 의식에서 비롯된 행위이기 때문에 도덕적인 행위이다.

② 즉각 돕지 않고 잠시 망설였기 때문에 도덕적인 행위가 아니다.

③ 결과적으로 다른 사람의 목숨을 구했기 때문에 도덕적인 행위이다.

④ 이성이 아닌 도덕적 감정에 따른 행위이기 때문에 도덕적인 행위이다.

⑤ 사회 전체의 행복 증진을 위한 행위가 아니기 때문에 도덕적 행위가 아니다.

📖 **문제 접근 방법**

먼저 '모든 경향성을 포기하고서라도 법칙에 따르겠다는 준칙'이라는 부분을 통해 (가)의 사상가를 파악한다. 다음으로 이 사상가의 입장에서 (나)의 갑의 행위를 어떻게 평가할지 추론하여 문제를 해결한다.

✏️ **적용 개념**

의무론적 접근

[02-03] 다음 글을 읽고 물음에 답하시오.

> 갑 : 하늘이 사람을 내시니, 사물이 있으면 법칙이 있도다. 사람이 떳떳한 성품을 간직하고 있으므로 아름다운 덕(德)을 좋아한다.
>
> 을 : 최상의 선은 물과 같다[上善若水]. 물은 만물을 이롭게 하면서도 공을 다투지 않고, 모든 사람이 싫어하는 곳에 머문다. 그러므로 도(道)에 가깝다.
>
> 병 : 괴로움[苦], 괴로움의 원인[集], 괴로움의 소멸[滅], 괴로움의 사라짐으로 인도하는 방법[道]을 바른 통찰지로 보는 사람은 모든 괴로움에서 벗어날 것이다.

📖 **문제 접근 방법**

먼저 '하늘이 사람을 내시니', '상선약수', '고집멸도' 등의 핵심어를 통해 갑, 을, 병이 각각 어떤 사상가인지 파악한다. 다음으로 각 사상의 수양 방법, 이상향, 세계관 등을 상기하여 문제를 해결한다.

02 갑, 을, 병의 입장을 그림과 같이 표현할 때, A~C에 들어갈 적절한 질문을 〈보기〉에서 고른 것은?

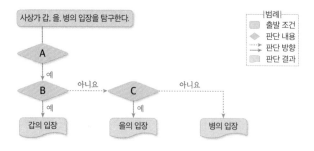

✏️ **적용 개념**

유·불·도의 수양론

보기

ㄱ. A : 인간의 본성을 변화시키기 위해 수양을 해야 하는가?

ㄴ. B : 번뇌에서 벗어나기 위해 삼독(三毒)을 제거해야 하는가?

ㄷ. B : 자기 자신의 수양함으로써 치인(治人)을 실현해야 하는가?

ㄹ. C : 조용히 앉아서 시비 분별을 잊는[坐忘] 수양을 해야 하는가?

① ㄱ, ㄴ ② ㄱ, ㄷ ③ ㄴ, ㄷ ④ ㄴ, ㄹ ⑤ ㄷ, ㄹ

03 갑, 을, 병의 입장에서 주장할 내용으로 적절하지 <u>않은</u> 것은?

① 갑 : 타고난 선한 본성을 보존하고 확충해야 한다.
② 을 : 사회 규범에 얽매이지 않고 자유롭게 소요(逍遙)해야 한다.
③ 병 : 이 세상의 모든 것은 고정된 것이 아님을 깨달아야 한다.
④ 갑, 을 : 사회 구성원은 각자의 이름에 걸맞은 책임을 다해야 한다.
⑤ 갑, 을, 병 : 인간과 자연은 서로 유기적인 관계를 맺고 있음을 알아야 한다.

적용 개념

유·불·도의 공통점

04 (가), (나) 사상에서 강조하는 올바른 삶의 태도를 〈보기〉에서 고른 것은?

> (가) 가장 훌륭한 것은 물처럼 되는 것이다. 물은 온갖 것을 섬길 뿐, 그것과 다투는 일이 없다. 물은 모두가 싫어하는 낮은 곳을 향하여 흐르기에 도(道)에 가장 가까운 것이다. 다투는 일이 없으니 나무람 받을 일도 없다.
>
> (나) 보이지 않는 데에서도 언제나 조심해야 하고, 들리지 않는 데에서도 항상 두려워해야 한다. 숨은 것처럼 잘 드러나는 것이 없으며, 미세한 것처럼 잘 나타나는 것이 없다. 그러므로 홀로 있을 때에도 항상 조심하고 삼가는 것[愼獨]이다.

┌─── 보기
ㄱ. (가) : 자연적 본성을 회복하기 위해 예(禮)에 따라야 한다.
ㄴ. (가) : 인의(仁義)를 버리고 자연의 소박한 덕을 추구해야 한다.
ㄷ. (나) : 집착에서 벗어나 무위(無爲)의 삶을 추구해야 한다.
ㄹ. (나) : 도덕적 본성을 확충하기 위해 거경(居敬)을 실천해야 한다.

① ㄱ, ㄴ   ② ㄱ, ㄷ   ③ ㄴ, ㄷ   ④ ㄴ, ㄹ   ⑤ ㄷ, ㄹ

문제 접근 방법

먼저 '물은 …… 도(道)', '신독' 등의 핵심어를 통해 (가), (나) 사상을 파악한다. 다음으로 각 사상에서 강조하는 올바른 삶의 태도가 무엇인지 추론하여 문제를 해결한다.

적용 개념

상선약수
신독

05 다음 사상가의 입장에서 주장할 내용으로 적절하지 <u>않은</u> 것은?

> 덕에는 두 가지 종류가 있다. 하나는 지성적 덕이며, 다른 하나는 품성적 덕이다. 지성적 덕은 교육에 의해 생기며 성장한다. 그러한 까닭에 그것은 경험과 시간을 필요로 한다. 반면 품성적 덕은 습관의 결과로 생겨난다. 품성적 덕은 어떤 것도 본성적으로 우리에게 생기는 것이 아니다. 본성적으로 생기는 것이라면 본성과 다른 습관을 기를 수 없기 때문이다. 품성적 덕은 실천함으로써 획득하게 된다. 정의로운 일을 행함으로써 정의로운 사람이 되고, 절제 있는 일을 행함으로써 절제 있는 사람이 되며, 용감한 일을 행함으로써 용감한 사람이 되는 것이다.

① 덕이 무엇인지 알더라도 실천하지 못하는 경우가 있다.
② 행복하게 살아가기 위해 지성적 덕과 품성적 덕이 모두 필요하다.
③ 지성적 덕은 교육을 통해 길러지며 품성적 덕은 습관의 결과로 생긴다.
④ 바람직한 인간관계의 맥락을 반영하여 타고난 도덕적 덕을 실천해야 한다.
⑤ 좋은 성품을 지니려면 옳은 행위를 습관화하여 자신의 행위로 내면화해야 한다.

문제 접근 방법

먼저 '지성적 덕', '품성적 덕'의 차이를 설명한다는 점을 통해 사상가를 파악한다. 다음으로 유덕한 행위를 지속적으로 실천하는 습관을 강조했음을 이해한 후 문제를 해결한다.

적용 개념

덕 윤리

도가 윤리

자료 보기

제도와 문명 등 인위적인 것을 부정하는 도가 윤리는 세속적이고 물질적인 가치보다 자연적이고 정신적인 가치가 더 중요함을 강조한다. 또한 과도한 욕망을 절제하고 무위자연(無爲自然)의 삶을 살아야 한다고 가르친다. 이러한 도가 윤리는 오늘날 당면한 윤리 문제 해결에 사상적 해결의 실마리를 제공해 줄 것이다.

큰 도[大道]가 무너지자 인(仁)과 의(義)가 생겨났다. 지혜가 생겨나면서 큰 거짓이 존재하게 되었다. 집안사람들[六親]이 화목하지 않자 효도와 자애가 생겨났다. 국가가 어지러워지자 충신이 생겨났다.

갑

주장 비교

• 자연의 순리에 따르는 무위자연(無爲自然)을 추구한다.
• 도(道)는 '스스로 그러함[自然]'으로 표현되며, 우주 만물의 근원이자 변화의 법칙이다.
• 무위의 다스림이 이루어지는 소국과민(小國寡民)이 이상 사회이다.
• 세상 만물을 차별하지 않는 제물(齊物)의 경지에 이를 것을 강조한다.
• 통치자가 욕심을 버릴 때 백성들은 저절로 교화되어 순박해진다.
• 마음을 가지런히 하고[心齋], 조용히 앉아서 시비 분별을 잊는[坐忘] 수양법을 강조한다.
• 수양을 통해 도덕적 가치와 사회 제도에 얽매이지 않고 바라는 것 없이 자유롭게 살아가는 소요유(逍遙遊)의 경지를 지향한다.

문제 확인

Q1 갑이 강조하는 올바른 삶의 태도로 가장 적절한 것은?

① 집착에서 벗어나 무욕(無慾)에 이르는 소박한 삶을 추구한다.
② 선천적 본성을 회복하기 위해 예(禮)에 따르는 삶을 추구한다.
③ 자연 만물의 연기성(緣起性)을 깨달아 자비로운 삶을 추구한다.
④ 도리에 어긋나지 않도록 신독(愼獨)을 실천하는 삶을 추구한다.
⑤ 도덕적 본성의 확충을 위해 거경(居敬)을 실천하는 삶을 추구한다.

꼭 나오는 쟁점에 관한 비교 분석은 필수! 올리드만의 쟁점 비교 분석 비법을 공개합니다.

유교 윤리

도덕적 인격 완성과 도덕적 이상 사회 실현을 궁극적 목적으로 삼는 유교 윤리는 천인합일(天人合一), 인본주의(人本主義) 등을 강조한다. 이러한 유교 윤리는 인간성 상실 및 도덕 불감증, 그리고 이기주의 만연으로 발생하는 현대 사회의 다양한 윤리 문제를 해결하는 데 도움이 될 것이다.

> 인(仁)은 사람의 마음이고 의(義)는 사람의 길이다. 그 길을 놓아둔 채 따르지 않으며, 그 마음을 잃어버리고도 찾을 줄 모르니 애처롭다. 학문의 길이란 다른 것이 아니다. 그 잃어버린 마음을 찾는 것일 뿐이다.

을

- 모두가 더불어 잘 사는 대동 사회(大同社會)가 이상 사회이다.
- 통치자는 백성이 도덕적인 마음을 잃지 않도록 기본적인 생활을 보장해야 한다.
- 형벌이나 무력보다는 도덕과 예의로써 백성을 교화해야 한다.
- 수신을 바탕으로 다른 사람을 편안하게 하는 수기이안인(修己而安人)을 해야한다.
- 명분을 바로잡아[正名] 사회 구성원 각자가 자신의 직분을 성실히 수행하도록 해야 한다.
- 누구나 수양을 통해 성인(聖人)이나 군자(君子)가 될 수 있다.
- 선한 본성을 보존하는 경(敬)과 성(誠)의 수양을 통해 지나친 욕구를 극복하고 예를 회복[克己復禮]해야 한다.

Q2 갑은 긍정, 을은 부정의 대답을 할 질문으로 옳은 것은?

① 군주의 자격을 도덕적 양심에서 찾고자 하는가?
② 형벌이나 무력으로 다스리는 정치 체제를 마련해야 하는가?
③ 인위(人爲)를 통해 예치(禮治)가 실현되어야 한다고 보는가?
④ 천명을 받은 성인(聖人)만이 통치자가 될 수 있다고 보는가?
⑤ 백성을 무지(無知) 상태에 있게 하는 정치를 추구해야 하는가?

올리드 가이드

유교 윤리와 도가 윤리가 현대 사회에 줄 수 있는 시사점을 비교해 봅시다. 현대 윤리 문제를 해결하는 데 두 사상은 어떤 도움을 줄 수 있을까요?

갑은 노자, 을은 맹자입니다. 유교는 인의(仁義), 예악(禮樂) 등 도덕규범을 중시하는 반면, 도가는 인위적인 도덕규범이 사회 혼란의 원인이라고 비판합니다.

두 입장은 다음 개념에 관해 상반된 주장을 하고 있습니다.

- 이상적인 삶의 모습
- 통치자의 역할
- 수양 방법 등

다음과 같이 물을 수도 있어요.

- 갑, 을에 관한 설명으로 적절하지 않은 것은?
- 을의 입장에서 갑을 비판하는 내용으로 옳은 것은?

Q1 ① **Q2** ⑤

I. 현대의 삶과 실천 윤리

03 윤리 문제에 대한 탐구와 성찰

학습길잡이 • 도덕적 탐구의 의미와 특징을 알고 삼단 논법을 연습해 둔다.
• 윤리적 성찰의 의미와 중요성을 이해하고 문제 상황에 적용해 본다.

A 도덕적 탐구의 의미와 방법

탐구란 진리와 학문 등을 깊이 파고들어 연구하는 것을 의미한다.

1 도덕적 탐구의 의미와 특징

① **도덕적 탐구의 의미** : 도덕적 사고를 통해 도덕적 의미를 새롭게 구성하는 지적 활동 **1**
└─ 쟁점 혹은 가치 갈등이 무엇인지 확인하고, 그와 관련된 자료를 탐색하며, 정당한 근거를 바탕으로 자신의 입장이나 대안을 설정하고, 토론을 거쳐 최선의 대안을 끌어내는 전 과정

② **도덕적 탐구의 특징**

• 현실 문제를 해결할 때 당위적 차원에 주목함 : 도덕적 가치와 규범에 주목하여 탐구 대상의 선과 악을 밝혀 행위를 정당화함
• 윤리적 딜레마를 활용한 도덕적 추론으로 이루어짐 : 도덕 원리와 사실 판단을 근거로 도덕 판단을 내리는 과정임 **2** 질문
• 이성적 사고뿐만 아니라 정서적인 측면도 고려함
  └─ **왜?** 이성적 사고만으로는 타인의 입장을 고려한 해결 방안을 내리는 데 한계가 있기 때문이다.

자료로 보는 | **도덕적 탐구를 위한 정서의 역할**

> 분별 있는 관찰자(자기 앞에 놓인 상황에 관해 객관성을 지니고 살펴보는 사람)는 가능한 자신을 상대방의 입장에 놓고, 상대방에게 고통을 주고 있는 모든 사소한 사정까지도 진지하게 느껴 보려고 노력해야 한다. 그는 자신의 친구가 처해 있는 모든 사정을 아주 사소한 일까지 모두 받아들여야 한다. 그리고 그는 공감의 기초가 되는 역지사지를 최대한 완전히 하려고 노력해야 한다.
>
> – 애덤 스미스, 「도덕 감정론」 –

자료 분석 애덤 스미스는 정서가 도덕적 사건을 올바르게 인식하고 탐구하는 데 꼭 필요한 것이라고 강조하고 있다. 즉, 도덕적 탐구 과정에서는 다른 사람의 입장과 정서에 공감하고 배려하는 능력도 필요하다.

Q 도덕적 탐구에서 공감과 배려 등의 정서가 필요한 이유는 무엇일까?

A 이성적 사고만으로는 타인의 입장을 고려한 해결 방안을 내리는 데 한계가 있기 때문이다.

2 도덕적 탐구의 방법

① **도덕적 탐구에서 고려해야 할 요소**

• 도덕적 추론 과정에서 근거로 사용된 도덕 원리와 사실 판단이 타당하고 논리적으로 제시되었는지 비판적으로 사고해야 함
• 다양한 이론적 관점을 통해 윤리 문제를 명확하게 하고, 여러 가지 해결 방안을 제시해야 함
• 비판적 사고 능력과 더불어 상대방의 정서에 공감하며 배려를 실천할 수 있어야 함 **3**
• 어떤 선택이 가져오는 단기적인 결과뿐만 아니라 장기적인 결과까지도 고려해야 함
• 도덕적 책임과 범위를 인간에서 동식물 등으로 확대해야 함

개념 더하기 자료 채우기

1 일반적 탐구와 도덕적 탐구의 차이점

일반적 탐구는 사회 및 자연 현상을 객관적으로 탐구하여 참과 거짓을 명확히 밝히는 데 중점을 두는 반면, 도덕적 탐구는 다양한 윤리 문제 해결을 위한 규범에 주목하여 행위를 정당화하고 도덕적 실천을 하는 데 중점을 둔다.

2 도덕 원리

도덕 원리는 어떤 판단과 행동이 도덕적으로 옳고 그른지 결정하는 기준이자 원천이다. 도덕 원리는 "나는 어떻게 살아야 하는가?", "이 상황에서 옳은 것은 무엇인가?"와 같이 당위와 관련된 상황에서 판단과 행동 지침을 제공한다. 예를 들어 "모든 일을 공정하게 처리해야 한다.", "어려운 사람을 도와주어야 한다." 등이 있다.

질문 있어요

도덕적 추론은 어떻게 하는 건가요?

도덕 원리	무고한 인간을 죽이는 행위는 그르다.
사실 판단	태아는 무고한 인간이다.
도덕 판단	태아를 죽이는 인공 임신 중절은 그르다.

도덕적 추론은 삼단 논법과 유사한 추론 과정을 거칩니다. 우리는 "모든 사람은 죽는다."라는 대전제와 "소크라테스는 사람이다."라는 소전제로부터 "소크라테스는 죽는다."라는 결론을 추론할 수 있습니다. 이와 유사한 과정으로 위의 예시처럼 인공 임신 중절 문제에 대해 도덕 판단을 내릴 수 있지요.

3 도덕적 상상력과 배려적 사고의 필요성

| 도덕적 상상력 | 각종 딜레마 상황에서 그것이 윤리 문제인지를 자각하고, 그 문제 상황이 어떻게 전개될 것인지를 고려하는 능력 |
| 배려적 사고 | 도덕적 민감성과 공감 능력에 근거하여 타인의 욕구나 필요에 관심을 두고 그의 처지에서 생각하며 그 필요를 충족하고자 하는 태도 |

갈등을 원만하게 해결하고 문제에 대한 바람직한 해결 방안을 찾기 위해서는 비판적 사고뿐만 아니라 도덕적 상상력과 배려적 사고가 필요하다.

용어사전

* **윤리적 딜레마** 윤리적 문제 상황에서 두 가지 이상의 도덕적 의무와 도덕 원칙 사이에 갈등과 충돌이 전개되는 상황
* **추론**(옳을 推, 말할 論) 어떠한 판단을 근거로 삼아 다른 판단을 이끌어 냄

자료로 보는 : 비판적 사고

사람이 일을 할 때 당면한 문제 앞에서 곰곰이 따져 보기 때문에 사고의 질이 일의 질을 결정한다고 할 수 있다. 따라서 비판적 사고 방법을 배우는 것은 중요한 일이다. 비판적 사고란 어떤 상황에서든 내가 할 수 있는 최선의 생각을 활용할 수 있도록 해 주는 숙련된 기술이다. 비판적 사고를 하는 사람의 가장 큰 특징 중 하나는 좋은 근거가 나타났을 때 자신의 마음을 바꿀 수 있다는 것이다. 조금 더 합리적인 사람이 되기 위해서는 언제든지 내가 틀릴 수 있고 다른 사람이 옳을 수 있다는 가능성을 염두에 두어야 한다. — 폴·엘더, 『왜 비판적으로 사고해야 하는가』 —

자료 분석 비판적 사고란 주장과 근거의 적절성을 따져보는 것이다. 설득력 있는 도덕적 추론을 하기 위해서는 전제와 결론이 타당하고 논리적으로 제시되었는지 비판적으로 검토할 수 있어야 한다. (질문)

ⓠ 도덕적 추론 과정에서 비판적 사고의 역할은 무엇일까?

Ⓐ 도덕적 추론 과정에서 전제와 결론이 타당하고 논리적인지 비판적으로 검토할 수 있다.

② 도덕적 탐구 방법의 대표 모형

• 가치 분석 탐구 모형

윤리 문제 확인 및 명료화	윤리적 쟁점이나 문제 상황을 확인하고, 서로 갈등하는 가치가 무엇인지 분명히 함
사실의 진위 및 타당성 탐색	도덕적으로 평가하려는 대상과 관련된 사실적인 지식을 수집하고, 그것이 참인지 확인하고 타당성을 검토함
잠정적 도덕 판단	윤리적 쟁점에 대해 잠정적인 도덕 판단을 내림
도덕 원리 검사	자신이 내린 잠정적 도덕 판단이 전제하고 있는 도덕 원리에 오류가 없는지 검사함 ④
최종적인 도덕 판단	최종적인 가치를 선택하고 그에 근거를 둔 도덕 판단을 내림

논리적 규칙을 소홀히 함으로써 저지르게 되는 바르지 못한 추리

• 가치 갈등 해결 탐구 모형

윤리적 쟁점 및 딜레마 확인	• 윤리적 쟁점이나 딜레마 상황을 확인함 • 특히 관련된 사람들, 윤리 문제가 발생하게 된 이유 등을 정리함
자료 수집 및 분석	• 윤리적 쟁점 및 딜레마에 관한 자료를 수집하고 분석함 • 자료 수집·분석은 자기 입장과 근거를 제시하는 데 도움이 됨
입장 채택 및 정당화 근거 제시	• 윤리적 쟁점 및 딜레마에 대한 자신의 입장을 채택함 • 대안을 설정하여 그에 대한 정당화 근거를 마련해야 함
최선의 대안 도출	• 타인의 의견을 구하거나 토론 과정을 거침 • 최선의 대안을 도출함

⭐ 3 최선의 대안을 도출하기 위한 토론

① **토론의 순서** : 주장하기 → 반론하기 → 재반론하기 → 검토 및 정리하기 ⑤

② **토론의 의의**

• 토론의 과정에서 자신의 주장과 근거의 결점을 찾을 수 있음

• 타인의 주장과 근거의 장점을 이해할 수 있음

• 토론을 거쳐 합의한 윤리적 판단은 단순히 개인이 제시하는 윤리적 판단보다 객관성·일반성·보편성 등을 갖출 수 있음

💬 질문 있어요

비판적 사고는 어떻게 할 수 있을까요?

비판적 사고란 주장의 근거와 그 적절성을 따져보는 것으로 올바른 도덕 판단을 내리기 위해 꼭 필요합니다. 특히 상황이 급변하고 정보가 넘쳐나는 현대 사회에서 우리가 당면한 윤리 문제를 인식하고 해결하는 데 필요한 것을 따져 보는 사고라고 할 수 있지요. 이러한 비판적 사고는 탐구 주제를 여러 측면에서 검토하고 다양한 근거를 분석·평가하여 재구성하는 과정입니다. 비판적으로 사고하는 사람은 언제든지 자신이 틀릴 수 있다는 가능성을 인정하면서 합리적인 판단을 내리는 사람입니다.

④ 도덕 원리 검사 방법

• **역할 교환 검사법** : 딜레마 속 다른 사람의 입장을 취해 보는 방법

• **보편화 가능성 검사법** : 자신이 채택한 입장을 유사한 상황에 있는 모든 행위자에게 보편적으로 적용할 수 있는지 심사숙고해 보는 방법

• **반증 사례 검사법** : 도덕 원리가 적용되지 않는 반증 사례는 없는지 확인하는 방법

• **포섭 검사법** : 선택한 도덕 원리를 좀 더 일반적이고 포괄적인 도덕 원리에 따라 검사해 보는 방법

⑤ 토론의 순서

주장하기	자신의 주장을 근거와 함께 제시함
반론하기	상대방의 주장이 부당하거나 부적절함을 근거로 들어 반박함
재반론하기	자신의 주장을 상대방이 잘못 이해하고 있거나 부적절한 반론을 제기했을 때 반박함
검토 및 정리	여러 의견을 종합하여 가장 합당한 결론을 도출함

우리는 토론을 통해 윤리 문제가 개인의 문제라기보다는 우리 모두의 문제라는 점을 인식할 수 있으며, 그러한 과정에서 상호 주관성을 확보할 수 있다.

✳️용어사전

* **진위**(참 眞, 거짓 僞) 참과 거짓
* **잠정**(잠시 暫, 정할 定) 임시로 정함
* **딜레마** 선택해야 할 길은 두 가지 중 하나로 정해져 있는데, 그 어느 쪽을 선택해도 바람직하지 못한 결과가 나오는 곤란한 상황
* **상호 주관성** 많은 주관 사이에서 서로 공통적인 것이 인정되는 성질

03 윤리 문제에 대한 탐구와 성찰

자료로 보는 　**인간의 오류 가능성과 토론의 필요성 1**

일체의 토론을 차단하는 것은 인간의 절대 무오류성을 가정하는 것이다. 하지만 인간은 끊임없이 잘못 판단하고 잘못 행동하면서 살아간다. 우리 인류는 스스로의 과오로부터 벗어나지 못한다는 사실을 이론적으로는 항상 명심하고 있다. 하지만 불행하게도 실제로 자신이 판단을 내릴 때에는 이를 거의 문제 삼지 않는다. 왜냐하면 자신의 과오를 범할 수 있는 가능성에 대해 어떤 예방책이 필요하다고 생각하거나 또는 자기가 지극히 확실하다고 느끼는 의견이 자신도 범할 수 있는 과오의 사례일지도 모른다는 가정을 스스로 받아들이는 사람은 거의 없기 때문이다.
　　　　　　　　　　　　　　　　　　　　　　－ 밀, 『자유론』 －

자료 분석 밀은 인간의 오류 가능성을 스스로 인식하고 있어도 자신이 판단을 내릴 때에는 그것을 별로 문제 삼지 않음을 지적하면서, 인간이란 항상 잘못 판단하고 행동할 수 있는 불완전한 존재이므로 토론이 반드시 필요하다고 주장하였다.

Q 자료에서 강조한 토론에 임하는 사람들에게 필요한 자세는 무엇인가?

A 인간의 오류 가능성을 인정하고 서로 다른 입장을 가진 사람과 열린 자세로 의사소통하려는 자세

B 윤리적 성찰과 실천
　　　　　　　　　　┌ 도덕적 탐구와 윤리적 성찰은 모두
　　　　　　　　　　도덕적 행위의 실천을 지향한다는 공통점이 있다.

1 윤리적 성찰의 의미와 중요성

① **윤리적 성찰의 의미** : 생활 속에서 자신의 마음가짐, 행동 또는 그 속에 담긴 자신의 정체성과 가치관에 관하여 <u>윤리적 관점에서 깊이 있게 반성하고 살피는 태도</u>
　　　　　　　어떻게 살아야 할 것인지를 고민하고 자신을 도덕적인 관점에서 반성적으로 검토하는 과정이다.

② **윤리적 성찰의 중요성 2**

- **도덕적 자각의 계기** : 윤리적 성찰을 통해 자신의 존재를 자각함으로써 도덕적 삶을 살 수 있음

- **올바른 가치관 형성** : 자신의 생활 방식, 마음, 태도 등을 비판적으로 검토하고 자신의 불완전함을 보완하여 올바른 가치관을 형성할 수 있음

- **인격의 함양** : 도덕적 자아의 성장을 도모하여 참된 인격을 완성할 수 있음

자료로 보는 　**반성하지 않는 삶은 살 가치가 없다**

내가 하는 일이라야 돌아다니며 늙은이와 젊은이를 막론하고 여러분이 영혼의 최선의 상태에 관심을 쏟는 것을 최우선으로 생각하도록 여러분을 설득하는 것이 전부니까요. 내가 대화를 통해 나 자신과 다른 사람들에게 캐묻곤 하던, 여러분이 들었던 그런 주제들에 관해 날마다 대화하는 것이야말로 인간에게는 최고선이며, 캐묻지 않는 삶은 인간에게는 살 가치가 없다고 말한다면 여러분은 내 말을 더더욱 믿지 않을 것입니다.
　　　　　　　　　　　　　　　　　　　－ 플라톤, 『소크라테스의 변론』 －

자료 분석 법정에 선 소크라테스는 배심원을 상대로 자신과 다른 사람의 삶을 부단히 검토하는 것이야말로 자신이 신으로부터 부여받은 소명임을 밝히면서 자신이 무죄임을 변론하고 있다. 소크라테스는 "캐묻지 않는 삶은 살 가치가 없다."라고 말하며, 삶을 반성적으로 검토하는 윤리적 성찰을 강조하였다. **질문**

Q 소크라테스가 강조한 삶의 태도는 무엇인가?

A 끊임없이 자신을 반성하고, 자신과 다른 사람의 삶을 검토하는 성찰적 태도

개념 더하기 자료 채우기

1 토론이 필요한 이유

- 다수가 받아들인 의견이 참이며 진리라 하더라도 활발하게 논쟁되지 않는다면 사람들은 합리적인 근거를 파악하지 못한 채 어떤 편견의 형태로 이를 지지하게 될 것이다. － 밀, 『자유론』 －
- 당신이 옳을 수 있고, 내가 틀릴 수 있다. 다만 서로 힘을 모으면 우리는 진리에 좀 더 다가설 수 있을 것이다. － 칼 포퍼, 『열린 사회의 그 적들』 －

제시문은 자유로운 의사소통을 통해 참된 진리를 발견하고 오류를 시정해 나가야 함을 강조한다. 개개인이 자유롭게 토론하는 과정에서 진리로 한 걸음 더 다가갈 수 있기 때문이다.

2 윤리적 성찰의 의의

윤리적 성찰은 자신이 가진 인간관, 가치관, 세계관 등을 전체적으로 검토하고 반성하는 과정으로, 윤리적 성찰을 통해 자신이 윤리적 태도나 가치의 문제점을 파악하고 수정할 수 있다. 윤리적 성찰을 통해 우리는 윤리적으로 모순이 없는 의식을 지니고 일관된 윤리적 실천을 하여 더욱 발전된 모습으로 살아갈 수 있다.

질문 있어요

소크라테스는 무슨 죄를 저질러서 법정에 섰나요?
소크라테스는 산파술의 대가였어요. 산파는 산모가 아기를 낳도록 도와주는 사람이에요. 소크라테스는 제자들이 질문을 하면 그 질문에 답을 하는 대신 다시 질문을 던짐으로써 스스로 답을 찾도록 도와주었어요. 소크라테스는 스스로 무지함을 알고 있다는 점에서 자신이 다른 사람보다 현명하다고 생각했지요. 또 그는 현명하다고 알려진 사람들을 찾아다니며 산파술로 그들의 무지를 드러내곤 했어요. 그러다 보니 소크라테스는 주변 사람들을 적으로 만들었지요. 평소 소크라테스를 눈엣가시처럼 생각한 아테네의 인사들은 그가 청년을 타락시키고 국가가 신앙하는 신들을 믿지 않는다는 죄목으로 그를 법정에 세웠습니다.

용어사전

＊**성찰**(살필 省, 살필 察) 자신이 한 일을 깊이 되돌아보는 것
＊**변론**(말 잘할 辯, 말할 論) 소송 당사자나 변호인이 법정에서 주장하거나 진술함

2 윤리적 성찰의 종류와 방법

① 윤리적 성찰의 종류

개인적 성찰	• 다양한 도덕 문제에 대한 자신의 과거 경험을 성찰하면서 개인이 앞으로 지향해야 할 행동과 인격의 유형을 성찰함 • 방법 : 성찰 일기 쓰기, 성찰 독서 감상문 쓰기 등
협력적 성찰	• 개인의 도덕적 경험을 사회의 맥락에서 성찰하거나 집단이 공유하고 있는 도덕 경험을 성찰하면서 집단 또는 집단 내 구성원들이 앞으로 지향해야 할 행동과 방침을 성찰함 • 방법 : 집단 구성원 간의 대화, 집단의 도덕적 경험에 대한 토론, 개인의 도덕적 성찰 포트폴리오에 대한 집단 피드백 등 **3**

┌ 제작 과정 : 과거의 경험 적기 → 그에 대한 성찰 내용 적기 →
└ 현재의 행동에 적용한 내용 적기 → 미래의 다짐 적기

② 윤리적 성찰의 과정

- 문제 상황에 대한 정확한 인식 : 윤리적 문제 상황의 사회적 심각성, 절박성, 영향력과 그 범위 등을 종합적으로 고려하여 인식해야 함 **4**
- 도덕 원리 적용과 결과 예측 : 다양한 도덕 원리의 장단점과 그것을 적용한 결과를 예측해 보아야 함
- 가장 적합한 도덕 원리 탐색 : 더 나은 보편적·일반적 도덕 원리를 찾기 위해 계속 노력해야 함

③ 동서양의 전통적 성찰 방법

유교	• 증자가 제시한 일일삼성(一日三省) **5** • 거경(居敬)의 수양 : 마음을 한곳으로 모아 흐트러짐이 없이 함 • 신독(愼獨) : 홀로 있을 때도 도리에 어긋나지 않도록 몸과 마음을 바르게 함
불교	참선 : 무엇이 참된 삶인지를 깨닫고 자신의 맑은 본성을 찾아 바르게 살아가기 위해 앉아서 수행함　　자기 안에 내재한 불성
소크라테스	끊임없는 질문을 통해 자신의 무지를 자각하고 성찰할 수 있게 함
아리스토텔레스	마땅한 때에, 마땅한 일에 대하여, 마땅한 사람에게, 마땅한 동기로 느끼거나 행하는 중용을 통해 행위와 태도를 성찰함

자료로 보는　　**성찰하는 삶의 중요성**

버릇은 사람의 뜻을 견고하게 하지 못하고, 행실을 독실하게 하지 못하게 하여, 오늘 한 것은 내일 고치기 어렵고 아침에 행한 것을 후회하고도 저녁이면 벌써 다시 그렇게 한다. 반드시 크게 용맹스러운 뜻을 펼쳐, 마치 한 칼로 밑동을 시원스레 잘라버리듯, 마음을 깨끗이 씻어 털끝만 한 남은 줄기마저 없게 하고, 때때로 깊이 반성하는 공부를 더해 이 마음으로 하여금 옛날 물든 더러움을 한 점이라도 없게 한 뒤라야 학문에 나아가는 공부를 말할 수 있다.　　- 이이, 『격몽요결』 -

자료 분석　이이는 나쁜 버릇을 고쳐 항상 몸가짐과 마음가짐을 바르게 하도록 노력해야 한다고 보았다. 이러한 태도를 지닌 후에야 진정한 학문에 나아갈 수 있다고 설명하면서 성찰의 중요성을 강조하였다.

Ⓠ 이이가 진정한 학문을 위해 강조한 것은 무엇인가?　　바른 몸가짐과 마음가짐 ⒜

3 윤리함을 위한 도덕적 탐구와 윤리적 성찰 **질문**

① 도덕적 탐구와 윤리적 성찰을 조화시켜야 함
② 탐구와 성찰을 윤리적 실천으로 옮겨 도덕적으로 옳은 것을 꿋꿋이 행함

개념 **더하기** 자료 **채우기**

3 토론을 통한 협력적 성찰

도덕적 토론은 상대방의 도덕적 추론의 타당성을 검토하면서 서로 입장 차이를 좁히는 과정이며, 도덕적 쟁점에 대한 합당한 해결책을 찾는 활동이다. 토론은 우리의 인식과 판단의 오류 가능성을 줄이고, 갈등을 원만하게 해결하는 데 중요한 역할을 한다. 토론을 통해 주관적인 의견이 보편적인 앎의 형태로 나아갈 수 있으며, 당면한 윤리 문제에 대한 바람직한 해결 방안을 제시할 수 있다. 도덕적 토론 활동을 통해 개인적 차원의 성찰이 협력적 성찰로 나아간다.

4 문제 상황 인식의 중요성

윤리적 문제 상황을 정확하게 인식하지 못하면 그 상황을 해결할 방법도 찾기 어렵다. 예를 들어 유대인 수용소에서 생체 실험을 주도한 나치스의 맹겔레는 생체 실험이 윤리적 문제 상황이라는 점을 전혀 알지 못했다고 주장하였다. 그 결과 맹겔레는 아무런 죄의식 없이 부도덕한 행위를 저지르고 말았다.

5 증자의 일일삼성

증자는 하루를 반성하며 다음 세 가지 질문에 대해 매일 자문자답하였다.
- 다른 사람을 대할 때 진심을 다하지 않았는가?
- 친구를 사귈 때 믿음과 신뢰를 잃지는 않았는가?
- 스승에게 배운 것을 열심히 익히지 않았는가?

질문 있어요

'윤리함'이란 무엇인가요?
윤리함이란 도덕적 탐구와 윤리적 성찰을 바탕으로 도덕적 행위를 실천으로 옮기는 일체의 과정입니다. 인간은 윤리적 삶을 영위해 나가는 도덕적 존재입니다. 도덕적 탐구와 윤리적 성찰을 바탕으로 실천으로 나아가야만 배움이 진정한 의미를 가지게 되며, 사람답게 살아갈 수 있습니다.

※용어사전

* **거경**(살 居, 공경할 敬)　무엇이 참된 삶인지를 성찰하고 마음을 한곳으로 모아 흐트러짐이 없이 하고, 몸가짐을 삼가 덕성을 함양하는 것
* **참선**(섞일 參, 고요힐 禪)　불교의 수양법 중 하나로, 선사(禪師)에게 나아가 선도를 배워 닦거나 스스로 선법을 닦아 구하는 것
* **중용**(가운데 中, 쓸 庸)　지나침과 모자람 없이 어떤 극단에도 치우치지 않은 상태, 처한 상황에서 최선의 적절한 행위를 선택하는 것

올리드 포인트

A 도덕적 탐구의 의미와 방법

1 도덕적 탐구의 의미와 특징

의미	도덕적 사고를 통해 도덕적 의미를 새로 구성하는 지적 활동
당위적 차원에 주목	행위를 정당화하고 도덕적 실천을 하는 데 중점을 둠
도덕적 추론의 활용	딜레마를 활용하여 도덕 원리, 사실 판단을 근거로 도덕 판단을 내리는 과정으로 이루어짐
정서적 측면 고려	논리적 사고, 비판적 사고 등 이성적 사고뿐만 아니라 공감, 배려 등 정서적 측면도 고려

2 도덕적 탐구의 방법

가치 분석 탐구 모형	윤리 문제 확인 및 명료화 → 사실의 진위 및 타당성 탐색 → 잠정적 도덕 판단 → 도덕 원리 검사 → 최종적인 도덕 판단
가치 갈등 해결 탐구 모형	윤리적 쟁점 및 딜레마 확인 → 자료 수집 및 분석 → 입장 채택 및 정당화 근거 제시 → 최선의 대안 도출

3 최선의 대안을 도출하기 위한 토론

의의	토론을 통해 윤리적 쟁점 또는 딜레마를 해결할 최선의 대안을 마련할 수 있음
순서	주장하기 → 반론하기 → 재반론하기 → 검토 및 정리하기

B 윤리적 성찰과 실천

1 윤리적 성찰의 의의
도덕적 자각의 계기, 올바른 가치관 형성, 인격 함양

2 윤리적 성찰의 종류와 방법
① 성찰의 종류 : 성찰 일기, 독서 감상문 쓰기, 여러 사람과의 토론 및 집단 피드백 등
② 성찰의 방법 : 문제 상황에 대한 인식 → 적합한 도덕 원리 적용과 결과 예측 → 가장 적합한 도덕 원리 탐색

3 동서양의 전통적 성찰 방법

동양	• 유교의 일일삼성, 거경, 신독 • 불교의 참선
서양	• 소크라테스의 산파술 • 아리스토텔레스의 중용

4 윤리함을 위한 도덕적 탐구와 윤리적 성찰
① 도덕적 탐구와 윤리적 성찰을 조화시킴
② 도덕적으로 옳은 것을 꿋꿋이 실천함

---

01 다음 설명이 맞으면 ○표, 틀리면 ×표를 하시오.

(1) 도덕적 탐구의 중점은 대체로 일반적 탐구의 중점과 같다.
　　　　　　　　　　　　　　　　　　　　　(　　　)

(2) 도덕 원리란 어떤 행동이 사실적으로 옳고 그른지 결정하는 기준이 된다. 　　　　　　　　　　　(　　　)

(3) 윤리적 문제에 대한 바람직한 해결 방안을 도출하려면 비판적 사고뿐만 아니라 도덕적 상상력과 배려적 사고도 발휘해야 한다. 　　　　　　　　　　　　(　　　)

(4) 밀은 인간이 불완전한 존재이므로 인식과 판단에서 오류를 범할 가능성이 없다고 보았다. 　　　　　(　　　)

(5) 아리스토텔레스는 도덕적 습관을 들이면 선한 성품을 지닐 수 있게 된다고 보았다. 　　　　　　　(　　　)

02 빈칸에 들어갈 알맞은 말을 쓰시오.

(1) 도덕 원리를 검사하는 방법에는 (　　　) 검사법, (　　　) 검사법, 반증 사례 검사법, 포섭 검사법이 있다.

(2) (　　　)은/는 일반적으로 주장하기, 반론하기, 재반론하기, 검토하고 정리하기 순서로 이루어진다.

(3) (　　　)이란 생활 속에서 자신의 마음가짐, 행동 또는 그 속에 담긴 자신의 정체성과 가치관에 관하여 윤리적 관점에서 깊이 있게 반성하고 살피는 태도이다.

(4) (　　　)은/는 '반성하지 않는 삶은 살 가치가 없다.'라고 주장하면서, 자신과 다른 사람의 삶을 부단히 검토하는 것을 자신의 소명으로 밝혔다.

03 각 입장과 윤리적 성찰 방법을 바르게 연결하시오.

(1) 유교　　　•　　　•㉠ 일일삼성(一日三省), 거경(居敬)

(2) 불교　　　•　　　•㉡ 문답법, 산파술

(3) 소크라테스　•　　　•㉢ 참선(參禪)

01 다음 교사의 질문에 적절하게 답변하지 <u>못한</u> 학생은?

도덕적 탐구 과정에서 고려해야 할 사항은 무엇일까요?

어떤 선택이 가져오는 단기적 결과뿐만 아니라 장기적인 결과까지도 고려해야 합니다.

도덕적 추론의 근거가 되는 도덕 원리와 사실 판단이 타당하게 제시되었는지 검토해야 합니다.

책임 소재를 분명히 하려면 도덕적 책임과 배려의 범위를 인간에게만 한정시켜야 합니다.

다양한 이론적 관점을 적용하여 윤리적 쟁점이나 문제 상황을 명확히 제시해야 합니다.

상대방의 입장을 고려하면서, 자신의 선택을 보편화할 수 있는지 면밀히 검토해야 합니다.

① 갑　　② 을　　③ 병　　④ 정　　⑤ 무

02 ㉠의 특징만을 〈보기〉에서 있는 대로 고른 것은?

(㉠)은/는 도덕적 사고를 통해 도덕적 의미를 새롭게 구성하는 지적 활동이다. (㉠)이/가 중요한 이유는 다양한 윤리 문제를 해결하고 도덕적으로 살아가는 데 필요한 윤리적 가치관을 세우며, 역지사지(易地思之)의 마음을 키울 수 있기 때문이다.

┤ 보기 ├
ㄱ. 도덕적 실천과 무관한 도덕적 규범에 주목한다.
ㄴ. 공감, 배려, 도덕적 분노와 같은 정서적 측면을 고려한다.
ㄷ. 대체로 윤리적 딜레마를 활용한 도덕적 추론으로 이루어진다.
ㄹ. 자연 현상을 객관적으로 탐구하여 진위를 밝히는 데 중점을 둔다.

① ㄱ, ㄴ　　② ㄱ, ㄹ　　③ ㄴ, ㄷ
④ ㄱ, ㄷ, ㄹ　　⑤ ㄴ, ㄷ, ㄹ

03 다음은 도덕적 탐구 과정을 정리한 도표이다. ㉠~㉤에 관한 설명으로 옳지 <u>않은</u> 것은?

㉠	윤리 문제 확인 및 명료화
㉡	사실의 진위 확인 및 타당성 탐색
㉢	잠정적인 도덕 판단
㉣	도덕 원리 검사
㉤	최종적인 도덕 판단

① ㉠ : 문제가 도덕 원리에 따라 찬반 입장이 달라질 수 있는 문제인지 검토한다.
② ㉡ : 쟁점에 관한 정보를 수집하고 그것이 사실인지 확인한다.
③ ㉢ : 쟁점에 대해 자신의 잠정적인 도덕 판단을 유보한다.
④ ㉣ : 잠정적인 도덕 판단에 사용한 도덕 원리를 보편화할 수 있는지 검토한다.
⑤ ㉤ : 도덕 원리와 사실 판단이 모두 타당할 때 도덕 판단을 확정한다.

04 다음은 도덕적 탐구 과정을 정리한 도표이다. ㉠~㉤에 관한 설명으로 옳지 <u>않은</u> 것은?

㉠	윤리적 쟁점 및 딜레마 확인
㉡	자료 수집 및 분석
㉢	입장 채택 및 정당화 근거 제시
㉣	최선의 대안 도출
㉤	반성적 성찰 및 입장 정리

① ㉠ : 윤리적 쟁점을 발생시키는 문제의 핵심을 파악한다.
② ㉡ : 윤리적 쟁점에 관한 다양한 자료를 수집하고 분석한다.
③ ㉢ : 쟁점에 대한 자신의 입장을 채택할 때 공감, 배려 같은 정서는 배제한다.
④ ㉣ : 쟁점을 해결할 최선의 대안을 마련하기 위해 토론을 진행한다.
⑤ ㉤ : 도덕적 탐구 활동을 반성적으로 성찰하고 자신의 입장을 정리한다.

05 ㉠, ㉡에 관한 옳은 설명을 〈보기〉에서 고른 것은?

> • (㉠)은/는 도덕 판단을 뒷받침하는 도덕 원리나 사실 판단을 받아들일 수 있는지 이성적으로 검토하는 사고이다. 이러한 사고는 문제의 도덕 원리가 보편적 규범으로 정립할 수 있는지도 검토한다.
> • (㉡)은/는 도덕적 탐구에서 다른 사람의 욕구나 감정이 무엇인지 관심을 기울임으로써 탐구의 내용을 더욱 풍성하게 해 준다.

| 보기 |
ㄱ. ㉠ : 주장의 근거와 적절성을 따져보고 검토한다.
ㄴ. ㉠ : 타인의 고통을 자신의 고통처럼 느끼는 능력을 발휘한다.
ㄷ. ㉡ : 역지사지와 공감을 발휘한다.
ㄹ. ㉡ : 전제로부터 결론 혹은 주장이 타당하게 도출되었는지 따져 본다.

① ㄱ, ㄴ ② ㄱ, ㄷ ③ ㄴ, ㄷ
④ ㄴ, ㄹ ⑤ ㄷ, ㄹ

06 다음 사상에서 제시하는 성찰 방법으로 적절하지 <u>않은</u> 것은?

> • 다른 사람을 위하여 일을 꾀하면서 진심을 다하지 못한 점은 없는가? 벗과 사귀면서 신의를 지키지 못한 일은 없는가? 배운 것을 제대로 익히지 못한 것은 없는가?
> • 지나간 허물을 살피고 혹은 새로 깨달은 것을 생각해 내어 조리를 세워 분명하게 이해해 두어라. 마음이 세워졌으면 새벽에 일찍 일어나 세수하고 단정히 앉아 몸을 단속하라.

① 홀로 있을 때에도 도리에 어긋나지 말라.
② 잡념이 들지 않도록 마음을 한군데 집중하라.
③ 마음을 한 곳으로 모아 흐트러짐이 없이 하라.
④ 이기적 욕망을 극복하여 악한 본성을 제거하라.
⑤ 일상생활에서도 마음과 함께 몸가짐을 단정히 하라.

07 ㉠의 중요성으로 적절하지 <u>않은</u> 것은?

> (㉠)은/는 생활 속에서 자신의 정체성과 가치관, 즉 나는 누구이고 어떤 의미와 가치를 추구하며 이 세상을 살아가는지에 대해 윤리적 관점에서 반성하는 것을 의미한다. 이는 도덕 원리와 모범적인 행동 등을 판단 준거로 활용하여 자신의 경험이 도덕적으로 좋은지 나쁜지를 판단한다.

① 도덕적으로 자각하는 계기가 된다.
② 성숙한 인격을 형성하는 데 도움을 준다.
③ 도덕적 주체의 자아상을 형성하는 데 필요하다.
④ 자신의 잘못을 고쳐 더 나은 삶을 살아갈 수 있게 한다.
⑤ 사회의 각종 윤리 문제에 대한 이해와 분석 능력을 함양해 준다.

〔중요〕
08 다음 글의 입장에서 지지할 견해만을 〈보기〉에서 있는 대로 고른 것은?

> 열린사회는 개인의 자유와 권리가 확보되고, 개인이 이성에 의해 스스로 판단을 내리고 책임지는 사회이다. 이 사회에서는 "내가 틀리고 당신이 옳을지도 모른다. 혹은 우리 모두가 틀릴 수도 있다. 그러나 비판적 논의에 의해 우리는 진리에 좀 더 가까이 다가갈 수 있다."라는 자세를 지녀야 한다.

| 보기 |
ㄱ. 토론과 논쟁에서는 타인의 주장에 대해 열린 자세를 지녀야 한다.
ㄴ. 토론 과정을 인류가 진리의 가치를 재확인할 기회로 여겨야 한다.
ㄷ. 토론을 통해 도출된 결론은 수정될 여지가 없다고 보아야 한다.
ㄹ. 토론을 거친 판단은 그렇지 않은 판단보다 비합리적인 것으로 보아야 한다.

① ㄱ, ㄴ ② ㄱ, ㄷ ③ ㄷ, ㄹ
④ ㄱ, ㄴ, ㄹ ⑤ ㄴ, ㄷ, ㄹ

09 ○을 뒷받침하는 근거로 적절한 내용만을 〈보기〉에서 있는 대로 고른 것은?

> 오늘날 우리가 직면한 윤리 문제는 공동체 전체의 참여를 요구하고 있다. 이러한 문제를 바람직하게 해결하려면 한 사람의 지혜에 기대는 것보다는 ○ 공동체가 함께 토론하는 과정을 거쳐야 한다.

┤ 보기 ├
ㄱ. 토론을 통해 승자와 패자를 구분할 수 있기 때문이다.
ㄴ. 토론을 통해 문제를 객관적으로 인식함으로써 해결의 실마리를 마련할 수 있기 때문이다.
ㄷ. 토론은 판단의 오류를 줄여 주고 갈등을 원만하게 해결할 방안을 모색하게 해 주기 때문이다.
ㄹ. 토론은 문제가 개인에게 국한된 것이 아니라 공동체 전체의 문제임을 인식하게 해 주기 때문이다.

① ㄱ, ㄴ
② ㄱ, ㄷ
③ ㄴ, ㄹ
④ ㄱ, ㄷ, ㄹ
⑤ ㄴ, ㄷ, ㄹ

중요
10 (가), (나)에서 공통으로 강조하는 내용으로 가장 적절한 것은?

> (가) 지식과 견문이 넓지 못한 것을 걱정할 것이 아니라 독실하게 실천하지 못하는 것을 걱정해야 한다.
> (나) 앎과 행함은 항상 서로를 의지한다. 마치 눈은 발이 없으면 가지 못하고 발은 눈이 없으면 보지 못하는 것과 같다. 선후를 논하면 앎이 먼저이고 경중을 논하면 행함이 중요하다.

① 보편타당하고 영원불멸한 윤리를 확립해야 한다.
② 이론의 유용성을 검증하기 위해 토론 과정을 거쳐야 한다.
③ 도덕적 앎이 도덕적 실천보다 더욱 중요함을 알아야 한다.
④ 도덕적 탐구와 도덕적 실천은 서로 무관한 것임을 알아야 한다.
⑤ 도덕적 탐구는 자신에 대한 반성적 성찰과 실천으로 이어져야 한다.

11 다음은 어떤 사람의 주장을 삼단 논법으로 정리한 도표이다. ○에 들어갈 내용을 서술하시오.

주제 : 인간 배아 복제 실험은 정당한가?	
전제 **1**	인간 배아 복제 실험은 인간을 대상으로 하는 실험이다.
전제 **2**	○
결론	인간 배아 복제 실험은 바람직하지 않다.

12 다음 글을 읽고 물음에 답하시오.

(가)	도덕 원리를 검토하는 대표적인 검사법이 두 가지 있다. 도덕 원리를 자신에게 적용할 때도 받아들일 수 있는지 확인하는 (○)과 도덕 원리를 모두에게 적용했을 때 나타나는 결과에 문제가 없는지 확인하는 (○)이다.
(나)	갑 : 오늘 친구와 약속이 있어. 교실 청소를 안 하고 가야겠어. 을 : 그렇게 하면 안 돼. _____ A _____

(1) (가)의 ○, ○에 들어갈 검사법을 각각 쓰시오.

(2) (1)의 답을 활용하여 (나)의 A에 들어갈 적절한 조언을 각각 서술하시오.

- ○ : _____

- ○ : _____

13 다음 글을 읽고 ○에 들어갈 적절한 내용을 서술하시오.

> 뉴욕 어느 지하철 계단에는 에베레스트산이 그려 있고 다음과 같은 문구가 써 있다. "어떤 이에게는 이 계단이 에베레스트산입니다." 작품을 제작한 작가는 몸이 불편한 사람에게는 이 낮은 계단조차도 세계 최고봉인 에베레스트보다 더 높게 보일 수 있다고 생각해서 이러한 작품을 만들게 되었다고 말한다. 흔히 도덕적 탐구는 오류를 줄이기 위해 감정을 억제하고 '차가운 이성'으로 사고해야 한다고 여겨진다. 하지만
> _____ ○ _____

01 (가)의 주장을 (나) 그림으로 나타낼 때, ㉠에 대한 반론의 근거로 가장 적절한 것은?

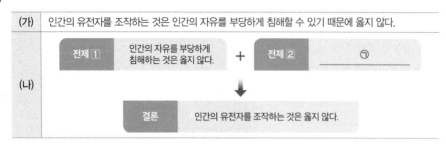

| (가) | 인간의 유전자를 조작하는 것은 인간의 자유를 부당하게 침해할 수 있기 때문에 옳지 않다. |

(나)

전제 ① 인간의 자유를 부당하게 침해하는 것은 옳지 않다. + 전제 ② ㉠ _____

↓

결론 인간의 유전자를 조작하는 것은 옳지 않다.

① 인간의 유전자를 인위적으로 조작하는 것은 자연의 질서에 위배된다.
② 인간의 유전자 조작을 허용하면 결국 자율적 삶의 가능성을 제약하게 된다.
③ 인간의 동의를 전제하지 않은 인간의 유전자 조작은 인간을 수단화하는 것이다.
④ 조작된 인간은 더 많은 선택의 기회를 얻으므로 좀 더 자유로운 삶을 살 수 있다.
⑤ 우생학적 조치를 통해 인간의 삶을 사전에 기획하는 것은 자유를 박탈하는 것이다.

🔍 **문제 접근 방법**
먼저 (가)의 제시문을 삼단 논법으로 분석했을 때, (나)의 ㉠에 들어갈 내용이 무엇인지 파악한다. 다음으로 ㉠에 대한 적절한 반론이 무엇인지 판단하여 문제를 해결한다.

✏️ **적용 개념**
도덕 판단
삼단 논법

02 (가)의 갑, 을의 도덕적 추론 과정을 (나)의 표로 정리할 때, ㉠, ㉡에 들어갈 내용을 바르게 짝 지은 것은?

| (가) | 갑 : 뇌사를 죽음으로 인정하면 더 많은 사람에게 장기 이식을 할 수 있고, 여러 사람에게 이익을 줍니다. 따라서 뇌사를 죽음으로 인정해야 합니다.
을 : 뇌사를 죽음으로 인정하는 것은 누군가의 생명을 고의로 해치는 것과 같습니다. 따라서 뇌사를 죽음으로 인정하는 것은 옳지 않습니다. |

(나)

갑의 도덕적 추론 과정		을의 도덕적 추론 과정	
전제 ①	사람들에게 이익을 가져다주는 것은 옳다.	전제 ①	누군가의 생명을 고의로 해치는 것은 옳지 않다.
전제 ②	㉠	전제 ②	㉡
결론	뇌사를 죽음으로 인정하는 것은 옳다.	결론	뇌사를 죽음으로 인정하는 것은 옳지 않다.

	㉠	㉡
①	뇌사를 죽음으로 인정하는 것은 사람들에게 이익을 가져다준다.	누군가의 생명을 고의로 해치는 것과 뇌사는 무관하다.
②	뇌사를 죽음으로 인정하는 것은 사람들에게 이익을 가져다준다.	뇌사를 죽음으로 인정하는 것은 누군가의 생명을 고의로 해치는 것이다.
③	뇌사를 죽음으로 인정하는 것은 누군가의 생명을 고의로 해치는 것이다.	사람들에게 이익을 가져다주는 것은 뇌사를 죽음으로 인정하는 것이다.
④	사람들에게 이익을 가져다주는 것은 뇌사를 죽음으로 인정하는 것이다.	뇌사를 죽음으로 인정하는 것은 누군가의 생명을 고의로 해치는 것이다.
⑤	사람들에게 이익을 가져다주는 것은 뇌사를 죽음으로 인정하는 것이다.	누군가의 생명을 고의로 해치는 것과 뇌사는 무관하다.

🔍 **문제 접근 방법**
도덕적 추론 과정을 구체적인 문제 상황에 적용해 보는 문제이다. 갑, 을의 추론 과정을 삼단 논법 형식으로 분석하여 문제를 해결한다.

✏️ **적용 개념**
도덕적 추론 과정

03 갑의 입장에서 〈문제 상황〉의 A에 제시할 적절한 답변만을 〈보기〉에서 있는 대로 고른 것은?

> 갑 : 의견 발표를 억압하는 것은 그 의견을 지지하거나 반대하는 모든 사람에게 손해를 끼친다. 한 사람 이외의 모든 인류가 동일한 의견이고, 한 사람만이 반대 의견을 갖는다 해도 인류에게는 그 한 사람에게 침묵을 강요할 권리가 없다.
>
> 〈문제 상황〉
> 학　생 : 진리에 이의를 제기하는 소수 의견도 존중해야 하는 이유는 무엇입니까?
> 사상가 : _____ A _____

보기
ㄱ. 소수 의견이 진리이고 다수 의견이 오류일 수 있기 때문입니다.
ㄴ. 사회적 유용성 차원에서 소수 의견의 제한은 필요하기 때문입니다.
ㄷ. 자유로운 토론 과정에서 진리의 가치를 재확인할 수 있기 때문입니다.
ㄹ. 자유로운 논박을 통해 진리에 대한 참된 이해가 가능하기 때문입니다.

① ㄱ, ㄴ　　　　　② ㄱ, ㄷ　　　　　③ ㄴ, ㄹ
④ ㄱ, ㄷ, ㄹ　　　　⑤ ㄴ, ㄷ, ㄹ

🔎 **문제 접근 방법**
먼저 '침묵을 강요할 권리는 없다'와 같은 문장을 통해 갑의 사상가를 파악한다. 이 사상가의 입장에서 〈문제 상황〉의 질문에 대답할 적절한 내용을 추론하여 문제를 해결한다.

✏ **적용 개념**
토론의 필요성

04 다음 서양 사상가의 입장에서 지지할 주장으로 적절하지 <u>않은</u> 것은?

> 여러분은 지혜와 힘이 가장 뛰어나고 유명한 아테네의 시민입니다. 그런데 여러분은 재물과 명성과 명예에 대해서는 최대한 마음을 쓰지만, 사리분별과 진리 그리고 정신의 훌륭함에 대해서는 생각도 않고 염려하지도 않습니다. 이 점이 부끄럽지 않습니까? 재물에서 덕이 생기는 것이 아니라 덕에 의해 재물이나 그 밖의 모든 것이 사적으로든 공적으로든 좋은 것이 됩니다. 저는 신이 이 나라에 달라붙게 한 등에입니다. 덩치가 크고 혈통은 좋지만 그 큰 덩치 때문에 둔한 말에게는 등에에 의한 자극이 필요하듯이 저는 온종일 어디서나 여러분에게 달라붙어서 여러분을 일깨우고 설득하며 나무라기를 절대 그만두지 않는 그런 사람으로서 말씀입니다.
>
> *등에 : 파리, 모기 등 파리목에 속하는 곤충

① 자기 행동을 도덕적 관점에서 반성적으로 검토해야 한다.
② 자신의 삶을 지속적으로 성찰하는 가치 있는 삶을 살아야 한다.
③ 자기 자신에 대해 정확히 이해하기 위해 신념과 믿음을 검토해야 한다.
④ 행복한 삶을 살아가려면 재물과 명성과 명예에 대해 최대한 마음을 써야 한다.
⑤ 세속적 가치보다 자기 내면의 정신적 가치에 우선적으로 관심을 기울여야 한다.

🔎 **문제 접근 방법**
먼저 제시문의 '지혜', '등에', '진리'와 같은 핵심어를 통해 서양 사상가가 누구인지 파악한다. 다음으로 이 사상가가 강조했던 삶의 태도를 상기하며 문제를 해결한다.

✏ **적용 개념**
윤리적 성찰

 유형 1 **윤리학의 종류와 특징 파악하기**

㉠에 들어갈 진술로 가장 적절한 것은?

> 나는 윤리학의 근본 과제가 현실에서 적용 가능한 도덕적 규범이나 원칙을 탐구하여 이를 구체적인 삶의 문제에 적용하는 것이라고 본다. 그런데 어떤 사람들은 현실적 도덕이 삶에 대한 경험의 일부이기 때문에 경험적으로 연구될 수 있다는 관점에서 윤리학의 근본 과제가 어떤 문화나 사회의 도덕적 현상을 가치 판단 없이 객관적으로 기술하는 것이라고 본다. 나는 이러한 입장이 _____㉠_____고 생각한다.

① 도덕 추론에 대한 논리적 구조 분석의 필요성을 주장한다
② 도덕 현상의 인과 관계에 대한 탐구의 가능성을 부정한다
③ 실천적 규범을 통한 도덕 문제 해결의 중요성을 경시한다
④ 현실적 도덕에 대한 가치 중립적 설명의 필요성을 무시한다
⑤ 보편적 도덕규범의 이론적 체계 구성의 중요성을 강조한다

》 **유형 분석** 윤리학 분과의 특징을 비교하는 문제는 생활과 윤리에서 첫 번째로 공략해야 할 유형이다. 특히 이론 윤리학과 실천 윤리학, 메타 윤리학, 기술 윤리학 등을 구분하는 문제는 매해 한 문제씩 출제되고 있다. 따라서 각 윤리학의 근본 과제 등을 비교하여 정리해 두어야 한다.

☑ **공략법**
❶ '나'와 '어떤 사람들'이 각각 어떤 윤리학을 지지하는지 파악해 보자.
❷ '규범이나 원칙을 구체적인 문제에 적용하는 것'과 '도덕 현상을 객관적으로 기술하는 것'은 각각 어떤 윤리학에서 제시하는 근본 과제인지 적어 보자.
❸ '이러한 입장'이 선지의 내용을 긍정할지 부정할지 판단하며 정답을 골라 보자.

유형 2 **칸트의 입장에서 조언하기**

다음 사상가의 입장에서 〈문제 상황〉 속 A 공학자에게 제시할 조언으로 가장 적절한 것은?

> 너 자신의 인격에서나 다른 모든 사람의 인격에서 인간을 항상 동시에 목적으로 대하고, 결코 한낱 수단으로만 대하지 않도록 행위하라.

〈문제 상황〉

인간과 동등한 정신적 능력을 지닌 로봇을 제작할 수 있다면, 도덕적 행위를 할 수 있는 로봇을 어떻게 개발해야 할까?

A 공학자

① 로봇이 유덕한 품성을 지니도록 개발하세요.
② 로봇이 인간 존엄성을 존중하도록 개발하세요.
③ 로봇이 자기 보존 성향을 지니도록 개발하세요.
④ 로봇이 쾌락의 총량을 최대화하도록 개발하세요.
⑤ 로봇이 인간을 수단으로만 대하도록 개발하세요.

》 **유형 분석** 사상가의 입장에서 〈문제 상황〉에 조언하는 문제는 자주 출제되는 유형이다. 각각의 이론 윤리 관점에서 현대 윤리 문제에 어떻게 접근하는지 정리해 두고, 구체적인 문제 상황에 대해 어떠한 해결 방안을 제시할지 추론하는 연습을 꾸준히 해 두자.

☑ **공략법**
❶ '인간을 목적으로 대하라'와 같은 핵심 문장을 통해 사상가를 파악해 보자.
❷ 〈문제 상황〉의 공학자가 '도덕적 행위를 할 수 있는 로봇'을 개발하고자 함을 확인해 보자.
❸ 사상가의 입장에서 제시한 도덕적 행위의 요건을 상기하며 선지를 골라 보자.

유형 3

도가 윤리의 이상적 인간상 이해하기

(가) 사상의 관점에서 볼 때, 퍼즐 (나)의 세로 낱말 (A)에 관한 설명으로 옳은 것은?

(가)	친애하는 자는 인자(仁者)가 아니다. 하늘을 시간으로 구분하는 자는 현자(賢者)가 아니다. 이(利)와 해(害)를 구별하는 자는 군자(君子)가 아니다. 명성을 좇아 참된 자기를 잃은 자는 선비[士]가 아니다.

(나)

					(A)		
	(B)						

[가로 열쇠]
(A) : 엘리아데가 제시한 '성스러움의 드러남'이라는 개념
(B) : '자신을 수양하고 다른 사람을 편안하게 함'을 뜻하는 사자성어

[세로 열쇠]
(A) : …… 개념

① 좌망(坐忘)을 통하여 일체의 분별 의식에서 벗어난 존재이다.
② 지혜를 갖추고 자비를 베풀어 중생(衆生)을 제도하는 존재이다.
③ 사욕을 이기고 예(禮)로 돌아가 도덕적 인격을 완성한 존재이다.
④ 덕과 형벌을 병행하여 왕도(王道)의 이상을 구현하는 존재이다.
⑤ 허심(虛心)에서 깨어나 모든 망상과 번뇌로부터 초월한 존재이다.

▶▶ **유형 분석** 퍼즐을 풀고, 숨은 단어의 의미를 묻는 것은 생활과 윤리에서 자주 출제되는 유형이다. 이러한 유형의 문제를 해결하려면 평소 생활과 윤리에서 다루는 주요 개념을 잘 익혀 두어야 한다.

☑ **공략법**

❶ '하늘', '군자', '선비' 등의 핵심어를 통해 (가) 사상이 어떤 사상인지 추론해 보자.

❷ 퍼즐의 열쇠를 보고 가로 낱말 (A), (B)를 각각 퍼즐 빈칸에 써 보자.

❸ 세로 낱말 (A)에 관해 (가) 사상의 입장에서 어떻게 설명하는지 상기하며 옳은 선지를 골라 보자.

 유형 4

도덕적 추론 분석하고 반론 제시하기

그림은 수업 장면이다. 소전제 ㉠에 대한 반론으로 가장 적절한 것은?

① 인간에게는 자신의 생명을 끊을 권리가 없다.
② 환자의 요구에 반하여 안락사를 시켜서는 안 된다.
③ 환자가 뇌사 상태에 있을 경우에는 치료를 중단해도 된다.
④ 시한부 환자의 고통을 덜기 위해 안락사를 시키는 것도 사람을 죽이는 것이다.
⑤ 자발적 안락사는 환자가 스스로 요구한다는 점에서 사람을 죽이는 것과 다르다.

▶▶ **유형 분석** 어떤 주장을 삼단 논법으로 분석하고, 숨은 전제나 결론을 추론하여 반론을 제시하는 문제는 꾸준히 나오는 유형이다. 평소 하나의 도덕 판단을 대전제, 소전제, 결론으로 분석하는 연습을 충분히 해 두어야 한다.

☑ **공략법**

❶ 대전제와 결론에서 중복되는 표현을 지우면 '인간을 죽이는 것'과 '자발적 안락사'가 남는 것을 확인해 보자.

❷ 소전제 ㉠에 '자발적 안락사는 인간을 죽이는 것'이라고 적어 보자.

❸ 선지를 꼼꼼히 읽으며, ㉠을 옹호하는 주장인지, 반대하는 주장인지 판단해 보자.

01 현대 생활과 실천 윤리

• 윤리학의 분류와 근본 과제

메타 윤리학		도덕 언어의 의미를 분석하고 도덕적 추론의 타당성을 입증하는 것을 근본 과제로 삼음
규범 윤리학	이론 윤리학	윤리적 판단과 행위 원리를 탐구하고, 이를 정당화함으로써 윤리 이론과 규범을 체계화하는 것을 근본 과제로 삼음
	실천 윤리학	실제 우리 삶에서 발생하는 다양한 문제에 이론 윤리를 적용하여 구체적이고 실천적인 지침을 제공하는 것을 근본 과제로 삼음
기술 윤리학		도덕적 풍습이나 관습에 관해 묘사하거나 객관적으로 기술하는 것을 근본 과제로 삼음

• 현대 사회의 윤리 문제와 핵심 쟁점들

생명 윤리 영역	• 쟁점 : 인공 임신 중절, 자살, 안락사, 뇌사, 생명 복제, 동물 실험과 동물의 권리 등 생명의 존엄성에 관한 것 • 생명의 시작과 끝에서 만나는 윤리는 무엇인가?　• 생명 과학 기술의 발달로 발생하는 윤리적 쟁점은 무엇인가?
사회 윤리 영역	• 쟁점 : 직업 윤리, 공정한 분배 및 처벌, 시민 참여와 시민 불복종 등에 관한 것 • 직업을 통해 어떻게 행복한 삶을 영위할 수 있는가?　• 공정한 사회로 발전하기 위해 우리에게 필요한 정의는 무엇인가?
과학 윤리 영역	• 쟁점 : 과학 기술의 가치 중립성과 사회적 책임 문제, 정보 기술과 매체의 발달에 따른 문제, 환경 문제 등 • 과학 기술은 사실의 문제인가, 가치의 문제인가?　• 사이버 공간의 윤리와 현실의 윤리는 다른가?
문화 윤리 영역	• 쟁점 : 예술과 대중문화에 관한 문제, 의식주 소비에 관한 문제, 다문화 사회에서 발생하는 갈등 등 • 예술과 도덕은 갈등할 수밖에 없는가?　• 왜 의식주와 소비가 윤리적인 문제로 등장하고 있는가?
평화 윤리 영역	• 쟁점 : 갈등, 통일, 국제 사회의 분쟁과 국가 간 빈부 격차 문제 등 • 사회의 다양한 갈등을 극복하는 데 필요한 소통의 윤리는 무엇인가?　• 통일이 지향해야 할 윤리적 가치는 무엇인가?

02 현대 윤리 문제에 대한 접근

• 동양 윤리의 접근

유교 윤리	불교 윤리	도가 윤리
• 주안점 : 인격 완성과 현실 문제 해결 • 이상적 인간 : 군자(君子), 성인(聖人) • 이상 사회 : 대동(大同) 사회 • 이상적 정치 형태 : 덕치(德治) • 충서(忠恕)의 방법을 통해 인(仁)을 실천하고자 함 • 정명(正名)과 오륜(五倫)을 강조함 • 인간과 자연의 조화를 추구함 • 도덕적 해이 현상 극복에 기여함 • 시사점 : 인간성 상실, 이기주의 문제를 해결하는 데 도움을 줌	• 주안점 : 연기를 깨달아 자비를 실천함 • 이상적 인간 : 보살(菩薩) • 이상적 경지 : 해탈, 열반 • 모든 생명은 평등하며, 모든 존재에 불성(佛性)이 있다고 봄 • 공(空)의 자각을 통해 집착하지 않음을 강조함 • 인간 내면을 성찰하고 정신 수양을 하는데 기여함 • 시사점 : 생명 경시 풍조, 환경 문제를 해결하는 데 도움을 줌	• 주안점 : 자연의 순리에 따르는 무위자연(無爲自然)의 삶 • 이상적 인간 : 지인(至人), 진인(眞人), 신인(神人), 천인(天人) 등 • 이상 사회 : 소국 과민(小國寡民) • 이상적 정치 형태 : 무위의 정치 • 세상 만물은 평등한 가치를 지님 • 좌망(坐忘)과 심재(心齋)를 통한 제물의 경지를 지향함 • 시사점 : 세속적 가치에 대한 지나친 욕망을 절제하는 데 도움을 줌

• 서양 윤리의 접근

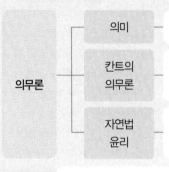

의무론	의미	보편타당한 법칙이 존재하며, 우리의 행위가 이 법칙을 따르면 옳고 따르지 않으면 그르다고 판단함
	칸트의 의무론	• 보편적 도덕 법칙을 정언 명령으로 제시하며, 행위의 결과보다 동기를 중시함 • 시사점 : 보편적인 윤리를 확립하여 도덕 판단에 근거를 마련하고, 인간 존엄성 정신을 강조함
	자연법 윤리	• 자연법을 기초로, 어떤 행위가 자연의 질서에 부합하는지 아니면 어긋나는지를 검토함 • 시사점 : 인간의 존엄성, 생명권, 온전성 등을 해치는 행위에 반대하는 입장의 이론적 근거를 제공함

공리주의	• 의미 : 쾌락과 행복을 가져다주는 행위는 옳은 행위이며, 고통과 불행을 가져다주는 행위는 그릇된 행위라고 보는 관점 • 벤담의 양적 공리주의 : '최대 다수의 최대 행복'을 도덕 원리로 제시함 • 밀의 질적 공리주의 : 쾌락의 양뿐만 아니라 질적 차이도 고려해야 한다고 주장함 • 시사점 : 유용성의 원리를 확립하고, 사익과 공익의 조화에 대한 기준을 제시함
덕 윤리	• 의미 : 유덕한 성품에서 나온 행위가 참된 윤리적 행위라고 보면서, 규범의 정당화보다 덕성의 내면화를 강조함 • 특징 : 행위자의 인성을 강조하며, 공동체의 구성원으로서 덕을 함양할 것을 강조함 • 시사점 : 윤리학의 논의 범위를 확장하는 데 기여하였으며, 도덕적 실천력을 높이는 데 기여함
도덕 과학	• 의미 : 인간의 도덕성과 윤리적 문제를 과학에 근거하여 탐구하는 방식 • 종류 : 감정과 이성의 역할을 과학적으로 검토하는 신경 윤리학, 도덕성을 진화의 측면에서 설명하는 진화 윤리학 등 • 시사점 : 인간의 도덕성과 도덕적 행동을 과학적으로 해명하여 윤리학의 폭을 넓힘

03 윤리 문제에 대한 탐구와 성찰

• 도덕적 탐구의 의미와 방법

의미	도덕적 사고를 통해 도덕의 의미를 새롭게 구성하는 지적 활동
특징	현실 문제를 해결할 때 당위적 차원에 주목하며, 대체로 윤리적 딜레마를 활용한 도덕적 추론으로 이루어짐
고려해야 할 요소	• 다양한 이론적 관점을 고려하여 여러 가지 해결 방안을 탐색해야 함 • 이성적 추론 능력은 물론 공감, 배려 등 정서적 부분까지 고려해야 함 • 어떤 선택에 따른 단기적 결과뿐만 아니라 장기적 결과까지도 예측해야 함 • 도덕적 책임과 범위를 인간에서 동식물, 미래 세대 등으로 더 넓게 확대해야 함
탐구 모형	가치 분석 탐구 모형	윤리적 문제 확인 및 명료화 → 사실의 진위 및 타당성 탐색 → 잠정적 도덕 판단 → 도덕 원리 검사 → 최종적인 도덕 판단
	가치 갈등 해결 탐구 모형	윤리적 쟁점 및 딜레마 확인 → 자료 수집 및 분석 → 입장 채택 및 정당화 근거 제시 → 최선의 대안 도출

• 윤리적 성찰과 실천

의미	생활 속에서 자신의 마음가짐, 행동 또는 그 속에 담긴 자신의 정체성과 가치관에 관하여 윤리적 관점에서 깊이 있게 반성하고 살피는 태도
중요성	• 도덕적으로 자각하는 계기가 됨 • 인격을 함양하는 데 도움을 줌 • 자신의 불완전함을 보완할 수 있음
방법	• 유교 : 일일삼성(一日三省), 거경(居敬), 신독(愼獨) • 불교 : 참선(參禪) • 소크라테스의 산파술, 아리스토텔레스의 중용

01 ㉠에 들어갈 내용으로 가장 적절한 것은?

> 나는 윤리학의 근본 과제가 도덕적으로 올바른 행위를 판단하는 데 필요한 기본 원리와 규범을 일반화하는 데 있다고 생각한다. 그런데 어떤 사람들은 윤리학의 과제가 '좋다', '옳다', '해야 한다'와 같은 말의 쓰임을 정확하게 설명하는 것이며, 도덕적 신념이 추론되는 과정이 타당한지 검토하는 것이라고 주장한다. 나는 이러한 주장이 _____㉠_____고 생각한다.

① 도덕 명제에 대한 검증 가능성을 간과하고 있다
② 개별 행위를 정당화하는 규범 체계의 확립을 강조하고 있다
③ 도덕적 관행을 문화적 사실의 한 종류로 보아야 함을 강조하고 있다
④ 행위의 옳고 그름을 구분하는 도덕 법칙을 정립해야 함을 간과하고 있다
⑤ 도덕 문제를 해결하려면 의무, 덕성, 공리와 같은 도덕적 근거를 마련해야 함을 강조하고 있다

02 다음은 노트 필기의 일부이다. ㉠~㉣에 관한 설명으로 옳지 <u>않은</u> 것은?

> 〈윤리학의 분류〉
> • 규범 윤리학
>   - (㉠)의 종류 : 공리주의, 의무론 등
>   - (㉡)의 종류 : 생명 윤리, 환경 윤리, 정보 윤리 등
>   　⋮
> • 메타 윤리학의 탐구 대상 : ㉢
> • 기술 윤리학의 탐구 대상 : ㉣

① ㉠은 보편적인 도덕 원리를 정립하고자 한다.
② ㉡은 과학 기술 발달에 따른 현실 윤리 문제를 적극적으로 해결하고자 한다.
③ ㉢은 사실 판단과 도덕 판단의 차이를 논리적으로 규명하는 것이다.
④ ㉣은 특정 시대의 관습에 관해 조사하고 객관적으로 기술하는 것이다.
⑤ ㉠, ㉡은 윤리학의 근본 과제를 윤리학 자체의 성립 가능성을 탐구하는 것이라고 본다.

개념 피드백 12쪽

03 다음 글에서 주장하는 바를 바르게 추론한 내용을 〈보기〉에서 고른 것은?

> ㉠ 실천 윤리학과 ㉡ 이론 윤리학을 구분하는 것은 의미 있는 일인가? 한편으로 보면 실천 윤리라고 해서 결코 이론을 배제하는 것이 아니다. 이론이 없으면, 즉 적용해야 할 도덕 원칙이 존재하지 않으면 도대체 무엇을 응용하여 실천한단 말인가? 다른 한편으로 보면 이론 윤리는 어떤 의미에서 이미 그 이론을 적용할 특정한 상황을 전제한다. 이처럼 도덕적 원칙을 세우는 이론적 작업과 그 이론을 응용하여 실천하는 일은 전혀 별개의 일이 아니다.

> **보기**
> ㄱ. ㉠은 ㉡이 제시한 도덕 이론을 현실의 도덕 문제에 실제로 적용한다.
> ㄴ. ㉠은 ㉡과 달리 개별 윤리 문제에 대한 해결책을 제시하는 것에만 관심을 둔다.
> ㄷ. ㉡은 ㉠과 달리 특정 상황과 무관한, 즉 보편타당한 도덕규범을 정립하고자 한다.
> ㄹ. ㉠, ㉡은 서로 대립하거나 모순되는 관계가 아닌 상호 유기적인 관계이다.

① ㄱ, ㄴ　　② ㄱ, ㄹ　　③ ㄴ, ㄷ
④ ㄴ, ㄹ　　⑤ ㄷ, ㄹ

04 현대 윤리 영역과 주요 쟁점을 짝지은 내용으로 옳지 <u>않은</u> 것은?

① 생명 윤리 영역 - 죽음에 관한 자기 결정권은 인간에게 있는가?
② 사회 윤리 영역 - 사회적 약자를 위한 우대 정책은 역차별인가?
③ 평화 윤리 영역 - 해외 원조는 의무의 영역인가, 자선의 영역인가?
④ 정보 윤리 영역 - 미래 세대를 고려하여 지속 가능한 발전을 추진해야 하는가?
⑤ 문화 윤리 영역 - 합리적 소비보다 윤리적 소비를 지향하는 것은 우리의 의무인가?

05 (가)의 사상가 입장에서 (나)의 ㉠에 제시할 내용으로 가장 적절한 것은?

(가)	• 정(政)이란 바로잡는 것[正]이다. 만약 위정자가 정(政)으로써 통솔한다면 누가 감히 바르게 되지 않겠는가? • 백성을 법률과 형벌로써 가지런하게 하려고 한다면 그들은 형벌을 피하고자 할 뿐 부끄러워하는 마음을 가지지 못할 것이다.
(나)	㉠ 그러면 백성은 부끄러워할 줄 알게 될 뿐 아니라 바르게 된다.

① 예(禮)를 통해 인간의 악한 본성을 변화시켜라.
② 인의(仁義)를 버리고 무위(無爲)로써 다스려라.
③ 덕(德)으로 인도하고 예(禮)로써 가지런히 하라.
④ 백성들 법으로 다스리고 강력한 형벌을 적용하라.
⑤ 인간 내면의 깨달을 수 있는 불성(佛性)을 자각하라.

개념 피드백 21쪽

06 다음 사상가가 지지할 주장으로 적절하지 <u>않은</u> 것은?

> 옛날에 바다 새가 노나라 교외로 날아와 앉자, 노나라 임금은 그 새를 맞아 잔치를 열어 아름다운 음악을 연주하고 성대한 음식으로 대접하였다. 그러나 새는 도리어 눈이 어지럽고 근심과 슬픔에 잠겨 고기 한 점 먹지 못하고 술 한 모금 마시지 못한 채 사흘 만에 죽었다.

① 편협한 자기중심적 사고를 극복해야 한다.
② 외물(外物)로부터 자유로운 삶을 추구해야 한다.
③ 도(道)의 관점에서 세상 만물을 평등하게 바라보아야 한다.
④ 선악을 명확하게 구분하여 선한 본성을 잘 유지해야 한다.
⑤ 인간을 자연의 일부로 보고 다른 존재와 차별하지 않아야 한다.

07 다음 서양 사상가의 입장과 일치하는 내용에만 모두 'V'를 표시한 학생은?

> 지킬 생각도 없으면서 거짓 약속을 해도 되는가? 이 물음에 대답하려면 스스로에게 다음과 같이 물어 보면 된다. '거짓 약속을 할 수 있다는 나의 규칙이 보편적인 법칙이 되기를 나는 바랄 수 있을까?' 이때, 나는 비록 내가 이것은 원할 수 있지만 거짓말하는 것을 보편적인 법칙으로 만드는 것은 결코 원할 수 없음을 알게 된다. 그러한 규칙을 따르게 되면 약속은 아예 성립조차 할 수 없기 때문이다.

내용 \ 학생	갑	을	병	정	무
행복 총량의 극대화를 도덕의 원리로 삼아야 한다.	V	V			
자연적 경향성에서 나온 행위를 도덕적 행위로 규정한다.	V		V	V	
행위의 도덕성은 도덕 법칙에 근거한 의무의 실천에 두어야 한다.		V		V	V
도덕을 다른 무엇의 수단이 아니라 그 자체가 목적으로 인식해야 한다.				V	V

① 갑   ② 을   ③ 병   ④ 정   ⑤ 무

08 다음 사상이 현대 윤리 문제에 주는 시사점을 〈보기〉에서 고른 것은?

> 존재하는 것은 공간적으로 고립하여 있지 않고 더불어 있으며, 시간적으로 서로 영향을 주고받는다. 모든 존재는 그럴 만한 원인과 조건에 의해 생긴 것이며, 그럴 만한 원인과 조건이 없어지면 사라지게 된다.

┤ 보기 ├
ㄱ. 변화에 탄력적으로 대처하는 유용성의 원리를 제시한다.
ㄴ. 생명을 경시하는 풍토를 비판하고, 생태계를 파괴하는 행동을 경계한다.
ㄷ. 인간의 도덕성 형성에 영향을 미치는 요인을 과학적으로 검토할 기반을 마련한다.
ㄹ. 참선과 같은 수행 방법을 통해 인간 내면을 성찰하고 정신 수양을 하는 데 이바지한다.

① ㄱ, ㄴ   ② ㄱ, ㄷ   ③ ㄴ, ㄷ
④ ㄴ, ㄹ   ⑤ ㄷ, ㄹ

실전 대비

🔎 개념 피드백 22쪽

09 다음 사상가의 입장과 일치하는 내용을 〈보기〉에서 고른 것은?

> 쾌락과 고통만을 평가할 때 고려해야 할 것은 강력성, 지속성, 확실성, 원근성이다. 그러나 쾌락과 고통의 가치가 그것을 낳는 행위의 영향을 평가한다는 목적을 위하여 고찰하는 경우에는, 다산성과 순수성을 계산에 넣어야 한다. 그리고 범위, 즉 쾌락과 고통의 영향을 받는 사람의 수도 고려해야 한다.

> ┤ 보기 ├
> ㄱ. 구체적인 기준에 따라 쾌락의 양을 계산해야 한다.
> ㄴ. 사적 행복의 추구와 공동선의 증진은 별개의 문제로 보아야 한다.
> ㄷ. 도덕과 입법에서 최대 다수의 최대 행복의 원리를 적용해야 한다.
> ㄹ. 동기와 결과를 동등하게 고려하여 행위의 옳고 그름을 판단해야 한다.

① ㄱ, ㄴ   ② ㄱ, ㄷ   ③ ㄴ, ㄷ
④ ㄴ, ㄹ   ⑤ ㄷ, ㄹ

10 다음 사상가의 주장으로 옳지 <u>않은</u> 것은?

> 지성적 덕은 그 근원과 성장을 주로 교육에 두고 있다. 그런 까닭에 그것은 경험과 시간을 필요로 한다. 반면 품성적 덕은 습관의 결과로 생겨난다. 품성적 덕은 어떤 것도 본성적으로 우리에게 생기는 것이 아니다. 본성적으로 생기는 것이라면 본성과 다르게 습관을 들일 수 없기 때문이다. 품성적 덕을 획득하게 되는 것은 먼저 실천함으로써 이루어진다. 우리는 정의로운 일을 행함으로써 정의로운 사람이 되고, 절제있는 일을 행함으로써 절제 있는 사람이 되며, 용감한 일을 행함으로써 용감한 사람이 되는 것이다.

① 덕은 지성적 덕과 품성적 덕으로 구분할 수 있다.
② 덕에 관해 알더라도 실천하지 못하는 경우가 있다.
③ 지성적 덕은 교육을 통해, 품성적 덕은 습관을 통해 길러진다.
④ 바람직한 인간관계의 맥락을 고려하여 타고난 덕성을 실천해야 한다.
⑤ 좋은 성품을 지니려면 옳은 행위를 습관화하여 자신의 행위로 내면화해야 한다.

11 다음 사상의 입장에서 주장할 내용으로 적절하지 <u>않은</u> 것은?

> 온 천하에 하나의 참된 법이 실존하는 바, 즉 올곧은 이성으로서 ㉠이 법은 자연과 일치하며, 모든 존재에 내재하며, 자기와 영원히 동일하다. 바로 ㉠이 법이 그 명령을 통하여 우리에게 의무를 다하게 하며, 그 금지를 통해 우리에게 악행에 대해 등을 돌리도록 하는 것이다.

① ㉠에 부합하는 행위는 옳은 행위이다.
② 누구나 이성을 활용하여 ㉠을 파악할 수 있다.
③ 일상적인 도덕 판단은 도덕적 직관에 따른다.
④ 자살, 살인, 안락사 등은 ㉠에 따르지 않은 행위이므로 옳지 않다.
⑤ 쾌락과 행복을 증진시키는 데 유용한 행위는 도덕적으로 바람직하다.

12 다음은 도덕적 추론 과정을 정리한 도표이다. 각 과정에 관한 설명으로 적절하지 <u>않은</u> 것은?

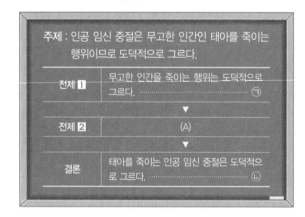

주제 : 인공 임신 중절은 무고한 인간인 태아를 죽이는 행위이므로 도덕적으로 그르다.	
전제 ❶	무고한 인간을 죽이는 행위는 도덕적으로 그르다. ……㉠
전제 ❷	(A)
결론	태아를 죽이는 인공 임신 중절은 도덕적으로 그르다. ……㉡

① ㉠은 도덕 원리에 해당한다.
② (A)에 들어갈 내용은 '인공 임신 중절은 무고한 인간을 죽이는 행위이다.'이다.
③ 도덕적 추론을 명확히 하기 위해 (A)에 관한 근거를 검토하는 과정이 필요하다.
④ ㉡은 도덕 원리를 바탕으로 사실 판단을 거쳐 내리는 도덕 판단에 해당한다.
⑤ 이러한 탐구 과정은 현상의 원인과 결과를 규명하고 사실 판단의 진위를 판별하는 데 초점을 둔다.

개념 피드백 33쪽

13 갑, 을 사상가의 공통 입장으로 가장 적절한 것은?

> 갑 : 전체 인류 가운데 단 한 사람이 다른 생각을 가지고 있다고 해서 그 사람에게 침묵을 강요하는 일은 옳지 못하다.
> 을 : 진리에 가까이 가는 것이 누가 옳고 그른지 따지는 것보다 더 중요하다. 이 논의가 끝날 때 쯤 우리 모두 이 문제를 전보다 더욱 명확하게 볼 수 있을 것이다.

① 인간의 오류 가능성을 부인해야 한다.
② 쟁점에 대해 양측이 충돌하면 다수의 의견을 따라야 한다.
③ 여러 가지 가치 가운데 가장 중요한 가치를 가려내야 한다.
④ 나의 입장과 다른 견해는 철저하게 검증하여 배제해야 한다.
⑤ 다양한 의견을 자유롭게 개진할 수 있는 사회적 분위기를 만들어야 한다.

14 다음 사례가 시사하는 바로 가장 적절한 것은?

> 1955년 12월 1일, 미국 몽고메리 시에서 흑인 여성 로자 파크스가 경찰에 체포되는 사건이 발생했다. 그가 '흑백 분리법'을 따르지 않았기 때문이었다. 이 법은 인종 차별을 명시하고 있었다. 이 사건을 계기로 흑인들은 법의 부당함을 알리고, 후손이 살아갈 더 나은 세상을 만들기 위해 버스 타기를 거부하며 걸어서 학교나 일터로 향했다. 이 운동에 참여한 사람 중 일부는 고발당하거나 체포되었지만, 저항은 계속되었고 결국 이 법의 폐지를 끌어냈다.

① 편익을 위해 과학 문명의 이기를 활용해야 한다.
② 전통 사회의 규범을 유지하기 위해 노력해야 한다.
③ 생계를 유지하기 위해서 지배 집단의 논리에 순응해야 한다.
④ 윤리적 삶을 살아가기 위해 현세대의 이익을 우선 고려해야 한다.
⑤ 반성과 성찰을 통해 삶을 개선하기 위한 의식적인 행위가 필요하다.

15 (가) 사상의 입장을 쓰고, 이 입장에서 (나)의 갈등 상황에 해 줄 수 있는 적절한 조언을 서술하시오.

(가)	물오리는 비록 다리가 짧지만 그것을 길게 이어 주면 괴로워하고, 학의 다리는 길지만, 그것을 짧게 잘라 주면 슬퍼한다. …… 가장 올바른 길을 가는 사람은 타고난 그대로의 자연스러운 모습을 잃지 않는다.
(나)	TV에 나온 연예인과 닮은 외모를 가지기 위해 성형 수술을 해야 할까?

16 다음 글을 읽고 물음에 답하시오.

> 대승 불교에서 제시하는 이상적 인간상은 (㉠)이다. 이는 '위로는 깨달음을 구하고, 아래로는 중생을 구제하고자 노력하는 사람'이다. 이들은 열반에 이르기 위해 ㉡조건 없이 기꺼이 베푸는 '보시'를 실천한다.

⑴ ㉠에 들어갈 용어를 쓰시오.

⑵ ㉡이 현대 윤리 문제에 주는 시사점을 서술하시오.

17 ㉠의 구체적인 의미를 '윤리함'과 관련하여 서술하시오.

> 만약 내가 침묵하는 것은 신에 대한 불복종이며, 그러므로 조용히 살아갈 수 없다고 말한다면 여러분은 내가 핑계를 대는 줄 알고 내 말을 믿지 않을 것입니다. 미덕과 그밖에 대화를 통해 나 자신과 다른 사람들에게 캐묻고 하던, 여러분이 들었던 그런 주제에 대해 날마다 대화하는 것이야말로 인간에게 최고선이며, ㉠캐묻지 않는 삶은 살 가치가 없다고 말한다면 여러분은 내 말을 더더욱 믿지 않을 것입니다.

지면서 배운다

"중학생 때는 경기에서 지면 분해서 자주 울었습니다. 어느 순간부터 울음이 나오지 않는데, 자주 지다 보니 아마 적응이 되었나 봅니다. 제가 경기에서 이기면 상대 선수는 기억에 남지 않습니다. 그런데 지고 나면 상대 선수를 잊을 수가 없습니다. 머릿속에서 경기 내용이 계속 재생되기 때문입니다. 저야만 배우는 게 있구나 하고 지금은 경기에서 지는 걸 두려워하지 않습니다."

2015년, 19살이었던 테니스 선수 정현은 한 언론사와 인터뷰하며 위와 같이 말했습니다. 그리고 3년이 흐른 2018년, 정현은 세계적인 테니스 대회 중 하나인 호주 오픈에서 4강에 오르는 기록을 세우며, 세계적으로 조명받는 선수가 되었습니다. 이때 정현 선수가 세운 기록은 한국 선수가 국제 테니스 경기에서 세운 기록 중 최고 성적입니다.

발명왕 에디슨은 전구를 발명하면서 2000번 이상 실패를 겪고, 성공으로 가는 2000번의 과정이었다고 술회했습니다. 정현도 에디슨처럼 진 경기에서 패배 원인을 분석하며 의미를 찾았기에 괄목할 만한 성과를 내는 실력자가 되었습니다.

II

생명과 윤리

자~! 힘을 내서 차근차근 시작해요.

01 삶과 죽음의 윤리

학습길잡이 • 출생과 죽음의 윤리적 의미를 통해 삶의 가치를 알아본다.
• 인공 임신 중절, 자살, 안락사, 뇌사와 관련된 윤리적 쟁점을 파악해 둔다.

A 출생·죽음의 의미와 삶의 가치

1 출생의 윤리적 의미

① **생물학적 의미** : 태아가 모체로부터 분리되어 새로운 생명체가 되는 단계
　　　아이를 밴 어머니의 몸을 말한다.

② **윤리적 의미**

• 자연적 성향을 실현하는 과정 : 자기 생명과 종족 보존의 성향을 실현함 **1**

• 도덕적 주체로 사는 삶의 출발점 : 자신의 행위를 스스로 결정하고 책임지는 도덕적 주체로 성장함

• 가족과 사회 구성원으로 사는 삶의 시작 : 다양한 인간관계의 시작

★ 2 죽음의 윤리적 의미

① **죽음의 특징**

• 보편성과 평등성 : 인간은 누구나 죽음을 맞게 됨

• 불가피성 : 어느 누구도 죽음을 피할 수 없음

• 일회성 : 누구나 한번은 죽음

• 비가역성 : 죽은 사람을 다시 되살릴 수 없음

② **죽음의 윤리적 의미** : 삶의 소중함을 깨닫는 계기가 됨 **2**

③ **동양 사상의 죽음에 대한 입장**

유교	• 죽음을 자연의 과정으로 여기면서 애도하는 것을 마땅한 일로 여김 • 공자 : 죽음보다는 도덕적으로 실천하는 삶에 더 관심을 가짐 **질문**
불교	죽음은 또 다른 세계로 윤회하는 것이며, 윤회 과정에서 인간의 선행과 악행은 죽음 이후의 삶을 결정한다고 봄　수레바퀴가 끊임없이 구르는 것과 같이, 삶과 죽음의 세계를 　　그치지 않고 돌고 도는 일을 말한다.
도가	• 삶과 죽음을 기(氣)가 모이고 흩어지는 것으로 보면서 자연적이고 필연적인 과정으로 이해함 • 장자 : 삶과 죽음을 서로 연결된 순환 과정으로 봄 → 죽음에 초연할 것을 가르침

자료로 보는　　**동양의 죽음관**

• 망막하고 혼돈한 대도(大道) 속에 섞여 있던 것이 변해서 기(氣)가 되고, 기가 변해서 형체가 되고, 형체가 변해서 생명이 되었다. 그리고 그것이 변해서 죽음이 된 것이다.　　　　　　　　　　　　　　　　　– 장자, 「장자」 –

• 전생에 뿌려진 씨앗은 이번 생에 받는 것이고, 다음 생에 거둘 열매는 이번 생에 행하는 바로 그것이다.　　　　　　　　– 불전간행회, 「과거현재인과경」 –

자료 분석　장자는 삶과 죽음을 서로 연결된 순환 과정으로 보았기 때문에, 죽음에 임하여 너무 슬퍼하지 말며, 삶에 지나치게 집착하지 말라고 하였다. 불교에서는 죽음이 생(生)·노(老)·병(病)과 더불어 대표적인 고통이며, 현실의 세계로부터 벗어나 또 다른 세계로 윤회하게 됨을 의미한다고 보았다.

Q 자료를 통해 알 수 있는 바람직한 삶의 자세는 무엇인가?

A 죽음이 대하여 초연한 자세를 가지고 있고, 현실에서의 도덕적이고 윤리적인 삶을 충실하게 한다.

1 자연법 윤리의 관점에서 본 출생

자연법 윤리의 관점에서 볼 때 인간은 자신의 생명을 보전하고, 종족을 보존하고자 하는 자연적 성향을 지니고 있다. 인간은 출생을 통해 이러한 자연적 성향을 실현하고자 한다.

2 죽음을 통한 삶의 소중함 자각

독일의 철학자 하이데거는 『존재와 시간』이라는 저서에서 현존재인 인간만이 자신에게 언젠가 다가올 죽음을 염려할 수 있고, 죽음 앞으로 미리 달려가 봄으로써 삶을 더 가치 있고 충실하게 살 수 있다고 보았다. 또한 죽음은 인간과 함께 있기 때문에 죽음을 외면하지 말고 항상 자각하며 살 것을 강조하였다.

질문 있어요

공자는 죽음에 대해 구체적으로 어떻게 생각했나요?
공자가 죽음에 대해 어떻게 생각했는지 다음 구절을 통해 알 수 있어요.

계로가 귀신 섬기는 일에 대하여 여쭙자, 공자께서 말씀하셨다. "사람도 제대로 섬기지 못하는데 어찌 귀신을 섬길 수 있겠느냐?" 그러자 "감히 죽음에 대하여 여쭙겠습니다." 공자께서 대답하셨다. "삶도 제대로 알지 못하는데 어찌 죽음을 알겠느냐?"
　　　　　　　　　　　　　　– 「논어」, 선진편 –

위 구절을 통해 공자는 죽음보다는 현실 세계에 더 관심이 있었다는 것을 알 수 있어요. 즉 그는 죽음이 아쉽지 않도록 도덕적으로 현실 세계에서 충실하게 살아야 한다고 주장했지요.

용어사전

* **보편성**(널리 普, 두루 遍, 성질 性)　모든 것에 두루 미치거나 통하는 성질

* **불가피성**(아니 不, 가능할 可, 피할 避, 성질 性)　피할 수 없는 성질

* **일회성**(하나 一, 횟수 回, 성질 性)　단 한 번만 일어나는 성질

* **비가역성**(아니 非, 가능할 可, 거스를 逆, 성질 性)　본래의 상태로 돌아오지 않는 성질

* **애도**(슬플 哀, 슬퍼할 悼)　사람의 죽음을 슬퍼하는 것

④ 서양 사상가들의 죽음에 대한 입장

플라톤	육체를 순수한 인식을 불가능하게 하는 감옥처럼 생각하였고, 죽음을 육체로부터 해방되는 것으로 봄
에피쿠로스	죽음을 경험할 수 없기 때문에 죽음을 두려워할 필요가 없다고 봄
하이데거	죽음에 대한 자각을 통해 삶을 더욱 의미 있고 가치 있게 살 수 있다고 봄

자료로 보는 서양의 죽음관

- 삶은 육체 안에 갇힌 영혼의 감금 생활이요, 죽음은 육체로부터 영혼의 해방이자 분리이다.　　　　　　　　　　　　　　　　　　　　　　－ 플라톤, 「파이돈」 －
- 죽음은 사실 우리에게 아무것도 아니다. 우리가 살아 있는 한 죽음은 우리와 함께 있지 않으며, 죽음에 이르면 우리는 존재하지 않는다. 죽음은 산 사람이나 죽은 사람 모두와 아무런 상관이 없다.　　　　　　　　　－ 에피쿠로스, 「쾌락」 －

자료 분석 플라톤은 육체에 갇혀 있는 영혼이 죽음을 통해 영원불변하는 이데아의 세계로 들어간다고 보았다. 한편 에피쿠로스는 죽음은 경험할 수 없으므로 두려워할 필요가 없다고 보았다.

Ⓠ 자료를 통해 알 수 있는 죽음을 대하는 바람직한 자세는 무엇인가?

Ⓥ 죽음에 대한 올바른 인식을 바탕으로 현재의 삶에 충실하면서 죽음을 겸허히 수용하는 것이다.

B 출생·죽음과 관련된 윤리적 쟁점

1 인공 임신 중절의 윤리적 쟁점

① **인공 임신 중절의 의미** : 태아가 모체 밖에서는 생명을 유지할 수 없는 시기에 태아를 인공적으로 모체에서 분리하여 임신을 종결하는 행위 = 낙태

② **우리나라의 인공 임신 중절에 대한 입장**
　2019년 헌법 재판소의 낙태죄 헌법 불합치 결정에 따라 2021년 1월 1일부터 효력이 상실되었다.
- 「형법」의 낙태죄 조항을 통해 인공 임신 중절을 금지하고 있음
- 다만 「모자 보건법」에서 임신 24주 이내의 태아에 대해 일부 예외적인 경우에 한하여 인공 임신 중절을 허용하고 있음 ❸

③ **인공 임신 중절의 윤리적 쟁점**
- 태아의 생명권과 여성의 선택권의 우선 문제 : 태아의 생명권을 우선으로 보호하는 입장에서는 인공 임신 중절을 반대하고, 여성의 선택권을 우선
생명 옹호주의(pro-life)라고 한다.
으로 보호하는 입장에서는 인공 임신 중절을 찬성함
선택 옹호주의(pro-choice)라고 한다.

찬성 입장 ❹	반대 입장
• 여성은 자기 몸에 대한 소유권을 지니며, 태아는 여성의 몸의 일부임(소유권 논거) • 여성은 자신의 삶을 자율적으로 결정할 수 있음(자율권 논거) • 여성은 자기방어와 정당방위의 권리를 지니기 때문에 일정한 조건하에서는 낙태를 할 권리가 있음(정당방위 논거)	• 모든 인간 생명은 존엄하며, 태아 역시 인간임(존엄성 논거) • 잘못이 없는 인간인 태아를 해치는 것은 도덕적으로 옳지 않음(무고한 인간의 신성 불가침 논거) • 태아는 일정한 발생 과정을 거쳐 성숙한 인간으로 발달할 잠재성을 가지고 있음(잠재성 논거)

- 인간의 지위를 인정하는 시기의 문제 : 어느 시점부터 인간의 지위를 인정하느냐에 따라 인공 임신 중절에 대한 입장이 달라짐 ❺ 질문

❸ **「모자 보건법」의 인공 임신 중절 허용 기준**
- 본인이나 배우자의 유전학적 정신 장애나 신체 질환, 전염성 질환이 있는 경우
- 강간 또는 준강간에 의해 임신이 된 경우
- 법률상 혼인할 수 없는 혈족 또는 인척간에 임신이 된 경우
- 임신의 지속이 보건 의학적 이유로 모체의 건강을 심각하게 해치고 있거나 해칠 우려가 있는 경우

❹ **그 밖의 인공 임신 중절 찬성 논거**
- 여성은 태아를 생산하므로 태아를 마음대로 할 수 있는 권리를 가짐(생산 논거)
- 여성은 남성과 동등한 권리를 가져야 하므로 인공 임신 중절을 자유롭게 할 수 있어야 함(평등권 논거)
- 인간은 개인의 사생활을 침해당하지 않을 권리를 가지며, 인공 임신 중절은 임신부의 사생활에 해당함(사생활 논거)

❺ **인간의 지위를 인정하는 시기에 관한 다양한 입장**
- 수정과 동시에 인정해야 한다.
- 착상이 완료된 시기부터 인정해야 한다.
- 배아기부터 인정해야 한다.
- 태아기부터 인정해야 한다.
- 분만 이후부터 인정해야 한다.

✊ 질문 있어요

언제부터 인간의 지위를 인정해야 할까요?
수정란은 수정 후 세포 분열을 시작해 14일 무렵에 자궁에 착상됩니다. 수정 2주부터 8주까지의 개체를 '배아'라고 부르며, 이 시기에 신체를 이루는 기관이 형성되지요. 수정 8주부터 출생 때까지의 개체를 '태아'라고 부릅니다. 수정 8주(임신 10주) 이후가 되면 인간의 모습이 뚜렷해지고, 임신 14주 무렵부터 성 감별이 가능해져요. 임신 28주부터 다른 문제없이 출생하면 태아의 약 90%가 생존이 가능하며, 임신 40주에는 태아의 성장이 완료됩니다.

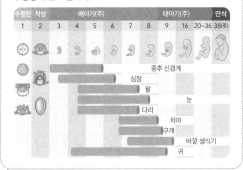

용어사전
* **정당방위**(바를 正, 마땅할 當, 막을 防, 지킬 衛) 자기 또는 타인에게 가해지는 부당한 침해를 방위하기 위한 행위

01 삶과 죽음의 윤리

2 자살의 윤리적 문제 🔢🔢

① 자신의 소중한 생명을 스스로 훼손

- 유교 : 부모로부터 받은 자신의 신체를 훼손하지 않는 것은 효(孝)의 시작임
- 불교 : 불살생(不殺生)의 계율로 생명을 해치는 것을 금함
- 그리스도교 : 신으로부터 받은 생명을 스스로 끊어서는 안 됨
- 아퀴나스 : 자살은 자기 보존을 거스르는 부당한 행위임

② 인격 훼손과 자아실현의 가능성 차단

- 자살은 인격을 훼손하고 자아실현의 가능성을 없앰
- 칸트 : 자살은 인간의 인격을 한낱 수단으로 여기는 것이라고 비판함
- 쇼펜하우어 : 자살은 문제를 해결하는 것이 아니라 회피하는 것임

③ 사회에 부정적인 영향 : 가족, 친구 등 주변 사람에게 깊은 슬픔과 고통을 안겨 주고, 사회 공동체의 *결속을 약화시킴

> 한편 평소 존경하거나 선망하던 인물이 자살할 경우, 그 인물과 자신을 동일시하여 모방 자살을 시도하는 현상, 즉 베르테르 효과가 나타나기도 한다.

자료로 보는   **자살에 대한 칸트의 입장**

- 인간의 최우선적 의무는 자연 그대로의 자신을 보존하고 자신의 자연적 능력을 개발하고 증진하는 것이다. 자기 자신을 죽이는 일은 이러한 의무에 전적으로 반대되므로 그 까닭이 무엇이든 옳지 않은 행위이다.
- 자살하려는 사람은 과연 자신의 행위가 목적 그 자체로서의 인간성의 이념과 양립할 수 있는가를 스스로 물을 것이다. 만약 그가 힘거운 상태에서 벗어나기 위해 자신의 생명을 파괴하는 것이라면, 그는 자신의 인격을 생이 끝날 때까지 견딜 만한 상태로 보존하기 위해 한낱 수단으로 이용하는 것이다.

자료 분석   칸트는 인간이 자연의 일부로서 자연의 본성을 따라야 하고, 인격을 목적으로 대우해야 하기 때문에 자살은 자기 보존의 의무를 위반하는 것이라고 보았다.

Q 칸트가 자살에 반대한 이유는 무엇인가?

A 자살은 자연의 본성을 따르지 않고 인격을 수단으로 대우하는 행위이기 때문이다.

---

3 안락사의 윤리적 쟁점 질문

① 안락사의 의미 : 불치병으로 극심한 고통을 겪고 있는 환자의 요구에 따라 의료진이 인위적으로 개입하여 생명을 단축하는 행위

② 안락사의 유형

- 환자의 동의 여부에 따른 구분 🔢

자발적	환자의 직접적인 동의가 있을 경우
반자발적	환자의 의사에 반하는 경우
비자발적	환자의 직접적인 동의가 없고 가족 혹은 국가의 요구에 의한 경우

- 죽음에 이르게 하는 수단에 따른 구분

적극적 안락사	환자의 삶을 단축시킬 것을 의도하여 구체적인 행위를 능동적으로 행하는 경우 📖 치사량의 약물이나 독극물의 직접 주사
소극적 안락사	죽음의 진행 과정을 일시적으로 저지하거나 *연명시킬 수 있는 의료 행위를 하지 않고 죽음에 이르게 하는 경우

개념 더하기 자료 채우기

🔢 자살에 관한 동양의 관점

유교	부모로부터 받은 신체를 훼손하지 않는 것을 효의 시작으로 보았으므로, 자신의 생명을 스스로 해치는 자살은 매우 큰 불효임
불교	불살생은 살아 있는 것을 죽이지 말라는 뜻으로, 다른 생명뿐만 아니라 자신의 생명도 해쳐서는 안 된다는 의미를 담고 있음
도가	자연의 흐름을 거슬러 의도적으로 목숨을 끊는 행위는 무위자연의 원리에 어긋나는 것으로, 해서는 안 됨

🔢 자살에 관한 서양의 관점

자연법 윤리	인간은 자신을 보존하고자 하는 성향이 있는데, 자살은 이를 포기하는 것이므로 옳지 않음
칸트	자살은 자연법칙과 모순되므로 보편 법칙이 될 수 없고, 목적 그 자체인 인간성의 이념과 양립할 수 없음
쇼펜하우어	자살은 문제를 해결하는 것이 아니라 회피하는 것이므로 옳지 않음
그리스도교	인간의 생명은 신이 주신 선물이므로, 신의 뜻을 저버리고 자신을 함부로 해쳐서는 안 됨

질문 있어요

안락사 문제가 대두된 까닭은 무엇인가요?
의료 기기와 의료 기술이 발달하면서 인간의 죽음의 시점을 연장할 수 있게 되었으나, 한편에서는 회복 불가능한 경우 약물이나 기계에 의존하지 않고 품위 있게 죽고 싶다는 입장이 대두되었어요.

🔢 안락사의 문제점

자발적	환자의 동의가 이성적 판단에 따른 것인지, 환자의 선택이라고 해서 자살을 인정할 수 있는지의 문제가 있음
반자발적	환자가 원하지 않는 상황에서 시행하는 것은 살인 행위임
비자발적	주변 사람이 환자의 죽음을 결정할 권리가 있는가의 문제가 있음

✻ 용어사전

* **결속**(맺을 結, 묶을 束) 뜻이 같은 사람끼리 서로 단결함
* **연명**(늘일 延, 목숨 命) 목숨을 겨우 이어 가는 것

③ 안락사의 윤리적 쟁점

찬성 입장	반대 입장
• 인간은 자율적 주체로서 자신이 어떤 방법으로 죽을 것인지를 스스로 선택할 수 있음 • 인간은 인간답게 죽을 권리를 가짐 • 불치병을 앓고 있는 환자에게 연명 치료를 하는 것은 본인과 가족에게 심리적·경제적 부담을 줌 • 연명 치료는 제한된 의료 자원을 효율적으로 사용하지 못하게 하여 사회 전체 이익에도 부합하지 않음 ─공리주의적 관점─	• 모든 인간의 생명은 존엄함 • 인간은 자신의 죽음을 인위적으로 선택할 권리를 갖고 있지 않음 • 삶이 고통스럽다는 이유로 죽음을 인위적으로 앞당기는 행위는 자연의 질서에 부합하지 않음 • 의료인의 기본 의무는 생명을 살리는 것이기 때문에, 의료인이 환자의 죽음을 앞당기는 의료 행위를 해서는 안 됨

4 뇌사의 윤리적 쟁점

① 뇌사의 의미 ４

- 뇌간을 포함한 뇌의 활동이 회복할 수 없을 정도로 정지된 상태
  _{뇌줄기라고도 하고, 척수와 대뇌 사이에 줄기처럼 연결된 뇌의 부분을 의미한다.}
- 뇌사에 이른 환자는 자발적 호흡이 불가능함
- 뇌사에 이른 환자는 가까운 시일 안에 심장과 폐 기능이 정지함

② 뇌사의 윤리적 쟁점

- 뇌사를 죽음으로 인정하면, 뇌사자의 장기를 다른 환자에게 이식할 수 있음 → 뇌사를 죽음의 판정 기준으로 인정해야 한다는 의견이 대두함
- 뇌사를 죽음의 판정 기준으로 삼는 데 대한 찬반 논거

찬성 입장	반대 입장
• 뇌는 인간의 생명 활동을 관장하는 핵심 기관이기 때문에 뇌 기능이 정지하면 이미 죽음의 단계에 들어선 것임 • 인공호흡기 등 의료 자원을 효율적으로 이용하는 데 도움을 줌 • 뇌사자의 장기를 장기 이식에 활용하여 다른 사람의 생명을 구할 수 있음	• 뇌사에 이르렀다 하더라도 연명 의료 기기를 이용하면 호흡과 심장 박동이 유지되므로 아직 죽음에 이른 것은 아님 • 의료 자원의 효율적 이용과 장기 이식을 위해 뇌사 문제에 접근하는 것은 생명의 존엄성을 경시하는 태도임 • 뇌사 판정의 오류 가능성이 존재함

자료로 보는 뇌사와 관련된 법 규정 질문

- 뇌사의 판정
  제16조 ③항 뇌사판정위원회는 대통령령으로 정하는 바에 따라 전문 의사 2명 이상과 「의료법」 제2조 제1항에 따른 의료인이 아닌 위원 1명 이상을 포함한 4명 이상 6명 이하의 위원으로 구성한다.
  제18조 ②항 뇌사판정위원회는 전문 의사인 위원 2명 이상과 의료인이 아닌 위원 1명 이상을 포함한 과반수의 출석과 출석 위원 전원의 찬성으로 뇌사 판정을 한다. 이 경우 뇌사 판정의 기준은 대통령령으로 정한다.

자료 분석 우리나라는 뇌사자가 장기 기증을 하는 경우에만 제한적으로 뇌사를 인정하는 조건부 뇌사 인정 국가이다. 뇌사는 생명 경시* 풍조의 확산이나 장기 기증을 위해 악용될 가능성 등을 고려해 신중하게 판단해야 한다.

Ⓠ 뇌사 판정 기준을 엄격하게 제한한 이유는 무엇인가?

Ⓐ 생명 경시 풍조의 확산이나 장기 기증을 위해 악용될 가능성이 있기 때문이다.

---

４ 뇌사자와 식물인간의 구분

- 뇌사자 : 대뇌, 소뇌, 뇌간의 기능을 상실한 사람. 모든 뇌간 반사가 상실된 상태로 연명 장치를 제거하면 일정 시간 후 심장이 멈춰 사망한다.
- 식물인간 : 생명 유지에 필요한 소뇌나 뇌간의 기능을 일부 유지하고 있는 환자. 호흡, 소화 흡수, 배변, 배뇨 등 생명 유지의 필수적인 기능은 하지만, 자기 의식에 따른 운동, 음식물 섭취, 발성과 같은 기능은 불가능하다.

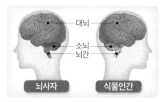

구분	뇌사	식물인간
손상 부위	뇌의 모든 부분 (뇌간 포함)	대뇌 혹은 대뇌의 일부
호흡	자발적 호흡 불가	자발적 호흡 가능
기능	심장 외의 몸의 모든 기능 정지	사고 등의 대뇌 기능만 정지
회복 가능성	수일 내로 심정지하여 사망	회복 가능성 있음
기증 가능 여부	기증 대상자 가능	기증 대상자가 아님

질문 있어요

우리나라에서 뇌사와 관련된 법은 어떻게 규정되어 있나요?

미국, 프랑스, 이탈리아 등 많은 국가에서는 장기 이식 기술이 발달하면서 뇌사를 법적인 사망으로 인정하고 있지만, 우리나라에서는 심폐사만을 법적인 사망으로 인정하고 있어요. 하지만 「장기 등 이식에 관한 법률」에 따라 가족이 장기 기증에 동의하면 뇌사자를 죽은 것으로 간주하여 장기 기증을 허용하고 있지요. 우리나라의 「장기 등 이식에 관한 법률」에 따르면, 뇌사 추정자의 장기 등을 기증하기 위해 뇌사 판정을 받으려는 사람은 뇌사 추정자의 검사 기록과 진료 담당 의사의 소견서를 첨부하여 뇌사 판정 기관의 장에게 뇌사 판정 신청을 해야 합니다. 뇌사 판정 신청은 뇌사 추정자의 가족이 하는 것이 원칙이지만 뇌사 추정자의 가족이 없는 경우에는 법정 대리인 또는 진료 담당 의사가 할 수 있어요.

✳ 용어사전

* **생명 경시 풍조** 생명을 가볍게 생각하는 현상

A 출생·죽음의 의미와 삶의 가치

1 출생의 윤리적 의미 인간의 자연적 성향을 실현하는 과정, 도덕적 주체로 사는 삶의 출발점, 가족과 구성원으로서 사는 삶의 시작

2 죽음의 특징과 윤리적 의미

특징	보편성과 평등성, 불가피성, 일회성, 비가역성
윤리적 의미	• 삶의 소중함을 깨닫는 계기 • 인간관계의 소중함을 깨닫는 계기

B 출생·죽음과 관련된 윤리적 쟁점

1 인공 임신 중절의 윤리적 쟁점

찬성 입장	반대 입장
• 여성은 자기 몸에 대한 소유권을 지니며, 태아는 여성 몸의 일부임 • 여성은 자신의 삶을 자율적으로 결정할 수 있음 • 여성은 자기방어와 정당방위의 권리를 지니므로 낙태할 권리가 있음	• 모든 인간 생명은 존엄하며, 태아 역시 인간임 • 잘못이 없는 인간인 태아를 해치는 것은 도덕적으로 옳지 않음 • 태아는 일정한 발생 과정을 거쳐 성숙한 인간으로 발달할 잠재성을 지님

2 자살의 윤리적 문제 자신의 생명과 인격을 스스로 훼손하고, 자아실현의 가능성을 차단하며, 사회에 부정적 영향을 끼침

3 안락사의 윤리적 쟁점

찬성 입장	반대 입장
• 인간은 자율적 주체로서 자신의 죽음을 선택할 수 있음 • 인간은 인간답게 죽을 권리를 가짐 • 연명 치료는 본인과 가족에게 심리적·경제적 부담을 줌 • 연명 치료는 제한된 의료 자원의 비효율적 사용으로 사회 전체 이익에도 부합하지 않음	• 인간은 자신의 죽음을 선택할 권리가 없음 • 죽음을 인위적으로 앞당기는 행위는 자연의 질서에 부합하지 않음 • 의료인의 기본 의무는 생명을 살리는 것이기 때문에, 의료인이 환자의 죽음을 앞당기는 의료 행위를 해서는 안 됨

4 뇌사의 윤리적 쟁점

찬성 입장	반대 입장
• 인공호흡기 등 의료 자원의 효율적 이용에 도움을 줌 • 뇌사자의 장기를 장기 이식에 활용할 수 있음 • 뇌 기능이 정지하면 이미 죽음으로 간주해야 함	• 의료 자원의 효율적 이용과 장기 이식을 위해 뇌사 문제에 접근하는 것은 생명의 존엄성을 경시하는 것임 • 뇌사 판정의 오류 가능성이 존재함

01 다음 설명이 맞으면 ○표, 틀리면 ×표를 하시오.

(1) 생물학적 의미에서 출생은 태아가 모체로부터 분리되어 독립된 새로운 생명체가 되는 단계를 말한다. (　　)

(2) 인간은 자신의 생명을 보전하고, 종족을 보존하고자 하는 자연적 성향을 지니고 있다. (　　)

(3) 죽음은 인간이라면 누구나 죽는다는 점에서 일회성이라는 특징을 지닌다. (　　)

(4) 죽음은 인간의 어떤 노력에도 결국 피할 수 없다는 점에서 불가피성이라는 특징을 지닌다. (　　)

(5) 죽음은 삶의 소중함과 인간관계의 중요성을 깨닫게 하는 계기가 된다. (　　)

02 빈칸에 들어갈 알맞은 말을 쓰시오.

(1) 인공 임신 중절과 관련하여 태아의 (　　　)을/를 우선 보호해야 한다는 입장을 가진 사람들은 인공 임신 중절을 반대한다.

(2) 독일의 철학자 (　　　)은/는 자살이 인간의 인격을 한낱 수단으로 여기는 것이라고 비판하였다.

(3) 안락사를 찬성하는 사람들은 (　　　) 관점에서 불치병을 앓고 있는 환자에게 연명 치료를 하는 것은 환자 본인과 가족에게 심리적·경제적 부담을 주는 것이라고 주장한다.

(4) 뇌사를 죽음의 판정 기준으로 삼는 데 반대하는 사람들은 의료 자원의 효율적 이용과 장기 이식을 위해 뇌사 문제에 접근하는 것은 생명의 (　　　)을/를 경시하는 것이라고 주장한다.

03 다음 개념과 그에 관한 설명을 바르게 연결하시오.

(1) 뇌사　　•

(2) 자살　　•

(3) 안락사　•

• ㉠ 의도적으로 자신의 목숨을 끊는 행위

• ㉡ 뇌간을 포함한 뇌의 활동이 회복할 수 없을 정도로 정지된 상태

• ㉢ 극심한 고통을 겪고 있는 환자의 요구에 따라 의료진이 개입하여 생명을 단축하는 행위

01 출생의 윤리적 의미에 관한 옳은 설명만을 〈보기〉에서 있는 대로 고른 것은?

| 보기 |

ㄱ. 사회적 존재로서의 삶의 시작이다.
ㄴ. 도덕적 주체로 사는 삶의 출발점이다.
ㄷ. 인간의 자연적 성향을 실현하는 과정이다.
ㄹ. 사회를 유지하고 지속하는 데 필수적 과정이다.

① ㄱ, ㄴ ② ㄱ, ㄴ, ㄷ ③ ㄱ, ㄷ, ㄹ
④ ㄴ, ㄷ, ㄹ ⑤ ㄱ, ㄴ, ㄷ, ㄹ

02 그림은 서술형 평가 문제와 학생 답안이다. 학생 답안의 ㉠~㉤ 중 옳지 않은 것은?

⊙ 문제 : 죽음의 의의에 대해 서술하시오.

⊙ 학생 답안
출생으로 시작된 인간의 삶은 죽음으로 끝을 맺는다. 우리는 ㉠상례(喪禮)와 제례(祭禮)를 통해 죽음을 애도하고 죽은 사람을 기억하며, ㉡죽음을 인식함으로써 삶의 소중함을 깨닫는다. 즉 ㉢죽음에 대한 인식은 삶의 의미와 가치를 깊이 있게 성찰하는 계기가 된다. 또한 ㉣인간관계의 소중함을 깨닫게 하는 계기가 된다. ㉤죽음을 통해 인간은 한 가족의 구성원이 된다.

① ㉠ ② ㉡ ③ ㉢ ④ ㉣ ⑤ ㉤

03 ㉠~㉢에 들어갈 죽음의 특징을 바르게 짝지은 것은?

• (㉠) : 인간은 누구나 죽음을 맞게 된다.
• (㉡) : 죽은 사람은 다시 되살릴 수 없다.
• (㉢) : 인간은 어느 누구도 죽음을 피할 수 없다.

	㉠	㉡	㉢
①	보편성	평등성	불가피성
②	보편성	불가피성	비가역성
③	보편성	비가역성	불가피성
④	일회성	비가역성	불가피성
⑤	일회성	보편성	비가역성

04 다음 고대 서양 사상가가 긍정의 대답을 할 질문을 〈보기〉에서 고른 것은?

사유에 있어 이성의 활동에 감각을 끌어들이지 않고, 정신 자체의 밝은 빛만으로 각각의 진리를 탐구하는 사람만이 이성의 탐구 대상을 가장 순수하게 인식하게 되는 것이 아닐까? 즉 신체는 영혼이 진리와 인식을 얻는 것을 방해한다고 보고, 가능한 한 신체적인 것에서 벗어난 사람이야말로 참 존재의 인식에 도달할 수 있지 않을까?

| 보기 |

ㄱ. 죽음을 부정적으로 보아야 하는가?
ㄴ. 죽음을 통해 육체로부터 해방될 수 있는가?
ㄷ. 육체는 순수한 인식을 불가능하게 하는 감옥인가?
ㄹ. 죽음은 경험할 수 없기 때문에 두려워할 필요가 없는가?

① ㄱ, ㄴ ② ㄱ, ㄷ ③ ㄴ, ㄷ
④ ㄴ, ㄹ ⑤ ㄷ, ㄹ

05 동양 사상가 갑, 을의 삶과 죽음에 대한 입장으로 옳은 것은?

갑 : 삶을 모르는데 어찌 죽음을 알겠는가? 새가 죽을 때는 울음소리가 애처롭고, 사람이 죽을 때는 하는 말이 착한 법이라네. 지사(志士)는 삶을 영위하되 인(仁)을 해침이 없고, 자신을 희생함으로써 인을 이룬다네.

을 : 삶과 죽음은 인간의 운명[命]이니, 진인(眞人)은 삶을 기뻐하지도 죽음을 미워하지도 않네. 본래 생명도 형체도 기(氣)도 없었고, 혼돈 속에서 기가 생겨 그것이 변하여 형체가 되고 생명이 되고 죽음이 된 것이라네.

① 갑 : 삶의 문제보다는 죽음의 문제에 집중해야 한다.
② 갑 : 삶과 죽음은 기(氣)가 모이고 흩어지는 것으로 삶과 죽음은 차별이 없다.
③ 을 : 해탈하여 세속의 삶과 죽음의 고통에서 벗어나야 한다.
④ 을 : 죽음이 아쉽지 않도록 도덕적으로 충실하게 살아야 한다.
⑤ 갑, 을 : 죽음을 인간의 삶에서 일어나는 자연스러운 현상으로 이해해야 한다.

중요
06 다음 고대 서양 사상가의 입장으로 옳은 것은?

> 죽음은 아무것도 아니다. 왜냐하면 죽음이 찾아오면 아무런 감각도 없어지기 때문이다. 그리고 아무 감각도 없으면 죽음에 대해 걱정할 필요도 없다. 우리가 존재하는 한 죽음은 존재하지 않으며, 죽음이 존재하면 우리는 더 이상 존재하지 않는다. 따라서 죽음은 산 자에게도 죽은 자에게도 아무 연관이 없다. 산 자에게는 죽음이 없으며, 죽은 자는 더 이상 존재하지 않기 때문이다.

① 삶과 죽음은 계속 반복된다.
② 인간의 삶은 죽음으로 끝나지 않는다.
③ 죽음 이후에도 불멸의 영혼이 존재한다.
④ 죽음 이후의 세계는 고통으로 가득 차 있다.
⑤ 죽음을 통해 인간의 쾌락과 고통의 감각이 소멸된다.

07 (가) 사상의 입장에서 (나)의 ㉠에 관해 설명한 내용으로 가장 적절한 것은?

(가)	전생(前生)에 뿌린 씨앗은 이번 생(生)에 받는 것이고, 다음 생에 거둘 열매는 이번 생에 행하는 바로 그것이다.
(나)	중생(衆生)의 무리로부터 떨어짐, 오온(五蘊)의 부서짐, 생명의 끊어짐을 (㉠)(이)라 한다. 태어남이 있을 때에만 (㉠)이/가 있다. 삶의 모든 현상은 꿈과 같고 이슬 같고 그림자 같고 번개와 같으니 그대. 마땅히 그렇게 바라보아야 한다.

① 신과 하나가 되어 행복에 이르기 위한 과정이다.
② 인간의 쾌락과 고통의 감각이 소멸되는 과정이다.
③ 자신의 업(業)에 따라 또 다른 삶을 결정짓는 윤회의 과정이다.
④ 사계절의 운행과 같이 기(氣)가 자연스럽게 순환하는 과정이다.
⑤ 불멸의 영혼이 육체의 구속에서 벗어나 자유를 누리는 과정이다.

08 갑의 입장을 지지하는 내용의 댓글을 ㉠~㉣ 중 고른 것은?

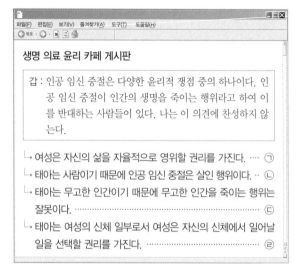

갑 : 인공 임신 중절은 다양한 윤리적 쟁점 중의 하나이다. 인공 임신 중절이 인간의 생명을 죽이는 행위라고 하여 이를 반대하는 사람들이 있다. 나는 이 의견에 찬성하지 않는다.

┗ 여성은 자신의 삶을 자율적으로 영위할 권리를 가진다. ···· ㉠
┗ 태아는 사람이기 때문에 인공 임신 중절은 살인 행위이다. ·· ㉡
┗ 태아는 무고한 인간이기 때문에 무고한 인간을 죽이는 행위는 잘못이다. ············ ㉢
┗ 태아는 여성의 신체 일부로서 여성은 자신의 신체에서 일어날 일을 선택할 권리를 가진다. ············ ㉣

① ㉠, ㉡　　② ㉠, ㉣　　③ ㉡, ㉢
④ ㉡, ㉣　　⑤ ㉢, ㉣

중요
09 (가)의 주장을 지지하는 사람이 (나)의 질문에 응답한 결과로 옳은 것은?

(가)	여성이 원치 않는 임신을 했더라도, 인공 임신 중절을 해서는 안 된다.
(나)	질문1 : 태아는 어떠한 경우에도 침해될 수 없는 존엄성을 지닌 존재인가? 질문2 : 여성은 자기 몸에 대한 소유권을 지니며, 태아는 여성의 몸의 일부인가?

응답 결과		질문1	
		예	아니요
질문2	예	Ⅰ	Ⅱ
	아니요	Ⅲ	Ⅳ

① Ⅰ　　② Ⅱ　　③ Ⅲ　　④ Ⅳ　　⑤ Ⅲ, Ⅳ

10 다음 표의 내용을 읽고 ㉠~㉢에 들어갈 논거를 바르게 짝 지은 것은?

〈인공 임신 중절, 허용해야 하는가?〉

구분	논거	내용
찬성 입장	㉠	여성 몸의 일부인 태아에 대한 소유권은 여성에게 있다.
	㉡	여성은 태아를 생산하므로 태아를 마음대로 할 수 있다.
	자율권 논거	여성은 자신의 삶을 자율적으로 결정할 수 있다.
반대 입장	㉢	생명이 있는 인간인 태아를 보호해야 한다.
	무고한 인간의 신성 불가침 논거	잘못이 없는 인간인 태아를 해치는 것은 옳지 않다.

	㉠	㉡	㉢
①	생산 논거	소유권 논거	존엄성 논거
②	생산 논거	존엄성 논거	소유권 논거
③	소유권 논거	생산 논거	존엄성 논거
④	소유권 논거	존엄성 논거	생산 논거
⑤	존엄성 논거	생산 논거	소유권 논거

11 그림을 통해 알 수 있는 자살의 윤리적 문제점으로 가장 적절한 것은?

자녀의 자살을 겪은 부모의 입장에서 자살 충동이 있는 학생에게 해 주고 싶은 말이 있나요?

자살하는 학생들이 유서에 "내 생각하지 말고 행복하세요."라고 많이 쓰잖아요. 하지만 그렇지 않아요. 남겨진 가족의 슬픔이 너무 커요.
극단적인 선택을 하기 전에 한번만 가족을 생각해 주었으면 좋겠어요. 자기가 얼마나 가족에게 소중한 존재였는지, 남겨질 가족이 얼마나 큰 고통 속에서 살아갈지를 ……

① 자신의 인격을 훼손하기 때문이다.
② 자기 보존의 욕구에 역행하기 때문이다.
③ 사회에 부정적 영향을 끼치기 때문이다.
④ 자아실현의 가능성을 차단하기 때문이다.
⑤ 자신의 소중한 생명을 훼손하기 때문이다.

12 (가)의 갑, 을의 입장을 (나) 그림을 표현할 때, A~C에 해당하는 진술로 가장 적절한 것은?

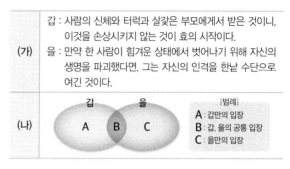

(가)
갑 : 사람의 신체와 터럭과 살갗은 부모에게서 받은 것이니, 이것을 손상시키지 않는 것이 효의 시작이다.
을 : 만약 한 사람이 힘겨운 상태에서 벗어나기 위해 자신의 생명을 파괴했다면, 그는 자신의 인격을 한낱 수단으로 여긴 것이다.

(나)
갑 을
A B C
|범례|
A : 갑만의 입장
B : 갑, 을의 공통 입장
C : 을만의 입장

① A : 자살은 불살생(不殺生)의 계율을 어기는 것이다.
② A : 자살은 신으로부터 받은 생명을 해치는 것이다.
③ B : 자살은 무위자연의 원리를 거스르는 행위이다.
④ C : 자살은 생명에 대한 자기 결정권을 포기하는 행위이다.
⑤ C : 자살은 인간 존엄성의 이념과 양립할 수 없는 행위이다.

13 ㉠에 관한 옳은 설명만을 〈보기〉에서 있는 대로 고른 것은?

• 만물은 본래 자신을 사랑하고 자신의 생명을 유지하고자 하는 성향을 지니는데, (㉠)은/는 이러한 자연적 성향을 거스르는 일이다.
• (㉠)은/는 올바른 이치에 어긋나는 행위이며, 공동체에 대한 부정의한 행위이다.

┤ 보기 ├
ㄱ. 돌이킬 수 없는 결과를 가져올 수 있다.
ㄴ. 자기 보존의 의무를 위반하는 행위이다.
ㄷ. 개인적인 문제로 다른 사람에게 영향을 끼치지는 않는다.
ㄹ. 쇼펜하우어는 ㉠이 문제를 해결하는 것이 아니라 회피하는 것이라고 보았다.

① ㄱ, ㄷ   ② ㄱ, ㄹ   ③ ㄴ, ㄷ
④ ㄱ, ㄴ, ㄹ   ⑤ ㄴ, ㄷ, ㄹ

중요 ★★

14 (가) 사상의 관점에서 (나)의 A에게 제시할 조언으로 가장 적절한 것은?

(가)	정언 명령은 "네가 너 자신의 인격에서나 다른 모든 사람의 인격에서 인간을 항상 동시에 목적으로 대하고, 결코 한낱 수단으로 대하지 않도록 행위하라."고 명한다.
(나)	A는 난치성 척수 질환을 앓고 있고, 사지가 마비된 상태로 살아가고 있다. 2012년 런던 패럴림픽 휠체어 100m 금메달과 200m 은메달을 딴 챔피언이기도 한 A는 심해지는 고통을 참지 못해 최근 안락사를 고려하고 있다.

① 환자의 고통을 줄여 주는 선택을 해야 한다.
② 환자에 대한 동정심을 바탕으로 결정해야 한다.
③ 인간의 생명은 존엄성을 지닌다는 것을 알아야 한다.
④ 가족의 심리적·경제적 부담을 줄일 수 있는 선택을 해야 한다.
⑤ 제한된 의료 자원을 효율적으로 사용할 수 있는 선택을 해야 한다.

15 ㉠의 입장을 지지하는 주장만을 〈보기〉에서 있는 대로 고른 것은?

> 1990년 샤이보는 갑자기 쓰러져 식물인간이 됐다. 그녀의 남편은 샤이보를 요양원에 입원시키고 급식 튜브를 통해 물과 음식물을 공급하며 돌보았다. 그는 그녀가 쓰러지기 전 자신이 불의의 사고를 당하더라도 인공적인 방법으로 생명을 이어 가지 않게 해 달라는 말을 기억해 냈다. 그래서 ㉠그는 "아내가 더는 식물인간 상태로 살기를 원하지 않는다."라며 튜브 제거를 시도했으며, 숨을 쉬고 있는데도 불구하고 급식을 인위적으로 중단하는 것은 옳지 않다고 주장하는 샤이보의 부모와 법정 싸움을 시작했다.

┤ 보기 ├
ㄱ. 인간은 인간답게 죽을 권리를 갖고 있다.
ㄴ. 고통받는 환자의 삶의 질을 중시해야 한다.
ㄷ. 인간은 자신의 죽음을 인위적으로 선택할 권리가 없다.
ㄹ. 인간은 자연의 질서에 부합하지 않는 행위를 해서는 안 된다.

① ㄱ, ㄴ ② ㄱ, ㄷ ③ ㄴ, ㄹ
④ ㄱ, ㄷ, ㄹ ⑤ ㄴ, ㄷ, ㄹ

16 ㉠에 들어갈 적절한 근거만을 〈보기〉에서 있는 대로 고른 것은?

> 자발적 안락사에 반대하는 사람들은 모든 인간의 생명은 존엄하며, 인간은 자신의 죽음을 인위적으로 선택할 권리를 갖고 있지 않다고 주장한다. 그러나 나는 자발적 안락사를 허용해야 한다고 생각한다. 왜냐하면   ㉠

┤ 보기 ├
ㄱ. 인간의 생명은 존엄하기 때문이다.
ㄴ. 자발적 안락사는 자연의 질서에 부합하는 행위이기 때문이다.
ㄷ. 인간은 최소한의 품위를 유지하면서 죽을 권리가 있기 때문이다.
ㄹ. 환자 본인과 가족에게 심리적·경제적 부담을 덜어 줄 수 있기 때문이다.

① ㄱ, ㄴ ② ㄱ, ㄹ ③ ㄷ, ㄹ
④ ㄱ, ㄴ, ㄷ ⑤ ㄴ, ㄷ, ㄹ

17 다음 토론의 핵심 쟁점으로 가장 적절한 것은?

> 갑 : 최근 의료 기술의 발달로 장기 이식에 대한 관심이 증가하고 있습니다. 뇌사를 죽음의 기준으로 인정하면 많은 생명을 살릴 수 있습니다.
> 을 : 맞습니다. 그러나 심장 박동이 멈추고 호흡이 정지해야 죽은 것으로 보아야 합니다.
> 갑 : 아닙니다. 뇌는 인간의 생명 활동을 관장하는 핵심 기관이기 때문에 뇌 기능이 정지하면 이미 죽음의 단계에 들어선 것입니다.
> 을 : 뇌 기능이 멈추더라도 호흡과 심장 박동은 유지될 수 있기 때문에 아직 죽음에 이른 것은 아닙니다. 또한 장기 이식 때문에 뇌사를 죽음으로 인정할 수는 없습니다.

① 죽음의 판정 기준은 무엇인가?
② 장기 이식을 허용해야 하는가?
③ 뇌사를 인정할 경우 다수의 생명을 살릴 수 있는가?
④ 뇌의 명령이 있어야 심장 박동이 유지될 수 있는가?
⑤ 환자의 고통을 덜어 주기 위해 심폐사를 인정해야 하는가?

18 (가)의 갑, 을 사상가의 입장에서 (나)의 A에게 제시할 적절한 조언만을 〈보기〉에서 있는 대로 고른 것은?

(가)	갑 : 선(善)을 행하고 악(惡)을 피해야 한다. 선이란 자연적 질서를 따르는 행위이며, 이것을 어기는 것은 악이다. 특히 우리는 자신과 자기 종족을 보존하려는 자연적 성향을 지니고 있다. 을 : 쾌락을 산출하고 고통을 피하는 결과를 낳는 행위가 선(善)이다. 사회는 개인의 집합체이기 때문에 개인의 행복과 사회 전체의 행복은 연결되어 있으며, 더 많은 사람이 행복을 누리는 것이 좋은 일이다.
(나)	윤리학자 A는 '죽음에 대한 기준'이라는 주제로 논문을 쓰고 있다. 그는 죽음을 판정하는 전통적인 기준인 심폐사와 뇌의 활동이 회복할 수 없을 정도로 정지된 상태인 뇌사 중에 어느 것을 죽음의 판정 기준으로 삼을지 고민하고 있다.

┤ 보기 ├

ㄱ. 갑 : 생명의 불가침성을 고려할 때 심폐사가 죽음의 판정 기준이어야 한다.

ㄴ. 갑 : 인간의 생명은 가치를 따질 수 없기 때문에 뇌사가 죽음의 판정 기준이어야 한다.

ㄷ. 을 : 실용적인 관점에서 보았을 때 뇌사가 죽음의 판정 기준이어야 한다.

ㄹ. 을 : 판정의 오류가 발생할 수 있기 때문에 뇌사가 죽음의 판정 기준이어야 한다.

① ㄱ, ㄴ ② ㄱ, ㄷ ③ ㄴ, ㄹ
④ ㄱ, ㄷ, ㄹ ⑤ ㄴ, ㄷ, ㄹ

19 다음과 같은 현상을 통해 내릴 수 있는 결론으로 가장 적절한 것은?

최근 한 유명 연예인의 자살 소식이 언론을 통해 알려졌다. 이에 '베르테르 효과'를 우려하는 목소리가 나오고 있다. 베르테르 효과란 유명인 또는 평소 존경하거나 선망하던 인물이 자살할 경우, 그 인물과 자신을 동일시해서 자살을 시도하는 현상을 말한다.

① 자살은 사회에 부정적 영향을 끼친다.
② 자살은 자아실현의 가능성을 차단한다.
③ 자살은 자신의 생명을 훼손하는 일이다.
④ 자살은 부모에게 불효를 저지르는 행위이다.
⑤ 자살은 자신의 인격을 수단으로 이용하는 것이다.

20 다음 글을 읽고 물음에 답하시오.

- 자신이 죽는다는 사실을 자각하는 것은 단순한 삶의 종말이 아니라 삶이 시작되는 사건이다.
- 미리 달려가 봄은 가장 고유한 극단적인 존재 가능을 이해할 수 있는 가능성, 다시 말해 본래적 실존 가능성을 입증한다.

(1) 위와 같이 주장한 서양 사상가의 이름을 쓰시오.

(2) 윗글을 통해 유추할 수 있는 죽음을 대하는 바람직한 자세에 관하여 서술하시오.

21 다음 글을 읽고 물음에 답하시오.

모든 사물에는 자신의 목적을 완전히 실현할 수 있는 힘이 잠재되어 있다. 만일 도토리의 목적이 나무가 되는 것이라면, 도토리는 한 그루의 나무와 다름이 없다.

(1) 윗글이 제시하고 있는 논증의 명칭을 쓰시오.

(2) (1)의 논증을 활용하여 '인공 임신 중절 찬성' 입장에 대해 제시할 반론을 서술하시오.

22 다음 자료를 읽고 물음에 답하시오.

〈환자의 동의 여부에 따른 안락사의 구분〉

구분	문제점
㉠	환자의 동의가 이성적 판단에 따른 것인지, 환자의 선택이라고 해서 자살을 인정할 수 있는지의 문제가 있다.
반자발적 안락사	환자가 원하지 않는 상황에서 시행하는 것은 살인 행위이다.
비자발적 안락사	㉡

(1) ㉠에 들어갈 용어를 쓰시오.

(2) ㉡에 들어갈 내용을 한 문장으로 서술하시오.

01 고대 동양 사상가 갑과 고대 서양 사상가 을의 입장만을 〈보기〉에서 있는 대로 고른 것은?

진인(眞人)은 분별심으로 도를 버리지 않고, 인위로 자연을 돕지 않습니다. 자연은 삶을 주어 수고하게 하고, 죽음을 주어 쉬게 합니다.

갑

현자(賢者)는 죽음을 두려워하지 않습니다. 삶이 해를 주는 것도 아니고, 죽음도 악으로 생각되지 않기 때문입니다. 그는 긴 삶이 아니라 즐거운 시간을 향유하려고 노력합니다.

을

─┤ 보기 ├─

ㄱ. 갑 : 삶과 죽음은 사계절의 운행처럼 필연적인 과정이다.
ㄴ. 갑 : 삶과 죽음의 분별에서 벗어나야 도에 일치할 수 있다.
ㄷ. 을 : 불멸에 대한 욕망에서 벗어날 근거는 내세의 행복에 있다.
ㄹ. 갑, 을 : 이상적 인간은 죽음을 두려움의 대상으로 보지 않는다.

① ㄱ, ㄴ
② ㄱ, ㄷ
③ ㄷ, ㄹ
④ ㄱ, ㄴ, ㄹ
⑤ ㄴ, ㄷ, ㄹ

🔎 **문제 접근 방법**

먼저 '진인', '향유' 등의 핵심어를 통해 두 사상가가 누구인지 파악하고, 죽음에 관하여 어떻게 생각하는지를 상기한다. 다음으로 각 입장의 공통점과 차이점을 파악하여 문제를 해결한다.

✏️ **적용 개념**

죽음관

02 갑, 을의 입장에서 질문에 답변한 내용을 바르게 짝지은 것은?

갑 : 무고한 생명을 죽이는 행위는 죄악입니다. 우리가 아이를 낳고 길러야 하는 여성의 불가피한 상황을 헤아린다고 할지라도 태아는 무고한 생명입니다. 따라서 태아의 생명권은 마땅히 존중받아야 합니다.
을 : 태아는 임신부의 신체 중 일부입니다. 따라서 인공 임신 중절의 허용 여부는 임신부의 자유로운 결정에 맡겨야 합니다. 또한 태아는 인격체가 아니기 때문에 인격체와 같은 생명의 권리를 갖지 못합니다.

	질문	답변	
		갑	을
①	생명이 있는 태아는 보호해야 할 대상인가?	아니요	예
②	여성은 자기 몸에 대한 소유권을 지니고 있는가?	예	아니요
③	여성은 태아를 생산하기 때문에 태아를 마음대로 할 수 있는가?	아니요	예
④	잘못이 없는 인간을 해치는 것은 도덕적으로 옳지 않은 일인가?	예	아니요
⑤	태아는 인간으로 성장할 잠재성을 갖고 있기 때문에 보호해야 하는가?	아니요	아니요

🔎 **문제 접근 방법**

인공 임신 중절에 대한 찬반 논거를 구분하는 문제이다. 찬성 입장과 반대 입장에서 질문에 답해 보며 문제를 해결한다.

✏️ **적용 개념**

생명 옹호주의
선택 옹호주의

03 (가)의 주장을 (나) 그림으로 나타낼 때, ⊙을 뒷받침하는 근거로 가장 적절한 것은?

문제 접근 방법
문제에 제시된 주장을 삼단 논법으로 정리할 수 있어야 한다. 이를 통해 ⊙에 들어갈 내용을 파악하고 이에 대한 근거를 찾아봄으로써 문제를 해결한다.

적용 개념
자발적 안락사 찬반 논거

(가)	불치병으로 극심한 고통을 겪고 있는 환자의 요구에 따라 의료진이 인위적으로 개입하여 생명을 단축하는 행위에 대해 환자의 직접적인 동의가 있을 경우 허용해야 한다는 주장이 대두되고 있다. 하지만 자발적 안락사라고 할지라도 결국 인간을 죽이는 것이므로 옳지 않다.
(나)	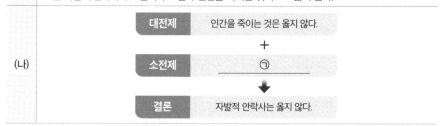

① 인간은 자신의 죽음을 스스로 선택할 권리가 있다.
② 의료인의 기본 의무는 환자의 생명을 살리는 것이다.
③ 의료인의 의무는 의료 자원을 효율적으로 이용하는 것이다.
④ 인간을 죽이는 행위는 어떠한 예외도 없이 도덕적으로 옳지 않다.
⑤ 자발적 안락사는 환자가 스스로 요구한다는 점에서 살인이 아니다.

04 갑은 부정, 을은 긍정의 대답을 할 질문만을 〈보기〉에서 있는 대로 고른 것은?

문제 접근 방법
대화는 죽음의 기준을 뇌사로 보아야 할지, 심폐사로 보아야 할지에 관한 논쟁이다. 갑은 뇌사를 죽음의 기준으로 인정하는 입장, 을은 심폐사를 죽음의 기준으로 인정하는 입장이라는 것을 파악하여 문제를 해결한다.

적용 개념
죽음의 판정 기준
뇌사를 죽음으로 인정할 것인가

갑 : 장기 이식을 받으면 살 수 있는 환자가 여럿인데 비해 이식할 수 있는 장기는 턱없이 부족한 실정입니다. 뇌사를 죽음으로 인정하면 많은 생명을 살릴 수 있습니다.
을 : 그렇습니다. 하지만 사람의 생명은 돈으로 바꿀 수 없는 존엄성을 지니기 때문에 심폐사를 죽음으로 보는 것이 옳습니다.
갑 : 저는 인간의 존엄성은 심장이 아니라 뇌의 활동에서 비롯된다고 생각합니다. 따라서 뇌사를 죽음으로 보아야 합니다.
을 : 앞의 말씀에는 동의합니다. 하지만 뇌의 명령 없이도 유지될 수 있는 사람의 생명 그 자체가 존엄한 것입니다. 또한 장기 이식을 위해 뇌사 판정이 악용될 가능성에도 유의할 필요가 있습니다.

┤ 보기 ├
ㄱ. 심폐사보다 뇌사가 죽음의 기준으로 적절한가?
ㄴ. 인간의 죽음을 유용성에 따라 판단해서는 안 되는가?
ㄷ. 뇌사를 인정할 경우 여러 사람의 생명을 살릴 수 있는가?
ㄹ. 뇌사를 죽음으로 인정하면 인간의 존엄성을 침해하는가?

① ㄱ, ㄴ   ② ㄱ, ㄷ   ③ ㄴ, ㄹ
④ ㄱ, ㄷ, ㄹ   ⑤ ㄴ, ㄷ, ㄹ

II. 생명과 윤리

02 생명 윤리

🔖 학습길잡이 • 생명 복제와 유전자 치료 문제에 관한 윤리적 쟁점을 파악해 둔다.
• 동물 실험에 관한 찬반 입장과 동물 권리 논쟁에 관한 윤리적 쟁점을 비교해 둔다.

A 생명 복제와 유전자 치료 문제

1 생명의 존엄성에 관한 윤리적 관점

① 생명 과학 **1**

• 의미 : 생명 현상의 본질과 그 특성을 연구하는 학문
• 성과와 한계 : 인간의 삶의 질 향상에 기여했으나 다양한 문제가 발생함
  예 인류의 생명 연장, 건강 증진 등

② 생명 윤리와 생명의 존엄성

• 의미 : 생명을 책임 있게 다루기 위한 윤리학적 숙고
• 필요성 : 생명 과학의 한계 극복 → 생명 과학은 주로 생명의 외적인 현상을 다루기 때문에 생명의 존엄성에 대한 근거를 밝혀 주지 못함
• 동서양의 생명관 : 생명 윤리의 이론적 바탕이 됨

동양	• 도가 : 자연스럽게 태어나고 자라는 것을 인위적으로 조장하는 일은 바람직하지 못하다고 주장함 • 불교 : 연기의 가르침을 통해 생명의 상호 의존 관계를 강조하고, 불살생의 가르침을 통해 생명의 보존을 주장함
서양	그리스도교 : 신의 피조물인 생명은 존엄하면서도 일정한 위계를 가짐 → 아퀴나스와 슈바이처의 생명 사상으로 계승됨

③ 생명 과학과 생명 윤리의 올바른 관계

• 공통적으로 생명의 존엄성 실현을 목적으로 함 → 생명의 존엄성을 근거로 다양한 생명 윤리 문제를 성찰해야 함
• 상호 보완적 관계 : 생명 윤리는 생명 과학의 지식을 바탕으로 제시되어야 하고, 생명 과학은 생명 윤리의 도움을 받아 문제를 최소화해야 함

2 생명 복제와 관련된 생명 윤리 문제

① 생명 복제의 의미 : 동일한 유전 형질을 가진 생명체를 만들어 내는 기술

② 생명 복제의 구분 : 동물 복제와 인간 복제로 나뉨

③ 동물 복제에 대한 입장

찬성 입장	• 동물 복제를 통해 우수한 품종을 개발·유지할 수 있음 • 희귀 동물을 보존하고, 멸종 동물을 복원할 수 있음	→ 동물 복제를 통해 얻을 수 있는 유용한 결과나 행복의 증진에 관심을 둔다.
반대 입장	• 동물 복제는 자연의 질서에 어긋나는 행위임 • 종의 다양성을 해침 • 동물의 생명이 인간의 유용성을 위한 도구가 될 수 있음	

④ 인간 복제에 대한 입장

• 배아 복제의 윤리적 쟁점 질문
  └── 배아 줄기세포를 얻기 위해 복제 후 배아 단계까지만 발생을 진행시키는 것

찬성 입장	• 배아는 아직 완전한 인간이 아님 • 배아로부터 획득한 줄기세포를 활용해 난치병의 치료 방법을 찾을 수 있음
반대 입장	• 배아는 인간의 생명이므로 보호되어야 함 **2** • 복제 과정에서 많은 난자를 사용하고, 이는 여성의 건강권과 인권을 훼손함

개념 더하기 자료 채우기

1 생명 과학의 연구 목표

• 생명 현상과 생물의 해명
• 자연환경의 해명
• 정신 활동의 해명
• 건강 유지와 의료의 향상
• 식량 자원의 확보
• 생물 및 그 기능을 공업에 응용
• 인구 문제 해결

✊ 질문 있어요

배아 복제는 개체 복제로 이어질까요?
많은 학자는 '미끄러운 언덕길 논증'에 근거를 두고 배아 복제가 개체 복제로 이어질 수 있다고 우려해요. 미끄러운 언덕길 논증은 사소한 것을 허용하면 그것이 확대되어 큰 문제로 이어질 수 있다는 것입니다. 미끄러운 언덕길 논증을 구체적으로 설명하면 다음과 같아요.
어느 경사길 위에 자동차를 세워 두고 돌로 막아 두었다가 필요에 의해 2미터 정도 차를 옮기려고 그 돌을 제거했다고 상상해 봅시다. 이 경우, 원하는 만큼만 자동차가 움직이는 것이 아니라 경사길 아래까지 미끄러져 내려갈 수밖에 없습니다.
이를 배아 복제 문제와 연결시키면, 배아 복제를 허용하면 배아 공장, 인간 생명의 상품화 등 비윤리적인 활동, 심지어 개체 복제로까지 나아갈 위험이 있다는 것이지요.

2 배아의 도덕적 지위 논거

종의 구성원 논거	배아는 이미 인간 종에 속하므로 도덕적 지위를 가짐
연속성 논거	인간의 발달 과정은 연속적이며 선명한 경계선이 없으므로 배아는 도덕적 지위를 가짐
동일성 논거	배아가 성장해서 존재할 생명체와 배아는 동일하므로 도덕적 지위를 가짐
잠재성 논거	배아는 인간이 될 잠재적 가능성을 갖고 있으므로 도덕적 지위를 가짐

✳ 용어사전

* **유전 형질** 유전자에 의해서 나타나는 모든 모습이나 성질
* **배아** 수정 후 2주부터 8주까지의 개체
* **줄기세포** 특정한 조직이나 다양한 조직의 세포로 분화할 수 있는 능력이 있는 세포

┌ 복제를 통해 새로운 인간 개체를
│ 탄생시키는 것 = 인간 복제

- 개체 복제의 윤리적 쟁점 질문

찬성 입장	불임 부부의 고통을 해소할 수 있음
반대 입장	• 인간의 존엄성 훼손 : 복제를 원한 사람의 의도에 따라 복제 인간을 도구로 이용할 수 있음 • 자연스러운 출산 과정에 위배 : 한 사람의 체세포로부터 인간이 복제된다면 인간의 상호 의존성이 파괴될 수 있음 • 인간의 고유성 위협 : 복제된 인간은 체세포를 제공한 사람과 유전 형질이 같으므로 자신의 고유성을 갖기 어려움 • 가족 관계에 혼란 초래 : 체세포와 난자를 제공한 사람과 복제 인간이 부모 자녀 관계인지 형제자매 관계인지 불분명함

자료로 보는 배아 복제와 개체 복제 과정

난자에서 핵 제거
체세포의 핵 추출
추출한 핵을 난자에 이식
전기 자극을 통한 핵융합
5~6일 동안 배양
배아 줄기세포 획득 → **배아 복제**
자궁에 착상 → **개체 복제 (인간 복제)**

자료 분석 우리나라는 배아 줄기세포를 획득하는 배아 복제를 희귀병·난치병의 치료를 위한 연구 목적에 한하여 제한적으로 허용하고 있으나, 새로운 인간의 생명을 출생시키는 개체 복제는 금지하고 있다.

Q 우리나라에서 개체 복제를 금지하는 이유는 무엇인가?

A 개체 복제는 인간의 존엄성 훼손, 자연스러운 출산 과정에 위배, 인간의 고유성 위협, 가족 관계에 혼란을 초래할 수 있기 때문이다.

3 유전자 치료와 관련된 생명 윤리 문제 ❸

① **유전자 치료의 의미** : 질병을 치료하기 위해 *체세포 또는 생식 세포 안에 정상 유전자를 넣어 유전자의 기능을 바로잡거나 이상 유전자 자체를 바꾸는 치료법

② **구분** : 치료 대상에 따라 체세포 유전자 치료와 생식 세포 유전자 치료로 나뉨

③ 체세포 유전자 치료

- 의미 : 유전자 운반체인 바이러스를 이용해 유전 물질을 환자의 체세포에 삽입하여 질병을 치료하는 방법
- 특징 : 치료를 위해 주입된 유전자는 주로 환자 개인에게만 영향을 끼치므로 환자의 질병 치료를 위해 제한적으로 허용하고 있음, 단 생명 의료 윤리 원칙에 의한 과학적·의학적·윤리적 검토가 지속적으로 필요함 ❹

④ 생식 세포 유전자 치료의 윤리적 쟁점

- 의미 : *수정란이나 발생 초기의 배아에 유전 물질을 삽입하여 질병을 치료하는 방법
- 특징 : 생식 세포에 영향을 주어 변형된 유전적 정보가 후세대에 직접적인 영향을 미침 → 윤리적으로 논란의 여지가 있음 ❺

개념 더하기 자료 채우기

질문 있어요

개체 복제에 대해 우리나라는 어떤 입장인가요?
유럽 연합은 2001년 인간 복제 금지 협약을 맺었고, 국제 연합은 2005년 총회에서 인간 복제 금지 선언문을 채택했어요. 우리나라도 「생명 윤리 및 안전에 관한 법률」에서 개체 복제를 금지하고 있습니다.

❸ **「생명 윤리 및 안전에 관한 법률」 제3조 기본 원칙**
① 연구 대상자의 인권과 복지 고려
② 연구 대상자의 자발적인 동의는 충분한 정보에 근거해야 함
③ 연구 대상자의 개인 정보 보호
④ 연구 대상자의 안전 고려
⑤ 취약한 환경에 있는 개인이나 집단은 특별 보호
⑥ 생명 윤리와 안전을 확보하기 위하여 보편적인 국제 기준 수용

❹ **비첨과 칠드레스의 생명 의료 윤리 원칙**
- 자율성 존중의 원칙 : 인간의 자율적 의사를 최대한 존중해야 한다.
- 해악 금지의 원칙 : 신체적 해악이나 정신적 상처를 주어서는 안 된다.
- 선행의 원칙 : 환자나 피험자의 유익을 도모하고 선행을 베풀어야 한다.
- 정의의 원칙 : 연구 성과나 자원을 공정하게 분배해야 한다.

❺ **유전 형질 개량에 대한 논쟁**

찬성 입장	• 개인의 선호와 자율적 선택에 의한 유전자 개량은 존중해야 함 • 인간의 생식적 선택의 범위를 넓혀 줌 • 유전자 개량을 통해 개인의 만족과 사회적 향상이 함께 이루어질 것임
반대 입장	• 유전적으로 기획되어 태어난다는 점에서 미래 세대의 자율적인 삶을 제약할 수 있음 • 경제적 차이에 따른 계층 간 유전적 격차와 이로 인한 차별이 생길 수 있음 • 개인적·사회적 문제의 원인과 해결책을 유전적 차원에서만 찾으려고 할 수 있음

용어사전

* **체세포** 생명체를 구성하는 세포 중 생식 세포를 제외한 나머지 세포의 총칭
* **수정란** 정자의 핵과 난자의 핵을 합쳐서 형성한 것

02 생명 윤리

- 생식 세포 유전자 치료에 대한 찬반 논거

찬성 입장	• 병의 유전을 막아 다음 세대의 병을 예방할 수 있음 • 유전병을 퇴치하는 등 의학적으로 유용함 • 유전 질환을 물려주지 않으려는 부모의 자율적 선택을 존중하는 것임 • 새로운 치료법 개발을 통해 경제적 효용 가치를 산출할 수 있음
반대 입장 ❶	• 미래 세대의 동의 여부가 불확실함 • 의학적으로 불확실하고 임상적으로 위험함 • 인간의 유전자를 조작하려는 우생학을 부추길 수 있음 • 고가의 치료비로 그 혜택이 일부 사람에게 치중되어 분배 정의에 어긋날 수 있음

자료로 보는 유전자 치료 관련 법 조항

- 인체 내에서 유전적 변이를 일으키는 일련의 행위에 해당하는 유전자 치료에 관한 연구는 다음 각 호의 모두에 해당하는 경우에만 할 수 있다.
  1. 유전 질환, 암, 후천성 면역 결핍증, 그 밖에 생명을 위협하거나 심각한 장애를 불러일으키는 질병의 치료를 위한 연구
  2. 현재 이용 가능한 치료법이 없거나 유전자 치료의 효과가 다른 치료법과 비교하여 현저히 우수할 것으로 예측되는 치료를 위한 연구
- 유전자 치료는 배아, 정자 및 태아에 대하여 시행하여서는 아니 된다.

– 「생명 윤리 및 안전에 관한 법률」 제47조 –

자료 분석 우리나라는 체세포 유전자 치료의 경우 허용 조건을 제시하여 연구를 제한적으로 허용하고 있으나, 생식 세포, 배아, 태아에 관한 유전자 치료는 금지하고 있다. 유전자 치료의 허용 여부는 의학적 안전성과 유용성, 생명 의료 윤리 원칙 등을 종합적으로 고려하여 판단해야 한다.

ⓠ 유전자 치료의 허용 여부를 결정하는 요소는 무엇인가?

Ⓐ 의학적 안전성과 유용성, 생명 의료 윤리 원칙 등을 들 수 있다.

B 동물 실험과 동물 권리의 문제

1 동물 실험의 윤리적 쟁점

① **동물 실험의 의미** : 의학 및 생명 과학 연구 과정에서 살아 있는 동물을 대상으로 수행하는 실험

② **동물 실험의 실태** 질문

- 신약 개발을 위한 연구, 화장품과 세제 등 공산품의 안전성 검사, 실험 방법 교육 등에서 광범위하게 이루어지고 있음
- 다양한 종의 동물이 실험에 사용되고 있음

③ **찬반 논거**

┌ 그리스도교에서는 인간과 동물의 지위를 구별하고, 인간을 위해 다른 동물을 이용할 수 있다고 본다.

찬성 입장	• 인간은 동물과 근본적으로 다른 존재 지위를 갖고 있음 • 인간과 동물은 생물학적으로 유사하여 동물 실험의 결과를 인간에게 적용할 수 있음 • 동물 실험으로 인간의 생명과 건강을 보호할 중요한 이익을 얻을 수 있음 • 확실하고 믿을 만한 동물 실험의 대안이 없음
반대 입장	• 인간과 동물은 존재 지위에 별 차이가 없음 • 인간과 동물은 생물학적으로 유사하지 않음 ⓔ 탈리도마이드 부작용 사례 ❷ • 동물 실험으로 다른 가능한 연구의 기회를 막아 의학의 발전이 늦춰짐 • 조직 배양이나 컴퓨터 모의실험 등의 대안적 방법이 존재함 ❸

2 동물 권리 논쟁

⑩ 1m의 모피 코트를 만들기 위해 밍크는 60여 마리, 붉은 여우는 40여 마리가 희생된다.

① **동물 권리에 관한 여러 가지 문제** : 음식을 위한 동물 사육, 의복을 위한 동물 사육, 유희를 위한 동물 활용, 애완동물 학대와 유기, 야생 동물의 생존권 위협 └⑩ 동물원, 동물 공연, 사냥, 동물 관련 스포츠 등이 있다.

② **논쟁의 핵심** : 동물은 도덕적으로 고려받을 권리를 가지는가?

☆ ③ **동물의 도덕적 권리를 인정하지 않는 입장**

- 데카르트 : 동물은 '자동인형' 또는 '움직이는 기계'에 불과하다고 주장함 → 단순한 기계인 동물은 고통과 쾌락을 경험할 수 없다고 봄 ❹

- 아퀴나스와 칸트 : 동물이 도덕적으로 고려받을 권리를 갖지 않지만, 동물을 함부로 다루어서도 안 된다고 주장함 → 동물을 함부로 다루는 것은 인간의 품성에 부정적인 영향을 끼친다고 봄

- 코헨 : 어떤 존재가 권리를 소유하려면 윤리 규범의 고안 능력이나 자율성 등을 지녀야 하는데, 동물은 그러한 능력이 없기 때문에 권리를 소유할 수 없다고 주장함

자료로 보는 | **아퀴나스와 칸트의 동물 권리에 대한 입장**

- 사물의 질서는 불완전한 것이 완전한 것을 위해 존재하는 방식으로 이루어져 있다. 식물은 모두 동물을 위해 존재하고, 동물은 모두 인간을 위해 존재한다. …… 인간이 동물에게 동정 어린 감정을 나타낸다면, 그는 그만큼 더 동료 인간들에게 관심을 가질 것이다. – 아퀴나스, 『신학대전』 –

- 인간은 동물과 관련해서 직접적 의무를 지지 않는다. 동물은 자의식적이지 못하므로 어떤 목적을 위한 수단일 뿐이다. 그 목적이란 인간이다. 동물에 대한 우리의 의무는 인간에 대한 간접적 의무에 불과하다. 우리가 동물에 대해 의무를 갖는 이유는 그렇게 함으로써 사람에 대한 의무를 계발할 수 있기 때문이다. – 칸트, 『윤리학 강의록』 –

자료 분석 아퀴나스와 칸트는 동물에게 친절한 사람은 사람에게도 친절할 것이고, 동물에게 잔인한 사람은 사람에게도 잔인할 것이라고 주장하였다. 동물에 대한 잔혹한 처우에 반대하는 이유는 그것이 인간에게 잔혹한 처우를 조장할 수 있기 때문이다.

ⓠ 아퀴나스와 칸트가 동물을 함부로 대하면 안 된다고 주장한 이유는 무엇인가?

ⓐ 동물을 잔혹하게 대하는 것이 인간의 품성에 부정적인 영향을 끼칠 수 있기 때문이다.

☆ ④ **동물의 도덕적 권리를 인정하는 입장**

- 벤담 : 동물도 고통을 느끼기 때문에 도덕적으로 고려받을 권리를 가질 수 있다고 봄 ❺

- 싱어 : 벤담의 주장을 이어받아 동물이 쾌고 감수 능력을 갖고 있기 때문에 동물의 이익도 평등하게 고려되어야 한다고 주장함 ❻

- 레건 : 한 살 정도의 포유류는 자신의 삶을 영위할 수 있는 능력, 즉 믿음, 욕구, 지각, 기억, 감정 등을 가진 삶의 주체가 될 수 있으므로 인간처럼 내재적 가치를 지닌다고 봄 → 동물을 인간의 목적을 위한 수단으로 이용하는 것은 부당하다고 주장함 질문

---

❹ **데카르트의 동물 기계론**

17세기 근대 철학자 데카르트는 동물을 태엽을 감은 기계와 같이 생각하였고, 동물은 고통을 느끼지 못한다고 간주하였다. 이러한 사고를 바탕으로 동물을 상대로 실험을 하거나 도축을 할 때 동물이 내는 비명 소리는 기계에서 나는 삐걱거림과 다르지 않다고 보았다.

❺ **동물의 권리에 관한 벤담의 관점**

벤담은 인간의 생각과 말, 행동은 모두 쾌락을 추구하고 고통을 피하고자 하는 목적과 관련이 있다고 보았고, 행위의 결과를 고려하는 데 '고통을 느낄 수 있는 능력'의 유무를 기준으로 삼아야 한다고 강조하였다. 따라서 동물도 고통을 느끼므로 도덕적으로 대우해야 한다고 주장하였다.

❻ **싱어의 이익 평등 고려의 원칙**

싱어는 우리가 어떤 결정을 내릴 때, 나 자신의 이익만을 고려할 것이 아니라 그 결정에 의해 영향을 받을 다른 사람들의 이익도 동등하게 고려해야 한다고 주장한다. 이러한 윤리적 원칙을 그는 '이익 평등 고려의 원칙'이라고 부른다. 그는 이 원칙을 동물에게까지 확장하여 적용해야 한다고 주장한다. 벤담의 사상을 이어받은 싱어는 고통이나 즐거움을 느끼는 능력이야말로 이익을 가지기 위한 전제이기 때문에, 만일 한 존재가 고통 감수 능력이 있다면, 그 존재가 느끼는 고통을 도덕적으로 고려해야 하는 것이다. 따라서 쾌고 감수 능력을 지닌 동물은 도덕적으로 고려받을 권리를 갖게 된다.

👊 **질문 있어요**

레건이 말하는 내재적 가치란 무엇인가요?

레건은 동물이 내재적 가치를 지닌다고 주장했어요. 내재적 가치를 지닌다는 것은 그 밖의 어느 누군가의 이해관계, 필요, 용도 등과 무관한 독립된 가치를 갖는다는 의미입니다. 내재적 가치는 그 자체로 그리고 자기 스스로 가치를 갖는 것이죠. 그러한 가치는 도구적 가치라고 하는 것, 즉 한 사물의 가치가 그것이 다른 것에 의해 어떻게 사용될 수 있는지에 따라 혹은 그것이 다른 것에 어떤 의미를 지닐 수 있는지에 따라 결정되는 가치와 대조됩니다. 내재적 가치를 갖는 존재는 단순히 어떤 다른 목적에 대한 수단이 아니라, 그 자체가 목적입니다.

✱ **용어사전**

✱ **유기**(버릴 遺, 버릴 棄) 내다 버리는 것
✱ **쾌고 감수 능력** 쾌락과 고통을 느끼고 받아들일 수 있는 능력

A 생명 복제와 유전자 치료 문제

1 생명 복제와 관련된 윤리적 쟁점

① 동물 복제에 대한 입장

찬성 입장	• 동물 복제로 우수한 품종을 개발·유지할 수 있음 • 희귀 동물을 보존하고, 멸종 동물을 복원할 수 있음
반대 입장	• 자연의 질서에 어긋나고, 종의 다양성을 해침 • 동물의 생명이 인간의 유용성을 위한 도구가 됨

② 배아 복제에 대한 입장

찬성 입장	• 배아는 아직 완전한 인간이 아님 • 난치병의 치료 방법을 찾을 수 있음
반대 입장	• 배아는 인간의 생명이므로 보호되어야 함 • 많은 난자 사용으로 여성의 건강권과 인권이 훼손됨

③ 개체 복제에 대한 입장

찬성 입장	• 불임 부부의 고통을 해소할 수 있음
반대 입장	• 인간의 존엄성 훼손, 자연스러운 출산 과정에 어긋남 • 인간의 고유성을 위협하고, 가족 관계에 혼란을 줌

2 생식 세포 유전자 치료와 관련된 윤리적 쟁점

찬성 입장	• 유전병을 퇴치하는 등 의학적으로 유용함 • 부모의 자율적 선택을 존중하는 것임
반대 입장	• 의학적으로 불확실하고 임상적으로 위험함 • 인간의 유전자를 조작하려는 우생학을 부추길 수 있음

B 동물 실험과 동물 권리의 문제

1 동물 실험의 윤리적 쟁점

찬성 입장	• 인간은 동물과 근본적으로 다른 존재 지위를 가짐 • 동물 실험의 결과를 인간에게 적용할 수 있음 • 인간의 생명과 건강을 보호할 중요한 이익을 얻음
반대 입장	• 인간과 동물은 존재 지위에 별 차이가 없음 • 인간과 동물은 생물학적으로 유사하지 않음

2 동물 권리 논쟁

인정하지 않는 입장	• 데카르트 : 동물은 단순한 기계에 불과함 • 아퀴나스, 칸트 : 동물은 도덕적으로 고려받을 권리를 갖지 않지만 함부로 다루어서도 안 됨 • 코헨 : 동물에게는 도덕적 권리가 없음
인정하는 입장	• 벤담 : 동물도 고통을 느끼기 때문에 도덕적으로 고려받을 권리를 가짐 • 싱어 : 동물은 쾌고 감수 능력을 갖고 있기 때문에 동물의 이익도 평등하게 고려해야 함 • 레건 : 한 살 정도의 포유류는 삶의 주체가 될 수 있으므로 인간처럼 내재적 가치를 지님

01 다음 설명이 맞으면 ○표, 틀리면 ×표를 하시오.

(1) 생명 윤리와 생명 과학은 모두 생명의 존엄성 실현을 목적으로 한다. ( )

(2) 도가에서는 연기의 가르침을 통해 생명의 상호 의존 관계를 강조한다. ( )

(3) 동물 복제에 찬성하는 사람들은 자연의 질서를 강조한다. ( )

(4) 동물 복제에 반대하는 사람들은 동물의 생명이 인간의 유용성을 위한 도구가 될 수 없다고 주장한다. ( )

(5) 생명 복제는 크게 동물 복제와 인간 복제로 나뉘고, 인간 복제는 배아 복제와 개체 복제로 나뉜다. ( )

02 빈칸에 들어갈 알맞은 말을 쓰시오.

(1) 배아 복제에 반대하는 사람들은 복제 과정에서 많은 수의 난자를 사용하고 이는 여성의 (   )와/과 (   )을/를 훼손한다고 주장한다.

(2) (   )은/는 질병을 치료하기 위해 체세포 또는 생식 세포 안에 정상 유전자를 넣어 유전자 기능을 바로잡거나 이상 유전자 자체를 바꾸는 치료법이다.

(3) 동물 실험을 반대하는 사람들은 인간과 동물이 (   )적으로 유사하지 않다고 주장한다.

(4) (   )은/는 한 살 정도의 포유류는 자신의 삶을 영위할 수 있는 능력, 즉 믿음, 욕구, 지각, 기억, 감정 등을 가진 삶의 주체가 될 수 있으므로 인간처럼 (   ) 가치를 지닌다고 주장한다.

03 다음 사상가와 동물에 대한 입장을 바르게 연결하시오.

(1) 싱어 •

(2) 칸트 •

(3) 데카르트 •

• ㉠ 동물은 움직이는 기계이다.

• ㉡ 동물은 쾌고 감수 능력을 갖고 있다.

• ㉢ 인간의 품성을 위해 동물을 함부로 대해서는 안 된다.

01 동서양의 생명관에 대한 옳은 설명만을 〈보기〉에서 있는 대로 고른 것은?

┤ 보기 ├
ㄱ. 불교에서는 생명의 상호 의존 관계를 강조하였다.
ㄴ. 슈바이처는 생명을 보존하고 촉진하는 것이 좋은 일이라고 보았다.
ㄷ. 그리스도교는 생명이 존엄하면서도 일정한 위계를 가진다고 보았다.
ㄹ. 도가에서는 연기에 의한 불살생의 가르침을 통해 생명의 보존을 주장하였다.

① ㄱ, ㄷ ② ㄱ, ㄹ ③ ㄴ, ㄹ
④ ㄱ, ㄴ, ㄷ ⑤ ㄴ, ㄷ, ㄹ

02 다음 글을 읽고 내린 결론으로 가장 적절한 것은?

결혼, 임신, 출산으로 아이가 태어나고, 부모가 아이를 양육하는 일이 더는 일어나지 않는다. 인간은 체제에 의해 고안되어 생산될 뿐이다. 인간이 태어나기 전에 정해 놓은 등급에 맞추어 의도적으로 세포 분열을 조작하여, 높은 등급의 인간은 신체적·지적으로 더 우월하게, 낮은 등급의 인간은 더 열등하게 태어날 뿐이다. 이렇게 태어난 인간은 각자 등급에 맞는 일을 하는 자신에 대해 만족하고 행복을 느끼도록 세뇌를 당한다.

① 생명 과학은 생태계를 파괴할 위험이 있다.
② 생명 과학은 인간의 존엄성을 훼손할 수 있다.
③ 생명 과학은 인간에게 행복한 삶을 보장해 준다.
④ 생명 과학은 인간의 삶의 질 향상에 도움을 준다.
⑤ 생명 과학은 평등한 세계 건설에 이바지할 수 있다.

03 〔중요〕 동물 복제에 대한 갑, 을의 입장을 〈보기〉에서 고른 것은?

동물 복제는 우수한 품종을 개발하고 유지하는 데 도움을 줘. 예를 들면, 우수한 능력을 갖춘 검역 탐지견을 복제해 필요한 곳에 보급할 수 있어.

동물 복제는 유전 정보가 똑같은 다른 동물을 인위적으로 탄생시키는 거야. 동물 복제는 종 다양성을 무시하고 단순히 동물 개체수를 늘리는 일일 뿐이야.

갑 을

┤ 보기 ├
ㄱ. 갑 : 동물 복제는 인간의 유용성을 증진시킨다.
ㄴ. 갑 : 동물의 생명은 인간을 위한 도구가 되어서는 안 된다.
ㄷ. 을 : 동물 복제는 동물의 행복 증진에 기여한다.
ㄹ. 을 : 동물 복제는 자연의 질서에 어긋나는 일이다.

① ㄱ, ㄴ ② ㄱ, ㄹ ③ ㄴ, ㄷ
④ ㄴ, ㄹ ⑤ ㄷ, ㄹ

04 ㉠의 입장에서 긍정의 대답을 할 질문으로 가장 적절한 것은?

영국에 사는 ㉠리처드와 로라 부부는 반려견 딜런을 뇌종양으로 잃었다. 이후 딜런을 잊지 못한 부부는 한 생명 공학 연구소의 도움을 받아 딜런을 복제하기로 했다. 복제 비용으로 6만 7,000파운드가 들었지만 그들은 망설이지 않았다. 드디어 딜런의 유전자에서 얻은 세포를 통해 두 마리의 강아지를 얻은 부부는 "딜런을 잃고 싶지 않아서 박제할까 생각했지만, 이 편이 훨씬 낫다."라며 행복한 미소를 지었다.

① 동물 복제는 종의 다양성을 해치는가?
② 동물 복제는 자연의 질서에 어긋나는가?
③ 동물 복제를 통해 얻을 수 있는 유용한 결과에 관심을 두는가?
④ 동물 복제를 통해 우수한 품종을 개발하는 것은 문제가 있는가?
⑤ 동물의 생명은 인간의 유용성을 위한 도구가 될 수 없다고 생각하는가?

05 ㉠~㉢에 들어갈 배아의 도덕적 지위 논거를 바르게 짝지은 것은?

논거	내용
㉠	배아는 이미 인간 종에 속하므로 도덕적 지위를 가진다.
㉡	인간의 발달 과정은 선명한 경계선이 없으므로 배아는 도덕적 지위를 가진다.
㉢	배아가 성장해서 존재할 생명체와 배아는 동일하므로 도덕적 지위를 가진다.

	㉠	㉡	㉢
①	연속성	동일성	잠재성
②	연속성	잠재성	동일성
③	종의 구성원	연속성	동일성
④	종의 구성원	동일성	연속성
⑤	종의 구성원	연속성	잠재성

중요

06 갑의 관점에서 〈문제 상황〉에 대해 내릴 수 있는 도덕 판단을 〈보기〉에서 고른 것은?

> 갑 : 모든 사물에는 자신의 목적을 완전히 실현할 수 있는 힘이 잠재되어 있다. 따라서 잠재적인 것은 현실적인 것과 같다고 볼 수 있다. 만일 도토리의 목적이 나무가 되는 것이라면, 도토리는 한 그루의 나무와 다름없다.
>
> 〈문제 상황〉
> 최근 난치병 치료를 위해 줄기세포를 추출하는 과정에서 배아가 파괴되거나, 실험이 완료된 후에 배아를 폐기하는 문제가 빈번히 발생하고 있다.

보기
ㄱ. 과학 발전을 위한 배아 실험은 정당하다.
ㄴ. 배아를 인위적으로 파괴하는 실험은 정당하지 않다.
ㄷ. 유전적 결함을 치료하기 위한 배아 실험은 정당하다.
ㄹ. 배아는 인간이 될 존재이므로 배아 실험은 정당하지 않다.

① ㄱ, ㄴ ② ㄱ, ㄷ ③ ㄴ, ㄷ
④ ㄴ, ㄹ ⑤ ㄷ, ㄹ

중요

07 갑, 을의 관점에 대한 설명으로 가장 적절한 것은?

> 갑 : 모든 참나무가 한때는 도토리였지만, 도토리가 참나무와 같지는 않다. 도토리와 참나무가 같은 가치를 지닐 수 없듯이, 배아와 인간의 관계도 마찬가지이다. 단지 배아는 인간이 될 수 있는 가능태(可能態)일 뿐이다.
> 을 : 어떤 차별도 정당화되지 않듯이 발달 과정에서의 차별 역시 정당화되지 않는다. 모든 인간은 배아로부터 시작되고 인간의 생명은 오로지 그 자체로 존중받아야 하므로, 우리는 배아를 인간과 동일한 존재로 보아야 한다.

① 갑은 인간과 배아가 동일한 지위를 가진다고 본다.
② 을은 배아가 인간으로서의 존엄성을 지니고 있다고 본다.
③ 을은 배아가 인간이 될 수 있는 잠재성을 지닐 뿐이라고 본다.
④ 갑은 배아의 생명의 권리를 인정하고, 을은 부정한다.
⑤ 갑, 을은 모두 인간과 배아의 도덕적 지위가 같다고 본다.

08 그림은 서술형 평가 문제와 학생 답안이다. 학생 답안의 ㉠~㉤ 중 옳지 않은 것은?

> ⊙ 문제 : 인간 개체 복제의 찬성 근거와 반대 근거를 각각 서술하시오.
> ⊙ 학생 답안
> 인간 개체 복제를 찬성하는 사람들은 ㉠개체 복제를 통해 불임 부부의 고통을 해소할 수 있다고 주장한다. 반면에 개체 복제를 반대하는 사람들은 ㉡개체 복제가 인간의 존엄성을 훼손하고, ㉢사람들 간의 상호 의존성을 심화시킬 수 있다고 주장한다. 또한 개체 복제는 ㉣인간의 고유성을 위협하며, ㉤가족 관계에 혼란을 줄 수 있다고 우려한다.

① ㉠ ② ㉡ ③ ㉢ ④ ㉣ ⑤ ㉤

[중요]

09 (가) 사상의 관점에서 (나)의 사례에 대해 내릴 도덕 판단으로 가장 적절한 것은?

(가)	신(神)의 이성의 영원한 법은 신의 마음속에 있는 그대로가 아니더라도 이미 계시를 통해서나 우리의 이성 작용을 통해서 부분적으로 알려져 있다. 자연법은 영원한 법이 이성적인 피조물에 관여한 것이므로, 자신의 선한 면을 보존하고 자연이 모든 동물에게 가르쳐 준 욕구를 채우며 신에 관한 지식을 추구하는 등 인간이 분명하게 정립할 수 있는 교훈들로 이루어져 있다.
(나)	세계 최초의 시험관 아기를 탄생시킨 연구 팀의 일원이었던 미국의 인공 수정 전문의 제프리 스타인버그는 자신이 운영하는 사이트에 '태어날 아기의 눈 색깔, 머리 색깔 등을 선택할 수 있는 서비스를 제공하겠다.'라는 내용의 광고를 게재하였다.

① 유전자 조작은 의학적으로 유용하기 때문에 정당하다.
② 유전자 조작은 개개인의 자율적인 선택이기 때문에 정당하다.
③ 유전자 조작은 경제적 효용성을 높일 수 있기 때문에 정당하다.
④ 유전자 조작은 자연스러운 과정이 아니기 때문에 정당하지 않다.
⑤ 유전자 조작은 일부 사람에게 혜택이 치중될 수 있기 때문에 정당하지 않다.

10 ㉠에 들어갈 내용으로 가장 적절한 것은?

탈리도마이드는 임신부에게 나타나는 메스꺼움을 치료하기 위해 개발된 약으로 1950년대 동물 실험을 거쳐 시판되었다. 1962년에 판매가 중단되기 전까지 이 약을 먹은 산모들에게서 1만여 명의 신생아들이 불구로 태어났다. 이에 과학자들이 다른 동물을 대상으로 실험했는데, 화이트 뉴질랜드 토끼는 인간에게 투여된 분량의 25~300배를, 원숭이는 10배를 투여한 후에 기형 새끼를 출산했다. 이러한 결과를 볼 때,
_____㉠_____

① 인간과 동물은 생물학적으로 유사하지 않다.
② 인간과 동물은 모두 고통을 느끼는 존재이다.
③ 인간의 이익을 위해 다른 동물을 이용할 수 있다.
④ 동물 실험 결과를 인간에게 그대로 적용할 수 있다.
⑤ 인간과 동물은 근본적으로 다른 존재 지위를 갖고 있다.

11 ㉠에 관한 옳은 설명만을 〈보기〉에서 있는 대로 고른 것은?

우리나라는 체세포 유전자 치료를 제한적으로 허용하고 있다. 그러나 생식 세포·배아·태아에 관한 유전자 치료는 금지하고 있다. 유전자 치료의 허용 여부는 의학적 안전성과 유용성, ㉠생명 의료 윤리 원칙 등을 종합적으로 고려하여 판단해야 한다.

┤ 보기 ├
ㄱ. 인간의 자율적 의사를 최대한 존중해야 한다.
ㄴ. 연구 성과나 자원을 공정하게 분배해야 한다.
ㄷ. 신체적 해악이나 정신적 상처를 주어서는 안 된다.
ㄹ. 환자나 피험자의 유익을 도모하고 선행을 베풀어야 한다.

① ㄱ, ㄴ
② ㄱ, ㄴ, ㄷ
③ ㄱ, ㄷ, ㄹ
④ ㄴ, ㄷ, ㄹ
⑤ ㄱ, ㄴ, ㄷ, ㄹ

12 ㉠에 들어갈 내용으로 적절하지 않은 것은?

○○신문	○○○○년 ○○월 ○일

생식 세포 유전자 치료를 허용해야 하는가?

최근 들어 유전자 치료에 대한 관심이 높아지고 있다. 유전자 치료란 질병을 치료하기 위해 체세포 또는 생식 세포 안에 정상 유전자를 넣어 유전자의 기능을 바로잡거나 이상 유전자 자체를 바꾸는 치료법이다. 체세포 유전자 치료는 환자의 질병 치료를 위해 허용하고 있다. 이와 달리 생식 세포 유전자 치료에 대해서는 논쟁이 벌어지고 있다. 생식 세포 유전자 치료에 찬성하는 사람들은 부모의 자율적 선택과 의학적 유용성 등을 근거로 든다. 그러나 반대하는 사람들은 _____㉠_____고 주장한다.

① 미래 세대의 동의 여부가 불확실하다
② 인간의 생식적 선택의 범위를 넓혀 준다
③ 의학적으로 불확실하고 임상적으로 위험하다
④ 고가의 치료비로 그 혜택이 일부 사람에게 치중된다
⑤ 인간의 유전자를 조작하여 개량하려는 우생학을 부추길 수 있다

13 다음 서양 근대 사상가가 긍정의 대답을 할 질문만을 〈보기〉에서 있는 대로 고른 것은?

> 동물을 해부하고 실험하는 것은 인간의 육체에 담긴 비밀을 밝히는 도구로 활용하기 위해서이다. 또 동물 실험은 인류의 삶을 향상할 수 있는 효용성을 발견하는 것이 그 목적이다.

┤ 보기 ├
ㄱ. 인간의 이익을 위해 동물을 이용할 수 있는가?
ㄴ. 인간과 동물의 존재 지위는 별 차이가 없는가?
ㄷ. 인간은 동물과 근본적으로 다른 지위를 갖는가?
ㄹ. 동물 실험의 결과를 인간에게 적용할 수 있는가?

① ㄱ, ㄴ ② ㄱ, ㄷ ③ ㄴ, ㄹ
④ ㄱ, ㄷ, ㄹ ⑤ ㄴ, ㄷ, ㄹ

14 갑, 을 사상가의 입장에 관한 옳은 설명을 〈보기〉에서 고른 것은?

> 갑 : 동물은 자동인형 또는 움직이는 기계에 불과하다. 동물이 고통을 느낄 때 몸부림치거나 고통스러운 소리를 내는 것은 자동인형이 움직이거나 시계가 째깍거리는 소리와 같다.
>
> 을 : 사물의 질서는 불완전한 것이 완전한 것을 위해 존재하는 방식으로 이루어져 있다. 식물은 모두 동물을 위해 존재하고, 동물은 모두 인간을 위해 존재한다. 만약 인간이 동물에게 동정 어린 감정을 나타낸다면, 그는 그만큼 더 동료 인간들에게 관심을 가질 것이다.

┤ 보기 ├
ㄱ. 갑은 인간의 품성에 끼치는 부정적인 영향 때문에 동물을 함부로 다루어서는 안 된다고 보았다.
ㄴ. 을은 동물에게 친절한 사람은 사람에게도 친절할 것이라고 보았다.
ㄷ. 을의 주장은 당시 마취제 없이 이루어진 동물 실험을 정당화하였다.
ㄹ. 갑, 을은 모두 동물이 도덕적으로 고려받을 권리를 가지지 않는다고 생각하였다.

① ㄱ, ㄴ ② ㄱ, ㄷ ③ ㄴ, ㄷ
④ ㄴ, ㄹ ⑤ ㄷ, ㄹ

15 다음 서양 근대 사상가의 입장으로 적절하지 <u>않은</u> 것은?

> 인간은 동물과 관련해서 직접적 의무를 지지 않는다. 동물은 자의식을 갖지 못하므로 어떤 목적을 위한 수단일 뿐이다. 그 목적이란 인간이다. 동물에 대한 우리의 의무는 인간에 대한 간접적 의무에 불과하다. 우리가 동물에 대해 의무를 갖는 이유는 그렇게 함으로써 사람에 대한 의무를 계발할 수 있기 때문이다.

① 동물을 함부로 다루어서는 안 된다.
② 동물은 도덕적으로 고려받을 권리를 갖지 않는다.
③ 자연 안의 어떠한 존재도 수단으로 대해서는 안 된다.
④ 동물에게 잔인한 사람은 사람에게도 잔인하게 대우할 것이다.
⑤ 인간의 품성에 부정적인 영향을 끼칠 행동을 해서는 안 된다.

⟨중요⟩
16 (가)의 갑, 을 사상가의 입장을 (나) 그림으로 탐구할 때, A~C에 해당하는 질문으로 가장 적절한 것은?

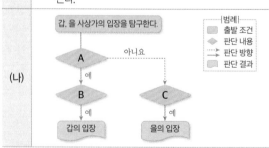

(가)
> 갑 : 자연의 피조물이 이성을 갖지 않는다고 해서 잔인하게 다루면 안 된다. 그렇게 다룰 경우, 고통에 대한 공감을 일으키는 인간의 자연적 소질이 약화되기 때문이다.
>
> 을 : 자연의 다른 존재를 위한 유용성과는 독립적으로, 쾌고(快苦)를 느끼며 목표를 위해 행위하는 삶의 주체는 비록 의무를 가질 수 없다고 해도 삶을 영위할 권리를 갖는다.

(나)

갑, 을 사상가의 입장을 탐구한다.

┤ 범례 ├
▨ 출발 조건
◆ 판단 내용
⇢ 판단 방향
▢ 판단 결과

A → (에) → B → (에) → 갑의 입장
A → (아니요) → C → (에) → 을의 입장

① A : 동물을 함부로 대해서는 안 되는가?
② A : 인간이 아닌 동물도 도덕적 권리를 가지는가?
③ B : 동물은 쾌락과 고통을 경험할 수 없는가?
④ C : 동물은 인간처럼 내재적 가치를 가지고 있는가?
⑤ C : 인간만이 믿음, 욕구, 지각, 감정 등을 가지는가?

17 다음 현대 서양 사상가가 지지할 입장만을 〈보기〉에서 있는 대로 고른 것은?

> 우리가 어떤 결정을 내릴 때, 나 자신의 이익만을 고려할 것이 아니라 그 결정에 의해 영향을 받을 다른 사람들의 이익도 동등하게 고려해야 한다. 또한 고통이나 즐거움을 느끼는 능력이야말로 이익을 가지기 위한 전제이기 때문에, 만일 한 존재가 고통 감수 능력이 있다면, 그 존재가 느끼는 고통을 도덕적으로 고려해야 한다.

> ┤ 보기 ├
> ㄱ. 모든 동물 실험에 대해 반대한다.
> ㄴ. 동물은 도덕적으로 고려받을 권리를 갖고 있다.
> ㄷ. 동물 학대 금지는 인간이 지닌 간접적인 의무에 속한다.
> ㄹ. 쾌고 감수 능력을 가진 모든 존재의 이익을 평등하게 고려해야 한다.

① ㄱ, ㄴ   ② ㄱ, ㄷ   ③ ㄴ, ㄹ
④ ㄱ, ㄷ, ㄹ   ⑤ ㄴ, ㄷ, ㄹ

★★중요

18 (가)의 갑, 을 사상가의 입장을 (나) 그림으로 표현할 때, A~C에 해당하는 진술을 〈보기〉에서 고른 것은?

(가)	갑 : 고통과 쾌락의 감수 능력이 자신의 이익에 대한 관심을 갖는 전제 조건이 된다. 따라서 단지 종(種)이 다르다는 이유로 차별하는 것은 도덕적으로 잘못된 것이다. 을 : 어떤 개체가 쾌락과 고통의 감정을 갖고, 자기의 욕구와 목표를 위해 행위하며, 자신의 정체성을 느낄 수 있는 능력 등을 갖는다면 그 개체는 삶의 주체이다.
(나)	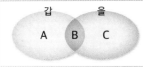 ┤범례├ A : 갑만의 입장 B : 갑, 을의 공통 입장 C : 을만의 입장

> ┤ 보기 ├
> ㄱ. A : 동물은 쾌락과 고통을 느낄 수 있다.
> ㄴ. B : 동물은 도덕적으로 고려받을 권리를 가진다.
> ㄷ. B : 경제적 효용성의 관점으로만 동물의 가치를 평가하는 것은 잘못이다.
> ㄹ. C : 모든 생명체는 내재적 가치를 지니고 있다.

① ㄱ, ㄴ   ② ㄱ, ㄷ   ③ ㄴ, ㄷ
④ ㄴ, ㄹ   ⑤ ㄷ, ㄹ

19 다음 글을 읽고 물음에 답하시오.

> ㉠ 생명 과학은 생명 현상의 본질과 그 특성을 연구하는 학문으로, 인간 삶의 질을 향상하는 데 도움을 주었지만, 그 성과를 무분별하게 활용하면 많은 (A) 윤리적 문제가 발생한다. 이를 예방하려면 생명 윤리가 필요하다. ㉡ 생명 윤리는 생명 과학의 윤리적 정당성과 한계를 다루고 그 성과를 반성적으로 성찰하기 위한 학문 분야이다.

⑴ ㉠, ㉡의 공통 목적을 서술하시오.

⑵ (A)의 구체적인 사례를 두 가지 서술하시오.

20 다음 글을 읽고 물음에 답하시오.

> (가) 어느 경사길 위에 자동차를 세워 두고 돌로 막아 두었다가 필요에 의해 2미터 정도 차를 옮기려고 그 돌을 제거하였다고 하자. 이 경우, 원하는 만큼만 자동차가 움직이는 것이 아니라 경사길 아래까지 그 자동차는 밀려 내려갈 수밖에 없다.
> (나) 줄기세포를 활용한 난치병을 치료하기 위해서는 ㉠ 배아 복제를 허용해야 한다.

⑴ (가)에서 제시하는 논증의 명칭을 쓰시오.

⑵ (가) 논증을 통해 (나)의 ㉠에 대하여 제시할 수 있는 반론을 한 문장으로 서술하시오.

21 다음 글을 읽고 물음에 답하시오.

> 자연은 인류를 두 군주의 지배 아래 두었다. 하나는 쾌락이며, 다른 하나는 고통이다. …… 완전히 자란 말이나 개는 하루나 일주일이나 한 달이 된 유아와는 비교할 수 없을 정도로 말이 더 잘 통하고, 더 합리적인 동물이다. 그렇지만 그것이 설사 그렇지 않더라도 중요한 것은 그들이 이성을 가졌는가, 말을 하는가가 아니라 그들이 _____㉠_____이다.

⑴ 위와 같이 주장한 사상가의 이름을 쓰시오.

⑵ ㉠에 들어갈 적절한 내용을 서술하시오.

등급을 올리는 고난도 문제

01 그림의 갑, 을이 지지할 내용을 〈보기〉에서 골라 바르게 짝지은 것은?

> 인간 배아는 단순한 세포 덩어리에 불과해서 얼마든지 의학 실험의 대상이 될 수 있어.

갑

> 인간 배아는 인간으로서의 존엄성을 지니기 때문에 의학 실험의 대상으로 삼아서는 안 돼.

을

┤ 보기 ├
ㄱ. 배아가 성장해서 존재할 생명체와 배아는 동일하다.
ㄴ. 인간 배아의 가치는 효용성의 차원에서 찾을 수 있다.
ㄷ. 인간의 발달 과정은 연속적이며 선명한 경계선은 없다.
ㄹ. 인간 배아의 손실과 유아의 죽음을 동일시해서는 안 된다.

	갑	을		갑	을
①	ㄱ, ㄴ	ㄷ, ㄹ	②	ㄱ, ㄷ	ㄴ, ㄹ
③	ㄴ, ㄷ	ㄱ, ㄹ	④	ㄴ, ㄹ	ㄱ, ㄷ
⑤	ㄷ, ㄹ	ㄱ, ㄴ			

🔎 문제 접근 방법

갑, 을 논쟁의 핵심 쟁점은 배아가 인간과 같은 지위를 갖는가이다. 배아가 인간과 같은 지위를 갖는다고 생각하면 배아 세포 실험을 반대할 것이고, 그렇지 않으면 배아 세포 실험을 찬성할 것임을 알고 문제를 해결한다.

✏️ 적용 개념

\# 배아 세포 실험에 대한 찬반 논쟁
\# 배아의 도덕적 지위

02 갑, 을의 입장에서 적어도 한 명 이상이 긍정의 대답을 할 질문만을 〈보기〉에서 있는 대로 고른 것은?

> 갑 : 유전자 치료만이 유전적 질병에 대한 근본적인 해결책입니다. 따라서 체세포 유전자 치료뿐만 아니라 생식 세포 유전자 치료까지 허용해야 합니다. 이를 통해 유전자 치료의 효과가 후세대로 이어져 인류 전체의 행복에 기여할 수 있습니다.
>
> 을 : 체세포 유전자 치료는 환자 개인의 신체 세포에 영향을 주기 때문에 허용되지만, 생식 세포 유전자 치료는 개인은 물론 후세대에까지 영향을 주기 때문에 금지되어야 합니다.

┤ 보기 ├
ㄱ. 생식 세포 유전자 치료를 허용해야 하는가?
ㄴ. 생식 세포 치료는 유전자 치료의 범주에 포함되는가?
ㄷ. 후세대에 영향을 주지 않는 유전자 치료를 허용해야 하는가?
ㄹ. 체세포 유전자 치료는 개인뿐만 아니라 후세대에 영향을 주는가?

① ㄱ, ㄹ   ② ㄱ, ㄷ   ③ ㄴ, ㄹ
④ ㄱ, ㄴ, ㄷ   ⑤ ㄴ, ㄷ, ㄹ

🔎 문제 접근 방법

이 문제는 유전자 치료에 관한 것이다. 유전자 치료는 체세포 유전자 치료와 생식 세포 유전자 치료로 구분된다. 이 둘의 차이점을 파악하여 문제를 해결한다.

✏️ 적용 개념

\# 유전자 치료

03 (가)의 주장을 (나) 그림으로 나타낼 때, ⊙에 대한 반론의 근거로 가장 적절한 것은?

(가)	인위적으로 동일한 유전 형질을 가진 동물을 만들어 내는 동물 복제는 종의 다양성을 훼손한다. 따라서 동물 복제는 허용되어서는 안 된다.

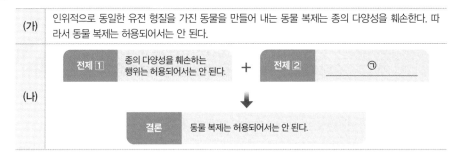

① 동물 복제는 생태계 질서를 훼손한다.
② 동물 복제는 인간의 행복 증진에 기여한다.
③ 동물 복제는 희귀 동물을 보존하는 방법을 제공한다.
④ 동물 복제는 동물의 생명을 인간의 이익을 증대하기 위한 도구로 삼는다.
⑤ 동물 복제는 우수한 품종만 남기고 열등한 품종은 멸종시킴으로써 유전자 풀을 협소하게 만든다.

🔎 **문제 접근 방법**

(가)의 주장을 삼단 논법으로 분석할 수 있어야 한다. 먼저 ⊙에 들어갈 내용을 파악한 후 이에 대한 반론의 근거를 선지에서 찾아본다. 동물 복제에 대한 찬반 논거를 구분하여 문제를 해결한다.

✏️ **적용 개념**

\# 동물 복제 찬반 논거

04 (가)의 갑, 을의 입장을 (나) 그림으로 표현할 때, A~C에 해당하는 적절한 진술만을 〈보기〉에서 있는 대로 고른 것은?

(가)	갑 : 인간은 말과 기호를 사용할 줄 알고 모든 상황에 적절히 대처할 수 있는 데 반해, 동물은 움직이는 자동 기계에 불과하다. 을 : 욕구, 지각, 기억, 감정 등 일련의 특징을 지니고 자신의 고유한 삶을 살아가는 삶의 주체만이 도덕적 권리를 지닌다.

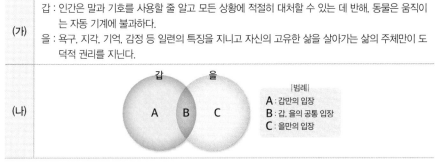

┌ 보기 ┐
ㄱ. A : 동물은 영혼과 육체의 단순한 결합체일 뿐이다.
ㄴ. B : 자연의 모든 생명체가 도덕적 지위를 갖는 것은 아니다.
ㄷ. B : 동물은 도덕적으로 고려받을 권리는 없으나, 함부로 다루어서도 안 된다.
ㄹ. C : 동물을 인간을 위한 수단으로 취급하지 않도록 해야 한다.

① ㄱ, ㄷ   ② ㄱ, ㄹ   ③ ㄴ, ㄹ
④ ㄱ, ㄴ, ㄷ   ⑤ ㄴ, ㄷ, ㄹ

🔎 **문제 접근 방법**

갑, 을 사상가의 동물에 대한 입장의 공통점과 차이점을 먼저 파악해야 한다. 동물에 대한 두 사상가의 입장을 비교하여 문제를 해결한다.

✏️ **적용 개념**

\# 동물의 도덕적 지위

동물은 도덕적으로 고려받을 권리가 없다

자료 보기

인도네시아의 한 원숭이가 사진작가의 카메라를 빼앗아 찍은 '셀카'의 저작권을 둘러싼 소송이 반전에 반전을 거듭하고 있다. 원고인 동물 보호 단체의 압박에 굴복한 사진작가가 저작권을 일부 포기하려 했으나 법원이 이를 가로막고 동물에게는 저작권이 없다는 판결을 내놓았기 때문이다. 재판부는 "(현행 저작권법은) 동물에게 저작권법 위반 소송을 제기할 권한을 명시적으로 부여하지 않는다."면서 저작권을 행사할 수 있는 주체는 인간뿐이라고 판결했다.

– ○○신문, 2018. 4. 24. –

식물은 동물을 위해 존재한다. …… 그리고 동물은 인간을 위해 존재한다. 길들인 동물은 식량만이 아니라 인간이 이용할 수 있는 다른 용도를 위해서도 존재한다. 야생 동물도 모두는 아닐지라도 대부분은 식량을 위해 그리고 다른 여러 방식으로 이용될 수 있다. 즉 옷과 도구들이 이것으로부터 만들어진다.

갑

주장 비교

- 동물은 *자동인형 혹은 움직이는 기계이다.
- 동물은 자율성을 지니지 않으므로 권리를 소유할 수 없다.
- 이성적 존재만을 도덕적 고려의 대상으로 여겨야 한다.
- 인간만이 도덕적으로 존중받을 만한 가치가 있는 존재이다.
- 동물은 윤리 규범을 고안할 능력이 없으므로 권리를 소유할 수 없다.
- 동물의 생명은 인간의 선한 목적을 실현하기 위한 도구가 될 수 있다.

문제 확인

Q1 갑의 주장에 의해 정당화될 수 있는 행위로 적절하지 않은 것은?

① A는 겨울 식량을 마련하기 위해 사슴을 사냥하였다.
② B는 화장품의 안전성을 확인하기 위해 토끼에게 실험하였다.
③ C는 동물을 차별하는 행위는 인종 차별과 같다며 1인 시위를 하였다.
④ D는 더 안전한 먹거리를 생산하기 위해 소를 방목하기로 결정하였다.
⑤ E는 초겨울 수요를 고려하여 미국밍크 사육량을 두 배로 늘리기로 결정하였다.

출제 경향

이 단원에서는 동물 권리에 관한 두세 가지 관점을 비교하는 문제가 자주 출제됩니다. 따라서 동물권을 인정하지 않는 입장과 인정하는 입장을 비교하여 공통점과 차이점을 꼼꼼하게 정리해 두어야 합니다.

용어사전

* **자동인형** 기계 장치를 하여 자동으로 움직이게 만든 인형으로, 자기 의지와는 상관없이 기계적으로 움직이는 것을 말한다.
* **필요조건** 어떤 명제가 성립하는 데 필요한 조건. 명제 'A이면 B이다.'가 성립할 때, A에 대하여 B를 이르는 말이다.
* **충분조건** 어떤 명제가 성립하는 데 충분한 조건. '갑이면 을이다.'에서 '갑'은 '을'이 성립하는 데에 충분조건이다.

동물은 도덕적으로 고려받을 권리가 있다

동물을 위해 소송에 나서는 이들이 있다. 바로 동물권 증진을 위한 변호사 단체인 'PNR(People for Non-human Rights, 비인간의 권리를 위한 사람들)'이다. 이들은 "현재 동물 보호법 가운데 학대 금지 조항을 가장 먼저 개선해야 한다."라며, 예를 들어 동물 보호법상 동물을 잔인하게 죽이는 행위를 금지하고 있는데 '잔인하게'라는 기준이 모호하여 법을 적용하는 데 한계가 있다는 것이다. 또 축산물 위생 관리법 등도 개선되어야 한다고 주장한다.

— □□신문, 2018. 1. 3. —

고통과 기쁨을 느낄 수 있는 능력은 어떤 존재가 이해관계를 갖는다고 말하기 위한 필요조건일 뿐만 아니라 충분조건이기도 하다.
예를 들어 생쥐는 길바닥에서 걷어차이지 않을 이해관계를 갖는다. 왜냐하면 걷어차일 때 고통을 느낄 것이기 때문이다.

을

• 인간이 아닌 동물도 권리를 지닌다.
• 인간과 동물의 이익을 동등하게 고려해야 한다.
• 동물은 인간과 마찬가지로 도덕적으로 존중받아야 한다.
• 고통을 느낄 수 있는 동물은 도덕적 고려 대상에 속한다.
• 이성이 없지만 감각을 지닌 존재도 도덕적 지위를 갖는다.
• 쾌고 감수 능력을 지닌 존재의 이익을 평등하게 고려해야 한다.

Q2 을의 관점에서 갑의 주장을 비판하는 내용으로 가장 적절한 것은?

① 어떠한 경우에도 인간을 목적으로 대우해야 한다.
② 이성을 지닌 존재에게만 도덕적 지위를 부여해야 한다.
③ 동물 학대 금지를 인간의 간접적 의무로 규정해야 한다.
④ 모든 생명체를 동등한 가치를 지닌 존재로 인정해야 한다.
⑤ 고통을 느낄 수 있는 존재에게는 도덕적 지위를 부여해야 한다.

올리드 가이드

동물에게는 도덕적으로 고려받을 권리가 없다는 입장과 동물도 권리가 있다는 입장이 서로 대립하고 있습니다. 도덕적으로 바람직한 삶을 살기 위하여 동물의 권리를 인정해야 할까요?

갑은 아리스토텔레스, 을은 싱어입니다. 아리스토텔레스는 동물이 도덕적으로 고려받을 권리가 없다고 주장하는 반면, 싱어는 동물도 도덕적으로 고려받을 권리가 있다고 주장합니다.

두 입장은 다음 개념에 관해 상반된 주장을 하고 있습니다.

• 도덕적 고려 대상의 범위
• 도덕적 고려 대상의 자격 요건

다음과 같이 물을 수도 있어요.

• 갑의 관점에서 을의 주장을 비판하는 내용으로 가장 적절한 것은?
• 갑, 을에 관한 설명으로 적절하지 않은 것은?

Q1 ③　**Q2** ⑤

03 사랑과 성 윤리

학습길잡이 • 사랑과 성의 의미, 사랑과 성의 바람직한 관계와 성에 관한 윤리 문제를 정리해 둔다.
• 결혼의 윤리적 의미와 바람직한 가족 윤리를 파악해 둔다.

A 사랑과 성의 관계

1 사랑의 의미와 가치

① **사랑의 의미** : 인간의 *근원적인 정서로, 어떤 사람이나 존재를 아끼고 소중히 여기는 마음 **1**

② **사랑의 가치**

- 인간이 지향하는 정서의 최고 단계로서 인간을 도덕적 생활로 이끎
- 인간 상호 간에 인격적 교감을 이루게 함 → 인간관계의 형성과 사회적 존재로서의 인간의 본성을 실현하는 바탕이 됨

③ **사랑의 구성 요소(프롬)** 〔질문〕

- 보호 : 사랑하는 사람을 보호하는 것
- 책임 : 사랑하는 사람의 요구를 배려하면서 자신의 행동에 책임을 지는 것
- 존경 : 사랑하는 사람을 있는 그대로 받아들이며 존경하는 것
- 이해 : 사랑하는 사람을 올바로 이해하는 것

자료로 보는 　**프롬이 말하는 사랑**

사랑은 수동적 감정이 아니라 활동이다. 사랑은 '참여하는 것'이지 '빠지는 것'이 아니다. 가장 일반적인 방식으로 사랑의 능동적 성격을 말한다면, 사랑은 본래 '주는 것'이지 '받는 것'이 아니라고 설명할 수 있다. …… 그러나 준다고 하는 점에서 가장 중요한 영역은 물질적 영역이 아니라 인간적인 영역에 있다. 어떤 사람이 다른 사람에게 주는 것은 무엇인가? 그는 자기 자신, 자신이 갖고 있는 것 중 가장 소중한 것, 다시 말하면 생명을 준다. …… 사랑의 능동적 성격은, 준다고 하는 요소 외에도, 언제나 모든 사랑의 형태에 공통된 어떤 기본적 요소들을 내포하고 있다는 사실에서도 분명해진다. 이러한 요소들은 보호, 책임, 존경, 지식 등이다. 　　　　　　　　　　　　　　　 – 프롬, 『사랑의 기술』 –

자료 분석 　프롬은 사랑이 능동적인 활동이라고 주장한다. 사랑은 받는 것이 아니라 주는 것이며, 물질적인 것이 아니라 자신이 갖고 있는 가장 소중한 것을 준다는 점에서 능동적이다. 또한 그는 사랑이 보호, 책임, 존경, 지식(이해) 등을 포함하고 있을 때 능동적이며, 진정한 사랑이라고 주장하였다.

ⓠ 프롬이 제시한 사랑의 구성 요소 네 가지는 무엇인가?

　　　　　　　　　　　　　　 ⓐ 보호, 책임, 존경, 지식(이해)

---

2 성의 의미와 가치

① **성의 의미 2**

자연적 성(sex)	생물학적 신체 구조와 기능에 의해 결정되는 성 개념
사회적·문화적 성(gender)	사회적·문화적으로 구성되는 남성다움과 여성다움을 나타내는 성 개념 → 이와 관련하여 보부아르는 그의 저서 『제2의 성』에서 "여성은 태어나는 것이 아니라 여성으로서 만들어진다."라고 주장하였다.
욕망으로서의 성(sexuality)	성적 관심이나 성적 활동 등 성적 욕망과 관련되는 모든 것을 포괄하는 성 개념

개념 더하기 자료 채우기

1 사랑의 기원

플라톤의 『향연』에서 시인인 아리스토파네스는 신화를 활용하여 사랑의 특징을 설명한다. "인간은 동그란 모양이었소. 등과 옆구리가 불룩하고 네 개의 손, 네 개의 다리를 가졌으며, 동그란 목 위에 똑같이 생긴 두 개의 얼굴이 달려 있었지요." 두 명의 인간이 하나로 합쳐진 이들은 자신의 모습에 만족했고 힘과 자신감이 넘쳤다. 그래서 이들은 신들에게까지 도전하였고, 이에 분노한 올림포스의 신 제우스는 이들을 둘로 쪼개 버렸다. 반으로 잘린 인간은 잃어버린 반쪽을 그리워하며 살아간다. "바로 이 순간 사람들이 서로에 대해 품는 선천적인 사랑이 탄생했지요. 사랑은 인간이 잃어버린 반쪽을 되찾게 해 주고, 두 존재를 하나로 결합해 준다오." 　　　　　 – 메리앙, 『철학자에게 사랑을 묻다』 –

질문 있어요

프롬은 왜 사랑의 구성요소를 제시했나요?
프롬은 사랑이 자연적인 일이 아니라 기술적인 일이라고 주장해요. 우리가 사랑하려고 애쓰면서도, 참다운 사랑을 하고 싶으면서도 이러한 사랑에 실패하는 원인은 기술의 미숙성에 있다고 본 것이지요. 이 점을 날카롭게 파헤치고 사랑의 기술을 정신 분석학적 입장에서 밝혀 놓은 것이 『사랑의 기술』이에요. 그는 이 책에서 사랑을 천부적인 능력으로 보지 않고 훈련과 인내와 습득이 필요한 기술로 보았어요.

---

2 성(性)의 세 가지 의미

첫째, 성은 남녀(male/female)의 성별을 구별하는 신체적·생리적 특징 또는 생식 본능이나 기능을 나타낸다. 이것은 자연적으로 주어진 생물학적 신체 구조와 그 기능에 따른 것이다. 둘째, 성은 남성다움(masculinity)과 여성다움(feminity)과 같은 남녀의 성적 특징, 성차를 나타낸다. 이런 의미의 성은 자연적으로 주어지는 것이라기보다 문화적·사회적·역사적으로 구성되는 것이다. 셋째, 성은 가장 포괄적 의미로, 성적 활동 또는 성적 욕망이나 성적 관심 전체를 지칭하는 용어이다. 이때 성은 사랑, 성적 쾌락, 성행위와 같이 성적 욕망과 관련된 성의 관능적 측면을 나타낸다. 　　　　　　　　　　 – 류지한, 『성 윤리』 –

용어사전

* **근원**(뿌리 根, 근원 源) 　사물이 비롯되는 근본이나 원인이 되는 것

* **교감**(주고받을 交, 느낄 感) 　서로 접촉하여 따라 움직이는 느낌

② 성의 가치 **3**

생식적 가치	종족 보존과 관련된 가치로 새로운 생명을 탄생시키는 원천이 됨
쾌락적 가치	감각적인 욕구를 충족시켜 주는 가치를 지님
인격적 가치	남녀 상호 간의 존중과 배려를 실현하게 해 주는 가치를 지님

3 사랑과 성의 관계

① 보수주의 입장 **4**

- 결혼과 출산 중심의 성 윤리를 제시함
- 성은 부부간의 신뢰와 사랑을 전제로 할 때만 도덕적이라고 주장함 → 결혼을 통해 이루어지는 성적 관계만 정당하다고 봄
  └ 혼전, 혼외 성관계는 부도덕하다고 본다.

② 중도주의 입장

- 사랑 중심의 성 윤리를 제시함
- 성을 결혼과 결부시키지 않으며, 사랑을 동반한 성적 관계는 허용될 수 있다고 주장함 → 사랑이 결부된 성적 관계를 긍정적으로 봄

③ 자유주의 입장

- 자발적인 동의 중심의 성 윤리를 제시함
- 성숙한 성인의 자발적 동의에 따라 이루어지는 성적 관계를 옹호하고, 성에 관한 자유로운 선택을 중시함

4 성과 관련된 윤리 문제

① 성차별

> **예** '강한', '독립적인', '적극적인' 특성을 남성다움으로 보고 남성이 그렇지 않을 때 비난하거나 '연약한', '의존적인', '소극적인' 특성을 여성다움으로 보고 이를 여성에게 강요하는 것은 성차별에 해당한다.

- 의미 : 남녀 간의 차이를 잘못 이해하여 발생하는 차별
- 원인 : 남자다움과 여자다움을 사회적·문화적으로 규정한 후 이를 따르게 할 때 발생함
- 문제점 : 남성과 여성 모두의 자아실현을 방해하고, 인간으로서 평등성과 존엄성을 훼손하고 인권을 침해하며, 남녀 각 개인의 *잠재력을 충분히 발휘할 수 없게 하여 국가 차원에서 인적 자원의 낭비를 초래함
- 극복 방법 : 양성평등의 관점을 갖고, 남녀의 차이를 인정하며, 다양성과 개성을 존중하는 사회를 만들어 나가야 함 **질문**

② 성에 대한 자기 결정권

의미	• 인간이 자신의 성적 행동을 스스로 결정할 수 있는 권리 • 외부의 부당한 압력, 타인의 강요 없이 스스로의 의지와 판단에 따라 자신의 성적 행동을 결정하는 것
자기 결정권과 관련된 윤리적 문제	• 타인이 갖는 성에 대한 자기 결정권을 침해할 수 있음 → 상대방의 동의 없이 강제로 성적 행위를 하는 것은 타인의 성에 대한 자기 결정권을 침해하는 것 • 생명을 훼손하는 부도덕한 결과를 초래할 수 있음 → 원치 않는 임신으로 무분별한 인공 임신 중절이 이루어질 가능성이 높음
해결 방안	서로의 인격과 성에 대한 자기 결정권을 존중해야 하고, 자신의 결정에 책임을 지는 자세를 가져야 함

3 성의 가치에 관한 윤리 사상

성의 생식적 가치는 자연법 윤리에서 말하는 종족 보존의 자연적 성향과 관련이 있다. 그리고 성의 쾌락적 가치를 추구할 때에는 '쾌락의 역설'을 고려해야 한다. 쾌락의 역설이란 쾌락만을 목적으로 추구하면 할수록 쾌락보다는 오히려 권태와 고통을 얻게 된다는 것이다. 성의 인격적 가치에는 "너 자신의 인격에서나 다른 모든 사람의 인격에서 인간(성)을 단지 수단으로만 대우하지 말고 항상 동시에 목적으로 대우하라."는 칸트의 정언 명령이 적용될 수 있다.

4 사랑과 성의 관계에 대한 아퀴나스의 입장

> 성은 적절한 자손의 번식과 자손의 양육을 위한 것이다. 따라서 생식이 이루어질 수 없는 방식으로 성적 결합이 이루어지는 것은 인간의 선과 명백히 반대되며, 분명히 죄가 된다. …… 생식이 가능하더라도 적절한 양육이 방해받을 수 있는 성적 관계 역시 인간의 선에 배치된다. 여성은 혼자서 자손을 양육할 수 없으므로 자녀를 출산한 후 남성은 여성의 곁에 함께 있어야 한다. 다른 여성을 찾아 부인과 자녀의 곁을 떠나는 것은 인간 본성에 부합하는 일이 아니다.
>
> – 아퀴나스, 「신학대전」 –

아퀴나스는 사랑과 성에 대하여 보수주의적인 입장을 주장하였다.

질문 있어요

양성평등이란 무엇인가요?
양성평등은 모든 영역에서 남녀가 서로 차별하지 않고 동등하게 대우하며, 평등한 권리와 이익을 누려야 하는 원칙을 의미해요. 이러한 원칙을 지키지 않으면, 사랑과 성을 왜곡하여 인식하고 편협한 자세를 지닐 수 있어요. 또한 한쪽 성에 대한 편견을 가지고 성차별을 할 수 있지요. 따라서 나와 다른 성을 가진 사람을 양성평등의 관점에서 바라보고 사랑과 성을 이해해야 해요.

용어사전

* **보수**(지킬 保, 지킬 守) 새로운 것이나 변화를 적극적으로 받아들이기보다 전통적인 것을 옹호하며 유지하려고 하는 것
* **잠재력**(잠길 潛, 있을 在, 힘力) 겉으로 드러나지 않고 속에 숨어 있는 힘

Ⅱ. 생명과 윤리

03 사랑과 성 윤리

③ 성 상품화

- 의미 : 성 자체를 상품처럼 사고팔거나, 다른 상품을 팔기 위한 수단으로 성을 이용하는 행위
- 사례 : 성매매, 성적 이미지를 제품과 연결하여 성을 도구화하는 것 등
- 찬반 입장

찬성 입장	반대 입장
• 성에 대한 자기 결정권과 표현의 자유를 인정해야 함 • 이윤 극대화를 추구하는 자본주의 경제 논리에 부합할 수 있음 • 소비자의 선호를 반영하는 것이라면 허용할 수 있음	• 인간의 성이 지닌 인격적 가치의 의미를 훼손함 • 칸트 윤리의 관점에서 성 상품화는 인간을 수단화하고 도구화하는 것임 • 외모 지상주의를 조장함 └ 외모의 아름다움을 지나치게 추구하고 사람의 평가 기준을 외모에만 두는 현상이다.

B 결혼과 가족의 윤리

1 결혼의 윤리적 의미와 부부간의 윤리

① 결혼의 의미

- 사랑의 결실이며 인류 존속을 위한 첫걸음 **질문**
- 다양한 인간관계의 출발점인 가정을 구성하는 의식

② 결혼의 윤리적 의미

┌ 이런 의미에서 결혼을 '백년가약(百年佳約)'이라고 한다.

- 부부가 서로에 대한 사랑을 지키겠다는 약속 : 남녀가 부부가 되어 평생 기쁨과 슬픔을 함께하며 서로에게 헌신하고 봉사하겠다는 약속을 의미함
- 남녀가 서로의 차이를 존중하겠다는 의미의 표현 : 서로 다른 환경에서 자라 성격과 습관이 다른 두 사람이 만나 결합하는 과정에서 서로의 차이를 존중하지 않는다면 결혼은 유지되기 어려움 **1**

③ 부부간에 발생하는 문제 : 고정된 성 역할에 따른 가사 분담의 문제, 경제적 문제, 부모 부양이나 자녀 양육 등에 따른 갈등 문제 등

④ 부부간에 요구되는 윤리 : 서로 동등한 존재임을 인식하고 존중하고 협력하며 신의를 지켜야 함 **2**

└ 전통 사회에서는 부부간의 윤리로 부부유별(夫婦有別)과 부부상경(夫婦相敬)의 실천을 강조하였다.

자료로 보는 길리건의 양성평등의 관점

도덕적 딜레마에 접근할 때 남성은 권리 혹은 정의의 관점에서, 여성은 배려의 관점에서 접근하기 때문에 그들이 인정하는 진리 또한 상반된다. 즉 남성은 독립의 중요성을, 여성은 친밀감의 중요성을 깨닫게 되는 것이다. 남성과 여성의 이러한 상이한 관점은 두 개의 다른 도덕성에 반영되어 있는데, ……여성의 도덕성 발달을 남성의 기준으로 측정하면서 다른 진리가 존재할 가능성을 무시하는 관점에는 한계가 있다. — 길리건, 「다른 목소리로」 —

자료 분석 길리건은 도덕성 발달에 관한 연구를 통해, 남성과 여성은 서로 다른 특징을 보일 뿐 동등한 존재임을 밝혔다.

Q 길리건의 연구 결과를 통해 알 수 있는 부부간에 지켜야 할 윤리는 무엇인가?

A 남녀는 서로 동등한 존재임을 인정하고, 성 역할을 고정하지 않고 협력해야 한다.

개념 더하기 자료 채우기

질문 있어요

우리 조상은 부부 관계를 어떻게 바라보았나요?

우리 조상은 예로부터 부부는 자연의 음(陰)과 양(陽)의 관계처럼 상호 보완적이고 대등한 관계로 서로 공경해야 한다고 보았어요. 음과 양이 다르지만 서로에게 없어서는 안 되는 존재이듯이, 부부도 차이를 인정하되 각자의 역할에 최선을 다해야 하는 관계입니다. 참고로 우주 질서를 음과 양으로 설명하는 이론을 음양론(陰陽論)이라고 하며, 『주역』에서는 "음과 양이 서로 합일하여 만물이 화육되고 번영되며, 남녀의 정기가 결합되어 만물이 화생한다."라고 하여 음양의 상호 작용을 통해 만물이 생성된다고 보았어요.

1 밀의 양성평등론

지금까지 남성은 순종이 여성의 본성이라고 여성에게 가르쳐 왔지만 누구도 남녀의 본성을 알 수는 없습니다. 남성과 여성 간 지성의 차이는 사회 환경 요인에 의해 설명될 수 있습니다. 남성에 의한 여성의 법적 예속은 본질적으로 옳지 않을 뿐 아니라 인류의 발전을 저해하는 것입니다. 여성으로 태어난 것이 사회적 지위를 결정하고 다양한 직업으로의 진출을 방해하는 이유가 되어서는 안 됩니다. 재능 활용 기회를 가로막는 것은 개인적으로는 불공평하고 사회적으로는 손실이기 때문입니다. — 밀, 「여성의 종속」 —

밀은 남성과 여성을 서로 부족한 부분을 채워 주는 동반자 관계로 보아야 한다고 주장하였다.

2 배려 윤리의 필요성

배려 윤리학자인 길리건은 "배려의 관계는 나와 다른 사람의 상호 의존성을 존중하는 가운데 성립하기 때문에 부부도 서로 보살핌을 주고받는 관계가 되어야 한다."라고 주장하면서 부부 사이에 배려 윤리가 필요함을 강조하였다. 또 다른 배려 윤리학자인 나딩스는 다음과 같이 말한다. "타인을 도덕적으로 만나는 관계인 '윤리적인 배려'는 우리가 사랑과 애착을 가지고 자연스럽게 상대방을 따뜻하게 배려하는 자연적 배려에서 기인하는 것이다. 우리를 도덕적으로 만드는 동기를 제공하는 것은 배려를 향한 우리의 동경과 열망이다. 우리는 서로 배려의 관계 속에 남아 있기 위해 도덕적으로 되기를 원하는 것이다."

용어사전

- **성 역할** 사회 집단이 성(性)을 근거로 남성과 여성에게 기대하는 행동 유형
- **부양**(떠받칠 扶, 기를 養) 생활 능력이 없는 사람의 생활을 돕는 것

2 가족의 가치와 가족 윤리

① 가족의 의미 : 혼인, 혈연, 입양 등으로 이루어진 공동체 **3**

② 가족의 가치

- 정서적 안정 : 가족 구성원과 함께 피로나 긴장을 풀고 정서적으로 안정된 상태를 유지할 수 있음
- *사회화 : 사회생활에 필요한 규칙과 예절을 습득할 수 있음 → 바람직한 인격 형성에 도움을 줌
- 건강한 사회의 토대 : 가족의 화목과 안정은 사회 전체의 화목과 안정으로 이어짐 ┌─ 가족 구조가 축소되고 구성원 간의 정서적 연결이 약해져서
  └ 가족이 제 기능을 발휘하지 못하는 현상이다.

③ 가족 간에 발생하는 문제 : 가족 간 대화 단절, 가정 내 아동 학대, 이혼 등의 가족 해체 현상 등 → 가족 해체 현상이 심화되면 가족 공동체가 와해되고, 결과적으로 사회 전체에 부정적인 영향을 끼치게 됨

④ 부모와 자녀 간의 윤리

- 자애와 효도를 실천해야 함 : 전통 사회에서는 *부자유친(父子有親)과 부자자효(父子子孝)의 덕목을 강조함 **4**
- 부모는 자녀가 신체적·정신적으로 건강하게 성장할 수 있도록 양육해야 하고, 자녀를 독립된 인격체로 존중해야 함
- 자녀는 부모의 은혜에 감사하는 마음을 가지며, 이 마음을 적절한 형식으로 표현해야 함

⑤ 형제자매 간의 윤리

- 서로 우애 있게 지내야 함 ─ **왜?** 형제자매 간에 서로 우애 있게 지내는 것은 효(孝)를 실천하는 일이기도 하다.
- *형우제공(兄友弟恭)을 실천해야 함 → 형제자매 간에 지켜야 할 규범을 익히는 것은 사회적 관계의 규범을 익히는 밑거름이 됨 **질문**

자료로 보는 **형제자매 간의 우애**

- 형제간은 같은 어버이에게서 태어나 기운이 같은[동기(同氣)] 사람이다. 골육의 지친(至親)이니, 더욱 마땅히 우애할 것이요, 노여움을 마음속에 감추고 원망을 간직해 두어서 하늘의 떳떳한 도리를 무너뜨려서는 안 된다.
- 옛날에 사마광(司馬光)이 그의 형 백강(伯康)과 더불어 우애하기를 더욱 돈독히 하여, 형을 공경하기를 엄한 아버지와 같이 하고, 아우를 보호하기를 어린아이와 같이 하였으니, 형제간의 도리가 마땅히 이와 같아야 한다. 맹자께서 말씀하시기를 "웃을 줄 알고 손을 잡아 주고 안아 줄 만한 아이가 그 어버이를 사랑할 줄도 모르는 이가 없으며, 그 장성함에 미쳐서는 그 형을 공경할 줄 모르는 이가 없다." 하셨다.

  – 박세무, 『동몽선습』 –

자료 분석 형제자매는 같은 부모에게서 태어나 같은 기운을 지닌 사람이라는 점에서 서로 횡적 관계를 지닌다. 반면 태어난 순서가 있다는 점에서는 서로 상하 관계를 지닌다. 이러한 점에서 형은 동생을 사랑하고 동생은 형을 공경해야 한다는 형우제공(兄友弟恭)의 자세가 강조되었다.

Q 자료를 통해 알 수 있는 형제자매 관계에서 필요한 덕목은 무엇인가? 공우 ▼

---

3 헤겔이 생각하는 가족

헤겔은 가족을 생산과 소비의 경제적인 개념보다 사랑과 자유의 개념으로 접근해야 한다고 본다. 그는 근대적인 시민의 평등한 사랑에 기초한 '시민적 가족'을 염두에 두는데, 시민적 가족은 부부간의 평등한 사랑을 기반으로 성립한다. 그에 따르면, 공동체 윤리에 따른 사랑을 바탕으로 가족 공동의 재산을 취득하고 형성한다. 가족 공동체의 윤리는 자신과 상대를 구분하고 이해타산을 중시하는 시민 사회의 공동체 윤리로 이행한다. 이후 가족 공동체 윤리와 시민 공동체 윤리를 함께 가지는 국가 공동체 윤리로 나아간다.

4 전통적인 효의 실천 방법

- **불감훼상(不敢毁傷)** : 효의 시작으로, 부모로부터 물려받은 몸을 깨끗하고 온전하게 하는 것
- **봉양(奉養)** : 부모를 실질적으로 잘 모시는 것
- **양지(養志)** : 부모의 뜻을 헤아려 실천함으로써 부모를 기쁘게 해 드리는 것
- **공대(恭待)** : 표정을 항상 부드럽게 하여 부모가 편안한 마음을 지닐 수 있도록 해 드리는 것
- **불욕(不辱)** : 부모를 욕되지 않게 해 드리는 것
- **혼정신성(昏定晨省)** : 아침저녁으로 부모에게 문안을 드리는 것
- **입신양명(立身揚名)** : 효의 마침으로, 후세에 이름을 떨쳐 부모를 영광되게 해 드리는 것

질문 있어요

형제자매는 어떻게 인간관계를 익히는 밑거름이 되나요?
형제자매는 사람의 손과 발처럼 세상에서 가장 가까운 사이라는 의미로 수족지의(手足之義)라고도 해요. 『계몽편』에는 "형제는 부모의 뼈와 살을 나누어 가진 가까운 사이이므로 더욱 우애가 깊어야 한다."라는 말이 있어요. 이처럼 형제자매는 친애하고 협동하는 관계이기도 하지만, 부모의 사랑과 관심 등을 놓고 경쟁하고 대립하는 관계이기도 합니다.

용어사전

- * **사회화** 인간이 사회의 한 성원으로 생활하도록 기성세대에 동화되는 것
- * **부자유친**(아버지 父, 자식 子, 있을 有, 친할 親) 오륜(五倫) 중의 하나로, 아버지와 아들 사이에는 친함이 있어야 한다는 것
- * **형우제공**(형 兄, 우애 友, 동생 弟, 공경 恭) 형은 동생을 사랑하고, 동생은 형을 공경한다는 의미

기초를 다지는 확인 문제

바른답·알찬풀이 20쪽

올리드 포인트

A 사랑과 성의 관계

1 사랑의 의미와 가치

의미	어떤 사람이나 존재를 아끼고 소중히 여기는 마음
가치	• 인간을 도덕적 생활로 이끎 • 인간 상호 간에 인격적 교감을 이루게 함

2 성의 의미와 가치

의미	자연적 성, 사회적·문화적 성, 욕망으로서의 성
가치	생식적 가치, 쾌락적 가치, 인격적 가치

3 사랑과 성의 관계

보수주의 입장	• 결혼과 출산 중심의 성 윤리를 제시함 • 결혼을 통해 이루어지는 성적 관계만이 정당함
중도주의 입장	• 사랑 중심의 성 윤리를 제시함 • 사랑을 동반한 성적 관계는 허용함
자유주의 입장	• 자발적인 동의 중심의 성 윤리를 제시함 • 성인의 자발적 동의에 의한 성적 관계를 옹호함

4 성과 관련된 윤리 문제

성차별	자아실현 방해, 인권 침해, 인적 낭비를 초래함
자기 결정권	타인이 갖는 성에 대한 자기 결정권 침해, 생명을 훼손하는 부도덕한 결과를 초래함
성 상품화	성이 지닌 인격적 가치를 훼손하고, 인간을 수단화·도구화함

B 결혼과 가족의 윤리

1 결혼의 윤리적 의미와 부부간의 윤리

결혼의 윤리적 의미	• 서로에 대한 사랑을 지키겠다는 약속 • 남녀가 서로의 차이를 존중하겠다는 의지의 표현
부부간 발생 하는 문제	가사 분담 문제, 경제적 문제, 부모 부양이나 자녀 양육 등에 따른 부부간 갈등 문제
부부간의 윤리	서로 동등한 존재임을 인식하고, 존중하고 협력해야 하며, 신의를 지켜야 함

2 가족의 가치와 가족 윤리

가족의 가치	정서적 안정 제공, 사회화와 바람직한 인격 형성에 도움, 건강한 사회의 토대
가족 간 발생 하는 문제	가족 간 대화 단절, 가정 내 아동 학대, 이혼 등 → 가족 해체 현상의 발생
가족 윤리	• 부모와 자녀 : 서로 배려, 자애와 효도 실천 • 형제자매 : 서로 우애 있게 지내야 함 • 현대 사회에 필요한 덕목 : 성실, 절제, 배려, 존중, 책임, 사랑

01 다음 설명이 맞으면 ○표, 틀리면 ×표를 하시오.

(1) 독일의 심리학자 프롬은 사랑이 보호, 책임, 존경, 이해의 요소를 포함한다고 보았다. （　　　）

(2) 생물학적 신체 구조와 기능에 의해 결정되는 성 개념을 자연적 성(sex)이라고 한다. （　　　）

(3) 성은 인간의 감각적인 욕구를 충족시켜 주는 쾌락적 가치를 지닌다. （　　　）

(4) 보부아르는 자신의 저서 『제2의 성』에서 "여성은 만들어지는 것이 아니라 여성으로서 태어나는 것이다."라고 주장하였다. （　　　）

(5) 성 상품화에 반대하는 사람들은 성에 대한 자기 결정권과 표현의 자유를 강조한다. （　　　）

02 빈칸에 들어갈 알맞은 말을 쓰시오.

(1) 성은 새로운 생명을 탄생시키는 원천으로서 (　　　) 가치를 지니고, 남녀 상호 간의 존중과 배려를 실현하게 해 주는 계기로서 (　　　) 가치를 지닌다.

(2) 독일의 철학자 (　　　)은/는 개인은 결혼을 통해 윤리적 삶으로 들어가며 가족 안에서 공동체의 구성원임을 알게 된다고 하였다.

(3) 전통 사회에서 부부간에 정조를 강조하였듯이, 부부는 서로 간에 (　　　)을/를 지켜야 하고, 부모와 자녀는 서로 배려하면서 자애와 (　　　)을/를 실천해야 한다.

(4) 형제자매는 서로 우애 있게 지내야 하며, 우애를 실천하는 구체적인 방법으로 (　　　)을/를 들 수 있다.

03 사랑과 성의 관계를 바라보는 입장과 그에 관한 설명을 바르게 연결하시오.

(1) 보수주의　•　　　• ㉠ 사랑 중심의 성 윤리 제시

(2) 중도주의　•　　　• ㉡ 결혼과 출산 중심의 성 윤리 제시

(3) 자유주의　•　　　• ㉢ 자발적인 동의 중심의 성 윤리 제시

01 다음 사상가의 입장에서 주장할 내용으로 적절하지 <u>않은</u> 것은?

> 삶이 일종의 기술인 것처럼 사랑도 기술이라는 것을 깨달아야 한다. 사랑은 상대에게 응답할 수 있고 응답할 준비가 갖추어져 있다는 뜻이다. 사랑은 인간 존재를 타인과 결합시키는 능동적인 능력으로, 인간의 고립감을 극복하게 하면서도 각자 자신의 통합성을 유지시킨다. 따라서 사랑에 있어서 두 존재는 하나로 되면서도 둘로 남아 있다.

① 사랑은 사랑하는 사람의 성장에 관심을 갖는 것이다.
② 사랑은 상대의 모든 것을 소유할 때 실현되는 것이다.
③ 사랑은 상대방이 지닌 고유한 개성을 존중하는 것이다.
④ 사랑은 상대를 알아가면서 이해하려고 노력하는 것이다.
⑤ 사랑은 상대의 요구를 배려하면서 자신의 행동에 책임을 지는 것이다.

02 ㉠~㉢에 들어갈 성의 가치를 바르게 짝지은 것은?

> • (㉠) 가치 : 새로운 생명을 탄생시키는 원천임
> • (㉡) 가치 : 인간의 감각적인 욕구를 충족시켜 줌
> • (㉢) 가치 : 남녀 상호 간의 존중과 배려를 실현하게 해 줌

	㉠	㉡	㉢
①	생식적	쾌락적	인격적
②	생식적	인격적	쾌락적
③	쾌락적	생식적	인격적
④	쾌락적	인격적	생식적
⑤	인격적	쾌락적	생식적

[중요]
03 다음 중세 서양 사상가가 지지할 사랑과 성의 관계로 가장 적절한 것은?

> 성은 적절한 자손의 번식과 자손의 양육을 위한 것이다. 따라서 생식이 이루어질 수 없는 방식으로 성적 결합이 이루어지는 것은 인간의 선과 명백히 반대되며, 분명히 죄가 된다. 생식이 가능하더라도 적절한 양육이 방해받을 수 있는 성적 관계 역시 인간의 선에 배치된다. 여성은 혼자서 자손을 양육할 수 없으므로 자녀를 출산한 후 남성은 여성의 곁에 함께 있어야 한다. 다른 여성을 찾아 부인과 자녀의 곁을 떠나는 것은 인간 본성에 부합하는 일이 아니다.

① 성을 결혼과 결부시킬 필요는 없다.
② 사랑을 동반한 혼전 성적 관계는 허용된다.
③ 성에 대한 개인의 자유로운 선택을 중시한다.
④ 결혼을 통해 이루어지는 성적 관계만이 정당하다.
⑤ 상호 간 자발적 동의에 따라 이루어지는 성적 관계는 정당하다.

04 성(性)에 관한 갑, 을의 입장으로 옳은 설명을 〈보기〉에서 고른 것은?

> 성욕은 인간의 본능적인 욕구입니다. 타인에게 피해를 주지 않는 한, 개인의 감각적인 욕구 충족을 성의 유일한 목적으로 보아야 하며, 자발적 동의가 가장 중요합니다.

갑

> 성욕이 본능적인 욕구라는 주장에 동의합니다. 그러나 성욕은 인간의 존엄과도 관련된 욕구입니다. 따라서 반드시 사랑을 바탕으로 해야 합니다.

을

> **보기**
> ㄱ. 갑 : 성의 생식적 가치를 강조한다.
> ㄴ. 갑 : 사랑을 전제로 한 성욕의 충족만을 중시한다.
> ㄷ. 을 : 성의 인격적 교감을 중요하게 여긴다.
> ㄹ. 갑, 을 : 성의 본능적인 측면을 인정한다.

① ㄱ, ㄴ   ② ㄱ, ㄹ   ③ ㄴ, ㄷ
④ ㄴ, ㄹ   ⑤ ㄷ, ㄹ

05 성(性)에 대한 다음 사상가의 입장으로 가장 적절한 것은?

> 여성은 태어나는 것이 아니라 만들어지는 것이다. 문명 전체가 남성과 '거세된 남성' 사이의 중간 산물을 만든 다음 거기에 여성이라는 명칭을 붙인 것이다.

① 성은 자연적으로 결정된다.
② 성은 성적 욕망을 포괄한다.
③ 성은 육체적인 특성에 따라 구분된다.
④ 성은 생식 작용을 중심으로 구분된다.
⑤ 성은 사회적인 요소에 의해 규정된다.

★★
중요

06 갑과 을은 긍정, 병은 부정의 대답을 할 질문만을 〈보기〉에서 있는 대로 고른 것은?

> 갑 : 결혼을 통해 이루어지는 성적 관계만이 정당하다.
> 을 : 사랑이 결부된 성적 관계는 허용될 수 있다.
> 병 : 성숙한 성인들의 자발적인 동의에 따라 이루어지는 성적 관계는 정당하다.

┤ 보기 ├
ㄱ. 성은 사랑이 전제되어야 하는가?
ㄴ. 인격적 가치를 고려해야 하는가?
ㄷ. 성과 사랑을 결혼과 결부시키는가?
ㄹ. 사랑이 동반된 혼전 성적 관계는 부도덕한가?

① ㄱ   ② ㄱ, ㄴ   ③ ㄱ, ㄹ
④ ㄱ, ㄷ, ㄹ   ⑤ ㄴ, ㄷ, ㄹ

07 성차별에 관한 옳은 설명만을 〈보기〉에서 있는 대로 고른 것은?

┤ 보기 ├
ㄱ. 인간으로서 평등성과 존엄성을 훼손한다.
ㄴ. 국가 차원에서 인적 자원의 낭비를 초래한다.
ㄷ. 남녀 간의 차이를 잘 이해하여 발생하는 차별이다.
ㄹ. 사회적으로 규정된 남성다움과 여성다움과는 관련이 없다.

① ㄱ, ㄴ   ② ㄱ, ㄹ   ③ ㄷ, ㄹ
④ ㄱ, ㄴ, ㄷ   ⑤ ㄴ, ㄷ, ㄹ

08 (가)의 관점에서 〈사례〉에 나타난 문제점을 해결하기 위해 제시할 방안을 〈보기〉에서 고른 것은?

> (가) 음양(陰陽)은 서로 다르지만 대등한 관계이며, 상호 의존하면서 만물을 생성하고 변화시킨다. 음양에 대한 이러한 관점은 남녀 관계에도 적용될 수 있다.
>
> 〈사례〉
> 한국 남성과 여성의 시간당 임금 격차가 지난 10년간 제자리를 맴돈 것으로 나타났다. 특히, 한국에서 유독 남녀 간 임금 차이가 큰 까닭은 단지 여성이라는 이유로 받는 차별(62.2%)이 근속 연수, 교육 수준, 직종 등에 따른 남녀 차이(37.8%)보다 더 큰 것으로 분석되었다.

┤ 보기 ├
ㄱ. 생물학적 차이에 따라 차별하지 않도록 한다.
ㄴ. 성별 차이에 따른 임금 차등 지급을 금지해야 한다.
ㄷ. 가부장적 전통에 따라 남성 주도로 임금 격차를 해소해야 한다.
ㄹ. 남녀의 임금 격차는 능력 차이에 따른 것이므로 인정해야 한다.

① ㄱ, ㄴ   ② ㄱ, ㄹ   ③ ㄴ, ㄷ
④ ㄴ, ㄹ   ⑤ ㄷ, ㄹ

09 ㉠에 들어갈 내용으로 가장 적절한 것은?

① 외모 지상주의를 억제할 수 있기 때문입니다.
② 성에 대한 자기 결정권을 보호할 수 있기 때문입니다.
③ 표현의 자유를 최대한 보장하는 일이기 때문입니다.
④ 인간을 성적 수단으로 격하시킬 수 있기 때문입니다.
⑤ 상품에 대한 매력을 높여 이윤을 높일 수 있기 때문입니다.

10 ㉠에 들어갈 제목으로 가장 적절한 것은?

> ○○신문　　　　　　○○○○년 ○○월 ○일
>
> 제목 : ㉠
>
> 오늘날 광고, 사진, 영화 등 대중문화에서 인간의 성(性)을 도구로 삼아 상업적 이익을 추구하는 사례를 쉽게 찾아볼 수 있다. 이러한 현상을 어떻게 바라보아야 할까?
> 인간을 수단으로만 보지 말고 항상 목적으로 대우하라는 칸트 윤리의 관점에서 볼 때, 위와 같은 현상은 인간을 도구화하는 것이다. 우리는 삶의 주체로서 성에 대한 왜곡된 시각을 바로잡아야 한다.

① 성에 대한 자기 결정권을 최대한 보장하자
② 외면적 아름다움을 추구하기 위해 노력하자
③ 성적인 이미지를 이용하여 이윤을 추구하자
④ 성에 대한 표현의 자유를 적극적으로 보장하자
⑤ 인간의 성이 지닌 인격적 가치를 훼손하지 말자

★★ 중요

11 다음 입장에서 부정의 대답을 할 질문으로 가장 적절한 것은?

> 인간은 자신의 판단에 따라 성에 대한 자기 결정권을 행사할 수 있다. 그런데 어떤 사람들은 자신이 원한다면 어떤 성적 행동도 할 수 있다는 입장에서 성에 대한 자기 결정권을 성적 방종으로 이해하는 경우가 있다. 우리는 이러한 사고방식이 초래할 수 있는 문제점에 대해 반성적으로 성찰할 필요가 있다.

① 성에 대한 자기 결정권을 남용해서는 안 되는가?
② 성에 대한 자기 결정권을 행사한 개인에게 책임을 물어서는 안 되는가?
③ 자신의 행위가 타인의 성에 대한 자기 결정권을 침해해서는 안 되는가?
④ 상대방이 원하지 않는 성적 행위나 활동을 강제로 요구해서는 안 되는가?
⑤ 성에 대한 자기 결정권을 통해 생명을 훼손하는 부도덕한 결과를 초래할 수 있는가?

12 다음 전통 의례와 관련된 의식에 대한 옳은 설명만을 〈보기〉에서 있는 대로 고른 것은?

> 남자는 사모관대(紗帽冠帶)를 하고 상 앞에 무릎을 꿇고 앉아 나무 기러기[木雁]를 상 위에 놓고 공손히 절을 한다. …… 그 후 서로 절을 한 다음 술을 나누어 마심으로써 새로운 사회관계를 이루게 된다.

┌ 보기 ┐
ㄱ. 사랑의 결실이며 영원한 존속을 위한 첫걸음이다.
ㄴ. 남녀가 서로의 차이를 존중하겠다는 의지의 표현이다.
ㄷ. 조상을 모시고 집안을 이어가겠다고 서약하는 의례이다.
ㄹ. 가르침을 베풀어 주신 스승의 노고에 감사를 표현하는 의례이다.

① ㄱ, ㄷ　　　② ㄴ, ㄹ　　　③ ㄷ, ㄹ
④ ㄱ, ㄴ, ㄷ　　　⑤ ㄱ, ㄴ, ㄹ

13 (가)~(다)에서 설명하는 인간관계에 관한 옳은 설명만을 〈보기〉에서 있는 대로 고른 것은?

> (가) 부모의 뼈와 살을 나누어 가진 가까운 사이이므로 서로 우애 있게 지내야 한다.
> (나) 음양이 서로 합일하여 만물이 화육되고 번영되며, 남녀의 정기가 결합되어 만물이 화생한다.
> (다) 어른과 아이는 하늘이 차례를 지어 준 관계이다. 종족과 향당에는 모두 어른과 아이가 있으니, 이를 어지럽히면 안 된다.

┌ 보기 ┐
ㄱ. (가)는 장유유서(長幼有序)의 종적인 질서를 근본으로 한다.
ㄴ. (가)는 자연적 혈연관계이고, (나)는 사회적 관계이다.
ㄷ. 전통 윤리에서 (가)는 (다)가 확대된 것으로 파악한다.
ㄹ. (나)는 상호 보완적 관계이며, (가)가 성립하는 토대가 된다.

① ㄱ, ㄴ　　　② ㄱ, ㄷ　　　③ ㄷ, ㄹ
④ ㄱ, ㄴ, ㄹ　　　⑤ ㄴ, ㄷ, ㄹ

14 다음은 수행 평가 문제와 학생 답안이다. 학생 답안의 ⊙~⑩ 중 옳지 <u>않은</u> 것은?

⊙ 문제 : 다음 사상의 입장에서 효(孝)에 대해 서술하시오.

> 어버이를 사랑하는 사람은 남을 미워하지 아니하고, 어버이를 공경하는 사람은 남을 업신여기지 않는다. 효(孝)는 인(仁)의 근본이다.

⊙ 학생 답안

위의 사상에 따르면, ⊙효는 부모에 대한 보은(報恩)과 존경의 마음으로 모든 행실의 근본[百行之本]이다. 효를 실천하는 구체적인 방법은 부모로부터 ⓛ물려받은 몸을 깨끗하고 온전하게 하는 것으로부터 시작한다. ⓒ부모의 뜻을 헤아려 실천함으로써 부모를 기쁘게 해 드려야 하고, ②부모를 욕되지 않게 해 드려야 한다. ⑩아침저녁으로 부모에게 문안을 드리는 것을 효의 마침으로 삼아야 한다.

① ⊙ 　　② ⓛ 　　③ ⓒ 　　④ ② 　　⑤ ⑩

15 다음 서양 사상가의 가족에 대한 입장만을 〈보기〉에서 있는 대로 고른 것은?

> 가족은 남녀의 사랑을 기반으로 하므로 남녀의 상하 차이는 존재하지 않는다. 공동체 윤리에 따른 사랑을 바탕으로 가족 공동의 재산을 취득하고 형성한다. 가족 공동체의 윤리는 이해타산을 중시하는 시민 사회의 공동체 윤리로 이행한다. 이후 가족 공동체 윤리와 시민 공동체 윤리를 함께 가지는 국가 공동체 윤리로 나아간다.

┤ 보기 ├
ㄱ. 가족 안에서 공동체의 구성원임을 알게 된다.
ㄴ. 가족을 사랑과 자유의 개념으로 파악해야 한다.
ㄷ. 가족은 부부간의 평등한 사랑을 기반으로 성립한다.
ㄹ. 가족을 생산과 소비의 경제적 개념으로 파악해야 한다.

① ㄱ, ㄷ 　　② ㄴ, ㄹ 　　③ ㄷ, ㄹ
④ ㄱ, ㄴ, ㄷ 　　⑤ ㄱ, ㄴ, ㄹ

16 (가) 사상가의 입장에서 (나)의 ⊙에 대해 주장할 내용을 〈보기〉에서 고른 것은? ★★중요

(가)	남성은 독립의 중요성을, 여성은 친밀감의 중요성을 강조한다. 남성과 여성의 이러한 상이한 관점은 두 개의 다른 도덕성에 반영되어 있는데, 독립은 권리 혹은 정의의 윤리에 의해서 정당화되고, 친밀은 배려의 윤리에 의해 지지된다.
(나)	가정을 바르게 하려면 마땅히 그 시작부터 조심해야 한다. 무릇 (⊙)은/는 인류의 시작이자 만복의 근원이므로 서로 친하다 해도 방정(方正)하게 행동해야 한다. 그리하여 "군자의 도는 (⊙)에서 시작된다."라고 한다.

┤ 보기 ├
ㄱ. 서로를 차별하지 말아야 한다.
ㄴ. 서로 동등한 존재임을 인식해야 한다.
ㄷ. 서로의 능력 차이를 고려하여 위계질서를 수립해야 한다.
ㄹ. 각자의 역할을 고정되어 있는 불변의 것으로 여겨야 한다.

① ㄱ, ㄴ 　　② ㄱ, ㄹ 　　③ ㄴ, ㄷ
④ ㄴ, ㄹ 　　⑤ ㄷ, ㄹ

17 ⊙, ⓛ의 인간관계에 대한 설명으로 가장 적절한 것은?

> • (⊙)은/는 수족(手足)의 관계처럼 서로 화합하며, 길을 갈 때는 기러기 떼처럼 나란히 가야 한다. 나무에 비유하면 뿌리는 같고 가지는 다른 것이고, 물에 비유하면 근원은 같고 흐름은 다른 것과 이치가 같다.
> • (ⓛ)은/는 가정의 인간관계 중에서 가장 먼저 형성된다. 이는 전혀 다른 두 인격체가 함께 생활하며 새로운 관계를 형성하고, 일치된 삶의 의지와 목적을 실천하기 위해 결합된 관계이다.

① ⊙은 수평적이면서 수직적인 관계이다.
② ⓛ은 자애와 효도가 필요한 관계이다.
③ ⓛ은 같은 기(氣)를 나누어 가진 혈연관계이다.
④ ⊙은 이웃 관계, ⓛ은 혈연관계이다.
⑤ ⊙의 관계가 성립되지 않으면 ⓛ도 존재할 수 없다.

⭐⭐
중요

18 (가) 사상의 관점에서 (나)의 세로 낱말 (A)를 설명한 내용을 〈보기〉에서 고른 것은?

(가)	지자(知者)는 마음이 미혹(迷惑)되지 않고 인자(仁者)는 근심하지 않으며 용자(勇者)는 두려워하지 않는다. 예(禮)를 배우지 아니하면 설 자리가 없고, 예를 알지 못하면 성공할 수 없다.
(나)	(표 그림) [가로 열쇠] (A) : 친구 사이의 정 (B) : 모든 사람을 널리 평등하게 사랑함. ○○주의 [세로 열쇠] (A) : …… 개념

┌─ 보기 ─────────────────────────┐
ㄱ. 동기간(同氣間)에 지켜야 하는 덕목이다.
ㄴ. 사회적 관계의 규범을 익히는 밑거름이 된다.
ㄷ. 음양의 조화로 맺어진 횡적 관계에서 지켜야 할 덕이다.
ㄹ. 생명을 주고받은 수직 관계에서 연장자가 베푸는 덕이다.
└────────────────────────────────┘

① ㄱ, ㄴ 　② ㄱ, ㄹ 　③ ㄴ, ㄷ
④ ㄴ, ㄹ 　⑤ ㄷ, ㄹ

19 다음 가상 편지의 ㉠에 대한 설명으로 가장 적절한 것은?

○○에게
얼마 전 자네가 동기간(同氣間)에 갈등을 겪고 있다는 소식을 들었다네. (㉠)의 관계는 같은 부모의 기운을 타고 태어나 같은 뿌리를 가지고 있는 것이라네. 이 관계 속에서 동일한 성장 체험을 통해 서로에게 친밀감을 느끼고 사랑하면서 성장해 나가야 하네. 따라서 혈연과 공통 체험에서 축적된 서로 간의 친애감을 바탕으로 서로 돕는 관계를 만들어 나가야 하네.

① 장유(長幼)의 구별 없이 경쟁하는 관계이다.
② 음양(陰陽)의 원리에 따라 역할에 우열을 둔다.
③ 신의(信義)를 바탕으로 선택적 관계를 유지한다.
④ 개인의 존재를 가능하게 해 주는 생명의 근원이 된다.
⑤ 서로를 아낌으로써 효(孝)를 실천해야 하는 관계이다.

20 다음은 사랑과 성에 관한 입장을 표현한 그림이다. 물음에 답하시오.

(1) (가)~(다)가 나타내는 입장을 각각 쓰시오.

(2) (가)~(다)의 공통점을 한 문장으로 서술하시오.

21 다음 글을 읽고 물음에 답하시오.

(가)	청소년들 사이에 특정 신체 부위를 만지거나 속옷 잡아당기기, SNS에 벗은 몸 올리기 등 성폭력 문화가 만연해 있지만 이를 또래 간의 가벼운 장난 정도로 여기는 것으로 나타났다. '아하 서울 시립 청소년 성문화 센터'가 전국 초·중·고등학교 학생 564명을 대상으로 조사한 결과에 따르면, 3명 중 1명꼴(31.9%)로 또래 집단 내에서 성적 농담이나 성행위 묘사 등 성폭력을 경험한 것으로 드러났다. － ○○신문, 2015. 11. 24. －
(나)	기사는 성폭력에 관한 내용이다. 성폭력은 성에 대한 (㉠)을/를 남용하는 대표적인 사례이다. 성에 대한 (㉠)을/를 남용하면 여러 가지 ㉡윤리적 문제가 발생한다.

(1) ㉠에 들어갈 적절한 말을 쓰시오.

(2) ㉡의 구체적인 내용을 <u>두 가지</u> 서술하시오.

22 다음 글을 읽고 물음에 답하시오.

서울에 사는 맞벌이 가구의 가사 노동 분담 형태는 '아내가 전적으로 책임지는 경우'가 18.3%, '아내가 주로 책임지고 남편이 약간 돕는 경우'가 62.1%인 반면에 '아내와 남편이 동등하게 가사 노동을 하는 경우'는 18.9%에 불과했다.
－ ○○신문, 2016. 5. 7. －

(1) 윗글을 통해 알 수 있는 부부간에 발생하는 문제를 쓰시오.

(2) (1)의 문제를 해결하기 위한 바람직한 자세를 <u>두 가지</u> 서술하시오.

01 다음 사상가가 지지할 입장만을 〈보기〉에서 있는 대로 고른 것은?

> 사랑은 상대방의 생명과 성장에 적극적으로 관여하는 것이다. 사랑의 기본적 요소들인 보호, 책임, 존경, 지식은 서로 의존하고 있다. 그러한 요소들은 성숙한 인간, 즉 내적 힘에 바탕을 둔 겸손한 사람들에게서만 찾아볼 수 있다.

┤ 보기 ├

ㄱ. 사랑은 서로가 온전히 성장할 수 있도록 돕는 것이다.
ㄴ. 사랑은 상대방에게 적극적 관심을 갖는 능동적 활동이다.
ㄷ. 사랑은 상대방을 나의 입장에서 파악하고 보호하는 것이다.
ㄹ. 사랑은 상대방에 대한 외경으로써 자신을 희생하는 것이다.

① ㄱ, ㄴ   ② ㄱ, ㄷ   ③ ㄷ, ㄹ
④ ㄱ, ㄴ, ㄹ   ⑤ ㄴ, ㄷ, ㄹ

📍 문제 접근 방법

제시문의 사상가가 누구인지 먼저 추론한 후, 그가 주장하는 진정한 사랑의 의미와 구성 요소의 구체적인 내용을 파악하여 문제를 해결한다.

✏️ 적용 개념

사랑의 구성 요소

---

02 (가) 사상가의 관점에서 (나)의 ㉠에 대해 제시할 답변만을 〈보기〉에서 있는 대로 고른 것은?

(가)	인간을 목적으로 대하는 것은 그를 절대적 또는 무조건적 가치를 가진 존재로 인식하는 것이다. 이러한 인식은 우리가 그 존재에 대해 그의 자율을 존중하도록 한다.
(나)	성에 대한 자기 결정권은 다른 사람이나 사회의 강요 없이 자신의 의지와 판단에 따라 자율적으로 성적 행위를 결정할 수 있는 권리이다. 그렇다면, ㉠성에 대한 자기 결정권을 행사하여 성을 상품화하는 것은 바람직한가?

┤ 보기 ├

ㄱ. 자율적 판단에 따른 행위이므로 바람직하다.
ㄴ. 건전한 성 문화를 저해하는 결과는 바람직하지 않다.
ㄷ. 자신의 인격을 수단시하는 행위이므로 바람직하지 않다.
ㄹ. 성을 대상화시켜 사물처럼 간주하여 인간의 가치를 비하하기 때문에 바람직하지 않다.

① ㄱ, ㄴ   ② ㄱ, ㄷ   ③ ㄷ, ㄹ
④ ㄱ, ㄴ, ㄹ   ⑤ ㄴ, ㄷ, ㄹ

📍 문제 접근 방법

먼저 '인간을 목적으로 대하는 것' 등의 핵심어를 통해 (가) 사상가가 누구인지 파악한다. 그리고 이 사상가의 관점에서 성 상품화 문제를 어떻게 평가할 것인지 추론하여 문제를 해결한다.

✏️ 적용 개념

성 상품화 문제

03 (가) 사상의 입장에서 (나)의 ㉠에 관해 설명한 내용만을 〈보기〉에서 있는 대로 고른 것은?

(가)	만물의 도리가 모두 나에게 갖추어져 있다. 자신을 반성하며 정성을 다하여 도리를 지키면 즐거움은 이보다 더 클 수가 없을 것이다. 힘써 남을 먼저 생각하며 행동하면 인(仁)을 추구하는 가장 가까운 길이 될 것이다.
(나)	• (㉠)의 도(道)는 음양(陰陽)이 짝을 이루어 하늘과 땅의 신령에 통달하는 것이니 진실로 인륜(人倫)상의 크나큰 일이다. • 천지(天地)가 생긴 다음에 만물이 있고, 만물이 생긴 다음에 남녀가 있으며, 남녀가 생긴 다음에 (㉠)이/가 있고, 그 이후에 부자(父子)가 있다.

┤ 보기 ├
ㄱ. 혈연관계에 기초하여 친애(親愛)를 실천하는 관계이다.
ㄴ. 각자의 덕목을 실천함으로써 서로를 보완해 주는 관계이다.
ㄷ. 효(孝)와 자애(慈愛)를 주고받으며 사랑을 실천하는 관계이다.
ㄹ. 이성(異性)이 결합하여 분별 있게 서로 공경을 다하는 관계이다.

① ㄱ, ㄷ   ② ㄴ, ㄹ   ③ ㄷ, ㄹ
④ ㄱ, ㄴ, ㄷ   ⑤ ㄱ, ㄴ, ㄹ

문제 접근 방법
먼저 '타인에 대한 사랑'인 인(仁)을 강조하는 대목에서 (가) 사상이 무엇인지 추론한다. 또한 '음양', '남녀' 등의 핵심어를 통해 (나)의 ㉠이 가리키는 인간관계를 파악하여 문제를 해결한다.

적용 개념
부부간 윤리

04 (가) 사상의 입장에서 (나)의 세로 낱말 (A)에 관해 설명한 내용으로 가장 적절한 것은?

(가)	요즘의 효라는 것은 부모를 물질적으로 봉양하는 것을 말한다. 그러나 개나 말조차도 모두 먹여 살리기는 하는 것이니 공경하지 않는다면 짐승과 무엇으로 구별하겠는가?
(나)	[가로 열쇠] 　(A) : 생활과 운명을 같이하는 조직체 　(B) : 마주 대하여 이야기를 주고받음. 갈등 해결을 위한 방법의 한 가지 [세로 열쇠] 　(A) : …… 개념

(나)의 표에는 (A)와 (B) 칸이 있다.

① 부모를 욕되지 않게 하는 것
② 부모를 실질적으로 잘 모시는 것
③ 아침저녁으로 부모에게 문안을 드리는 것
④ 부모의 뜻을 잘 헤아려 실천하여 부모를 기쁘게 하는 것
⑤ 표정을 항상 부드럽게 하여 부모가 편안한 마음을 갖게 하는 것

문제 접근 방법
먼저 '효', '봉양', '공경'과 같은 핵심어에서 (가) 사상을 파악한 후, (나)의 퍼즐을 풀어 세로 낱말 (A)를 찾는다. 마지막으로 (가) 사상에서 (A)에 관해 설명한 내용을 찾아 문제를 해결한다.

적용 개념
효의 구체적인 실천 방법

Ⅱ 단원 수능 빈출 유형

 유형 1

죽음에 대한 동서양의 관점 비교하기

(가)의 갑, 을 사상가의 입장을 (나) 그림으로 탐구할 때, A~C에 들어갈 질문으로 옳은 것은?

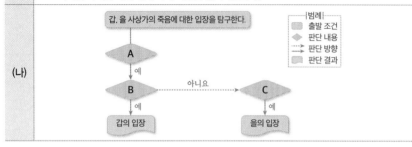

| (가) | 갑 : 죽음은 우리에게 아무것도 아니다. 우리가 존재하는 한 죽음은 우리와 함께 있지 않으며, 죽음이 오면 이미 우리는 존재하지 않기 때문이다. |
| | 을 : 삶은 자연의 기운[氣]을 잠시 빌리고 있는 것일 뿐이다. 삶과 죽음은 낮과 밤 같은 것인데 이러한 이치를 아는 내가 어찌 죽음을 싫어하겠는가? |

① A : 죽음에 대한 두려움을 가질 필요가 없다고 보는가?
② B : 죽음을 끊임없는 윤회의 한 과정으로 보는가?
③ B : 죽음을 기(氣)의 자연스러운 순환 과정으로 보는가?
④ C : 죽으면 신의 나라에 들어갈 수 있다고 보는가?
⑤ C : 죽음을 육체의 굴레에서 영혼이 해방되는 것으로 보는가?

>> **유형 분석** 죽음에 관한 동서양의 관점을 비교하는 문제는 자주 출제되는 유형이다. 동양의 유교, 불교, 도가에서 바라보는 죽음에 대한 관점과 서양의 플라톤, 에피쿠로스, 하이데거 등의 사상가가 주장하는 죽음에 대한 관점을 비교해 두어야 한다.

☑ **공략법**

❶ 동서양의 다양한 죽음에 대한 관점을 떠올려 보고, (가)의 갑, 을이 누구인지 파악해 보자.

❷ '죽음은 아무것도 아니다', '삶과 죽음은 낮과 밤 같은 것' 등의 핵심어를 통해 갑, 을을 추론해 보자.

❸ 순서도 A에는 갑, 을 모두 긍정의 대답을 할 질문이, B에는 갑만 긍정의 대답을 할 질문이, C에는 을만 긍정의 대답을 할 질문이 들어가야 한다는 점을 확인한 후 옳은 선지를 골라 보자.

 유형 2

생명 복제에 대한 찬반 논거 비교하기

그림은 수업 장면이다. 소전제 ㉠에 대한 반론의 근거로 가장 적절한 것은?

• 대전제 : 인간을 대상으로 하는 실험은 바람직하지 않다.
• 소전제 : ㉠
• 결 론 : 인간 배아 복제 실험은 바람직하지 않다.

인간 배아 복제 실험은 인간을 대상으로 하는 것이므로 바람직하지 않아.

너의 주장을 삼단 논법으로 정리하면 칠판의 내용과 같겠군.

① 인간 배아는 성인과 동등한 도덕적 지위를 지닌다.
② 출생하기 이전의 어떤 존재도 인간으로 볼 수 없다.
③ 인간을 대상으로 하는 실험은 인간 존엄성을 침해한다.
④ 인간 배아는 잠재적인 인간이므로 인간의 범주에 포함된다.
⑤ 인간 배아 복제는 인간을 대상으로 하는 임상 연구에 속한다.

>> **유형 분석** 어떤 주장을 삼단 논법으로 분석한 후 소전제에 대한 반론의 근거'를 찾는 문제는 자주 출제되는 유형이다. 삼단 논법은 '대전제–소전제–결론'이라는 형식을 따르는 연역적 탐구의 대표적인 방법이므로 꾸준히 연습해 두어야 한다.

☑ **공략법**

❶ 어떤 도덕 판단을 삼단 논법으로 분석하는 연습을 평소에 많이 해 보자.

❷ 소전제 ㉠에 들어갈 내용이 무엇인지 파악해 보자.

❸ ㉠에 대한 반론의 근거로 적절한 내용을 선지에서 찾아보자.

유형 3 유전자 치료에 대한 윤리적 쟁점 파악하기

갑, 을의 입장에서 제시할 수 있는 적절한 주장을 〈보기〉에서 고른 것은?

> 갑 : 자기 유전 정보를 '아는 것이 병'입니다. 자신의 유전 정보에 대한 앎은 미래의 유전 질환에 대한 불안, 공포 등의 해악만 야기할 뿐입니다. 따라서 해악 금지의 원칙에 따라 자기 유전 정보를 '모를 권리'가 보장되어야 합니다.
>
> 을 : 자기 유전 정보를 '아는 것이 힘'입니다. 자신의 유전 정보에 대한 앎은 미래의 유전 질환을 감안하여 스스로 삶의 계획을 세울 수 있게 해 줍니다. 따라서 자율성 존중의 원칙에 따라 자기 유전 정보를 '알 권리'가 보장되어야 합니다.

┤ 보기 ├
ㄱ. 갑 : 자기 유전 정보를 알아야 불필요한 해악을 막을 수 있다.
ㄴ. 갑 : 자기 유전 정보에 대한 무지를 개인의 권리로 인정해야 한다.
ㄷ. 을 : 자기 유전 정보를 알아야 자율적 삶을 누리는 데 도움이 된다.
ㄹ. 갑, 을 : 미래의 불가피한 유전 질환에 대해 고려할 필요는 없다.

① ㄱ, ㄴ　　② ㄱ, ㄷ　　③ ㄴ, ㄷ　　④ ㄴ, ㄹ　　⑤ ㄷ, ㄹ

▶ 유형 분석 유전자 치료와 조작에 대한 찬성 입장과 반대 입장을 파악하는 문제가 자주 출제된다. 평소에 각 입장의 근거와 반론 근거를 정확하게 파악해 두어야 한다.

☑ 공략법
1 '아는 것이 병', '아는 것이 힘' 등과 같은 핵심어를 통해 갑, 을이 유전자 치료에 대하여 어떤 입장인지 파악해 보자.
2 갑, 을의 입장에서 제시할 근거가 무엇인지 상기해 보자.
3 갑, 을의 입장에서 제시할 주장을 〈보기〉에서 골라 보자.

유형 4 성 상품화 문제 파악하기

그림의 수업 장면에서 교사의 질문에 옳게 대답한 학생만을 있는 대로 고른 것은?

① 갑, 을　　② 을, 병　　③ 정, 무
④ 갑, 병, 정　　⑤ 을, 정, 무

▶ 유형 분석 성 상품화에 대한 찬성과 반대의 근거를 파악해야 풀 수 있는 문제는 다양한 형태로 출제될 수 있다. 쟁점에 대한 입장뿐만 아니라 근거도 숙지해 두어야 한다.

☑ 공략법
1 성 상품화에 대한 찬성과 반대 입장을 파악해 보자.
2 학생의 주장이 찬성 입장인지 반대 입장인지를 잘 읽고, 반대 입장만을 골라 보자.
3 반대 입장의 근거로 타당한지 평가해 보고, 선지에서 답을 골라 보자.

▌단원 개념 마무리

01 삶과 죽음의 윤리

• 출생과 죽음의 윤리적 의미

출생의 윤리적 의미	죽음의 특징과 윤리적 의미
• 인간의 자연적 성향을 실현하는 과정 • 도덕적 주체로 사는 삶의 출발점 • 가족과 구성원으로서 사는 삶의 시작	• 특징 : 보편성과 평등성, 불가피성, 일회성, 비가역성 • 윤리적 의미 : 삶의 소중함을 깨닫게 하는 계기, 인간관계의 소중함을 깨닫게 하는 계기

• 출생·죽음과 관련된 윤리적 쟁점

인공 임신 중절의 윤리적 쟁점

찬성 입장	반대 입장
• 여성은 자기 몸에 대한 소유권을 지니며, 태아는 여성의 몸의 일부임 • 여성은 자신의 삶을 자율적으로 결정할 수 있음 • 여성은 자기방어와 정당방위의 권리를 지니기 때문에 일정한 조건하에서는 낙태를 할 권리가 있음	• 모든 인간 생명은 존엄하며, 태아 역시 인간임 • 잘못이 없는 인간인 태아를 해치는 것은 도덕적으로 옳지 않음 • 태아는 일정한 발생 과정을 거쳐 성숙한 인간으로 발달할 잠재성을 가지고 있음

자살의 윤리적 문제

• 자신의 소중한 생명을 스스로 훼손하는 일
• 인격을 훼손하고 자아실현의 가능성을 차단하는 일
• 사회에 부정적 영향을 끼치는 일

안락사의 윤리적 쟁점

찬성 입장	반대 입장
• 인간은 자신이 어떤 방법으로 죽을 것인지를 스스로 선택할 수 있음 • 인간은 인간답게 죽을 권리를 가짐 • 연명 치료는 본인과 가족에게 심리적·경제적 부담을 줌 • 연명 치료는 제한된 의료 자원을 효율적으로 사용하지 못하게 함	• 모든 인간의 생명은 존엄함 • 인간은 자신의 죽음을 인위적으로 선택할 권리를 갖고 있지 않음 • 자연의 질서에 부합하지 않음 • 의료인의 기본 의무는 생명을 살리는 것임

뇌사의 윤리적 쟁점

찬성 입장	반대 입장
• 뇌는 인간의 생명 활동을 관장하는 핵심 기관이기 때문에 뇌기능이 정지하면 이미 죽음의 단계에 들어선 것임 • 인공호흡기 등 의료 자원의 효율적 이용에 도움을 줌 • 뇌사자의 장기를 장기 이식에 활용할 수 있음	• 연명 의료 기기를 이용하면 호흡과 심장 박동이 유지되므로 아직 죽음에 이른 것은 아님 • 의료 자원의 효율적 이용과 장기 이식을 위해 뇌사 문제에 접근하는 것은 생명의 존엄성을 경시하는 태도임 • 뇌사 판정의 오류 가능성이 존재함

02 생명 윤리

• 생명 복제와 관련된 생명 윤리 문제

동물 복제에 대한 입장

찬성	• 동물 복제를 통해 우수한 품종을 개발·유지할 수 있음 • 희귀 동물을 보존하고, 멸종 동물을 복원할 수 있음
반대	• 동물 복제는 자연의 질서에 어긋나는 행위임 • 종의 다양성을 해침 • 동물의 생명이 인간의 유용성을 위한 도구가 될 수 있음

인간 배아 복제에 대한 입장

찬성	• 배아는 아직 완전한 인간이 아님 • 난치병의 치료 방법을 찾을 수 있음
반대	• 배아는 인간의 생명이므로 보호해야 함 • 많은 난자 사용으로 여성의 건강권과 인권을 훼손함

인간 개체 복제에 대한 입장

찬성	불임 부부의 고통을 해소할 수 있음
반대	• 인간의 존엄성을 훼손하는 것임 • 자연스러운 출산 과정에 어긋남 • 인간의 고유성을 위협함 • 가족 관계에 혼란을 줌

• 생식 세포 유전자 치료와 관련된 생명 윤리 문제

찬성 입장	반대 입장
• 유전병을 퇴치하는 등 의학적으로 유용함 • 부모의 자율적 선택을 존중함 • 새로운 치료법 개발을 통해 경제적 효용 가치를 산출함	• 의학적으로 불확실하고 임상적으로 위험함 • 인간의 유전자를 조작하려는 우생학을 부추길 수 있음 • 분배 정의에 어긋날 수 있음

• 동물 실험과 동물 권리의 문제

	찬성 입장	반대 입장
동물 실험에 대한 입장	• 동물은 인간과 근본적으로 다른 존재 지위를 갖고 있음 • 동물 실험의 결과를 인간에게 적용할 수 있다고 봄 • 인간 생명과 건강을 보호할 중요한 이익을 얻을 수 있음	• 동물과 인간은 존재 지위에 별 차이가 없음 • 인간과 동물은 생물학적으로 유사하지 않음 • 컴퓨터 모의실험 등 대안적 방법이 존재함
	권리를 갖지 않는다는 입장	권리를 갖는다는 입장
동물 권리에 대한 입장	• 데카르트 : 동물은 '움직이는 기계'에 불과함 • 아퀴나스와 칸트 : 동물은 도덕적으로 고려받을 권리를 갖지 않지만, 함부로 다루어서도 안 됨 • 코헨 : 어떤 존재가 권리를 소유하려면 윤리 규범의 고안 능력이나 자율성 등을 지녀야 하는데, 동물은 그러한 능력이 없음	• 벤담 : 동물도 고통을 느끼기 때문에 도덕적으로 고려받을 권리를 가짐 • 싱어 : 동물은 쾌고 감수 능력을 갖고 있기 때문에 동물의 이익도 평등하게 고려되어야 함 • 레건 : 한 살 정도의 포유류는 삶의 주체가 될 수 있으므로 인간처럼 내재적 가치를 지님

03 사랑과 성 윤리

• 사랑과 성의 관계

보수주의 입장	중도주의 입장	자유주의 입장
• 결혼과 출산 중심의 성 윤리를 제시함 • 결혼을 통한 성적 관계만 정당함	• 사랑 중심의 성 윤리를 제시함 • 사랑을 동반한 성적 관계는 허용함	• 자발적 동의 중심의 성 윤리를 제시함 • 자발적 동의의 성적 관계를 옹호함

• 성과 관련된 윤리 문제

성차별	자아실현 방해, 인권 침해, 인적 낭비를 초래함	
자기 결정권	타인이 갖는 성에 대한 자기 결정권 침해, 생명을 훼손하는 부도덕한 결과를 초래함	
	찬성 입장	반대 입장
성 상품화	• 자기 결정권과 표현의 자유를 강조함 • 자본주의 경제 논리에 부합함 • 소비자의 선호를 반영하는 것이라면 허용함	• 성이 지닌 인격적 가치를 훼손함 • 인간을 수단화하고 도구화하는 것임 • 외모 지상주의를 조장함

• 가족 간에 지켜야 할 윤리

부부간	부모와 자식 간	형제자매 간
서로 동등한 존재임을 인식하고, 존중하고 협력하며, 서로 간에 신의를 지켜야 함	서로 배려하면서 자애와 효도 실천 → 부자유친(父子有親), 부자자효(父慈子孝)	서로 우애 있게 지내야 함 → 형우제공(兄友弟恭)

01 갑, 을의 입장에 관한 옳은 설명만을 〈보기〉에서 있는 대로 고른 것은?

> 갑 : 이것이 있기 때문에 저것이 있다. 이를 일컬어 인연법(因緣法)이라고 한다. 삶이 있으므로 늙음과 죽음이 있고, 삶을 떠나서는 늙음과 죽음도 없다.
>
> 을 : 아직 삶도 알지 못하는데 어떻게 죽음을 알겠는가? 일찍 죽고 오래 사는 것도 이상한 게 아니다. 사람으로서 올바른 도리를 다하고, 주어진 삶을 아름답게 마치는 것이 참으로 중요하다.

┤ 보기 ├
ㄱ. 갑 : 연기(緣起)에 대한 깨달음을 추구하는 삶을 강조한다.
ㄴ. 갑 : 기가 모여서 삶이 되고 기가 흩어져서 죽음이 된다고 본다.
ㄷ. 을 : 죽음을 인간의 삶에서 일어나는 자연스러운 현상으로 본다.
ㄹ. 갑, 을 : 삶과 죽음을 분별하여 고통에서 벗어날 것을 강조한다.

① ㄱ, ㄴ ② ㄱ, ㄷ ③ ㄴ, ㄹ
④ ㄱ, ㄷ, ㄹ ⑤ ㄴ, ㄷ, ㄹ

02 그림의 강연자가 지지할 입장으로 가장 적절한 것은?

> 죽음의 불안 앞에서 도피하지 않고 그것을 용기 있게 받아들이는 것을 '죽음의 선구(先驅)', 즉 죽음으로 앞서 달려감이라고 합니다. 죽음의 선구는 죽음의 확실성을 인식함으로써 오히려 삶에서 그 어느 것에 의해서도 대체될 수 없는 각자의 고유성을 깨닫는 것입니다. 따라서 현존재는 죽음을 자각함으로써 자신의 본래적인 존재 가능성을 회복해야 합니다.

① 죽음 이후에 타인과 구별되는 참된 실존을 회복할 수 있다.
② 죽음을 자각함으로써 삶을 의미 있고 가치 있게 살 수 있다.
③ 죽음은 현실을 벗어나 또 다른 세계로 가는 윤회의 과정이다.
④ 죽음은 누구도 피할 수 없기 때문에 두려워해야 할 대상이다.
⑤ 죽음은 육체에 갇혀 있던 영혼이 해방되어 삶의 지혜를 완성하는 것이다.

⊃• 개념 피드백 52쪽

03 갑, 을 사상가의 입장에서 질문에 대답한 내용을 모두 바르게 짝지은 것은?

> 갑 : 잘 산다는 것은 영혼을 정화하는 것이다. 잘 죽는다는 것은 더 이상 정화될 필요 없이 순수한 상태의 영혼을 간직한 채로 삶을 마감하는 것이다.
>
> 을 : 삶과 죽음은 마치 사계절의 변화와 같다. 삶을 좋아함은 미혹(迷惑)이고, 죽음을 싫어함은 타향에 안주하여 고향에 돌아갈 줄 모르는 사람과 같다.

	질문	대답	
		갑	을
①	죽음은 기가 모이고 흩어지는 과정의 일부인가?	예	예
②	죽음 이후에 인간은 어떤 것도 인식하지 못하는가?	예	아니요
③	삶과 죽음은 반복적으로 순환하는 고통의 과정인가?	예	예
④	죽음 이후에야 비로소 참된 자아를 발견할 수 있는가?	예	아니요
⑤	죽음을 통해 영혼에서 벗어나 참된 지혜를 얻을 수 있는가?	예	아니요

⊃• 개념 피드백 55쪽

04 갑, 을의 입장에 관한 설명으로 가장 적절한 것은?

> 갑 : 인간에게 죽음이란 뇌의 전체적인 기능뿐만 아니라 심장이 완전히 정지되었을 때를 말한다.
>
> 을 : 심장의 기능이 유지된다고 하더라도 뇌의 모든 기능이 정지된 상태에서는 인간다운 모습을 구현할 수 없으므로 죽은 존재로 보아야 한다.

① 갑은 죽음의 기준을 뇌 기능의 정지로 판단한다.
② 갑은 죽음에 대한 인간의 자기 결정권을 강조한다.
③ 을은 죽음에 대한 판정 기준으로 심폐사를 지지한다.
④ 을은 갑에 비해 다른 생명을 살릴 수 있는 기회 제공에 더 비중을 둔다.
⑤ 갑, 을은 모두 의료 자원의 효율적 이용과 장기 이식 등 실용적 가치를 중시한다.

05 다음 입장에서 긍정의 대답을 할 질문으로 가장 적절한 것은?

> 회생 불가능한 환자의 불필요한 고통을 없애는 방법에는 인위적 개입으로 죽음을 앞당기는 것과 연명 치료 중단으로 죽음에 이르게 두는 것이 있다. 전자는 비도덕적인 살인이므로 금지되지만, 후자는 자연의 과정을 따르는 존엄사이므로 허용될 수 있다.

① 모든 안락사를 허용해야 하는가?
② 환자의 뜻에 따르는 안락사는 허용해야 하는가?
③ 인간의 자율성을 가장 최우선의 가치로 두어야 하는가?
④ 소극적 안락사를 허용하는 것은 인간의 존엄성을 지키는 일인가?
⑤ 자연의 과정을 거스르지 않는 안락사의 방법은 존재하지 않는가?

06 갑의 입장에서 을의 주장에 대해 제시할 반론만을 〈보기〉에서 있는 대로 고른 것은?

> 갑 : 인공 임신 중절을 허용해서는 안 돼. 태아는 수정된 순간부터 인간과 동일한 존재이고, 태아의 생명권은 어떠한 경우에도 함부로 침해될 수 없어.
> 을 : 아니야. 인공 임신 중절은 허용되어야 해. 태아는 출생 이후부터 인간의 본질적 특성을 갖게 되고, 태아의 생명권보다 임신부의 생명권을 우선 고려해야 해.

┤ 보기 ├
ㄱ. 임신부와 태아가 지닌 생명의 가치가 다름을 간과하고 있어.
ㄴ. 인공 임신 중절은 무고한 인간을 죽이는 행위임을 간과하고 있어.
ㄷ. 태아의 생명을 수단이 아닌 목적으로 대우해야 함을 간과하고 있어.
ㄹ. 임신부에게 자신의 삶에 대한 결정권이 있음을 지나치게 강조하고 있어.

① ㄱ, ㄴ   ② ㄱ, ㄷ   ③ ㄷ, ㄹ
④ ㄱ, ㄴ, ㄹ   ⑤ ㄴ, ㄷ, ㄹ

07 다음 서양 중세 사상가가 부정의 대답을 할 질문으로 가장 적절한 것은?

> 아무리 불행하다고 해도 자살은 올바르지 않다. 만물은 본래 자신을 사랑하고 자신의 생명을 유지하고자 하는 성향을 지니고 있는데, 자살은 이러한 자연적 성향을 거스르기 때문이다. 그리고 모든 사람은 공동체의 부분이므로 자살을 하는 것은 자신이 속한 공동체를 훼손하는 것이다. 또한 자살은 신을 거스르는 행위이기도 하다.

① 자살은 자연법을 거스르는 일인가?
② 생명을 주관할 수 있는 것은 인간인가?
③ 자살은 사회에 악영향을 주는 행위인가?
④ 인간은 자기 보존의 성향을 지니고 있는가?
⑤ 순간적인 고통으로 자살을 선택하는 것은 옳지 않은가?

개념 피드백 67쪽

08 (가)의 갑, 을, 병 사상가의 입장을 (나) 그림으로 표현할 때, A~D에 해당하는 진술만을 〈보기〉에서 있는 대로 고른 것은?

(가)	갑 : 동물을 잔인하게 다루는 것은 인간의 자기 자신에 대한 의무와 배치된다. 을 : 고통이나 쾌락을 느낄 수 있는 능력은 한 존재가 이익 관심을 갖는다고 말할 수 있는 필요충분조건이다. 병 : 욕구, 지각, 기억, 감정 등을 지니고 자신의 고유한 삶을 살아가는 삶의 주체만이 도덕적 권리를 지닌다.

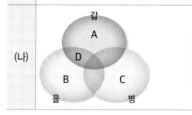

(나)

|범례|
A : 갑만의 입장
B : 을만의 입장
C : 병만의 입장
D : 갑, 을의 공통 입장

┤ 보기 ├
ㄱ. A : 동물은 도덕적으로 고려받을 권리가 없다.
ㄴ. B : 동물을 인간을 위한 수단으로 대우해서는 안 된다.
ㄷ. C : 동물은 도덕적으로 고려받을 권리가 있다.
ㄹ. D : 동물을 함부로 대해서는 안 된다.

① ㄱ   ② ㄴ   ③ ㄱ, ㄷ
④ ㄴ, ㄹ   ⑤ ㄷ, ㄹ

개념 피드백 64쪽

09 다음 신문 칼럼의 ⊙에 들어갈 내용으로 가장 적절한 것은?

연구나 실험용으로 시도되던 복제 동물들이 사람의 생활 속으로 파고들고 있다. 국내에서는 아직 반려견 복제 사례가 없지만 해외에서는 부유층뿐 아니라 서민들도 반려견 복제를 종종 의뢰한다. 지난해 말에는 영국의 한 부부가 죽은 지 12일 지난 반려견을 복제했다. 특히 이 경우는 개가 죽은 지 오래된 유전자 정보(DNA)로 복제에 성공한 첫 사례여서 화제가 되었다. 하지만 이러한 복제에 대하여 우려하는 시각도 많다. 왜냐하면 _____⊙_____

① 종의 다양성을 해칠 수 있기 때문이다.
② 멸종 동물을 복원할 수 있기 때문이다.
③ 인간의 행복이 증진될 수 있기 때문이다.
④ 희귀 동물의 보존을 어렵게 할 수 있기 때문이다.
⑤ 우수한 품종을 개발하고 유지할 수 있기 때문이다.

10 그림은 서술형 평가 문제와 학생 답안이다. 학생 답안의 ⊙~⑩ 중 옳지 <u>않은</u> 것은?

⊙ 문제 : 동물 실험에 대한 사상가 갑, 을의 입장을 비교하여 서술하시오.

> 갑 : 인간은 자연의 사용자로서 자연의 질서에 대해 실제로 관찰하고, 고찰한 것만큼 무엇인가를 할 수 있으며 이해할 수 있다.
> 을 : 고통을 받거나 기쁨을 얻는 능력은 이익 일반을 가지기 위한 전제이다. 한 존재가 고통을 받는다면, 그러한 고통을 고려하지 말아야 할 도덕적 이유가 없다.

⊙ 학생 답안
갑은 ⊙ <u>인간이 동물과 근본적으로 다른 존재 지위를 갖고 있기 때문에 동물 실험에 찬성한다.</u> ⓛ <u>인간과 동물의 지위는 구별되고,</u> ⓒ <u>생물학적으로도 구별된다고 본다.</u> 반면 을은 ⓔ <u>인간과 동물은 존재 지위에 별 차이가 없기 때문에 동물 실험에 반대한다.</u> ⑩ <u>인간뿐만 아니라 동물도 고통을 느낄 수 있는 존재이기 때문에 동물의 이익을 인간과 동등하게 고려해야 한다고 주장한다.</u>

① ⊙   ② ⓛ   ③ ⓒ   ④ ⓔ   ⑤ ⑩

11 다음 관점과 일치하는 진술에만 모두 'ⱽ'를 표시한 학생은?

어느 시점부터 한 인간 개체가 존재했는지 묻는다면 누구도 분명하게 말할 수 없습니다. 이렇게 본다면 어디까지 복제를 허용할 수 있을지 불분명합니다. 미끄러운 경사길에서 자동차를 옮기기 위해 받쳐 놓은 돌을 빼는 순간 예상치 못한 지점까지 차가 미끄러지듯, 전배아 단계까지 복제를 허용하면 결국 태아 복제와 개체 복제로까지 이어집니다.

진술＼학생	갑	을	병	정	무
배아는 인간이 될 잠재성이 있다.	∨	∨		∨	
인간의 발달은 연속된 하나의 과정이다.	∨		∨	∨	∨
전배아 단계까지 복제를 허용해야 한다.		∨			∨
전배아 복제는 개체 복제로까지 이어질 수 있다.				∨	∨

① 갑   ② 을   ③ 병   ④ 정   ⑤ 무

12 다음 사상가의 주장만을 〈보기〉에서 있는 대로 고른 것은?

지금까지 남성은 순종이 여성의 본성이라고 여성에게 가르쳐 왔지만 누구도 남녀의 본성을 알 수는 없습니다. 남성과 여성 간 지성의 차이는 사회 환경 요인에 의해 설명될 수 있습니다. 남성에 의한 여성의 법적 예속은 본질적으로 옳지 않을 뿐 아니라 인류의 발전을 저해하는 일입니다. 여성으로 태어난 것이 사회적 지위를 결정하고 다양한 직업으로의 진출을 방해하는 이유가 되어서는 안 됩니다. 재능 활용 기회를 가로막는 것은 개인적으로는 불공평하고 사회적으로는 손실이기 때문입니다.

⊢ 보기 ⊢
ㄱ. 사회적 역할은 남녀의 본성에 따라 부여해야 한다.
ㄴ. 양성평등은 전 인류에게 유용하므로 보장해야 한다.
ㄷ. 여성을 예속시키는 수단으로 교육을 이용해서는 안 된다.
ㄹ. 남성이 독점해 온 모든 직업을 여성에게 전면 개방해야 한다.

① ㄱ, ㄷ   ② ㄱ, ㄹ   ③ ㄴ, ㄹ
④ ㄱ, ㄴ, ㄷ   ⑤ ㄴ, ㄷ, ㄹ

13 (개념 피드백) 79쪽

(가)의 갑, 을, 병의 입장을 (나) 그림으로 탐구할 때, A~D에 들어갈 질문으로 가장 적절한 것은?

(가)	갑 : 성은 '최대한의 책임과 최소한의 성적 자유'를 지향해야 한다. 성의 가장 중요한 목표는 출산에 대한 책임과 양육의 안정성에 있다. 을 : 성과 결혼은 별개의 문제이다. 결혼하지 않더라도 서로의 사랑을 확인하고 관계를 돈독하게 만드는 성이라면 도덕적이다. 병 : 성은 '최소한의 책임과 최대한의 성적 자유'를 지향해야 한다. 성에 관한 결정은 타인에게 피해를 주지 않는 한에서 개인의 자유에 근거해야 한다.

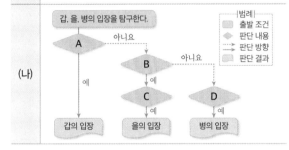

① A : 성에는 사랑이 전제되어야 하는가?
② B : 성은 결혼 제도 안에서만 정당화되는가?
③ C : 성은 당사자들 간의 합의에 의해 정당화되는가?
④ D : 성은 개인의 권리를 침해하지 않아야 정당화되는가?
⑤ D : 성은 행위의 결과와 무관한 개인 간의 합의 문제인가?

14 (개념 피드백) 80쪽

㉠에 들어갈 내용으로 가장 적절한 것은?

> 갑 : 성(性)을 이윤 추구에 이용하는 것은 인간을 목적이 아닌 수단으로 취급하는 것입니다.
> 을 : 성적인 이미지를 이용한 성의 상품화는 더 이상 금기의 대상이 아닙니다. 따라서 그러한 방법을 이용한 기업의 이윤 추구를 비난해서는 안 됩니다.
> 갑 : 저는 당신의 주장이 ㉠ 고 생각합니다.

① 성의 실용적 가치를 존중해야 함을 간과하고 있다
② 성적 표현의 자유를 제한해야 함을 강조하고 있다
③ 성이 지닌 쾌락적 가치의 중요성을 경시하고 있다
④ 성적 취향의 다양성을 존중해야 함을 간과하고 있다
⑤ 성 상품화가 인간을 도구화한다는 측면을 경시하고 있다

15 고대 서양 사상가와의 가상 대담을 읽고 물음에 답하시오.

> 사회자 : 삶의 목적이 무엇이라고 생각하시나요?
> 사상가 : 삶의 목적은 정신적 쾌락을 추구하는 것입니다. 이때 쾌락이란 몸의 고통이나 마음의 혼란으로부터의 자유를 의미합니다.
> 사회자 : 그렇다면 죽음에 대해서는 어떻게 생각하시나요?
> 사상가 : 우리가 존재하는 한 죽음은 우리와 함께 있지 않습니다. 죽은 이후에 우리는 더 이상 존재하지 않습니다. 그러므로 죽음은 _____㉠_____

(1) 대담을 나눈 사상가의 이름을 쓰시오.

(2) ㉠에 들어갈 적절한 내용을 서술하시오.

16 그림을 보고 물음에 답하시오.

(1) ㉠에 들어갈 내용을 서술하시오.

(2) ㉠에 대한 반론으로 적절한 내용을 서술하시오.

17 다음 표를 읽고 물음에 답하시오.

(가)	• 생명을 주고받음으로써 생겨난 관계이다. • 수직적 관계이며, 자연스러운 친애의 정신이 강조된다.
(나)	• 본래 같은 기운을 받고 태어나 마음대로 끊을 수 없다. • 수평적이면서도 수직적 관계의 성격을 지닌다.

(1) (가), (나)가 설명하는 인간관계를 각각 쓰시오.

(2) (가), (나)의 인간관계에서 필요한 덕목을 한 가지씩 쓰시오.

운동선수들의 고통

전진을 원한다면 고통을 환영해야 한다.
진정으로 나아지고 싶다면
더 힘들고 고통스러운 훈련을 원해야 한다.
고통스럽고 힘든 훈련은 성과 개선에 필수 불가결한 요소다.
따라서 어려움이 사라지길 바라는 건
어리석은 생각이다. 다시 말해,
최고 기록을 경신하고 싶다면 때로는 부상을 감내해야 한다.
– 스탠 비첨, 『엘리트 마인드』 중에서 –

운동선수의 훈련 양은 선수의 몸과 마음을 결정합니다. 그래서 중요한 대회를 목전에 두고 있는 운동선수는 극강의 고통을 감내하며 자신의 몸과 마음을 단련합니다. 이처럼 자신을 이겨 내는 '극기'를 통해 마침내 자기를 사랑하는 마음인 자존감과 경기에서 이길 수 있다는 자신감, 실전에서 몰입할 수 있는 집중력을 지니게 됩니다.

III

사회와 윤리

자~! 힘을 내서
차근차근 시작해요.

01 직업과 청렴의 윤리

🔎 **학습길잡이** • 동서양의 다양한 직업관과 직업 윤리를 비교하여 정리해 둔다.
• 기업의 사회적 책임에 관한 논쟁의 핵심을 파악하고 사상가별 논점의 차이를 정리해 둔다.

A 직업 생활과 행복한 삶

1 직업의 의미와 기능

① 직업의 의미 **1**

• 사회적 지위와 역할을 의미하는 직(職)과 생계유지를 위한 일을 의미하는 업(業)이 합쳐진 말

• 인간이 자신의 능력이나 재능에 따라 일정 기간 일에 종사하면서 경제적 재화를 받는 지속적인 활동

② 직업의 기능

┌─ 인간은 자신의 능력을 발휘하는 직업 생활을 통해 삶의 의미를 찾고, 보람, 행복, 만족 등을 느끼면서 자아를 실현하게 된다.

• 개인적 측면 : 생계유지, 자아실현, 사회 참여

• 사회적 측면 : 사회의 발전에 기여 ─┐
┌─ 직업은 사회적 역할을 분담하여 개인이 사회에 참여하는 통로가 된다.

2 동서양의 다양한 직업관

① 동양의 직업관

공자	맡은 바 임무와 역할을 충실히 수행하는 정명(正名) 정신을 강조함 **2**
맹자	• 직업을 사회적 역할을 분담하는 활동으로 보아 직업 간의 상호 보완적 관계를 강조하고, 정신노동과 육체노동의 우열을 가리지 않음 • 일정한 직업[항산(恒産)]의 보장이 도덕적 삶[항심(恒心)]을 지속할 수 있는 바탕임 **질문**
순자	예(禮)를 바탕으로 인간의 욕망을 적절하게 절제하고, 각자의 능력과 적성에 따라 직업을 맡아야 함
장인 정신	자신의 일을 천직으로 여기며 긍지를 가지고 전념하고, 한 가지 기술에 정통하려고 노력하는 자세를 강조함

자료로 보는 **동양의 직업관**

• 대인이 할 일이 있고 소인이 할 일이 있다. 또 한 사람의 몸에는 여러 장인이 만드는 것이 모두 필요한데, 만일 모든 것을 반드시 손수 만들어서 사용해야 한다면 천하 사람들을 모두 지쳐 떨어지게 할 것이다. 그러므로 어떤 사람은 마음을 쓰고 어떤 사람은 힘을 쓴다. – 맹자, 「맹자」 –

• 사람들의 직분을 분명히 하고, 하는 일에 질서를 마련하며, 재능과 기술을 따져 능력 있는 사람들에게 벼슬을 주어야 한다. …… 농민은 농사를 짓고, 상인은 장사를 하고, 공인은 힘써 일을 하며, 사대부는 직무를 나누어 일하고, 제후들은 땅을 나누어 지키며, 천자의 삼공은 정책을 총괄하여 논의하면 천하는 잘 다스려지지 않을 수 없다. – 순자, 「순자」 –

자료 분석 맹자는 직업을 사회적 역할 분담의 관점에서 보면서, 직업의 귀천이나 우열보다는 직업 간의 상호 보완적 관계를 강조하였다. 순자 역시 직업을 통해 사회적 역할 분담이 이루어지는 것으로 보았지만, 직업은 타고난 신분이 아닌 각자의 능력과 적성에 따라 주어져야 함을 강조하였다.

ⓠ 맹자와 순자의 직업관의 공통점은 무엇인가?

Ａ 직업을 사회적 역할 분담의 관점에서 바라보는 것이다.

1 어원적 관점에서 본 직업의 의미

동양	• 직(職) : 사회적 지위나 역할 • 업(業) : 생계를 유지하는 노동
서양	• occupation, job : 생계유지를 위한 일 • profession : 일이 지니는 사회적 지위나 위상 • vocation, calling : 신의 부름을 받아 행하는 일

2 공자의 정명 정신

공자는 "임금은 임금답고, 신하는 신하답고, 아버지는 아버지답고, 아들은 아들다워야 한다."라고 하여 정명 정신을 강조하였다. 정명이란 '각자의 이름을 바르게 하는 것'으로, 자신이 맡은 직분을 충실히 행하는 것을 의미한다.

✊ **질문 있어요**

왜 항산이 없으면 항심을 지키기 어려운가요?

"항산이 없어도 항심을 갖는 것은 오직 선비만이 할 수 있다. 일반 백성은 항산이 없으면 그로 인하여 항심도 없어지게 된다." – 「맹자」 양혜왕 편 –

맹자는 인간의 본성을 선하다고 보았어요. 그러나 맹자는 자신이 처한 경제적 여건과 관계없이 도덕적인 본성을 유지할 수 있는 선비와 달리 일반 백성은 생업이 없을 경우 도덕적 마음을 지키기 어렵다고 보았어요. 기본적인 생계가 보장되지 않는다면 선한 마음을 유지하기가 매우 어렵다는 것이죠. 그래서 맹자는 군주가 백성의 생업을 마련해 주기 위해 노력할 것을 강조했어요. 이러한 맹자의 주장은 경제적 안정이 도덕성 실현에 매우 중요함을 강조한 것으로 현대 사회에도 많은 시사점을 제공하고 있어요.

＊용어사전

＊ **정명**(올바를 正, 이름 名) 임금, 신하, 아버지, 자식 등 자신에게 주어진 이름과 명분에 충실한 것

＊ **항산**(항상 恒, 생산할 産) 생활할 수 있는 일정한 생업

＊ **항심**(항상 恒, 마음 心) 늘 지니고 있어 변함이 없는 떳떳한 마음

② 서양의 직업관

	이상적인 국가를 구성하는 계층을 분류하여 사회적 역할 분담을 제시한다.
플라톤	• 각 계층에 속한 사람들이 고유한 덕(德)을 발휘하여 직분에 충실하면 이상적인 국가가 실현됨 **3** • 통치자의 금욕과 절제를 강조하여 직업 윤리를 제시함
중세 그리스도교	노동은 원죄에 대한 속죄의 의미를 가지며, 신이 부과한 것임
칼뱅	• 직업은 신의 거룩한 부름, 즉 신의 소명(召命)이므로 성실하고 금욕적인 자세로 직업 생활에 임해야 함 • 직업적 성공을 통해 부를 축적하는 것은 신의 축복임 **4**
마르크스	• 인간은 노동을 통해 자신의 본질을 실현(자아실현)하는 존재임 • 자본주의 체제에서는 분업화된 노동으로 인해 인간 소외 현상이 심화됨 **질문**

3 직업과 행복한 삶

① 바람직한 직업 선택의 기준

* 행복한 직업 생활이 되려면 돈, 명예, 권력을 얻기 위한 수단이 아닌 그 일 자체가 목적이 되는 것이 바람직함
* 직업은 행복한 삶을 위한 통로이기 때문에 자신의 적성과 능력에 맞는 직업 선택이 필요함

② 행복한 직업 생활을 위한 조건

* 바람직한 직업관을 가져야 함
* 소질, 적성, 능력, 가치관에 맞는 직업을 선택해야 함
* 전문성, 연대 의식, 소명 의식, 인간애를 바탕으로 직업을 수행해야 함

자료로 보는 · 서양의 직업관

* 우리 각자는 서로가 그다지 닮지 않았고, 각기 성향도 서로 다르게 태어나서 저마다 다른 일에 매달리게 될 것이네. 그렇다면 각각의 것이 더 많이, 더 훌륭하게, 그리고 더 쉽게 이루어지는 것은 한 사람이 한 가지 일을 '타고난 자신의 성향에 따라' 일하기에 가장 알맞은 시기에 하되 그 시기에 다른 일에 대해서는 한가로이 대할 때일 걸세. — 플라톤, 「국가」 —

* 우리는 신이 우리 모두에게 우리 삶의 모든 행위를 할 때 그의 부르심에 주목할 것을 명령하고 계심을 기억해야 한다. 신은 여러 가지 삶의 계층과 삶의 양식들을 구분해 놓음으로써 각 사람이 해야 할 일의 순서를 정해 두었다. 신은 그 같은 삶의 양식들을 소명(召命)이라고 명하였다. 그러므로 각 사람은 자기 자신의 위치를 신께서 정해 주셨다고 생각해야 한다. — 칼뱅, 「기독교 강요(綱要)」 —

자료 분석 플라톤은 모든 계층이 각자 타고난 기질에 따라 적합한 일에 배치되어 자신의 직분을 충실하게 발휘하는 직업 생활을 강조하였다. 그는 직업을 각 개인의 적성과 능력에 따라 사회적 역할을 분담하는 것이라고 보았다. 한편 칼뱅은 직업을 소명의 관점에서, 신이 사람들에게 각자 맡아 해야 할 일을 정해 주었으므로 사람들은 근면, 성실, 검소의 덕을 바탕으로 직업 생활을 수행해야 함을 강조하였다.

Q 플라톤과 칼뱅의 직업관의 핵심은 무엇인가?

A 플라톤은 각자 타고난 기질에 따라 자아실현과 직업을 수행하고, 칼뱅은 직업을 신의 소명으로 여겨 성실히 수행해야 함을 강조하였다.

---

3 플라톤의 이상 국가

플라톤은 소수의 철인 통치자가 수호자 계급의 도움을 받아 생산자 계급을 다스리는 정의로운 국가를 이상 국가로 제안하였다. 철인 통치자는 지혜, 수호자 계급은 용기, 생산자 계급은 절제의 덕을 지녀야 하며, 이 세 가지 덕이 조화를 이룰 때 정의의 덕이 실현된다고 주장하였다.

4 칼뱅의 직업 소명설의 의의

칼뱅은 직업을 신의 소명이라고 하여 모든 직업이 신성하고 소중함을 강조하였다. 칼뱅의 직업 소명설은 노동을 속죄의 의미로 파악한 중세의 직업관과 달리 직업과 이윤 추구 행위에 대한 긍정적 관점을 담고 있으며, 근대 서구 자본주의 발전의 정신적 토대가 되었다.

질문 있어요

마르크스가 인간 소외 현상의 원인을 분업으로 본 이유는 무엇인가요?

인간 소외 현상이란 인간의 노동으로 생산된 상품이 도리어 인간을 지배하여 인간의 본질이 상실되는 것을 말해요. 마르크스에 따르면 인간은 노동을 통해 자아를 실현하는 존재입니다. 그러나 자본주의 사회에서는 분업을 통해 물건을 생산하고 임금으로 노동의 대가가 주어지면서 노동은 자아실현이나 행복에 기여하기보다 인간을 물건을 만드는 도구로 전락시키게 된다는 것이죠. 나아가 자신이 생산한 상품이 자신과 관계없는 것이 되면서 인간 소외는 더욱 심화된다고 합니다. 마르크스의 이야기를 직접 들어 보세요.

자본주의 체제에서 노동은 상품만을 생산하는 것이 아니라 그러한 생산을 통하여 노동자를 하나의 상품으로 생산해 낸다. 그런가 하면 노동자의 노동은 자발적인 것이 아니라 강제된 것이다. 더 나아가 소외된 노동은 인간의 삶을 생활 수단으로만 간주함으로써 인간에게 고유한 자유로운 의식적 활동으로부터 인간을 소외시킨다. 소외된 노동은 결국 인간에 의한 인간의 소외를 일으킨다.

— 마르크스, 「경제학 – 철학 수고」 —

용어사전

* **정의로운 국가** 플라톤은 국가의 세 계급이 각자의 덕을 발휘할 때 정의가 실현된 이상 국가가 된다고 봄
* **소명**(부를 召, 목숨·운 命) 사람이 신(神)의 일을 하도록 신의 부르심을 받는 것

01 직업과 청렴의 윤리

B 직업 윤리와 청렴

1 직업 윤리

의미	직업 생활에서 지켜야 할 윤리 규범
내용	정직, 성실, 양심, 책임, 인권 의식, 정의 실현 ❶
필요성	부정부패와 비리 예방, 개인의 자아실현과 공동체의 발전에 기여

2 기업가와 근로자 윤리

① 기업가 윤리

• 기업가 윤리의 필요성 : 기업가의 경제 활동은 기업의 유지와 발전뿐 아니라 근로자를 포함한 사회 구성원에게 미치는 영향이 크기 때문

• 기업가 윤리의 내용 : 소비자와 근로자의 권리 존중, 법적 테두리 내에서 건전한 이윤 추구, 공익 실현을 위한 사회적 책임의 실천 ❷ 질문
└ 개인의 이익과 구별되는 모두의 이익을 말한다.
예 윤리 경영, 사회적 약자 보호 활동, 환경 보호 활동
└ 장애인 고용 확대, 저소득층 장학금 지원을 예로 들 수 있다.

② 근로자 윤리

• 근로자 윤리의 필요성 : 기업가와 더불어 경제 활동에서 중요한 역할을 담당하기 때문

• 근로자 윤리의 내용 : 업무에 대한 성실한 수행, 기업 발전을 위한 협력, 업무에 대한 전문성 향상, 동료와의 연대 의식, 근로 계약 준수

자료로 보는 기업의 사회적 책임의 범위에 대한 논쟁

• 자유 경제에서 기업이 지는 사회적 책임은 오로지 하나뿐이다. 이는 게임의 규칙을 준수하는 한에서 기업 이익 극대화를 위해 자원을 활용하고 이를 위한 활동에 매진하는 것, 즉 속임수나 기만 행위 없이 공개적이고 자유로운 경쟁에 전념하는 것이다. 기업의 임직원들이 주주들을 위해 되도록 돈을 많이 버는 것 말고 다른 사회적 책임을 받아들이는 현상보다 자유 사회의 근간을 근본적으로 허무는 경향은 드물다.
　　　　　　　　　　　　　　　　　　　　　　 – 프리드먼, 「자본주의와 자유」 –

• 1990년대 이후 기업의 사회적 책임이 강조되고 있다. 어린이 고용을 금지하는 기업도 있고, 보존 가치가 있거나 멸종 위기에 있는 숲에서 수확한 제품을 팔지 않는 기업도 있다. 어떤 기업은 직원이 지역의 자선 단체에서 일할 수 있도록 매년 일정한 경비를 지급하면서 일주일의 휴가를 제공하기도 한다. 이처럼 기업이 법적인 의무 이상으로 작업장 환경과 사회 복지를 향상하는 데 노력을 기울이는 까닭은 기업이 사회적 책임을 수행하는 것이 장기적 이익에도 들어맞기 때문이다.
　　　　　　　　　　　　　　　 – 보겔, 「기업은 왜 사회적 책임에 주목하는가?」 –

자료 분석 프리드먼은 시장의 규칙을 준수하면서 이윤 추구를 위해 노력하는 것이 기업의 유일한 사회적 책임이므로, 이를 넘어서는 사회적 책임을 강요하는 것은 자본주의의 근간을 흔드는 잘못임을 강조한다. 반면, 보겔은 기업이 이윤 추구를 위한 집단임을 인정하면서도 공익에 기여할 수 있는 사회적 책임의 실천을 강조한다. 이러한 노력이 장기적으로는 기업의 이익에도 도움이 된다는 것이다.

Q 기업의 사회적 책임에 대한 프리드먼과 보겔의 견해는 어떤 차이가 있을까?

A 프리드먼은 기업의 사회적 이윤 추구만을 강조하지만, 보겔은 이윤 추구 이외에 공익 실현을 위한 사회적 책임도 강조한다.

개념 더하기 자료 채우기

❶ 직업 윤리의 특징

직업 윤리의 일반성	모든 직업에서 공통으로 지켜야 하는 행동 규범 예 책임 의식, 성실함
직업 윤리의 특수성	각각의 직업에서 지켜야 할 특수한 행동 규범 예 환자의 의료 정보를 보호해야 한다는 의사 윤리, 인권과 정의를 실현해야 한다는 변호사 윤리

❷ 근로자의 권리

• 계약에 따른 적정 임금을 받아야 하며, 법률이 정하는 바에 따라 최저 임금을 보장받아야 한다.
• 고용 임금 및 근로 조건에서 성별, 종교 등의 이유로 부당한 차별을 받아서는 안 되며, 신체와 건강에 유해하거나 위험한 작업 환경에서 보호받아야 한다.
• 인간다운 삶을 보장하기 위한 노동 3권(단결권, 단체 교섭권, 단체 행동권)을 보장받아야 한다.

기업가와 근로자는 서로 대립하기도 하지만 동시에 개인과 사회의 발전을 위해 함께 협력하는 상생적 관계이다. 따라서 근로자는 자신의 책임과 의무를 다해야 하고, 기업가는 근로자의 권리를 보장하기 위해 노력해야 한다.

질문 있어요

기업이 이윤 추구 활동 이외에 공익 활동까지 실천해야 하는 이유는 무엇인가요?

기업이 사회적 책임을 적극적으로 이행하면 기업의 이미지가 좋아지고 이는 소비자의 신뢰로 연결되기 때문에 장기적으로 기업의 이익 증가에도 도움이 되기 때문입니다. 또한 기업의 이윤 추구 활동은 사회 속에서 이루어지기 때문에 그에 대한 책임과 보답의 차원에서 이윤의 일부를 사회에 환원하는 공익적 활동을 해야 합니다. 이러한 주장을 펼치는 대표적인 학자로 보겔과 애로가 있어요. 미국의 경제학자인 애로는 "기업가는 사회의 일원으로서 사회 구성원 없이는 이윤을 창출할 수 없다. 따라서 기업은 지역 복지 사업, 사회적 약자에 대한 경제적 지원 등과 같은 사회적 책임을 이행해야 한다."라고 하여 기업의 공익적 활동을 강조하였습니다.

용어사전

* **부정부패** 도덕적으로 바르지 못하고 썩거나 타락함
* **윤리 경영** 기업 활동에 있어 기업 윤리를 최우선의 가치로 여기고, 투명하고 공정하며 합리적인 업무 수행을 추구하는 경영 정신
* **연대 의식** 서로를 공동체 구성원으로서 자각하고 상호 의존적인 의식을 나누어 갖는 것

3 전문직과 공직자 윤리

① 전문직의 특징과 전문직 윤리

- 전문직의 특징

전문성	고도의 전문적 훈련을 통해 전문 지식을 갖춰야 함
독점성	일정한 자격을 갖춘 사람만이 그 직업을 수행할 수 있음
자율성	독자적이고 자율적으로 업무를 수행할 수 있음

- 전문직 윤리 : <u>노블레스 오블리주</u>, 직업적 양심과 책임 의식
  └─ 사회 고위층이나 고위 공직자에게 요구되는 높은 수준의 도덕적 의무로, 초기 로마의 왕과 귀족이 평민보다 앞장서서 솔선수범한 데서 유래한 말이다.

② 공직자의 특징과 공직자 윤리

- 공직자의 특징 : 공직자란 공동 단체의 일을 맡아 보는 직책이나 직무로서, 국민의 삶의 질 향상, 국가 유지와 발전에 중요한 역할을 담당함
- 공직자 윤리 : 청렴, 공익 실현을 위한 노력, 국민에게 봉사하는 자세 **3**
  공직자는 공공의 이익을 위해 노력하는 봉공의 자세를 가져야 한다.

4 직업 생활에서 부패 방지와 청렴의 필요성

① 부패

- 의미 : 자신의 직위를 이용하여 부당한 이익을 얻는 위법 행위
- 문제점 : 개인의 권리를 부당하게 침해함, 시민 의식의 발달을 저해함, 사회 발전을 저해함, 국가 신인도의 하락을 초래함 **질문**
- 해결 방안 : 청렴의 윤리 실천, 내부 공익 신고 **4**

② 청렴

- 의미 : 성품과 품행이 맑고 깨끗하여 탐욕을 부리지 않는 것
- 청렴을 실현하기 위한 노력 : 직업 생활에서 부당한 이익을 취하지 않고 양심과 사회 정의에 부합되게 행동함(예 청백리 정신), 부패를 방지하려는 제도 마련(예 부정 청탁 및 금품 수수의 금지에 관한 법률) **5**

자료로 보는 — 정약용의 청렴 정신

백성을 사랑하는 근본은 아껴 쓰는 데 있고 아껴 쓰는 것의 근본은 검소함에 있다. 검소해야 청렴할 수 있고 청렴해야 자애로울 수 있으니 검소함이야말로 목민하는 데 있어서 가장 먼저 힘써야 할 일이다. 요즘 수령으로 부임하는 사람들은 책력(冊曆) 이외의 다른 책은 한 권도 행장에 넣지 않는다. 임지에 가면 으레 많은 재물을 얻게 되어 돌아오는 행장이 무겁기 마련이니 한 권의 책도 부담이 된다고 여기기 때문이다. …… 옛날의 현명한 수령은 관아를 여관으로 여겨 이른 아침에 떠나갈 듯이 늘 문서와 장부를 깨끗이 해 두고 행장을 꾸려 놓아 마치 가을 새매가 가지에 앉아 있다 훌쩍 날아갈 듯이 하고 한 점의 속된 애착도 마음에 품지 않는다. 교체한다는 공문이 오면 즉시 떠나고 활달한 마음가짐으로 미련을 갖지 않으니 이것이 맑은 선비의 행실이다. — 정약용, 「목민심서」 —

자료 분석 정약용은 훌륭한 목민관은 백성을 사랑하는 사람이며, 백성을 사랑하는 목민관은 청렴을 실천한다고 보았다. 그는 사익을 추구하는 관리들의 폐혜를 비판하고, 공직자가 청렴을 바탕으로 백성에게 봉사하는 자세를 실천할 것을 강조하였다.

Q 정약용의 사상이 주는 교훈은 무엇일까?

A 공직자는 청렴을 바탕으로 국민에게 봉사하는 자세를 지녀야 한다.

---

3 플라톤의 공직자 윤리

> ╚ 통치자
> 수호자라고 불리는 계급은 집, 토지, 기타 재산을 가져서는 안 된다. 그들의 급여는 그들의 식량이 되고, 그들은 이것을 다른 국민에게서 받는다. 이리하여 사적 비용이 필요 없다. 내 것과 네 것을 가리지 않으므로 국가를 분열시키지 않는다.
> – 플라톤, 「국가」 –

플라톤은 이상 국가의 수호 임무를 맡은 계급에게 사유 재산을 허용하지 않는다. 사익 추구에 따른 문제를 원천적으로 차단하고 국가 수호에 전념하며 시민 전체의 행복을 추구하게 하려는 조치이다. 이는 공사를 엄격히 구별하고, 공직자의 본분에 충실해야 한다는 공직자 윤리와 통한다.

질문 있어요

부패가 만연하면 사회 발전이 저하되고, 국가 신인도가 하락하는 이유는 무엇인가요?
부패가 만연하면 공정한 절차를 무시하고 부당한 방법으로 자신의 이익만을 추구하려는 공직자와 시민이 많아지고 결국 사회 구성원 간 믿음이 사라져 사회 발전을 저해합니다. 한편 부패가 만연한 국가는 투자 위험 국가로 낙인찍히게 되어 국가 신인도가 하락해 국가 발전에 큰 걸림돌이 됩니다.

4 내부 공익 신고

'내부 고발'이라고도 하며, 조직 또는 집단의 구성원이 내부에서 저지르는 불법적·비윤리적 행위를 예방·시정할 수 있는 기관 또는 대중 매체 등에 알림으로써 공공의 안전과 권익을 지키고, 국민의 알 권리를 보호하는 행위를 말한다.

5 부정 청탁 및 금품 수수의 금지에 관한 법률

2015년 3월에 제정되어 2016년 9월부터 시행된 청탁 금지법으로, 공직자 등에 대한 부정 청탁과 공직자 등의 금품 수수 등을 금지하여 공정한 직무 수행을 보장하고 공공 기관에 대한 국민의 신뢰를 확보하는 것을 목적으로 한다.

용어사전

* **청렴**(맑을 淸, 검소할 廉) 성품이나 행실이 고결하고 탐욕이 없음
* **국가 신인도** 한 나라의 국가 위험도·국가 신용도·국가 경쟁력·국가 부패 지수·경제 자유도·정치 권리 자유도 등을 평가한 지표
* **청백리 정신** 청빈한 생활 태도를 유지하면서 국가의 일에 충심을 다하려는 정신

올리드 포인트

A 직업 생활과 행복한 삶

1 직업의 의미와 기능

의미	인간이 자신의 능력이나 재능에 따라 일정 기간 일에 종사하면서 경제적 재화를 받는 지속적인 활동
기능	생계유지, 자아실현, 사회 참여, 사회 발전에 기여

2 동양의 직업관

공자	정명 정신
맹자	항산이 있어야 항심이 지속됨
순자	능력과 적성에 따라 직업을 맡아야 함
장인 정신	자신의 일을 천직으로 여기며 한 가지 기술에 정통하려고 노력하는 자세

3 서양의 직업관

플라톤	각 계층이 자신의 직분에 충실해야 함
중세 그리스도교	노동은 원죄에 대한 속죄의 의미이며, 신이 부과한 것임
칼뱅	직업은 신의 소명이며 직업적 성공을 통해 부를 축적하는 것은 신의 축복임
마르크스	인간은 노동을 통해 자신의 본질을 실현하는 존재임

B 직업 윤리와 청렴

1 직업 윤리의 의미와 필요성 직업 생활에서 지켜야 할 윤리 규범으로, 부정부패와 비리를 막고 개인의 자아실현과 공동체의 발전에 기여함

2 기업가 윤리와 근로자 윤리

기업가 윤리	소비자와 근로자의 권리 존중, 법적 테두리 내에서 건전한 이윤 추구, 공익 실현을 위한 사회적 책임 실천
근로자 윤리	업무의 성실한 수행, 기업 발전을 위한 협력, 업무에 대한 전문성 향상, 동료와의 연대 의식, 근로 계약 준수

3 전문직 윤리와 공직자 윤리

전문직 윤리	노블레스 오블리주, 직업적 양심과 책임 의식
공직자 윤리	청렴, 공익 실현을 위해 노력, 국민에게 봉사하는 자세

4 부패의 문제점과 청렴

부패의 문제점	개인의 권리 침해, 시민 의식 발달 저해, 사회 발전 저해, 국가 신인도 하락
청렴	• 의미 : 성품과 품행이 맑고 깨끗하여 탐욕을 부리지 않는 것 • 정약용 : 공직자의 청렴 정신 강조

01 다음 설명이 맞으면 ○표, 틀리면 ×표를 하시오.

(1) 직업이란 인간이 자신의 능력이나 재능에 따라 일정 기간 일에 종사하면서 경제적 재화를 받는 지속적인 활동을 의미한다. (　　　)

(2) 공자의 정명 정신은 맡은 바 임무와 역할을 강조하는 직업관이 담겨 있다. (　　　)

(3) 맹자는 일반 백성이 기본적인 생계가 없어도 도덕적인 마음을 유지할 수 있다고 보았다. (　　　)

(4) 순자는 타고난 신분에 따라 직업이 주어지는 것이 바람직하다고 보았다. (　　　)

(5) 자신의 일을 천직으로 여기고, 한 가지 기술에 정통하려고 노력하는 것을 장인 정신이라고 한다. (　　　)

02 빈칸에 들어갈 알맞은 말을 쓰시오.

(1) (　　　)은/는 통치자, 수호자, 생산자가 자신의 직분에 충실하면 정의로운 국가가 실현된다고 보았다.

(2) 중세 그리스도교에서는 노동은 (　　　)의 의미이며, 신이 부여한 것이라고 보았다.

(3) 칼뱅은 직업을 신의 거룩한 부름, 즉 (　　　)(이)라고 보아 금욕적이고 성실한 자세로 직업 생활에 임할 것을 강조하였다.

(4) 마르크스는 자본주의 체제에서는 분업화된 노동으로 인해 (　　　) 현상이 심화된다고 주장하였다.

03 사상가와 그의 직업관을 바르게 연결하시오.

(1) 보겔　　•

(2) 정약용　•

(3) 프리드먼 •

• ㉠ 청렴한 자세로 직업 생활에 임해야 한다.

• ㉡ 기업의 이윤 극대화가 기업의 유일한 사회적 책임이다.

• ㉢ 기업은 이윤 추구와 더불어 공익 실현을 위한 사회적 책임을 실천해야 한다.

01 갑, 을 사상가의 입장에 관한 설명으로 옳은 것은?

> 갑 : 임금은 임금답고, 신하는 신하다워야 하며, 아버지는 아버지답고, 자식은 자식다워야 한다.
>
> 을 : 국가의 세 계급, 즉 통치자 계급, 수호자 계급, 생산자 계급이 각자의 사회적 직분에 맞는 덕을 발휘할 때 정의로운 사회가 될 수 있다.

① 갑은 직업을 신(神)이 주신 소명이라고 본다.
② 갑은 직업의 유일한 목적은 이윤 추구라고 본다.
③ 을은 분업이 인간 소외를 발생시킨다고 본다.
④ 을은 직업을 원죄에 대한 속죄 행위라고 본다.
⑤ 갑, 을은 자신의 직분에 책임을 다해야 한다고 본다.

02 다음 동양 사상가의 입장으로 옳은 것은?

> 임금은 임금답고 신하는 신하다워야 한다. 임금이 나라를 다스릴 때에는 백성의 신뢰를 얻어야 하며, 씀씀이를 줄이고 백성을 사랑해야 한다. 신하는 맡은 직분을 경건히 수행하고 녹봉은 그 다음에 생각해야 한다.

① 직업의 궁극적 목적은 생계유지에 있다.
② 직업은 신(神)의 부르심에 응하는 것이다.
③ 직업은 신이 부과한 것이며 노동은 속죄의 행위이다.
④ 각자 맡은 직분에 충실할 때 사회 안정이 이룩된다.
⑤ 분업을 통한 직업 수행은 인간을 상품 생산을 위한 수단으로 전락시킨다.

03 ㉠에 들어갈 내용으로 가장 적절한 것은?

> 우리는 직업 생활을 통해 일정한 보수를 받고 경제적으로 안정된 삶을 살 수 있다. 맹자는 "항심(恒心)이 유지되기 위해서는 항산(恒産)이 있어야 한다."고 강조하였다. 이는 _____㉠_____을 의미한다.

① 직업이 사회 참여의 계기가 됨
② 직업을 통해 자아를 실현할 수 있음
③ 경제적 안정이 윤리적 삶의 토대가 됨
④ 생계의 유지가 사회 발전의 토대가 됨
⑤ 직업을 통해 신의 소명을 실천할 수 있음

04 ㉠, ㉡에 들어갈 직업 윤리의 특징을 바르게 짝지은 것은?

> 책임 의식이나 성실함은 모든 직업에서 공통으로 지켜야 하는 행동 규범으로 직업 윤리의 (㉠)에 해당한다. 한편 환자의 의료 정보를 누설해서는 안 된다는 의사 윤리는 각각의 직업에서 지켜야 하는 특수한 행동 규범으로 직업 윤리의 (㉡)이라고 한다.

	㉠	㉡		㉠	㉡
①	일반성	보편성	②	상대성	일반성
③	일반성	특수성	④	특수성	일반성
⑤	상대성	보편성			

05 갑, 을 사상가의 입장으로 가장 적절한 것은?

> 대인의 일과 소인의 일은 구분됩니다. 그렇기 때문에 어떤 사람은 마음을 수고롭게 하고, 어떤 사람은 몸을 수고롭게 합니다.

> 선왕(先王)이 제정한 예(禮)에 따라 사람들의 직분을 분명히 하고, 하는 일에 질서를 마련하며, 재능과 기술을 따져 능력 있는 사람들에게 벼슬을 주어야 합니다.

갑   을

① 갑 : 직업에는 귀천과 우열이 있다.
② 갑 : 육체노동과 정신노동은 구별할 수 없다.
③ 을 : 타고난 신분에 따라 직업이 주어져야 한다.
④ 을 : 인위적 규범에 따라 직분을 구별해야 한다.
⑤ 갑, 을 : 직업을 통한 부의 축적은 바람직하지 않다.

06 다음 윤리 강령을 제정한 이유로 적절하지 <u>않은</u> 것은?

> **의사 윤리 강령**
>
> • 의사는 인간의 존엄성과 가치를 존중하고, 의료를 적정하고 공정하게 시행하며, 사람의 건강을 보호·증진함에 헌신한다.
> • 의사는 진단 및 치료와 관련하여 알게 된 환자에 대한 비밀과 사생활을 보호하며, 환자의 이익에 반하는 제도의 개선과 환자에 대한 책임을 다하도록 노력한다.
> • 의사는 인체 및 생명 공학 연구와 관련하여 피험자의 생명, 건강과 인격을 존중하고, 윤리적·의학적·사회적 타당성을 검토함으로써 의술 향상 및 인류의 건강 증진에 기여한다.

① 전문직으로서 높은 수준의 도덕성이 요구되기 때문이다.
② 전문직 종사자가 사회에 미치는 영향력이 크기 때문이다.
③ 전문직 종사자가 지켜야 할 행동 규범을 제공하기 위해서이다.
④ 전문가의 행위를 도덕적 차원에서 규제할 필요성이 있기 때문이다.
⑤ 책임, 성실과 같은 일반적인 직업 윤리가 전문직 윤리와 상충하기 때문이다.

07 ㉠~㉢에 들어갈 용어를 바르게 짝지은 것은?

> 직업은 (㉠)을 마련해 준다. 즉 우리는 직업에 종사함으로써 행복한 삶을 위한 물질적 토대를 마련할 수 있다. 또한 직업은 (㉡)을 분담할 수 있게 한다. 인간은 직업을 통해 사회 구성원으로서의 역할을 수행하고 사회 발전에 기여한다. 그리고 직업은 (㉢)에 이바지한다. 우리는 직업 생활을 하는 가운데 자신의 잠재적인 소질과 능력을 발견하고 그것을 발휘한다.

	㉠	㉡	㉢
①	경제적 기반	사회적 역할	자아실현
②	경제적 기반	정신적 역할	자아실현
③	정신적 기반	종교적 역할	인격 완성
④	정치적 기반	경제적 역할	인격 완성
⑤	종교적 기반	정치적 역할	도덕성 함양

08 ★★ 중요 갑, 을의 입장에 관한 설명으로 옳지 <u>않은</u> 것은?

> 갑 : 우리는 신이 우리 모두에게 우리 삶의 모든 행위를 할 때 그의 부르심에 주목할 것을 명령하고 계시다는 점을 기억해야 한다. 신은 그 같은 삶의 양식들을 소명(召命)이라고 명하였다. 그러므로 각 사람은 자기 자신의 위치를 신께서 정해 주셨다고 생각해야 한다.
> 을 : 자본주의 체제에서 노동은 상품만을 생산하는 것이 아니라 그러한 생산을 통하여 노동자를 하나의 상품으로 생산해 낸다. 그런가 하면 노동자의 노동은 자발적인 것이 아니라 강제된 것이다. 더 나아가 소외된 노동은 인간의 삶을 생활 수단으로만 간주함으로써 인간에게 고유한 자유로운 의식적 활동으로부터 인간을 소외시킨다.

① 갑은 노동을 신의 명령이라고 본다.
② 갑은 직업적 성공을 구원의 증표라고 본다.
③ 을은 분업을 통한 생산성 향상이 필요하다고 본다.
④ 을은 자본가가 노동 착취를 통해 자본을 축적하고 있다고 본다.
⑤ 갑, 을은 노동이 갖는 생계 수단 이상의 가치를 중시한다.

09 다음 직업관에 관한 설명으로 가장 적절한 것은?

> • 노동은 네 가지 목적을 갖는다. 식량을 제공해야 하고, 나태를 추방해야 하며, 육체를 괴롭혀 육욕을 억제해야 하고, 베풂을 가능케 해야 한다.
> • 땅은 너로 말미암아 저주를 받고, 너는 종신토록 수고하여야 그 생산물을 먹으리라. 네 얼굴에 땀이 흘러야 식물을 먹고 끝내 흙으로 돌아가리니.

① 노동을 통한 부의 축적은 신의 축복이라고 본다.
② 인간은 노동을 통해 자아를 실현하는 존재라고 본다.
③ 경제적으로 부유하다면 노동하지 않아도 된다고 본다.
④ 직업은 오로지 생계 수단으로서의 의미만 있다고 본다.
⑤ 노동은 원죄에 대한 벌이며 속죄의 의미가 있다고 본다.

10 다음 사상가가 긍정의 대답을 할 질문을 〈보기〉에서 고른 것은?

> 선왕(先王)이 예의(禮義)를 제정한 것은 백성에게 구별을 알게 하고자 함이다. 농부는 밭을 갈고, 상인은 물건을 팔며, 사대부는 정무(政務)를 담당한다. 사람의 욕망에 비해 물건은 충분하지 않기 때문에 사람을 분별해서 대우하는 예를 제정하고, 이를 바탕으로 능력에 맞는 일을 주어야 한다.

┤ 보기 ├

ㄱ. 직업은 초월적 존재로부터 부여된 소명인가?
ㄴ. 인위적인 규범에 의한 직분의 구별이 필요한가?
ㄷ. 재화에 대한 인간의 욕망을 절제할 필요가 있는가?
ㄹ. 타고난 신분이 직분을 부여하는 유일한 기준이 되어야 하는가?

① ㄱ, ㄴ   ② ㄱ, ㄷ   ③ ㄴ, ㄷ
④ ㄴ, ㄹ   ⑤ ㄷ, ㄹ

11 다음 사상가가 긍정의 대답을 할 질문으로 옳은 것은?

> 노동자는 그가 부(富)를 더 많이 생산할수록, 또 그의 생산의 힘과 범위가 증대될수록 그만큼 더 가난해진다. 노동자는 그가 더 많은 생산물을 만들수록 그만큼 더 저렴한 상품이 되어 버린다. 사물화된 상품 세계의 가치 증식이 곧바로 인간 세계의 가치 절하를 가져온다.

① 인간 소외를 극복하기 위해 분업을 강화해야 하는가?
② 자본주의 체제에서는 노동자의 자아실현이 불가능한가?
③ 육체노동보다 정신노동에 더 높은 가치를 부여해야 하는가?
④ 신이 부여한 노동의 신성한 의미를 현실에서 구현해야 하는가?
⑤ 노동 생산성 향상을 위해 사유 재산의 축적을 추구해야 하는가?

12 다음 사상가의 입장으로 옳은 것은?

> 사농공상에 관계없이 놀고먹는 자에 대해서는 관에서 벌칙을 내려 세상에서 받아들여질 수 없도록 해야 한다. 재능과 학식이 있으면 비록 농사꾼이나 장사치의 자식이 고위 관직을 맡더라도 분에 넘치거나 지나칠 것이 없고, 재능과 학식이 없으면 비록 공경(公卿)의 자식이 하인의 일을 할지라도 한탄할 것이 없다.

① 타고난 신분에 따라 직업이 정해져야 한다.
② 선비는 육체노동을 피하고 학문에 전념해야 한다.
③ 직업 선택의 자유를 위해 사회적 분업을 폐지해야 한다.
④ 직업의 선택은 능력보다는 선호에 의해 이루어져야 한다.
⑤ 개인의 능력과 배움의 정도에 따라 직업이 주어져야 한다.

13 다음 한국 사상가의 입장으로 가장 적절한 것은?

> 백성을 사랑하는 근본은 아껴 쓰는 데 있고, 아껴 쓰는 것의 근본은 검소함에 있다. 검소해야 청렴할 수 있고 청렴해야 자애로울 수 있으니 검소함이야말로 목민하는 데 있어서 가장 먼저 힘써야 할 일이다. 요즘 수령으로 부임하는 사람들은 책력(冊曆) 이외의 다른 책은 한 권도 행장에 넣지 않는다. 임지에 가면 으레 많은 재물을 얻게 되어 돌아오는 행장이 무겁기 마련이니 한 권의 책도 부담이 된다고 여기기 때문이다. 슬프다, 그 마음가짐의 비루함이 이와 같으니 어찌 목민인들 제대로 할 것인가.

① 청렴은 목민관의 모든 과오를 면책시켜 주는 덕목이다.
② 목민관에게 청렴은 관직 상승을 위한 수단이 되어야 한다.
③ 백성을 위해 일하는 목민관에게 어느 정도의 부패는 필요악이다.
④ 목민관에게 청렴은 애민(愛民)과 봉공(奉公)을 위해 필요한 덕목이다.
⑤ 세상에 밝혀지지 않는다면 사사로운 청탁은 일정 부분 허용되어야 한다.

중요

14 ⊙에 들어갈 내용으로 적절하지 <u>않은</u> 것은?

기업의 목적은 이윤 추구에 있어. 법을 준수하면서 이윤을 극대화하는 것이 기업의 사회적 책임이야.

갑

기업은 이윤 추구라는 소극적 책임 이외에도 사회적 약자 보호 활동, 환경 보호 활동 등 좀 더 적극적인 사회적 책임을 실천할 필요가 있어. 왜냐하면 ⊙ 이야.

을

① 기업에도 장기적으로 이익이 되기 때문
② 기업의 활동이 사회 안에서 이루어지기 때문
③ 기업이 사회에 미치는 영향력이 막대하기 때문
④ 공동선의 추구가 기업의 유일한 목적이기 때문
⑤ 기업의 이미지를 개선할 수 있어 소비자의 신뢰를 얻을 수 있기 때문

중요

15 갑, 을의 입장에 관한 설명으로 옳은 것은?

> 갑 : 내부 고발은 조직의 도덕적·법률적 과오를 막으려는 구성원의 행동으로, 과오에 대한 조직의 자체적 개선이 좌절될 경우에 발생한다. 내부 고발이 조직에 끼치는 피해를 감수하더라도 장기적으로 조직의 이익을 위해 선택해야 한다.
>
> 을 : 내부 고발은 조직에 대한 의무 위반으로, 조직의 운영과 결속에 악영향을 미친다. 조직의 이익을 위한다면 조직의 문제는 반드시 내부에서 자체적으로 해결해야 한다.

① 갑은 내부 고발이 조직의 발전에 악영향을 준다고 본다.
② 갑은 내부 고발을 구성원의 도덕적 의무라고 본다.
③ 을은 구성원들이 내부 고발의 도덕적 정당성을 인식해야 한다고 본다.
④ 을은 갑에 비하여 내부 고발이 조직의 장기적 이익에 부합한다고 본다.
⑤ 갑, 을은 내부 고발이 조직 내부의 부패를 막을 수 있는 수단이라고 본다.

16 갑, 을의 입장에 관한 옳은 설명을 〈보기〉에서 고른 것은?

> 갑 : 자유 경제 체제에서 기업의 유일한 목적은 최소 비용으로 최대의 이윤을 추구하는 데 있어.
>
> 을 : 기업은 사회적 책임도 져야 해.
>
> 갑 : 기업에게 준법 외에 사회적 책임까지 요구하는 것은 기업의 자율성을 침해하는 거야.
>
> 을 : 기업은 준법 그 이상의 도덕적 의무가 있어. 적극적으로 사회적 책임을 다하는 기업은 이미지가 개선되어 오히려 매출이 늘어나기도 해.

┤ 보기 ├
ㄱ. 갑은 기업의 이윤 추구 행위를 부정적으로 본다.
ㄴ. 을은 기업 활동이 공익에 기여해야 한다고 본다.
ㄷ. 을은 갑에 비하여 기업의 사회적 책임을 소극적으로 파악한다.
ㄹ. 갑, 을은 기업의 목적이 이윤 추구에 있다고 본다.

① ㄱ, ㄴ   ② ㄱ, ㄷ   ③ ㄴ, ㄷ
④ ㄴ, ㄹ   ⑤ ㄷ, ㄹ

17 다음 입장에서 긍정의 대답을 할 질문만을 〈보기〉에서 있는 대로 고른 것은?

> 기업의 주된 목적이 이윤 추구라는 점은 변함없는 사실이다. 그렇지만 기업은 전체 사회의 일원으로서 사회 구성원 없이는 이윤을 창출할 수 없다는 사실에 주목해야 한다. 기업은 지역 복지 사업, 사회적 약자에 대한 경제적 지원 등을 통해 기업의 주된 목적을 효과적으로 달성할 수 있을 것이다.

┤ 보기 ├
ㄱ. 기업은 이익을 사회에 환원할 책임이 있는가?
ㄴ. 기업의 공익 활동은 궁극적으로 이윤 극대화로 이어지는가?
ㄷ. 기업은 사회의 복지 수준 향상에 관심을 가질 필요가 있는가?
ㄹ. 기업은 이윤 추구를 배제하고 사회적 책임 실천에 나서야 하는가?

① ㄱ, ㄴ   ② ㄱ, ㄹ   ③ ㄷ, ㄹ
④ ㄱ, ㄴ, ㄷ   ⑤ ㄴ, ㄷ, ㄹ

18 갑은 긍정, 을은 부정의 대답을 할 질문으로 옳은 것은? ⭐⭐중요

> 갑 : 기업은 사회적 책임을 이행할 때 소비자의 신뢰를 얻을 수 있고, 장기적으로 이익을 증대시킬 수 있다. 기업이 사회적 책임을 소홀히 할 경우 오히려 기업의 이익 증대가 어려워질 수 있다.
>
> 을 : 자유 경제에서 기업의 존재 이유는 오로지 게임의 규칙을 준수하면서 기업의 이익을 극대화하는 것이다. 이를 위해 기업은 속임수나 기만행위 없이 자원을 활용하고 이윤 추구 활동에 매진해야 한다.

① 기업의 유일한 책임은 이윤 극대화에 있는가?

② 기업은 이윤 추구 과정에서 법을 지켜야 하는가?

③ 기업은 이윤 극대화를 위해 어떠한 방법도 동원할 수 있는가?

④ 기업은 시장의 질서를 존중하는 가운데 이윤을 추구해야 하는가?

⑤ 기업은 장애인 고용, 환경 보전 활동을 자신의 책무로 받아들여야 하는가?

19 ㉠에 들어갈 적절한 내용을 〈보기〉에서 고른 것은?

> 공직은 국가 기관이나 공공 단체의 일을 맡아 보는 직책이나 직무를 말한다. 공직자에게 높은 수준의 사회적 책임감과 윤리 의식이 필요한 이유는 ____㉠____이다.

보기

ㄱ. 공직자의 직무는 국민의 삶에 많은 영향을 주기 때문

ㄴ. 공직자는 국민보다 낮은 수준의 보수를 받아야 하기 때문

ㄷ. 공직에서 얻은 다양한 정보를 이용하여 부당한 이익을 취할 수 있기 때문

ㄹ. 공직자는 공적 영역이 아닌 사적인 생활에서도 이익을 추구하지 않아야 하기 때문

① ㄱ, ㄴ 　② ㄱ, ㄷ 　③ ㄴ, ㄷ

④ ㄴ, ㄹ 　⑤ ㄷ, ㄹ

20 다음 글을 읽고 물음에 답하시오.

> 한 사람의 몸에는 여러 장인이 만드는 것이 모두 필요한데, 만일 모든 것을 반드시 손수 만들어서 사용해야 한다면 천하 사람들이 모두 지쳐 떨어질 것이다. 그러므로 어떤 사람은 마음을 쓰고 어떤 사람은 힘을 쓴다.

(1) 윗글과 같이 주장한 사상가를 쓰시오.

(2) 윗글에 나타난 직업관의 특징을 두 가지 서술하시오.

21 다음 글을 읽고 물음에 답하시오.

> (㉠)(이)란 인간이 자신의 능력이나 재능에 따라 일정 기간 일에 종사하면서 경제적 재화를 받는 지속적인 활동을 말한다.

(1) ㉠에 들어갈 말을 쓰시오.

(2) ㉠의 기능을 개인적 측면과 사회적 측면으로 나누어 서술하시오.

22 다음 글을 읽고 물음에 답하시오.

> 공자는 "임금은 임금답고, 신하는 신하답고, 아버지는 아버지답고, 아들은 아들다워야 합니다."라고 하여 (㉠)을/를 강조하였다.

(1) ㉠에 들어갈 말을 쓰시오.

(2) ㉠이 강조하는 직업관의 특징을 서술하시오.

23 다음 글을 읽고 물음에 답하시오.

> (㉠)은/는 자신의 직위를 이용하여 부당한 이익을 얻는 위법 행위를 말한다. 이를 해결하기 위해서는 사회 구성원 모두가 직업 생활에서 부당한 이익을 취하지 않고 양심과 사회 정의에 부합되게 행동하고, (㉠)을/를 방지할 수 있는 제도를 마련해야 한다.

(1) ㉠에 공통으로 들어갈 말을 쓰시오.

(2) ㉠의 문제점을 세 가지 서술하시오.

등급을 올리는 고난도 문제

01 갑, 을 사상가의 입장에 관한 설명으로 옳지 <u>않은</u> 것은?

모든 것을 손수 만들어 사용해야 한다면, 그것은 천하의 사람들을 바쁘게 만드는 것이다. 어떤 사람은 마음을 수고롭게 하고[勞心], 어떤 사람은 몸을 수고롭게 한다[勞力]. 백성은 항산(恒産)이 없다면, 항심(恒心)도 없게 된다.

노동이 분업에 의한 방식으로 바뀌면서 고용주는 자본가가 되어 지휘와 감독, 조절 기능을 담당한다. 분업은 특수한 기능에 적합한 부분 노동자를 양산하며, 노동자는 작업장의 부속물로서 자본의 소유물이 된다.

갑

을

① 갑은 직업을 통해 백성의 생활 기반이 마련되어야 한다고 본다.
② 갑은 대인과 소인의 역할이 있으므로 각자의 역할에 충실해야 한다고 본다.
③ 을은 분업이 노동자의 자아실현을 어렵게 만든다고 본다.
④ 을은 노동자에게 사유 재산이 허용될 때 자본가에 의한 착취가 사라진다고 본다.
⑤ 갑, 을은 노동이 생계유지 이상의 가치가 있는 활동이라고 본다.

문제 접근 방법
먼저 '항산과 항심', '작업장의 부속물' 등의 핵심어를 통해 갑, 을 사상가가 각각 누구인지 파악한다. 이후 갑, 을이 주장한 직업관을 상기하여 문제를 해결한다.

적용 개념
항산과 항심
분업과 인간 소외

02 갑, 을 사상가의 입장에 관한 설명으로 옳은 것은?

직업은 신으로부터 부름을 받은 자기 몫의 일이다. 따라서 자신의 직업에 충실히 종사하는 것이 바로 신의 명령에 따르는 것이다. 나아가 직업에는 귀천이 없으며, 각자 맡은 바 소명을 실천하기 위해 검소하고 금욕적인 태도를 지녀야 한다.

농부는 밭일에 정통하고, 상인은 장사하는 일에 정통하며, 공인(工人)은 그릇을 만드는 일에 정통하지만, 그 일을 지도하는 관리가 될 수 없다. 관리는 이 일들을 하나도 못하지만, 예(禮)에 정통하기에 이 일들을 다스릴 수 있다.

갑

을

① 갑은 직업적 성공을 통한 부의 축적을 구원의 증표라고 본다.
② 갑은 금욕적 태도와 자본주의 정신은 양립할 수 없다고 본다.
③ 을은 직업 생활의 목적을 이웃 사랑의 실천이라고 본다.
④ 을은 선천적으로 타고난 신분을 토대로 직업이 주어져야 한다고 본다.
⑤ 갑, 을은 각자의 직분에 충실해야 하는 궁극적인 이유를 사회 질서 유지 때문이라고 본다.

문제 접근 방법
먼저 '신으로부터 부름을 받은 자기 몫의 일', '예(禮)에 정통하기에'와 같은 핵심어를 통해 갑, 을 사상가가 각각 누구인지 파악한다. 갑, 을의 입장에서 어떤 직업관을 주장하였는지 상기하여 문제를 해결한다.

적용 개념
소명
예에 따른 분업

03 다음 글의 입장에서 지지할 내용에만 모두 'V'를 표시한 학생은?

> "기업은 자유 시장에서 이윤 극대화 이외의 사회적 책임을 지지 않아도 된다."라는 주장은 시장 실패를 통해 그 부당성이 입증될 수 있다. 시장 실패의 대표적 사례는 기업 활동으로 인한 환경 오염과 같은 부정적 외부 효과이다. 이에 따른 문제의 핵심은 환경 오염의 처리 비용을 당사자인 기업이 아니라 일반 시민이나 미래 세대 같은 제삼자가 부담해야 한다는 사실이다. 그러나 이는 분명히 잘못이다. 윤리적 관점에서 볼 때, 부정적 외부 효과 발생의 책임은 해당 기업이 져야 한다. 설령 이윤이 감소하더라도 기업이 사회적 문제에 대한 적극적 책임을 지는 것은 마땅하다.

내용 　　　　　학생	갑	을	병	정	무
공공선을 위해 기업의 이윤 추구에 대한 제약을 승인해야 한다.	V			V	V
깨끗한 공기와 같은 공공재에 대한 기업의 책무를 인정해야 한다.		V		V	V
기업은 미래 세대의 생존과 삶의 질 문제에 관심을 기울여야 한다.		V	V		V
기업은 부정적 외부 효과를 방지하기 위해 이윤 극대화에만 전념해야 한다.	V		V	V	

① 갑　　　　② 을　　　　③ 병　　　　④ 정　　　　⑤ 무

04 갑, 을의 입장에 관한 옳은 설명만을 〈보기〉에서 있는 대로 고른 것은?

> 갑 : 사회에 대한 적극적 책임 이행은 기업에 이익이 되지 않으며, 시장 경제 질서를 어지럽힐 뿐이다. 기업은 이익 추구에 전념해야 하므로 기업의 어떤 행위도 법의 테두리를 벗어나지만 않으면 허용되어야 한다.
> 을 : 기업은 이윤을 추구하는 것뿐만 아니라 도덕적 의무를 다해야 한다. 기업은 공익을 위한 활동에도 최선을 다해야 한다. 책임 있게 경영하는 기업은 그렇지 못한 경쟁자들에 비해 비즈니스 위험에 덜 노출될 것이다.

┤ 보기 ├

ㄱ. 갑은 기업에 공익적 활동을 요구하는 것은 부당하다고 본다.
ㄴ. 을은 기업이 이윤을 추구하는 것은 도덕적으로 부당하다고 본다.
ㄷ. 을은 갑과 달리 기업에 준법의 책임까지 요구하는 것은 부당하다고 본다.
ㄹ. 갑, 을은 기업의 이윤 추구 행위를 금지하는 것은 부당하다고 본다.

① ㄱ, ㄴ　　　　② ㄱ, ㄹ　　　　③ ㄷ, ㄹ
④ ㄱ, ㄴ, ㄷ　　　　⑤ ㄴ, ㄷ, ㄹ

🔎 문제 접근 방법
먼저 제시문의 필자는 기업의 사회적 책임에 관해 어떠한 입장을 취하고 있는지 파악한 후, 이러한 입장에서 기업에 어떠한 윤리적 태도를 요구할지 추론하여 문제를 해결한다.

🖊 적용 개념
기업의 사회적 책임

🔎 문제 접근 방법
'기업은 공익을 추구해야 할 책임이 있는가?'라는 질문에 갑과 을이 각각 긍정의 대답을 할지, 부정의 대답을 할지 파악한 후 문제를 해결한다.

🖊 적용 개념
기업의 사회적 책임

02 사회 정의와 윤리

🔎 학습길잡이
• 사상가들이 제시한 분배적 정의의 기준과 우대 정책의 찬반 논거 등을 비교해 둔다.
• 사형 등 교정적 정의의 쟁점에 관한 사상가별 견해의 차이를 비교하여 정리해 둔다.

A 분배적 정의와 윤리적 쟁점

1 사회 윤리와 사회 정의

① 개인 윤리와 사회 윤리

구분	개인 윤리	사회 윤리
윤리 문제의 원인	개인의 양심과 도덕성 타락	사회 구조와 제도의 부조리
윤리 문제의 해결	양심, 이타심, 도덕성 함양을 통한 문제 해결 강조	법, 정책, 사회 구조 및 제도, 정치적 강제력 등을 통한 문제 해결 강조
특징	이타심과 도덕성의 실현 추구	공동선과 사회 정의 실현 추구
니부어의 사상	사회 정의는 개인의 도덕성 함양만으로는 실현하기 어려우며, 개인의 도덕성 함양과 더불어 사회 구조와 제도 개선을 통해 실현 가능함

🔍 자료로 보는   **니부어의 도덕적 인간과 비도덕적 사회**

> 자신의 이익보다 다른 사람의 이익을 먼저 생각할 수 있다는 의미에서 사람들은 도덕적이다. 사람들은 본래 동정심과 다른 사람을 배려하는 마음을 어느 정도 가지고 있다. 그러나 사회 집단은 이 모든 것이 불가능하지는 않지만 매우 어렵다. 올바른 정치적 도덕성은 인간 사회에서 강제력을 완전히 없애기보다는 최소화함으로써, 인간 사회에 있는 합리적·도덕적 요소들에 가장 잘 부합될 수 있는 유형의 강제력을 사용하도록 권고함으로써 쓸데없는 갈등의 악순환에 빠져 있는 사회를 구원하고자 할 것이다.
>   – 니부어, 『도덕적 인간과 비도덕적 사회』 –

자료 분석   니부어에 따르면 개인이 추구해야 할 도덕적 이상은 이타심이며, 사회가 추구해야 할 이상은 정의(正義)이다. 그러나 개인이 아무리 도덕적이라도 그가 사는 사회의 제도나 구조가 도덕적이지 않다면 개인의 노력은 소용이 없다. 따라서 정의를 실현하기 위해서는 개인의 도덕성 함양과 더불어 잘못된 사회적 관행·제도의 개선이 필요하다.

ⓠ 니부어가 정의 실현을 위해 사회 구조와 제도 개선이 필요하다고 본 이유는 무엇인가?

ⓐ 개인의 도덕성만으로는 집단 간 힘의 불균형 등 복잡한 사회 문제를 해결하기 어렵기 때문이다.

② 사회 정의 : 사회를 구성하고 유지하는 공정한 도리, 분배적 정의와 교정적 정의, 절차적 정의 등이 실현되어야 함 **①**

2 분배 정의

① 의미 : 사회적 이익과 부담을 공정하게 분배하는 것

② 분배 정의의 다양한 기준

┌ 아리스토텔레스는 분배 정의를 각자에게 각자의 가치에 비례하는 몫을 주는 것이라고 보았다.

절대적 평등	모든 사람에게 동일하게 분배하는 것
업적	기여한 정도, 산출한 결과에 따라 분배하는 것
능력	능력이 뛰어난 사람에게 더 많이 분배하는 것
필요	사람의 기본적 욕구와 필요에 따라 분배하는 것

└ 마르크스가 강조하는 분배의 기준이다.

③ 한계 : 장점과 단점을 함께 가지고 있어 사회 구성원의 합의 도출이 어려움
→ 절차적 정의를 강조하는 입장이 대두됨 **질문**

개념더하기 자료채우기

① 아리스토텔레스의 정의

일반적 정의		공동선과 덕을 장려하는 사회 규범을 준수하는 것(＝준법)
특수적 정의	분배적 정의	각자의 가치에 비례하여 지위, 명예, 재화를 분배하는 것(기하학적 비례 추구)
	교정적 정의	타인에게 해를 끼친 경우 그 만큼 보상하고, 이익을 준 경우 그 만큼 받는 것(산술적 비례 추구)

아리스토텔레스는 정의를 일반적(보편적) 정의와 특수적(부분적) 정의로 구분하고, 특수적 정의를 다시 분배적 정의와 교정적(시정적) 정의로 구분한다. 특히 분배에서는 '각자의 가치에 비례해야 함'을 강조했는데, 각자의 가치는 공동체에 기여한 바에 따라 정해진다고 보았다. 한편 교정적 정의는 교섭에 있어 잘못된 것을 바로잡는 것을 추구한다.

✋ 질문 있어요

절차적 정의가 등장하게 된 이유는 무엇인가요?

구분	장점	단점
절대적 평등	기회와 혜택을 균등하게 제공	생산 의욕, 책임 의식 저하
업적	객관적 평가 용이, 생산성 향상	과열 경쟁, 불평등 심화, 약자 배려 미흡
능력	능력이 뛰어난 사람에게 보상이 가능	우연적·선천적인 영향을 배제하기 어려움
필요	사회적 약자 보호	모든 필요를 충족하기 어려움, 효율성 저하

인류는 오래 전부터 공정한 분배의 기준에 대해 탐구했어요. 평등, 업적, 능력, 필요와 같은 기준들도 그러한 탐구의 결과물이죠. 그러나 위의 표에서 보는 것처럼 이러한 기준들은 저마다 장단점이 있기 때문에 사회 구성원 모두가 동의할 수 있는 보편적 기준이 되기 어려워서 사회 구성원 간 갈등을 일으키기도 합니다. 그래서 롤스와 노직 같은 학자들은 '분배의 절차'에 관심을 갖게 되었습니다. 절차적 정의를 주장하는 사람들은 분배 과정의 공정성을 확보함으로써 결과의 공정성을 담보할 수 있다고 주장하며 좀 더 공정한 절차를 마련하고자 합니다.

✻ 용어사전

* **부조리**(아닐 不, 가지 條, 다스릴 理) 도리에 어긋나거나 이치에 맞지 않는 것
* **정치적 강제력** 구성원에게 강력한 구속력을 갖는 법과 제도
* **교정**(가르칠 敎, 바를 正) 불평등하거나 잘못된 것을 바로잡는 것, 즉 보상이나 처벌

3 분배적 정의에 대한 다양한 관점

① 롤스 : 공정으로서의 정의

> 마치 공정한 절차를 거친 추첨 결과가 모두에게 공정한 것처럼 롤스도 절차적 정의를 강조한다.

절차적 정의 강조	분배 절차를 공정하게 합의했다면 결과도 공정한 것으로 인정
원초적 입장	무지의 베일을 쓴 상태에서 합의를 통해 정의의 원칙을 도출하는 가상적 상황 → 원초적 입장에 놓인 사람은 자신이 가장 불리한 상황에 놓일 가능성을 염두에 두고 모든 사람에게 공정한 정의의 원칙에 합의하게 됨
정의의 원칙	평등한 자유의 원칙, 차등의 원칙, 기회균등의 원칙 질문

② 노직 : 소유 권리로서의 정의

> 국가가 사회적 약자를 위한 복지 정책을 위해서라도 소유권을 침해해서는 안 된다고 본다.

개인의 소유권 강조	취득, 이전(양도)의 과정이 정당하다면 그 과정을 통해 얻은 소유물에 대해서는 배타적이고 절대적인 권리를 가짐
자유 지상주의	최소 국가만이 정당하며, 국가에 의한 재분배 및 복지 정책 반대 ❷

> 예 세금, 복지 정책

자료로 보는 롤스와 노직의 정의 원칙

롤스의 정의 원칙	노직의 정의 원칙
제1원칙 각 개인은 기본적 자유에서 평등한 권리를 가져야 한다(평등한 자유의 원칙). **제2원칙** 사회적·경제적 불평등은 ① 최소 수혜자에게 최대의 이익을 보장하도록 이루어져야 하고 (차등의 원칙). ② 공정한 기회균등의 조건 아래 모든 사람에게 개방된 직책이나 직위와 결부되도록 배정되어야 한다(기회균등의 원칙). – 롤스, 「정의론」 –	**취득의 원칙** 우리는 노동을 통해 어떤 것을 소유할 때, 타인의 처지를 악화시키지 않는 한 그 소유물을 취득할 응분의 권한을 가진다. **이전(양도)의 원칙** 우리는 자신의 노동에 의한 결과뿐만 아니라 타인에 의해 자유로이 양도된 것에 대해서도 정당한 소유권을 가진다. **교정의 원칙** 취득과 양도 시 과오나 그릇된 절차에 의한 소유가 발생했을 때에는 이를 바로잡아야 한다. – 노직, 「아나키에서 유토피아로」 –

자료 분석 롤스는 개인의 기본적 자유를 보장하면서도 국가가 복지 정책과 같은 재분배 장치를 통해 사회 정의를 구현해야 한다고 주장하였다. 반면 노직은 개인의 기본적 자유를 중시하는 점에는 동의하지만, 차등의 원칙에는 반대하면서 개인의 소유 권리를 최우선으로 보장하는 것이 사회 정의라고 보았다.

Q 자료에서 알 수 있는 롤스와 노직의 정의론의 차이점은 무엇인가?

A 롤스는 정의의 실현을 위한 국가의 재분배를 인정하나, 노직은 국가의 재분배를 반대한다.

---

③ 왈처 : 복합 평등으로서의 정의 ❸

복합 평등의 실현 강조	사회적 가치들이 고유한 영역 안에 머무를 때 복합 평등이 실현된 정의로운 사회가 됨
다원적 정의	공동체의 문화적·역사적 맥락에 따른 현실적으로 다양한 정의의 기준 인정

4 우대 정책의 윤리적 쟁점

> 차별받아 온 사람들에게 고용·교육 등 다양한 측면에서 직간접으로 혜택을 제공함으로써 사회적 이익의 공정한 분배를 실현하는 정책을 말한다.

찬성 논거	반대 논거
• 과거 부당한 차별에 대한 보상 • 사회적 긴장 완화와 행복 증진 • 사회적 약자에게 유리한 기회 제공 • 사회적 격차 해소	• 업적주의에 위배됨 • 과거의 차별에 대해 잘못이 없는 현세대의 보상 책임은 부당함 • 다른 집단에 대한 또 다른 차별 발생

개념 더하기 자료 채우기

질문 있어요

원초적 입장에서 사람들은 왜 차등의 원칙에 합의하게 되나요?

원초적 입장이란 자유롭고 평등한 개인이 공정한 조건에서 정의의 원칙을 선택하는 가상적인 상황을 의미해요. 이때 원초적 입장의 당사자는 타인에 대한 시기심이 없고 서로에 관해 무관심한 합리성을 지닌 사람이이에요. 원초적 입장에서 사람들은 무지의 베일을 쓰고 있어요. 무지의 베일은 이해관계에 영향을 끼칠 수 있는 개인적 정보를 마치 베일을 씌우는 것처럼 없애는 것을 비유하는 말이지요. 그렇기 때문에 사람들은 자신이 가장 불리한 여건에 놓일 경우를 우려하여 사회적 약자를 돕는 차등의 원칙에 합의하게 됩니다.

❷ 노직의 최소 국가론

> 소득 재분배는 개인의 권리를 침해하는 심각한 문제이다. 근로 소득에 대한 과세는 강제 노동과 같다. N시간 분의 소득을 세금으로 취하는 것은, 그 노동자로부터 N시간을 빼앗는 것과 같다. 이는 마치 그 사람으로 하여금 다른 사람을 위해 N시간 일하게 하는 것과 마찬가지이다.
> – 노직, 「아나키에서 유토피아로」 –

노직은 근로 소득에 대한 과세는 강제 노동과 같다고 주장하였다. 즉, 노직은 국가가 강압, 절도, 사기, 강제 계약의 발생을 막는 일 이상의 일을 해서는 안 되며, 재화의 분배에 적극적으로 관여하기보다는 최대한 개인의 자유에 맡기는 국가를 이상적인 국가로 보았는데, 이러한 국가를 '최소 국가'라고 한다.

❸ 복합 평등으로서의 정의 등장 배경

왈처는 다양한 사회적 가치와 재화는 각 영역의 원칙과 기준에 따라 분배해야 한다고 보았다. 예를 들어 안전과 복지는 필요에 따라, 돈과 상품은 자유 교환에 따라 분배해야 한다는 것이다. 왈처는 어떤 영역에서 우월한 위치를 차지하는 사람이 다른 영역의 가치도 쉽게 소유하는 것은 정의롭지 못하다고 주장하였다. 예를 들어 부자가 정치권력까지 장악하는 것은 부당하다. 왜냐하면 어떤 가치도 다른 영역을 침해하여 다른 가치를 지배하거나 독점해서는 안 되기 때문이다.

용어사전

* **원초적** 일이나 현상이 비롯하는 맨 처음이 되는 것
* **차등**(다를 差, 등급 等) 고르거나 가지런하지 않고 차별이 있음
* **최소 수혜자** 장애인, 빈곤 계층 등 사회적 약자

02 사회 정의와 윤리

B 교정적 정의와 윤리적 쟁점

1 교정적 정의의 의미와 관점

① 의미 : 사람 사이의 동등하지 않은 관계를 바로잡거나 위반 혹은 침해를 일으킨 사람에 대해 형벌을 가함으로써 공정함을 확보하는 것

② 처벌에 대한 교정적 정의의 관점

- 타인의 권리를 침해하거나 사회의 안녕과 질서를 위협하는 반사회적 행위를 저지른 사람은 그에 따른 처벌을 받음
- 응보주의와 공리주의가 서로 다른 관점에서 처벌을 정당화함

응보주의	공리주의
• 처벌의 본질은 범죄 행위에 상응하는 동등한 해악을 가하는 것임 **1** • 칸트 : 자유롭게 자신의 행위를 결정할 수 있는 이성적 존재는 자신의 행동을 책임져야 하므로 범죄에 대한 대가로 응분의 처벌을 받는 것이 마땅함 질문 • 범죄 예방과 범죄자의 교화에 상대적으로 무관심하다는 비판을 받음	• 처벌의 본질은 사회적 이익을 증진하기 위한 수단임 • 벤담 : 처벌은 범죄를 예방하여 사회 전체의 행복을 증진할 때 가치가 있음 **2** • 처벌로 인한 범죄자의 고통은 위법 행위의 이득보다 커야 함 • 처벌의 예방적 효과를 증명하기 어려우며, 인간을 사회적 이익 증진을 위한 수단으로 여긴다는 비판을 받음

칸트는 누군가의 범죄로 다른 사람의 권리가 침해된 경우 불균형이 발생하므로 처벌을 통해 균형을 회복해야 한다고 본다.

자료로 보는 — 응보주의와 공리주의 비교

[칸트의 응보주의]
- 공적인 정의가 원리와 표준으로 삼는 것은 어떤 종류의 형벌이고 어느 정도의 형벌인가? 그것은 한쪽으로 기울지 않는 동등성(평등)의 원리이다.
- 형벌은 결코 범죄자 자신이나 시민 사회를 위해서 어떤 다른 선을 촉진하기 위한 한낱 수단으로써 가해질 수 없다. 오직 그가 범죄를 저질렀기 때문에 그에게 가해져야만 하는 것이다. 왜냐하면 인간은 결코 타인의 의도를 위한 수단으로 취급될 수 없기 때문이다. ─ 칸트, 「윤리 형이상학」 ─

[벤담의 공리주의]
우리는 어떤 행위를 해야 할 것인지 말 것인지를 그 행위가 사람들의 쾌락(행복)을 증진시키고 고통(불행)을 감소시키는지에 따라 결정한다. 우리는 이러한 유용성의 원리에 부합하는 행위를 마땅히 해야 할 행위라고, 또는 적어도 해도 좋은 행위라고 말할 수 있다. …… 모든 입법의 목적은 사회의 행복을 증진시키는 것이다. 행복을 감소시키는 것은 악이므로 모두 제거해야 한다. 모든 형벌은 그 자체로서 악이지만 공리의 원칙에 따라 더 큰 악을 제거할 수 있다면 허용되어야 한다. ─ 벤담, 「도덕과 입법의 원리 서설」 ─

자료 분석 칸트는 응보주의 사상가로, 그는 형벌은 오직 범죄자가 범죄를 저질렀다는 사실만으로 가해져야 하며, 형벌의 정도는 범죄자가 저지른 범죄의 해악과 일치해야 한다는 동등성의 원리를 강조하였다. 이와 달리 벤담에 따르면 모든 형벌은 고통을 초래하므로 악이다. 그러나 그럼에도 불구하고 범죄자가 형벌을 받으면서 느낄 고통보다 사회의 이익이 크다면 형벌은 정당화될 수 있다고 보았다. 벤담은 형벌을 일종의 본보기라고 하면서 형벌이 지닌 예방적 효과에 주목하였다. **3**

ⓠ 칸트와 벤담이 처벌을 정당화하면서 제시하는 도덕 원리는 각각 무엇인가?

Ⓥ 칸트는 동등성의 원리를, 벤담은 유용성의 원리를 제시한다.

개념 더하기 자료 채우기

1 함무라비 법전과 응보주의
기원전 1750년 무렵 바빌로니아의 함무라비왕이 제정한 함무라비 법전은 처벌의 원칙으로 '눈에는 눈, 이에는 이'를 제시한다. 이는 피해자가 입은 피해와 같은 정도의 손해를 가해자에게 되값아야 한다는 응보주의 정신이 담겨 있다.

질문 있어요

공리주의적 정의관에 대한 칸트의 생각은 어떤가요?
칸트는 인간을 다른 목적을 위한 수단으로 삼는 일체의 행위를 반대해요. 따라서 형벌도 오직 죄를 지었다는 이유만으로 가해지는 것이라고 주장합니다. 그러나 공리주의적 정의관에 따르면 형벌은 범죄 예방, 범죄자 교화 등을 통해 사회의 이익을 증진하는 것이 목적이에요. 따라서 칸트는 공리주의적 정의관에 대해 범죄자를 범죄 예방과 사회 질서 유지를 위한 수단으로 취급한다는 점에서 반대합니다.

2 처벌의 예방 효과
- 특수한 예방 : 범죄자가 처벌을 받고 두려움을 느끼게 되어 재범을 하지 않게 되는 효과 → 범죄자 개인의 교화와 재범 방지 강조
- 일반적 예방 : 범죄자가 받는 처벌이 본보기가 되어 범죄가 예방되는 효과 → 사회 전체의 범죄 예방 효과 강조

3 벤담의 적정한 처벌의 정도

처벌에서의 형량은 어떤 경우에도 위법 행위로 인해 얻게 되는 이득을 능가하기에 충분한 수준보다 적어서는 안 된다. …… 그리고 어느 경우에도 처벌은 몇몇 다른 규칙이 요구하는 것보다 더 많아서는 안 된다. 필요량 이상의 처벌은 불필요한 것이기 때문이다.

벤담은 처벌을 범죄 예방을 위한 본보기라고 주장한다. 그래서 그는 범죄자의 고통이 위법 행위의 이득보다 커야 한다고 본다. 그러나 벤담은 범죄 예방을 위해 가벼운 범죄에 대해 본보기로 가혹한 처벌을 하는 것은 반대하였다. 왜냐하면 처벌은 고통을 주는 악이며, 범죄자라 할지라도 지나치게 가혹한 처벌은 극심한 고통을 초래하므로 정당화될 수 없기 때문이다. 즉 그는 범죄 예방의 효과를 거둘 정도의 적정한 수준의 처벌만이 허용될 수 있다고 보았다.

용어사전

* **교정**(가르칠 敎, 바로잡을 正) 가르쳐 바로잡는 것
* **응보**(응할 應, 갚을 報) 선악의 행위에 응하여서 그 갚음이 나타나는 괴로움과 즐거움의 결과

③ 공정한 처벌의 조건
- 죄형 법정주의 : 처벌 근거로서 법이 있고, 그 법이 공정하며, 유죄 조건을 충족해야 함
- 비례성의 원칙 : 처벌 목적이 정당하고, 그 수단이 적합하며, 기본권 제한을 최소화해야 함

2 사형 제도의 윤리적 쟁점 ④

① 사형 제도 찬반 논쟁 ⑤

사형 제도 찬성 논거	사형 제도 반대 논거
• 범죄 억제 효과가 매우 큼 • 흉악 범죄인의 생명을 박탈하는 것은 사회적 정의임 • 국민의 생명, 자유, 재산을 지키기 위한 사회 방어 수단임 • 종신형은 경제적 부담이 크고 비인간적임	• 범죄 억제 효과에 대한 확실한 증거가 없음 • 범죄자의 교화라는 형벌의 목적에 부합하지 않음 • 오판 가능성, 정치적 악용 가능성이 있음 • 인간의 존엄성과 생명권을 근본적으로 부정하는 행위임

왜? 정치적으로 대립하는 사람을 제거하기 위한 수단으로 악용될 수 있기 때문이다.

② 사형에 대한 칸트, 루소, 베카리아의 견해

'평등의 원리'라고도 하며, 지은 죄와 동일한 수준의 벌을 받아야 한다는 원칙이다.

칸트	• 살인자에 대한 정당한 형벌은 사형 이외에는 없음 • 사형은 동등성의 원리에 부합하며, 인간의 존엄성을 존중하는 것임 질문
루소	사회 계약설의 관점에서 계약자는 자신의 생명 보전을 위해 정당한 사회 구성원이 아닌 살인자에 대한 사형에 동의함을 강조함 ⑥
베카리아	• 생명권을 양도하는 것은 사회 계약의 내용이 아니므로 사형에 반대함 • 공리주의적 관점에서 사형보다 종신 노역형이 범죄 예방에 효과적임

자료로 보는   사형에 대한 찬반 논쟁

- 그가 살인했다면 그는 죽어야만 한다. 이 경우에 정의의 충족을 위한 대체물은 없다. …… 범인에게 법적으로 집행되는 사형 외에 범죄와 보복의 동등성은 없다. 사형은 고통받는 인격 안의 인간성을 끔찍하게 만들 수도 있을 모든 가혹 행위에서 범죄자를 벗어나게 해 주는 것이기도 하다. – 칸트, 『윤리 형이상학』 –
- 사회 계약은 계약자의 생명 보존을 목적으로 한다. …… 타인의 희생으로 자신의 생명을 보존하려고 하는 사람은 타인을 위해 필요하다면 마땅히 생명을 희생해야 한다. 살인자가 사형을 받는 것에 동의하는 것은 자신이 살인자의 희생물이 되는 것을 피하기 위해서이다. – 루소, 『사회 계약론』 –
- 사형 제도는 어떠한 권리에도 근거할 수 없으며, 그러한 국가의 권리는 존재할 수도 없다. …… 사형은 한순간에 강렬한 인상만을 줄 뿐이다. 반면에 종신 노역형은 더 큰 공포를 안겨 준다. 구경꾼은 수형자가 당하는 고통의 합산을 고려하므로 인간 정신에 미치는 효과가 사형에 비해 크다. 처벌이 지속적 효과를 가질 때 범죄를 더 잘 예방할 수 있다. – 베카리아, 『범죄와 형벌』 –

자료 분석   칸트는 사형이 동등성의 원리를 충족시켜 주고, 범죄자의 인격을 존중하는 것임을 강조한다. 루소는 우리가 살인으로부터 보호받기 위해 살인자를 처형하는 것에 동의했으며, 살인자의 생명을 박탈하는 것이 계약에 위배되지 않는다고 본다. 반면 베카리아는 사형을 반대하며, 형벌의 효과는 강도보다 지속성에 있으므로 종신 노역형이 범죄 예방에 더욱 효과적이라고 본다.

Q 사형 제도에 대한 베카리아의 입장이 칸트나 루소의 입장과 다른 점은 무엇인가?

A 칸트나 루소와 달리 베카리아는 사형을 반대하는 입장이다.

④ 사형 제도 존치국과 폐지국 현황

사형 존치국 58	VS	사형 폐지국 140 →	102	모든 범죄에 대한 사형 폐지국
			32	사실상 사형 폐지국
			6	일반적 범죄에 대한 사형 폐지국

(국제엠네스티 한국지부, 2015)

오늘날 많은 국가에서 사형 제도를 폐지하고 있다. 10년 이상 사형을 집행하지 않은 국가는 국제 관행에 따라 '사실상 사형 폐지국'으로 분류되며, 우리나라도 이에 해당한다.

⑤ 일반 예방주의와 특수 예방주의 비교

처벌의 목적을 범죄 예방에 둔다는 공통점이 있지만 사형에 대한 전혀 다른 입장을 도출하므로 잘 비교해 둔다.

일반 예방주의	특수 예방주의
• 형벌의 목적은 범죄 예방에 있음 • 사형 제도를 통해 일반인들에게 경고해 죄를 짓지 않도록 예방할 수 있음 ∴ 사형 제도 찬성	• 형벌의 목적은 범죄자를 교화해 재범을 막는 것임 • 사형 제도는 범죄자의 교화 가능성을 근본적으로 박탈함 ∴ 사형 제도 반대

질문 있어요

사형은 범죄자의 생명을 빼앗는 것인데 칸트는 오히려 사형이 범죄자의 존엄성을 존중하는 행위라고 합니다. 모순 아닌가요?

칸트는 존엄한 존재인 인간이 자율적으로 살인을 저질렀다면 그를 사형에 처하는 것이 그의 인격을 존중하는 것이라고 주장합니다. 즉 사형은 살인자로 하여금 자신의 자율적인 행위에 대해 스스로 책임을 지도록 해 주는 것이므로 사형을 통해 인간의 존엄성을 존중할 수 있다는 것이지요.

⑥ 루소와 베카리아 비교

구분	루소	베카리아
차이점	국가의 생명 박탈권 인정	국가의 생명 박탈권 부정
공통점	• 사회 계약을 통해 국가 형성 • 법에 바탕을 둔 국가의 형벌권 인정	

용어사전

- 사회 계약설   생명, 자유, 재산 등의 권리를 보장받기 위해 계약을 맺어 국가를 구성하고 자신의 권리를 국가에 위임했다고 보는 학설
- 종신 노역형   수형자가 사망할 때까지 무기한으로 교도소에 가두고 매일 노동을 시키는 형벌

A 분배적 정의와 윤리적 쟁점

1 개인 윤리와 사회 윤리

구분	개인 윤리	사회 윤리
문제 원인	양심과 도덕성의 타락	사회 구조의 부조리
해결 방안	양심, 이타심, 도덕성 함양	법, 정책, 사회 구조 및 제도, 정치적 강제력

2 분배 정의의 다양한 기준

절대적 평등	• 기회와 혜택의 균등한 제공 • 생산 의욕과 책임 의식 저하
업적	• 객관적 평가 용이, 생산성 향상 • 과열 경쟁, 불평등 심화, 약자 배려 미흡
능력	• 능력이 뛰어난 사람에게 보상 가능 • 우연적·선천적인 영향 배제 어려움
필요	• 사회적 약자 보호 • 모든 필요 충족 어려움, 효율성 저하

3 롤스와 노직의 분배 정의

롤스	• 원초적 입장에서 정의의 원칙을 도출하고자 함 • 정의의 원칙 : 평등한 자유의 원칙, 차등의 원칙, 기회균등의 원칙 • 사회적 약자를 위한 복지 정책 강조
노직	• 개인의 소유권 강조 • 자유 지상주의 : 최소 국가만이 정당함 • 국가에 의한 재분배 및 복지 정책 반대

B 교정적 정의와 윤리적 쟁점

1 처벌에 대한 응보주의와 공리주의의 관점

응보주의	• 처벌의 본질은 범죄 행위에 상응하는 해악을 가하는 것 • 칸트 : 이성적 존재는 자신의 행동을 책임져야 하므로 응분의 처벌을 받는 것이 마땅함
공리주의	• 처벌의 본질은 사회적 이익 증진에 기여하는 것 • 벤담 : 처벌은 범죄를 예방하여 사회 전체의 행복을 증진할 때 가치가 있음

2 사형 제도 찬반 논쟁

찬성 논거	범죄 억제 효과 큼, 사회 정의, 국민의 생명·자유·재산 수호, 종신형은 경제적 부담이 큼
반대 논거	범죄 억제 효과 미흡, 범죄자 교화 불가, 정치적 악용, 오판 가능성, 인간의 존엄성과 생명권 부정

3 사형에 대한 견해

칸트	살인자에 대한 정당한 형벌은 사형(동등성의 원리)
루소	살인자는 정당한 사회 구성원이 아니므로 사형 찬성
베카리아	사형 반대, 종신 노역형이 범죄 예방에 효과적임

01 다음 설명이 맞으면 ○표, 틀리면 ×표를 하시오.

(1) 개인 윤리적 관점에 따르면 윤리 문제의 원인은 개인의 양심과 도덕성의 타락 때문이다. (   )

(2) 사회 윤리적 관점에 따르면 윤리 문제의 해결 방안은 개인의 양심, 이타심, 도덕성의 함양만으로 가능하다. (   )

(3) 니부어는 개인의 도덕성 함양과 더불어 사회 구조와 제도의 개선을 통해 정의를 실현해야 함을 강조하였다. (   )

(4) 절대적 평등을 강조하는 입장은 생산성 향상에 도움이 된다는 장점이 있다. (   )

(5) 필요에 따른 분배를 강조하는 입장은 사회적 약자를 보호할 수 있다는 장점이 있다. (   )

02 빈칸에 들어갈 알맞은 말을 쓰시오.

(1) (   )은/는 무지의 베일을 쓴 상태에서 합의를 통해 정의의 원칙을 도출하는 가상적 상황을 말한다.

(2) 노직은 국가에 의한 재분배와 복지 정책을 (   )한다.

(3) (   )은/는 처벌의 본질이 범죄 행위에 상응하는 동등한 해악을 가하는 것이라고 보는 관점이다.

(4) 공리주의 사상가인 벤담은 처벌이 범죄를 (   )하여 사회 전체의 행복을 증진할 때 가치가 있음을 강조하였다.

03 사형에 대한 각 사상가의 견해를 바르게 연결하시오.

(1) 칸트 •

(2) 루소 •

(3) 베카리아 •

• ㉠ 사형보다는 종신 노역형이 범죄 예방에 효과적임

• ㉡ 살인자는 정당한 사회 구성원이 아니므로 사형에 처해야 함

• ㉢ 살인자에 대한 정당한 형벌은 사형이며, 사형은 인간 존엄성을 존중하는 것임

바른답·알찬풀이 31쪽

[중요]
01 ⊙, ⓒ에 관한 설명으로 옳지 않은 것은?

> 전통 사회에서는 개인의 도덕성을 바탕으로 도덕적인 사회를 구현하고자 하였다. 그러나 현대 사회에서 발생하는 사회 계층 간의 갈등, 빈부 격차, 인종 차별, 부정부패 등과 같은 문제는 (⊙)만으로는 해결하기 어렵다. 이에 공동선과 사회 정의를 추구하는 (ⓒ)이/가 등장하게 되었다.

① ⊙은 개인의 도덕성 타락을 윤리 문제의 원인으로 본다.
② ⊙은 개인의 도덕성 함양을 통해 윤리 문제를 해결할 수 있다고 본다.
③ ⓒ은 사회 구조와 제도의 부조리를 윤리 문제의 원인으로 본다.
④ ⓒ은 개인의 양심과 이타심만이 정의로운 사회 실현의 필수조건이라고 본다.
⑤ 정의로운 사회를 실현하기 위해서는 ⊙과 ⓒ의 조화가 필요하다.

02 (가)의 관점에서 〈문제 상황〉에 대해 제시할 해결 방안으로 가장 적절한 것은?

> (가) 도덕적인 인간으로 구성된 사회일지라도 그 사회는 비도덕적일 수 있다. 그러므로 사회에서 발생하는 다양한 문제들을 해결하기 위해서는 사회 윤리적 접근이 요청된다.
> 〈문제 상황〉
> 국제 투명성 기구가 발표한 '2017년 부패 인식 지수 (CPI)'에 따르면 한국은 경제 협력 개발 기구(OECD) 35개국 중에서 29위로 하위권이다. 이러한 부패 문제는 선진국으로 진입하기 위해서 반드시 해결해야 할 숙제이다.

① 양심을 바탕으로 모든 일을 처리해야 한다.
② 사회 구성원 모두가 도덕성을 함양해야 한다.
③ 권한 남용에 대한 처벌 규정을 강화해야 한다.
④ 반부패에 대한 의지를 강화하기 위해 노력한다.
⑤ 청렴의 덕목을 최우선의 가치로 인식해야 한다.

03 다음 사상가의 입장과 일치하는 내용만을 〈보기〉에서 있는 대로 고른 것은?

> 서로 균등하지 않은 사람들이 균등한 몫을 가져서는 안 된다. 균등한 사람들이 균등하지 않은 몫을 받거나, 균등하지 않은 사람들이 균등한 몫을 차지하는 경우에 분쟁과 불평이 생긴다. 정의는 본성상 정치적 동물인 사람들 사이에서 같은 것은 같게, 다른 것은 다르게 분배할 것을 요구한다.

┤ 보기 ├
ㄱ. 각자의 가치에 비례한 분배가 실현되어야 한다.
ㄴ. 분배에서 정의는 기하학적 비례를 따르는 것이다.
ㄷ. 기회와 혜택을 절대적으로 평등하게 분배해야 한다.
ㄹ. 개인의 필요에 따른 분배가 이루어질 때 정의가 실현된다.

① ㄱ, ㄴ   ② ㄱ, ㄹ   ③ ㄴ, ㄷ
④ ㄱ, ㄷ, ㄹ   ⑤ ㄴ, ㄷ, ㄹ

[중요]
04 다음 사상가의 입장으로 옳은 것은?

> 집단과 집단 사이의 관계는 항상 윤리적이기보다는 지극히 정치적이다. 모든 도덕주의자들은 인간의 집단 행동이 지닌 야수적 성격과 모든 집단적 관계들에 있는 집단적 이기주의의 힘에 대한 이해를 결여하고 있다. 그들은 사회적 갈등이 인류 역사에서 불가피한 것임을 제대로 인식하지 못한다.

① 개인의 도덕성만으로 사회 정의 실현이 가능하다.
② 개인의 도덕성은 개인이 속한 집단의 도덕성보다 열등하다.
③ 개인들의 자발적 타협이 사회 정의 실현의 유일한 방법이다.
④ 개인 간 갈등은 도덕적이고 합리적인 방법으로 조정될 수 있다.
⑤ 개인이 선의지를 발휘하는 것은 사회 정의 실현의 충분조건이다.

중요

05 다음 사상가의 관점에만 모두 'V'를 표시한 학생은?

> 자신의 이익보다 다른 사람의 이익을 먼저 생각할 수 있다는 의미에서 사람들은 도덕적이다. 사람들은 본래 동정심과 다른 사람을 배려하는 마음을 어느 정도 가지고 있다. 그러나 사회 집단은 이 모든 것이 불가능하지는 않지만 매우 어렵다. 올바른 정치적 도덕성을 위해 인간 사회에서 강제력을 완전히 없애는 것은 바람직하지 않다.

관점＼학생	갑	을	병	정	무
사회의 불의는 도덕적 권고를 통해서만 해결될 수 있다.	V	V		V	
집단에 소속된 개인은 도덕성 함양을 위해 노력해야 한다.	V			V	V
사회 정의를 실현하기 위한 강제력은 이성적 통제를 받아야 한다.		V	V		V
개인의 도덕적 행위는 집단의 도덕성을 결정하지 못한다.			V	V	V

① 갑 ② 을 ③ 병 ④ 정 ⑤ 무

06 그림은 서술형 평가 문제와 학생 답안이다. 학생 답안의 ㉠~㉤ 중 옳지 <u>않은</u> 것은?

> 〈서술형 평가〉
> • 문제 : 분배 정의의 다양한 기준의 장단점을 서술하시오.
> • 학생 답안
> 절대적 평등에 따른 분배는 기회와 혜택을 균등하게 제공한다는 장점이 있다. 그러나 ㉠분배의 기준을 마련하기 어렵다는 단점이 있다. 업적에 따른 분배는 ㉡객관적 평가가 용이하며 생산성을 향상시킨다는 장점이 있다. 그러나 과열 경쟁과 불평등이 심화될 수 있으며, 사회적 약자에 대한 배려가 부족하다는 단점이 있다. 능력에 따른 분배는 능력이 뛰어난 사람에게 대우와 보상이 가능하다는 장점이 있다. 그러나 ㉢능력의 우연적이고 선천적인 영향을 배제하기 어렵다는 단점이 있다. 필요에 따른 분배는 ㉣사회적 약자를 보호할 수 있다는 장점이 있다. 그러나 사회 구성원의 모든 필요를 충족시키는 것은 현실적으로 어려우며, ㉤효율성이 저하될 수 있다는 단점이 있다.

① ㉠ ② ㉡ ③ ㉢ ④ ㉣ ⑤ ㉤

07 다음 사상가가 긍정의 대답을 할 질문으로 가장 적절한 것은?

> 원초적 입장이란 무지의 베일을 쓴 상태로, 서로 간에 자신의 능력, 재산, 신분 등의 사회적 조건을 알 수 없는 상황을 말한다. 이러한 무지의 베일을 통해 모든 사람이 자신의 이익을 위해 유리한 조건을 악용하지 않고 사회 정의의 원칙에 합의할 수 있다.

① 사회적 약자를 위한 재분배 정책은 부당한가?
② 분배의 결과보다는 분배의 절차가 더 중요한가?
③ 기본적 자유는 차등의 원칙에 따라 제한 가능한가?
④ 개인의 소유 권리는 절대적으로 보장되어야 하는가?
⑤ 정의가 실현되면 불평등은 반드시 사라져야 하는가?

[08~09] 다음 글을 읽고 물음에 답하시오.

> 갑 : 정부가 시민의 근로 소득에 세금을 부과하는 것은 그 사람에게서 시간을 강탈하고 그에게 다양한 활동을 명령하는 것과 같다.
> 을 : 소득과 부의 공정한 분배는 사회적인 지위에 접근할 기회가 동등하게 부여되고, 최소 수혜자에게 최대의 혜택이 돌아갈 때 실현된다.

중요

08 갑, 을 사상가의 입장에 관한 옳은 설명만을 〈보기〉에서 있는 대로 고른 것은?

> 보기
> ㄱ. 갑은 소유권의 절대성은 침해될 수 없다고 본다.
> ㄴ. 갑은 정의 실현을 위한 국가의 역할을 경시한다.
> ㄷ. 을은 국가에 의한 재분배 정책이 필요하다고 본다.
> ㄹ. 갑, 을은 정의가 실현되어도 불평등이 존재할 수 있다고 본다.

① ㄱ, ㄴ ② ㄱ, ㄷ ③ ㄴ, ㄹ
④ ㄱ, ㄷ, ㄹ ⑤ ㄴ, ㄷ, ㄹ

09 갑, 을 사상가가 모두 긍정의 대답을 할 질문으로 옳은 것은?

① 기회의 균등이 평등한 자유보다 우선하는가?
② 절차나 과정이 공정하면 그 결과는 공정한 것인가?
③ 불평등은 최소 수혜자에게 이익이 될 때만 정당한가?
④ 모든 개인은 절대적·배타적인 소유 권리를 갖는가?
⑤ 무지의 베일을 가정해 정의 원칙을 도출해야 하는가?

10 다음 사상가의 입장으로 옳은 것은?

> 전제(專制)의 특성은 하나의 수단을 통해 다른 수단으로만 얻을 수 있는 어떤 것을 얻고자 하는 데 있다. 예를 들어 공직이라는 수단을 통해 우선적인 의료 혜택 등을 얻는 것이다. 복합 평등 체제는 이러한 전제와 정반대이다. 복합 평등의 실현을 위해서는 시민 X가 시민 Y에 우선하여 공직에 선택된다고 해도, X가 공직에 있다는 이유로 그 외 모든 영역에서 우선적인 혜택이 X에게 주어져서는 안 된다.

① 모든 분배는 자유 교환의 원칙을 따라야 한다.
② 모든 사회적 가치는 필요의 원칙에 의해서 분배되어야 한다.
③ 사회적 가치들은 서로 다른 사회에서도 보편적 의미를 갖는다.
④ 사회적 가치들이 고유한 영역에 머무를 때 정의로운 사회가 된다.
⑤ 다원적 평등의 실현은 특정한 가치가 다른 영역의 가치들을 지배할 때 실현된다.

11 ㉠에 관한 옳은 설명만을 〈보기〉에서 있는 대로 고른 것은?

> 공산주의의 높은 단계에서는 분업이 사라지고, 노동이 삶의 1차적 욕구가 되며, 개인의 전면적 발전과 함께 생산력이 고도로 성장하여 부가 넘치게 된다고 본다. 따라서 이러한 조건에서는 '노동에 따른 분배'라는 부르주아적 권리의 좁은 한계를 극복하여 ㉠'필요에 따른 분배'가 가능하다. 개인들은 자신의 욕구와 필요에 따라 재화를 분배받아서 사용할 수 있는 것이다.

| 보기 |
ㄱ. 사회적 약자를 보호할 수 있다.
ㄴ. 모든 사람의 필요를 충족하기는 어렵다.
ㄷ. 업적이 뛰어난 사람에게 보상이 가능하다.
ㄹ. 근로 의욕을 감소시켜 효율성이 저하될 수 있다.

① ㄱ, ㄴ   ② ㄱ, ㄷ   ③ ㄷ, ㄹ
④ ㄱ, ㄴ, ㄹ   ⑤ ㄴ, ㄷ, ㄹ

★★ 중요

12 ㉠을 정당화할 수 있는 근거를 〈보기〉에서 고른 것은?

> 1996년 어느 백인 학생이 텍사스 법학 전문 대학원에 지원하였으나 합격하지 못하였다. 그는 입학 시험 점수와 대학 학부 평점이 우수하였는데도 합격하지 못하였지만, 그보다 낮은 시험 성적과 대학 학부 평점을 받은 소수 집단 출신의 지원자는 합격하였다. 이러한 결과가 불평등하다고 생각한 그는 대학원을 상대로 소송을 제기하였다. 그럼에도 불구하고 텍사스 법학 전문 대학원은 입학 제도에 ㉠적극적 우대 조치가 필요하다고 주장하며 이를 도입하였다.

| 보기 |
ㄱ. 사회적 약자에게 사회적 지위를 얻을 수 있는 유리한 기회를 부여해야 한다.
ㄴ. 과거의 부당한 차별에 대한 정당한 보상을 통해 실질적 평등을 실현해야 한다.
ㄷ. 자신의 노력과 성취에 따라 성공 여부를 결정하는 업적주의 원칙을 우선시해야 한다.
ㄹ. 장애인이나 소수 민족에 대한 차별을 시정하기 위한 조치는 또 다른 차별을 낳을 수 있다.

① ㄱ, ㄴ   ② ㄱ, ㄷ   ③ ㄴ, ㄷ
④ ㄴ, ㄹ   ⑤ ㄷ, ㄹ

13 ㉠에 들어갈 진술을 〈보기〉에서 고른 것은?

> 부유세는 일정액 이상의 자산을 보유하고 있는 사람에게 비례적으로 또는 누진적으로 과세하는 것으로, 이러한 제도는 시급히 도입되어야 합니다. 왜냐하면 _____ ㉠ _____ 입니다.

| 보기 |
ㄱ. 부의 재분배를 통해 불평등을 해소하기 때문
ㄴ. 빈부 격차를 완화하여 사회 통합에 기여하기 때문
ㄷ. 정당하게 얻은 개인의 재산권을 과도하게 침해하기 때문
ㄹ. 세금을 두 번 부과하는 것과 같아서 부자들에 대한 또 다른 차별이기 때문

① ㄱ, ㄴ   ② ㄱ, ㄷ   ③ ㄴ, ㄷ
④ ㄴ, ㄹ   ⑤ ㄷ, ㄹ

14 ⊙에 관한 설명으로 옳은 것은?

> (⊙)은/는 처벌의 근거와 관련하여 타인에게 해악을 준 사실만을 처벌의 근거로 보는 관점이다. 또한 처벌의 경중을 범죄의 해악 정도에 비례하여 정해야 한다고 주장한다.

① 처벌의 목적을 범죄 예방에 있다고 본다.
② 처벌의 본질을 사회적 이익을 증진하기 위한 수단이라고 본다.
③ 처벌의 본질을 범죄 행위에 상응하는 동등한 해악을 가하는 것이라고 본다.
④ 처벌로 인한 고통이 처벌로 인한 효용보다 지나치게 크지 않아야 한다고 본다.
⑤ 처벌의 목적은 처벌을 본보기로 삼아 사회 전체의 효용을 높이는 것이라고 본다.

15 다음 사상가의 입장에 관한 옳은 설명을 〈보기〉에서 고른 것은?

> 형벌은 결코 범죄자 자신이나 시민 사회를 위해서 어떤 다른 선을 촉진하기 위한 한낱 수단으로써 가해질 수 없다. 오직 그가 범죄를 저질렀기 때문에 그에게 가해져야만 하는 것이다. 왜냐하면 인간은 결코 타인의 의도를 위한 수단으로 취급될 수 없기 때문이다.

┤ 보기 ├
ㄱ. 형벌은 동등성의 원리를 따를 때 정당성을 갖는다고 본다.
ㄴ. 형벌을 통해 범죄가 예방될 때 인간의 존엄성이 실현된다고 본다.
ㄷ. 형벌은 존엄한 인간에게 고통을 초래하므로 그 자체로 악이라고 본다.
ㄹ. 형벌은 다른 목적이 아닌 범죄자가 범죄 행위를 했다는 사실만으로 부과되어야 한다고 본다.

① ㄱ, ㄴ ② ㄱ, ㄹ ③ ㄴ, ㄷ
④ ㄴ, ㄹ ⑤ ㄷ, ㄹ

16 다음 사상가의 입장에서 긍정의 대답을 할 질문만을 〈보기〉에서 있는 대로 고른 것은?

> 자연은 인류를 고통과 쾌락이라는 두 군주의 지배 아래 두었다. 우리가 무엇을 해야 할지를 결정하는 것은 오로지 이 두 군주의 손에 달려 있다. 모든 입법의 목적은 사회의 행복을 증진시키는 것이다. 행복을 감소시키는 것은 악이므로 모두 제거해야 한다. 모든 형벌은 큰 악을 제거할 수 있다면 허용되어야 한다.

┤ 보기 ├
ㄱ. 형벌 그 자체의 본질은 악인가?
ㄴ. 형벌은 사회적 유용성 증진의 수단인가?
ㄷ. 형벌은 범죄 예방을 위한 일종의 본보기인가?
ㄹ. 형벌의 정도는 동등성의 원리에 따라야 하는가?

① ㄱ, ㄴ ② ㄱ, ㄹ ③ ㄷ, ㄹ
④ ㄱ, ㄴ, ㄷ ⑤ ㄴ, ㄷ, ㄹ

★★
중요
17 갑, 을 사상가의 입장을 〈보기〉에서 고른 것은?

> 갑 : 사회 계약의 목적은 계약자의 생명 보존에 있다. 이를 위해 모든 것을 공동체에 양도함으로써 일반 의지의 감독하에 둔다. 살인을 저질러 계약을 위반한 자는 공공의 적으로 간주되어야 한다.
> 을 : 법의 일반적 목적은 해악을 방지하는 것이다. 그러나 모든 형벌은 악이다. 공리의 원칙에 의하면, 형벌이 허용될 수 있는 경우는 그것을 통해 더 큰 악을 제거하는 것이 보장될 때뿐이다.

┤ 보기 ├
ㄱ. 갑 : 사형은 사회 계약의 목적 달성을 위한 수단이다.
ㄴ. 을 : 사형의 근본 목적은 살인범에 대한 응당한 보복이다.
ㄷ. 을 : 사형의 해악은 사형이 방지할 해악보다 커서는 안 된다.
ㄹ. 갑, 을 : 살인을 저지른 자는 반드시 사형에 처해져야 한다.

① ㄱ, ㄴ ② ㄱ, ㄷ ③ ㄴ, ㄷ
④ ㄴ, ㄹ ⑤ ㄷ, ㄹ

18 갑은 긍정, 을은 부정의 대답을 할 질문으로 옳은 것은?

> 갑 : 사형은 한순간에 강렬한 인상만 줄 뿐이다. 반면에 종신 노역형은 더 큰 공포를 준다. 구경꾼은 수형자가 당하는 고통의 합산을 고려하므로 인간 정신에 미치는 효과가 사형보다 크다. 처벌이 지속적 효과를 가질 때 범죄를 더 잘 예방할 수 있다.
>
> 을 : 사법적 처벌은 사회적 선을 증진시키는 수단으로 행해져서는 안 되고, 오히려 그가 범죄를 저질렀기 때문에 가해져야 한다. 인간은 수단으로 취급될 수 없기 때문이다.

① 국가는 사형을 집행할 권리가 있는가?
② 사형은 인간의 존엄성과 가치를 인정하는 것인가?
③ 계약론에 근거하여 사형 제도를 유지해야 하는가?
④ 범죄 예방 차원에서 사형 제도의 존폐를 논해야 하는가?
⑤ 범죄자는 잘못된 행동에 상응하는 처벌을 받아야 하는가?

19 갑, 을 사상가의 입장에서 모두 긍정의 대답을 할 질문으로 옳은 것은?

> 타인의 희생으로 자기의 생명을 보존하려고 하는 사람은 타인을 위해 자신도 희생해야 한다는 데 동의해야 한다. 그는 일반 의지로부터 규정된 법을 따라야 한다.

갑

> 형벌의 법칙은 하나의 정언 명령이다. 그래서 형벌은 범죄자가 범죄를 저질렀다는 이유 때문에 가해져야 한다. 형벌의 종류와 정도는 어느 한쪽으로 기울어지지 않는 평등의 원리에 따라 결정되어야 한다.

을

① 형벌의 효과는 강도보다는 지속성에 있는가?
② 국가는 살인범의 생명을 박탈할 권리를 가지는가?
③ 사형 제도는 범죄의 경중에 비례하는 보복의 수단인가?
④ 사형 제도는 인간의 존엄성을 침해하는 반인도적 형벌인가?
⑤ 사형 제도의 정당성은 사회적 유용성을 바탕으로 판단해야 하는가?

20 다음 글을 읽고 물음에 답하시오.

> 개인적으로 도덕적인 사람도 사회 내의 어느 집단에 속하면 집단에 맹목적으로 충성하기 쉽다. 집단에 대한 맹목적 충성은 이타적 충동의 원천이 되기도 하지만 개인의 비판적 태도를 말살하는 형태로 나타나기도 한다. 집단에 대한 개인의 헌신이 지닌 맹목적인 성격이야말로 도덕적 제한을 받지 않고 무한대로 집단의 권력을 행사하는 토대가 된다.

(1) 위와 같이 주장한 사상가를 쓰시오.

(2) 위의 사상가의 입장에서 사회 정의를 실현하기 위한 방안을 서술하시오.

21 다음 글을 읽고 물음에 답하시오.

> 갑 : 사회적·경제적 불평등은 최소 수혜자에게 최대의 이익이 보장될 때 정당화된다.
>
> 을 : 소득 재분배는 개인의 소유 권리를 침해하는 심각한 문제이다. 근로 소득에 대한 과세는 강제 노동과 같다.

(1) 위와 같이 주장한 갑, 을 사상가를 쓰시오.

(2) 분배 정의에 관한 갑, 을의 입장의 차이점을 서술하시오.

22 다음 글을 읽고 물음에 답하시오.

(가)	갑 : 나는 사형 제도를 반대해. 왜냐하면 오판 가능성과 정치적 악용 가능성이 있고, 인간의 생명권을 국가가 박탈하는 것은 옳지 않다고 생각해. 을 : 나는 사형 제도를 찬성해. 왜냐하면　　　⊙
(나)	살인자는 누구든 사형에 처해지지 않으면 안 된다. 이것은 정언 명령이자 사법권의 이념으로서 정의가 선험적으로 근거된 법칙들에 따라 의욕하는 바이다.

(1) (나)와 같이 주장한 사상가를 쓰시오.

(2) (나) 사상가의 입장에서 ⊙에 들어갈 내용을 서술하시오.

01 갑, 을의 입장에 관한 옳은 설명을 〈보기〉에서 고른 것은?

> 사회적 약자에 대한 적극적 우대 정책은 또 다른 차별을 가져옵니다. 사회적 약자라는 이유만으로 기회의 평등에서 예외를 인정하거나, 과거의 불평등을 잘못이 없는 후대에게 책임지우는 것은 부당합니다.

갑

> 오랫동안 부당한 차별로 고통받았던 사람들에게 응분의 보상을 하는 것은 정당한 처사입니다. 우리는 좀 더 적극적으로 사회 전체의 평화와 행복을 증진하는 등 여러 사회적 가치를 실현해야 합니다.

을

┤ 보기 ├
ㄱ. 갑은 평등의 실질적 측면보다 형식적 측면이 중요하다고 본다.
ㄴ. 을은 사회적 약자에게 유리한 기회를 제공하는 것은 부당하다고 본다.
ㄷ. 을은 갑에 비해 사회적 다양성의 확대가 사회적 유용성의 증진으로 이어진다고 본다.
ㄹ. 갑, 을은 업적주의의 확대가 더욱 공정한 사회를 만드는 데 기여한다고 본다.

① ㄱ, ㄴ ② ㄱ, ㄷ ③ ㄴ, ㄷ ④ ㄴ, ㄹ ⑤ ㄷ, ㄹ

문제 접근 방법
먼저 적극적 우대 정책에 관한 갑, 을의 입장을 파악한다. 갑은 적극적 우대 정책으로 잘못이 없는 후대에게 책임지우는 것은 부당하다고 주장한다. 반면 을은 부당하게 차별받았던 사람에게 응분의 보상을 해야 한다고 주장한다. 이를 통해 적극적 우대 정책에 관한 갑, 을의 입장을 추론하여 문제를 해결한다.

적용 개념
적극적 우대 정책
업적주의

02 다음 서양 사상가가 부정의 대답을 할 질문으로 옳은 것은?

> 집단과 집단 사이의 관계는 항상 윤리적이기보다는 지극히 정치적이다. 모든 도덕주의자들은 인간의 집단 행동이 지닌 야수적 성격과 모든 집단적 관계들에 있는 집단적 이기주의의 힘에 대한 이해를 결여하고 있다. 그들은 사회적 갈등이 인류 역사에서 불가피한 것임을 제대로 인식하지 못한다.

① 개인 윤리적 이타성과 사회 윤리적 정의는 상호 보완적인가?
② 개인들의 자발적 타협은 사회 정의 실현 과정에서 필요한가?
③ 개인의 도덕적 선의지 함양은 사회 정의 실현의 충분조건인가?
④ 개인 간 갈등은 도덕적이고 합리적인 방법으로 조정될 수 있는가?
⑤ 개인이 속한 집단의 도덕성은 개인의 합리적 도덕성보다 열등한가?

문제 접근 방법
'집단 간의 관계는 정치적이다', '도덕주의자들의 방식은 집단 이기주의에 대한 이해를 결여하고 있다' 등을 통해 사상가를 추론한다. 그 다음 이 사상가가 개인의 도덕성 함양과 더불어 사회 제도, 정치적 강제력 등을 통해 사회 문제를 해결해야 한다고 주장하였음을 상기하여 문제를 해결한다.

적용 개념
개인 윤리
사회 윤리

03 갑, 을, 병 사상가의 입장으로 적절하지 <u>않은</u> 것은?

> 갑 : 분배적 정의는 가령 사람 a와 b가 각각 물건 c와 d를 얻기 전과 후의 비율이 동등할 때 성립한다는 점에서 기하학적 비례를 추구하는 것이다.
>
> 을 : 개인의 타고난 자산이 도덕적 관점에서 볼 때 임의적이건 아니건 간에, 개인은 그 자산에 대한 소유 권리를 지닌다. 또한 이로부터 나오는 것에 대해서도 그러하다.
>
> 병 : 개인의 타고난 재능의 분포는 응분의 것이 아닌 사회 공동의 자산으로 간주해야 한다. 더 불운한 자들의 선에 도움이 되는 한에서만 그 행운으로부터 이익을 취할 수 있다.

① 갑 : 비례에 따른 분배가 정의로운 분배이다.

② 을 : 최소 국가보다 기능이 확대된 국가는 정의롭지 않다.

③ 병 : 타고난 재능 분포의 우연성은 그 자체로 부정의한 상태이다.

④ 갑, 병 : 정의로운 사회는 각자에게 각자의 몫을 할당해야 한다.

⑤ 을, 병 : 다수의 이익을 명목으로 개인의 자유를 침해해서는 안 된다.

문제 접근 방법

먼저 '기하학적 비례', '소유 권리', '사회 공동의 자산' 등과 같은 핵심어를 통해 갑, 을, 병이 각각 어떤 사상가인지 추론한다. 다음으로 갑, 을, 병이 분배적 정의를 실현하기 위해 제시한 기준을 상기하여 문제를 해결한다.

적용 개념

\# 기하학적 비례
\# 소유 권리
\# 타고난 재능의 분포

---

04 갑, 을, 병 사상가의 입장을 〈보기〉에서 고른 것은?

> 모든 형벌은 강도, 지속성, 보편성을 근거로 과도하지 않게 집행되어야 한다. 형벌의 가장 중요한 목적은 처벌을 본보기로 삼아 전체의 효용을 증진하는 것이다.

갑

> 모든 인간은 목적으로 대우받아야 한다. 사형은 살인범의 인간성을 훼손할 수 있는 모든 가혹 행위로부터 살인범의 인격을 존중하는 것이다.

을

> 모든 사람에게 살인범의 끝없는 비참한 상태를 보여 주는 것이 사형보다 범죄 예방에 더 효과적이다. 형벌의 강도보다 지속성이 사람들에게 더 큰 영향을 준다.

병

| 보기 |

ㄱ. 갑 : 사회 전체의 이익보다 살인범의 생명권이 더 중요하다.

ㄴ. 을 : 사형을 통해 살인자와 피해자의 불균형을 해소해야 한다.

ㄷ. 병 : 사형은 종신형에 비해 처벌의 사회적 효용이 낮은 형벌이다.

ㄹ. 갑, 을 : 사형은 범죄 예방의 목적을 실현하기 위해 반드시 필요하다.

① ㄱ, ㄴ　　② ㄱ, ㄷ　　③ ㄴ, ㄷ　　④ ㄴ, ㄹ　　⑤ ㄷ, ㄹ

문제 접근 방법

먼저 '강도, 지속성, 보편성', '전체의 효용 증진' 등의 핵심어에서 갑을 추론하고, '모든 인간은 목적'이라는 핵심어에서 을을 추론한다. 마지막으로 '형벌의 강도보다 지속성'을 강조하는 대목에서 병을 추론한다. 사형 제도에 대한 갑, 을, 병의 주장의 공통점과 차이점을 상기하여 문제를 해결한다.

적용 개념

\# 처벌의 정당성
\# 사형 찬반 논거

분배 정의에 관한 두 가지 관점

국가의 재분배 정책에 반대한다

출제 경향

이 단원에서는 분배 정의에 관한 롤스와 노직의 사상을 비교하는 문제가 자주 출제되며 난도가 매우 높은 편입니다. 따라서 롤스와 노직의 사상을 비교하여 공통점과 차이점을 꼼꼼하게 정리해 두어야 합니다.

정부가 대기업과 고소득자에 대한 증세를 통해 사회적 약자를 위한 복지 정책 예산을 마련하겠다는 계획을 발표하였다. 그러나 증세 반대론자들은 '세금 폭탄'이라며 반발하고 있다. 그들은 지금은 '대기업, 고소득층 부자 증세'라고는 하지만 결국 '증세 폭탄'은 중산층과 서민에게 도미노처럼 이어질 것이라고 우려한다. 또한 증세가 대기업 활동을 위축시켜 경기에 찬물을 끼얹을 수 있다고 말한다.

– ○○ 신문, 2017. 7. 25. –

오직 계약을 집행하고 사람들을 무력과 절도와 사기에서 보호하는 기능을 수행하는 최소 국가만이 정당화될 수 있다. 거기서 더 나아가면 어떤 일도 강요받지 말아야 하는 개인의 권리를 침해하게 되고 그런 국가는 정당화될 수 없다. 누구도 강요받지 말아야 하는 분명한 행위 하나는 다른 사람을 돕는 일이다. 부자에게 세금을 부과해 가난한 사람을 돕는다면 부자가 강요받는 꼴이다. 이는 그들의 소유물을 그들 마음대로 쓸 권리를 침해한다.

갑

주장 비교

- 근로 소득에 대한 과세는 강제 노동과 같다.
- 최소 국가만이 개인의 권리를 가장 잘 보호할 수 있다.
- 개인의 천부적 재능은 공동 자산이 아니라 개인의 소유이다.
- 사회적 약자를 위한 재분배는 오직 개인의 자유에 맡겨야 한다.
- 개인은 합법적으로 취득한 소유물에 대해 절대적 권리를 갖는다.

문제 확인

용어사전

* 「**아나키에서 유토피아로**」 무정부 상태인 아나키를 지양하면서 자유주의, 개인주의, 개방주의를 유토피아적 이념으로 세우는 노직의 대표 저작
* 「**공정으로서의 정의**」 자신의 이익 증진에 관심을 가지는 자유롭고 합리적인 사람들이 원초적 입장에서 공동체의 기본 조건으로 채택하는 원칙들이 정의의 원칙이 되어야 한다는 내용의 롤스의 대표 저작

Q1 갑 사상가가 부정의 대답을 할 질문으로 옳은 것은?

① 최소 국가만이 정의로운 국가인가?
② 개인의 천부적 재능은 공동 자산인가?
③ 근로 소득에 대한 과세는 강제 노동과 같은가?
④ 사회적 약자를 위한 분배는 개인의 선택에 맡겨야 하는가?
⑤ 사회 복지 증진을 위한 정부의 재분배 정책에 반대하는가?

국가의 재분배 정책에 찬성한다

일하고 있지만 기초 생활 수급자에서 벗어나지 못하는 저소득층 청년을 위해 4월부터 정부가 월 40만 원의 저축 장려금을 지급하는 '청년 희망 키움 통장'을 지원한다. 통장에 가입한 청년에게는 매달 지급되던 생계 급여에 10만 원을 얹어 주고, 근로 소득에 따라 30만 원에서 최대 48만 5,000원의 저축 장려금을 추가로 지급한다.

– □□ 신문, 2018. 3. 29. –

차등의 원칙은 부와 소득의 불평등이 아무리 크고 사람들이 산출의 더 큰 몫을 벌기 위해 아무리 의욕적으로 일한다 하더라도 현존하는 불평등이 최소 수혜자의 이익에 효율적으로 공헌해야 한다고 요구한다. 그렇지 않다면 불평등은 허용될 수 없다. 다시 말해 차등의 원칙이 요구하는 것은 부의 일반적 수준이 얼마나 크든 현존하는 불평등이 우리 자신뿐만 아니라 다른 이들에게도 이익이 된다는 조건을 만족시켜야 한다는 것이다.

을

- 국가는 사회적 약자에 대한 복지 정책을 실시해야 한다.
- 개인의 천부적 재능의 분포를 사회의 공동 자산으로 보아야 한다.
- 자신의 지위, 능력 등을 모르는 원초적 입장에서 정의의 원칙이 도출될 수 있다.
- 원초적 입장에서 사람들은 자신이 최악의 상황에 놓일 가능성을 고려하여 최소 수혜자의 여건을 개선하는 원칙에 합의할 것이다.

Q2 갑, 을 사상가들이 모두 부정의 대답을 할 질문으로 가장 적절한 것은?

① 기본적 자유의 제한은 부당한가?
② 정의가 실현되어도 불평등은 존재하는가?
③ 절차가 공정하면 그 결과는 정의로운 것인가?
④ 정의로운 사회 실현을 위한 국가의 역할이 필요한가?
⑤ 모든 구성원이 경제적으로 평등한 사회를 지향해야 하는가?

💡 올리드 가이드

복지를 강화하기 위한 증세에 반대하는 입장과, 사회적 약자를 위해 시행되는 복지 정책의 사례를 보여 줍니다.

갑은 노직, 을은 롤스입니다. 노직은 국가에 의한 재분배 정책을 반대하지만, 롤스는 국가에 의한 재분배를 찬성하지요. 단, 두 입장은 다음과 같은 공통점도 있습니다.

- 기본적 자유의 제한은 부당하다.
- 정의가 실현되어도 불평등은 존재한다.
- 절차가 공정하면 그 결과는 정의롭다.
- 정의 사회 실현을 위한 국가의 역할이 있다.

두 사상가는 다음 개념에 관해 상반된 주장을 하고 있습니다.

- 국가의 재분배 정책에 대한 입장
- 천부적 재능에 대한 입장

다음과 같이 물을 수도 있어요.

- 갑, 을의 입장에 관한 설명으로 가장 적절한 것은?
- 갑의 입장에서 을의 주장을 비판한 내용으로 가장 적절한 것은?

 Q1 ② **Q2** ⑤

03 국가와 시민의 윤리

학습길잡이 • 국가의 권위, 시민에 대한 국가의 의무 등에 관한 다양한 관점을 비교·정리해 둔다.
• 시민 불복종에 대한 여러 가지 견해의 공통점과 차이점을 정리해 둔다.

A 국가의 권위와 시민에 대한 의무

1 국가의 권위

① 국가 권위의 의미 : 명령을 내리거나 통치를 할 수 있는 권리(명령권, 통치권), 시민이 국가의 뜻을 따르게 하는 힘

┌─ **예** 시민에게 세금을 내라고 요구하거나 군 복무의 의무를 부과하는 것

② 국가 권위의 정당성에 대한 관점 ➊

인간 본성	• 국가는 인간 본성에 따라 성립된 것이므로 자연스럽게 권위를 가짐 • 아리스토텔레스 : "국가는 자연적으로 존재하는 것들에 속하며, 인간은 본질적으로 국가에서 살게 되어 있는 동물이다."
동의	• 시민이 국가에 복종하기로 동의하였기 때문에 권위를 가짐 • 사회 계약설 : 개인은 생명, 자유, 재산에 관한 권리를 보호해 준다는 조건으로 자발적으로 국가의 명령에 복종하기로 약속함 **질문**
혜택	국가는 공공재와 관행의 혜택을 제공하기 때문에 권위를 가짐 **예** 국방과 치안, 교통 법규, 도량형, 공동체에 대한 소속감 등
천명 (天命)	• 국가의 권위를 민의에 기초한 천명의 관점에서 정당화함 • 유교 : 군주의 통치권은 백성을 바르고 평안하게 살도록 만들어 주기 위해 하늘에서 주어진 것임

2 동양에서 본 시민에 대한 국가의 의무 ➋

┌─ 유교에서는 군주가 먼저 군자다운 덕을 갖추고 이를 바탕으로 백성을 다스려야 한다고 본다.

① 유교 : 군주는 덕(德)으로 백성을 교화하는 정치를 펴고, 백성의 생계를 안정시켜 주며, 재화의 고른 분배로 모두 더불어 잘 사는 사회를 만들어야 함
└─ 대동 사회의 특징이다.

② 묵자 : 군주는 남의 나라를 내 나라 돌보는 것과 같이 하고, 남을 자신을 돌보는 것과 같이 하는 겸애(兼愛)를 실천하여 천하의 혼란을 막아야 함 ➌

③ 한비자 : 군주는 이기적인 백성을 엄격한 법에 따라 포상과 처벌을 적절하게 제공하면서 통치하여 사회 질서를 유지해야 함 ➍

④ 정약용 : 지방 관리들은 애민(愛民)을 실현해야 함 → 노인, 어린이, 가난한 사람, 병든 사람의 구제와 재난 대비를 강조함

자료로 보는 **항산, 시민에 대한 국가의 첫 번째 의무**

백성의 경우 일정한 생업[恒産]이 없으면 일정한 마음[恒心]이 없게 된다. 훌륭한 군주는 백성의 생업을 마련해 주는데, 반드시 위로는 부모를 섬기기에 충분하게 하고 아래로는 처자식을 먹여 살릴 만하게 한다. 그렇게 한 후에 백성을 인도하여 선(善)에 이르도록 하므로 백성이 따르기 쉽다. – 맹자, 「맹자」 –

자료 분석 맹자는 민본주의 사상을 바탕으로 국가의 의무를 설명한다. 그에 따르면 국가는 백성의 생업을 보장해 주는 임무를 성실히 수행해야 한다. 왜냐하면 기본적인 생계가 보장되지 않으면 백성은 도덕성을 유지하기 어렵기 때문이다.

Q 맹자가 백성의 생업을 보장하는 것을 국가의 의무라고 주장한 이유는 무엇인가?

A 기본적인 생계가 보장되지 않으면 백성은 도덕성을 유지하기 어렵기 때문이다.

개념 **더하기** 자료 **채우기**

➊ 국가 권위의 정당성에 대한 또 다른 관점

소크라테스	준법에 대해 약속했고, 국가로부터 혜택을 받았기 때문에 국가는 권위를 가짐
공리주의	국가의 법을 지키는 것이 최대 다수의 최대 행복을 증진하기 때문에 국가는 권위를 가짐

질문 있어요

사회 계약설은 국가의 권위를 어떻게 정당화하나요?

사회 계약설에 따르면 각 개인은 생명, 자유, 재산에 관한 자연법적 권리를 갖고 있으며, 이 권리를 확실히 보장받기 위해 구성원들이 합의한 계약에 따라 국가라는 조직이 생겨났어요. 사회 계약설은 국가가 시민의 권리를 보장할 때 국가의 권위가 도덕적으로 정당화된다는 점을 강조합니다.

➋ 우리나라 헌법에 규정된 국가의 의무

제10조 국가는 개인이 가지는 불가침의 기본적 인권을 확인하고 이를 보장할 의무를 진다.
제34조 ② 국가는 사회 보장·사회 복지의 증진에 노력할 의무를 진다.

➌ 묵자의 겸애설

모든 천하의 재난과 찬탈과 원한이 생겨나는 까닭은 서로 사랑하지 않는 데서 생겨난다. 모두가 아울러 서로 사랑하고 모두가 서로 이롭게 하는 방법으로서 이를 대신해야 한다. – 묵자, 「묵자」 –

겸애란 자기를 사랑하듯 남을 사랑하고, 자기 집, 자기 나라를 아끼듯 다른 집, 다른 나라를 아끼는 것을 말한다.

➍ 한비자의 법치주의

엄한 형(刑)은 백성이 두려워하는 것이고 무거운 벌은 백성이 싫어하는 것이다. 그래서 성인(聖人)은 두려워하는 것을 제시하여 그들의 악행을 금지시키고 싫어하는 것을 제정하여 그들의 간사함을 방지한다. 이로 인해 나라는 안정되고 난리가 일어나지 않는다. – 한비자, 「한비자」 –

한비자는 인간의 본성이 악하고 이기적이므로 군주가 엄격한 법과 형벌로 나라를 다스려야 할 책임이 있음을 강조했다.

용어사전

* **천명**(하늘 天, 명령 命) 하늘의 명령
* **민의**(백성 民, 뜻 意) 백성의 뜻

3 서양에서 본 시민에 대한 국가의 의무

① 사회 계약설 질문

홉스	국가는 '만인에 대한 만인의 투쟁 상태'에 놓인 시민의 생명과 재산을 보호하고 사회 질서를 형성해야 함 5
로크	국가는 사람들 간의 분쟁을 해결하고 개인의 생명과 자유, 재산을 침략자로부터 보호하여 시민이 평화롭고 안전하며 행복하게 살게 해야 함 6
루소	국가는 사유 재산이 증가하면서 발생한 사회적 불평등을 해소하고 시민의 생명을 보전하고 번영하게 해야 함

자료로 보는 국가와 시민의 의무에 관한 로크의 사상

• 시민에 대한 국가의 의무 사람들은 사회에 들어갈 때 그들이 자연 상태에서 가졌던 평등, 자유 및 집행권을 사회가 요구하는 바에 따라 입법부가 처리할 수 있도록 사회의 수중에 양도한다. 그것은 오직 모든 사람이 자유와 재산을 더욱 잘 보존하려는 의도에서 행하는 것이다.

• 국가에 대한 시민의 의무(명시적 동의와 묵시적 동의) 사회에 들어가겠다는 어떤 사람의 명시적 동의는 그를 그 사회의 완전한 구성원이자 그 정부의 신민으로 만든다. 한편 개인이 정부의 통치권 안에 있는 어떤 것을 향유한다면 그는 묵시적 동의를 한 것이며, 그것들을 향유하는 동안에는 정부의 통치하에 있는 다른 사람과 마찬가지로 그 정부의 법을 준수할 의무를 가진다. – 로크, 『통치론』 –

자료 분석 로크는 시민이 기본권을 더 잘 보장받기 위해 자신의 권리를 사회에 맡기는 계약을 맺는다고 보았다. 따라서 국가는 시민의 기본권을 보호할 의무가 있다. 한편, 시민도 정치적 의무, 즉 법을 준수해야 할 의무를 수행해야 한다. 로크는 그 까닭을 시민이 사회 계약 과정에서 명시적 동의와 묵시적 동의를 했기 때문이라고 보았다. 즉 특정 국가 안에서 살아가는 것은 시민의 의무를 수행하겠다는 묵시적 동의를 한 것이다.

Ⓠ 로크의 입장에서 시민에 대한 국가의 의무는 무엇인가?

Ⓐ 시민의 생명, 자유, 재산을 보호할 의무 하

② **밀** : 국가는 시민이 타인에게 해악을 끼칠 경우를 제외하고는 시민의 자유 등 기본권을 보장해야 함
└ 평등한 자유의 원칙을 말한다.   ┌ 차등의 원칙을 말한다.
③ **롤스** : 국가는 개인의 평등한 자유를 보장하고, 사회의 가장 불리한 위치에 있는 사람에게 최대 이익이 돌아가게 하며, 사회에서 누구나 높은 지위에 오를 수 있는 기회가 평등하게 부여되는 질서 정연한 사회를 실현해야 함 7
└ 기회균등의 원칙을 말한다.

자료로 보는 국가의 의무에 대한 밀의 사상

개인적으로나 혹은 집단적으로나, 인간에게는 자신을 확실히 보호하기 위해 다른 사람이 가진 행동의 자유를 저지하는 일이 허용되지 않는다. 이 원칙에 따르면 문명 사회에서 어떤 구성원에게 합법적으로 힘을 행사할 수 있는 유일한 경우는 바로 그 사람이 다른 이에게 해를 끼치는 것을 막을 때뿐이다. – 밀, 『자유론』 –

자료 분석 자유주의 사상가인 밀은 시민의 자유 등 기본권을 보장하는 것이 시민에 대한 국가의 의무라고 주장하였다. 밀은 국가가 시민의 자유를 제한할 수 있는 경우는 오직 그 사람의 행동이 다른 사람에게 해악을 끼칠 때만이라고 하였다.

Ⓠ 밀의 입장에서 시민에 대한 국가의 의무는 무엇인가?

Ⓐ 시민의 기본권을 보장할 의무 보장

✋ **질문 있어요**

사회 계약설의 공통된 주장은 무엇인가요?

사회 계약설은 사상가에 따라 국가의 의무나 역할에 대한 입장이 조금씩 다릅니다. 그 이유는 사상가마다 사회가 형성되기 이전의 자연 상태에 대한 의견이나 인간의 본성에 대한 의견이 서로 조금씩 다르기 때문입니다. 그러나 공통적으로 국가가 시민의 생명, 재산, 자유 등 기본권을 보호할 의무가 있다는 점에는 모두 동의합니다.

5 만인에 대한 만인의 투쟁 상태

공통의 권력이 없는 상태에서 사는 한, 인간은 누구나 전쟁 상태에 놓이게 된다. 이러한 전쟁은 '만인의 만인에 대한 투쟁'이다. 공통의 권력이 없는 곳에는 법률도 존재하지 않으며, 법률이 존재하지 않는 곳에는 불의도 존재하지 않는다.
– 홉스, 『리바이어던』 –

홉스에 따르면 국가가 형성되기 이전의 자연 상태에서 인간은 자신의 생명과 재산에 대해 아무런 보호를 받지 못하기 때문에 계약을 통해 국가를 형성하게 된다.

6 국가의 의무에 대한 로크의 입장

로크는 사회 계약설을 통해 국가의 통치권은 국민으로부터 위임받은 것임을 강조하고, 국가의 의무를 시민의 생명, 자유, 재산과 같은 기본권을 보호하고 공동체의 선을 지키는 것이라고 보았다. 로크는 국민 주권론을 바탕으로 국가의 의무를 규정하였으며, 만일 국가가 주어진 의무를 다하지 않는다면 시민은 계약을 해지할 수 있다고 보았다.

7 롤스의 질서 정연한 사회

질서 정연한 사회란 사회 성원들의 선을 증진하기 위해 세워지고 공적인 정의관에 의해 규제되는 사회이다. 모든 사람이 타인들도 동일한 정의의 원리들을 받아들일 것을 인정하고 그 사실을 잘 알고 있는 사회이며, 사회의 기본 제도들이 원리들을 만족시키고 있으며 또한 만족시킨다는 것이 알려져 있는 사회이다. 공정으로서의 정의는 이러한 사회 이념에 부합되도록 구성됐다.
– 롤스, 『정의론』 –

롤스가 말하는 질서 정연한 사회란 구성원의 선을 증진해 주고 공공의 정의관에 의해 규제되는 사회를 의미한다.

✳ **용어사전**

****묵시**(잠잠할 默, 볼 視) 말이나 행동으로 직접 드러내지 않고 은연 중에 뜻을 나타내 보이는 것

03 국가와 시민의 윤리

B 민주 시민의 참여와 시민 불복종

1 민주 시민의 권리와 의무

① 민주 시민은 국가의 정당한 권위를 존중하고, 시민으로서 권리와 의무를 실천해야 함 **1**

② 동서양 사상과 시민의 권리와 의무

> 유교에서는 국가를 하나의 거대한 가족으로 여기기 때문에 군주는 곧 부모와 같은 존재라고 본다.

> 군주가 무력으로 다스리는 것이 아닌 덕으로 백성을 교화하는 정치를 말한다.

동양의 유교	• 백성은 부모에게 효도하는 것과 같이 국가에 충성하는 것을 의무로 간주함 • 맹자 : 군주는 민본주의를 바탕으로 왕도 정치를 실천해야 하며, 백성은 군주가 백성을 위한 정치를 하지 않는다면 역성혁명(易姓革命)을 일으킬 수 있음 **2** 질문 • 역성혁명 : 맹자는 군주가 백성을 위한 정치를 하지 않으면 더 이상 군주로서 자격이 없기 때문에 군주를 교체할 수 있다고 봄
서양의 사회 계약론	• 시민은 자연법에 따른 권리의 주체로서 자유를 정당하게 행사할 권리가 있음 • 시민은 타인의 자유와 권리를 침해하지 않아야 하며, 정치 공동체의 구성원으로서 공동선을 지향해야 할 의무가 있음 • 시민은 사회 계약을 위반한 정부에 저항할 권리가 있음(로크)

자료로 보는 동서양의 저항권 사상

• 제선왕이 맹자에게 물었다. "신하가 임금을 해쳐도 됩니까?" 맹자가 답하기를 "인(仁)을 해치는 자를 적(賊)이라 하고, 의(義)를 해치는 자를 잔(殘)이라 하며, 잔적(殘賊)한 자를 일컬어 필부(匹夫, 신분이 낮은 사내)라고 합니다. 한 사람의 필부인 주(紂)를 죽였다는 말은 들어도 임금을 죽였다는 소리는 듣지 못했습니다." — 맹자, 「맹자」 —

• 입법부가 야심 또는 부패로 인해 인민의 생명, 자유 및 재산에 대한 절대적 권력을 자신의 수중에 장악하여 사회의 기본 규칙을 침해하면 그 권력은 인민에게 되돌아간다. 인민은 그들의 자유를 회복할 권리에 따라 새로운 입법부를 설립함으로써 그들이 사회에 가입한 목적, 즉 자신의 안전과 안보를 강구할 수 있는 권리를 갖게 된다. — 로크, 「통치론」 —

자료 분석 맹자는 군주가 백성을 위하는 정치를 하지 않으면 군주를 바꿀 수 있다고 보았다. 그러한 군주는 하늘의 뜻을 어긴 것이기 때문이다. 로크도 사회 계약을 통해 시민으로부터 권한을 위임받은 정부가 시민의 생명, 자유, 재산 등 자연법적 권리를 보장하지 않으면 시민은 정부에 대해 저항할 권리가 있다고 보았다.

Q 맹자와 로크의 저항권 사상의 공통점은 무엇인가?

A 시민의 자유와 권리를 침해하는 정부에 저항할 권리가 있다는 것이다.

2 참여의 의의

① 참여의 의미 **3**

• 정부의 정책 결정 과정에 대해서 영향을 미치는 것을 목적으로 한 시민의 활동 **예** 공청회, 주민 투표제, 주민 소환제, 국민 참여 재판 등

• 참여는 주권자인 시민의 핵심적인 권리이자 의무임

② 참여의 필요성 : 자아의 성숙, 공동체에 대한 소속감 형성, 개인의 권리 보장, 공공의 이익 증진, 대의 민주주의의 한계 보완 **4**

③ 참여의 한계 : 참여가 개인 또는 자기가 속한 집단의 이익만을 추구할 경우 시민 전체의 의사가 왜곡될 수 있고, 사회 갈등을 초래할 수 있음

개념 더하기 자료 채우기

1 우리나라 헌법에 규정된 시민의 권리와 의무

권리	자유권(사상, 양심, 종교, 언론, 집회, 결사), 평등권, 행복 추구권, 참정권 등
의무	납세·국방·교육·근로·준법의 의무, 정치 참여의 의무 등

2 민본주의의 유래

> 하늘이 보고 듣는 것이 백성을 통해 보고 듣는 것이다. 하늘이 밝히고 두렵게 하는 것 또한 우리 백성을 통해 밝히고 두렵게 하는 것이다. 이처럼 하늘과 백성은 통하는 것이니, 땅을 다스리는 사람은 백성을 공경해야 한다. — 「시경」 —

민본(民本)은 '민유방본(民惟邦本)'에서 유래된 말로, 백성의 뜻을 하늘의 뜻으로 알고 백성을 나라의 근본으로 여기는 태도를 말한다. 민본주의에 바탕을 둔 정치는 '백성을 위한 정치'를 지향한다.

질문 있어요

민본주의와 민주주의의 공통점과 차이점은 무엇인가요?
민본주의는 백성을 위한 정치를 지향하고, 민주주의는 시민을 위한 정치를 지향한다는 점에서 두 사상은 유사해요. 그러나 민주주의 사상이 시민을 주권자로 인식하고, 자율적 판단에 따라 정치에 참여할 수 있는 주체로 본다면, 민본주의 사상은 백성을 군주에게 통치를 받는 대상으로 여기며, 군주가 부여한 의무에 따르는 수동적인 존재로 파악해요.

3 공리주의와 참여

공리주의 관점에서 정치 참여는 시민이 가진 다양한 정치적 선호(選好)를 결집하여 이를 공공 정책에 효과적으로 반영함으로써 적극적으로 선을 달성하는 도구이다.

4 대의 민주주의의 한계

대의 민주주의는 시민이 선출한 대표자를 통해 간접적으로 주권을 행사한다. 그러나 선출된 이들이 다원화된 현대 사회 각계각층의 입장을 제대로 대표했는지, 또 제대로 심의했는지 명확하지 않다는 한계를 지닌다. 이에 따라 시민 참여의 중요성이 더욱 커지고 있다.

용어사전

* **참여**(참여할 參, 같이할 與) 어떤 일에 끼어들어 관계하는 것
* **대의**(대신할 代, 의논할 議) 선거를 통하여 선출된 의원이 국민의 의사를 대표하여 정치를 논의하는 일

3 시민 불복종

① 시민 불복종의 의의와 근거 **5**

의미	정의롭지 못한 법과 정책에 대한 시민의 의도적 위법 행위
특징	시민 불복종을 하는 사람들은 자신이 생각하는 규범적·윤리적 근거를 널리 알리기 위해 법을 공개적·의식적으로 위반함
근거	• 드워킨 : 시민은 헌법 정신에 어긋나는 법률에 대해 저항할 수 있음 • 소로 : 헌법을 넘어선 개인의 양심이 저항의 최종 판단 근거임 • 롤스 : 공공의 정의관(=사회적 다수의 정의관)에 어긋날 경우 시민 불복종이 허용됨

자료로 보는   소로의 시민 불복종

나는 우리가 먼저 인간이어야 하고, 그 다음에 시민이어야 한다고 생각한다. 법에 대한 존경심보다는 먼저 정의에 대한 존경심을 기르는 것이 바람직하다. 내가 떠맡을 권리가 있는 나의 유일한 책무는, 어떤 때이고 간에 내가 옳다고 생각하는 일을 행하는 것이다. 법이 사람을 조금이라도 더 정의로운 인간으로 만든 경우는 없다. 오히려 법에 대한 존경심 때문에 선량한 사람조차도 매일매일 불의의 하수인이 되고 있다.
　　　　　　　　　　　　　　　　　　　　　　　　　　　　 – 소로, 「시민의 불복종」 –

자료 분석　소로는 국가가 시민에게 불의한 일을 강요해서는 안 되며, 시민은 그러한 국가의 강요를 거부할 수 있는 권리를 가진다는 시민 불복종 사상을 펼쳤다. 이때 불복종의 기준은 개인의 양심이며, 정의롭지 못한 정부나 법에 불복종하는 것은 자신의 가치를 지키는 방법이라고 보았다.

Q 소로의 입장에서 시민 불복종이 개시되어야 할 상황은 어떤 상황인가?

A 국가에 의하여 양심에 어긋나는 불의한 일이 강요될 때

② 시민 불복종의 정당화 조건 **6**

법에 대한 충실성	기존의 사회 질서와 법에 대한 존중에 바탕을 두어야 함 **7**
사회 정의 실현	특정 집단의 이익이 아닌 사회 정의를 실현하고자 해야 함
최후의 수단	합법적인 노력이 효과가 없을 때 마지막 수단으로 사용해야 함
공개적·비폭력적	공개적이며 비폭력적인 방법으로 행해야 함
처벌 감수	법을 어기는 행위이므로 그에 따른 처벌을 감수해야 함

자료로 보는   롤스의 시민 불복종의 정당화 근거

시민 불복종은 공공의 정의관에 호소하는 정치적 행위이다. 그리고 시민 불복종은 구체적이고 분명한 부정의의 사례를 제거하는 것에 한정하는 것이 합당하다고 생각된다. 이러한 이유로 시민 불복종을 정의의 제1원칙인 평등한 자유의 원칙에 대한 심한 위반이나 제2원칙의 두 번째 부분인 기회균등의 원칙에 대한 현저한 위배에 국한되어야 한다.　　　　　　　　– 롤스, 「정의론」 –

자료 분석　롤스는 시민 불복종의 정당화 근거로 공공의 정의관에 대한 현저한 위반이 존재할 때임을 강조하였다. 이때 공공의 정의관이란 평등한 자유의 원칙과 기회균등의 원칙에 근거한 사회적 다수의 정의관을 말한다. 롤스는 차등의 원칙에 대한 위반은 시민 불복종의 근거가 될 수 없다고 보았다. 질문

Q 롤스의 입장에서 불의한 법이나 정책을 판단하는 기준은 무엇인가?

A 평등한 자유의 원칙, 기회균등의 원칙에 근거한 사회적 다수의 정의관.

개념 더하기 자료 채우기

5 시민 불복종의 사례

- 간디 : 영국이 식민지인 인도에 소금의 생산·판매를 금지하고 영국에서 생산된 소금을 비싼 값에 수입하도록 하자, 이에 불복종한다는 의미로 행진을 하였다.
- 마틴 루서 킹 : 비폭력의 원칙을 지키면서 흑인 차별 철폐 운동을 벌였다.
- 소로 : 멕시코 전쟁을 반대하여 납세를 거부하였다.

6 시민 불복종의 한계

- 과도한 시민 불복종은 법질서의 안정성을 해칠 수 있다.
- 시민 불복종 운동에 참여하는 일부 시민이 전체 시민의 의사를 대변하기 어렵다.
- 겉으로 정의와 양심을 내세우지만 실제로는 집단 이기주의에서 비롯될 가능성이 있다.

7 준법과 시민 불복종의 관계

시민 불복종은 법의 바깥 경계선에 있긴 하지만 법에 대한 충실성의 한계 내에서 법에 대한 불복종을 나타내는 것이다. 법에 대한 충실성은 그 행위의 공공적이고 비폭력적인 성격과 그 행위의 법적인 결과를 받아들이겠다는 의지로 표현된다.
　　　　　　　　　　　　　– 롤스, 「정의론」 –

롤스에 따르면 시민 불복종은 체제 자체나 법질서를 거부하는 것이 아니라, 법질서와 체제 자체에 대한 존중심을 바탕으로 이루어지는 행위이다. 따라서 부정의한 법이라도 그것을 어긴 행위에 대한 처벌을 감수하는 것이다.

질문 있어요

롤스가 차등의 원칙이 시민 불복종의 근거가 될 수 없다고 주장한 이유는 무엇인가요?

차등의 원칙이란 사회적 약자에 대한 배려와 복지 정책 등을 강조하는 원칙인데, 롤스에 따르면 거의 정의로운 사회가 모두 부유한 사회는 아니기 때문에 상황에 따라서는 불가피하게 사회적 약자에 대한 복지 정책이 미흡할 수 있다고 보았습니다. 또한 사회적 약자라는 기준 자체가 시대나 상황에 따라 매우 다를 수 있으며, 차등의 원칙에 의한 불복종과 이기주의에서 비롯된 불복종을 구분하는 것도 현실적으로 어렵다고 보았기 때문입니다.

용어사전

* **불복종**　법이나 제도, 정책의 지시나 명령을 거부하는 것

올리드 포인트

A 국가의 권위와 시민에 대한 의무

1 국가 권위의 의미 국가가 명령을 하거나 통치할 수 있는 권리, 시민이 국가의 뜻을 따르게 하는 힘

2 국가 권위의 정당성에 대한 관점

인간 본성	국가는 인간의 본성에 따라 성립된 것이므로 권위를 가짐
동의	시민이 국가에 복종하기로 동의했으므로 권위를 가짐
혜택	국가는 공공재와 관행의 혜택을 제공하므로 권위를 가짐
천명	국가의 권위를 민의에 기초한 천명의 관점에서 정당화함

3 시민에 대한 국가의 의무

유교	덕치, 백성의 생계 안정, 재화의 고른 분배를 강조함
묵자	겸애를 통해 혼란이 생기지 않게 해야 함
한비자	엄격한 법에 따라 포상과 처벌을 적절하게 제공하면서 통치하여 사회의 질서를 유지해야 함
정약용	애민 실현
사회 계약설	시민의 생명, 자유, 재산 보호
밀	시민의 자유 등 기본권 보장
롤스	개인의 평등한 자유 보장, 최소 수혜자에게 최대 이익 보장, 기회균등 보장

B 민주 시민의 참여와 시민 불복종

1 민주 시민의 권리와 의무

동양의 유교	• 국가에 충성하는 것을 의무로 간주함 • 맹자 : 백성은 역성혁명을 일으킬 수 있음
서양의 사회 계약론	• 시민은 자유를 정당하게 행사할 권리가 있으며, 공동선을 지향해야 할 의무가 있음 • 로크 : 시민이 사회 계약을 위반한 정부에 저항할 권리가 있음

2 시민 불복종의 근거와 정당화 조건

근거	• 드워킨 : 헌법 정신 • 소로 : 개인의 양심 • 롤스 : 공공의 정의관(＝사회적 다수의 정의관)
정당화 조건	• 법에 대한 충성심 : 사회 질서와 법에 대한 존중심 필요 • 사회 정의 실현 : 사회 정의를 실현하고자 해야 함 • 최후의 수단 : 합법적인 노력이 효과가 없을 때 • 공개적·비폭력적 : 공개적이며 비폭력적인 방법 • 처벌 감수 : 법을 어기는 행위이므로 처벌 감수

01 다음 설명이 맞으면 ○표, 틀리면 ×표를 하시오.

(1) 국가의 권위란 명령을 내리거나 통치를 할 수 있는 권리를 의미한다. ( )

(2) 동의의 관점에 따르면 국가는 인간 본성에 따라 성립된 것이므로 자연스럽게 권위를 가진다. ( )

(3) 혜택의 관점에 따르면 국가는 공공재와 관행의 혜택을 제공하기 때문에 권위를 가진다. ( )

(4) 국가의 권위를 민의에 기초한 천명(天命)에서 유래된 것으로 여기는 것은 인간 본성의 관점이다. ( )

(5) 묵자는 군주가 다른 나라보다 자신의 나라를 더욱 사랑해야 함을 강조하였다. ( )

02 빈칸에 들어갈 알맞은 말을 쓰시오.

(1) ( )은/는 엄격한 법에 따라 포상과 처벌을 적절하게 제공하면서 통치하여 사회 질서를 유지해야 함을 강조하였다.

(2) 롤스는 ( )에게 최대의 이익을 보장하는 것을 국가의 의무라고 보았다.

(3) 맹자는 군주가 백성을 위한 정치를 하지 않는다면 백성은 ( )을/를 통해 군주를 교체할 수 있다고 보았다.

(4) 서양 사상가 ( )은/는 시민이 사회 계약을 위반한 정부에 저항할 권리가 있음을 강조하였다.

(5) 시민 불복종의 정당화 조건 중 ( )(이)란 시민 불복종이 사회 질서와 법에 대한 존중심의 한계 내에서 이루어져야 함을 말한다.

03 사상가와 그가 주장한 시민 불복종의 근거를 바르게 연결하시오.

(1) 롤스 •   • ㉠ 헌법 정신

(2) 소로 •   • ㉡ 개인의 양심

(3) 드워킨 •   • ㉢ 공공의 정의관

01 (가) 사상의 입장에서 (나) 질문에 대해 답변한 내용으로 가장 적절한 것은?

(가)	어떤 일이 개인의 이익을 증진하거나 그것을 위한 일이라고 하는 것은 개인 쾌락의 합계를 증가시키거나 고통의 합계를 감소시키는 것을 의미한다. 마찬가지로 어떤 일이 공동체의 이익을 증진한다는 것은 그것이 공동체 구성원의 쾌락의 합계를 증가시키는 것을 의미한다.
(나)	국가의 법을 준수해야 하는 이유는 무엇인가?

① 최대 다수의 최대 행복을 증진하기 때문이다.
② 모든 실정법은 자연법에 토대를 두기 때문이다.
③ 인간은 본성적으로 공동체를 구성했기 때문이다.
④ 사회와 맺은 계약을 충실히 이행해야 하기 때문이다.
⑤ 국가의 법을 따르는 것은 신(神)의 뜻에 복종하는 것이기 때문이다.

03 다음 사상의 입장과 일치하는 내용만을 〈보기〉에서 있는 대로 고른 것은?

모든 인간은 천부의 권리를 가지는데, 자연 상태에서는 이러한 자유와 권리의 보장이 확실하지 않다. 그래서 각 개인은 생명, 자유, 재산에 관한 자연법적 권리를 보장받기 위해 국가를 형성하게 되었다.

┤ 보기 ├
ㄱ. 국가의 권위는 하늘로부터 위임받은 것이다.
ㄴ. 국가의 권위는 인간의 본성에서 유래된 것이다.
ㄷ. 국가의 권위는 자발적 동의에서 비롯되는 것이다.
ㄹ. 국가의 권위는 시민을 위해 발휘될 때 정당화될 수 있다.

① ㄱ, ㄴ 　② ㄱ, ㄹ 　③ ㄷ, ㄹ
④ ㄱ, ㄷ, ㄹ 　⑤ ㄴ, ㄷ, ㄹ

⭐⭐ 중요

02 (가) 사상가의 입장을 (나) 그림으로 탐구할 때 A, B에 들어갈 질문으로 적절하지 않은 것은?

(가)	모든 공동체는 어떤 선을 목적으로 하여 성립된다. 왜냐하면 인류는 항상 자신이 좋다고 생각하는 것을 획득하기 위해 행동하기 때문이다. 그러나 만약 모든 공동체가 어떤 선을 목표로 한다면, 모든 공동체 가운데 가장 상위의 것이며, 또한 나머지 공동체를 모두 포함하는 국가 또는 정치적 공동체는 다른 공동체보다 더 나은 선 또는 최상위의 선을 목표로 할 것이다.
(나)	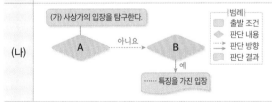

범례
■ 출발 조건
◆ 판단 내용
⇢ 판단 방향
▨ 판단 결과

① A : 국가는 계약의 산물인가?
② A : 국가의 권위는 천명(天命)에 의해 정당화되는가?
③ B : 타국과 자국을 똑같이 사랑해야 하는가?
④ B : 국가는 인간 본성에 따라 성립된 것인가?
⑤ B : 인간은 국가 공동체 안에서만 최선의 삶이 가능한가?

⭐⭐ 중요

04 (가) 사상가의 입장에서 (나)를 정당화하는 근거로 제시할 내용으로 옳은 것은?

(가)	사람들은 사회에 들어갈 때 그들이 자연 상태에서 가졌던 평등, 자유 및 집행권을 사회가 요구하는 바에 따라 입법부가 처리할 수 있도록 사회의 수중에 양도한다. 그러나 그것은 오직 모든 사람이 그 자신, 그의 자유 및 그의 재산을 더욱 잘 보존하려는 의도에서 행하는 것이다.
(나)	국가는 시민에게 소득의 일정 부분을 세금으로 내거나 일정 기간 군 복무를 해야 하는 등의 의무를 부과할 수 있다.

① 시민 스스로 동의했기 때문이다.
② 국가의 요구는 신(神)의 명령과 같기 때문이다.
③ 인간이 본성적으로 공동체를 구성했기 때문이다.
④ 사유 재산 발생으로 인한 불평등을 해소하기 위해서이다.
⑤ 만인의 만인에 대한 투쟁 상태에서 벗어나기 위해서이다.

05 다음 사상가가 긍정의 대답을 할 질문을 〈보기〉에서 고른 것은?

> 훌륭한 군주는 백성의 생업을 마련해 주는데, 반드시 위로는 부모를 섬기기에 충분하게 하고 아래로는 처자식을 먹여 살릴 만하게 한다. 그렇게 한 후에 백성을 인도하여 선(善)에 이르도록 하므로 백성이 따르기 쉽다.

┤ 보기 ├
ㄱ. 군주는 모든 나라를 똑같이 사랑해야 하는가?
ㄴ. 군주는 백성의 생계를 보장할 책임이 있는가?
ㄷ. 군주는 민본주의를 토대로 정치를 해야 하는가?
ㄹ. 군주는 엄격한 법을 나라 운영의 근본으로 삼아야 하는가?

① ㄱ, ㄴ　　② ㄱ, ㄷ　　③ ㄴ, ㄷ
④ ㄴ, ㄹ　　⑤ ㄷ, ㄹ

06 다음 스승의 입장에서 제자의 질문에 답할 내용으로 가장 적절한 것은?

> 스승 : 내가 여기서 도망치려 한다면 사람들은 나라의 법률과 나라 전체를 파괴하려는 것이라고 말하겠지. 한번 내려진 판결을 따르지 않는다면 나라의 질서는 유지될 수 없을 것이라고 말이야. 또한 평생 동안 각종 혜택을 받으며 이 나라에서 살았던 것은 나라의 법 아래에서 살기로 약속했기 때문인데, 자신이 불리하다는 이유로 그 약속을 어기는 것은 옳지 않다고 사람들이 말하지 않겠는가?
>
> 제자 : 스승님은 국가 권위의 정당성에 대해 어떻게 생각하십니까?

① 국가는 시민과의 계약으로부터 권위를 인정받는다네.
② 국가는 시민의 묵시적 동의만으로도 권위를 인정받을 수 있다네.
③ 시민이 준법에 약속했고 국가로부터 혜택을 받았기 때문에 국가는 권위를 갖는다네.
④ 국가는 시민을 착취하기 위한 도구이기 때문에 국가 권위의 정당성을 인정할 수 없다네.
⑤ 인간은 자연적 본성에 따라 국가를 구성하기 때문에 국가 권위의 정당성을 부여받는다네.

07 다음에서 추론할 수 있는 국가 권위의 근거로 가장 적절한 것은?

> 국가는 무임승차자를 처벌하고 사회적 협력의 보장자로 기능한다. 도둑과 강도를 체포하거나 가둠으로써 시민의 재산을 보호하고 부녀자의 안전 귀가를 보장하는 일도 국가가 맡은 역할이다. 그런가 하면 교통 정리를 하는 경찰의 모습에서, 혹은 운전자나 보행자의 우측 통행을 결정한다는 점에서 국가의 존재 이유를 생각해 볼 수 있다. 또한 음주 운전이나 속도위반 행위를 단속하는 임무도 국가가 맡은 역할이 아니겠는가.

① 국가의 통치권은 하늘이 부여한 것이기 때문이다.
② 국가 권위는 신으로부터 부여된 것이기 때문이다.
③ 국가가 공공재와 관행의 혜택을 제공했기 때문이다.
④ 국가의 권위는 자연법적으로 마땅히 주어진 것이기 때문이다.
⑤ 국가는 공동체를 구성하려는 인간의 본성에 따라 생겨난 것이기 때문이다.

08 다음 사상가의 입장을 〈보기〉에서 고른 것은?

> 군자의 덕은 바람이요 소인의 덕은 풀로서, 바람이 불면 풀은 반드시 눕혀지는 것이다. 덕으로 정치하는 것은 북극성이 제자리에 있지만 뭇별들이 그를 향하는 것과 같다.

┤ 보기 ├
ㄱ. 군주는 먼저 군자다운 인격을 닦고 백성을 다스려야 한다.
ㄴ. 군주는 권위를 확립하기 위해 혹독한 형벌을 통해 다스려야 한다.
ㄷ. 군주는 재화의 고른 분배를 통해 더불어 잘사는 사회를 만들어야 한다.
ㄹ. 군주는 나의 나라와 남의 나라를 똑같이 사랑하여 평화를 실현해야 한다.

① ㄱ, ㄴ　　② ㄱ, ㄷ　　③ ㄴ, ㄷ
④ ㄴ, ㄹ　　⑤ ㄷ, ㄹ

09 갑, 을 사상가의 입장으로 적절하지 <u>않은</u> 것은?

> 갑 : 나의 부모를 부모로 받들고서 남의 부모에게로
> 미치고, 나의 자식을 어린 자식으로 사랑하고서
> 남의 자식에게도 그 사랑이 미치게 한다면, 천하
> 를 손바닥에 얹어 움직이는 것과 같을 것이다.
> 을 : 모든 천하의 재난과 찬탈과 원한이 생겨나는 까
> 닭은 서로 사랑하지 않는 데서 생겨나는 것이다.
> 모두가 아울러 서로 사랑하고 모두가 서로 이롭
> 게 하는 방법으로서 이를 대신해야 한다.

① 갑 : 덕으로 백성을 교화하는 정치를 해야 한다.
② 갑 : 가까운 곳으로부터 먼 곳으로 인(仁)을 실천해
야 한다.
③ 을 : 자국과 타국을 똑같이 사랑할 때 혼란이 사라진다.
④ 을 : 자기 가족에 대한 사랑을 점차 먼 곳으로 확대
해야 한다.
⑤ 갑, 을 : 사랑의 정신을 통해 사회 질서를 바로잡아
야 한다.

10 동양 사상가 갑, 을의 입장으로 가장 적절한 것은?

> 갑 : 엄한 형(刑)은 백성이 두려워하는 것이고 무거운 벌
> 은 백성이 싫어하는 것이다. 성인(聖人)은 두려워
> 하는 것을 제시하여 그들의 악행을 금지시키고 싫
> 어하는 것을 제정하여 그들의 간사함을 방지한다.
> 을 : 법으로 백성을 지도하고 형벌로 다스리면 백성은
> 법망을 빠져나갈 궁리만 하고 죄를 지어도 부끄러
> 워하지 않는다. 그러나 덕(德)으로 이끌고 예(禮)로
> 다스리면 백성은 염치를 알고 착하게 된다.

① 갑 : 군주는 자기 나라와 다른 나라의 이익을 똑같
이 도모해야 한다.
② 갑 : 군주의 덕에 바탕을 둔 왕도 정치를 통해 사회
질서를 유지할 수 있다.
③ 을 : 군주는 법(法)과 술(術)을 요체로 정치를 해야
한다.
④ 을 : 군주는 이기적 욕망을 가진 백성을 오직 상벌
을 통해 조종해야 한다.
⑤ 갑, 을 : 국가는 사회 질서 유지를 위해 노력할 의무
가 있다.

11 다음 사상가의 입장을 〈보기〉에서 고른 것은?

> 사회에 들어가겠다는 어떤 사람의 명시적 동의는 그를
> 그 사회의 완전한 구성원이자 그 정부의 신민으로 만
> 든다. 한편 개인이 정부의 통치권 안에 있는 어떤 것을
> 향유한다면 그는 묵시적 동의를 한 것이며, 그것을 향
> 유하는 동안에는 정부의 통치하에 있는 다른 사람과
> 마찬가지로 그 정부의 법을 준수할 의무를 갖는다.

> ┤ 보기 ├
> ㄱ. 모든 권력을 가진 군주가 이상적인 군주이다.
> ㄴ. 국가는 개인의 기본권을 보호할 책임이 있다.
> ㄷ. 자연 상태는 '만인에 대한 만인의 투쟁 상태'이다.
> ㄹ. 시민은 국가가 시민의 자연권을 침해할 경우 이
> 에 대해 저항할 권리가 있다.

① ㄱ, ㄴ   ② ㄱ, ㄷ   ③ ㄴ, ㄷ
④ ㄴ, ㄹ   ⑤ ㄷ, ㄹ

12 갑, 을 사상가가 모두 긍정의 대답을 할 질문을 〈보기〉에서
고른 것은?

> 갑 : 입법부가 인민의 기본권에 대한 절대적인 권력을
> 장악해 사회의 기본적인 규칙을 침해하면 인민은
> 새로운 입법부를 설립함으로써 자신의 안전과 안
> 보를 강구할 수 있는 권리를 갖게 된다.
> 을 : 인(仁)을 해치는 자를 적(賊)이라 하고, 의(義)를
> 해치는 자를 잔(殘)이라 하며, 잔적(殘賊)한 자를
> 일컬어 필부(匹夫)라고 한다. 한 사람의 필부인
> 주(紂)를 죽였다는 말은 들어도 임금을 죽였다
> 는 소리는 듣지 못했다.

> ┤ 보기 ├
> ㄱ. 부당한 국가 권력은 교체의 대상이 되는가?
> ㄴ. 시민을 위한 정치가 국가 권위의 정당성의 근거
> 인가?
> ㄷ. 시민의 본성은 악하기 때문에 강력한 법으로 통
> 치해야 하는가?
> ㄹ. 시민이 동의한 국가 권력은 어떠한 경우에도 권
> 위를 인정받는가?

① ㄱ, ㄴ   ② ㄱ, ㄷ   ③ ㄴ, ㄷ
④ ㄴ, ㄹ   ⑤ ㄷ, ㄹ

13 다음 사상가의 입장으로 가장 적절한 것은?

> 공통의 권력이 없는 상태에서 사는 한, 인간은 누구나 전쟁 상태에 놓이게 된다. 이러한 전쟁은 '만인의 만인에 대한 투쟁'이라고 할 수 있다. 공통의 권력이 없는 곳에는 법률도 존재하지 않으며, 법률이 존재하지 않는 곳에는 불의도 존재하지 않는다.

① 국가는 수단이 아니라 그 자체가 목적이다.
② 자연 상태에서 인간은 평등한 권리를 누린다.
③ 인간이 사회를 형성하여 살아가는 이유는 신(神)의 명령 때문이다.
④ 국가 권력이 시민을 위한 의무를 실천하지 않으면 교체의 대상이 된다.
⑤ 국가의 의무는 시민의 자기 보존에 대한 욕구를 충족시켜 주는 것이다.

[중요 ★★]

14 다음 사상가의 입장과 일치하는 진술만을 〈보기〉에서 있는 대로 고른 것은?

> 질서 정연한 사회란 사회 성원들의 선을 증진하기 위해 세워지고 공적인 정의관에 의해 규제되는 사회이다. 모든 사람이 타인들도 동일한 정의의 원리들을 받아들이리라는 것을 인정하고 그 사실을 잘 알고 있는 사회이며, 사회의 기본 제도들이 원리들을 만족시키고 있으며 또한 만족시킨다는 것이 알려져 있는 사회이다. 공정으로서의 정의는 이러한 사회 이념에 부합되도록 구성됐다.

┤ 보기 ├
ㄱ. 국가는 시민의 기본적 자유를 보장해야 할 의무가 있다.
ㄴ. 국가는 최소 수혜자를 위한 복지 정책을 실시할 의무가 있다.
ㄷ. 국가는 다수의 정의관에 부합하는 법을 시행해야 할 의무가 있다.
ㄹ. 국가는 시민의 평등한 삶을 위해 경제적 불평등을 제거할 의무가 있다.

① ㄱ, ㄴ　　　② ㄱ, ㄹ　　　③ ㄷ, ㄹ
④ ㄱ, ㄴ, ㄷ　　　⑤ ㄴ, ㄷ, ㄹ

[중요 ★★]

15 갑, 을 사상가의 입장과 일치하는 내용만을 〈보기〉에서 있는 대로 고른 것은?

> 갑 : 우리는 먼저 인간이어야 하고, 그 다음에 시민이어야 한다. 법에 대한 존경심보다는 먼저 정의에 대한 존경심을 기르는 것이 바람직하다. 내가 떠맡을 권리가 있는 나의 유일한 책무는, 어떤 때이고 간에 내가 옳다고 생각하는 일을 행하는 것이다. …… 법에 대한 존경심 때문에 선량한 사람들조차도 매일매일 불의의 하수인이 되고 있다.
>
> 을 : 시민 불복종은 흔히 법이나 정부 정책에 변혁을 가져올 목적으로 행해지는, 공공적이고 비폭력적이며 양심적이기는 하지만 법에 반하는 정치적 행위이다. 이러한 행위를 통해서 우리는 공동 사회의 다수자가 갖는 정의감을 나타내게 되고, 자유롭고 평등한 사람들 사이에서 기회균등의 원칙이 존중되지 않고 있음을 선언하게 된다.

┤ 보기 ├
ㄱ. 갑 : 개인은 법에 우선하여 양심과 정의에 따라 행동해야 한다.
ㄴ. 을 : 시민 불복종은 법에 대한 충실성을 거부하는 정치 행위이다.
ㄷ. 을 : 시민 불복종의 대상은 일부 부정의한 법이나 정책에 한정된다.
ㄹ. 갑, 을 : 정의감에 호소하는 시민 불복종은 비폭력적일 필요가 없다.

① ㄱ, ㄷ　　　② ㄱ, ㄹ　　　③ ㄴ, ㄹ
④ ㄱ, ㄴ, ㄷ　　　⑤ ㄴ, ㄷ, ㄹ

16 ㉠에 관한 설명으로 적절하지 않은 것은?

> (㉠)은/는 정부의 정책 결정 과정에 영향을 미치기 위한 시민 활동으로 공청회, 주민 투표제, 주민 소환제, 국민 참여 재판 등이 있다.

① 시민의 의사가 간접적으로 반영된다.
② 주권자인 시민의 권리이자 의무이다.
③ 공공의 이익을 증진하는 계기가 된다.
④ 개인의 권리를 지킬 수 있는 발판이 된다.
⑤ 공동체에 대한 소속감을 높이는 계기가 된다.

중요

17 다음 사례에서 알 수 있는 시민 불복종의 정당화 조건으로 적절하지 **않은** 것은?

> 1930년대 영국 정부는, 인도는 소금을 반드시 영국으로부터 수입해야 하고 소금에 50%의 높은 세금을 부과한다는 내용을 담은 소금법을 시행하였다. 그 결과 인도의 가난한 농민은 소금을 사 먹지 못하는 상황이 벌어졌다. 간디는 영국 정부에 소금법을 폐지하라고 요구했으나 받아들여지지 않자, 소금법에 대한 항의의 표시로 그의 제자 및 지지자와 함께 직접 소금을 만들기 위한 행진을 하였다. 이에 경찰은 곤봉을 휘두르며 이들을 강제로 진압했으나 그들은 소금 만드는 것을 멈추지 않았고, 결국 체포되어 투옥되었다.

① 행위 목적이 정당해야 한다.
② 비폭력적인 방법을 통해 이루어져야 한다.
③ 실정법을 어긴 것이므로 처벌을 감수해야 한다.
④ 정치 체제의 변혁을 궁극적인 목적으로 삼아야 한다.
⑤ 다른 노력이 실패할 경우에 해야 하는 최후의 수단이다.

18 다음 사상가가 부정의 대답을 할 질문으로 옳은 것은?

> 시민 불복종은 어느 정도 정의로운 민주 체제에서 법률이나 정책 또는 명령이 정의의 원칙을 어겼을 경우에 사회 협동 체제의 조건들이 지켜지고 있지 않다는 것을 알리기 위해 항거자가 다수의 정의감에 호소하는 정치적 행위이다. …… 그리고 정의의 원칙을 벗어나면 안 되기 때문에 처벌을 감수해야 하며 비폭력을 전제로 해야 한다.

① 시민 불복종은 공개적으로 진행되어야 하는가?
② 시민 불복종에 참여한 사람은 처벌을 감수해야 하는가?
③ 시민 불복종은 공유된 정의관에 의거할 때 정당화되는가?
④ 시민 불복종은 법질서 자체에 대한 존중심을 바탕으로 이루어져야 하는가?
⑤ 시민 불복종은 종교적 가르침이나 개인적 신념에 어긋나는 정책에 대한 거부인가?

19 다음 글을 읽고 물음에 답하시오.

> 국가는 자연적으로 존재하는 공동체들의 완성이다. 자신의 본성상 국가의 구성원이 될 수 없거나 이미 자족해서 그럴 필요가 없는 존재는 보잘것없는 존재이거나 인간 이상의 존재이다.

(1) 위와 같이 주장한 사상가를 쓰시오.

(2) 위의 사상가가 국가 권위를 정당화하는 근거를 서술하시오.

20 다음 글을 읽고 물음에 답하시오.

> 갑 : 국가는 인민의 생명, 자유, 재산을 보존하는 임무를 잘 수행해야 한다. 만일 그렇지 않다면 인민은 그러한 국가를 무력으로 제거해야 한다.
> 을 : 하늘은 군주에게 백성을 다스릴 수 있는 천명(天命)을 제공했다. 만일 군주가 백성을 덕으로 다스리지 않는다면 천명은 박탈되어야 한다.

(1) 갑, 을 사상가를 각각 쓰시오.

(2) 갑, 을 사상가의 주장의 공통점을 서술하시오.

21 다음 글을 읽고 물음에 답하시오.

> 갑 : 시민은 한 순간이라도 자신의 양심을 입법자에게 맡겨야 하는가? 우리는 먼저 인간이어야 하고 그 다음에 국민이어야 한다. 한 사람이라도 부당하게 가두는 정부 밑에서 의로운 사람이 진정 있을 곳은 감옥이다.
> 을 : 부정의한 법에 대한 시민의 불복종은 공유된 정의관에 의해 정당화된다. 이러한 불복종은 거의 정의로운 국가에서 체제의 합법성을 인정하는 시민들에 의해서만 생긴다. 특히 평등한 기본적 자유 원칙의 침해는 굴종이 아니면 반항을 부른다.

(1) 갑, 을 사상가를 각각 쓰시오.

(2) 갑, 을 사상가의 시민 불복종의 근거를 서술하시오.

등급을 올리는 고난도 문제

01 다음 서양 사상가의 입장으로 옳지 <u>않은</u> 것은?

> 거의 정의롭지만 정의에 대한 심각한 위반이 발생하기도 하는 사회에서 시민 불복종이 성립합니다. 시민 불복종은 신중하고 양심적인 정치적 신념의 표현인 청원의 한 형태이므로 공개 석상에서 이루어지며, 어떤 개인적 도덕 원칙이나 종교적 교설이 아닌 공유된 정의관에 의거해야 합니다. 정당한 시민 불복종이 시민 화합을 해치는 것으로 보이면, 그 책임은 불복종하는 자들이 아니라 권위와 권력을 남용한 자들에게 있는 것입니다.

① 시민 불복종의 의도는 동료 시민들에게 공표되어야 한다.
② 시민 불복종의 주체는 체제의 합법성을 인정하는 시민이다.
③ 시민 불복종은 공동체의 정의감에 호소하는 정치 행위이다.
④ 시민 불복종의 목적에서 정부 정책의 개혁은 제외되어야 한다.
⑤ 시민 불복종은 어떠한 합법적 방법도 효과가 없을 때 행해져야 한다.

🔎 **문제 접근 방법**
먼저 '거의 정의로운 사회', '공유된 정의관' 등의 핵심어를 통해 서양 사상가가 누구인지 파악한다. 다음으로 그가 주장하는 시민 불복종의 정당화 조건을 상기하면서 문제를 해결한다.

✏️ **적용 개념**
시민 불복종
정당화 조건

02 서양 사상가 갑, 을의 입장에 관한 설명으로 옳은 것은?

> 갑 : 국가의 단일한 최고 권력인 입법부는 사회에서 인민의 생명, 자유, 재산을 보존하는 업무를 수행한다. 행정권이 이러한 입법부의 업무를 무력에 의해서 방해할 때 인민은 그것을 무력에 의해서 제거할 권리뿐만 아니라 예방할 권리도 가진다.
> 을 : 우리 각자는 신체와 모든 힘을 공동의 것으로 삼아 일반 의지의 최고 지도 아래에 둔다. 다수의 사람이 결합하여 스스로 일체를 형성한다고 생각하는 한, 그들은 '공동의 보전'과 '일반적 복지'에 대한 관심이라는 단 하나의 의지만을 갖는다.

① 갑은 자연 상태를 만인의 만인에 대한 투쟁 상태라고 본다.
② 갑은 묵시적 동의만으로도 시민의 정치적 의무가 생겨난다고 본다.
③ 을은 실정법을 통해 비로소 인간의 자연권이 형성되었다고 본다.
④ 을은 자기 보존을 목적으로 자신의 자연권을 군주에게 양도한다고 본다.
⑤ 갑, 을은 사회 계약을 체결한 이후에는 저항권이 상실된다고 본다.

🔎 **문제 접근 방법**
갑은 행정권이 인민의 생명, 자유, 재산을 보존하지 못할 때 무력으로 제거할 권리가 있다고 본다. 을은 일반 의지라는 개념을 제시한다. 이를 통해 갑, 을을 파악한 후, 각 사상가가 주장한 국가 권위의 근거, 시민의 의무 등을 상기하여 문제를 해결한다.

✏️ **적용 개념**
사회 계약설
저항권

03 (가), (나) 사상의 공통점으로 옳은 내용만을 〈보기〉에서 있는 대로 고른 것은?

> (가) 위민(爲民)과 애민(愛民)을 기본 정신으로 하는 정치사상으로, "백성은 나라의 근본이며, 근본이 견고해야 나라가 평안하다."라는 구절에서 유래하였다.
>
> (나) 국민의 자유와 평등의 가치 실현을 중시하는 정치사상으로 민중을 뜻하는 '데모스(demos)'와 지배를 뜻하는 '크라토스(kratos)'가 합쳐져 구성되었다.

┌ 보기 ┐
ㄱ. 모든 인간을 존엄한 존재라고 본다.
ㄴ. 국민을 위한 정치를 바람직한 정치라고 본다.
ㄷ. 국가 권위의 정당성을 하늘이 부여했다고 본다.
ㄹ. 국민을 자율적 판단에 따라 정치에 참여하는 주체로 본다.

① ㄱ, ㄴ 　　② ㄱ, ㄹ 　　③ ㄷ, ㄹ
④ ㄱ, ㄴ, ㄷ 　　⑤ ㄴ, ㄷ, ㄹ

문제 접근 방법
먼저 (가)와 (나) 사상을 확정해야 한다. (가)는 '백성은 나라의 근본이며'에서 민본주의임을, (나)는 '국민의 자유와 평등의 가치 실현을 중시한다', '데모스(demos)'와 '크라토스(kratos)'를 통해 민주주의 사상임을 알 수 있다. 두 사상의 공통점과 차이점을 염두에 두고 문제를 해결한다.

적용 개념
민본주의
민주주의

04 다음 고대 서양 사상가의 입장에 관한 옳은 설명을 〈보기〉에서 고른 것은?

> 국가는 자연적으로 존재하는 공동체들의 완성이다. 자신의 본성상 국가의 구성원이 될 수 없거나 이미 자족해서 그럴 필요가 없는 존재는 보잘것없는 존재이거나 인간 이상의 존재이다. 인간만이 서로 도와줄 필요가 없는 경우에도 국가를 이루길 원한다. 국가가 존재하는 목적은 단지 물질적 필요의 충족만은 아니다. 그것만이 국가의 목적이라면 노예나 짐승의 국가도 존재할 수 있다.

┌ 보기 ┐
ㄱ. 국가의 권위는 시민이 국가에 복종하기로 동의했기 때문이라고 본다.
ㄴ. 국가 구성원으로서 살아갈 때 인간은 자아를 실현할 수 있다고 본다.
ㄷ. 국가의 권위는 인간의 본성으로부터 자연스럽게 도출되는 것이라고 본다.
ㄹ. 국가가 시민에게 제공하는 공공재와 관행의 혜택으로부터 국가의 권위가 성립된다.

① ㄱ, ㄴ 　　② ㄱ, ㄷ 　　③ ㄴ, ㄷ
④ ㄴ, ㄹ 　　⑤ ㄷ, ㄹ

문제 접근 방법
먼저 질문의 '고대 서양 사상가'라는 단서를 보고, 제시문의 '자신의 본성상 국가의 구성원이 된다'는 핵심어를 통해 사상가를 파악한다. 다음으로 이 사상가가 제시한 국가 이론을 상기하여 문제를 해결한다.

적용 개념
국가 권위의 도덕적 정당화

 III 단원 수능 빈출 유형

유형 1 개인 윤리적 관점과 사회 윤리적 관점 비교하기

갑, 을 사상가의 입장에 관한 설명으로 가장 적절한 것은?

> 갑 : 아무런 제한이 없이 선하다고 생각할 수 있는 것은 오직 선의지뿐이다. 지성, 용기, 결단성 등은 많은 의도에서 선하고 바람직하지만, 이런 천부적인 자질들을 이용하는 의지가 선하지 않다면 극도로 악하고 해가 될 수 있다.
> 을 : 개인의 도덕적 상상력이 동료 인간의 요구와 이익을 이해하지 못한다면 진정한 정의는 달성될 수 없다. 또한 정의 달성을 위한 비합리적 수단이 도덕적 선의지의 통제를 받지 않는다면 사회에 엄청난 위험을 초래할 수 있다.

① 갑은 오직 결과를 고려한 행위만이 도덕적 행위라고 본다.
② 을은 진정한 정의는 선의지만으로 충분히 달성될 수 있다고 본다.
③ 갑은 을과 달리 사회 구조가 개인 행위의 도덕성을 좌우할 수 있다고 본다.
④ 을은 갑과 달리 선한 천부적 자질은 선의지의 통제가 필요하다고 본다.
⑤ 갑, 을은 개인의 선의지가 사회생활에서 반드시 필요하다고 본다.

>> **유형 분석** 개인 윤리적 관점과 사회 윤리적 관점을 비교하는 문제는 니부어의 사상과 함께 출제되는 경향이 있다. 이러한 유형의 문제에 대비하려면 개인 윤리적 관점과 사회 윤리적 관점을 비교해 두어야 한다.

☑ **공략법**
1 '오직 선의지만이 선하다'는 내용을 통해 갑은 칸트, '정의 달성을 위해 비합리적 수단이 동원될 수 있다'는 내용을 통해 을은 니부어임을 파악해 보자.
2 칸트와 니부어의 이론을 떠올리면서 선지를 분석해 보자.

유형 2 분배 정의에 대한 세 가지 입장 비교하기

(가)의 사상가 갑, 을, 병의 입장을 (나) 그림으로 탐구할 때, A~D에 해당하는 적절한 질문만을 〈보기〉에서 있는 대로 고른 것은?

(가)	갑 : 분배적 정의는 가령 사람 a와 b가 각각 물건 c와 d를 얻기 전과 후의 비율이 동등할 때 성립한다는 점에서 기하학적 비례를 추구하는 것이다. 을 : 분배적 정의의 핵심 과제는 사회 체제의 선택이다. 사회 체제는 특수한 상황의 우연성을 처리하기 위해 순수 절차적 정의의 관념에 따라 기획되어야 한다. 병 : 분배적 정의는 중립적인 개념이 아니다. 중립적인 개념은 '개인의 소유물'이다. 모든 개인이 자신의 소유물에 대해 소유 권리를 갖는 것이 정의이다.
(나)	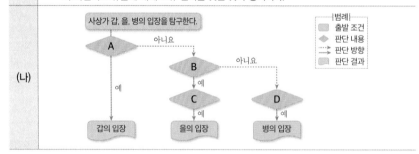

┤ 보기 ├
ㄱ. A : 분배적 정의만이 비례를 추구하는 특수적 정의인가?
ㄴ. B : 경제적 불평등은 모두에게 이익이 되어야 정당한가?
ㄷ. C : 원초적 입장에서 개인은 모두의 이익에 관심을 갖는가?
ㄹ. D : 개인의 자연적 재능을 공동의 소유물로 여기는 것은 부당한가?

① ㄱ, ㄷ　　② ㄴ, ㄹ　　③ ㄷ, ㄹ　　④ ㄱ, ㄴ, ㄷ　　⑤ ㄱ, ㄴ, ㄹ

>> **유형 분석** 분배 정의를 묻는 유형의 문제에서 아리스토텔레스, 롤스, 노직을 비교하는 문제는 매우 중요하고 난이도 또한 높은 문제로 출제된다. 세 사상가의 주장을 충분히 이해하고, 공통점과 차이점 등에 대해서도 꼼꼼하게 정리해 두어야 한다.

☑ **공략법**
1 갑, 을, 병 사상가의 주장에서 사상가를 확정지을 수 있는 키워드나 표현을 파악해 보자.
2 '기하학적 비례', '순수 절차적 정의', '소유 권리'를 통해 갑은 아리스토텔레스, 을은 롤스, 병은 노직임을 파악해 보자.
3 각 사상가의 입장에서 순서도에 질문을 차례로 대입하면서 정답을 찾아보자.

유형 3 사형 제도에 대한 두 가지 입장 비교하기

갑은 부정, 을은 긍정의 대답을 할 질문으로 옳은 것은?

형벌의 선한 결과가 형벌 자체의 악보다 크다면 형벌을 부과해야 합니다. 사형과 같은 형벌의 남용은 인간을 개선시키지 못합니다. 사형보다는 종신 노역형이 범죄 억제력이 큽니다.

형벌은 범죄자가 처벌받아야 할 행위를 의욕했기 때문에 가해져야 합니다. 사형은 살인에 상응하는 보복을 위한 것으로서, 인간성을 해치는 죄책감으로부터 사형수를 해방시켜 줍니다.

갑

을

① 형벌의 목적은 응분의 보복이 아니라 범죄의 예방에 있는가?

② 사형은 유용성의 원리가 아니라 인간 존중의 이념에 위배되는가?

③ 사형제는 보다 효과적인 형벌 제도가 있으므로 폐지되어야 하는가?

④ 범죄자는 응분의 보복을 의욕했기 때문에 반드시 처벌받아야 하는가?

⑤ 사형제는 동등성의 원리에 따라 공적 정의를 실현하기 위한 수단인가?

>> **유형 분석** 교정적 정의와 관련된 문제는 빈출 주제이며 난도가 매우 높은 유형에 속한다. 특히 응보주의와 공리주의 관점에서 처벌의 목적이나 적절한 처벌의 정도에 대해 묻는 문제와 사형 제도에 대한 입장을 묻는 문제가 자주 출제되므로 정리해 두어야 한다.

☑ **공략법**

1 '종신 노역형'이라는 표현을 통해 갑은 베카리아, '처벌받아야 할 행위를 의욕'이라는 표현을 통해 을은 칸트임을 파악해 보자.

2 모든 선택지에 대해 오답 가능성을 열어 놓고 비판적인 관점에서 분석해야 실수를 막을 수 있다. 베카리아와 칸트의 사상을 상기하며 옳은 선지를 골라 보자.

유형 4 시민 불복종에 대한 두 가지 관점 비교하기

갑, 을 사상가의 입장에 관한 설명으로 옳은 것은?

> 갑 : 법이나 정책은 원초적 입장에서 합의한 정의의 원칙을 위반해서는 안 된다. 시민 불복종은 제1원칙인 평등한 자유의 원칙이나 제2원칙 중 공정한 기회 균등의 원칙에 대한 현저한 위반에 국한되어야 한다.
>
> 을 : 법에 대한 존경심보다는 먼저 정의에 대한 존경심을 길러야 한다. 법에 대한 존경심 때문에 선량한 사람조차도 불의의 하수인이 될 상황이라면 그 법을 어겨라. 양심에 따라 그 법에 저항하라.

① 갑은 불복종이 공개적으로 이루어질 필요가 없다고 본다.

② 갑은 불복종에 따른 처벌을 감수하는 것이 옳지 않다고 본다.

③ 을은 양심에 어긋나는 모든 법에 불복종해야 한다고 본다.

④ 을은 공동체의 정의감을 불복종 정당화의 최종 근거로 본다.

⑤ 갑, 을은 불복종을 정의의 실현을 위한 합법적 행위로 본다.

>> **유형 분석** 시민 불복종 관련 문제는 난이도가 높은 유형에 속하기 때문에 기출 문제의 제시문과 선택지를 반복적으로 학습하여 어떻게 응용되는지 숙지해 두어야 한다.

☑ **공략법**

1 갑, 을 사상가의 주장에서 핵심어를 파악해 보자.

2 '원초적 입장'이라는 표현을 통해 갑은 롤스, '법에 대한 존경심보다는 정의에 대한 존경심', '양심에 따라 법에 저항하라'는 표현을 통해 을은 소로임을 파악해 보자.

3 롤스와 소로의 이론을 상기하면서 선지를 골라 보자.

01 직업과 청렴의 윤리

• 동서양의 직업관

동양	공자	맡은 바 임무와 역할을 충실히 수행하는 정명 정신을 강조함
	맹자	• 직업은 사회적 역할을 분담하는 활동이며, 정신노동과 육체노동에는 우열이 없음 • 일정한 직업을 보장하는 것은 도덕적 삶을 지속할 수 있는 바탕임
	순자	• 예(禮)를 바탕으로 인간의 욕망을 절제할 것을 강조함 • 각자의 능력과 적성에 따라 직업을 맡아야 함
	장인 정신	자신의 일을 천직으로 여기며 긍지를 가지고 전념하고, 한 가지 기술에 정통하려고 노력하는 자세
서양	플라톤	각 계급이 고유한 덕(德)을 발휘하여 직분에 충실하면 정의로운 국가가 실현됨
	중세 그리스도교	노동은 원죄에 대한 속죄의 의미를 가지며, 신이 부과한 것임
	칼뱅	• 직업은 신의 소명(召命) → 성실하고 금욕적인 자세로 직업 생활에 임해야 함 • 직업적 성공을 통해 부를 축적하는 것은 신의 축복임
	마르크스	• 인간은 노동을 통해 자신의 본질을 실현(자아실현)하는 존재임 • 자본주의 체제에서는 분업화된 노동으로 인해 인간 소외 현상이 심화됨

• 기업의 사회적 책임에 대한 논쟁

프리드먼		애로
기업의 사회적 책임은 법과 시장의 질서를 준수하면서 이윤을 극대화하는 것이다. 당신의 주장은 자유 시장 경제의 근간을 흔드는 것이다.	VS	기업의 사회적 책임은 이윤 추구와 더불어 환경 보호, 사회적 약자 지원 등 공익을 추구하는 것이다. 기업의 공익 활동은 기업의 신뢰를 높여 장기적으로 기업에 이익이 된다.

02 사회 정의와 윤리

• 니부어의 사상

개인 윤리의 관점	사회 윤리의 관점
• 윤리 문제의 원인 : 개인의 양심과 도덕성의 타락 • 윤리 문제의 해결 : 양심, 이타심 등 개인의 도덕성 함양	• 윤리 문제의 원인 : 사회 구조와 제도의 부조리 • 윤리 문제의 해결 : 사회 구조 및 제도의 개선

• 사회 문제의 원인 : 집단 속에서 인간은 더욱 이기주의적인 성향을 갖게 되며, 집단 간 힘의 불균형으로 인해 부정의가 생겨남
• 해결 방안 : 개인의 도덕성 함양과 더불어 사회 구조와 제도의 개선을 통해 사회 정의를 실현해야 함

• 분배 정의의 다양한 기준과 장단점

분배 기준	의미	장점	단점
절대적 평등	모든 사람에게 동일하게	기회와 혜택을 균등하게 제공	생산 의욕, 책임 의식 저하
업적	기여한 정도, 산출한 결과에 따라	객관적 평가 용이, 생산성 향상	과열 경쟁, 불평등 심화, 약자 배려 미흡
능력	능력이 뛰어난 사람에게 더 많이	능력이 뛰어난 사람에게 대우와 보상이 가능	우연적이고 선천적인 영향을 배제하기 어려움
필요	사람들의 기본적 욕구와 필요에 따라	사회적 약자 보호	모든 필요 충족 어려움, 효율성 저하

- **롤스와 노직의 분배 정의**

구분	롤스	노직
입장	원초적 입장에서 무지의 베일을 쓴 사람은 평등한 자유의 원칙, 차등의 원칙, 기회균등의 원칙에 합의함	정당한 소유물에 대해서는 절대적인 권리를 가지며, 이를 보장하는 최소 국가만이 정당함
차이점	국가에 의한 재분배(복지 정책)에 대해 롤스는 찬성, 노직은 반대함	
공통점	기본적 자유의 제한은 부당함, 정의가 실현되어도 불평등은 존재함, 절차가 공정하면 그 결과는 정의로운 것임, 정의로운 사회 실현을 위한 국가의 역할이 필요함(롤스 – 최소 수혜자 배려, 노직 – 사기, 강압 등에 의한 거래 감시)	

- **교정적 정의와 사형**

응보주의	공리주의
• 처벌은 범죄 행위에 상응하는 동등한 해악을 가하는 것 • 칸트 : 살인에 대한 정당한 형벌은 사형이며, 사형은 동등성의 원리에 부합하고 인간의 존엄성을 존중하는 것	• 처벌은 사회적 이익을 증진하기 위한 수단 • 베카리아 : 공리주의적 관점에서 사형보다 종신 노역형이 범죄 예방에 효과적

03 국가와 시민의 윤리

- **국가 권위의 정당성**

인간 본성	국가는 인간 본성에 따라 성립된 것이므로 자연스럽게 권위를 가짐
동의	시민이 국가에 복종하기로 동의하였기 때문에 권위를 가짐
혜택	국가는 공공재와 관행의 혜택을 제공하기 때문에 권위를 가짐
천명(天命)	국가의 권위를 민의에 기초한 천명의 관점에서 정당화함

- **시민에 대한 국가의 의무**

동양	유교	덕치, 백성의 생계 안정, 재화의 고른 분배 실현
	묵자	겸애를 통해 혼란이 생겨나지 않게 해야 함
	한비자	엄격한 법에 따라 포상과 처벌을 적절하게 제공하면서 통치하여 사회 질서를 유지해야 함
	정약용	지방관은 애민 정신을 바탕으로 백성을 보살핌
서양	사회 계약설	시민의 생명, 자유, 재산 보호
	밀	시민의 자유 등 기본권 보장
	롤스	개인의 평등한 자유 보장, 최소 수혜자에게 최대 이익 보장, 기회균등 보장

- **시민의 권리와 의무**

동양의 유교	• 국가에 충성하는 것을 의무로 간주함 • 맹자 : 백성은 역성혁명(易姓革命)을 일으킬 수 있음
서양의 사회 계약론	• 시민은 자유를 정당하게 행사할 권리가 있으며, 공동선을 지향해야 할 의무가 있음 • 로크는 시민이 사회 계약을 위반한 정부에 저항할 권리가 있음

- **시민 불복종**

시민 불복종의 근거	헌법 정신(드워킨), 개인의 양심(소로), 공공의 정의관(롤스)
시민 불복종의 정당화 조건	법에 대한 충실성, 사회 정의 실현, 최후의 수단, 공개적·비폭력적, 처벌 감수

01 갑, 을 사상가의 입장을 〈보기〉에서 고른 것은?

> 갑 : 부(富)란 신의 자녀들이 이 땅에서 살아가도록 신이 베푸는 은혜의 표시이다. 신은 여러 삶의 계층과 소명(召命)들을 구분해 놓음으로써 각 사람이 해야 할 일의 순서를 정해 두었다.
>
> 을 : 부귀는 모두가 바라는 것이지만 올바른 방법으로 얻은 것이 아니면 누리지 말아야 한다. 군자가 인(仁)을 떠나면 어찌 군자라는 이름에 부합되겠는가? 만일 내가 임금을 도와 정치를 하게 된다면 이름을 바로잡는 일[正名]부터 하겠다.

> ┤ 보기 ├
> ㄱ. 갑 : 직업의 궁극적 목적은 부를 축적하는 것이다.
> ㄴ. 갑 : 모든 직업은 신의 소명이므로 평등하고 존귀한 것이다.
> ㄷ. 을 : 이로움[利]의 추구가 의로움[義]의 추구보다 중요하다.
> ㄹ. 갑, 을 : 자신에게 주어진 직분을 성실히 수행해야 한다.

① ㄱ, ㄴ ② ㄱ, ㄷ ③ ㄴ, ㄷ
④ ㄴ, ㄹ ⑤ ㄷ, ㄹ

02 다음 글이 오늘날 공직자에게 주는 교훈을 〈보기〉에서 고른 것은?

> 백성을 다스리는 자들은 오직 거두어들이는 데만 급급하고 백성을 부양할 바는 알지 못한다. 다스리는 자가 고운 옷과 맛있는 음식에 자기만 살찌고 있으니 슬프지 아니한가! 청렴은 수령된 자의 본연의 의무로써 온갖 선정(善政)의 원천이 되고 모든 덕행의 근본이 된다. 청렴하지 않고 목민관 노릇을 제대로 한 사람은 아직 없었다.

> ┤ 보기 ├
> ㄱ. 공직자는 봉공(奉公)의 자세로 봉사해야 한다.
> ㄴ. 검소와 절용을 실천하며 국민을 존중해야 한다.
> ㄷ. 공무 수행 시 의로움보다 사익을 중시해야 한다.
> ㄹ. 업무의 효율성을 시민의 권리보다 중시해야 한다.

① ㄱ, ㄴ ② ㄱ, ㄷ ③ ㄴ, ㄷ
④ ㄴ, ㄹ ⑤ ㄷ, ㄹ

개념 피드백 102쪽

03 갑, 을의 입장으로 옳은 것은?

> 갑 : 자유 시장 경제에서 기업의 사회적 책임은 오직 한 가지뿐이다. 그것은 바로 기업의 이윤 극대화이다. 만약 이 책임 이외에 또 다른 사회적 책임을 기업에 요구한다면 이윤 증대라는 기업의 본질적 목적마저 달성하지 못할 것이다.
>
> 을 : 기업은 이윤 추구를 본질적 목적으로 삼는다. 그러나 기업은 사회에 존립 기반을 두고 있고 기업의 활동은 사회 전반에 영향을 미친다. 따라서 기업은 이윤 추구와 함께 공공선을 위한 사회적 책임도 져야 한다.

① 갑 : 기업은 공공선의 증진을 위해 노력해야 한다.
② 갑 : 기업의 공익 활동은 장기적으로 기업에도 이익이 된다.
③ 을 : 기업의 유일한 책임은 이윤 극대화이다.
④ 을 : 기업의 사회 공헌 활동은 시장 질서를 해칠 수 있다.
⑤ 갑, 을 : 기업은 이윤 추구를 위해 노력해야 한다.

개념 피드백 103쪽

04 다음 선서에서 강조하는 전문직 윤리로 가장 적절한 것은?

> • 나의 양심과 위엄으로서 의술을 베풀겠노라.
> • 나의 환자의 건강과 생명을 첫째로 생각하겠노라.
> • 나는 환자가 알려 준 모든 비밀을 지키겠노라.
> • 나는 인종, 종교, 국적, 정당 정파, 또는 사회적 지위 여하를 초월하여 오직 환자에 대한 나의 의무를 지키겠노라.
> • 나는 인간의 생명을 수태된 때로부터 지상의 것으로 존중히 여기겠노라.
> • 비록 위협을 당할지라도 나의 지식을 인도(人道)에 어긋나게 쓰지 않겠노라.

① 전문가로서 공동선을 위해 헌신해야 한다.
② 전문직과 일반직은 동일한 직업 윤리를 가져야 한다.
③ 전문 지식을 개인의 행복 실현을 위해 선용해야 한다.
④ 전문가로서 특권 의식을 바탕으로 사익을 추구해야 한다.
⑤ 전문직은 개인의 이익을 추구하는 것이 허용되지 않는다.

05 표는 어느 사상가를 대상으로 한 가상 설문 조사 결과이다. ㉠에 들어갈 적절한 질문만을 〈보기〉에서 있는 대로 고른 것은?

번호	질문	응답	
		예	아니요
(1)	집단 간의 관계는 정치적이기보다 윤리적인가?		V
(2)	㉠	V	
(3)	사회 문제 해결을 위해 사회 제도의 개선이 필요한가?	V	

┤ 보기 ├
ㄱ. 개인의 양심만으로 사회 문제를 해결할 수 있는가?
ㄴ. 개인의 도덕성 함양은 사회 정의 실현에 기여하는가?
ㄷ. 사회 정의를 위해 정치적 강제력을 동원할 수 있는가?
ㄹ. 사회 갈등은 집단 간 힘의 불균형으로 인해 생겨나는가?

① ㄱ, ㄴ   ② ㄱ, ㄷ   ③ ㄴ, ㄹ
④ ㄱ, ㄷ, ㄹ   ⑤ ㄴ, ㄷ, ㄹ

06 (가)의 갑, 을의 입장에서 (나)의 주장을 평가한 내용으로 가장 적절한 것은?

(가)	갑 : 소수 집단이 차별로 피해받는 것을 시정하기 위한 우대 정책은 정당하다. 왜냐하면 불평등한 대우로 인해 조상이 받았던 피해가 후손에게도 지속적으로 영향을 미치기 때문이다. 을 : 소수 집단에 대한 우대 정책은 부당하다. 왜냐하면 소수 집단에게 차별을 행한 세대가 아니라 잘못이 없는 그들의 후손에게 보상의 책임을 지우는 것은 부당하기 때문이다.
(나)	소수 인종 학생에게 대학 입학에서 유리한 기회를 제공해야 한다.

① 갑 : 개인의 업적만을 고려한 정당한 주장이다.
② 갑 : 무고한 후손에게 책임을 부과한 부당한 주장이다.
③ 을 : 자유 경쟁의 원칙에 어긋나는 부당한 주장이다.
④ 을 : 과거부터 받았던 고통을 보상한 적절한 주장이다.
⑤ 갑, 을 : 사회적 약자에게 실질적 기회의 평등을 실현할 수 있는 적절한 주장이다.

개념 피드백 113쪽

07 갑, 을의 입장에 관한 설명으로 옳지 <u>않은</u> 것은?

> 갑 : 정의의 원칙들은 무지의 베일 속에서 선택된다. 그 결과 누구도 자연적 또는 사회적 우연성으로 인해 유리하거나 불리해지지 않는다는 점이 보장된다. 각자가 동등한 관계에 있으므로 정의의 원칙들은 공정한 합의의 결과가 된다.
> 을 : 정의는 각자 소유하고 있는 것에 대해 각자가 소유 권리를 갖는 것이다. 근로 소득에 대한 국가의 과세는 강제 노동과 동등하다. 오직 사람들을 무력과 절도와 사기에서 보호하는 기능을 수행하는 최소 국가만이 정당화될 수 있다.

① 갑은 정의의 원칙을 원초적 입장에서 이루어지는 합의의 대상으로 본다.
② 갑은 최소 수혜자에게 최대의 혜택이 돌아가도록 분배하는 것이 정의의 원칙에 부합된다고 본다.
③ 을은 취득·양도·교정에서의 정의의 원칙에 따라 분배가 이루어져야 한다고 본다.
④ 을은 정의의 원칙이 절대적이고 배타적인 개인의 소유권을 보장하기 위해 필요하다고 본다.
⑤ 갑, 을은 공정한 절차를 통한 결과의 평등을 분배적 정의의 목표로 삼아야 한다고 본다.

08 갑, 을 사상가가 모두 부정의 대답을 할 질문으로 옳은 것은?

> 갑 : 정의로운 사회는 원초적 입장에서 도출한 정의의 원칙을 따르는 사회이다. 이 사회에서는 직위와 직책에 접근할 기회가 모두에게 동등하게 부여되고, 최소 수혜자에게 최대 이익이 돌아간다.
> 을 : 정의로운 사회는 취득과 양도에서의 정의의 원리, 불의의 교정의 원리에 따르는 사회이다. 이 사회에서는 재화의 취득과 양도의 과정이 부정의하지 않다면, 개인은 소유물에 대해 배타적 권리를 인정받는다.

① 개인의 천부적인 능력은 개인의 소유인가?
② 정의로운 사회에도 경제적 불평등이 존재하는가?
③ 사회적 약자를 위한 복지 정책은 정당화될 수 있는가?
④ 절차가 공정하다면 분배의 결과는 정의로운 것인가?
⑤ 경제적 불평등 해소를 위해 개인의 기본적 자유를 제한할 수 있는가?

09 갑, 을 사상가의 입장을 〈보기〉에서 고른 것은?

> 갑 : 처벌은 지속적 효과를 가질 때 범죄를 더 잘 예방
> 할 수 있다. 사형은 한순간에 강렬한 인상만을 주
> 지만, 종신 노역형은 더 큰 공포를 안겨 준다.
> 을 : 처벌은 결코 범죄자 자신이나 시민 사회를 위해
> 어떤 다른 선을 촉진하기 위한 한낱 수단으로서
> 가해져서는 안 된다. 처벌은 그가 범죄를 저질렀
> 기 때문에 그에게 가해져야 한다.

> ┤ 보기 ├
> ㄱ. 갑 : 처벌의 목적은 범죄를 예방하는 것이다.
> ㄴ. 갑 : 사형은 인간의 존엄성을 존중하는 처벌이다.
> ㄷ. 을 : 처벌은 범죄자가 범죄를 의욕했다는 이유만
> 으로 행해져야 한다.
> ㄹ. 갑, 을 : 처벌로 인한 고통은 범죄로부터 얻는 이
> 익보다 커야 한다.

① ㄱ, ㄴ   ② ㄱ, ㄷ   ③ ㄴ, ㄷ
④ ㄴ, ㄹ   ⑤ ㄷ, ㄹ

10 갑, 을 사상가의 입장에 관한 설명으로 옳지 <u>않은</u> 것은?

> 갑 : 백성은 나라의 근본이니 근본이 튼튼해야 나라가
> 편안하다. 나라의 바탕은 백성, 사직(社稷), 임금
> 이다. 이 중 가장 중요한 것은 백성이며, 사직이
> 다음이고, 임금은 가장 가벼운 존재이다.
> 을 : 사람들은 평화로운 자연 상태에서 재산권을 보호
> 하기 위해 암묵적 계약을 맺고 자신들의 대표자
> 에게 권리를 위임한다. 하지만 대표자가 권력을
> 남용하면 사람들은 그 계약을 파기할 수 있다.

① 갑은 군주에게 백성의 생계 보장에 대한 책임이 있
다고 본다.
② 갑은 백성을 도덕으로 감화시키는 정치가 바람직하
다고 본다.
③ 을은 시민에게 통치자를 바꿀 수 있는 권리가 있다
고 본다.
④ 을은 국가의 임무가 시민의 생명과 재산을 보호하
는 것이라고 본다.
⑤ 갑, 을은 모두 국가를 수단이 아닌 목적으로 본다.

11 갑, 을 사상가의 입장에서 모두 부정의 대답을 할 질문으로
옳은 것은?

> 갑 : 자연의 산물들 중 하나인 국가는 최고선을 목표
> 로 하는 공동체이다. 구성원 모두가 최선의 행동
> 을 할 수 있고, 삶의 궁극적인 목적을 실현할 수
> 있게 해 주는 것이 가장 좋은 통치 형태이다. 개
> 인으로나 국가의 구성원으로나 최선의 생활이란
> 덕 있는 생활이다.
> 을 : 국가는 개인의 평등한 자유를 보장하고, 사회의
> 가장 불리한 위치에 있는 사람에게 최대 이익이
> 돌아가게 하며, 사회에서 누구나 높은 지위에 오
> 를 수 있는 기회가 평등하게 부여되는 질서 정연
> 한 사회를 실현해야 한다.

① 인간은 본성적으로 국가 공동체를 구성하는 존재인가?
② 인간은 국가 안에서 비로소 자아를 실현할 수 있는가?
③ 국가 구성원 간의 경제적 불평등이 허용될 수 있는가?
④ 국가는 지배 계급의 이익을 위한 수단이므로 소멸
되어야 하는가?
⑤ 원초적 입장에서 합의한 원칙이 준수되면 정의로운
국가가 실현되는가?

12 갑, 을 사상가의 입장으로 옳은 것은?

> 갑 : 시민 불복종은 공유된 정의관을 근거로 하는 의도
> 적 위법 행위이다. 시민 불복종은 법에 대한 충실
> 성에 호소함으로써 정당화의 근거를 찾고자 한다.
> 을 : 시민 불복종은 정부가 양심에 어긋나는 정책을
> 행할 때 정의를 위해 우리가 가질 수 있는 권리이
> 자 의무이다. 우리는 강요받기 위해 태어난 것이
> 아니므로 이에 불복종할 수 있다.

① 갑 : 개인의 양심에 근거해야만 불복종이 정당화된다.
② 갑 : 폭력적인 방법으로 이루어진 불복종도 허용할
수 있다.
③ 을 : 불복종 여부를 판단하는 최종 근거는 헌법 정
신이다.
④ 을 : 부정의한 법에 불복종함으로써 정의를 실현할
수 있다.
⑤ 갑, 을 : 불복종에 따른 처벌까지 감수할 필요는 없다.

13 갑, 을 사상가의 입장에 관한 설명으로 옳지 <u>않은</u> 것은?

> 갑 : 국가에 대한 복종의 의무는 우리가 오직 국가로
> 부터 얻는 이득에서 유래한다. 이 이득 때문에 우
> 리는 자신이 국가에 저항하는 경우에도 반감을
> 느끼며 다른 사람이 국가에 저항하는 경우에도
> 불쾌감을 느낀다.
> 을 : 개인은 자연권을 확실히 보장받기 위해 자연권의
> 일부를 국가에 양도하는 계약에 동의한다. 이 자
> 발적 동의에 의한 계약이 국가에 복종할 의무와
> 저항할 권리의 근거가 된다.

① 갑은 국가에 대한 복종을 결과와 무관하게 지켜야
할 의무로 본다.
② 갑은 국가가 제공하는 공공재와 관행의 혜택이 국
가 권위의 근거라고 본다.
③ 을은 국가에 의한 기본권 침해를 저항권의 근거라
고 본다.
④ 을은 시민의 정치적 의무가 묵시적 동의에 의해서
도 발생한다고 본다.
⑤ 갑, 을은 국가가 국민의 평화와 안전을 보장해야 한
다고 본다.

14 다음 사상가가 주장한 시민 불복종의 정당화 조건을 〈보기〉
에서 고른 것은?

> 시민 불복종은 구체적이고 분명한 부정의의 사례나
> 부정의를 제거하는 길을 방해하는 것에 한정하는 것
> 이 합당하다. 따라서 법률이나 정부의 정책이 평등한
> 자유의 원칙을 심각하게 위반하는 경우나 공정한 기
> 회균등의 원칙을 현저하게 위반하는 경우는 시민 불
> 복종의 대상이 된다.

┌─ 보기 ┐
ㄱ. 위법 행위에 대한 처벌을 감수해야 한다.
ㄴ. 공유된 정의관에 기초하여 시행해야 한다.
ㄷ. 부정의한 법이 존재할 때 즉각 시행되어야 한다.
ㄹ. 사회적 약자를 우선적으로 배려하지 않는 법이
존재할 때 시행해야 한다.

① ㄱ, ㄴ ② ㄱ, ㄷ ③ ㄴ, ㄷ
④ ㄴ, ㄹ ⑤ ㄷ, ㄹ

15 다음 글을 읽고 물음에 답하시오.

> 직업은 어디까지나 소명(召命)이며 노동은 신과 이웃
> 에 봉사하는 것이다. 따라서 인간 사회에 유익을 주
> 는 것보다 더 신에게 칭찬받을 만한 일은 없다.

⑴ 위와 같이 주장한 사상가를 쓰시오.

⑵ 위의 사상이 자본주의 발전에 미친 영향을 서술하시오.

16 다음 글을 읽고 물음에 답하시오.

> (㉠)(이)란 차별받아 온 사람들에게 고용이나 교
> 육 등 다양한 측면에서 직접·간접으로 혜택을 제공함
> 으로써 사회적 이익의 공정한 분배를 실현하려는 정
> 책을 말한다. 이러한 정책을 반대하는 사람들은 업적
> 주의에 위배되며, 다른 집단에 대한 또 다른 차별이
> 발생한다고 주장한다.

⑴ ㉠에 들어갈 말을 쓰시오.

⑵ ㉠을 찬성하는 논거를 세 가지 서술하시오.

17 다음 글을 읽고 물음에 답하시오.

> 최근 우리 사회에서 묻지마 살인 등 흉악 범죄가 이어
> 지고 있다. 이러한 범죄를 예방하고 사회 정의를 실현
> 하기 위해 흉악범에 대한 사형 집행이 꼭 필요하다.

⑴ 위 주장에 대한 반대 논거를 두 가지 서술하시오.

⑵ 위 주장에 대한 베카리아의 입장을 서술하시오.

18 다음 글을 읽고 물음에 답하시오.

> (㉠)(이)란 정의롭지 못한 법과 정책에 대한 시
> 민들의 의도적 위법 행위를 말한다.

⑴ ㉠에 들어갈 말을 쓰시오.

⑵ ㉠의 정당화 조건을 세 가지 쓰시오.

마음의 항아리

저 흙 틈새에 우리의
정성까지 담겨 있어.

분갈이가 잘 된 것 같아.

항아리 속을 굵은 돌, 자갈, 모래, 흙으로 빈틈없이 채워야 한다면
어떤 순서대로 채우는 것이 좋을까요?
정답은 가장 굵고 큰 것을 먼저 항아리 속에 집어넣는 것입니다.
그래야 큰 것 틈새로 작은 것을 채울 수 있습니다.

우리 마음에도 항아리가 있습니다.
그 항아리에 채워야 할 것이 있다면
소중한 것을 먼저 채우세요.
그래야 사소한 것도 챙길 수 있습니다.

IV

과학과 윤리

자! 힘을 내서
차근차근 시작해요.

Ⅳ. 과학과 윤리

01 과학 기술과 윤리

🔍학습길잡이) • 과학 기술의 혜택과 문제점을 알고, 과학 기술의 가치 중립성에 관한 논쟁을 정리해 둔다.
• 과학 기술 연구 윤리의 필요성과 과학 기술에 따르는 사회적 책임을 파악해 둔다.

A 과학 기술의 가치 중립성 논쟁

1 과학 기술의 혜택과 문제점 ➊

① 과학 기술의 혜택

• **물질적 풍요와 안락한 삶** : 의식주와 관련된 재화가 대량 생산되고, 삶의 각 영역에서 자동화가 진전되면서 더 많은 여가를 누릴 수 있게 됨

• **시공간의 제약에서 벗어남** : 정보가 디지털화되고 전 세계가 인터넷망으로 연결됨에 따라 실시간으로 정보를 교환할 수 있으며, 교통수단의 발달로 전 세계를 자유롭게 여행할 수 있게 됨 ┌─연속적인 값을 갖는 데이터나 물리량을 수치로 바꾸어 처리하거나 숫자로 나타내는 방식이다.

• **건강 증진과 생명 연장** : 새로운 검진 기술과 치료법, 신약 등의 개발로 각종 난치병*을 예방하거나 치료할 수 있게 됨

⭐② 과학 기술의 문제점

• **환경 문제** : 대량 생산과 대량 소비로 쓰레기가 증가하고, 대기 오염 등 환경을 심각하게 훼손하고 있으며, 생태계 파괴로 이어져 동식물의 생명마저 위협하고 있음

• **인간의 주체성* 약화와 인간 소외* 현상** : 인간이 과학 기술에 종속되는 현상이 발생함 질문 └─인간이 어떤 일을 실천할 때 나타내는 자유롭고 자주적인 능동성을 말한다.

• **인권과 사생활 침해** : 정보 통신 기술의 발달로 인터넷을 통한 개인 정보 유출이 발생하고 있으며, 사회에 대한 거대한 감시 체제가 작동함 ➋

• **생명의 존엄성 훼손** : 생명체를 연구의 목적을 달성하기 위한 하나의 수단으로 여기는 문제가 발생함

자료로 보는 **전자·정보 판옵티콘 사회의 도래**

판옵티콘은 영국의 철학자 벤담이 죄수를 감시할 목적으로 1791년 처음으로 설계한 감옥이다. 판옵티콘 바깥쪽은 죄수의 밝은 방이고, 어두운 중앙은 간수의 감시 공간이다. 죄수는 간수에게 자신의 일상을 다 드러낼 수밖에 없는 반면, 간수는 보이지 않는 곳에서 죄수를 감시할 수 있다. 이 감옥에서 생활하는 죄수들은 자기가 늘 감시받고 있다고 느끼며, 결국 규율과 감시를 내면화해서 스스로를 통제하게 된다. 프랑스의 철학자 푸코는 판옵티콘 구조와 유사한 구조의 정보 감옥 사회가 도래할 수 있다고 경고하였다. – 「시사 경제 용어 사전」 –

자료 분석 푸코는 오늘날의 정보 통신 기술이 판옵티콘처럼 대중을 통제하고 관리하는 도구로 사용될 수 있다고 경고하였다. 정보 기술이 발달하고 전자 주민 카드·전자 건강 보험 증서 등 개인에 대한 모든 정보가 각종 전자 증서에 저장되면서 권력 기관이 개인을 더 쉽게 통제할 수 있는 '전자 판옵티콘'이 구축될 수 있다고 보았던 것이다.

🅠 전자·정보 판옵티콘의 위험성은 무엇인가?

🅐 권력 기관이 개인에 대한 모든 정보를 쉽게 얻어 개인을 통제할 수 있다.

개념 더하기 자료 채우기

➊ 과학과 기술의 의미

과학	보편적 진리나 법칙의 발견을 목적으로 한 체계적인 지식을 뜻하는 말로, 자연 현상을 관찰하고 이해하여 일반적 진리나 법칙으로 체계화하는 학문
기술	과학 이론을 실제로 적용하여 자연의 사물을 인간 생활에 유용하도록 가공하는 수단

👆질문 있어요

인간이 과학 기술에 종속된다는 것은 무슨 뜻인가요?
기계의 주인 노릇을 해야 할 인간이, 오히려 기계의 노예가 되는 현상을 일컬어 '인간이 기술에 종속되었다.'라고 표현해요. 컴퓨터, 휴대 전화에 지나치게 의존하거나 생산 현장에서 인간을 기계의 부품처럼 여기는 경우를 예로 들 수 있어요.

◎ 영화 「모던 타임즈」는 과학 기술에 종속된 인간의 모습을 풍자하여 보여 준다.

➋ 빅 브라더가 지배하는 세상

빅 브라더가 지배하는 한 개의 당이 '전쟁은 평화다. 자유는 예속이다. 무지는 힘이다.'라는 강령을 내걸고 초국가 오세아니아를 통치한다. 당은 텔레스크린을 통해서 모든 사람을 감시하며, 당의 명령을 사람들에게 직접 전달한다. 당은 텔레스크린과 인쇄 매체를 통해 사람들을 세뇌한다. 곳곳에는 '빅 브라더가 당신을 주시하고 있다.'라는 표제어와 빅 브라더의 포스터가 붙어 있으며, 이는 교묘하게 사람이 움직일 때마다 그 시선도 따라 움직이는 듯한 느낌을 준다.
– 조지 오웰, 「1984」 –

「1984」는 사회학적 통찰과 풍자로 유명한 영국의 소설가 조지 오웰의 소설이다. 여기에 등장하는 '빅 브라더'라는 용어는 현대 정보 사회의 감시와 통제의 문제점을 상징적으로 표현할 때 종종 사용된다.

✳용어사전

* **난치병** 고치기 어려운 병
* **인간 소외** 인간성이 상실되어 인간다운 삶을 잃어버리는 일

---

③ 과학 기술에 대한 균형적 시각
- 과학 기술 지상주의와 과학 기술 혐오주의 모두 바람직하지 않음 **3** **4**
- 과학 기술의 긍정적인 면을 발전시키고, 부정적인 면을 최소화해야 함

2 과학 기술과 가치 중립성 논쟁

① 가치 중립성의 의미

- 베버 : 과학적 지식의 객관성을 보장하기 위해 사실 인식과 가치 판단을 엄격히 구별해야 한다고 주장함
- 과학적 방법으로 사실 문제에 접근할 때는 가치 중립성이 적용되며, 연구 목적을 설정할 때는 가치가 개입될 수 있다고 봄

② 과학 기술의 가치 중립성에 대한 입장

- 옹호하는 입장 : 과학 기술 그 자체는 선도 악도 아니므로 윤리적 규제나 평가로부터 자유로워야 한다고 봄
  왜? 윤리적 규제가 과학 기술의 발달을 저해·왜곡할 수 있다고 여기기 때문이다.
- 부정하는 입장 : 과학 기술의 정당화 과정과 달리 발견 및 활용의 과정에서는 가치가 개입되므로 과학 기술에 대한 윤리적 성찰이 필요하다고 봄

자료로 보는 **과학 기술의 가치 중립성 논쟁**

> 기술은 그 자체로 선도 아니고 악도 아니다. 과학 기술이 선한지 악한지는 인간이 기술로부터 무엇을 만들고, 기술을 어디에 사용하고, 어떤 조건에서 기술이 만들어지느냐에 달려 있다.
>
> 과학 기술은 좀처럼 상상하지 못하는 방식으로 우리를 지배하고 있다. 과학 기술을 가치 중립적인 것으로 고찰할 때, 우리는 무방비 상태로 과학 기술에 내맡겨진다.

야스퍼스   하이데거

자료 분석 야스퍼스는 과학 기술을 가치 중립적으로 파악하면서 과학 기술에 가치 판단이 개입해서는 안 된다고 본다. 반면 하이데거는 인간이 오히려 과학 기술에 조종당하는 상황이 올 수 있다고 경고하면서 과학 기술에 대한 가치 판단이 필요하다고 본다.

---

③ 과학 기술의 두 가지 과정에 대한 가치 평가

- 과학 기술의 정당화의 과정 : 과학 기술이 객관적 타당성을 갖추려면 연구자의 주관적 가치가 개입되어서는 안 됨
- 과학 기술의 발견 및 활용의 과정 : 과학 기술은 윤리적 가치에 의해 지도되고 규제되어야 하며, 과학 기술의 자유 또한 다른 자유와 마찬가지로 자기 정당화의 의무와 윤리적 책임이 뒤따라야 함

④ 과학 기술과 윤리의 관계 **질문**

- 과학 기술과 윤리의 공통 목적 : 과학 기술을 활용하는 궁극 목적은 인간의 행복과 존엄성 실현에 있으므로 윤리의 목적과 지향점이 같음
- 과학 기술이 인간과 자연에 미치는 영향력이 커짐 : 윤리적 관점에서 과학 기술의 발전 방향을 심사숙고하지 않으면 과학 기술이 인류를 위협할 수 있음
- 과학과 윤리는 상호 밀접한 관계에 있음

---

3 과학 기술로 만든 이상 사회, 뉴 아틀란티스

> 우리에게는 천연 우물이나 분수를 모방해서 만든 인공 우물과 분수가 있습니다. 황산이나 황, 강철, 청동, 납, 초석을 비롯한 기타 광물질이 섞인 온천도 있습니다. 많은 물질을 주입해서 실험하기 위한 자그마한 우물도 있습니다. 여기에 물질을 넣으면 그릇에 담긴 것에 비해서 물의 반응 속도가 훨씬 빨라집니다. 이러한 실험 결과 우리는 천국의 물이라고 불리는 물을 만들어 냈습니다. 이 물을 마시면 건강이 증진되고 생명이 연장됩니다.
> – 베이컨, 「뉴 아틀란티스」 –

베이컨은 과학 기술이 발전하면 발전할수록 인간의 삶이 풍요로워질 수 있으며, 궁극적으로는 과학 기술의 발전을 통해 이상 사회를 실현할 수 있다고 보았다.

4 과학 기술을 혐오한 러다이트(Luddite) 운동

과학 기술의 부작용만을 지나치게 염려하여 모든 종류의 과학 기술을 거부하는 입장으로 러다이트 운동을 예로 들 수 있다. 러다이트 운동이란 1811~1817년 영국의 중북부 직물 공업 지대에서 일어났던 기계 파괴 운동이다. 노동자들은 실업과 생활고의 원인을 기계의 탓으로 돌리고 기계 파괴 운동을 일으켰다. 이러한 태도는 과학 기술의 성과와 혜택을 전면 부정한다는 점에서 한계를 지닌다.

질문 있어요

과학 기술에 대한 윤리적 성찰이 꼭 필요한가요?
아무리 획기적인 과학 기술이라도 그것이 인간의 존엄성과 삶의 질을 향상하는 데 도움이 되지 않는다면, 그 과학 기술의 연구나 활용은 중단해야 합니다. 이때 윤리는 과학 기술이 추구해야 할 가치를 제공하며, 과학 기술이 나아가야 할 바람직한 방향을 안내하는 나침반의 역할을 한다고 볼 수 있어요.

용어사전

- **가치 중립** 어떤 가치관이나 태도에도 치우치지 않는 것
- **과학 기술의 정당화** 과학 기술이 객관적 타당성을 갖춘 지식이나 원리로 인정받는 과정
- **심사숙고**(깊을 深, 생각 思, 익을 熟, 살필 考) 깊이 생각함

01 과학 기술과 윤리

B 과학 기술의 사회적 책임

1 과학 기술 연구 윤리 ❶

① **과학 기술 연구 윤리의 의미** : 과학 기술 연구자가 정직하고 성실한 태도로 책임 있는 연구를 수행하기 위해 지켜야 할 윤리 원칙과 행동 양식

② **과학 기술 연구 윤리의 필요성** : 현대 과학 기술이 전문화되고 개인과 사회에 대한 영향력이 점점 커지면서 과학 기술 연구자에게 독점적 지위와 막대한 *연구비가 주어지고 있기 때문에 과학 기술 연구 윤리의 중요성이 부각되고 있음

③ **연구 윤리의 내용**

• 과학 기술자는 위조, 변조, 표절 등의 연구 부정행위를 하지 말아야 함 ❷

• 과학 기술자는 실험 대상을 윤리적으로 대우하고, 연구 결과를 완전히 공표하며, 실질적인 기여 정도에 따라 연구 공로를 공정하게 배분해야 함

2 사회적 책임과 책임 윤리 ❸

① **과학 기술자의 사회적 책임**
　　　　　　　└ 과학 기술자의 내적 책임에 해당한다.

• 과학 기술자는 <u>연구 윤리를 준수</u>해야 함 : 연구 윤리는 연구 과정에서 진실성을 확보하고 부정행위를 방지하기 위해 필요한 규범임 질문

• 과학 기술자는 자신의 연구 성과물이 <u>사회 전반에 미치는 영향을 충분히 숙고</u>해야 함 : 만약 어떤 연구 성과물이 인류에게 *해악을 끼칠 위험성을 지니고 있다면 과학 기술자는 사회적 책임을 인식하고 연구를 중단해야 함
└ 과학 기술자의 외적 책임에 해당한다.

자료로 보는　과학자의 책임

과학에 관하여

① 과학 연구의 건전성 유지, 과학적 지식의 억압과 왜곡에 대한 저항 ② 과학적 성과의 완전한 공표 ③ 인종적·민족적 장벽을 넘어 다른 과학자와 협력할 것 ④ 기초 과학과 응용 과학의 균형을 고려하여 과학의 발달을 확실하게 할 것

사회에 관하여

① 과학, 특히 자기 자신의 분야가 당면한 경제적·사회적 문제에 관하여 지니는 의미를 연구할 것 그리고 이런 지식이 광범위하게 이해되고 실행으로 옮겨질 수 있도록 노력할 것 ② 기아 및 질병과 싸우고, 모든 나라의 생활과 노동 조건을 평등하게 개선하기 위해 과학을 사용할 새로운 방법을 탐구할 것, 이 경우 궁극적으로 같은 목적을 지닌 모든 조직 및 개인과 협력할 것 ③ 공공 행정의 모든 측면을 연구하고, 과학적 방법이 충분히 사용될 수 있도록 노력하며, 또 이 분야에서 과학의 진보가 갖는 의의를 국민과 정부가 항상 알 수 있도록 할 것

– 과학자 헌장(세계과학자연맹, 1948) –

자료 분석　과학자는 개인으로서나 집단으로서도 과학 연구의 사회적 의미와 사회적 영향에 대해 깊이 자각해야 한다. 이러한 상황에서 과학자의 사회적 책임을 둘러싸고 많은 논의가 이루어지면서 '과학자 헌장'이 채택되었다.

Ⓠ 과학자 헌장에 담긴 과학 기술 연구자가 지켜야 할 윤리적 원칙과 행동 양식을 무엇이라고 하는가?

Ⓐ 과학 기술 연구 윤리

---

❶ 연구 윤리

윤리학에서 다루는 근본적인 윤리 원칙들을 과학적 연구와 관련된 다양한 쟁점에 적용하는 것이다. 연구 윤리에서는 인간과 동물을 대상으로 하는 실험의 설계와 이행, 연구 부정행위(위조, 자료의 날조, 복제), 내부 고발, 그리고 연구 규제 등을 다룬다. 연구 윤리는 의학 연구 분야에서 가장 많이 발달되어 있다.

❷ 연구 부정행위

위조	존재하지 않는 자료나 연구 결과 등을 허위로 만들어 내는 행위
변조	연구 재료·장비 등을 조작하거나 자료를 변형·삭제하여 연구 내용과 결과를 왜곡하는 행위
표절	타인의 아이디어나 연구 내용을 출처 표기 없이 자기 것처럼 부당하게 사용하는 행위
부당한 저자 표기	연구에 기여하지 않은 사람에게 저자의 자격을 부여하거나, 연구에 공헌한 사람을 저자로 인정하지 않는 행위

위와 같은 연구 부정행위들은 객관적이고 공정한 연구를 저해하는 비윤리적 행위이기 때문에 과학 기술자들은 반드시 연구 윤리를 준수해야 한다.

❸ 과학 기술의 사회적 책임

개인적 차원	• 내적 책임 : 연구 윤리의 준수 • 외적 책임 : 연구 결과나 개발 활동의 사회적 영향력을 고려하여 사회적 책임을 져야 함
사회적 차원	• 각종 윤리 위원회 활동으로 윤리적 규제 강화 • 기술 영향 평가 제도 시행 • 과학 기술의 연구와 개발 과정에 시민의 참여와 합의 제도화

질문 있어요

과학 기술자가 연구 과정에서 비윤리적인 행위를 하지 말아야 하는 이유는 무엇인가요?

연구 윤리를 지키지 않는 것은 아무리 사소한 것일지라도 비윤리적 행위일 뿐만 아니라 사회적으로도 큰 피해를 주기 때문입니다.

✷ 용어사전

✷ **연구비**　신제품이나 신기술을 개발하기 위하여 시험하고 연구하는 데 지출하는 비용

✷ **해악**(해할 害, 악할 惡)　해가 되는 악한 일

② **과학 기술의 사회적 책임을 위한 노력**
- 과학 기술의 결과물이 사회에 미칠 수 있는 부정적 영향과 미래에 초래할 수 있는 위험을 폭넓게 검토하여 이에 대한 예방적 조치를 해야 함
- 과학 기술 개발에 대한 시민 참여 : 과학 기술 전문가뿐만 아니라 일반 시민도 적극적으로 참여하여 새로운 과학 기술 개발에 대해 함께 토론하는 과정이 필요함 **왜?** 과학 기술은 현대인의 삶에 큰 영향을 주기 때문이며, 과학 기술 분야의 개발 목적 및 방향에 관한 시민의 의사를 반영해야 한다.
- 인류의 당면 과제를 해결할 수 있는 과학 기술 개발 : 기아나 환경 문제 등 전 지구적인 문제를 해결하기 위해 과학 기술의 역할이 매우 중요함 **예** 적정 기술, 식량 증산 기술, *대체 에너지 기술 등 **4**
- 과학 기술의 사회적 책임 실현을 위한 제도적 장치 : 기술 영향 평가 제도, 과학기술윤리위원회, 시민의 감시와 참여를 이끌어 내는 장치 등 **5**

⭐ **3 과학 기술의 개발과 윤리 의식의 함양**
① **동양의 *순천절물(順天節物)의 정신** : 인간의 이기심과 물질적 욕망을 줄이고 자연의 섭리에 따라 소박하게 살아가야 함을 강조함
② **요나스의 책임 윤리** : 과거의 행위에 대한 책임에서 더 나아가 미래의 결과에 대한 책임까지 강조함 **6** 질문
　└ 행동하기 전에 행동의 결과에 대해 더 주의를 기울일 것을 강조한다.

자료로 보는 　**요나스의 책임 윤리**

행위자는 자신의 행위에 책임을 져야 한다. 비록 원인이 악행이 아니었다 할지라도, 그리고 결과가 예견된 것도 아니고 의도된 것도 아니라고 할지라도 저지른 피해를 보상해야만 한다. 내 자신이 능동적 원인이었다는 사실만으로 충분하다. 그러나 이는 책임 소재가 분명하고, 결과가 예측할 수 없는 영역으로 사라지지 않을 정도로 행위와 밀접한 인과적 관계가 있을 때에만 그렇다.
그런데 행해진 것에 대한 사후적 책임 부과와 관련되지 않고 행위되어야 할 것의 결정과 관련된 전혀 다른 책임의 개념이 있다. 이에 따르면 나는 나의 행동과 그 결과에 관해 책임이 있다고 느끼는 것이 아니라 나의 행위로 인해 앞으로 발생할 사태에 관해 책임이 있다고 느낀다. 책임의 대상은 나의 밖에 놓여 있기는 하지만 나의 권력에 의존하고, 또 나의 권력에 의해 위협을 받음으로써 나의 권력의 작용 영역 안에 있다. 권력은 나의 것이고 이 사태에 대한 원인적 관계를 가지고 있는 까닭에 사태는 나의 것이 된다. 의존자는 자신의 고유한 권리로 말미암아 명령자가 되고, 권력자는 자신의 원인성으로 말미암아 의무자가 된다.
오늘날 필요한 책임의 윤리에 관해 말하면, 우리는 이러한 종류의 책임과 책임감을 말하는 것이지, 자신의 행위에 대한 모든 행위자의 형식적이고 공허한 책임을 말하는 것이 아니다. 　　　　　　　　　　　　　　　－ 요나스, 『책임의 원칙』－

자료 분석 　요나스는 과학 기술이 공간적으로 지구 전체에, 시간적으로 먼 미래의 인류에까지 영향을 미칠 정도로 인과적 연쇄 작용을 보이는 것에 주목하였다. 이러한 연쇄 작용을 해결하기 위해 요나스는 인간에게 자신을 포함하여 다른 사람, 그리고 다른 존재에 대한 책임이 있음을 강조하였다.

　　　　　　　　　　　　┌ 인간의 행복과 존엄성 실현이라는 과학의
　　　　　　　　　　　　└ 궁극적 목적을 실현하는 방향이다.
③ **과학 기술에 대한 성찰** : 과학 기술이 바람직한 방향으로 활용될 수 있도록 지속적으로 성찰하는 자세와 책임 있는 자세를 지녀야 함

4 적정 기술

적은 비용　현지 재료　일자리 창출　간단함　쉽게 이용

스스로 제작　지역 발전　재생 에너지　이해력　변화 가능

ⓐ **적정 기술의 열 가지 조건**

적정 기술은 그 기술이 사용되는 사회 공동체의 정치적·문화적·환경적 조건을 고려하여 해당 지역에서 지속적인 생산과 소비를 할 수 있게 하며, 인간 삶의 질을 궁극적으로 향상할 수 있게 한다.
　　　　　　　　　　　－ 장하원, 「적정 기술」－

5 기술 영향 평가 제도

새로운 과학 기술의 발전이 경제, 문화 등 사회 전반에 미치는 영향을 사전에 평가함으로써, 긍정적인 영향은 극대화하고 부작용은 사전에 방지하여 기술의 바람직한 발전 방향을 모색하기 위한 제도이다.

6 요나스의 정언 명령

독일의 생태 철학자 요나스는 칸트의 주장을 수용하여 "너의 행위의 결과가 미래에도 인간이 존속할 가능성을 파괴하지 않도록 행위하라."라는 생태학적 정언 명령을 제시하였다.

✊ **질문 있어요**

요나스는 책임 윤리를 주장하면서 윤리적 책임의 범위를 어디까지 확장하나요?
요나스는 윤리적 책임의 범위를 확대해 인간뿐만 아니라 자연, 그리고 미래 세대에 대한 책임까지 고려해야 한다고 주장합니다.

✱ **용어사전**

✱ **대체 에너지** 　기존의 에너지를 대신할 새로운 에너지로, 석유를 대신할 에너지인 석탄 액화, 원자력, 태양열 등이 있다.
✱ **순천절물**(순할 順, 하늘 天, 절도 節, 만물 物) 　자연에 따르고 자연과의 관계에서 절도에 맞게 행동하는 것

A 과학 기술의 가치 중립성 논쟁

1 과학 기술의 혜택과 문제점
① 혜택 : 물질적 풍요와 안락한 삶, 시공간적 제약으로부터 탈피, 인간의 건강 증진과 생명 연장
② 문제점 : 환경 문제, 인간의 주체성 약화, 인간 소외 현상 초래, 인권과 사생활 침해, 생명의 존엄성 훼손 문제

2 과학 기술의 가치 중립성 논쟁

과학 기술의 가치 중립성 인정	• 과학 기술 그 자체는 좋은 것도 나쁜 것도 아님 • 과학 기술은 가치와 무관한 사실의 영역에 속하기 때문에 윤리적 규제나 평가의 대상이 아님
과학 기술의 가치 중립성 부정	• 과학 기술도 가치 판단으로부터 자유로울 수 없으므로 윤리적 검토가 필요함 • 과학 기술은 인간의 존엄성 실현과 삶의 질 향상이라는 윤리적 목적에 기여해야 함

3 과학 기술의 두 가지 과정에 대한 가치 평가

과학 기술의 정당화 과정	객관적 타당성을 위해 연구자의 주관적 가치가 개입되어서는 안 되므로 가치 중립성 인정
과학 기술의 발견 및 활용의 과정	윤리적 가치에 의해 지도되고 규제되어야 하기 때문에 가치 중립성 부정

B 과학 기술의 사회적 책임

1 과학 기술 연구 윤리

필요성	과학 기술의 영향력이 크고, 과학 기술 연구자에게 독점적 지위와 막대한 연구비가 주어지기 때문
내용	실험 대상을 윤리적으로 대우하고, 연구 결과를 완전히 공표하며, 연구 공로를 공정하게 배분해야 함

2 사회적 책임과 책임 윤리

과학 기술자의 사회적 책임	연구 윤리를 준수하고, 자신의 연구 성과물이 사회 전반에 미치는 영향을 충분히 숙고해야 함
노력	• 과학 기술의 위험에 대한 예방적 조치 • 과학 기술 개발에 대한 시민 참여 • 인류의 당면 과제를 해결할 수 있는 과학 기술 개발 • 과학 기술의 사회적 책임을 실현하기 위한 제도적인 장치 마련

3 과학 기술의 개발과 윤리 의식의 함양
① 동양의 순천절물의 정신 : 자연의 섭리에 따라 살아감
② 요나스의 책임 윤리 : 과거의 행위에 대한 책임에서 더 나아가 미래의 결과에 대한 책임까지 강조하였음
③ 과학 기술에 대한 성찰 : 성찰하며 책임지는 자세가 필요함

---

01 다음 설명이 맞으면 ○표, 틀리면 ×표를 하시오.

(1) 과학 기술의 발달에 따라 시공간의 제약이 강화되었다.
( )

(2) 생명 공학 기술의 발달로 새로운 치료법과 신약 등이 개발되어 각종 난치병을 예방하거나 치료할 수 있게 되었다.
( )

(3) '판옵티콘' 사회와 '빅 브라더'의 출현 가능성으로 개인의 사생활 침해에 관한 우려가 현저히 감소하였다. ( )

(4) 과학 기술 연구자는 자신의 연구 성과물이 사회 전반에 미치는 영향을 숙고해야 한다. ( )

02 빈칸에 들어갈 알맞은 말을 쓰시오.

(1) 과학 기술의 ( ) 과정에는 연구자의 주관적 감정이나 가치 판단이 개입하면 과학 기술의 객관적 타당성을 확보하기 어려우므로 과학 기술의 가치 중립성을 보장해야 한다.

(2) 과학 기술의 목적은 객관적 지식을 발견하여 그것을 활용하는 것이지만, 이러한 목적은 궁극적으로 인간의 행복과 ( )의 실현이라는 윤리적 목적을 지향해야 하기 때문에 과학과 윤리는 상호 밀접한 관계임을 알 수 있다.

(3) 과학 기술의 결과물이 사회에 미칠 수 있는 부정적 영향과 미래에 초래할 수 있는 위험을 폭넓게 검토하여 이에 대한 ( ) 조치를 해야 한다.

03 다음 개념과 그에 관한 설명을 바르게 연결하시오.

(1) 순천절물 •

(2) 책임 윤리 •

(3) 연구 윤리 •

• ㉠ 자연에 따르고 절도에 맞게 행동하는 것

• ㉡ 과거 행위에 대한 책임에서 더 나아가 미래의 결과에 대한 책임까지 강조함

• ㉢ 연구 과정에서 객관성을 확보하고, 위조, 변조, 표절 등의 행위를 방지하기 위해 필요한 규범

중요

01 신문 기사를 통해 알 수 있는 과학 기술의 혜택으로 가장 적절한 것은?

> 미국의 한 법률 회사는 로스(Ross)라는 이름의 변호사를 채용하였다. 로스는 법률 서비스에 최적화된 인공 지능(AI) 로봇이다. 로스는 1초에 80조 번 연산하고, 책 100만 권 분량의 데이터를 분석한다. 인공 지능 변호사답게 로스는 하루 24시간 쉬지 않고 일하며, 수천 건의 자료를 탐색한 뒤 가장 적절한 해답을 제공해 주는 작업도 할 예정이다.
> — ○○신문, 2016. 5. 13. —

① 과학 기술이 권력자를 위해 활용되고 있다.
② 과학 기술이 개인의 목적을 위해 활용되고 있다.
③ 과학 기술이 사회적 약자를 위해 활용되고 있다.
④ 과학 기술이 과학자의 사회적 지위 향상을 위해 활용되고 있다.
⑤ 과학 기술이 우리 삶에서 편의를 증진하기 위해 활용되고 있다.

02 다음은 노트 필기의 일부이다. ㉠~㉤ 중 옳지 <u>않은</u> 것은?

> **주제 : 과학 기술의 가치 중립성 논쟁**
> **1. 과학 기술의 가치 중립성을 인정하는 입장**
> • 과학 기술은 객관적인 사실의 영역임 ············ ㉠
> • 과학 기술은 사회적 책임에서 자유로울 수 없음 ······· ㉡
> • 가치의 문제는 과학 기술을 활용하는 사람들에게 전적으로 달려 있음 ········· ㉢
> **2. 과학 기술의 가치 중립성을 부정하는 입장**
> • 과학 기술의 발견과 활용의 과정에는 가치가 개입되어야 함 ············ ㉣
> • 과학 기술은 윤리적 목적을 지향해야 함 ········· ㉤
> • 과학 기술에 대해 비판적으로 접근하는 태도가 요구됨

① ㉠   ② ㉡   ③ ㉢   ④ ㉣   ⑤ ㉤

중요

03 ㉠의 입장과 일치하는 내용을 〈보기〉에서 고른 것은?

> '판옵티콘(panopticon)'은 죄수를 교화할 목적으로 설계된 벤담의 원형 감옥이다. 판옵티콘 바깥쪽은 죄수의 밝은 방이고, 어두운 중앙은 간수의 감시 공간이다. 죄수는 간수에게 자신의 일상을 다 드러내 놓을 수밖에 없는 위치에 있으며, 간수는 보이지 않는 곳에서 죄수를 감시할 수 있다. 판옵티콘의 이러한 점에 주목한 ㉠미국의 사회학자 포스터는 과학 기술의 발달로 전자·정보 판옵티콘이 더욱 공고하게 될 것이라고 보았다.

┤ 보기 ├
ㄱ. 과학 기술로 생명의 존엄성을 훼손할 수 있다.
ㄴ. 과학 기술로 전자 민주주의 발전을 가져올 수 있다.
ㄷ. 과학 기술로 사회에 대한 거대한 감시 체제를 구축할 수 있다.
ㄹ. 과학 기술은 개인 정보 유출과 사생활 침해 문제를 일으킬 수 있다.

① ㄱ, ㄴ   ② ㄱ, ㄷ   ③ ㄴ, ㄷ
④ ㄴ, ㄹ   ⑤ ㄷ, ㄹ

04 다음 사례를 통해 추론한 내용으로 가장 적절한 것은?

> • 위성 위치 확인 시스템(GPS)은 실종자 구조, 미아 찾기 등 위급한 순간에 인간의 생명을 구하는 도구로 이용되기도 하지만, 사생활을 침해하는 도구로 악용될 수도 있다.
> • 유전자 변형 농산물(GMO)은 병충해에 강한 품종을 개발하여 식량난을 해소할 수 있지만, 장기간 섭취할 경우 인간에게 끼치는 영향이 분명하게 검증된 바 없으며 생태계를 교란시킬 수도 있다.

① 과학 기술은 사회를 진보시키는 주요한 원인이다.
② 과학 기술은 인류에게 편리함만을 가져다줄 것이다.
③ 과학 기술은 긍정적·부정적 결과를 모두 낳을 수 있다.
④ 과학 기술은 인류가 직면한 모든 문제를 해결해 줄 것이다.
⑤ 과학 기술자들이 내적 책임을 준수해야 과학 기술이 더욱 발전한다.

05 ㉠에 들어갈 주장으로 가장 적절한 것은?

> 과학 기술 지상주의와 과학 기술 혐오주의는 모두 과학 기술의 한쪽 측면만을 지나치게 강조한다. 이와 같은 입장은 과학 기술의 본질에 대해 잘못 이해하거나 과학 기술과 윤리의 관계를 제대로 설정하지 못하여 생겨난 것이다. 과학 기술의 긍정적 측면과 부정적 측면을 모두 고려하여 _____㉠_____

① 과학 기술의 부정적 측면을 다른 과학 기술로 해결해야 한다.
② 과학 기술에 대해 비판적으로 성찰하는 자세를 가져야 한다.
③ 과학 기술 관련 정책을 결정할 때 전문가의 의견을 따라야 한다.
④ 과학 기술의 연구와 활용에 대해 가치 중립적 태도를 지녀야 한다.
⑤ 과학 기술이 인간의 삶의 질 향상에 개입하지 못하도록 해야 한다.

06 ㉠의 입장에서 과학 기술에 대해 주장할 내용으로 적절하지 않은 것은?

> 산업 혁명으로 기계가 우위를 점하자 경쟁에서 패배한 수공업자들은 몰락하였다. 자택과 공동 작업장에서 스스로 의지에 따라 노동해 온 그들은 실업자가 되든지 자본가의 강제 아래 움직이는 공장 노동자가 되든지 아니면 그대로 머물 수밖에 없었다. 이처럼 18~19세기에 ㉠노동자들은 산업 혁명의 결과 발명된 새로운 기계의 보급을 실업의 원천으로 파악하고 기계들을 파괴하기 시작하였다.

① 과학 기술은 인류에게 아무런 가치도 주지 않는다.
② 과학 기술이 발전한 사회는 비관적인 사회가 될 것이다.
③ 과학 기술이 가져다주는 유용한 측면을 발전시켜야 한다.
④ 과학 기술은 비인간적·비윤리적 문제를 일으키는 주범이다.
⑤ 과학 기술의 위험에서 벗어나기 위해서는 적극적으로 행동해야 한다.

07 다음 글의 입장과 일치하는 내용을 〈보기〉에서 고른 것은?

중요

> 거대과학의 시대가 도래했다. 현대의 과학은 연구와 개발에 많은 인원과 비싼 설비를 요구한다. 이것은 이제 연구의 방향과 자금에 대해서도 어려운 선택을 해야 함을 의미한다. 막대한 비용을 필요로 하기 때문에 연구 규모가 커져 기관의 통제를 받으면서 연구를 해야 한다. 따라서 과학자들의 연구는 과학 연구와 응용을 조정하는 기관에 의해 간섭을 받을 수밖에 없다. 그런데 이들이 사회에 끼칠 영향을 고려하지 않고, 권력과 이익만을 추구하면 많은 사회적 문제점을 낳을 수 있다.

┤ 보기 ├
ㄱ. 과학 기술은 가치 판단과 무관하다.
ㄴ. 과학 기술의 사회적 영향력을 고려해야 한다.
ㄷ. 과학 기술은 사회적 제약 없이 연구되어야 한다.
ㄹ. 과학 기술은 연구와 활용 과정에서 가치와 관련이 있다.

① ㄱ, ㄴ　　② ㄱ, ㄷ　　③ ㄴ, ㄷ
④ ㄴ, ㄹ　　⑤ ㄷ, ㄹ

08 ㉠의 입장에서 지지할 내용으로 가장 적절한 것은?

> ㉠이 입장은 과학을 최고의 인식 형태로 간주하며, 원리적으로는 모든 문제를 과학으로 해결할 수 있다고 주장하는 태도이다. 한 걸음 더 나아가 인간의 모든 내면적인 문제나 사회적인 문제도 자연 과학과 동일한 방법에 따라 해결할 수 있다고 주장하기도 한다.

① 과학 기술은 인간 소외 현상을 일으킨다.
② 과학 기술의 혜택을 수용하지 말아야 한다.
③ 과학 기술은 인류에게 부작용만을 초래한다.
④ 과학 기술이 인류에게 주는 가치를 부정해야 한다.
⑤ 과학 기술의 발전에 따른 부작용도 과학 기술의 힘으로 해결할 수 있다.

09 그림의 강연자가 지지할 입장으로 가장 적절한 것은?

핵분열 이론을 연구한 사람은 원자 폭탄 투하의 책임이 없습니다. 그러나 원자 폭탄을 만든 사람은 다릅니다. 그는 응분의 책임을 져야 합니다. 과학자는 한 개인의 차원만이 아니라 인간 공동체의 차원에서 행동해야 하기 때문입니다. 과학자는 자신의 연구 활동을 사회와의 연관성 안에서 생각해야 합니다. 원자 폭탄을 만든 미국의 원자 물리학자들은 정치적인 영향력을 행사하는 데 너무 소극적이었다는 비난을 피할 수 없을 것입니다. 그들은 연구 초기부터 이미 원자 폭탄의 역효과를 충분히 알고 있었을 것이기 때문입니다.

① 과학자는 정치에 관여해서는 안 된다.
② 과학자는 윤리적 평가로부터 자유로워야 한다.
③ 과학자는 인간의 존엄성 실현에 기여해야 한다.
④ 과학자는 자신의 연구 과정에만 책임을 져야 한다.
⑤ 과학자는 자신의 연구 업적을 높이는 데 주력해야 한다.

★★ 중요

10 갑의 입장에서 지지할 내용으로 가장 적절한 것은?

갑 : '공포의 발견술'이란 악의 인식이 선의 인식보다 쉽기 때문에 윤리학은 희망보다 공포를 논의의 대상으로 삼아야 한다는 것을 말한다. 예를 들면 핵무기가 개발되었을 때 주어지는 혜택보다는 그것이 가져다줄 수 있는 절망과 공포를 먼저 생각해야 한다는 것이다. 원자 폭탄, 화학 무기에 의한 끔찍한 살상의 역사 속에서 과학은 파괴의 도구가 되기도 했다는 점을 생각해 볼 때, 공포의 발견술은 유효한 책임 윤리의 기준이 될 수 있다.

① 우리는 현세대에 대해서만 책임을 져야 한다.
② 우리는 과학 기술에 대해 낙관적 전망을 가져야 한다.
③ 우리는 인류의 존속을 파괴하는 행위에 대해 반대해야 한다.
④ 우리는 과학 기술의 주된 목적을 경제적 이익 추구에 두어야 한다.
⑤ 우리는 인간의 욕망을 충족시키기 위해 자연을 적극적으로 이용해야 한다.

---

11 다음 입장에서 부정의 대답을 할 질문만을 〈보기〉에서 있는 대로 고른 것은?

과학자는 연구 과정에서 규범을 준수하면서 자연을 탐구하여 진리를 발견해야 한다. 이를 위해 과학은 사회적·경제적 이해로부터 자유로워야 하는데, 만약 그렇지 못하면 진리는 왜곡된다. 사회는 과학의 발전을 지원해야 하지만, 사회적·경제적 목적에 따라 과학을 통제해서는 안 된다.

┤ 보기 ├

ㄱ. 과학자는 경제적 가치에 의해 통제받아야 하는가?
ㄴ. 과학자는 연구 과정에 대한 책임에서 자유로워야 하는가?
ㄷ. 과학 이론의 검증 과정에서 과학자는 책임을 가져야 하는가?
ㄹ. 과학의 발전은 다양한 사회적 이해관계의 영향을 받아야 하는가?

① ㄱ, ㄴ   ② ㄴ, ㄷ   ③ ㄷ, ㄹ
④ ㄱ, ㄴ, ㄹ   ⑤ ㄴ, ㄷ, ㄹ

---

12 다음은 인터넷에서 A를 검색한 결과이다. A에 관한 옳은 설명만을 〈보기〉에서 있는 대로 고른 것은?

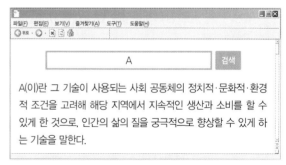

파일(F) 편집(E) 보기(V) 즐겨찾기(A) 도구(T) 도움말(H)

뒤로 ·

[A] [검색]

A(이)란 그 기술이 사용되는 사회 공동체의 정치적·문화적·환경적 조건을 고려해 해당 지역에서 지속인 생산과 소비를 할 수 있게 한 것으로, 인간의 삶의 질을 궁극적으로 향상할 수 있게 하는 기술을 말한다.

┤ 보기 ├

ㄱ. 인간의 삶의 질 향상에 기여할 수 있다.
ㄴ. 해당 국가의 경제적 이익만을 얻기 위한 것이다.
ㄷ. 지역 주민의 인간 존엄성을 구현하기 위한 것이다.
ㄹ. 과학 기술의 객관적 타당성을 높이는 것이 주목적이다.

① ㄱ, ㄷ   ② ㄴ, ㄹ   ③ ㄴ, ㄹ
④ ㄱ, ㄴ, ㄷ   ⑤ ㄱ, ㄷ, ㄹ

13 다음 입장에 대한 적절한 반론만을 〈보기〉에서 있는 대로 고른 것은?

> 과학 기술자의 연구는 지적 호기심이 동기가 되어 순수하게 학문적 목적에서 이루어지고, 과학 이론이 형성되는 과정에서는 연구 윤리를 지키면서 자신의 주관적 가치를 개입해서는 안 된다. 또한 과학 기술자는 자신의 연구가 가져올 결과를 미리 판단할 수 없기 때문에 과학 기술에 대한 도덕적 평가를 성급히 내리지 말아야 한다.

┤ 보기 ├
ㄱ. 과학 기술자는 연구 과정에서 객관적인 태도를 지녀야 한다.
ㄴ. 과학 기술자는 과학 기술의 활용에서 독립성을 보장받아야 한다.
ㄷ. 과학 기술자는 자신의 연구 결과에 대해 비판적으로 성찰해야 한다.
ㄹ. 과학 기술자는 자신의 연구 결과에 대해 사회적 책임 의식을 지녀야 한다.

① ㄱ, ㄴ　　② ㄴ, ㄹ　　③ ㄷ, ㄹ
④ ㄱ, ㄴ, ㄷ　　⑤ ㄱ, ㄷ, ㄹ

★★
중요
14 갑은 부정, 을은 긍정의 대답을 할 질문을 〈보기〉에서 고른 것은?

기술은 그 자체로 선도 아니고 악도 아닙니다. 기술이 선한지 악한지는 인간이 기술을 어디에 사용하느냐에 달려 있습니다.

과학 기술을 가치 중립적인 것으로 고찰할 때 우리는 무방비 상태로 과학 기술에 내맡겨질 것입니다.

갑　　　　을

┤ 보기 ├
ㄱ. 과학 기술은 무비판적인 대상인가?
ㄴ. 과학 기술은 가치 중립적인 것인가?
ㄷ. 과학 기술에 대한 비판적 성찰이 필요한가?
ㄹ. 과학 기술은 가치로부터 자유로울 수 없는가?

① ㄱ, ㄴ　　② ㄱ, ㄷ　　③ ㄴ, ㄷ
④ ㄴ, ㄹ　　⑤ ㄷ, ㄹ

15 다음 헌장에서 강조하는 내용으로 적절하지 <u>않은</u> 것은?

> **과학 기술인 헌장**
> • 우리는 과학 지식을 증진시키고 기술 혁신을 추구하여 인류의 행복과 평화를 위해 노력한다.
> • 우리는 지속 가능한 과학 기술 발전을 통하여 깨끗하고 안전한 자연환경을 만든다.
> • 우리는 탐구의 자율성을 소중히 여기며 과학 기술에 대한 사회적 책임과 윤리 의식을 갖는다.

① 과학 기술인은 세계 평화에 기여하기 위한 연구를 해야 한다.
② 과학 기술인은 인류의 존속을 위해 자연환경을 보호해야 한다.
③ 과학 기술인은 과학적 탐구에 대해 자율성을 보장받아야 한다.
④ 과학 기술인은 인류의 복지 증진에 대한 책임을 자각해야 한다.
⑤ 과학 기술인은 과학 지식의 증진과 기술 혁신을 궁극적인 목적으로 삼아야 한다.

16 ㉠에게 부족한 자세로 가장 적절한 것은?

> ○○ 대학교 물리학과에 재학 중인 학생들은 어떤 강사가 집필한 교재에서 표절의 증거를 발견했다. 학생들은 이 사실을 다른 강사들에게 알렸고, 강사들 역시 해당 교재가 1차 출처에 대한 검토도 없이 2차 출처의 문장과 문제, 그리고 참고 문헌을 활용해 작성되었다는 사실을 확인했다. 그러나 이들은 명예 훼손 소송이 두려워서 아무 조치도 취하지 않았고, ㉠ <u>표절 강사</u>는 정교수로 승진을 했다.

① 표절 강사는 연구 업적을 완전히 공표하지 못했다.
② 표절 강사는 연구 업적에 대한 검증 과정을 지나치게 중시하였다.
③ 표절 강사는 연구의 내적 책임만 고려하고 외적 책임은 고려하지 않았다.
④ 표절 강사는 연구 업적을 만드는 과정에서 윤리적 원칙을 지키지 않았다.
⑤ 표절 강사는 연구 업적을 만드는 과정에서 진실성을 지나치게 중시하였다.

중요

17 갑의 입장에서 〈사례〉의 A 시장에게 제시할 조언으로 가장 적절한 것은?

> 갑 : 모든 분별과 차별에서 벗어나 만물을 평등하게 보고, 도(道)와 일치하는 삶을 살아가야 한다.
>
> 〈사례〉
>
> A 시장은 전력 수요 급증과 화석 연료의 사용에 관한 국제 규제가 강화될 것으로 예상됨에 따라, 가로림만에 세계 최대 규모의 조력 발전소를 건설하려고 한다.

① 인간은 자연보다 우월한 위치에 있음을 알아야 한다.

② 자연을 보호하기 위해 인위적인 노력이 필요함을 알아야 한다.

③ 자연을 위해 자연 친화적인 에너지 개발이 필요함을 알아야 한다.

④ 인간은 자연에 대해 인위적인 개입을 해서는 안 됨을 알아야 한다.

⑤ 자연에 대한 인간의 개입이 경제적 풍요를 가져다줄 수 있음을 알아야 한다.

18 ㉠에 들어갈 진술로 가장 적절한 것은?

> 과학 기술은 그 영향의 범위가 매우 포괄적이다. 이는 한 사회의 대다수 시민이 자신이 원하든 원하지 않든 간에 특정 과학 기술로부터 지대한 영향을 받게 됨을 의미한다. 아울러 정부에서 추진하는 특정 과학 기술 연구 개발 프로그램은 그 재원을 세금에 절대적으로 의존하는 경우가 많기 때문에 당연히 공공적 성격을 띤다. 그러므로 이러한 개발 사업은 모두의 이익을 향상시키는 데 그 목적을 두어야 한다. 이러한 점에 기초해서 과학 기술이 사회적 책임을 다하기 위해서는 _____ ㉠

① 과학 기술 개발에 시민의 참여가 필요하다.

② 과학 기술의 위험에 대한 예방적 조치가 필요하다.

③ 과학자들의 연구 실적에 대한 공정한 평가가 이루어져야 한다.

④ 과학 기술과 관련된 다양한 법과 제도적 장치를 마련해야 한다.

⑤ 인류의 당면 과제를 해결할 수 있는 과학 기술 개발이 필요하다.

19 다음 글을 읽고 물음에 답하시오.

> 독일의 철학자 요나스는 과학 기술 시대에 (㉠) 윤리를 새롭게 확립해야 한다고 주장하였다. 그는 (㉠)의 범위를 현세대로 한정하는 기존의 전통적 윤리관으로는 ㉡과학 기술 시대에 발생하는 문제를 해결하는 데 한계가 있다고 보았다.

(1) ㉠에 들어갈 용어를 쓰시오.

(2) ㉠의 관점에서 ㉡을 해결하는 방안에 대해 서술하시오.

20 과학 기술에 대한 갑, 을의 입장을 비교하여 서술하시오.

> 갑 : 과학 기술이야말로 인류의 희망이야. 과학 기술로 인류가 당면한 모든 문제를 해결할 수 있을 거야.
>
> 을 : 과학 기술 때문에 더 많은 문제가 발생하고 있어. 따라서 모든 종류의 과학 기술을 없애야 해.

21 ㉠의 구체적인 내용을 서술하시오.

> 과학 기술자는 연구 자체에 대한 책임을 져야 한다. 즉, 과학 기술자는 자신이 연구하는 어떠한 정보나 자료를 표절하거나 조작·날조해서는 안 된다. 이러한 측면은 과학 기술자가 지녀야 할 내적 책임이다. 과학 기술자에게는 내적 책임뿐만 아니라 ㉠사회적 책임도 있다.

등급을 올리는 고난도 문제

01 (나)의 입장에 비해 (가)의 입장이 갖는 상대적 특징을 그림의 ㉠~㉤ 중에서 고른 것은?

> (가) 과학 기술은 객관적인 사실의 영역이므로 가치 판단과 무관하다. 과학 기술은 그 자체로 좋은 것도 나쁜 것도 아니며, 사회적 책임과 윤리적 평가에서 자유로워야 한다.
>
> (나) 과학 기술은 연구의 목적을 설정하거나 결과를 현실에 적용할 때 가치 판단이 개입하므로 과학 기술에 대한 윤리적 성찰이 필요하다. 또한 과학 기술이 인간과 자연에 미치는 영향력이 늘어나고 있으므로 윤리적 관점에서 그 발전 방향을 숙고해야 한다.

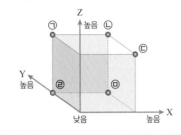

> X : 과학 기술 연구의 독립성이 인류 진보에 공헌함을 강조하는 정도
> Y : 과학 기술 자체에 대한 윤리적 판단을 배제해야 함을 강조하는 정도
> Z : 과학 기술 연구 결과의 활용에 대한 과학자의 사회적 책임을 강조하는 정도

① ㉠ ② ㉡ ③ ㉢ ④ ㉣ ⑤ ㉤

문제 접근 방법

(가), (나)의 입장을 비교하여 파악한 후, 그림의 범례 내용에서 (가)의 입장이 갖는 상대적인 특징을 파악하여 문제를 해결한다.

적용 개념

과학 기술의 가치 중립성
과학 기술의 사회적 책임

02 갑, 을의 입장에서 질문에 대답한 내용을 모두 바르게 짝지은 것은?

> 갑 : 과학 기술자는 자신의 연구나 개발 활동이 사회에 미칠 영향력을 인식하여 연구 과정과 개발, 그 활용에 관하여 사회적 책임을 다해야 한다.
>
> 을 : 과학 기술자는 연구 과정에서 비윤리적인 행위를 하지 말아야 한다. 또한 실험 대상을 윤리적으로 대우해야 하며, 연구 결과를 완전하게 공표해야 한다. 하지만 연구 결과의 활용에 대해서는 책임을 질 필요가 없다.

	질문	대답	
		갑	을
①	과학 지식의 활용은 삶의 질 향상에 기여해야 하는가?	아니요	아니요
②	과학 기술자는 연구 과정에서 연구 윤리를 준수해야 하는가?	아니요	예
③	과학 지식의 활용에서 과학 기술과 가치는 분리되어야 하는가?	아니요	예
④	과학 기술자는 연구 개발 과정에 대한 책임을 지녀야 하는가?	아니요	예
⑤	과학 기술자는 내적 책임이 아닌 외적 책임만을 중시해야 하는가?	예	아니요

문제 접근 방법

과학 기술자의 내적 책임과 외적 책임에 대해 갑, 을의 입장에서 주장하는 내용을 비교하여 파악하고 각 입장에서 질문에 답해 보며 문제를 해결한다.

적용 개념

연구 윤리

03 (가)의 주장을 (나) 그림으로 나타낼 때, ㉠에 대한 반론의 근거만을 〈보기〉에서 있는 대로 고른 것은?

(가)	과학 기술은 인류의 삶에 영향을 미친다. 과학 기술에 대해 윤리적 관점에서 심사숙고하지 않으면 고삐 풀린 과학 기술은 현세대는 물론 미래 세대의 삶을 위협할 수 있다. 따라서 과학 기술의 발전과 활용의 과정뿐만 아니라 과학 기술의 정당화 과정에 대한 비판적 성찰이 필요하며, 과학 기술이 인류의 행복과 인간의 존엄성 실현에 적극적으로 기여하도록 해야 한다. 즉, 과학 기술에는 윤리적 가치가 개입되어야 한다.
(나)	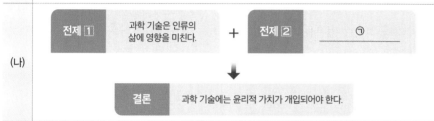

┤ 보기 ├
ㄱ. 과학적 사실을 가치의 영역과 분리할 때 진리를 확보할 수 있다.
ㄴ. 과학적 사실 그 자체는 우리의 삶에 아무런 영향을 미칠 수 없다.
ㄷ. 윤리적 규제가 개입하면 과학 기술의 연구 과정이 왜곡될 수 있다.
ㄹ. 어떤 지식을 연구하는 과정이든 주관적인 가치 판단이 개입할 수 있다.

① ㄱ, ㄴ   ② ㄱ, ㄹ   ③ ㄷ, ㄹ
④ ㄱ, ㄴ, ㄷ   ⑤ ㄴ, ㄷ, ㄹ

문제 접근 방법
(가)의 주장을 두 가지 전제와 결론으로 분석한 후, 두 번째 전제에 대한 적절한 반론을 〈보기〉에서 골라 문제를 해결한다.

적용 개념
과학 기술의 가치 중립성

04 다음 관점을 지닌 사상가가 긍정의 대답을 할 질문만을 〈보기〉에서 있는 대로 고른 것은?

인간적 의무의 대상은 인간 자신, 지구상의 다른 어떤 것도 아닌 인류 자신이었다. 물론 전통 윤리학의 규범들 가운데 그 어떤 것도 구속력을 상실하지는 않는다. 그러나 오늘날 지구상의 전 생태계와 그 안에 존재하는 모든 생명체는 인간의 부당한 침해와 그로 말미암아 빚어진 훼손 가능성에 직면하여 자연이 그들에게 허용한 것, 즉 그들의 고유한 목적 자체에 대한 존중을 요구하고 있다.

┤ 보기 ├
ㄱ. 과학 기술을 전적으로 신뢰해야 하는가?
ㄴ. 책임질 수 있는 능력은 인간의 본질적 특성인가?
ㄷ. 과학 기술의 결과에 대한 책임을 묻는 윤리가 필요한가?
ㄹ. 현세대는 미래에 일어날 부정적 결과에 대해 책임을 져야 하는가?

① ㄱ, ㄴ   ② ㄱ, ㄹ   ③ ㄷ, ㄹ
④ ㄱ, ㄴ, ㄷ   ⑤ ㄴ, ㄷ, ㄹ

문제 접근 방법
먼저 제시문이 어떤 사상가의 입장인지를 파악한다. '인간적 의무의 대상', '생태계와 그 안에 존재하는 모든 생명체' 등의 키워드에서 사상가를 추론한 후 문제를 해결한다.

적용 개념
책임 윤리
책임의 범위

02 정보 사회와 윤리

🔖 학습길잡이 • 정보 사회에서 발생하는 윤리 문제와 이를 해결하기 위해 필요한 정보 윤리를 정리해 둔다.
　　　　　　• 뉴 미디어의 등장에 따라 새롭게 요청되는 매체 윤리를 파악해 둔다.

🅰 정보 기술 발달과 정보 윤리

1 정보 기술의 발달에 따른 긍정적 변화 ❶

① **생활의 편리성 향상** : 스마트폰이나 컴퓨터, *맞춤형 누리 방송(IPTV) 등을 통해 장보기, 금융 거래 등 일상적인 활동을 하거나 업무를 처리할 수 있게 되었으며, 전 세계 사람들과 쉽게 대화할 수 있게 됨

② **의사 결정 과정에 참여할 기회 확대** : 사이버 공간의 등장으로 ⌐직접 민주주의의 실현 가능성이 높아진다.⌐ 신분의 노출 없이 자신의 의견을 자유롭게 제시하고, 청원이나 서명에 참여하는 등 정치적 의사 결정에 직접 참여할 수 있음 질문

③ **전문 지식의 습득** : 사물 인터넷(IoT)의 발달과 블로그나 텔레비전 전문 프로그램 등을 통해 일반인들도 전문적인 정보를 쉽게 얻을 수 있음

④ **다양한 문화에 대한 이해의 폭 확대** : 인터넷이나 사회 관계망 서비스(SNS)를 통해 다양한 문화를 실시간으로 경험하고 이해할 수 있음

2 정보 기술의 발달에 따른 윤리적 문제

① **사이버 폭력**

- **의미** : 사이버 공간에서 상대방이 원하지 않는 언어, 이미지 등을 사용하여 정신적·심리적 피해를 주는 행위

- **사례** : 사이버 따돌림, 사이버 명예 훼손, 사이버 모욕, 사이버 *스토킹, 사이버 성폭력 등 ❷
  └이동 통신, 이메일, 대화방, 게시판 등의 정보 통신망을 악용하여 지속적으로 공포감·불안감 등을 유발하는 행위이다.

- **문제점** : 사이버 폭력의 피해자는 지속적으로 심각한 고통을 겪으며, 사이버 폭력은 현실 세계의 폭력으로 이어질 수 있음 ❸

자료로 보는　　정보 통신망 이용 촉진 및 정보 보호 등에 관한 법률

정보 통신망의 이용 촉진 및 이용자의 개인 정보의 보호와 함께 건전하고 안전한 정보 통신망 환경을 조성하는 것을 목적으로 제정된 법률이다. 주요 내용은 다음과 같다.

제74조　다음 각 호의 어느 하나에 해당하는 자는 1년 이하의 징역 또는 1천만 원 이하의 벌금에 처한다.

- 음란한 부호·문언·음향·화상 또는 영상을 배포·판매·임대하거나 공공연하게 전시한 자
- 공포심이나 불안감을 유발하는 부호·문언·음향·화상 또는 영상을 반복적으로 상대방에게 도달하게 한 자　　　　　　　　　　　　　　　－ 법제처 －

자료 분석　자료는 정보 윤리와 관련된 법률 조항으로, 사이버 폭력에 대해 법적 책임을 져야 한다는 내용이다. 이를 통해 사이버 폭력은 윤리적으로뿐만 아니라 법적으로도 책임을 져야 하는 잘못된 행위임을 알 수 있다.

Ｑ 정보 윤리와 관련된 법률 조항은 무엇인가?

Ａ 정보 통신망 이용 촉진 및 정보 보호 등에 관한 법률

개념 더하기 자료 채우기

❶ 정보 기술

정보화 시스템 구축에 필요한 유무형의 모든 기술과 수단을 아우르며 간접적 가치 창출에 무게를 두는 기술을 뜻하는 용어로, 정보 통신 산업의 발전과 함께 정보 혁명을 주도하는 기술로 부각되었다.

👆 질문 있어요

사이버 공간에서만 나타나는 심리적 특징이 있나요?
사이버 공간은 익명성, 시공간의 초월성, 정보의 개방성 등의 특징을 지닙니다. 이러한 사이버 공간에서 사람들은 다음과 같은 심리적 특징을 보입니다.

몰입 체험	자신이 원하는 정보에 모든 정신을 집중함
탈억제 효과	무엇인가에 얽매이지 않고 자유롭게 자신을 표현함
공동체 의식	현실에서보다 더 강한 공동체 의식이나 정서적 유대감을 형성함

❷ 사이버 따돌림

인터넷, 휴대 전화 등 정보 통신 기기를 이용해 특정인과 관련된 개인 정보 또는 허위 사실을 유포해 지속적·반복적으로 공격하는 행위 또는 온라인 그룹에서 고의로 특정인을 배제하여 상대방이 고통을 느끼도록 하는 행위이다.

❸ 사이버 폭력의 사례

A는 지난달 17일 B의 집에 들어가 옷가지를 모아 놓고 불을 질렀다. 함께 온라인 게임을 하던 A는 B가 자신의 캐릭터를 '능력이 보잘것없고 하찮다.'며 무시하자 집까지 찾아가 이와 같은 범행을 저질렀다. 경찰은 "피의자가 게임에 많이 몰두하여 게임 캐릭터를 죽인다는 말에 격분해서 피해자의 집을 직접 찾아가 방화한 사건입니다."라고 밝혔다.

사례는 사이버 폭력이 현실의 폭력으로 이어졌음을 보여 준다. 이러한 사건을 통해 정보 통신 윤리 교육과 정보 윤리에 관한 법과 제도가 필요함을 알 수 있다.

✳ 용어사전

* **맞춤형 누리 방송**　초고속 인터넷망을 이용하여 제공되는 양방향 텔레비전 서비스
* **명예 훼손**　공공연하게 다른 사람의 사회적 평가를 떨어뜨리는 사실 또는 허위 사실을 지적하는 일

② **사생활 침해** ┌ 특정인의 신상 관련 자료를 인터넷 검색을 이용해 찾아내어 다시 인터넷에 무차별 공개하는 사이버 테러이다.

- 개인 정보가 유출되면서 다른 사람의 사생활을 침해하는 일이 발생하고 있음 **예** 신상 털기 등 **4**
- 개인 정보 유통에 대해 개인이 결정하고 통제할 수 있도록 해야 한다는 문제의식이 생김 → 정보 자기 결정권, 잊힐 권리 등이 대두함 **5**

③ **저작권 침해**

- 의미 : 저작권법에 따라 보호되는 저작물을 무단으로 사용하여 저작권자의 배타적 권리를 침해하는 행위 **예** 소프트웨어 무단 복제 등 (질문)
- 저작자의 소유물을 무단 사용하는 행위는 저작자의 창작 의욕을 감소시키고, 결국 좋은 정보를 생산할 수 없게 만듦

3 정보 사유론과 정보 공유론 논쟁

정보 사유론 (copyright)	• 정보와 그 산물은 개인의 사유 재산이므로 지적 재산권을 보호해야 한다는 관점 • 지적 재산권을 보호하고 경제적 보상을 제공함으로써 저작자의 창작 의욕을 높이고, 양질의 정보를 생산할 수 있음 • 저작자에게 배타적 독점권을 부여함으로써 부작용을 초래한다는 비판을 받음
정보 공유론 (copyleft)	• 정보와 그 산물은 인류가 함께 누려야 할 자산이므로 공유해야 한다는 관점 • 저작물에 관한 과도한 권리 행사는 새로운 창작을 방해하고, 정보 격차에 따른 불평등의 원인이 될 수 있음 • 정보를 공유할 때 정보의 질적인 발전이 가능하다고 봄

└ 역으로 특정 개인이나 집단이 정보를 독점하면 정보의 지속적인 발전이 어렵다고 본다.

4 정보 사회의 정보 윤리

① **인간 존중의 원칙** : 타인의 인격과 사생활, 그리고 다른 사람의 저작물을 존중하는 것

② **책임의 원칙** : 정보를 자유롭게 제작·유통할 때 자신의 행동이 가져올 결과를 신중히 생각하고 책임 있게 행동하는 것

③ **정의의 원칙** : 다른 사람의 기본적 자유와 권리를 침해하지 않고, 정보의 진실성과 공정성을 추구하는 것

④ **해악 금지의 원칙** : 다른 사람과 사회에 해악을 끼치지 않는 것 **6**

자료로 보는 　정보 윤리의 기본 원칙

스피넬로는 정보 윤리의 기본 원칙으로 자율성, 해악 금지, 선행, 정의의 원칙을 제시하였다. 자율성의 원칙이란, 인간은 스스로 도덕 원칙을 수립하여 그것을 따를 수 있는 능력이 있으며, 타인도 역시 그러한 자기 결정 능력이 있음을 존중해야 한다는 것이다. 해악 금지의 원칙은 남에게 해악을 끼치거나 상해를 입히는 일을 피해야 한다는 것이다. 선행의 원칙은 다른 사람의 복지를 증진시키는 방향으로 행동해야 한다는 것이다. 정의의 원칙이란 어떤 집단이나 사회에서 공정한 기준에 따라 혜택이나 부담을 공정하게 배분해야 한다는 것이다.

자료 분석　일상생활에서 기존의 윤리 이론을 적용하기 어려운 새로운 문제 상황이 계속 발생하고 있다. 스피넬로를 비롯한 여러 학자들은 인간의 존엄성과 기본권, 사회 정의와 공동선과 같은 기본 가치를 토대로 정보 사회에 필요한 윤리 원칙을 제시하고 있다.

개념 더하기 자료 채우기

4 신상 털기 사례

○○시 한 슈퍼마켓에서 동료를 폭행한 혐의로 입건된 A 씨가 '신상 털기'로 2차 피해를 당하고 있다며 억울함을 호소했다. ○○ 경찰서에 따르면 A 씨는 자신이 일하는 한 슈퍼마켓에서 계산원 B 씨를 두 차례 때린 혐의로 입건됐다. B 씨의 딸은 자신의 SNS에 폭행 장면이 담긴 CCTV 영상과 글을 올렸고, 일부 누리꾼들이 A 씨의 이름과 주소, 전화번호, 행적들을 공개하면서 사건이 일파만파 퍼졌다. 　　　－○○뉴스, 2016. 6. 9. －

사례에서 A 씨는 개인 정보가 유출되어 고통받고 있다. 이처럼 신상 털기는 개인에 관한 평가를 왜곡하며, 자유롭게 활동하고 행복을 추구할 권리, 즉 인간 존엄성을 훼손한다.

5 정보 자기 결정권과 잊힐 권리

- 정보 자기 결정권 : 자기의 개인 정보를 누구에게 얼마나 언제까지 어떤 형식으로 공개 또는 폐기할 것인지 등에 관해 개인이 스스로 결정하고 요구할 권리
- 잊힐 권리 : 자기의 개인 정보나 자신이 쓴 게시물 등이 포털 사이트 등을 통해 여러 사람에게 더 이상 공개되지 않도록 삭제를 요구할 권리

질문 있어요

배타적 권리란 무엇인가요?

어느 누구도 권리자의 허락 없이 저작물을 사용할 수 없는데 이를 '배타적 권리'라고 해요. 이러한 배타적 권리는 공익 등을 위해 법에서 정한 경우 그 권리가 제한될 수 있지요.

저작권과 소유권은 서로 다른가요?

저작권은 일시적인 소유권만 인정되는 권리이지만, 소유권은 개인에게 영원히 귀속되는 권리입니다. 저작권법에서는 공공 목적이나 문화유산의 공유라는 측면에서 저작권을 일부 제한하고 있어요.

6 피싱과 파밍의 차이

- 피싱(Phising) : 금융 기관 등으로부터 개인 정보를 불법적으로 알아내 이를 악용하는 사기 수법
- 파밍(Farming) : 이용자가 공식 홈페이지 주소로 접속해도 피싱 사이트로 유도되도록 하여 개인 정보를 몰래 빼가는 수법

용어사전

* **사생활**　다른 사람에게 방해받고 싶지 않은 개인의 고유한 삶의 영역
* **정보 격차**　교육, 소득 수준, 성별, 지역 등의 차이로 정보에 대한 접근과 이용이 차별되고, 그 결과 경제적·사회적 불균형이 발생하는 현상

02 정보 사회와 윤리

B 정보 사회에서의 매체 윤리

1 뉴 미디어의 등장

① **뉴 미디어(new media)의 의미** : 기존의 매체들이 제공하던 정보를 인터넷을 통해 가공, 전달, 소비하는 포괄적 융합 매체

② **뉴 미디어의 특징**

• 종합화 : 아날로그 시대에 개별적으로 존재했던 매체들이 하나의 정보망으로 통합됨

• 상호 작용화 : 뉴 미디어로 송수신자 간 쌍방향 정보 교환이 가능해짐

• 비동시화 : 정보 교환에서 송수신자가 동시에 참여하지 않고도 수신자가 원하는 시간에 정보를 볼 수 있음

• 탈대중화 : 대규모 집단에 획일적 메시지를 전달하는 방식에서 벗어나 특정 상대와 특정 정보를 상호 교환할 수 있음

• 능동화 : 이용자가 더욱 *능동적으로 활동할 수 있음

2 뉴 미디어 시대의 매체 윤리

① **국민의 알 권리와 인격권의 보장**   국민이 인간으로서 행복을 추구할 수 있는 권리로, 일반적으로 행동 자유권과 인격의 자유 발현권, 생존권을 말한다.

국민의 알 권리	• 국민은 사회적 현실에 관한 정보를 자유롭게 알 수 있는 권리, 즉 알 권리를 지님 • 국민의 알 권리는 인간의 존엄성을 실현하고 헌법에 명시된 행복 추구권을 보장하는 데 필요함 • 다양한 매체는 국민의 알 권리 보장을 위해 중요한 정보를 제공하며, 이는 사회적·정치적·경제적 현실에 대한 국민의 의사 결정과 태도 형성에 큰 영향을 끼쳐 왔음
인격권 ① ②	• 인간의 존엄성에 바탕을 둔 사적 권리로, 인격적 이익을 기본 내용으로 함 • 국민의 알 권리 보장을 위한 매체의 정보 전달이 특정 개인의 인격권을 침해해서는 안 됨 • 잊힐 권리도 보장되어야 함 예 '디지털 장의사'라는 새로운 직업 등장 ③ 질문 • 알 권리를 위해 정부나 관련 기관에 모든 정보를 공개하라는 등의 요구는 궁극적으로 공익 실현을 방해할 수 있음
국민의 알 권리와 인격권의 관계	• 개인의 사생활은 국민의 알 권리를 보장하기 위해 일부 제한될 수 있음 • 매체는 정보를 전달할 때 국민의 알 권리를 보장하려고 노력하되, 그 정보가 개인의 인격권을 침해하고 공익을 해치는지 등을 검토해야 함 • 국민의 알 권리와 개인의 인격권을 침해하지 않도록 개인 정보는 신중하게 다루어야 함

자료로 보는   인격권

구체적으로는 생명, 신체, 자유, 명예, 성명, 정조, 신용 등을 목적으로 하는 사권(私權)을 말한다. 보통 인격권의 내용에는 생명권, 신체권, 자유권, 초상권, 정조권, 성명권, 신용권, 명예권, 사생활권 등이 있고, 개인의 인격과 밀접한 관련이 있는 권리를 포괄하는 의미이다. 성질상 권리자 자신에게서 분리할 수 없는 것이며, 양도나 시효의 대상이 되지 않는다.   – 시사 상식 사전 –

자료 분석   인격권은 국민의 알 권리와 밀접한 관계가 있다. 국민의 알 권리와 인격권은 둘 다 개인적으로 우리에게 보장되어야 할 중요한 권리이다.

Q 인격권의 종류에는 무엇이 있는가?   A 성명권, 초상권, 저작 인격권, 사생활권 등

개념 더하기 자료 채우기

① 인격권에 관한 헌법 조항

> 제10조 모든 국민은 인간으로서의 존엄한 가치를 지니며 행복을 추구할 권리를 지닌다.
>
> 제17조 모든 국민은 사생활의 비밀과 자유를 침해받지 아니한다.

우리나라의 헌법 제10조는 인간의 존엄성과 행복 추구권에 관해, 헌법 제17조는 사생활 보호에 관해 명기하여 기본권으로 보장하고 있다. 사생활과 인격권을 보호함으로써 인간의 존엄성을 수호하고 행복을 증진하고자 한다.

② 인격권의 종류

성명권	자신의 성명을 사용하는 것에 관한 권리
초상권	자신의 초상에 관한 독점적인 권리
저작 인격권	저작자가 자신의 저작에 관해 갖는 권리
사생활권	자신의 사적 생활이 공개되거나 침해당하지 않을 권리

③ 디지털 장의사

개인 정보 유출과 사생활 침해 문제가 증가하면서 온라인 기록을 삭제해 주는 신종 직업이다. 잊힐 권리를 찾기 위해 '디지털 장의사'를 찾는 사람이 점차 증가하고 있다.

질문 있어요

잊힐 권리는 왜 필요한가요?

과거 자신이 인터넷 게시판이나 SNS에 게시한 글 때문에 후회한 적이 있나요? 뉴 미디어를 통해 한번 퍼진 정보는 쉽게 지우기 어렵습니다. 언제든 검색되어 사람들의 비난과 조롱의 대상이 될 수 있고, 이로 인해 고통받을 수 있지요. 이러한 문제의식에서 잊힐 권리를 보장해야 한다는 목소리가 높아졌고, 이 권리는 점점 정보 사회에서 인권 보장을 위한 필수 조치로 인식되고 있습니다.

용어사전

* **능동적** 다른 것에 이끌리지 아니하고 스스로 일으키거나 움직이는 또는 그런 것
* **공익** 사회 전체의 이익

② **표현의 자유에 관한 한계 인식** : 뉴 미디어는 다수에게 영향을 끼칠 수 있는 공적인 영역이므로, 뉴 미디어상에서 표현의 자유는 타인의 권리를 침해하지 않고, 사회 질서와 공공복리를 침해하지 않는 범위에서 허용되어야 함 **❹**

　━ 현실 공간과 마찬가지로 사이버 공간에서도
　동일하게 보장되어야 하는 기본적 권리이다.

> **자료로 보는**　　**사이버 공간에서의 표현의 자유**
>
> 흔히 사이버 공간을 '자유의 공간', '해방의 공간'이라고 한다. 오프라인상에서는 불가능한 자유로운 표현, 광범위하고 신속한 의사소통이 가능하기 때문이다. 자유란 보통 '자신이 원하는 대로 행위하는 데 있어 구속을 받지 않는 상태'를 의미한다. 그러나 사람이 혼자서만 사는 것이 아니라 남과 더불어 살아가는 한 '완전한 자유', 즉 어떠한 제한도 받지 않고 자기가 하고 싶은 대로만 행하는 것은 문제를 일으킬 수밖에 없다. 만일 이런 의미의 완전한 자유를 제한하는 어떠한 법률이나 규범도 존재하지 않는다면, 그것은 역설적이게도 우리에게 자유가 거의 없는, 하고 싶은 대로 행할 기회가 거의 없는 상태를 초래하고 말 것이다. 왜냐하면 우리의 자유는 타인의 '자유로운' 행동에 의해 제약될 것이기 때문이다.
>
> — 박찬구, 『우리들의 응용 윤리학』 —

자료 분석　자료는 자유의 무제한적인 보장은 역으로, 자유의 극단적인 제약을 가져올 수 있음을 지적하며, 자유를 적절히 제한해야 할 필요를 보여 준다.

③ **표절 금지**

- **매체 표절 사례 급증** : 내용에 큰 차이가 없는 기사들이 동시적으로 다양한 언론사의 이름을 달고 게재된 사례가 있음
- 표절은 기사 작성자의 권리와 소중한 재산에 대한 침해일 뿐만 아니라 뉴 미디어 언론에 대한 신뢰를 무너뜨림

④ **매체 이해력 습득 ❺**

　━ 정보에 대한 비판적이고 능동적인 참여자로서
　매체 윤리를 정립하는 데 주인 의식을 지녀야 한다.

- **의미** : 매체가 전달하는 정보를 비판적으로 읽어내면서 매체를 제대로 사용하는 능력, 바람직하게 표현하는 능력, 자신의 목적에 맞게 기존의 정보를 새로운 정보로 조합하는 능력 등을 포괄함
- 데이터 스모그에 적절히 대응하기 위해 비판적 사고를 바탕으로 정보를 올바르게 이해하고 표현할 수 있어야 함 **질문**

　━ 매체는 사실을 왜곡해서는 안 되며, 객관성과 공정성을 지키기 위해 노력해야 한다.

> **자료로 보는**　　**매체의 역할과 영향력**
>
> | 정보 제공 | 매체는 다양한 정보를 제공하고, 사람들은 이러한 정보를 통해 위기에 대응하고 안전한 생활을 누리게 됨 |
> |---|---|
> | 정보의 의미에 대한 해석과 평가 | 매체는 특정 인물이나 사회의 쟁점을 파고들어 사회적으로 부각시키는 기능을 함 |
> | 가치와 규범의 전달 | 매체는 한 사회의 전통과 가치, 규범 등을 다음 세대에 전달하는 기능을 함 |
> | 휴식과 오락의 기회 제공 | 대중은 다양한 오락 프로그램을 통해 스트레스를 해소할 수 있고, 교양·예술 프로그램을 통해 문화와 예술의 취향을 높일 수 있음 |

자료 분석　매체가 제 역할을 제대로 수행할 수 있도록 우리는 뉴 미디어에 대하여 엄격한 윤리적 책임 의식을 지니며, 매체 윤리를 실천해야 한다.

개념 더하기 자료 채우기

❹ 인터넷 실명제 찬반 논쟁

찬성 논거	• 익명을 무기 삼아 타인 비방, 악성 댓글이 넘침 • 인터넷 실명제는 익명 표현에 따른 부작용을 예방함
반대 논거	• 인터넷 실명제를 운용하면 개인 정보를 남용할 우려가 있음 • 기본권 중 하나인 표현의 자유를 침해함

표현의 자유와 그 한계에 관해 인터넷 실명제 찬반 논쟁이 있었다. 우리나라 헌법 재판소는 인터넷 실명제가 표현의 자유와 기본권을 제한한다는 이유로 2012년 8월 23일 위헌 결정을 내린 바 있다.

❺ 매체 이해력(media literacy)

매체 이해력은 다양한 매체를 이해할 수 있는 능력이며, 다양한 형태의 메시지에 접근하여 메시지를 분석하고 평가하며 의사소통할 수 있는 능력이다. 매체 이해력이 있는 사람은 매체 정보를 해석하고 평가하며 재생산할 수 있다. 매체 이해력을 기른다는 것은 단순히 어떠한 기술을 습득하는 것이 아니라, 매체 산업, 매체 정보의 패턴, 매체 효과에 관한 총체적 지식 구조를 습득하는 것이다.

질문 있어요

데이터 스모그(data smog)란 무엇인가요?
우리말로 번역하면 '정보 공해'입니다. '데이터 스모그'란 정보 사회에서 쓸데없는 정보가 공해처럼 개인의 삶에 피해를 준다는 뜻이지요. 인터넷의 급속한 발달로 쏟아져 나오는 많은 정보 중 필요 없는 정보나 허위 정보들이 가상 공간을 오염시키고 있어요. 정보 과잉의 시대에 우리는 정보를 올바르게 읽고 활용할 수 있는 능력을 갖추어야 합니다.

용어사전

* **공공복리**　사회 구성원 전체에 두루 관계되는 복지
* **표절**(빠를 剽, 훔칠 竊)　시나 글, 노래 따위를 지을 때 남의 작품의 일부를 몰래 따다 자기 것처럼 씀
* **비판적**　현상이나 사물의 옳고 그름을 판단하여 밝히거나 잘못된 점을 지적함 또는 그런 것

A 정보 기술 발달과 정보 윤리

1 정보 기술의 발달에 따른 긍정적 변화 생활의 편리성 향상, 의사 결정 과정의 참여 기회 확대, 전문 지식의 습득, 다양한 문화에 관한 이해의 폭 확대

2 정보 기술의 발달에 따른 윤리적 문제

사이버 폭력	사이버 공간에서 상대방에게 정신적·심리적 피해를 주는 행위 예 사이버 따돌림, 사이버 스토킹 등
사생활 침해	개인 정보를 쉽게 얻음으로써 사생활 침해 발생 예 신상 털기 등
저작권 침해	저작물을 무단으로 이용하여 저작권자의 권리를 침해하는 행위 예 소프트웨어 무단 복제 등

3 정보 사유론과 정보 공유론 논쟁

정보 사유론	정보 공유론
• 정보와 그 산물에 대한 저작자의 지적 재산권을 보호해야 함 • 저작자의 창작 의욕을 높이고, 양질의 정보 생산	• 정보와 그 산물은 인류의 공동 자산으로 공유해야 함 • 정보 사유는 정보 격차의 원인이 됨 • 모든 저작물은 공공재임

4 정보 윤리 인간 존중, 책임, 정의, 해악 금지

B 정보 사회에서의 매체 윤리

1 뉴 미디어의 등장

의미	기존의 매체들이 제공하던 정보를 인터넷을 통해 가공, 전달, 소비하는 포괄적 융합 매체
특징	종합화, 상호 작용화, 비동시화, 탈대중화, 능동화

2 뉴 미디어 시대의 매체 윤리

국민의 알 권리와 인격권의 보장	• 알 권리 : 국민이 사회적 현실에 관한 정보를 자유롭게 알 수 있는 권리 • 인격권 : 인격적 이익을 기본 내용으로 하며 그 주체만이 행사할 수 있는 권리 • 매체는 정보를 전달할 때 국민의 알 권리를 보장하되, 그 정보가 개인의 인격권을 침해하고 공익을 해치는지 등을 검토해 보아야 함
표현의 자유에 관한 한계 인식	타인의 권리를 침해하지 않고, 공공복리를 침해하지 않는 범위에서 자유를 누려야 함
표절 금지	기사 작성자의 권리와 소중한 재산에 대한 침해이며, 언론에 대한 신뢰를 무너뜨림
매체 이해력 습득	데이터 스모그에 적절히 대응하기 위해서는 비판적 사고를 바탕으로 정보를 올바르게 이해하고 표현할 수 있어야 함

---

01 다음 설명이 맞으면 ○표, 틀리면 ×표를 하시오.

(1) 정보 기술이 발달함에 따라 삶의 편의성이 향상되고, 사회 참여의 기회가 확대되었다. (   )

(2) 정보 기술의 발달로 소프트웨어를 허락 없이 복제하거나 인터넷에서 기사·사진·영상·음원 등의 자료를 무단으로 내려받는 행위가 근절되었다. (   )

(3) 다양한 매체는 국민의 알 권리 보장을 위해 필요한 정보를 제공해야 한다. (   )

(4) 매체가 정보를 전달하는 과정에서 국민의 알 권리 보장을 위해 특정 개인의 명예나 사생활 및 인격권을 침해하는 것은 정당하다. (   )

(5) 개인의 사생활은 국민의 알 권리를 보장하기 위해 일부 제한될 수 있다. (   )

02 빈칸에 들어갈 알맞은 말을 쓰시오.

(1) (   )은/는 정보와 그 산물을 개인의 사유 재산으로 간주하여 지적 재산권을 보호해야 한다고 본다.

(2) (   )은/는 정보와 그 산물을 인류가 함께 누려야 할 자산으로 보아 모두가 공유해야 한다고 본다.

(3) 정보 사회에서 지켜야 할 정보 윤리 중 (   )의 원칙은 타인의 인격과 사생활, 그리고 다른 사람의 저작물을 존중하는 것을 말한다.

(4) 데이터 스모그(data smog)에 적절히 대응하기 위해서는 비판적 사고를 바탕으로 정보를 올바르게 이해하고 표현할 수 있는 (   )을/를 길러야 한다.

03 다음 개념과 그에 관한 설명을 바르게 연결하시오.

(1) 인격권 •

(2) 뉴 미디어 •

(3) 정의의 원칙 •

• ㉠ 기존의 매체들이 제공하던 정보를 인터넷을 통해 가공, 전달, 소비하는 포괄적 융합 매체

• ㉡ 인격적 이익을 기본 내용으로 하며, 그 주체만이 행사할 수 있는 권리

• ㉢ 다른 사람의 기본적 자유와 권리를 침해하지 않고, 정보의 진실성과 공정성을 추구하는 것

01 다음과 같은 사회 변화가 가져온 긍정적인 측면으로 적절하지 **않은** 것은?

> • 오늘날에는 각종 유무선 통신 기술의 개발로 많은 양의 정보를 쉽고 빠르게 주고받을 수 있게 되었다.
> • 물건을 구입하는 일이나 영화표를 예매하는 일, 은행 업무와 같은 일상생활에서 이루어지는 일을 더욱 편리하게 할 수 있게 되었다.
> • 정보 처리에 드는 비용 자체가 저렴해지면서 정보가 소수 엘리트의 전유물이 아니라 모든 사람이 일상적으로 접하고 소비하는 물이나 공기와 같은 기본적이면서도 필수적인 재화가 되었다.

① 사람들의 사회 참여의 기회가 확대되었다.
② 다양성이 존중되는 사회 분위기가 조성되었다.
③ 개인의 삶의 질과 생활의 편리성이 향상되었다.
④ 좀 더 수평적이고 다원적인 사회로 변화되었다.
⑤ 사이버 폭력과 사생활 침해가 감소하게 되었다.

02 다음 글을 통해 추론할 수 있는 사이버 공간의 특성으로 가장 적절한 것은?

> 목동이었던 기게스는 어느 날 지진이 일어난 자리에 땅이 갈라져 생긴 동굴에 들어갔다가 우연히 반지 하나를 얻게 되었다. 기게스는 그 반지의 흠집난 곳을 안으로 돌리면 투명 인간이 되고, 밖으로 돌리면 자신의 모습이 다시 나타난다는 사실을 알게 되었다. '보이지 않는 힘'을 갖게 된 기게스는 전령으로 궁전에 들어갔다. 그는 반지를 이용하여 투명하게 변한 후, 왕을 암살하여 왕위를 빼앗고 스스로 왕이 되었다.

① 개방성   ② 초월성   ③ 익명성
④ 신속성   ⑤ 유용성

03 다음 사건을 예방하기 위해 필요한 조치를 〈보기〉에서 고른 것은?

> A는 지난달 17일 B의 집에 들어가 옷가지를 모아 놓고 불을 질렀다. 함께 온라인 게임을 하던 A는 B가 자신의 캐릭터를 '능력이 보잘것없고 하찮다.'며 무시하자 집까지 찾아가 이와 같은 범행을 저질렀다. 경찰은 "피의자가 게임에 많이 몰두하여 게임 캐릭터를 죽인다는 말에 격분해서 피해자의 집을 직접 찾아가 방화한 사건입니다."라고 밝혔다.

> ┤ 보기 ├
> ㄱ. 인터넷 이용자들에게 정보 통신 윤리 교육을 강화한다.
> ㄴ. 인터넷 이용자들이 시간에 제한 없이 자유롭게 인터넷을 사용할 수 있도록 한다.
> ㄷ. 인터넷 이용자들이 올바르게 인터넷을 이용할 수 있도록 법적·제도적 장치를 마련한다.
> ㄹ. 가상 공간은 현실의 법과 규범이 적용되지 않는 공간이라는 점을 적극적으로 홍보한다.

① ㄱ, ㄴ   ② ㄱ, ㄷ   ③ ㄴ, ㄷ
④ ㄴ, ㄹ   ⑤ ㄷ, ㄹ

04 ㉠의 구체적인 내용만을 〈보기〉에서 있는 대로 고른 것은?

> 오늘날 정보가 디지털화되면서 개인 정보가 쉽게 축적되어 사이버 공간에서 사생활을 침해당할 위험이 더욱 커지고 있다. 사이버 공간에서 발생하는 사생활 침해는 현실 공간에서보다 매우 쉽고 빠르게 이루어지며, 광범위하게 확산된다는 측면에서 오늘날 ㉠심각한 윤리 문제로 대두되고 있다.

> ┤ 보기 ├
> ㄱ. 인간의 존엄성을 해치는 문제
> ㄴ. 개인의 알 권리를 침해하는 문제
> ㄷ. 한 개인에 관한 평가를 왜곡하는 문제
> ㄹ. 개인의 자유로운 활동을 방해하는 문제

① ㄱ, ㄴ   ② ㄴ, ㄹ   ③ ㄷ, ㄹ
④ ㄱ, ㄴ, ㄷ   ⑤ ㄱ, ㄷ, ㄹ

05 ㉠을 예방하기 위한 노력으로 적절하지 **않은** 것은?

> (㉠)이란 인터넷, 휴대 전화 등 정보 통신 기기를 이용해 특정인과 관련된 개인 정보 또는 허위 사실을 유포해 지속적·반복적으로 공격을 가하는 행위, 또는 온라인 그룹에서 고의로 특정인을 배제하여 상대방이 고통을 느끼도록 하는 행위이다.

① ㉠의 행위는 관용의 대상임을 인식해야 한다.
② ㉠의 피해자들이 겪는 고통에 공감해야 한다.
③ ㉠의 심각성에 대해 지속적인 교육을 실시해야 한다.
④ ㉠을 예방하기 위한 관련 제도나 법률을 마련해야 한다.
⑤ 대중 매체를 통해 ㉠의 문제점을 지속적으로 알려야 한다.

06 ㉠에 들어갈 답변으로 적절한 내용을 〈보기〉에서 고른 것은?

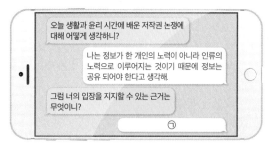

> 오늘 생활과 윤리 시간에 배운 저작권 논쟁에 대해 어떻게 생각하니?
>
> 나는 정보가 한 개인의 노력이 아니라 인류의 노력으로 이루어지는 것이기 때문에 정보는 공유 되어야 한다고 생각해.
>
> 그럼 너의 입장을 지지할 수 있는 근거는 무엇이니?
>
> ㉠

┤ 보기 ├
ㄱ. 저작권을 보호함으로써 사회의 이익을 증진시킬 수 있어.
ㄴ. 저작권을 보호함으로써 저작자의 창작 의욕을 고취시킬 수 있어.
ㄷ. 정보를 공유함으로써 사회의 지적 자산을 풍부하게 만들 수 있어.
ㄹ. 저작물에 대한 배타적 소유권을 주장하는 것은 정보 격차를 심화시킬 수 있어.

① ㄱ, ㄴ ② ㄱ, ㄷ ③ ㄴ, ㄷ
④ ㄴ, ㄹ ⑤ ㄷ, ㄹ

07 ㉠에 들어갈 내용으로 가장 적절한 것은?

> 정보 격차는 주로 소득 차이에서 비롯되지만, 지식 정보 사회에서 정보 격차는 다시 교육 기회와 소득 분배의 불균형으로 이어진다. 정보 격차 문제로 인한 빈익빈 부익부 현상은 정보화 시대의 심각한 사회적·경제적 문제로 대두되고 있다. 이러한 문제를 해결하기 위해서는 _____㉠_____

① 인터넷 윤리에 관한 교육을 강화해야 한다.
② 정보에 소외된 사람들에 대한 지원을 강화해야 한다.
③ 정보 처리 속도를 높이기 위한 투자를 확대해야 한다.
④ 익명성이라는 사이버 공간의 특성을 보장해야 한다.
⑤ 정보 창작자의 배타적 권리를 인정하여 창작 의욕을 고취해야 한다.

중요
08 ㉠에 이어질 적절한 내용만을 〈보기〉에서 있는 대로 고른 것은?

○○신문	○○○○년 ○○월 ○일

> 정보 통신 기술의 발달은 정치, 경제, 교육, 의료 등 사회 전반에 걸쳐 혁신적인 변화를 일으키고 인간관계와 사고방식, 가치관에까지 영향을 미치고 있다. 그러나 이러한 발전의 이면에는 위험도 잠재되어 있다. 정보 통신 기술을 이용한 범죄는 대개 익명성을 가지고 있기 때문에 사후 처리보다는 사전 예방이 필요하다. 이러한 위험을 예방하기 위해서는 법령의 제정이나 정보 보호 기술 개발 등의 대책만큼 정보 윤리의 정립이 필요하다. ___㉠___

┤ 보기 ├
ㄱ. 정보 기술은 공동체의 조화로운 삶과 복지를 증진하는 데 이용해야 한다.
ㄴ. 타인의 기본권보다 대중의 알 권리 보장을 우선시해야 한다.
ㄷ. 사이버 공간에서 타인과 사회에 해를 끼치는 무책임한 행동을 해서는 안 된다.
ㄹ. 인간다움을 유지하고 인간의 삶의 질 향상에 이바지할 수 있도록 정보를 활용해야 한다.

① ㄱ, ㄴ ② ㄴ, ㄹ ③ ㄷ, ㄹ
④ ㄱ, ㄴ, ㄷ ⑤ ㄱ, ㄷ, ㄹ

09 (가)의 입장을 (나) 그림으로 탐구할 때, A, B에 들어갈 질문으로 옳은 것은?

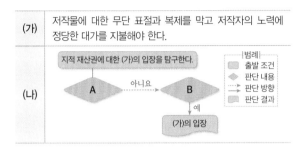

① A : 지적 재산권 보호가 정보 창작자의 창작 의욕을 고취하는가?
② A : 지적 재산권에 대한 보호가 양질의 정보 생산에 도움이 되는가?
③ B : 모든 정보는 자유롭게 공유되어야 하는가?
④ B : 지식과 정보의 사용이 무제한적이어야 하는가?
⑤ B : 정보 창작자에게 지적 재산권의 배타적 소유가 인정되어야 하는가?

10 ㉠의 특징으로 적절하지 않은 것은?

> 최근 인터넷과 모바일 기술의 발달로 (㉠)(이)라고 불리는 새로운 대중 매체가 등장하였다. 인터넷에서 다양한 인적 관계망을 구축하고 정보를 공유하며 의사소통을 도와주는 누리 소통망이 (㉠)에 해당한다.

① 이용자가 더욱 능동적으로 활동할 수 있다.
② 다양한 매체들이 하나의 정보망으로 통합되었다.
③ 송수신자 간의 일방향적인 정보 교환이 가능해졌다.
④ 특정 대상과 특정 정보를 서로서로 교환할 수 있게 되었다.
⑤ 수신자가 자신이 원하는 프로그램을 선택하여 볼 수 있게 되었다.

11 ㉠에 들어갈 적절한 내용을 〈보기〉에서 고른 것은?

> 인터넷 실명제는 인터넷 게시판에 글을 올릴 때 거쳐야 하는 본인 확인 절차이다. 인터넷 실명제는 최초에 익명성을 악용해 인터넷 공간에서 불법 선거 운동을 하지 못하도록 하자는 취지에서 도입되었다. 그러나 2012년 8월 23일 헌법 재판소는 인터넷 실명제에 대해 _____㉠_____을/를 이유로 위헌 결정을 내렸고, 제도 시행 5년 만에 인터넷 실명제는 그 효력을 상실하였다.

> ┤ 보기 ├
> ㄱ. 자유로운 의사 표현 위축
> ㄴ. 사회적 약자에 대한 배려의 원칙 위배
> ㄷ. 주민 등록 번호 등 개인 정보 유출 우려
> ㄹ. 명예 훼손, 유언비어 유포 등의 행위 방지

① ㄱ, ㄷ　　② ㄱ, ㄹ　　③ ㄴ, ㄷ
④ ㄴ, ㄹ　　⑤ ㄷ, ㄹ

12 그림은 어떤 학생이 작성한 노트 필기의 일부이다. ㉠~㉤ 중 옳지 않은 것은?

> 주제 : 뉴 미디어 시대의 매체 윤리
> 1. 뉴 미디어의 의미 : 기존의 매체들이 제공하던 정보를 인터넷을 통해 가공, 전달, 소비하는 포괄적 융합 매체 ········· ㉠
> 2. 뉴 미디어 시대의 매체 윤리
> • 개인 정보를 신중하게 다루어야 함 ···················· ㉡
> • 매체 이해력을 갖추어야 함 ························· ㉢
> • 표절을 하지 말아야 함 ························· ㉣
> • 표현의 자유에는 한계가 없음을 인식해야 함 ········· ㉤

① ㉠　　② ㉡　　③ ㉢　　④ ㉣　　⑤ ㉤

13 ㉠에 해당하는 내용으로 적절하지 <u>않은</u> 것은?

> (㉠)(이)란 인간의 존엄성에 바탕을 둔 사적 권리로, 인격적 이익을 기본 내용으로 하며 그 주체만이 행사할 수 있는 권리이다.

① 자신의 초상에 관한 독점적인 권리
② 자신의 성명을 사용하는 것에 관한 권리
③ 저작자가 자신의 저작에 관해 갖는 권리
④ 자신과 타인의 호기심을 충족할 수 있는 권리
⑤ 자신의 사적 생활이 공개되거나 침해당하지 않을 권리

중요 ★★

14 갑, 을의 입장에 대한 옳은 설명만을 〈보기〉에서 있는 대로 고른 것은?

> 매체는 공익에 심각한 피해를 주지 않는 한 국민의 알 권리 보장을 가장 우선으로 생각해야 해.

> 아니야. 국민의 알 권리도 존중되어야 하지만 개인의 존엄성과 사생활을 보호하는 것이 더 중요해.

갑   을

┤ 보기 ├
ㄱ. 갑은 국민의 알 권리는 어떤 경우에도 제한되어서는 안 된다고 본다.
ㄴ. 갑은 매체가 진실을 밝히고 국민에게 진실을 알릴 의무가 있다고 본다.
ㄷ. 을은 국민의 알 권리와 인격권이 모두 존중되어야 한다고 본다.
ㄹ. 을은 국민의 알 권리와 인격권이 충돌할 때 알 권리를 중시해야 한다고 본다.

① ㄱ, ㄴ   ② ㄴ, ㄷ   ③ ㄷ, ㄹ
④ ㄱ, ㄴ, ㄹ   ⑤ ㄱ, ㄷ, ㄹ

15 다음 사례를 통해 알 수 있는 사이버 공간에서의 표현의 자유에 관한 설명으로 적절하지 <u>않은</u> 것은?

> 얼마 전 ○○중학교에서 A로부터 폭행을 당했다는 B의 글이 인터넷 사이트에 올라오자 그 학교 게시판에는 연이어 A에 대한 비난의 댓글과 함께 가해 학생을 강력하게 처벌해야 한다는 의견이 등록되었다. 그러나 다음날 경찰 조사에 따르면 가해 학생이라고 알려진 A는 B를 폭행하지 않았고, 글을 올렸던 B가 그 친구와 자신이 멀어진 것에 앙심을 품고 거짓을 유포한 것이었다. 그러자 이번에는 사람들이 거짓 글을 올린 B를 비난하는 댓글을 달기 시작했다.

① 사이버 공간에서 표현의 자유는 책임 의식을 바탕으로 행사해야 한다.
② 사이버 공간에서 표현의 자유는 타인을 존중하는 자세를 바탕으로 행사해야 한다.
③ 사이버 공간에서 표현의 자유는 사회 질서를 훼손하지 않는 범위 내에서 허용해야 한다.
④ 사이버 공간에서 표현의 자유는 타인의 인권을 침해하지 않는 범위 내에서 허용해야 한다.
⑤ 사이버 공간에서 표현의 자유는 참여와 연대로 이어지기 때문에 무제한적으로 허용해야 한다.

16 ㉠에 대응하는 바람직한 자세로 가장 적절한 것은?

> (㉠)(이)란 인터넷의 급속한 발달로 쏟아져 나오는 많은 정보 중 필요 없는 정보나 허위 정보들이 마치 대기 오염의 주범인 스모그처럼 가상 공간을 어지럽힌다는 뜻에서 유래된 용어이다.

① 자신이 생산한 정보만을 신뢰한다.
② 최대한 많은 정보를 확보하기 위해 노력한다.
③ 매체가 제공하는 정보를 수동적으로 수용한다.
④ 정보를 올바르게 해석하고 습득하기 위해 노력한다.
⑤ 개인 정보를 최대한 많이 공개하도록 규정을 만든다.

17 다음은 인터넷에서 A를 검색한 결과이다. A에 관한 옳은 설명만을 〈보기〉에서 있는 대로 고른 것은?

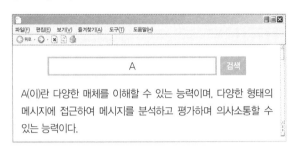

A(이)란 다양한 매체를 이해할 수 있는 능력이며, 다양한 형태의 메시지에 접근하여 메시지를 분석하고 평가하며 의사소통할 수 있는 능력이다.

┤ 보기 ├
ㄱ. 매체를 경제적으로 이용할 수 있는 능력이다.
ㄴ. 정보 중에 거짓 정보를 선별해 내는 능력이다.
ㄷ. 비판적 사고를 바탕으로 정보를 올바르게 이해하는 능력이다.
ㄹ. 자신의 목적에 맞게 기존의 정보를 새로운 정보로 조합하는 능력이다.

① ㄱ, ㄴ   ② ㄱ, ㄹ   ③ ㄷ, ㄹ
④ ㄱ, ㄴ, ㄷ   ⑤ ㄴ, ㄷ, ㄹ

18 그림의 수업 장면에서 교사의 질문에 대해 옳게 답변한 학생만을 있는 대로 고른 것은?

① 갑, 정   ② 갑, 무   ③ 을, 병
④ 갑, 정, 무   ⑤ 을, 병, 정

19 다음 글을 읽고 물음에 답하시오.

오늘날 컴퓨터와 각종 유무선 통신 기술이 발전함에 따라 많은 양의 정보를 쉽고 빠르게 주고받을 수 있는 (㉠)을/를 열어 주었다. (㉠)에서는 정보가 중요한 가치를 지니며, 정보 통신 기술이 삶의 질을 변화시키기도 한다.

(1) ㉠에 들어갈 용어를 쓰시오.

(2) ㉠에서 발생할 수 있는 윤리적 문제를 두 가지 서술하시오.

20 다음 글을 읽고 물음에 답하시오.

사이버 공간은 (㉠)와/과 비대면성을 지니기 때문에 자신을 개방적으로 표현할 수 있고, 새로운 관계를 형성할 수 있다는 긍정적 측면이 있다. 그러나 동시에 이러한 특성에 따른 ㉡부정적 측면도 있다.

(1) ㉠에 들어갈 용어를 쓰시오.

(2) ㉡의 사례를 한 가지 서술하시오.

21 ㉠의 의미를 구체적으로 서술하시오.

매체가 발전하면서 정보를 교환하고 처리하는 과정에서 사적인 정보가 노출되면 각종 범죄의 표적이 되는 등 여러 문제가 생길 수 있다. 이를 방지하기 위해 자신에 관한 정보의 유통 과정 전체를 스스로 통제하는 정보의 자기 결정권과 ㉠잊힐 권리가 강조되고 있다.

01 을의 입장에 비해 갑의 입장이 갖는 상대적인 특징을 그림의 ㉠~㉤ 중에서 고른 것은?

> 갑 : 경제력을 가진 사람이나 권력을 가진 사람이 정보를 독점하고 이것을 상업적으로 악용해서는 안 된다. 정보는 인류가 오랜 기간 동안 함께 만들어 온 결과물이기 때문에 공동체 전체의 이익 신장을 위해 사용해야 한다.
>
> 을 : 정보를 생산한 창작자의 동의 없이 지적 산물을 복제하거나 사용해서는 안 된다. 창작자의 노력에 대한 경제적 보상을 보장함으로써 정보의 수준을 높이고 더 많은 지적 산물이 만들어지는 데 기여할 수 있다.

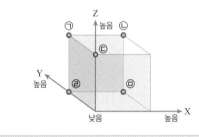

X : 정보 창작자의 권리 보호를 강조하는 정도
Y : 정보의 공공재적 성격을 강조하는 정도
Z : 정보 독점의 완화 가능성 정도

① ㉠   ② ㉡   ③ ㉢   ④ ㉣   ⑤ ㉤

🔍 **문제 접근 방법**
정보 공유론과 정보 사유론의 핵심 주장을 알고, 갑과 을이 어떠한 입장인지 구분하는 문제이다. 두 주장을 비교하여 갑의 입장이 갖는 상대적인 특징을 그림에서 찾아 문제를 해결한다.

ℹ️ **적용 개념**
정보 공유론
정보 사유론

02 갑, 을의 입장에 관한 옳은 설명만을 〈보기〉에서 있는 대로 고른 것은?

· 토론 주제 : 인터넷 실명제

익명을 무기로 타인을 비방하는 악성 댓글이 넘치고 있습니다. 악성 댓글의 부작용을 줄이려면 인터넷 실명제를 도입해야 합니다.

국가가 보장해야 할 기본권 중에 하나인 표현의 자유를 국가가 침해하는 것은 모순입니다. 저는 인터넷 실명제가 개인의 자유로운 의사 표현을 제한할 수 있다고 생각합니다.

갑   을

┤ 보기 ├
ㄱ. 갑은 사이버 공간의 특성인 익명성을 적극 보장해야 한다고 본다.
ㄴ. 갑은 인터넷 실명제가 건전한 사이버 문화를 형성하는 데 도움이 된다고 본다.
ㄷ. 을은 인터넷 실명제를 일종의 국가에 의한 검열 행위라고 본다.
ㄹ. 을은 인터넷에서 자신의 신원을 확인할 수 있는 제도가 표현의 자유를 침해하지 않는다고 본다.

① ㄱ, ㄴ   ② ㄴ, ㄷ   ③ ㄷ, ㄹ
④ ㄱ, ㄴ, ㄹ   ⑤ ㄱ, ㄷ, ㄹ

🔍 **문제 접근 방법**
이 문제는 인터넷 실명제의 찬반 논거를 비교하여 분석하는 것이 핵심이다. 특히 인터넷 실명제의 긍정적 측면과 부정적 측면을 정확하게 이해하고 문제를 해결한다.

ℹ️ **적용 개념**
인터넷 실명제
표현의 자유

03 갑 사상가의 입장에서 〈문제 상황〉의 A에게 제시할 조언으로 가장 적절한 것은?

> 갑 : 인간은 본성적으로 자기 보존, 종족 보존, 신과 사회에 대한 진리 파악이라는 성
> 향을 지니고 있다. 즉, 생물학적 존재로서 자신과 자기 종족을 보존하려는 성향과
> 이성적 존재로서 진리를 파악하려는 성향은 인간이 본성적으로 가지는 것이다.
>
> 〈문제 상황〉
>
> 고등학생인 A는 같은 반의 B와 말다툼을 했다. 집에 돌아와서도 화가 가라앉지 않은
> A는 친구들에게 연락하여 학급 채팅방에서 B를 상대로 사이버 불링을 같이 하자고 부
> 탁해야 할지 망설이고 있다.
>
> *__사이버 불링__ : 사이버 공간에서 이메일이나 휴대 전화, SNS 등을 활용해 특정인을 의도적이고 지속적으로 괴
> 롭히는 행위

① 사이버 따돌림이 덕성 함양에 기여하는 것인지 고려하세요.
② 사이버 따돌림이 호혜적 배려를 실천하는 것인지 고려하세요.
③ 사이버 따돌림이 자연적 경향성에 부합하는 것인지 고려하세요.
④ 사이버 따돌림이 사회적 유용성을 극대화하는 것인지 고려하세요.
⑤ 사이버 따돌림이 인간을 항상 목적으로 대우하는 것인지 고려하세요.

🔎 **문제 접근 방법**

이 문제는 갑이 어떤 사상가인지 파악
하는 것이 핵심이다. 이 사상가의 입장
에서 〈문제 상황〉의 A에게 조언할 내
용을 선지에서 골라 문제를 해결한다.

✏️ **적용 개념**

자연법 윤리
사이버 불링

04 갑, 을의 입장에 대한 옳은 설명을 〈보기〉에서 고른 것은?

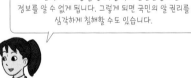

> 사이버상의 개인 정보와 사진 등은 개인의 것이기 때문에
> 개인이 원하는 것을 지울 수 있는 잊힐 권리가 보장되어야
> 합니다. 왜냐하면 어떤 사람들은 자신이 지우고 싶은
> 과거의 흔적 때문에 피해를 입고 있기 때문입니다.

갑

> 물론 잊힐 권리도 보장되어야 하지만, 그러한 권리를
> 무제한적으로 허용할 경우, 공익과 관련된 중요한
> 정보를 알 수 없게 됩니다. 그렇게 되면 국민의 알 권리를
> 심각하게 침해할 수도 있습니다.

을

┌ 보기 ┐
ㄱ. 갑은 개인이 자기 정보를 삭제할 권리가 있다고 본다.
ㄴ. 갑은 잊힐 권리의 보장이 알 권리의 침해로 이어질 수 있음을 우려한다.
ㄷ. 을은 사생활 보호보다 공익 실현이 더욱 중요하다고 본다.
ㄹ. 갑, 을은 모두 자기 정보에 대해 배타적으로 관리할 수 있는 절대적 권리가 있다고
본다.

① ㄱ, ㄴ ② ㄱ, ㄷ ③ ㄴ, ㄷ ④ ㄴ, ㄹ ⑤ ㄷ, ㄹ

🔎 **문제 접근 방법**

이 문제는 잊힐 권리에 대한 갑, 을의
입장을 파악하는 것이 핵심이다. 특히
잊힐 권리를 강조하는 입장과 알 권리
를 강조하는 입장이 중시하는 가치를
비교하여 파악한 후 문제를 해결한다.

✏️ **적용 개념**

잊힐 권리
알 권리

03 자연과 윤리

학습길잡이 • 동서양의 자연관 및 인간과 자연의 관계에 관한 여러 입장을 비교해 둔다.
• 기후 정의, 미래 세대에 대한 책임, 환경적으로 건전하고 지속 가능한 발전의 주요 쟁점을 정리해 둔다.

A 자연을 바라보는 동서양의 관점

1 동서양의 자연관

① 동양의 자연관 ┌ 유교는 자연의 생명력을 도덕적으로 해석하였으며, 인간이 자연을
└ 본받아 다른 존재와 타인에게 인(仁)을 실천해야 한다고 보았다.

• 유교 : 만물이 본래적 가치를 지니고 있다고 보고, 인간과 자연이 조화를 이루는 천인합일(天人合一)의 경지를 추구함 → 단, 분별적 차이를 둠 **❶**

• 불교 : 자타불이(自他不二), 연기설에 근거하여 인간과 자연의 상호 의존성을 자각하고 모든 생명에 자비를 베풀 것을 강조함

• 도가 : 천지 만물을 무위(無爲)의 체계로 보고, 인간도 인위적 욕망을 버리고 자연의 순리에 따라 살아야 한다고 봄
└ 이치에 순종하며

자료로 보는 **유·불·도의 자연관**

• 유교 : 하늘과 땅은 서로 느끼고 상응하며 교합하면서 끊임없이 만물을 낳고 기르는 존재이다. – 『주역』 –

• 불교 : 한 개의 작은 티끌 그 가운데서 수없는 세계들을 모두 본다. 한 개의 티끌에서 그런 것처럼 일체의 티끌마다 모두 그러해 온갖 세계 그 가운데 다 들어가니 이것은 헤아릴 수 없는 일이다. – 『화엄경』 –

• 도가 : 사람은 땅을 본받고, 땅은 하늘을 본받고, 하늘은 도를 본받고, 도는 자연을 본받는다. – 『도덕경』 –

자료 분석 유교의 천인합일, 불교의 연기, 도가의 무위자연 사상은 자연을 상의와 화해의 대상으로 여긴다는 공통점이 있다. 즉, 자연의 모든 존재자는 서로 의존하여 존재하며, 각 존재자가 서로 균형을 이루고 협동하여 조화를 이룬다는 것이다.

Q 유·불·도의 관점에 따르면 인간과 자연은 어떠한 관계인가? **A** 상의와 화해의 관계

② 서양의 자연관

• 아리스토텔레스 : "식물은 동물을 위해서, 동물은 인간을 위해서 존재한다. 가축이나 식량의 용도가 존재하는 것처럼, 야생 동물도 그러하다." → 자연을 수단으로 여기는 이분법적 세계관을 보여 줌 **질문**

• 아퀴나스 : "신의 섭리에 따라 동물은 자연의 한 과정에서 인간이 사용하도록 운명 지어졌다." → 자연은 신이 창조한 것이고, 인간은 신의 명령에 따라 자연을 관리하며, 그 속에서 신의 섭리를 발견한다고 봄
└ 세상과 우주 만물을 다스리는 하나님의 뜻

2 인간과 자연의 관계에 대한 다양한 입장 **❷**

① 인간 중심주의

• 인간만이 도덕적 지위를 지닌다고 보고, 인간 이외의 모든 존재는 인간의 목적을 이루기 위한 수단으로 여김
└ 도구적 자연관

• 인간만이 직접적인 도덕적 고려의 대상이며, 동물이나 식물 등 인간이 아닌 존재는 도덕적 고려의 대상이 아님

개념 더하기 자료 채우기

❶ 인간과 자연의 분별적 차이

• 마구간이 불에 탔는데, 공자가 "사람이 다쳤느냐?"고 묻고 말에 대해서는 묻지 않았다. 주자는 이를 사람을 귀하게 여기고 가축을 천하게 여기므로 도리에 맞다고 해설한다.

• 군자는 동식물을 사랑하지만 인애(仁愛)하지는 않고, 백성을 인애하지만 친애(親愛)하지는 않는다. 부모를 친애하고 백성을 인애하며, 백성을 인애하고 동식물을 사랑한다. – 『맹자』 –

맹자는 인간과 자연 존재 간의 도덕적 고려에서 분별적 차이를 두었다. 즉 유교는 자연을 소중히 여기는 동시에 인간 생존이라는 현실을 간과하지 않음을 알 수 있다. 다만 필요 이상의 살생을 금하고, 절제를 지향한다.

질문 있어요

'인간과 자연을 이분법적으로 본다.'라는 것은 무슨 의미인가요?

이분법이란 서로 배척되는 두 가지를 나누어 보는 것을 말해요. 이분법적 세계관은 인간과 자연을 서로 다른 두 가지 개체로 분리해 바라봅니다. 다시 말해, 인간은 주인 – 자연은 노예, 인간은 주체 – 자연은 객체, 인간은 목적 – 자연은 수단 …….이러한 세계관을 바탕으로 인간은 자기 목적, 예를 들어 물질적 풍요와 행복을 이루기 위해 자연을 도구로 삼았지요.

❷ 도덕적 고려 대상의 확장

도덕적 고려의 대상을 어디까지 확장하느냐에 따라 인간 중심주의, 동물 중심주의, 생명 중심주의, 생태 중심주의로 나누어 볼 수 있다.

용어사전

자타불이(자기 自, 남 他, 아니 不, 둘 二) 나와 남이 둘이 아니라는 뜻으로, 남을 내 몸과 같이 느끼고 생각한다는 자비 사상의 핵심

- 대표 사상가

베이컨	자연 과학적 지식을 활용하여 자연을 정복하고 인간의 물질적 혜택과 복지를 증진해야 한다고 보았음
데카르트	인식하는 주체와 인식되는 대상을 구분하여 인식 주체인 인간이 인식 대상인 자연을 이용하고 정복하는 것을 정당화함
칸트	이성적 존재만이 자율적으로 행동하는 도덕적 주체가 될 수 있다고 강조하면서 자연에 대한 의무는 인간의 도덕적 완성을 위해 요청되는 간접적 의무이며, 이성적 존재인 인간 상호 간의 의무만이 직접적 의무라고 보았음

- 의의 : 인류가 자연을 적극적으로 이용하여 물질적 풍요를 누리게 해 줌
- 한계 : 자연에 대한 인간의 지배와 착취를 정당화하여 오늘날 발생한 환경 문제의 원인이 됨 → 온건한 인간 중심주의로 해결하고자 함 **3**

자료로 보는 인간 중심주의적 자연관

- 인간은 자연의 사용자 및 자연의 해석자로서 자연의 질서에 관해 실제로 관찰하고, 고찰한 것만큼 무엇인가를 할 수 있다. 그 이상의 것은 알 수도 없고, 할 수도 없다. 인간의 지식이 곧 인간의 힘이다.　　　－ 베이컨, 「신기관」 －
- 우리는 삶에 아주 유용한 여러 지식에 이를 수 있고, …… 우리 주변에 있는 모든 물체의 힘과 작용을 판명하게 앎으로써 …… 자연의 주인이자 소유자가 된다.　　　－ 데카르트, 「방법서설」 －
- 자연 중에 생명이 없음에도 아름다운 것에 대해 파괴를 일삼는 것은 인간의 자기 자신에 대한 의무에 반한다. 그것은 그 자체만으로는 도덕적인 것이 아니지만, …… 인간의 감정을 약화시키거나 절멸시킨다.　　　－ 칸트, 「도덕 형이상학」 －

자료 분석　자료는 세계를 이분법적으로 바라보며, 자연을 인간의 행복과 이익을 위해 사용하는 도구로 파악하는 인간 중심주의적 자연관을 보여 준다.

Q 자연을 인간의 행복과 이익을 위해 사용하는 도구로 보는 사상을 무엇이라고 하는가?

A 이의중인 산의 ▶

② 동물 중심주의

- 의미 : 도덕적 고려의 범위를 동물까지 확대해야 한다고 보고, 동물을 인간을 위한 수단으로 여기는 것에 반대하며, 동물의 복지와 권리의 향상을 강조함
- 대표 사상가

싱어	・벤담의 공리주의 사상을 계승하여 도덕적 고려의 기준을 쾌고 감수 능력으로 보며, 동물도 쾌락과 고통을 느끼는 존재라고 봄 **4** ・이익 평등 고려의 원칙에 근거하여 동물의 고통을 저급하게 여기거나 무시하는 행위는 종(種) 차별주의라고 비판함 **5**
레건	・의무론에 기초하여 내재적 가치를 갖는 대상은 수단이 아니라 목적으로 대우해야 한다고 봄 └ 인간의 경험적 좋음이나 평가로부터 독립하여 스스로 자기 안에서 갖는 가치이다. ・동물이 도덕적 무능력자라 할지라도 자기의 삶을 영위할 수 있는 '삶의 주체'로서 내재적 가치를 지니기 때문에 도덕적으로 존중받을 권리가 있다고 봄 질문 └ 도덕적으로 생각하고 행위할 능력이 없는 존재이다.

- 의의 : 동물을 인간을 위한 수단으로 취급하는 행위에 꾸준히 반대 운동을 펼쳐 동물의 복지와 권익을 증진하는 데 기여함
- 한계 : 동물 이외의 식물, 더 나아가 생태계 전체에 대한 고려가 미흡함

---

3 온건한 인간 중심주의

> 패스모어는 환경 문제를 해결하기 위해 필요한 것은 새로운 도덕 원리가 아니라 이미 우리가 잘 알고 있는 윤리를 좀 더 잘 준수하는 것이라고 주장한다. 예를 들어 환경 오염에 관한 문제는 '다른 사람에게 피해를 주면 안 된다.'라는 기존의 도덕 원리를 적용하면 된다. …… 그에 따르면 자연이 가치 있는 까닭은 인간이 자연을 사랑하고 아름답다고 느끼기 때문이다. 또 우리가 자연에 대해 책임이 있는 까닭은 그 책임의 바탕에 인간의 이익과 관심이 들어 있기 때문이다.
> － 데자르뎅, 「환경 윤리」 －

이 관점에서는 인간의 장기적 생존과 복지를 위해서 자연을 보전하고 관리해야 하며, 자연을 좀 더 신중하고 분별력 있게 사용해야 한다고 주장한다.

4 벤담의 사상을 계승한 싱어

벤담은 실제적인 고통을 느끼는지가 도덕적 대상의 중요한 기준이라고 보면서 동물에게 불필요한 고통을 가하는 것을 잘못이라고 보았다. 이러한 입장은 훗날 싱어가 주장하는 동물 해방론의 주요 근거가 되었다.

5 싱어의 종 차별주의 비판

종 차별주의란 자신이 속한 종의 이익을 옹호하기 위해 다른 종의 이익을 배척하는 편견이나 왜곡된 태도를 말한다. 싱어는 인간의 행복만을 중요하게 다루는 인간 중심주의는 쾌고 감수 능력을 지닌 동물을 차별하기 때문에 일종의 종 차별주의(speciesism)이며, 결국 인종 차별주의나 성 차별주의와 다를 바가 없다고 비판한다. 싱어는 종 차별주의에 반대하여 이익 평등 고려의 원칙을 제시한다. 즉, 쾌락과 고통을 느끼는 모든 존재의 이익을 동등하게 고려해야 한다는 것이다.

질문 있어요

레건이 말하는 삶의 주체란 무엇인가요?

삶의 주체란 단순히 살아 있다는 의미를 넘어서 쾌락과 고통, 욕구 등의 감정을 느끼고, 자신의 복지와 목표를 추구하며 삶을 영위하는 개체를 말해요. 레건은 동물도 삶의 주체로서 자신만의 고유한 삶을 살아갈 권리를 가지기 때문에 이들을 인간을 위한 수단으로 취급해서는 안 된다고 보았어요.

용어사전

* **착취**(짤 搾, 가질 取)　계급 사회에서 생산 수단을 소유한 사람이 생산 수단을 갖지 않은 직접 생산자로부터 그 노동의 성과를 무상으로 취득하는 일
* **쾌고 감수 능력**　쾌락과 고통을 느끼는 능력

03 자연과 윤리

③ 생명 중심주의

- 의미 : 모든 생명체는 그 자체로서 가치를 지니므로 도덕적 고려 범위를 인간과 동물뿐만 아니라 식물을 포함한 모든 생명체로 확대해야 함
- 대표 사상가 ┌ 불가피하게 다른 생명을 해쳐야 할 때도 생명을 함부로 죽여서는 안 되며, 그에 대한 도덕적 책임을 자각해야 한다고 보았다.

슈바이처	• 모든 생명은 살고자 하는 의지를 지니고 있으며, 그 자체로 신성하다는 생명 외경을 강조함 • "생명을 고양하는 것은 선이고, 생명을 훼손하는 것은 악이다."라고 주장함
테일러	• 모든 생명체를 의식의 여부에 상관없이 자기 보존과 행복이라는 목적을 지향하는 '목적론적 삶의 중심'으로 봄 • 모든 생명체는 각기 고유한 방식으로 자신의 선(善)을 추구한다는 점에서 내재적 존엄성을 지니므로 이에 대한 도덕적 의무가 있다고 봄 **1**

- 의의 : 도덕적 고려의 범위를 생명체까지 확대 → 모든 생명의 소중함 강조
- 한계 : 생태계 전체를 고려하지 않아 환경 문제 극복에 한계가 있고, 개별 생명체의 존중에 초점을 두는 개체론의 입장에서 벗어나지 못함 질문

④ 생태 중심주의

개체로서 생명의 가치보다는 생태계 전체의 유기적 관계와 균형을 중시한다.

- 의미 : 도덕적 고려의 범위를 개별 생명체가 아닌 무생물을 포함한 생태계 전체로 보아야 한다는 전일론(全一論)적 입장을 취함

레오폴드	• 대지 윤리 : 인간은 대지의 한 구성원일 뿐이며, 자연은 인간의 이해와 상관없이 내재적 가치를 지닌다고 주장함 • 흙과 물, 동식물과 인간까지 포괄하는 자연 전체가 도덕적 고려의 대상이 되어야 한다고 봄
네스	• 세계관과 생활 양식 자체를 생태 중심적으로 바꾸는 심층 생태주의를 주장함 • '큰 자아실현'과 '생명 중심적 평등'을 제시함 **2**

- 의미 : 환경 문제를 해결하기 위해 생태계 전체에 대한 포괄적 시각이 필요함을 일깨워 줌
- 한계 : 환경 보존을 위한 구체적 방안을 제시하기 어렵고, 환경 파시즘으로 흐를 수 있음 왜? 생태계의 가치를 실현하는 데 인간의 개입을 허용하지 않기 때문이다.

자료로 보는 동물 중심주의, 생명 중심주의, 생태 중심주의 비교

- 한 존재의 본성이 어떠하든, 평등의 원리는 그 존재의 고통을 다른 존재의 동일한 고통과 동일하게 취급할 것을 요구한다. 따라서 쾌고 감수 능력은 다른 존재의 이익에 관심을 가질지의 여부를 판가름하는 유일한 경계가 된다.
  – 싱어, 「동물 해방」 –
- 선(善)이란 생명을 유지하는 것, 생명을 촉진하는 것, 그리고 발전 가능한 생명을 그 최고의 가치에까지 끌어올리는 것이다. 반면 악(惡)은 생명을 파괴하는 것, 생명을 저해하는 것, 그리고 발전 가능한 생명을 억누르는 것이다. 이것이야말로 도덕의 절대적 기본적인 원리이다. – 슈바이처, 「나의 생애와 사상」 –
- 어떤 것이 생명 공동체의 온전성, 안정성, 아름다움에 이바지하는 경향이 있다면 옳다. 그렇지 않다면 그르다. – 레오폴드, 「모래 군의 열두 달」 –

자료 분석 싱어는 동물 중심주의, 슈바이처는 생명 중심주의, 레오폴드는 생태 중심주의를 대표한다. 도덕적 고려의 범위가 인간에서 동물, 생명체, 생태계 전체로 점차 확대되어 감을 확인할 수 있다.

개념 더하기 자료 채우기

1 테일러가 제시한 네 가지 의무

악행 금지의 원칙	다른 생명체에 해를 가해서는 안 됨
불간섭의 의무	개별 생명체의 자유나 생태계에 간섭해서는 안 됨
성실의 의무	인간의 쾌락을 위해 사냥하는 등 동물을 속이는 행위를 금지해야 함
보상적 정의의 의무	인간이 다른 생명체에 해를 끼쳤을 경우 피해를 보상해야 함

질문 있어요

환경 윤리에서 개체론과 전일론은 어떻게 다른가요?

환경 윤리에서 개체론이라고 하면, 각 개체가 지니는 도덕적 지위나 권리를 인정하고, 이를 도덕적으로 배려함으로써 자연환경과 생태계를 보전하고자 하는 환경 윤리 이론을 말해요. 인간 중심주의, 동물 중심주의, 생명 중심주의가 이에 해당하지요. 이와 달리 전일론(전체론)은 전체로서의 자연환경, 종과 생태계의 보전에 초점을 맞추는 환경 윤리 이론이에요. 생태 중심주의가 이에 해당합니다.

2 네스가 제시한 심층 생태주의의 기본 원리

1. 지구상의 인간 및 비인간 생명의 복지와 번영은 그 자체로 가치를 지닌다. 이러한 가치는 인간적 목적을 위한 비인간계의 유용성과 무관하다.
2. 생명 형식의 풍부성과 다양성은 그러한 가치의 실현에 기여하며 역시 그 자체로 가치를 지닌다.
3. 인간은 생명적 요구를 충족하기 위한 경우 말고는 이러한 풍부성과 다양성을 줄일 권리가 없다. ……

심층 생태주의는 인간과 식물, 동물, 지구의 통일성을 강조하면서 환경 문제를 해결하려면 인간 중심적 세계관과 생활 양식 자체를 근본적으로 바꾸어야 한다고 주장한다.

용어사전

- **큰 자아실현** 자신을 자연과의 상호 연관 속에서 자연의 일부로서 존재함을 인식하는 과정
- **생명 중심적 평등** 모든 생명체는 상호 연결된 전체의 평등한 구성원이며, 동등한 가치를 지닌다는 뜻
- **환경 파시즘** 동물 권리론자인 레건이 생태 중심주의를 비판하면서 사용한 용어로, 전체의 자연환경이나 생태계의 선을 위해 인간을 포함한 개별 동물을 희생시킬 수 있다는 관점

B 환경 문제에 대한 윤리적 쟁점

1 기후 정의 문제

① **의미** : 기후 변화에 따른 불평등을 해소함으로써 실현되는 정의로, 기후 변화 문제를 형평성의 관점에서 바라봄 **예** 온실가스 배출량은 선진국이 많은데 피해는 개발 도상국에서 더 크게 발생하는 경우 **4**

② **기후 정의를 실현하기 위한 노력**

• 선진국들은 기후 변화 피해를 본 나라에 적극적인 보상과 지원을 해야 함

• 각 국가는 온실가스 배출량을 줄이기 위해 노력해야 함 **예** 교토 의정서 (1997년)에서 채택된 탄소 배출권 거래 제도 **질문**

자료로 보는 · **탄소 배출권의 정당성 논쟁**

탄소 배출권은 온실가스 감축 의무 부담국이 개발 도상국 등에 온실가스 배출 저감 설비 등을 설치해 주는 만큼 온실가스를 추가로 더 배출할 수 있는 권리를 말한다. 교토 의정서에 따르면 의무 당사국들은 1990년 배출량을 기준으로 2008년에서 2012년까지 이산화탄소 배출량을 평균 5% 수준으로 줄여야 한다. 따라서 해당 국가의 에너지 다소비 업체들이 배출 규제를 받게 된다. 석유 화학이나 발전소 등 이산화탄소 배출량이 많은 기업들은 이산화탄소 배출 자체를 줄이거나 탄소 배출권을 확보한 기업으로부터 이 권리를 사야 한다.

자료 분석 교토 의정서는 기후 변화 협약의 구체적인 이행 방안으로, 선진국의 온실가스 감축 목표치를 규정하였다는 점에서 의의가 있다. 하지만 탄소 배출권 제도를 도입함으로써 돈으로 환경 파괴를 정당화한다는 비판을 받기도 한다.

┌ 요나스는 현세대가 지녀야 할 덕목으로 두려움, 겸손, 검소, 절제 등을 제시하였다.

2 요나스의 **책임 윤리** **5**

① 현세대는 미래 세대의 생존과 삶의 질 문제에 관심을 기울여야 함

② 우리의 책임은 일차적으로 미래 세대의 존재를 보장하는 것이며, 이차적으로는 그들의 삶의 질을 배려하는 것임

3 생태 지속 가능성 문제

① **개발론과 보존론**

개발론	자연은 도구적 가치를 지니며 개발에 따른 환경 문제는 경제 성장과 기술 발달로 해결할 수 있다는 점에 근거하여 자연 개발을 강조함
보존론	자연은 내재적 가치를 지닌다는 점과 자연을 보존하는 것이 장기적으로도 큰 이익이라는 점에서 자연 보존을 강조함
조화	'환경적으로 건전하고 지속 가능한 발전' : 미래 세대가 그들의 필요를 충족할 수 있는 범위에서 현세대의 필요를 충족하는 개발 방식

② **환경적으로 건전하고 지속 가능한 발전을 위한 노력**

• 개인적 노력 : 친환경적 소비를 생활화해야 함 **예** *윤리적 소비 등

• 국가적 노력 : 관련 제도와 법을 마련하고 확대해야 함 **예** 신·재생 에너지 정책 등

• 국제적 노력 : 국가 간 협력 체제를 갖추어야 함 **6**
  예 파리 협정, 람사르 협약, 생물 다양성 협약, 녹색기후기금 등

---

4 기후 변화

기후가 평균 상태에서 벗어나 변화하는 것으로 다양한 생물종의 감소와 멸종, 농토의 사막화와 그에 따른 식량 생산량 감소, 홍수와 해수면 상승 등으로 환경 난민의 발생 등을 초래한다.

질문 있어요

탄소 배출권 거래 제도란 무엇인가요?

국가마다 할당된 온실가스 감축량 의무 달성을 위해 자국의 기업별, 부문별로 배출량을 할당하고, 기업은 할당된 온실가스 감축 의무를 이행하지 못할 경우 다른 나라 기업으로부터 할당량을 매입할 수 있도록 하는 제도입니다.

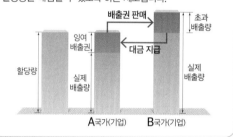

5 요나스의 책임 윤리

• 너의 행위의 효과가 지상에서의 진정한 인간적 삶의 지속과 조화될 수 있도록 행위하라.

• 너의 행위의 효과가 인간 생명의 미래의 가능성에 관해 파괴적이지 않도록 행위하라.

– 요나스, 『책임의 원칙』–

요나스는 칸트 윤리를 계승하여 생태학적 정언 명법을 제시하였으며, 시간적으로는 먼 미래, 공간적으로는 전 지구까지 미치는 새로운 책임 윤리를 요청하였다.

6 파리 협정(2015년)

대상 국가	195개 당사국
적용 시기	2020년 이후 신(新)기후 체제
내용	• 지구 평균 온도 상승폭을 산업화 이전과 비교하여 1.5도까지 제한 • 2020년부터 개발 도상국에 1,000억 달러 지원 • 2023년부터 5년마다 탄소 감축 상황 보고

용어사전

* **윤리적 소비** 경제 활동과 환경 윤리를 결합한 새로운 소비 방식으로, 소비는 하되 친환경 제품과 공정 무역 상품, 사회 공헌에 적극 참여하는 기업 제품을 구입하는 소비 형태

* **재생 에너지** 계속 써도 무한에 가깝도록 다시 공급되는 에너지로, 태양열, 수력, 풍력, 조력(潮力), 지열(地熱) 등과 같이 자연계에 존재하는 에너지

올리드 포인트

A 자연을 바라보는 동서양의 관점

1 동서양의 자연관

동양	• 유교 : 만물은 본래적 가치를 지니며, 인간과 자연이 조화를 이루는 천인합일의 경지를 추구함 • 불교 : 자타불이, 연기에 따라 자연 만물은 상호 의존함을 자각하여 자비를 베풀 것을 강조함 • 도가 : 무위자연을 자각하여 인위적 욕망을 버리고 자연의 순리에 따라 살 것을 강조함
서양	• 아리스토텔레스 : 식물은 동물을 위해서, 동물은 인간을 위해서 만들어진 것이라고 주장함 • 아퀴나스 : 자연은 신에 의해 창조된 것으로, 신의 명령에 따라 관리해야 할 대상으로 봄

2 인간과 자연의 관계에 대한 다양한 입장

인간 중심주의	• 의미 : 인간만이 도덕적 지위를 지니고, 인간 이외의 모든 존재를 인간을 위한 수단으로 여김 • 대표적인 사상가 : 베이컨, 데카르트, 칸트 • 한계 : 자연에 대한 인간의 지배와 착취를 정당화하여 오늘날 환경 문제의 원인이 되기도 함
동물 중심주의	• 의미 : 인간 중심주의의 편협한 관점을 비판하면서 도덕적 권리와 고려 대상을 동물까지 확대함 • 대표적인 사상가 : 싱어, 레건 • 한계 : 동물 이외의 식물, 더 나아가 생태계 전체에 대한 고려가 미흡함
생명 중심주의	• 의미 : 도덕적 지위와 고려 대상을 인간과 동물뿐만 아니라 식물을 포함한 모든 생명체로 확장함 • 대표적인 사상가 : 슈바이처, 테일러 • 한계 : 개체론의 입장에서 벗어나지 못함
생태 중심주의	• 의미 : 도덕적 고려의 범위를 무생물을 포함한 생태계 전체로 보는 전일론적 입장을 제시함 • 대표적인 사상가 : 레오폴드, 네스 • 한계 : 생태계 전체의 이익을 위한다는 명분으로 개별 생명체를 희생시킬 수 있음

B 환경 문제에 대한 윤리적 쟁점

1 기후 정의 문제 기후 정의는 기후 변화에 따른 불평등 해소로 실현되는 정의로, 선진국들의 적극적인 보상과 지원 노력이 필요함

2 요나스의 책임 윤리 현세대는 미래 세대의 생존과 삶의 질 문제에 관심을 기울여야 함

3 환경적으로 건전하고 지속 가능한 발전을 위한 노력

개인적 노력	친환경적 소비를 생활화해야 함
국가적 노력	관련 제도와 법을 마련하고 확대해야 함
국제적 노력	국가 간 협력 체제를 갖추어야 함

01 다음 설명이 맞으면 ○표, 틀리면 ×표를 하시오.

(1) 유교에서는 인간이 자연을 본받아 다른 존재와 타인에게 인(仁)을 실천해야 한다고 보았다. ( )

(2) 불교에서는 너와 나를 명확하게 구분하고, 만물에 대해 자비를 베풀 것을 강조하였다. ( )

(3) 인간 중심주의에서는 인간만을 직접적인 도덕적 고려의 대상으로 보고, 동식물 등은 도덕적으로 고려하지 않는다. ( )

(4) 동물 중심주의에서는 도덕적 고려의 범위를 인간에서 동물까지 확대하며, 동물을 인간을 위한 수단으로 여긴다. ( )

(5) 레오폴드는 인간은 대지의 한 구성원일 뿐이며, 자연은 인간의 이해와 상관없이 내재적 가치를 지닌다고 보았다. ( )

02 빈칸에 들어갈 알맞은 말을 쓰시오.

(1) 도가에서는 ( )을/를 자각하여 인위적 욕망을 버리고 자연의 순리에 따라 살 것을 강조하였다.

(2) ( )은/는 자연이 신에 의해 창조된 것으로, 인간이 신의 명령에 따라 관리해야 할 대상이라고 보았다.

(3) ( )에서는 모든 생명체가 그 자체로서 가치를 지니고 있다고 본다.

03 다음 개념과 그에 관한 설명을 바르게 연결하시오.

(1) 기후 정의 •　　• ㉠ 기후 변화에 따른 불평등을 해소함으로써 실현되는 정의

(2) 책임 윤리 •　　• ㉡ 환경적으로 건전하고 지속 가능한 발전에 이바지하는 소비 생활

(3) 윤리적 소비 •　　• ㉢ 미래 세대의 존재를 보장하고, 삶의 질을 배려하고자 하는 윤리 의식

[중요]

01 갑의 입장에서 을에게 해 줄 수 있는 조언으로 가장 적절한 것은?

사람은 땅을 본받고, 땅은 하늘을 본받고, 하늘은 도를 본받고, 도(道)는 자연을 본받는다.

인간은 자연의 사용자 및 자연의 해석자로서 자연의 질서에 관해 실제로 관찰하고, 고찰한 것만큼 무엇인가를 할 수 있다. 그 이상의 것은 알 수도 없고, 할 수도 없다. 인간의 지식이 곧 인간의 힘이다.

갑   을

① 자연은 인간을 위해 존재한다는 것을 알아야 한다.

② 자연과 인간은 상호 공존의 관계임을 알아야 한다.

③ 자연의 가치는 유용성으로 평가되어야 함을 알아야 한다.

④ 자연과 인간은 모두 거대한 기계의 일부임을 알아야 한다.

⑤ 인간은 자연 보존을 위해 자연의 활동에 개입해야 함을 알아야 한다.

02 갑의 입장에서 을의 주장을 지지하며 제시할 논거를 〈보기〉에서 고른 것은?

> 갑 : 물질적 육체와 비물질적 영혼의 혼합체인 인간과 달리, 동물은 의식이 없는 기계일 뿐이다.
> 을 : 깨끗한 식수를 얻기 위해 강을 보호해야 한다.

┌─ 보기 ┐
ㄱ. 강은 그 자체로 내재적 가치를 지닌다.
ㄴ. 강은 삶의 의지를 지닌 생명들의 공동체이다.
ㄷ. 강은 인간에게 필요한 자연 자원을 보유하고 있다.
ㄹ. 강이 제공하는 깨끗한 물은 인간의 건강과 복지에 필수적이다.
└──────┘

① ㄱ, ㄴ   ② ㄱ, ㄷ   ③ ㄴ, ㄷ

④ ㄴ, ㄹ   ⑤ ㄷ, ㄹ

03 ㉠에 들어갈 내용으로 가장 적절한 것은?

> 갑 : 자연은 인간의 목적을 위한 수단이 아니라 그 자체로 가치 있는 존재입니다.
> 을 : 아닙니다. 자연은 신에 의해 창조된 것으로, 인간이 신의 명령에 따라 인간의 이익을 위해 이용하고 관리해야 할 대상입니다.
> 갑 : 인간과 자연은 상의의 관계입니다. 제 생각에 당신의 주장은 _____㉠_____

① 자연이 물질로만 이루어진 존재임을 모르고 있습니다.

② 자연이 내재적 가치를 지닌 존재임을 모르고 있습니다.

③ 자연과 인간이 상호 의존적 관계임을 강조하고 있습니다.

④ 자연이 하나의 살아 있는 유기체임을 강조하고 있습니다.

⑤ 자연이 인간에게 이로움을 가져다주는 대상임을 간과하고 있습니다.

[중요]

04 (가) 사상가의 입장을 (나) 그림으로 탐구할 때, A, B에 들어갈 질문으로 옳은 것은?

(가)	이성적 존재만이 도덕적 주체가 될 수 있다. 인간이 지니는 자연에 대한 의무는 인간성에 대한 의무에서 도출되는 간접적 의무일 뿐이다.
(나)	(가) 사상가의 입장을 탐구한다. A ──아니요──▶ B ──예──▶ 특정을 가진 입장 [범례] 출발 조건 / 판단 내용 / 판단 방향 / 판단 결과

① A : 자연은 도덕적 지위를 지니는가?

② A : 자연은 인간의 이익을 위해 보호되어야 할 대상인가?

③ B : 자연은 도덕적 행위의 주체인가?

④ B : 도덕적 고려의 기준은 쾌고 감수 능력인가?

⑤ B : 인간은 동물에 대해 어떠한 의무도 질 필요가 없는가?

05 다음 동양 사상가의 자연에 대한 관점에만 모두 'ㄹ'를 표시한 학생은?

> 사람은 오행의 빼어난 기운이요 곡식은 오행의 으뜸가는 기운이니, 젖이란 것은 사람의 몸에서 나는 곡식이요, 곡식이란 것은 천지(天地)의 젖이니라. 사람이 어렸을 때에 어머니 젖을 빠는 것은 곧 천지의 젖이요, 자라서 오곡을 먹는 것은 또한 천지의 젖이니라. 어려서 먹는 것이 어머니의 젖이 아니고 무엇이며, 자라서 먹는 것이 천지의 곡식이 아니고 무엇인가. 젖과 곡식은 모두 천지로부터 나온 것이니라.

관점 \ 학생	갑	을	병	정	무
자연과 인간은 함께 사는 존재이다.	∨			∨	∨
자연의 모든 존재는 유기적 관계이다.		∨	∨	∨	
모든 생명체는 그 자체로 소중한 존재이다.			∨		∨	∨
자연은 인간의 삶의 질 향상을 위한 수단적 존재이다.	∨		∨		∨

① 갑　　② 을　　③ 병　　④ 정　　⑤ 무

중요 ★★

06 다음 사상가가 부정의 대답을 할 질문으로 옳은 것은?

> 산업 사회에서 인간이 동물의 고기를 음식으로 사용하는 것을 윤리적으로 생각해 본다면, 그 상황에서 상대적으로 작은 인간의 이익과 먹히는 동물의 생명과 복지가 정말 균형을 이루는가를 따져 보아야 한다. …… 중요한 문제는 동물의 고기가 고통 없이 생산될 수 있느냐의 여부가 아니라, 우리가 사려고 하는 고기가 고통 없이 생산되었느냐의 여부이다. 이익 평등 고려의 원칙에 따를 때, 우리 자신의 더 작은 이익을 위해 동물의 중요한 이익을 희생시키는 것은 그릇된 일이다.

① 동물은 도덕적 지위를 가지는가?
② 동물도 고통과 쾌락을 느끼는가?
③ 이익 평등 고려의 원칙을 따라야 하는가?
④ 인간의 고통이 동물의 고통보다 중요한가?
⑤ 동물에게 고통을 주는 실험을 없애야 하는가?

07 (가)의 갑, 을 사상가의 입장을 (나) 그림으로 표현할 때, A~C에 해당하는 옳은 진술만을 〈보기〉에서 있는 대로 고른 것은?

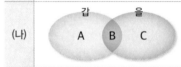

(가)	갑 : 쾌락과 고통의 감정, 자신의 정체성을 느낄 수 있는 능력 등을 갖는 개체는 삶의 주체이다.
	을 : 모든 생명은 '목적론적 삶의 중심'이며, 인간은 생명체의 목적 달성을 방해하는 행동을 해서는 안 된다.

(나)	갑　　　을 〈범례〉 A : 갑만의 입장 B : 갑, 을의 공통 입장 C : 을만의 입장

> **보기**
> ㄱ. A : 모든 생명체는 그 자체로 가치 있는 존재이다.
> ㄴ. A : 도덕적 고려의 대상을 삶의 주체인 동물까지 확대해야 한다.
> ㄷ. B : 동물은 자신만의 고유한 삶을 영위할 권리를 가지고 있다.
> ㄹ. C : 모든 생명체는 내재적 존엄성을 지니므로 이에 대한 도덕적 의무가 있다.

① ㄱ, ㄴ　　② ㄱ, ㄷ　　③ ㄷ, ㄹ
④ ㄱ, ㄴ, ㄹ　　⑤ ㄴ, ㄷ, ㄹ

08 갑의 입장에서 을의 주장에 대해 비판할 내용으로 가장 적절한 것은?

> 갑 : 인류는 공동체 전체에 대한 존경심을 가져야 한다. 대지 윤리는 공동체의 범위를 넓혀 흙, 물, 식물, 동물, 곧 집합적으로 대지를 포함한다.
> 을 : 모든 생명체는 자기의 생존, 성장, 발전, 번식이라는 목적을 추구하고, 이를 위해 환경에 적응하려고 애쓰는 존재이다.

① 불특정 다수에게 과도한 책임을 요구한다.
② 인간이 다른 존재보다 더 가치 있다고 주장한다.
③ 생태계의 선을 위해 개별 구성원의 희생을 강요한다.
④ 개별 생명체를 보호해야 하는 근거를 제시하지 못한다.
⑤ 무생물을 포함한 생태계 전체를 도덕적 고려 대상으로 여기지 않는다.

09 다음 서양 사상가가 제시할 자연관으로 가장 적절한 것은?

> 인간은 분명히 신성하지 않으나, 그의 인격 속의 인간성은 그에게 신성한 것이 아닐 수 없다. 모든 피조물 중에서 우리가 의욕하고 또 우리가 지배하는 모든 것들은 단지 수단으로서 사용될 수 있다. 오직 인간, 그리고 그와 더불어 있는 모든 이성적 피조물만이 목적 그 자체이다. 즉, 그는 도덕 법칙의 주체이며, 도덕 법칙은 그의 자유가 지닌 자율 때문에 신성한 것이다.

① 동물은 자기의 삶을 영위할 수 있는 삶의 주체이다.
② 자연은 인간의 욕구를 충족하기 위한 대상이 아니다.
③ 인간뿐만 아니라 모든 생명은 그 자체로 존엄한 존재이다.
④ 인간은 생태계 전체에 대한 직접적인 도덕적 의무를 지닌다.
⑤ 자연에 대한 의무는 인간의 도덕적 완성을 위해 요청되는 간접적인 의무이다.

10 (가)의 갑, 을 사상가의 입장을 (나) 그림으로 탐구할 때, A~C에 들어갈 질문으로 옳지 **않은** 것은?

(가)	갑 : 윤리적인 인간은 이 생명 혹은 저 생명이 얼마나 값진가를 묻지 않으며, 그것이 나에게 얼마나 이익이 되는가를 묻지 않는다. 을 : 돌멩이를 차는 것은 돌멩이의 복지에 변화를 가져올 수 없다. 반면에 쥐는 차인다면 고통을 받을 것이기 때문에 학대받지 않는 것이 쥐에게는 이익이다.
(나)	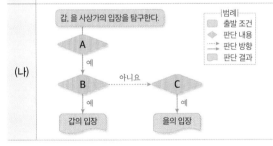

① A : 동물은 도덕적 고려의 대상인가?
② B : 생태계 전체가 도덕적 지위를 지니는가?
③ B : 동물뿐만 아니라 식물도 도덕적 고려의 대상인가?
④ C : 이익 평등 고려의 원칙에 입각하여 판단하는가?
⑤ C : 쾌고 감수 능력을 가진 존재는 도덕적 고려의 대상인가?

11 갑, 을의 입장에 관한 옳은 설명을 〈보기〉에서 고른 것은?

> 갑 : 쾌고 감수 능력을 지닌 존재의 이익을 동등하게 고려해야 한다. 인종 차별이나 성차별이 옳지 않은 것과 마찬가지로 종이 다르다는 이유로 동물을 차별하는 행위는 옳지 않다.
> 을 : 삶의 주체는 단순히 살아 있다는 의미를 넘어서 자신의 삶을 영위할 수 있는 능력을 가진 존재로 보아야 한다. 동물도 하나의 삶의 주체라고 할 수 있으므로 인간을 위한 수단으로 취급해서는 안 된다.

┤ 보기 ├
ㄱ. 갑은 생태계 전체에 대해 도덕적으로 고려해야 한다고 본다.
ㄴ. 갑은 동물의 도덕적 지위를 인정하며, 동물을 고통으로부터 해방시켜야 한다고 본다.
ㄷ. 을은 인간만이 고유한 삶을 영위할 수 있다고 본다.
ㄹ. 을은 의무론에 근거하여 동물의 권리를 인정해야 한다고 본다.

① ㄱ, ㄴ ② ㄱ, ㄹ ③ ㄴ, ㄷ
④ ㄴ, ㄹ ⑤ ㄷ, ㄹ

12 다음 사상의 입장에서 제시할 내용으로 옳은 것은?

> 모든 현상은 무수한 원인[因]과 조건[緣]에 의해 서로 관련되어 생겨나며, 원인과 조건이 없으면 결과[果]도 없다. 이러한 이치를 깨닫지 못하고 현상에 집착하면 모든 것은 괴로움[苦]으로 나타난다.

① 의식이 있는 존재만이 도덕적 지위를 가진다.
② 인간을 포함한 모든 생명체를 존중해야 한다.
③ 이성적 존재만이 생태계에서 우월한 지위를 가진다.
④ 인간의 욕구 충족을 위해 자연을 적극적으로 이용해야 한다.
⑤ 자연에 대한 도덕적 고려의 기준은 오직 인간의 이익 극대화이다.

13 그림의 강연자가 지지할 주장만을 〈보기〉에서 있는 대로 고른 것은?

> 인류가 존재해야 한다는 것은 당위적 요청이며, 인류 존속에 관한 현세대의 책임입니다. 우리의 책임은 일차적으로 미래 세대의 존재를 보장하는 것이며, 이차적으로 그들의 삶의 질을 배려해야 합니다.

┤ 보기 ├
- ㄱ. 현세대는 두려움, 겸손, 검소, 절제 등의 덕목을 지녀야 한다.
- ㄴ. 현세대만이 건강한 자연환경에서 살아갈 수 있는 권리를 가져야 한다.
- ㄷ. 너의 행위의 효과가 인간 생명의 미래의 가능성에 관해 파괴적이지 않도록 행위해야 한다.
- ㄹ. 너의 행위의 효과가 지상에서의 진정한 인간적 삶의 지속과 조화될 수 있도록 행위해야 한다.

① ㄱ, ㄴ   ② ㄱ, ㄷ   ③ ㄴ, ㄹ
④ ㄱ, ㄷ, ㄹ   ⑤ ㄴ, ㄷ, ㄹ

중요

14 다음 사상의 입장에서 부정의 대답을 할 질문으로 가장 적절한 것은?

> 윤리는 개인 간의 관점에서 개인과 사회 간의 관계로 발전되어 왔고, 앞으로는 인간과 대지 간의 관계, 그리고 거기서 발전되는 인간과 동식물 간의 관계로 전개되어야 한다. 인간만을 도덕 공동체의 범위에 포함시켰던 전통 윤리와는 달리 동식물은 물론 대지까지 그 범위에 포함시킴으로써 동식물과 대지에 대한 인간의 약탈은 정당하지 않으며 잘못된 일이라는 사실을 깨달아야 한다.

① 생태계 전체가 도덕적 고려의 대상인가?
② 모든 생명은 그 자체로 가치가 있는 존재인가?
③ 도덕적 고려 대상의 기준은 전일론적 관점에 근거하는가?
④ 도덕 공동체의 범위를 동물, 식물, 흙, 물까지 확대해야 하는가?
⑤ 인간은 생명 공동체 내의 위계 서열에서 우월한 위치를 차지하는가?

15 그림의 수업 장면에서 교사의 질문에 대해 옳게 답변한 학생만을 있는 대로 고른 것은?

① 갑, 을   ② 을, 병   ③ 정, 무
④ 갑, 병, 정   ⑤ 을, 정, 무

16 ㉠에 대한 비판으로 가장 적절한 것은?

> ㉠탄소 배출권 거래 제도는 선진국 간 온실가스 배출권 거래를 인정한다. 각국 정부는 자국에 부과된 온실가스 배출 상한치를 자국 내 기업들에게 할당해 주고, 배출 상한치를 넘지 않은 기업은 남는 온실가스 배출량을 탄소 배출권으로 팔 수 있는 반면, 배출 상한치를 초과한 기업은 초과한 만큼 탄소 배출권을 사야 한다.

① 기후 온난화에 대한 이론적 근거를 무시하고 있다.
② 기후 정의의 실현을 위한 제도적 장치가 필요함을 무시하고 있다.
③ 선진국보다 개발 도상국에 과도한 의무를 지워 공정하지 못하다.
④ 기후 변화 문제에 대한 인류의 공동 대응 시기를 늦출 수 있다.
⑤ 경제적 대가를 치르면 환경 파괴도 정당화될 수 있다는 인식을 갖게 할 수 있다.

17 다음은 인터넷에서 A를 검색한 결과이다. A에 관한 옳은 설명만을 〈보기〉에서 있는 대로 고른 것은?

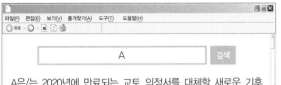

A은/는 2020년에 만료되는 교토 의정서를 대체할 새로운 기후 변화 협약이다. 장기 목표로 지구의 평균 기온 상승을 1.5℃ 이하로 제한하기로 했다. 국가별 온실가스 감축에 관한 장기적인 이행 상황과 달성에 대한 경과 보고를 의무화하고, 이를 점검하기 위해 국제 사회의 종합적 이행 점검 시스템을 도입해 2023년에 실시하기로 했다.

┤ 보기 ├
ㄱ. 국제 탄소 시장 메커니즘의 설립을 금지하는 협약이다.
ㄴ. 기후 변화의 원인인 온실가스의 배출량을 줄이기 위한 협약이다.
ㄷ. 개발 도상국이 기후 변화에 적절하게 대처할 수 있도록 선진국이 지원하는 협약이다.
ㄹ. 기후 변화 문제를 해소하기 위해 개발 도상국의 경제적 부담의 의무를 규정한 협약이다.

① ㄱ, ㄴ
② ㄴ, ㄷ
③ ㄷ, ㄹ
④ ㄱ, ㄴ, ㄹ
⑤ ㄱ, ㄷ, ㄹ

18 갑, 을의 입장에서 제시할 내용으로 적절하지 않은 것은?

갑 : 자연은 도구적 가치를 지니며, 개발에 따른 환경 문제는 경제 성장과 기술 발달로 해결할 수 있다.
을 : 자연은 내재적 가치를 지니며, 개발보다 자연을 보존하는 것이 장기적으로 인간에게 이익을 가져다줄 수 있다.

① 갑 : 인간의 경제적 이익을 위해 개발을 해야 한다.
② 갑 : 인류의 과학 발전을 위해 자연을 개발해야 한다.
③ 을 : 장기적으로 자연에 유익하다면 개발을 제한할 수 있다.
④ 을 : 경제 성장만이 인간에게 장기적인 이익을 가져다 준다.
⑤ 을 : 자연은 인간의 이익을 위한 수단이 아니라 그 자체로 가치를 지니는 대상이다.

19 다음 글을 읽고 물음에 답하시오.

삶의 주체는 선호와 복지에 대한 이익 관심과 자기의 욕구와 목표를 위해 행동할 수 있는 능력이 있으며 순간의 시간을 넘어서 자신의 정체성을 느낄 수 있고, 타자와 별개로 자신의 삶이 좋을 수도 나쁠 수도 있다는 의미에서 자신의 복지를 갖고 있다.

(1) 윗글을 주장한 사상가를 쓰시오.

(2) (1)의 사상가의 입장에서 도덕적으로 고려해야 할 대상에 관해 서술하시오.

20 다음 글을 읽고 물음에 답하시오.

자신을 자연이라는 더 큰 전체의 일부로 인식하는 '큰 자아'를 인식하면, 환경 보호 덕분에 자기 이익에도 도움이 된다는 것을 알 수 있다. …… 자기실현을 협소한 자아의 만족으로 보는 것은 자신을 심각하게 과소평가하는 일이라는 것을 알 때, 우리는 사람들에게 더 큰 '나'라는 관념을 이야기할 수 있다.

(1) 윗글을 주장한 사상가를 쓰시오.

(2) (1)의 사상가의 입장에서 제시할 환경 윤리 규범을 서술하시오.

21 ㉠의 관점을 쓰고, 생태 중심주의의 관점에서 제시하는 ㉠의 한계를 서술하시오.

(㉠)은/는 모든 생명체는 그 자체로서 가치를 지니므로 도덕적 고려의 범위를 모든 생명체로 확대해야 한다고 본다. (㉠)은/는 도덕적 지위를 갖는 기준을 '생명'으로 보며, 모든 생명체에 대한 도덕적 고려를 강조한다는 특징이 있다.

01 (가)의 갑, 을, 병 사상가의 입장을 (나) 그림으로 표현할 때, A~D에 해당하는 적절한 진술만을 〈보기〉에서 있는 대로 고른 것은?

(가)	갑 : 고통과 즐거움을 느낄 수 있는 능력은 어떤 존재가 이익 관심을 갖는다고 말할 수 있기 위한 필요조건일 뿐만 아니라 충분조건이기도 하다. 을 : 윤리적인 인간은 이 생명 혹은 저 생명이 얼마나 값진가를 묻지 않으며, 그것이 나에게 얼마나 이익이 되는가를 묻지 않는다. 그에게는 생명 그 자체가 거룩하다. 병 : 새로운 윤리는 인류의 역할을 대지 공동체의 정복자에서 그것의 평범한 구성원이자 시민으로 변화시킨다. 이 윤리는 인류의 동료 구성원에 대한 존중, 그리고 공동체 자체에 대한 존중을 필연적으로 수반한다.

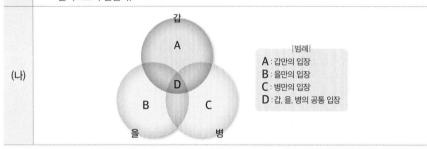

(나)	〈범례〉 A : 갑만의 입장 B : 을만의 입장 C : 병만의 입장 D : 갑, 을, 병의 공통 입장

┤ 보기 ├
ㄱ. A : 이익 평등 고려의 원칙에 따라 인간과 모든 생명을 동일하게 대우해야 한다.
ㄴ. B : 삶의 주체인 존재만이 도덕적 권리를 갖는다.
ㄷ. C : 개체주의적 관점을 지양하고 전일론적 관점을 지향해야 한다.
ㄹ. D : 인간뿐만 아니라 동물 또한 도덕적 고려 대상으로 간주해야 한다.

① ㄱ, ㄴ   ② ㄴ, ㄷ   ③ ㄷ, ㄹ
④ ㄱ, ㄴ, ㄹ   ⑤ ㄱ, ㄷ, ㄹ

🔎 문제 접근 방법
'고통과 즐거움', '생명 그 자체', '대지 공동체' 등의 핵심어를 통해 갑, 을, 병이 어떤 사상가인지를 파악한다. 각 사상가의 입장을 정확히 이해하고 〈보기〉의 각 진술을 (나)의 범례에 적용하여 문제를 해결한다.

✏ **적용 개념**

\# 동물 중심주의
\# 생명 중심주의
\# 생태 중심주의

02 다음 두 사상가의 공통 관점에만 모두 'V'를 표시한 학생은?

갑 : 인간은 신의 명령에 따라 자연을 관리하며, 신의 섭리를 발견한다. 신의 섭리에 따라 동물은 자연의 과정에서 인간이 사용하도록 운명 지어졌다.
을 : 식물은 동물을 위해, 동물은 인간을 위해 존재한다. 자연은 목적이 없거나 헛된 일을 하지 않는다. 자연은 이성적 존재인 인간을 위해 모든 동물을 만들었다.

관점 \ 학생	갑	을	병	정	무
자연은 도구적 가치를 지닌 존재이다.	V			V	V
인간은 자연과 달리 이성을 지닌 존재이다.	V	V		V	
모든 생명은 도덕적 지위를 지닌 존재이다.			V	V	V
인간은 자연보다 우월한 가치를 지닌 존재이다.			V	V	V

① 갑   ② 을   ③ 병   ④ 정   ⑤ 무

🔎 문제 접근 방법
'신의 섭리', '동물은 인간을 위해' 등의 핵심어를 통해 갑, 을이 어떤 사상가인지 파악한 후, 각 사상가가 자연에 대해 어떤 입장을 취할지 추론하여 문제를 해결한다.

✏ **적용 개념**

\# 인간 중심주의

03 (가)의 갑, 을, 병 사상가의 입장을 (나) 그림으로 탐구할 때, A~D에 해당하는 적절한 질문만을 〈보기〉에서 있는 대로 고른 것은?

문제 접근 방법
'고통을 느낀다면', '목적론적 활동의 중심', '인간 자신에 대한 의무'와 같은 핵심어를 통해 갑, 을, 병 사상가가 누구인지 먼저 파악한다. 또한 각 사상가가 자연에 대해 어떤 입장을 가지는지 파악하여 문제를 해결한다.

적용 개념

\# 동물 중심주의
\# 생명 중심주의
\# 인간 중심주의

(가)	갑 : 만약 한 존재가 고통을 느낀다면 그와 같은 고통을 고려 대상으로 삼길 거부하는 자세를 옹호할 수 있는 도덕적인 논증은 없다. 을 : 생명체가 목적론적 활동의 중심이 되게끔 하는 것은 자신의 선(善)을 실현하도록 방향 지어진 유기체의 작용이 갖는 일관성과 통일성이다. 병 : 동물은 비록 이성은 없을지라도 살아 있는 피조물임을 고려할 때, 동물을 폭력적으로 잔인하게 다루는 것은 인간 자신에 대한 의무를 훨씬 더 심각하게 거스르는 것이다.

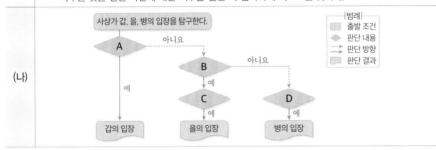

(나)

보기

ㄱ. A : 인간의 유희(遊戱)를 위해 동물을 이용해도 되는가?

ㄴ. B : 생명 공동체 자체가 지닌 고유의 선을 고려해야 하는가?

ㄷ. C : 모든 생명체는 의식 유무와 상관없이 목적 지향적 활동을 하는가?

ㄹ. D : 이성적 존재만이 도덕적 지위를 가질 수 있는가?

① ㄱ, ㄴ   ② ㄱ, ㄹ   ③ ㄷ, ㄹ
④ ㄱ, ㄴ, ㄷ   ⑤ ㄴ, ㄷ, ㄹ

04 (가) 사상의 관점에서 (나)의 ㉠을 해결하기 위해 제시할 내용으로 가장 적절한 것은?

문제 접근 방법
'만물은 나의 식구' 등의 핵심어를 통해 (가)가 어떤 사상인지 먼저 파악한다. (가)의 관점에서 (나)의 환경 문제를 해결하기 위해 제시할 수 있는 방안을 추론하여 문제를 해결한다.

적용 개념

\# 유교의 자연관

(가)	하늘은 나의 아버지이며 땅은 나의 어머니이다. 그리고 나와 같은 작은 존재도 이들 가운데서 친밀한 위치를 발견한다. 그러므로 우주를 가득 채우고 있는 것을 나는 나의 몸으로 여기며, 우주를 이끌고 가는 것을 나의 본성으로 여긴다. 모든 사람은 나의 형제자매이며, 만물은 나의 식구이다.

(나)

• 의미 : 지구의 평균 기온이 점점 높아지는 현상으로, 대표적인 전 지구적 차원의 환경 문제이다.

① 인간은 자연을 본받아 만물에 대한 사랑을 실천해야 한다.

② 인간은 자연과 분리된 독립적 실체라는 점을 인식해야 한다.

③ 인간은 자연에 대한 우월성을 바탕으로 책임 의식을 가져야 한다.

④ 인간의 이익을 위해 자연과 인간이 공존해야 함을 인식해야 한다.

⑤ 인간은 자연을 효율적으로 이용할 권리와 보호할 책임이 있음을 알아야 한다.

자연과 인간을 바라보는 두 가지 관점

출제 경향

이 단원에서는 자연을 바라보는 여러 관점을 비교하고, 지속 가능한 발전을 위해 필요한 태도를 탐구하는 문제가 자주 출제됩니다. 특히 인간 중심주의와 생태 중심주의를 비교하여 공통점과 차이점을 꼼꼼하게 정리해 두어야 합니다.

인간 중심주의

자료 보기

옛날에는 필리핀 국토의 60%가 나무로 뒤덮여 있었지만, 지금은 10%도 되지 않는다. 열대 우림이던 그곳에는 현재 야자수 농장이 끝없이 늘어서 있다. 필리핀 정부가 야자유 생산 국가로 자리 잡기 위해 노력한 결과이다. 말레이시아와 인도네시아도 비슷한 과정을 겪고 있다. 야자유를 생산하기 위해 열대 우림이 사라지고 있다.

– 클라우스 퇴퍼 외, 『청소년을 위한 환경 교과서』 –

자연은 비록 무생물이지만 아름답다는 것을 고려할 때, 자연을 무자비하게 파괴하고자 하는 성향은 인간의 자신에 대한 의무를 거스른다. 왜냐하면 감정은 도덕 자체는 아닐지라도 도덕성을 매우 증진하며, 적어도 도덕성에 대한 길을 예비하는 것이라고 할 수 있는데, 자연을 파괴하고자 하는 성향은 그러한 감정을 약화시키거나 제거하기 때문이다.

갑

주장 비교

- 인간은 자연으로부터 독립된 존재이다.
- 목적으로서의 인간만이 *본래적 가치를 지닌다.
- 이성과 자율성을 지닌 인간만이 도덕적 지위가 있다.
- 인간 이외의 생명은 인간의 선한 목적을 위한 도구적 대상이다.
- 인간 이외의 다른 모든 존재는 인간의 목적 달성을 위한 수단이다.
- 다만 인간의 도덕성 증진을 위해 자연을 함부로 다루어서는 안 된다.

용어사전

* **본래적 가치** 다른 어떤 것의 수단이기 때문이 아니라 그 자체가 목적이기 때문에 갖는 가치를 말한다. 인간 중심주의에서는 이성을 지닌 인간만이 그 자체로 본래적 가치를 지니는 존재라고 본다.
* **전일적 관계** 인간은 자연으로부터 독립적인 개체가 아닌 개체들의 집합 혹은 유기적 관계 속에 있다는 뜻이다.

문제 확인

Q1 갑의 입장에 관한 설명으로 옳은 것은?

① 자연만이 본래적 가치를 지닌 존재라고 본다.
② 자연은 자율성을 지니므로 도덕적 지위가 있다고 본다.
③ 생명은 그 자체로 신성한 것이므로 소중히 다루어야 한다고 본다.
④ 인간의 도덕성 실현을 위해 자연을 소중히 다루어야 한다고 본다.
⑤ 개별 생명체의 가치보다는 생명 공동체의 선이 더 중요하다고 본다.

생태 중심주의

1973년 인도의 만달(Mandal) 마을에서 여성들이 숲을 개발하려는 목재 회사를 막기 위해 나무를 한 그루씩 껴안았다. 이를 '칩코(Chipok)'라고 부른다. 칩코 운동은 1980년대까지 만달뿐만 아니라 인도의 여러 지역에서 다양한 형태로 나타났다. 숲과 공존하는 삶의 방식을 지키기 위해 기업과 정부에 온몸으로 대항했던 것이다.

– 김윤성, 「그림으로 이해하는 생태 사상」 –

어떤 것이 생명 공동체의 온전성, 안정성, 아름다움에 이바지하는 경향이 있다면 옳은 것이며, 그렇지 않다면 그른 것이다. …… 참나무는 사슴의 먹이가 되고, 사슴은 퓨마의 먹이가 되며, 퓨마는 참나무 밑에서 죽어 자신의 지난날 먹이들을 위해 도토리로 되돌아간다. 이것은 참나무에서 시작하여 참나무로 되돌아가는 먹이 사슬 가운데 하나일 뿐이다.

을

- 인간과 자연은 전일적*관계이다.
- 자연은 그 자체로 가치를 지닌 존재이다.
- 인간은 자연을 구성하는 하나의 요소일 뿐이다.
- 도덕 공동체의 범위는 동식물, 무생물을 비롯한 대지 전체이다.
- 인간과 자연의 관계에서 자연 전체의 균형과 안정을 먼저 고려한다.
- 인간은 모든 자연 존재와 상호 평등한 관계 속에서 더불어 살아간다.

Q2 갑, 을의 입장에 관한 설명으로 적절하지 <u>않은</u> 것은?

① 갑은 자연 보호가 인간의 도덕성 증진에 기여한다고 본다.
② 갑은 인간을 위해 자연을 보호해야 할 의무가 있다고 본다.
③ 을은 자연의 모든 존재가 내재적 가치를 지닌다고 본다.
④ 을은 자연을 경제적 효용의 관점으로만 보아서는 안 된다고 본다.
⑤ 갑, 을은 모두 인간만이 도덕적 고려의 대상이라고 본다.

올리드 가이드

인간의 이익을 위해 숲을 개발한 사례와 인간과 자연의 공존을 위해 개발을 저지한 사례입니다. 지속 가능한 발전을 위해 우리는 어떤 입장을 취해야 할까요?

갑은 칸트, 을은 레오폴드입니다. 칸트는 인간 중심주의를 옹호하는 반면, 레오폴드는 생태 중심주의를 옹호하지요.

두 입장은 다음 개념에 관해 상반된 주장을 하고 있습니다.

- 인간의 지위
- 자연의 가치
- 인간과 자연의 관계

다음과 같이 물을 수도 있어요.

- 을의 입장에서 갑의 주장을 비판하는 내용으로 가장 적절한 것은?
- 갑과 을이 공통으로 주장하는 내용으로 가장 적절한 것은?

 Q1 ④ **Q2** ⑤

과학자의 윤리적 책임 파악하기

다음 글의 갑~정 중 적어도 세 명이 부정의 대답을 할 질문만을 〈보기〉에서 있는 대로 고른 것은?

> 과학자의 윤리적 책임은 내적 책임과 외적 책임으로 구분할 수 있다. 내적 책임은 연구 과정 자체에만 한정된 책임이며, 외적 책임은 연구 결과의 사회적 활용에 대한 책임이다. 따라서 논리적으로 다음과 같은 네 명의 입장이 가능하다.

	내적 책임	외적 책임
갑	○	○
을	○	×
병	×	○
정	×	×

○ 있음 × 없음

┤ 보기 ├
ㄱ. 과학자는 자료를 위조해서라도 사회적 책임을 다해야 하는가?
ㄴ. 과학자는 모든 책임에서 면제되어 자유롭게 연구해야 하는가?
ㄷ. 과학자는 연구 자체만이 아니라 사회적 부작용도 책임져야 하는가?
ㄹ. 과학자는 어떠한 경우에도 연구 과정에서 표절을 해서는 안 되는가?

① ㄱ, ㄴ　　　　② ㄱ, ㄹ　　　　③ ㄷ, ㄹ
④ ㄱ, ㄴ, ㄷ　　　⑤ ㄴ, ㄷ, ㄹ

> ▶▶ **유형 분석** 이 문제는 갑, 을, 병, 정의 내적 책임과 외적 책임에 대한 입장 중 적어도 세 명이 부정의 대답을 할 질문을 찾는 새로운 유형이다. 과학자의 내적 책임과 외적 책임을 구분하고 특징을 파악해 두어야 한다.
>
> ☑ **공략법**
> ❶ 갑, 을, 병, 정이 과학자의 책임에 대해 어떤 입장을 가지고 있는지를 파악해 보자.
> ❷ 내적 책임과 외적 책임의 의미를 정확하게 이해하고, 〈보기〉의 질문에 답해 보자.

잊힐 권리와 알 권리 이해하기

갑, 을의 입장으로 옳은 내용을 〈보기〉에서 고른 것은?

> 갑 : 장발장은 전과자 신분을 숨기고 시장이 되었어. 하지만 정보 사회에서는 사람들이 잊거나 지우고 싶은 정보가 인터넷에 남아 있어서 타인이 볼 수 있지. 따라서 자신이 원하지 않는 정보를 삭제할 수 있는 '잊힐 권리'를 보장해야 해.
> 을 : 장발장이 아무리 시민을 위해 봉사했다 하더라도 그를 시장으로 뽑을 때 사람들이 그의 과거를 알아야만 했다고 봐. 정보 사회에서는 누구나 그러한 정보에 접근할 수 있어야 하지. 사람들이 알아야 할 정보라면 삭제를 금지해야 해.

┤ 보기 ├
ㄱ. 갑 : 잊힐 권리의 보장이 알 권리의 침해로 이어짐을 강조한다.
ㄴ. 갑 : 개인에게 자기 정보에 대한 삭제권이 있어야 함을 주장한다.
ㄷ. 을 : 사생활 보호가 공익을 위해 제한될 수 있음을 주장한다.
ㄹ. 갑, 을 : 자기 정보에 대한 배타적 관리권이 절대적임을 강조한다.

① ㄱ, ㄴ　　　　② ㄱ, ㄷ　　　　③ ㄴ, ㄷ
④ ㄴ, ㄹ　　　　⑤ ㄷ, ㄹ

> ▶▶ **유형 분석** 정보 사회에서 부각되고 있는 매체 윤리와 관련해서 국민의 알 권리와 잊힐 권리는 지속적으로 출제될 수 있는 주제이다. 각 권리가 중시하는 가치가 무엇인지 파악해 두어야 한다.
>
> ☑ **공략법**
> ❶ '잊힐 권리'와 '국민의 알 권리'의 필요성을 상기해 보자.
> ❷ 갑, 을이 각각 어떤 권리를 더욱 중시하는지를 파악해 보자.
> ❸ 갑, 을의 입장을 〈보기〉에 적용해 선지를 골라 보자.

 동물 중심주의와 생명 중심주의 비교하기

(가)의 갑, 을, 병 사상가들의 입장을 (나) 그림으로 표현할 때, A~D에 해당하는 적절한 진술만을 〈보기〉에서 있는 대로 고른 것은?

| (가) | 갑 : 쾌고 감수 능력을 가진 존재들의 이익을 평등하게 고려해야 한다. 평등의 논리를 인간에게만 적용하고 종들 간의 관계에 적용하지 않는 것은 임의적이다.
을 : 욕구를 가진 존재는 타자와 구분되는 자신의 복지를 갖고 있다. 이 존재는 희망과 목적을 가지고 있는 삶의 주체이며 수단으로만 대우받아서는 안 된다.
병 : 모든 생명체는 목적론적 활동의 중심이며 도덕적으로 대우받아야 할 존재이다. 인간은 생명체의 목적 달성을 방해하는 행동을 해서는 안 된다. |

| (나) | 갑
A
D
B C
을 병 | 〈범례〉
A : 갑만의 입장
B : 을만의 입장
C : 병만의 입장
D : 갑, 을의 공통 입장 |

┤ 보기 ├
ㄱ. A : 종의 차이만으로 도덕적 지위에 차별을 두어서는 안 된다.
ㄴ. B : 삶의 주체인 동물의 권리를 의무론의 관점에서 존중해야 한다.
ㄷ. C : 인간에게는 생명 공동체에 대한 불간섭의 의무가 있다.
ㄹ. D : 개체는 쾌고 감수 능력을 지녀야만 도덕적 지위를 갖는다.

① ㄱ, ㄷ   ② ㄱ, ㄹ   ③ ㄴ, ㄹ   ④ ㄱ, ㄴ, ㄷ   ⑤ ㄴ, ㄷ, ㄹ

>> **유형 분석** 서양의 자연관을 비교하여 각 입장의 특징을 묻는 문제가 자주 출제되고 있다. 인간·동물·생명·생태 중심주의가 도덕적 고려나 도덕적 지위에 대해 어떤 입장인지를 정확하게 비교해 두어야 한다.

☑ **공략법**
❶ 싱어와 레건, 테일러가 자연에 대해 어떤 입장인지를 파악해 보자.
❷ 싱어와 레건의 공통점과 차이점을 비교해 보자.
❸ 싱어와 레건, 테일러의 자연관에 대한 이해를 바탕으로 〈보기〉의 입장을 (나)의 벤 다이어그램에 적용해 보자.

 동양의 자연관 파악하기

그림은 서술형 평가 문제와 학생 답안이다. 학생 답안의 ㉠~㉤ 중 옳지 <u>않은</u> 것은?

 서술형 평가

⊙ 문제 : (가), (나) 사상의 자연에 대한 관점을 비교하여 서술하시오.

> (가) 인(因)과 연(緣)에 의해 생겨나는 것이 법(法)이다. 이것을 공(空)하다고 한다. 단 하나의 법도 인과 연에 따라 생겨나지 않는 것이 없으니 일체의 법이 공하다.
>
> (나) 하늘이 명한 것을 성(性)이라고 하고 성을 따르는 것을 도(道)라고 한다. 하늘이 음양(陰陽)과 오행(五行)으로 만물을 생겨나게 하니[化生], 천지 만물은 본래 나와 일체이다.

⊙ 학생 답안 : (가), (나)의 관점을 비교하면, (가)는 ㉠<u>자연 만물에 고정된 실체가 없다고 보며,</u> ㉡<u>살아 있는 모든 생명에 대한 존중을 강조한다.</u> 이에 비해 (나)는 ㉢<u>하늘[天]을 인간이 따라야 하는 도덕 원리의 원천으로 보며,</u> ㉣<u>하늘 아래 만물이 무위(無爲)의 자연스러움을 따라야 함을 강조한다.</u> 한편 ㉤<u>(가), (나) 모두 자연 만물을 상의(相依)와 화해(和諧)의 관계에 놓인 것으로 본다.</u>

① ㉠   ② ㉡   ③ ㉢   ④ ㉣   ⑤ ㉤

>> **유형 분석** 기존 수능 기출에서는 주로 서양의 자연관을 묻는 문제가 출제되었지만, 동양의 자연관을 묻는 문제도 지속적으로 출제될 수 있다. 유·불·도 자연관의 특징과 공통점 및 차이점을 정리해 두어야 한다.

☑ **공략법**
❶ (가), (나)가 각각 어떤 사상인지를 파악해 보자.
❷ 자연에 대한 불교 사상과 유교 사상의 관점을 파악해 보자.
❸ 불교와 유교의 자연관을 바탕으로 학생 답안의 진위를 파악해 보자.

01 과학 기술과 윤리

• **과학 기술의 가치 중립성 논쟁**

가치 중립성 인정	• 과학 기술 그 자체는 좋은 것도 나쁜 것도 아님 • 과학 기술은 가치와 무관한 사실의 영역에 속하기 때문에 윤리적 규제나 평가의 대상이 아님
가치 중립성 부정	• 과학 기술도 가치 판단에서 자유로울 수 없으므로 윤리적 검토가 필요함 • 과학 기술은 궁극적으로 인간의 존엄성 실현과 삶의 질 향상이라는 윤리적 목적에 기여해야 함

• **과학 기술의 두 가지 과정에 대한 가치 평가**

정당화 과정	객관적 타당성을 갖추기 위해 연구자의 주관적 가치가 개입되어서는 안 되므로 가치 중립성 인정
발견 및 활용의 과정	윤리적 가치에 의해 지도되고 규제되어야 하기 때문에 가치 중립성 부정

• **과학 기술 연구 윤리와 사회적 책임**

연구 윤리	• 과학 기술 연구자가 정직하고 성실한 태도로 책임 있는 연구를 수행하기 위해 지켜야 할 윤리적 원칙과 행동 양식 • 위조, 변조, 표절 등의 연구 부정행위를 하지 말아야 함 • 실험 대상을 윤리적으로 대우하고, 연구 결과를 완전히 공표하며, 연구 공로를 공정하게 배분해야 함
사회적 책임	연구 윤리를 준수하고, 자신의 연구 성과물이 사회 전반에 미치는 영향을 충분히 숙고해야 함

02 정보 사회와 윤리

• **정보 기술 발달에 따른 윤리적 문제**

사이버 폭력	사생활 침해	저작권 침해
• 사이버 공간에서 상대방에게 정신적·심리적 피해를 주는 행위 • 사이버 따돌림, 사이버 스토킹, 사이버 성폭력 등	• 개인 정보를 쉽게 얻음으로써 사생활이 침해되는 일이 발생함 • 신상 털기 등	• 저작물을 무단으로 이용하여 저작권자의 권리를 침해하는 행위 • 소프트웨어 무단 복제, 인터넷에서 자료를 무단으로 내려받는 행위 등

• **정보 사유론과 정보 공유론**

정보 사유론	정보 공유론
• 정보와 그 산물에 대한 지적 재산권을 보호해야 한다는 관점 • 저작자의 창작 의욕을 높이고, 양질의 정보를 생산할 수 있음	• 정보와 그 산물은 인류의 공동 자산으로 공유해야 한다는 관점 • 모든 저작물은 공공재임

• **정보 사회의 정보 윤리**

인간 존중의 원칙	타인의 인격과 사생활과 다른 사람의 저작물을 존중하는 것
책임의 원칙	정보를 자유롭게 제작·유통할 때 자신의 행동이 가져올 결과를 신중히 생각하고 행동하는 것
정의의 원칙	다른 사람의 기본적 자유와 권리를 침해하지 않고 정보의 진실성과 공정성을 추구하는 것
해악 금지의 원칙	다른 사람과 사회에 해악을 끼치지 않는 것

• 뉴 미디어 시대의 매체 윤리

알 권리와 인격권 보장	• 알 권리 : 국민이 사회적 현실에 관한 정보를 자유롭게 알 수 있는 권리 • 인격권 : 인격적 이익을 기본 내용으로 하며 그 주체만이 행사할 수 있는 권리 • 매체는 정보를 전달할 때 알 권리를 보장하되, 그 정보가 인격권을 침해하거나 공익 증진을 해치는지 등을 검토해야 함
표현의 자유에 관한 한계 인식	표현의 자유는 타인의 권리를 침해하지 않고, 사회 질서와 공공복리를 침해하지 않는 범위에서 허용되어야 함
표절 금지	표절은 기사 작성자의 권리와 소중한 재산에 대한 침해일 뿐만 아니라 뉴 미디어 언론에 대한 신뢰를 무너뜨림
매체 이해력 습득	데이터 스모그에 적절히 대응하려면 비판적 사고를 바탕으로 정보를 올바르게 이해하고 표현할 수 있어야 함

03 자연과 윤리

• 자연을 바라보는 동서양의 관점

동양	• 유교 : 만물은 본래적 가치를 지니며, 인간과 자연이 조화를 이루는 천인합일의 경지를 추구함 • 불교 : 연기설에 따라 자연 만물은 서로 밀접한 관계를 맺고 상호 의존함 • 도가 : 무위자연을 추구하며, 인위적 욕망을 버리고 자연의 순리에 따라 살아야 함
서양	• 아리스토텔레스 : 식물은 동물을 위해서, 동물은 인간을 위해서 만들어진 것임 • 아퀴나스 : 자연은 신에 의해 창조된 것으로, 신의 명령에 따라 관리해야 할 대상임

• 인간과 자연의 관계에 관한 다양한 입장

인간 중심주의	• 의미 : 인간만이 도덕적 지위를 지닌다고 보고, 인간 이외의 모든 존재를 인간의 목적을 이루기 위한 수단으로 여김 • 대표 사상가 : 베이컨, 데카르트, 칸트
동물 중심주의	• 의미 : 인간 중심주의의 편협한 관점을 비판하면서 도덕적 권리와 고려 대상을 동물로까지 확대함 • 대표 사상가 : 싱어, 레건
생명 중심주의	• 의미 : 도덕적 지위와 고려 대상을 인간과 동물뿐만 아니라 식물을 포함한 모든 생명체로 확장함 • 대표 사상가 : 슈바이처, 테일러
생태 중심주의	• 의미 : 도덕적 고려의 범위를 개별 생명체가 아닌 무생물을 포함한 생태계 전체로 보아야 한다는 전일론적 입장을 제시함 • 대표 사상가 : 레오폴드, 네스

• 기후 정의 문제

기후 정의의 의미	기후 변화에 따른 불평등을 해소함으로써 실현되는 정의로, 기후 변화 문제를 형평성의 관점에서 바라봄
노력	선진국들이 기후 변화에 따른 피해를 본 나라들에 적극적인 보상과 지원 예 교토 의정서, 탄소 배출권 거래 제도 등

• 환경적으로 건전하고 지속 가능한 발전을 위한 노력

개인적 노력	친환경적 소비를 생활화해야 함 예 에너지 절약, 폐기물 재활용, 윤리적 소비
국가적 노력	관련 제도와 법을 마련하고 확대해야 함 예 신·재생 에너지 개발에 대한 제도적 지원
국제적 노력	국가 간 협력 체제를 갖추어야 함 예 파리 협정, 람사르 협약, 생물 다양성 협약, 녹색기후기금 등

01 다음 관점에서 과학에 대해 주장할 내용을 〈보기〉에서 고른 것은?

> 인간 행위에 관한 전통적인 이해에 따르면, 과학은 현실의 인식을 추구하고, 진리와 객관성을 요청하는 이론을 산출할 뿐이다. 따라서 과학은 도덕적 판단의 규제를 받지 않는다고 본다. 이에 따라 베버는 과학적 지식의 객관성을 보장하기 위해 사실 인식과 가치 판단을 엄격히 구별해야 한다고 주장하였다.

> ┤ 보기 ├
> ㄱ. 과학을 가치의 문제와 분리해야 한다.
> ㄴ. 과학의 사회적 책임을 강조해야 한다.
> ㄷ. 과학 연구의 독립성을 강조해야 한다.
> ㄹ. 과학에 대한 비판적 성찰을 강조해야 한다.

① ㄱ, ㄴ   ② ㄱ, ㄷ   ③ ㄴ, ㄷ
④ ㄴ, ㄹ   ⑤ ㄷ, ㄹ

02 ㉠에 들어갈 제목으로 가장 적절한 것은?

> | ○○신문 | ○○○○년 ○○월 ○일 |
> |---|---|
>
> 제목 : _____㉠_____
>
> 과학 기술은 인간에게 풍요로움과 편리함이라는 혜택을 주는 반면, 과학 기술의 발달에 따른 환경 문제나 생명 존엄성을 훼손하는 등의 문제가 발생하고 있다. 그래서 흔히 과학 기술을 '양날의 칼'에 비유한다. 즉, 인간을 압도하는 과학 기술의 발달에 대한 두려움 속에서 편리함과 유용함에 대해 좋음의 시각을 갖고 있다.

① 과학 기술의 양면성
② 과학 기술의 긍정적 효과
③ 과학 기술의 부정적 효과
④ 과학 기술이 인류에게 준 혜택
⑤ 과학 기술이 갖는 한계에 대한 해결책

03 다음을 주장한 사상가의 관점에서 부정의 대답을 할 질문으로 가장 적절한 것은?

〔➔ 개념 피드백〕 151쪽

> 기존의 윤리학은 미지의 운명 속에서 추후 결과를 한가롭게 추측하는 대신에 현재의 순간적 행위가 갖는 윤리적 성격에만 집중하였다. 그런데 이 순간적 행위에서는 함께 살고 있는 이웃의 권리가 존중되어야 한다. 그리고 윤리학은 인과적 범위를 전례 없이 미래에까지 적용시키는 행위와 관계가 있다. 또한 이러한 행위에 장기적 결과의 엄청난 규모와 그 환원 불가능성이 첨가된다. 이 모든 것이 책임을 새로운 윤리학의 중심에 세워 놓는다.

① 현세대는 예견적 책임을 가지는가?
② 윤리적 책임의 범위는 인간까지인가?
③ 현세대는 미래 세대에 대해 책임을 져야 하는가?
④ 현세대는 생명에 대한 도덕적 책임을 가지는가?
⑤ 과학 기술에 대한 연구는 인류의 존속에 기여해야 하는가?

04 갑, 을의 입장을 〈보기〉에서 골라 바르게 짝지은 것은?

> 갑 : 과학적 연구와 결과 모두 자신이 표상하고 설명해 주는 어떤 자연이나 현상, 그리고 그 밖의 어떤 것에 대해서 가치 판단을 할 수 없다.
> 을 : 과학적 연구와 결과는 사회 전체의 가치 판단의 영향을 받는 것이고, 또한 사회나 개인의 삶에 해를 끼칠 수도 있다고 한다면 과학자의 사회적 책임을 묻는 일은 자명한 것이다.

┤ 보기 ├

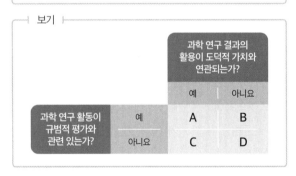

		갑	을			갑	을
①		A	C	②		B	A
③		B	D	④		D	C
⑤		D	A				

개념 피드백 160쪽

05 ㉠의 사례로 가장 적절한 것은?

> 현대 사회는 정보 기술의 발달에 따라 정보의 생산과 소비가 사회적 활동의 중심이 되는 정보 사회가 되었으며, 그 안에서 우리는 다양한 긍정적 변화를 경험하고 있다. 하지만 정보 기술의 발달은 새로운 ㉠윤리적 문제를 발생시키기도 한다.

① 과거보다 활동 영역이 좁아지게 되었다.
② 자신의 의견을 자유롭게 표현할 수 없다.
③ 시간과 공간의 제약에서 벗어나기 어렵다.
④ 일반인들이 다양한 정보를 쉽게 접할 수 없다.
⑤ 개인 정보가 쉽게 노출되어 사생활이 침해될 수 있다.

개념 피드백 161쪽

06 (가)의 갑, 을의 입장을 (나) 그림으로 탐구할 때, A~C에 들어갈 옳은 질문을 〈보기〉에서 고른 것은?

> (가)
> 갑 : 합법적인 방법으로 재화를 소유한 사람에게 소유권이 부여되듯이, 소프트웨어를 만든 사람에게도 절대적 소유권이 부여되어야 한다.
> 을 : 소프트웨어의 발전은 일종의 진화 과정과 같다. 프로그램은 여러 사람의 손을 거쳐 새로운 기능이 부여되어 발전을 거듭한다. 따라서 소유권자가 존재한다는 것은 소프트웨어의 발전을 방해한다.

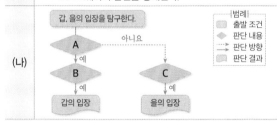

(나)

> 보기
> ㄱ. A : 정보는 인류의 공동 자산인가?
> ㄴ. B : 정보 창작자가 가지는 배타적 권리를 인정하는가?
> ㄷ. B : 타인이 만든 정보를 자유롭게 사용할 수 있어야 하는가?
> ㄹ. C : 정보 소유권에 대한 강조가 정보 사회의 발전을 저해하는가?

① ㄱ, ㄴ　　② ㄱ, ㄷ　　③ ㄴ, ㄷ
④ ㄴ, ㄹ　　⑤ ㄷ, ㄹ

07 다음과 같은 사회에서 발생할 수 있는 문제점만을 〈보기〉에서 있는 대로 고른 것은?

> 유비쿼터스란 용어는 '언제 어디에나 존재한다'라는 뜻의 라틴어에서 유래했다. 마크 와이저 박사는 사람을 포함한 현실 공간에 있는 모든 것을 연결해 사용자에게 필요한 정보나 서비스를 바로 줄 수 있는 기술을 유비쿼터스 컴퓨팅이라고 정의했다. 이것은 마치 촘촘히 짜인 실처럼 컴퓨터가 생활 모든 곳을 연결해서 사람의 다양한 요구를 즉시 만족시켜 줄 수 있는 정보 통신 환경이다.

> 보기
> ㄱ. 자기도 모르게 자신의 정보가 유출될 수 있다.
> ㄴ. 정보에 대한 접근이 과거보다 어려워질 수 있다.
> ㄷ. 개인의 자유로운 활동과 행복 추구를 방해할 수 있다.
> ㄹ. 정보를 공유함으로써 정보의 질적 발전이 불가능해진다.

① ㄱ, ㄴ　　② ㄱ, ㄷ　　③ ㄴ, ㄹ
④ ㄱ, ㄷ, ㄹ　　⑤ ㄴ, ㄷ, ㄹ

08 다음은 인터넷에서 A를 검색한 결과이다. A가 필요한 이유만을 〈보기〉에서 있는 대로 고른 것은?

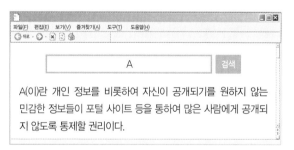

> A(이)란 개인 정보를 비롯하여 자신이 공개되기를 원하지 않는 민감한 정보들이 포털 사이트 등을 통하여 많은 사람에게 공개되지 않도록 통제할 권리이다.

> 보기
> ㄱ. 국민의 알 권리를 확대하기 위해 필요하다.
> ㄴ. 인격권의 침해 가능성을 줄이기 위해 필요하다.
> ㄷ. 개인의 사생활에 대한 침해를 방지하기 위해 필요하다.
> ㄹ. 개인 정보에 대한 자기 결정권을 강화하기 위해 필요하다.

① ㄱ, ㄴ　　② ㄱ, ㄹ　　③ ㄷ, ㄹ
④ ㄱ, ㄴ, ㄷ　　⑤ ㄴ, ㄷ, ㄹ

09 (가), (나) 사상에 공통으로 담겨 있는 자연관을 〈보기〉에서 고른 것은?

개념 피드백 172쪽

(가)	도(道)는 늘 아무 일도 하지 않는다. 그러나 하지 못하는 일이 없다. 이름 없는 순수한 도라면 욕망 없는 상태를 가져올 것이다. 욕심을 내지 않으면 천하가 저절로 편안해진다.
(나)	인간과 자연의 관계는 '인드라망'이라는 그물과 같다. 인드라망은 큰 그물로서 하나하나의 그물코마다 아름다운 보석이 달려 있다. 각각의 그물코에 달린 보석들은 서로의 빛을 받아 다시 서로에게 반사한다. 개개의 보석은 각기 혼자의 빛으로 세상을 밝히는 것이 아니라, 서로의 빛을 주고받아 반사함으로써 무궁무진한 세계를 이룬다.

⊢ 보기 ├

ㄱ. 자연과 인간은 조화롭게 화합한다.

ㄴ. 자연은 지배가 아닌 공존의 대상이다.

ㄷ. 자연은 창조주인 하나님에 의해 지배된다.

ㄹ. 자연은 인간을 위해 이용되어야 할 대상이다.

① ㄱ, ㄴ   ② ㄱ, ㄷ   ③ ㄴ, ㄷ

④ ㄴ, ㄹ   ⑤ ㄷ, ㄹ

개념 피드백 173쪽

10 다음 사상가의 입장에서 부정의 대답을 할 질문으로 가장 적절한 것은?

고통과 쾌락의 감수 능력이야말로 이익 관심을 지니기 위한 전제 조건이다. 그것이야말로 누군가 이익 관심을 갖고 있다고 말하기 위해서 충족되어야 하는 조건이다. 아이들이 길가의 돌멩이를 발로 찼다고 해서 돌멩이의 이익 관심이 손상되는 것은 아니다. 왜냐하면 돌멩이는 고통을 느낄 수 없기 때문이다. 고통과 즐거움을 느낄 수 있는 능력은 어떤 존재가 이익 관심을 갖는다고 말할 수 있기 위한 필요조건일 뿐만 아니라 충분조건이기도 하다.

① 동물의 도덕적 지위를 인정하는가?

② 동물은 인간의 오락을 위한 도구인가?

③ 동물을 고통으로부터 해방시켜야 하는가?

④ 쾌고 감수 능력이 도덕적 고려의 기준인가?

⑤ 도덕적 행위의 주체는 동물을 배려해야 하는가?

11 (가)의 갑, 을 사상가의 입장을 (나) 그림으로 표현할 때, A~C에 해당하는 옳은 진술만을 〈보기〉에서 있는 대로 고른 것은?

(가)	갑 : 인간이 자연을 사랑하고 아름답다고 느끼기 때문에 자연이 가치 있는 것이다. 또 우리가 자연에 대해 책임이 있는 것은 그 책임의 바탕에 인간의 이익과 관심이 들어 있기 때문이다. 을 : 자연의 본래적 가치를 인정하고 자연의 순리에 부합하는 문화적 활동을 해야 하며, 인간의 욕구를 적절히 조절하여 자연을 보존해야 한다.
(나)	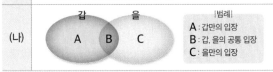 〈범례〉 A : 갑만의 입장 B : 갑, 을의 공통 입장 C : 을만의 입장

⊢ 보기 ├

ㄱ. A : 자연의 내재적 가치를 존중하기 위해 자연을 보존해야 한다.

ㄴ. B : 인간은 자연에 대한 직접적 의무가 없다.

ㄷ. B : 자연의 자정 능력을 넘어서는 개발을 자제해야 한다.

ㄹ. C : 자연은 그 자체로 도덕적으로 존중받을 가치가 있다.

① ㄱ, ㄴ   ② ㄱ, ㄷ   ③ ㄷ, ㄹ

④ ㄱ, ㄴ, ㄹ   ⑤ ㄴ, ㄷ, ㄹ

12 다음 서양 사상가의 자연관이 갖는 한계로 가장 적절한 것은?

인간은 자기가 도울 수 있는 모든 생명체를 도와주고 어떤 생명체에도 해가 되는 행동을 하지 않을 때 비로소 진정한 의미에서 윤리적이라 하겠다. 윤리적인 인간에게는 생명 그 자체가 거룩하다. 그는 나무에서 나뭇잎 하나를 함부로 따지 않고, 어떤 꽃도 망가뜨리지 않으며, 어떤 곤충도 밟아 죽이지 않도록 항상 주의한다.

① 인간의 개입을 전혀 허용하지 않는다.

② 자연에 대한 인간의 지배를 정당화한다.

③ 동물 이외의 다른 생명체를 고려하지 않는다.

④ 자연을 인간의 욕구 충족을 위한 수단으로 본다.

⑤ 개별 생명체의 존중에 초점을 두는 개체론을 벗어나지 못한다.

13 다음은 어떤 학생이 작성한 노트 필기의 일부이다. ㉠~㉤ 중 옳지 <u>않은</u> 것은?

> 주제 : 인간과 자연의 관계에 대한 입장 – 인간 중심주의
> 1. 의미
>   • 인간만이 도덕적 지위를 지닌다고 봄 ─────── ㉠
>   • 인간과 동식물 모두 직접적인 도덕적 고려의 대상임 ─── ㉡
>   • 인간 이외의 모든 존재는 인간의 목적을 이루기 위한 수단임
>   ─────────────────────── ㉢
> 2. 의의와 한계
>   • 의의 : 인류가 물질적 풍요를 누릴 수 있게 해 줌 ─── ㉣
>   • 한계 : 자연에 대한 인간의 착취를 정당화하여 오늘날 환경
>   문제의 원인이 되기도 함 ───────────── ㉤

① ㉠　　② ㉡　　③ ㉢　　④ ㉣　　⑤ ㉤

개념 피드백 175쪽

14 다음 자료를 통해 추론한 내용으로 가장 적절한 것은?

> • 교토 의정서 : 1995년 3월 독일 베를린에서 개최된 제1차 기후 변화 협약 당사국 총회에서 협약의 구체적 이행을 위한 방안으로서, 베를린 위임 사항이 채택됨에 따라 1997년 12월 제3차 당사국 총회에서 최종적으로 채택되었다.
> • 람사르 협약 : 1971년 이란의 람사르에서 채택되어 1975년에 발효된 람사르 협약은 국경을 초월해 이동하는 물새를 국제 자원으로 규정하여 가입국의 습지를 보전하는 정책을 이행할 것을 의무화하고 있으며, 습지를 바닷물 또는 민물의 간조 시 수심이 6m를 초과하지 않는 늪과 못 등의 소택지와 갯벌로 정의하고 있다.

① 환경 문제의 주요 원인은 개발 도상국에 있다.
② 과학 기술을 통해 환경 오염 문제를 해결할 수 있다.
③ 개인의 환경 보전 노력만으로 환경 문제로 개선할 수 있다.
④ 선진국들이 적극적으로 노력하면 환경 문제를 해결할 수 있다.
⑤ 환경 문제는 개별 국가만의 문제가 아니라 국제적인 협력이 필요한 문제이다.

15 그림은 인터넷 검색 화면이다. 물음에 답하시오.

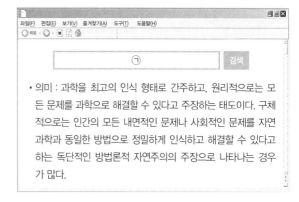

> • 의미 : 과학을 최고의 인식 형태로 간주하고, 원리적으로는 모든 문제를 과학으로 해결할 수 있다고 주장하는 태도이다. 구체적으로는 인간의 모든 내면적인 문제나 사회적인 문제를 자연 과학과 동일한 방법으로 정밀하게 인식하고 해결할 수 있다고 하는 독단적인 방법론적 자연주의의 주장으로 나타나는 경우가 많다.

(1) ㉠에 들어갈 말을 쓰시오.

(2) ㉠의 문제점을 서술하시오.

16 다음 글을 읽고 물음에 답하시오.

> (㉠)은/는 인간과 다른 생명체들 사이에 존재하는 도덕적 관계가 모든 생명의 내재적 가치에 근거한 것으로 본다. 생명체가 선을 갖는 이유는 그것이 '목적론적 삶의 중심'이기 때문이다. 생물학적 관찰을 통해서 아리스토텔레스는 모든 생명체가 어떤 뚜렷한 목표를 향해 나아간다는 주장에 도달했다. 아리스토텔레스와 마찬가지로, (㉠)은/는 각각의 종은 그 종의 선을 결정해 주는 뚜렷한 성질을 갖고 있다고 주장한다.

(1) ㉠에 들어갈 사상가를 쓰시오.

(2) (1)의 사상가가 제시한 네 가지 의무를 서술하시오.

17 ㉠과 같은 문제를 해결할 수 있는 방안을 서술하시오.

> 제목 : (㉠)의 특성
> 첫째, 인터넷을 하지 않고 있을 때, 극단적인 우울이나 초조감을 느낀다. 그리고 다른 이유로 이런 불쾌한 기분을 갖게 되었을 때도 습관적으로 인터넷을 찾게 된다.
> 둘째, 인터넷을 사용하지 않을 때에도 게임이나 채팅 생각에만 몰두하고 이로 인해 집중력이 떨어진다.

나만의 공간

항상 너와 함께하는 것이 좋지만
때로는 나만의 공간이 필요해.

층간 소음이 심각하다!

V

문화와 윤리

자! 힘을 내서
차근차근 시작해요.

01 예술과 대중문화 윤리

🔖 학습길잡이 • 예술 지상주의와 도덕주의를 예술과 윤리의 관계 차원에서 정리해 둔다.
• 예술의 상업화에 관한 긍정적 입장과 부정적 입장을 비교해 둔다.

A 미적 가치와 윤리적 가치

┌ 노동과 생존을 위한 활동 이면에서 삶의
의미와 미적 가치를 추구한다는 점에서
인간은 유희적 존재로 규정되기도 한다.

1 예술의 의미 아름다움을 표현하고 창조하는 인간의 활동과 그 산물 1 2

2 예술의 기능

① **마음의 정화** : 예술 작품을 통해 즐거움이나 카타르시스를 느낄 수 있음

② **사고의 확장** : 예술 작품을 통해 평소 그냥 지나치던 사물의 의미를 새롭게 발견할 수 있음

③ **의식과 사회의 개혁** : 예술 활동을 통해 사회의 모순을 비판하거나 새로운 사상과 가치를 창조할 수 있음

┌ 예술의 자유로운 표현 기법은 다양성의 토대가 되며 새로운 문화적
흐름을 불러온다. 그리고 작품에 포함된 윤리적 가치는 그것에 대한
공감과 실천력을 이끌어 준다.

⭐3 예술과 윤리의 관계 질문

구분	도덕주의	예술 지상주의
이론	예술의 사회성을 강조하는 참여 예술론	예술의 자율성을 강조하는 순수 예술론
예술과 윤리의 관계	도덕적 가치는 미적 가치보다 우위에 있으므로 예술은 윤리의 인도를 받아야 함	예술이 가치 있는 것은 미적 가치 때문이며, 윤리적 가치로 예술을 판단하는 태도는 잘못임
예술의 목적	올바른 품성을 기르고 도덕적 교훈이나 모범을 제공하는 것 3	미적 가치의 구현과 미적 경험은 그 자체로 가치가 있음
문제점	미적 요소가 경시되고, 자유로운 창작을 제한할 수 있음	예술의 사회적 영향과 책임을 간과할 수 있음
대표 사상가	• 음악의 리듬과 하모니는 영혼으로 파고 들어가서 우아함을 심어 주고 올바른 자에게는 우아함을, 올바르지 못한 자에게는 추악함을 알게 해 줄 수 있네. −플라톤− • 현대 예술의 사명은 인간의 최고 목적으로 간주하는 사랑의 세계를 건설하는 일이다. −톨스토이−	• 세상에 도덕적인 작품, 비도덕적인 작품이라는 것은 없다. 작품은 잘 쓰였거나 형편없이 쓰였거나 둘 중 하나일 뿐이다. −와일드− • 시가 도덕적이라든지 혹은 비도덕적이라고 말하는 것은 마치 정삼각형은 도덕적이고 이등변 삼각형은 비도덕적이라고 말하는 것과 같이 무의미하다. −스핑건−

📙 자료로 보는   순수 예술론과 참여 예술론

순수 예술의 옹호자들은 예술의 목적은 오직 예술이며, 예술은 예술 외적인 모든 타율을 거부해야 한다고 본다. 요컨대 예술은 자유롭고 순수하며 아름다워야 한다. 이에 반해 참여 예술의 옹호자들은 예술가도 시대의 아들이고 예술도 시대의 소산이므로 예술은 현실을 반영하고 개선하며, 역사의 발전에 기여해야 한다고 본다.

– 김수용 외, 「예술의 시대」 –

자료 분석 순수 예술론은 예술가가 윤리와 상관없이 순수하게 활동할 수 있도록 자율성과 독창성을 지녀야 한다고 주장하는 반면, 참여 예술론은 사회 구성원으로서 예술가는 사회의 도덕적 성숙에 기여해야 한다고 주장한다.

Q 예술의 자율성을 강조하고 예술의 독창성, 창조성 등을 옹호하는 견해를 무엇이라고 하는가?

론술ᅵ예 수소 🔻

개념 더하기 자료 채우기

1 예술의 어원

• 한자어 예술(藝術)의 '예(藝)'는 기초적인 교양의 씨를 뿌린다는 의미를 가지며, '술(術)'은 어떤 곤란한 과제를 능숙하게 해결할 수 있는 능력을 의미한다.

• 영어 아트(art)는 일정한 과제를 해 낼 수 있는 숙련된 능력으로서의 기술을 의미하는 그리스어 '테크네(techne)'에서 유래하였다.

2 예술의 다양한 의미

• 예술은 자연의 모방이며 자연이 하지 못한 것을 완성하는 것을 목표로 한다. − 아리스토텔레스 −
• 예술은 개인의 감정을 표현하여 다른 사람에게 전하는 모든 것이다. − 톨스토이 −
• 예술은 다른 무엇을 비추는 거울이 아니라 스스로 반짝이는 거울이다. − 칸트 −

아리스토텔레스는 예술이 능동적인 모방이라고 보았으며, 톨스토이는 예술적 표현이 일으키는 공감을 중시하였다. 한편 칸트는 예술의 본질이 모방이나 표현을 배제한 순수한 형식에 있다고 보았다.

✋ 질문 있어요

예술과 윤리의 차이점과 공통점은 무엇인가요?
예술은 현실의 제약을 넘어 미적 가치를 추구하지만, 윤리는 현실이라는 제약 속에서 도덕적 당위를 추구한다는 차이점이 있습니다. 하지만 예술과 도덕은 모두 인간다운 삶에 이바지한다는 공통점이 있지요.

3 유교의 예술관

• 예(禮)에서 사람이 서고, 악(樂)에서 사람이 완성된다. − 공자 −
• 성인은 조석으로 음(音)을 듣고 마음을 씻어 혈맥을 고동치게 함으로써 화평한 뜻을 유발하도록 했다. …… 인간은 반드시 음악으로써 가르치는 것이 알맞지 않은가. − 정약용 −

대부분의 유교 사상가들은 음악을 통해 인격을 갈고 닦아 성인(聖人)이 될 수 있으므로 악(樂)을 항상 가까이 해야 한다고 보았다.

✳ 용어사전

* **카타르시스**(cathatsis) 예술 작품을 창작하거나 감상하면서 슬픔, 두려움과 같은 감정을 토해 내고 깨끗이 정화하는 것

* **순수한 형식** 균형 잡힌 비율, 조화로운 구성, 아름다운 색조나 음률 등을 말함

4 예술의 상업화 4

① **의미** : 상품을 사고파는 행위를 통해 이윤을 얻는 일이 예술 작품에도 적용되는 현상

② **등장 배경**

- 자본주의가 확산되며, 예술의 경제적 가치를 중시하는 경향이 강해짐
- 예술 작품을 대량으로 생산하고 소비할 수 있는 대중 매체가 발달함
- 미(美)에 대한 주관주의 강조 **질문**
- *키치와 *패러디, 기성품 예술 등의 등장에 따라 예술이 대중화됨

③ **긍정적인 측면**

- 특수 계층만 누리던 예술에 일반 대중도 쉽게 접근할 기회를 제공함
- 문화적 취향이 다양한 대중이 예술을 소비함에 따라 여러 가지 분야의 예술이 발달하게 됨
- 예술가에게 경제적 안정을 주어 예술가의 활동과 창작 의욕을 북돋움

④ **부정적인 측면** **왜?** 예술이 '돈이 되는' 주제에 한정되면서 다양성이 사라질 수 있기 때문이다. 이때 작품은 단지 하나의 상품이자 부의 축적 수단으로 전락한다.

- 예술의 상품성을 높이기 위해 미적 가치의 구현이라는 본래 목적과 자율성을 상실할 수 있음
- 대중의 관심을 끌기 위해 작품의 인문학적 가치는 배제하고 더 자극적이고 질적으로 저하된 작품을 만들게 됨
- 예술 작품이 재산 축적 수단이나 과시용 사치품으로 여겨짐 5

⑤ **예술의 상업화에 대한 바람직한 태도**

예술가	본연의 자세를 철저히 인식하고 유지해야 함
일반 대중	대중의 비판적 안목이 예술의 질적 향상을 가져옴을 인식해야 함

자료로 보는   예술의 상업화 비판

오늘날 문화는 모든 것을 동질화시키고 있다. 영화와 라디오와 잡지는 개개 분야에서나 전체적으로나 획일화된 체계를 만들어 낸다. 독점하에서 대중문화는 모두 획일적인 모습을 하고 있으며 …… 독점의 힘이 강화될수록 그 힘의 행사도 점점 노골화된다. 영화나 라디오는 예술인 척할 필요가 없다. 대중 매체가 단순히 장사 이외에 아무것도 아니라는 사실은 아예 한술 더 떠 그들이 고의로 만들어 낸 쓰레기들을 정당화하는 이데올로기로 사용된다. 그들 스스로 자신을 산업이라 부르며, 그들의 수입이 공개되면 그로써 그들의 생산물이 사회적으로 유용한가 아닌가에 대한 의심은 충분히 제거된 것으로 간주한다.

– 호르크하이머·아도르노, 「계몽의 변증법」 –

자료 분석   호르크하이머와 아도르노는 상업화된 예술을 '*문화 산업'이라고 부르면서, 현대 예술이 자본에 종속되고 획일화되었다고 비판한다. 그에 따르면, 상업화된 예술 작품은 규격화되고 항상 동일하여 예상할 수 있는 하나의 상품으로 전락한다. 이러한 작품을 감상하는 것은 감상자에게 고유한 체험이 아니라 표준화된 소비 양식이 될 뿐이며 마침내 사람들의 개성과 독립성, 사고력을 빼앗아 버린다.

Q 호르크하이머와 아도르노는 상업화된 예술을 무엇이라고 부르는가?   ▼ 답 엄산 한문

개념 더하기 자료 채우기

4 앤디 워홀의 팝아트

△ 워홀, 「캠벨 수프 통조림」(1962)

미술의 상업성을 공공연히 표방하며 스스로 사업 미술가라고 한 워홀은 유명인을 아이콘화한 초상, 반복적인 상품 이미지 등을 통해 미국 문화의 속성을 드러냈다. 그의 팝아트 작품들은 기계를 이용하여 원작자의 손길을 제거하고 대담하고 선명한 색채를 담는 특징을 보인다.

질문 있어요

미(美)는 대상의 속성인가요 아니면 마음의 현상인가요?
객관주의에 따르면 아름다움은 대상에 내재해 있는 객관적인 성질입니다. 따라서 우리가 느끼지 않더라도 아름다움은 그 대상에 독립적으로 존재하지요. 이에 반해 주관주의에 따르면 아름다움은 대상이 가지고 있는 고유한 속성이 아니라 대상을 관찰하는 관찰자의 마음속에서 일어나는 현상입니다.

5 예술의 상업화 비판

미술 전체가 거대한 투기사업이 되었다. 진정으로 그림을 좋아하는 사람은 많지 않다. 대부분 속물적인 의도로 그림을 구매해 미술관에 맡겨 둔다. 사람들은 확신이 없어서 가장 비싼 것만 구입한다. 감상은커녕 창고에 넣어 두고 최종가를 알기 위해 매일 화랑에 전화를 거는 사람도 있다.

세계적인 미술품 수집가 패기 구겐하임은 예술의 상업화에 대해 위와 같이 고발하였다.

용어사전

- ***키치**(kitch) 진품을 모방하여 헐값에 파는 그림으로 순수 예술을 훼손한다는 비판과 대중의 요구를 충족시킨다는 평가를 동시에 받음
- ***패러디**(parody) 단순히 다른 작품을 흉내 내거나 모방하는 것이 아니라 그 작품이 안고 있는 문제점을 폭로하는 것
- ***문화 산업** 문화 생산물이나 서비스가 상업적·경제적 전략 하에서 하나의 상품으로 생산·판매되는 현대의 산업 형태

01 예술과 대중문화 윤리

B 대중문화의 윤리적 문제

1 대중문화의 의미 ❶

① 대중 사회를 기반으로 형성되어 다수의 사람이 소비하고 *향유하는 문화

② *대중 매체를 통해 생산된 정신적·문화적 산물의 총칭

> 예 텔레비전 프로그램, 인터넷, 영화, 연극, 가요, 만화, 서적 등

2 대중문화의 중요성

① **개인의 가치관이나 행동 양식에 영향을 줌** : 대중문화 속에 내포된 생각이나 가치의 영향을 받아 새로운 가치관, 취향, 삶의 형태 등을 형성함

② **사회 변화에 영향을 줌** : 대중 매체와 *뉴 미디어를 통해 현실의 문제를 비판하고 풍자함으로써 사회 변화를 이끌어 냄

3 대중문화의 특징

① **대중 매체에 의한 대량 생산·대량 소비**

- 신문, 방송, 인터넷 등에 의해 대량으로 생산·복제되어 빠르게 전파됨

- 대중 매체는 불특정 다수를 대상으로 같은 내용의 문화적 산물을 공급함으로써 대량 소비를 가능하게 함

> 불특정 다수의 대중을 소비 주체로 보고 문화 상품을 대량 생산·공급함으로써 대중의 의식을 표준화하는 문제가 생긴다.

② **이윤을 창출하는 상업성을 지님** 질문

- 대중문화는 자본주의 체제에서 시장을 통해 생산·유통·소비됨 ❷

- 대중문화는 제작과 유통 과정이 분업화되어 하나의 산업으로 발전함

③ **대중이 예술을 향유하고 소비하는 주체가 됨** ❸

- 대중 매체의 발달로 대중은 저렴한 비용으로 예술을 향유하게 됨

- 현대인들은 여가 생활의 상당 부분을 대중문화를 소비하며 보냄

- 생산자들은 문화를 상품 형태로 생산하고 대중은 이를 구매하여 소비함

자료로 보는 대중문화의 양면성

아우라(Aura)란 그 예술이 진품이거나 일회적이거나 혹은 원본인 데서 나오는 독특하고 신비한 분위기이다. 그런데 이 아우라는 기술 복제 시대에 이르러 처참히 무너져 버리고 만다. 구글은 '모나리자'라는 검색어로 0.32초 만에 152만 개의 복제된 이미지를 검색해 주고, 집 앞 이발소 달력의 모나리자는 오묘한 미소를 띠며 낡아 빠진 면도날을 쳐다보고 있다. 모나리자는 도처에 존재한다. 이러한 예술 작품의 기술적 복제는 아우라의 붕괴를 가져오지만 이로 인해 예술의 신비적·종교적 요소가 제거되면서 감상자의 비판적 수용이 가능해진다.

– 신혜경, 『벤야민&아도르노 : 대중문화의 기만 혹은 해방』 –

자료 분석 아도르노는 대중문화가 사람들의 사고를 통제함으로써 기존의 지배 관계와 이데올로기를 정당화하고 재생산한다고 비판하였다. 이에 반해 벤야민은 대중이 복제된 예술 작품을 향유하는 과정에서 예술 작품 자체의 고유성, 즉 아우라는 붕괴되지만 그로 인해 대중은 예술 작품의 새로운 의미를 스스로 찾아가는 혁명의 주체가 될 수 있다고 긍정하였다.

Q 복제된 예술 작품들은 대중에게 어떤 영향을 줄까?

A 예술의 신비적·종교적 요소가 제거되면서 대중의 비판적 수용이 가능해질 수 있다.

개념 더하기 자료 채우기

❶ 대중문화의 영어 표현

mass culture	popular culture
• 문화의 생산에 초점을 둠 • 대중 매체를 통해 산출되는 문화	• 문화의 소비에 초점을 둠 • 다수의 사람들이 향유하는 문화

질문 있어요

대중문화의 상업화가 갖는 긍정적인 측면은 무엇인가요?
첫째, 작품의 제작, 유통에 필요한 자본과 마케팅 등이 대형화·전문화되면서 대중문화가 질적으로 향상되었습니다. 둘째, 이전에는 소수의 관심 있는 사람들만 즐겼던 인디 음악, 독립 영화, 소규모 공연 등이 상품화되면서 대중의 문화생활이 한층 더 풍요로워졌습니다. 셋째, 드라마, 영화, 음악 등은 현실 사회를 반영하기 때문에 대중이 사회 문제에 더 큰 관심을 갖고 참여하도록 동기를 제공하기도 합니다.

❷ 대중문화와 판매 전략

기업적 문화 산업은 대중의 평균적인 취향에 맞추어 문화 상품을 기획·제작하기도 하지만 광고를 통하여 의도적으로 대중의 취향을 만들어 내기도 한다. 이미 시장에서 상품성을 인정받은 요소를 최대한 반복적으로 이용하는 것도 상품으로서 대중문화를 좀 더 안정적으로 판매하기 위한 전략이다. 이 밖에도 새로운 유행과 스타를 지속해서 만들어 냄으로써 대중이 기존의 문화 상품에 싫증을 느끼고 새로운 문화 상품을 소비하도록 하여 수요를 창출한다.

– 한국철학사상연구회, 『지식의 바다에서 헤엄치기』 –

❸ 대중 예술과 순수 예술

소수 특권층만이 예술을 누리던 시대를 지나 예술의 영역이 대중의 미적 취향과 가치를 반영하고 충족시키는 방향으로 확장되면서 순수 예술만을 예술로 인정하고 대중 예술은 저급한 예술로 평가받기도 한다. 순수 예술은 예술가의 예술적 세계관을 창의적으로 표현하는 것을 강조한다면, 대중 예술은 대중의 예술적 요구와 취향을 충족시키는 것을 상대적으로 중시한다. 그러나 순수 예술과 대중 예술 모두 미적 가치를 지향한다는 점에서 둘 사이의 경계는 분명하지 않다.

＊용어사전

* **향유**(누릴 享, 있을 有) 누리어 가짐

* **대중 매체** 많은 사람에게 대량으로 정보를 전달하는 매체를 뜻하며, '매스 미디어(mass media)'라고도 부름

* **뉴 미디어** 신문, 잡지, 라디오, 텔레비전 등 기존 매체와 달리 인터넷을 통해 정보를 가공·전달·소비하는 포괄적 융합 매체

4 대중문화와 관련된 윤리 문제

① 선정성과 폭력성 문제 질문

- 육체와 성을 욕구 충족의 수단과 과시적 대상으로 인식하게 함
- 폭력을 미화하여 폭력에 대한 그릇된 인식을 심어줄 수 있음
- 대중의 정서에 악영향을 줄 수 있으며 모방 범죄로 이어지기도 함

왜? 대중문화를 통해 묘사되는 폭력에는 피해자의 고통에 대한 관심이 드러나지 않는 경우가 많으며, 폭력을 악의 응징 수단으로 정당화하기도 한다.

② 자본 종속 문제 4

- 상업적 이익에 따라 작품이 선정되고 제작되면서 대중문화의 창조성과 다양성이 떨어짐 → 대중문화의 영향을 받는 대중의 삶도 획일화됨
- 대중문화를 생산·소비하는 개인이 문화 산업의 도구로 전락할 수 있음 5

자료로 보는 대중문화의 자본 종속 문제

우리 시대에서 객관적이라고 여겨지는 사회 흐름은 사실상 최고 경영자의 은밀한 주관적 의도에 달려 있다. 이에 비하면 문화 부분의 독점은 부차적인 문제일 것이다. 대중 사회에서 문화는 실질적으로 권력 소유자들의 비위를 맞추지 않으면 안 된다. 산업의 각 영역은 경제적으로 서로 얽혀 있는데, 방송 산업이 전기 산업에 종속되어 있다든지 영화 산업이 은행업에 매여 있다든지 하는 것이 그 예이다. …… 문화의 이러한 특징 속에서 개인의 주체성은 사라진다. 자본이 모든 것을 알아서 해 주는 사회 속에서 개인은 단지 그것을 향유하기만 하는 존재이다. 자본은 개인이 적극적으로 사유하는 것을 불가능하도록 만든다. …… 개개의 문화 생산물은 모든 사람을 일하는 시간과 마찬가지로 휴식 시간에도 잡아 놓는 거대한 경제 체계의 일부이다. 어떤 영화나 방송 프로그램이든 언뜻 보면 임의적인 것처럼 보이지만 사실은 사람을 각 사회에서 요구하는 규격품처럼 재생산하려는 의도를 담고 있다.

– 호르크하이머·아도르노, 『계몽의 변증법』 –

자료 분석 호르크하이머와 아도르노는 자본이 이윤 추구를 극대화하기 위해 대중문화의 생산·유통·소비의 전 과정에 개입하고 있다고 비판한다. 문화 산업은 대중에게 비판적으로 사고하거나 상상하기를 권하기보다 매체가 제공하는 문화 상품을 그대로 수용하고 소비할 것을 장려한다. 이처럼 문화가 자본에 종속될 경우, 문화 본연의 가치를 훼손할 수 있으므로 주의가 필요하다.

5 대중문화에 대한 윤리적 규제

대중문화를 모방한 일탈 사례의 증가, 자본 종속의 부작용 심화로 대중문화에 대한 윤리적 규제가 쟁점이 된다.

찬성 입장	반대 입장
• 미풍양속과 청소년 보호, 성 상품화 예방 등을 위해서 유해 요소를 규제해야 함 • 자본 종속의 심화에 따라 문화 산업의 도구로 전락하는 개인을 보호할 수 있음	• 대중문화의 자율성과 표현의 자유, 다양한 대중문화를 즐길 대중의 권리가 제한됨 • 특정한 정치적 의도를 관철하거나 억압하는 수단으로 악용될 수 있음

6 건전한 대중문화의 발전 방안

소비자	대중문화를 맹목적으로 받아들이기보다 주체적으로 선별하여 받아들여야 함
생산자	지나친 이윤 추구를 지양하고 좀 더 유익하고 의미 있는 대중문화를 생산해야 함
정부와 시민 사회	• 방송법 등을 통해 대중문화 생산과 소비에 대한 공적 책임을 부여해야 함 • 여러 계층이 참여하는 사회적 기구를 만들어 대중문화에 대한 자율적인 자정을 도모해야 함

개념 더하기 자료 채우기

질문 있어요

대중문화의 선정성과 폭력성이 꼭 나쁜가요?

대중문화는 사람들의 흥미를 끌고 이윤을 창출하기 위해서 더욱 자극적인 소재와 표현을 사용해요. 이에 대해 혹자는 폭력적이거나 선정적인 장면으로 대리 경험을 함으로써 실제 폭력과 각종 일탈 행위를 줄일 수 있다고 옹호하기도 합니다. 그러나 대중문화가 지나치게 폭력적이고 선정적인 것은 사고와 정신을 고양하는 문화 본연의 가치에 어긋나는 것이므로 바람직하지 않습니다.

4 대중문화의 자본 종속 사례

영화 첫 부분에서 제작 투자자와 공동 투자자의 이름이 순서대로 나타났다 천천히 사라진다. 감독과 주연 배우의 이름은 한참 뒤에야 등장한다. 영화를 만드는 것이 감독이 아닌 '돈'이라는 것을 상징적으로 보여 주는 장면이다. 한 영화사 관계자는 "투자자는 영화의 작품성보다 흥행 가능성을 더욱 중시한다."라고 고백한다.

– ○○신문, 2016. 6. 17. –

사례는 대중문화의 흥행이 투자 규모에 따라 좌우되면서 투자자, 즉 자본력을 갖춘 소수 집단이 대중문화 전반을 독과점하고 영향력을 행사함을 보여 준다.

5 대중음악과 자본의 만남

계약서에 사인했을 때 난 압박을 느꼈어
난 숫자를 보고 싶지 않아 천국을 보고 싶어
사람들은 자기를 위해 곡을 써 줄 수 있냐고 묻지만
미안하게도 곡을 그렇게 만들 처지는 아니야

영국의 대중음악 가수 샘 스미스의 데뷔 앨범 첫 번째 곡은 '내 머릿속에 돈(money on my mind)'이다. 대중음악의 역사를 이어 온 원리는 음악의 순수성, 진실, 정직과 같은 것이었다. 하지만 현대 사회에서는 음반을 만들고 유통 계약을 하고 마케팅을 계획하는 모든 과정에서 자본과 만난다. 자본은 갈수록 음악인들의 예술가 정신을 잠식하고 있다.

용어사전

* **선정성**(부채질할 煽, 뜻 情, 성질 性) 어떤 감정이나 욕정을 북돋우어 일으키는 성질. 특히 방송에서 불필요한 욕정을 불러일으키거나, 어떤 상황의 앞뒤를 바꾸거나 허위 사실을 이용해 특별한 감정을 의도적으로 불러일으킬 때 사용하는 말
* **미풍양속**(아름다울 美, 바람 風, 어질 良, 관습 俗) 아름답고 좋은 풍속이나 기풍

올리드 포인트

A 미적 가치와 윤리적 가치

1 예술의 기능
① 작품 감상을 통한 마음의 정화와 사고의 확장
② 예술 활동을 통한 의식과 사회의 개혁

2 예술과 윤리의 관계

도덕주의	예술 지상주의
• 참여 예술론 옹호	• 순수 예술론 옹호
• 도덕적 가치가 미적 가치보다 우위에 있으므로 예술은 윤리의 인도를 받아야 함	• 예술은 그 자체로 미적 가치를 지니며 윤리적 가치로 예술을 판단하는 것은 잘못임
• 예술의 목적은 도덕적 교훈이나 모범을 제공하는 것임	• 예술의 목적은 미적 가치를 구현하는 것임
• 미적 요소가 경시되고, 자유로운 창작을 제한할 수 있음	• 예술의 사회적 영향과 책임을 간과할 수 있음

3 예술의 상업화

긍정적 측면	• 일반 대중도 예술에 쉽게 접근할 기회를 제공함 • 대중의 다양한 욕구에 맞춘 여러 예술이 발달함 • 예술가에게 경제적 안정을 줌으로써 창작 의욕을 북돋움
부정적 측면	• 예술의 본래 목적과 자율성을 상실함 • 상업성이 중시되어 예술의 질적 저하를 가져옴 • 예술 작품이 재산 축적의 수단으로 여겨짐

B 대중문화의 윤리적 문제

1 대중문화의 특징
① 대중 매체에 의해 생산되고 확산됨
② 시장을 통해 유통되며 이윤을 창출함
③ 대중이 예술을 향유하고 소비하는 주체가 됨

2 대중문화와 관련된 윤리 문제

선정성과 폭력성	• 육체와 성을 욕구 충족의 수단으로 인식하게 함 • 폭력에 대한 그릇된 인식을 심어줄 수 있음
자본 종속	• 상업적 이익에 따라 작품이 제작되면서 대중문화의 창조성과 다양성이 떨어짐 • 대중의 삶이 획일화되고, 개인은 문화 산업의 도구로 전락할 수 있음

3 대중문화에 대한 윤리적 규제

찬성 입장	반대 입장
• 미풍양속과 청소년 보호를 위해 규제가 필요함 • 문화 산업의 도구로 전락하는 개인을 보호할 수 있음	• 대중문화의 자율성과 표현의 자유가 제한됨 • 대중을 억압하는 수단으로 악용될 수 있음

01 다음 설명이 맞으면 ○표, 틀리면 ×표를 하시오.

(1) 예술 지상주의는 예술이 가치가 있는 것은 미적 가치 때문이라고 주장한다. ( )

(2) 도덕주의는 예술을 위한 예술을 강조하는 순수 예술론을 지지한다. ( )

(3) 예술의 상업화를 긍정적으로 보는 입장에서는 상업화가 예술가에게 예술 활동을 할 수 있는 기반을 마련해 줌으로써 창작 의욕을 북돋우었다는 점을 강조한다. ( )

(4) 대중문화의 자본 종속은 대중문화의 다양성을 확대하는 경향을 가져왔다. ( )

(5) 대중문화에 대한 윤리적 규제를 반대하는 입장은 규제가 표현의 자유를 억압할 수 있다는 점을 강조한다. ( )

02 빈칸에 들어갈 알맞은 말을 쓰시오.

(1) (   )은/는 예술의 목적이 올바른 품성을 기르고 도덕적 교훈이나 모범을 제공하는 데 있다고 보는 입장이다.

(2) (   ) 예술의 옹호자들은 현실과의 모든 관계를 부정하는 순수 예술을 비판한다. 예술가도 시대의 아들이고 예술도 시대의 소산이라고 보기 때문이다.

(3) 예술의 (   )(이)란 상품을 사고파는 행위를 통해 이윤을 얻는 일이 예술품에도 적용되는 현상을 의미한다.

(4) 대중문화의 (   )(이)란 대중문화의 흥행이 투자의 규모에 따라 좌우되면서 자본을 소유한 소수 집단이 대중문화 전반에 영향력을 행사하는 현상을 의미한다.

03 각 사상가의 입장을 바르게 연결하시오.

(1) 와일드 •

(2) 톨스토이 •

(3) 아도르노 •

• ㉠ 현대 예술은 자본에 종속되어 문화 산업으로 획일화되었다.

• ㉡ 현대 예술의 사명은 인간의 최고 목적으로 간주하는 사랑의 세계를 건설하는 일이다.

• ㉢ 세상에 도덕적인 작품, 비도덕적인 작품이라는 것은 없다. 작품은 잘 쓰였거나 형편없이 쓰였거나 둘 중 하나일 뿐이다.

01 A에 관한 설명으로 적절하지 <u>않은</u> 것은?

(A)에 관해 설명해 볼까요?

아름다움을 표현하고 창조하는 인간의 활동과 그 산물을 의미합니다.

아리스토텔레스는 자연을 모방하는 것이라고 보았습니다.

톨스토이는 개인의 감정을 표현하는 것이라고 보았습니다.

① 삶을 풍요롭게 하는 체험의 기회를 제공한다.
② 카타르시스를 통해 인간의 정서를 순화시킨다.
③ 사물을 새로운 관점에서 바라볼 수 있게 돕는다.
④ 자유로운 표현 기법을 통해 새로운 가치를 창조한다.
⑤ 현실이라는 제약을 넘어서지 않으며 도덕적 당위를 추구한다.

02 갑, 을 사상가의 입장에 관한 옳은 설명만을 〈보기〉에서 있는 대로 고른 것은?

갑 : 세상에 도덕적인 작품, 비도덕적인 작품이라는 것은 없다. 작품은 잘 쓰였거나 형편없이 쓰였거나 둘 중 하나일 뿐이다. 교양 있는 자란 아름다운 것에서 아름다운 의미를 찾는 자이다.
을 : 예술 작품은 좋은 곳에서 불어오는 미풍처럼 그들에게 좋은 영향을 주며, 어릴 때부터 곧장 자기도 모르는 사이에 아름다운 말을 닮고 사랑하고 공감하도록 이끌어 준다.

| 보기 |

ㄱ. 갑은 '예술을 위한 예술'을 추구해야 한다고 본다.
ㄴ. 을은 예술이 도덕적인 성숙에 기여해야 한다고 본다.
ㄷ. 갑과 을은 예술가의 자율성이 보장되어야 한다고 본다.
ㄹ. 을은 갑과 달리 예술의 목적을 미적 가치의 실현으로 본다.

① ㄱ, ㄴ ② ㄱ, ㄷ ③ ㄴ, ㄹ
④ ㄱ, ㄷ, ㄹ ⑤ ㄴ, ㄷ, ㄹ

03 그림은 서술형 평가 문제와 학생 답안이다. 학생 답안의 ㉠~㉤ 중 옳지 <u>않은</u> 것은?

◉ 문제 : (가), (나)의 예술에 대한 입장을 비교하여 서술하시오.

(가) 예술은 현실로부터 자유로운 영역이어야 한다. 예술은 어떠한 현실적인 목적을 추구해서는 안 된다.
(나) 예술가는 시대의 아들이고 예술 또한 시대의 소산이다. 현실과의 관계를 부정하는 예술은 옳지 않다.

◉ 학생 답안
(가)와 (나)의 예술에 대한 입장을 비교해 보면, (가)는 ㉠ 순수 예술론의 입장으로, ㉡ 예술 외적인 모든 타율을 거부해야 한다고 본다. 이에 반해 (나)는 ㉢ 참여 예술론의 입장으로, ㉣ 예술이 역사 발전에 기여해야 한다고 본다. 한편 ㉤ (가)와 (나)는 모두 예술의 사회성을 강조한다.

① ㉠ ② ㉡ ③ ㉢ ④ ㉣ ⑤ ㉤

중요

04 갑에 비해 을이 지니는 상대적 특징을 그림의 ㉠~㉤ 중에서 고른 것은?

갑 : 예술 작품이 어떤 가치를 가지는지는 도덕적인 가치에 의해 결정된다. 선(善)을 추구하는 예술이야말로 참된 예술이다.
을 : 예술 작품을 도덕적으로 논하는 것은 정삼각형은 도덕적이고, 이등변 삼각형은 비도덕적이라고 말하는 것과 마찬가지로 무의미하다.

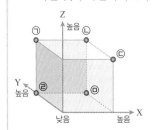

X : 예술 작품의 미적 가치를 강조하는 정도
Y : 예술가의 독창적인 표현을 강조하는 정도
Z : 예술 활동의 가치 중립성을 강조하는 정도

① ㉠ ② ㉡ ③ ㉢ ④ ㉣ ⑤ ㉤

05 다음을 주장한 사상가가 지지할 견해에만 모두 'V'를 표시한 학생은?

> 순임금이 나라를 세울 때 악(樂)이 완성됨에 따라 그 효과로 모든 관원이 성실하게 화합하고 덕으로 겸양했으니 인간은 반드시 음악으로써 가르치는 것이 알맞지 않은가.

견해＼학생	갑	을	병	정	무
예술 활동은 도덕감을 고양시키는 데 기여해야 한다.	V	V		V	
예술가에게 사회적 영향과 책임을 요구해서는 안 된다.	V		V		V
예술 작품은 개인의 정서와 정신 순화에 기여해야 한다.		V		V	V
예술의 미적 가치보다 윤리적 가치를 우위에 두어야 한다.			V	V	V

① 갑   ② 을   ③ 병   ④ 정   ⑤ 무

06 다음 사상가의 입장과 일치하는 내용만을 〈보기〉에서 있는 대로 고른 것은?

> 오늘날 영화와 라디오와 잡지는 개개 분야에서나 전체적으로나 획일화된 체계를 만들어 내고 있다. 그들은 더 이상 예술인 척할 필요도 없이 스스로 자신을 산업이라고 부르며, 그들의 수입이 공개되면 그로써 그들의 생산물이 사회적으로 유용한가 아닌가에 대한 의심은 충분히 제거된 것으로 간주한다.

┤ 보기 ├
ㄱ. 문화 산업을 촉진하려면 예술을 상업화해야 한다.
ㄴ. 대중 매체는 예술 작품을 규격화된 상품으로 만든다.
ㄷ. 문화 산업은 사람들의 개성과 사고력을 획일화한다.
ㄹ. 문화 산업의 예술품은 감상자에게 고유한 체험을 주지 못한다.

① ㄱ, ㄴ   ② ㄴ, ㄷ   ③ ㄷ, ㄹ
④ ㄱ, ㄴ, ㄹ   ⑤ ㄴ, ㄷ, ㄹ

07 다음 사례가 보여 주는 현상의 특징으로 적절하지 <u>않은</u> 것은?

> 주변을 둘러보면 명화를 활용한 광고나 생활용품을 흔히 찾아볼 수 있다. 이처럼 오늘날에는 순수 예술 분야였던 그림이나 음악이 광고, 영화, 생활용품 등에 폭넓게 활용되고 있다.

① 예술품이 시장을 통해 소비자에게 공급된다.
② 예술가의 작품이 재산 축적의 수단으로 이용된다.
③ 예술가에게 이윤을 보장하여 창작 의욕을 북돋는다.
④ 예술이 대중의 다양한 요구를 반영함에 따라 다양성이 확대된다.
⑤ 예술의 순수성을 보장하여 예술과 예술이 아닌 것의 경계가 분명해진다.

08 ㉠에 들어갈 적절한 내용만을 〈보기〉에서 있는 대로 고른 것은?

┤ 보기 ├
ㄱ. 예술가의 자율성을 침해할 수 있음을 간과하고 있습니다.
ㄴ. 예술의 본질과 목적을 왜곡할 수 있음을 간과하고 있습니다.
ㄷ. 예술에 대한 접근성을 확대할 수 있음을 간과하고 있습니다.
ㄹ. 예술 작품의 인문 교양적 가치를 배제할 수 있음을 간과하고 있습니다.

① ㄱ, ㄴ   ② ㄱ, ㄷ   ③ ㄷ, ㄹ
④ ㄱ, ㄴ, ㄹ   ⑤ ㄴ, ㄷ, ㄹ

09 (가)의 갑, 을의 주장을 (나) 그림으로 표현할 때, A~C에 들어갈 옳은 질문만을 〈보기〉에서 있는 대로 고른 것은?

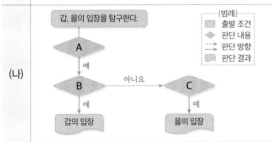

(가)	갑 : 미술 전체가 거대한 투기사업이 되었다. 대부분 속물적인 의도로 그림을 구매한다. 진정으로 그림을 좋아하는 사람은 많지 않다. 을 : 나는 미술 사업가 또는 사업 미술가이기를 원한다. 돈 버는 일은 예술이고, 일하는 것도 예술이며, 잘 되는 사업은 최고의 예술이다.

⊣ 보기 ├

ㄱ. A : 예술 작품은 경제적 가치를 가져도 되는가?

ㄴ. B : 예술 작품의 거래 자체를 금지해야 하는가?

ㄷ. B : 이윤 추구를 위해 예술이 수단화되는 것을 경계해야 하는가?

ㄹ. C : 순수 예술의 보호를 위해 대중 예술을 규제해야 하는가?

① ㄱ, ㄴ   ② ㄱ, ㄷ   ③ ㄴ, ㄹ

④ ㄱ, ㄷ, ㄹ   ⑤ ㄴ, ㄷ, ㄹ

10 ㉠의 입장에서 부정의 대답을 할 질문으로 옳은 것은?

> 한 예술가가 버려진 변기를 가져다가 '샘'이라고 이름을 붙이고는 미술 협회 전시에 출품하였다. 이 작품에 대해 ㉠ 협회 측은 예술가의 가공을 거치지 않은 기성품이라 상스럽다는 이유로 출품을 거절하였다.

① 미는 대상이 가지고 있는 객관적 성질이다.

② 미는 대상에 내재해 있는 고유한 속성이다.

③ 미는 대상을 관찰하는 사람의 감정의 산물이다.

④ 미적 쾌감은 대상 자체가 가진 미로부터 비롯된다.

⑤ 미는 우리가 느끼지 않아도 그 대상에 독립적으로 존재한다.

11 다음을 주장한 근대 서양 사상가의 입장에서 긍정의 대답을 할 질문만을 〈보기〉에서 있는 대로 고른 것은?

> • 순수하게 감성적인 동물은 감각적인 즐거움만을 느낄 수 있으며, 순수하게 이성적인 존재의 의욕은 선(善)에 해당한다. 인간은 이성적 존재자가 느낄 수 있는 선을 추구할 수도 있고, 동물이 느낄 수 있는 안락함을 추구할 수도 있다. 그러나 미(美)적 즐거움은 동물과 신적 존재 사이의 중간자인 인간에게 고유한 것이며, 감성적인 것으로부터 순수 이성적인 것으로 나아가는 계기를 마련한다.
> • 미적 체험을 통한 자유와 도덕의 전제인 자유는 서로 다른 것이기는 하지만 '이기적인 욕구에서 벗어나 있다.'라는 점에서는 동일하다. 그러므로 "미(美)는 도덕성의 상징이다."라고 말할 수 있다.

⊣ 보기 ├

ㄱ. 미적 즐거움은 선의 실현에 기여할 수 있는가?

ㄴ. 미와 선을 상호 보완적인 관계로 보아야 하는가?

ㄷ. 미의 판단 형식과 선의 판단 형식에는 차이가 없는가?

ㄹ. 미적 체험은 인간과 동물의 구분 기준이 될 수 없는가?

① ㄱ, ㄴ   ② ㄱ, ㄷ   ③ ㄷ, ㄹ

④ ㄱ, ㄴ, ㄹ   ⑤ ㄴ, ㄷ, ㄹ

12 다음은 노트 필기의 일부이다. ㉠~㉢ 중 옳지 않은 것은?

> **학습 주제 : ○○ 문화**
>
> 1. 의미 : 대중 사회를 기반으로 형성되어 다수의 사람이 소비하고 향유하는 문화
> 2. 일반적 특징
> • 주로 시장을 통해 유통되며 이윤을 창출한다. ─────── ㉠
> • 대중 매체에 의해 전파되어 대량 소비가 가능하다. ────── ㉡
> • 제작과 유통 과정이 분업화되어 산업 형태를 띤다. ────── ㉢
> • 대중의 감수성과 행동 양식 전반에 영향을 미친다. ────── ㉣
> • 순수 예술과 고급 예술 중심의 문화 발전을 가져온다. ───── ㉤

① ㉠   ② ㉡   ③ ㉢   ④ ㉣   ⑤ ㉤

13 다음 현상을 보여 주는 적절한 사례만을 〈보기〉에서 있는 대로 고른 것은?

> 대중문화의 흥행이 투자 규모에 따라 좌우되면서 투자자나 자본력을 갖춘 소수 집단이 대중문화 전반을 독과점하고 대중문화에 영향력을 행사하는 현상

┤ 보기 ├
ㄱ. 시청률을 고려하여 드라마의 결말이나 횟수가 변경된다.
ㄴ. 콘텐츠의 질보다는 판매량과 판매 부수를 기준으로 평가된다.
ㄷ. 작품이 철저하게 창작자의 예술가 정신에 의존하여 선정된다.
ㄹ. 특정 소재의 프로그램이 인기를 끌면 유사 프로그램이 다수 생겨난다.

① ㄱ, ㄴ　　　② ㄱ, ㄷ　　　③ ㄷ, ㄹ
④ ㄱ, ㄴ, ㄹ　　⑤ ㄴ, ㄷ, ㄹ

중요

14 (가)의 주장을 (나) 그림으로 나타낼 때, ㉠에 대한 반론의 근거만을 〈보기〉에서 있는 대로 고른 것은?

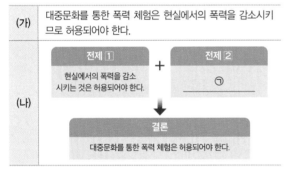

| (가) | 대중문화를 통한 폭력 체험은 현실에서의 폭력을 감소시키므로 허용되어야 한다. |

전제 ①
현실에서의 폭력을 감소시키는 것은 허용되어야 한다.
　+　
전제 ②
㉠

결론
대중문화를 통한 폭력 체험은 허용되어야 한다.

┤ 보기 ├
ㄱ. 대중문화를 통한 폭력 체험은 개인의 분노와 욕구를 해소한다.
ㄴ. 대중문화를 통한 폭력 체험에는 피해자의 고통이 잘 드러나지 않는다.
ㄷ. 대중문화를 통한 폭력 체험은 폭력을 악에 대한 응징 수단으로 정당화한다.
ㄹ. 대중문화를 통한 폭력 체험은 가상적이므로 현실에 직접 영향을 미치지 못한다.

① ㄱ, ㄴ　　　② ㄱ, ㄷ　　　③ ㄷ, ㄹ
④ ㄱ, ㄴ, ㄹ　　⑤ ㄴ, ㄷ, ㄹ

15 그림의 강연자가 지지할 주장으로 가장 적절한 것은?

> 일명 '인디 영화'라고도 불리는 독립 영화는 주제와 형식, 제작 방식 측면에서 일반 상업 영화와는 다른 차별성을 가집니다. 우리가 개최하는 영화제는 이러한 독립 영화를 다루는 세계에서 가장 권위 있는 영화제로서, 할리우드의 상업주의에 반발하여 독립 영화 제작을 활성화하기 위해 창설되었습니다.

① 높은 상품성이 예상되는 작품을 제작해야 한다.
② 투자자의 이윤 확보를 최우선으로 삼아야 한다.
③ 대중의 평균적인 취향에 맞는 주제를 다뤄야 한다.
④ 자본의 영향으로부터 자유로운 작품을 생산해야 한다.
⑤ 창작자의 의도를 배제하고 시장의 원리를 따라야 한다.

중요

16 다음 토론의 핵심 쟁점으로 가장 적절한 것은?

> 갑 : 대중은 가요, 영화, 게임 등에 일상적으로 노출되며 그것에 내포된 사상으로부터 많은 영향을 받습니다. 따라서 대중문화에서 선정적이거나 폭력적인 내용은 제도적으로 걸러야 합니다.
>
> 을 : 물론 대중문화가 이윤을 추구하는 과정에서 자극적인 요소를 포함하기도 합니다. 그러나 제도적으로 걸러내는 것은 표현의 자유를 침해하는 것이므로 바람직하지 않습니다.
>
> 갑 : 대중문화의 영향으로 성 상품화와 일탈 행위가 심각한 상황입니다. 성의 인격적 가치를 보호하고 대중의 정서를 보호하려면 정부 차원에서 적극적인 조치를 취해야 합니다.
>
> 을 : 아닙니다. 그러한 문제는 각 개인이 자율적으로 제어할 수 있습니다. 대중은 다양한 문화를 즐길 권리가 있습니다. 대중의 문화적 권리를 보호하는 것이 우선입니다.

① 대중문화는 성 상품화와 일탈 행위를 심화하는가?
② 대중문화의 내용에 대한 제도적인 규제가 필요한가?
③ 대중문화는 대중의 가치관 형성에 영향을 미치는가?
④ 대중문화를 상품으로 유통하는 것을 막아야 하는가?
⑤ 대중문화를 향유할 권리가 표현의 자유보다 우선하는가?

17 다음은 신문 사설의 일부이다. ㉠에 들어갈 내용으로 가장 적절한 것은?

○○신문	2000년 ○○월 ○일

오늘날 대중문화는 현대인의 삶을 풍요롭게 하는 데 기여하고 있다. 자본주의 체제 안에서 대중문화의 공급자가 대중의 주목을 끌기 위해 노력하는 것은 자연스러운 일이다. 그러나 연예인의 의상과 안무, 드라마의 일부 자극적인 장면들은 현대인들에게 악영향을 주고 있다. 특히 자기 통제가 어려운 청소년에게는 더 큰 영향을 미친다. 실제로 최근 청소년 범죄 중 대중 매체의 콘텐츠를 모방한 사례가 많다. 이러한 문제를 해결하기 위해 우리는 _____㉠_____

① 대중문화의 불법 유통을 금지해야 한다.
② 대중문화를 통해 욕구와 분노를 해소해야 한다.
③ 대중매체에 대한 청소년의 접근을 규제해야 한다.
④ 대중문화에 대한 자본 투자를 더욱 확대해야 한다.
⑤ 대중문화 속 선정성의 허용 범위를 설정해야 한다.

★★ 중요

18 (가)의 입장에서 (나)의 질문에 답변할 내용만을 〈보기〉에서 있는 대로 고른 것은?

(가)	대중 사회에서 문화는 실질적으로 권력 소유자들의 비위를 맞추지 않으면 안 된다. 산업의 각 영역은 경제적으로 서로 얽혀 있는데, 방송 산업이 전기 산업에 종속되어 있다든지 영화 산업이 은행업에 매여 있다는 점이 그 예이다. 자본이 모든 것을 알아서 해 주는 사회 속에서 개인은 단지 그것을 향유하기만 하는 존재이다. 자본은 개인이 적극적으로 사유하는 것을 불가능하도록 만든다.
(나)	대중문화의 자본 종속이 낳는 문제는 무엇인가?

┤ 보기 ├
ㄱ. 대중의 사고와 삶의 유형이 획일화된다.
ㄴ. 대중에게 표준화된 소비 양식이 제공된다.
ㄷ. 대중문화가 시장의 논리에서 벗어나게 된다.
ㄹ. 대중이 기존의 이데올로기에 저항하도록 만든다.

① ㄱ, ㄴ
② ㄱ, ㄷ
③ ㄷ, ㄹ
④ ㄱ, ㄴ, ㄹ
⑤ ㄴ, ㄷ, ㄹ

19 다음 표를 보고 물음에 답하시오.

구분	도덕주의	㉠
예술의 목적	㉡	미적 가치의 구현에 있고, 미적 경험은 그 자체로 가치가 있음
이론적 입장	참여 예술론	㉢
문제점	㉣	예술의 사회적 영향과 책임을 간과할 수 있음

(1) ㉠, ㉢에 들어갈 개념을 각각 쓰시오.

(2) ㉡, ㉣에 들어갈 내용을 각각 서술하시오.

20 다음 글을 읽고 물음에 답하시오.

오늘날 자본주의의 확산과 더불어 예술에서도 경제적 가치를 중시하는 경향이 강해지고 있으며, 예술 작품을 대량으로 생산하고 소비할 수 있는 대중 매체가 발달하면서 (㉠) 현상이 더욱 심화하고 있다. 이것은 상품을 사고파는 행위를 통해 이윤을 얻는 일이 예술 작품에도 적용되는 현상을 말한다. 아도르노는 이러한 현상을 (㉡)이라고 부르며 비판하였다.

(1) ㉠, ㉡에 들어갈 개념을 각각 쓰시오.

(2) 아도르노가 ㉡에 대해 비판한 내용을 서술하시오.

21 ㉠에 들어갈 근거를 두 가지 서술하시오.

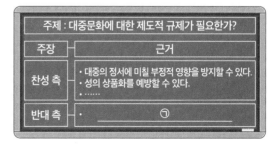

01 다음 서양 사상가가 긍정의 대답을 할 질문을 〈보기〉에서 고른 것은?

> • 시인이나 설화 작가들이 모방을 할 경우에는, 용감하고 절제 있고 경건하며 자유인
> 다운 사람들을 모방해야만 하네. 반면에 그 어떤 창피스러운 것도 모방하지 말아야
> 하며, 이런 것을 모방하는 데 능한 사람들이 되어서도 안 되지.
> • 나는 음악적 수련이야말로 다른 어떤 수련보다도 가장 가치가 높은 분야라고 보네.
> 음악 교육이 지극히 중요한 까닭은 다음과 같은 이유일 테지. 말하자면 리듬과 하모
> 니는 영혼의 내부로 아주 깊이 파고 들어가서 우아함을 심어 주고 영혼을 힘차고 확
> 고하게 만들어 준다네. …… 그리고 음악을 영혼 속에 포함시키면 기품이 높아지고
> 선량해진다네.

> ┤ 보기 ├
> ㄱ. 예술에서 미(美)와 선의 내용은 유사해야 하는가?
> ㄴ. 예술은 예술 안에서만 완벽함을 추구해야 하는가?
> ㄷ. 예술에 대한 국가 차원의 검열과 규제가 필요한가?
> ㄹ. 예술은 현상을 모방함으로써 참된 미를 실현하는가?

① ㄱ, ㄴ   ② ㄱ, ㄷ   ③ ㄴ, ㄷ.   ④ ㄴ, ㄹ   ⑤ ㄷ, ㄹ

ⓟ 문제 접근 방법

먼저 예술을 일종의 '모방'으로 보며, 예술이 도덕성을 고양해야 한다는 주장을 통해 서양 사상가가 누구인지 파악한다. 다음으로 이 사상가가 주장한 예술과 도덕의 관계를 상기하며 문제를 해결한다.

ⓘ 적용 개념

도덕주의
참여 예술론

02 갑의 입장에서 을의 주장에 대해 제기할 반론으로 가장 적절한 것은?

> 갑 : 최고의 예술은 질서와 사랑을 통해 구현되며, 반항적이고 저급한 피조물을 거룩
> 하게 만든다. 예술의 목적은 인간의 종교를 강화하고, 인간의 윤리적 상태를 완전
> 하게 만드는 데 있다. 예술은 이런 일들을 물질적으로 구현하는 것이다.
> 을 : 예술 세계에서는 어떤 거짓말도 허용된다. 중요한 것은 오차 없는 진실이 아니라
> 아름다운 거짓이다. 아름다운 것에서 추악한 의미를 발견하는 사람은 타락한 사
> 람이다. 아름다운 것에서 아름다운 의미를 발견하는 사람은 교양 있는 사람이다.

① 예술의 극치와 도덕의 극치가 서로 상통함을 강조하고 있다.
② 예술적 체험이 선(善)의 실현에 기여해야 함을 강조하고 있다.
③ 예술가는 작품 활동에서 이상과 현실을 분리해야 함을 간과하고 있다.
④ 예술의 가치가 외재적 요소에 의해 좌우되어서는 안 됨을 간과하고 있다.
⑤ 예술적 미(美) 외에 예술이 지향해야 할 목적이 있다는 사실을 간과하고 있다.

ⓟ 문제 접근 방법

도덕주의와 예술 지상주의의 입장 차이를 묻는 문제이다. 두 입장은 예술의 본질과 목적, 이론적 입장, 한계 등의 측면에서 견해의 차이를 보여 준다. 이러한 차이는 미적 가치와 윤리적 가치의 관계를 어떻게 설정하고 있느냐에 따라 결정됨을 상기하여 문제를 해결한다.

ⓘ 적용 개념

도덕주의
예술 지상주의

03 다음 서양 사상가의 입장과 일치하는 내용을 〈보기〉에서 고른 것은?

> 아우라(Aura)란 그 예술이 진품이거나 일회적이거나 혹은 원본이라는 데서 나오는 독특하고 신비한 분위기이다. 그런데 이 아우라는 기술 복제 시대에 이르러 처참히 무너져 버리고 만다. 구글은 모나리자라는 검색어로 0.32초 만에 152만 개의 복제된 이미지를 검색해 주고 집 앞 이발소의 달력에는 모나리자가 오묘한 미소를 띠며 낡아 빠진 면도날을 쳐다보고 있다. 모나리자는 도처에 존재한다. 이러한 예술 작품의 기술적 복제는 아우라의 붕괴를 가져오지만 이로 인해 예술의 신비적·종교적 요소가 제거되면서 감상자의 비판적 수용이 가능해진다.

┌ 보기 ├
ㄱ. 예술 작품의 기술적 복제는 작품의 종교적 가치를 심화시킨다.
ㄴ. 예술 작품의 기술적 복제는 예술 작품의 신비감을 축소시킨다.
ㄷ. 예술 작품의 기술적 복제는 예술 작품을 시공간적으로 해방시킨다.
ㄹ. 예술 작품의 기술적 복제는 원작이 가진 고유성의 가치를 높여 준다.

① ㄱ, ㄴ ② ㄱ, ㄷ ③ ㄴ, ㄷ ④ ㄴ, ㄹ ⑤ ㄷ, ㄹ

문제 접근 방법
먼저 '기술 복제 시대', '아우라의 붕괴' 등의 핵심어를 통해 서양 사상가가 누구인지 파악한다. 다음으로 이 사상가의 입장에서 대중 예술을 어떻게 평가할지 추론하여 문제를 해결한다.

적용 개념
\# 예술 작품의 아우라
\# 대중 예술

04 갑, 을 사상가의 입장에 관한 옳은 설명만을 〈보기〉에서 있는 대로 고른 것은?

> 사회에 저항하는 힘을 가지지 못한 예술은 단순한 상품일 뿐입니다. 고급 예술은 상품화되었다 하더라도 자율성을 주장하지만, 대중문화는 산업을 자처하며 대중을 기만하고 그들의 의식을 속박합니다.

갑

> 예술은 삶의 일부입니다. 경험으로서 예술 작품은 우리 삶 속에 존재하지요. 오늘날 미적인 것은 모든 삶의 영역 속으로 빨려 들어가고 있습니다. 삶 속에서도 대중 예술에서도 미적인 것을 구현할 수 있습니다.

을

┌ 보기 ├
ㄱ. 갑은 상업화된 예술이 사회를 몰개성화로 이끈다고 본다.
ㄴ. 갑은 문화 산업이 기존의 지배 이념을 옹호하게 한다고 본다.
ㄷ. 을은 대중 예술이 대중의 미적 경험에 대한 욕구를 해소한다고 본다.
ㄹ. 을은 갑과 달리 대중 예술이 현대인의 주체적 사유를 방해한다고 본다.

① ㄱ, ㄴ ② ㄱ, ㄹ ③ ㄷ, ㄹ ④ ㄱ, ㄴ, ㄷ ⑤ ㄴ, ㄷ, ㄹ

문제 접근 방법
'예술은 단순한 상품일 뿐'이라는 대목에서 갑의 입장을, '대중 예술에서도 미적인 것을 구현할 수 있다'는 대목에서 을의 입장을 추론한다. 대중 예술에 대한 갑, 을의 입장을 비교하여 차이점을 파악한 후 문제를 해결한다.

적용 개념
\# 문화 산업
\# 예술의 상업화

예술 지상주의

자료 보기

휘슬러(1834~1903)는 19세기 미술계에 큰 영향을 미친 화가이다. 그는 '미술 작품은 추상적인 음악 같아야 한다.'고 주장하면서, 회화가 어떤 주제를 묘사하거나 이야기를 전달하기 위한 수단이 아니라 묘사된 것 자체가 주제라고 강조하였다.

대중은 아름다움의 새로운 방식과 마주칠 때마다 바보 같은 두 가지 표현을 사용하곤 한다. 하나는 예술 작품이 도무지 이해가 안 된다는 것이고, 다른 하나는 예술 작품이 지극히 부도덕하다는 것이다. 전자는 예술가가 새로운 무언가를 말했거나 전에 없던 작품을 만들어 냈음을 의미한다. 후자는 예술가가 사실을 말했거나 그것을 작품으로 형상화했음을 의미한다.

갑

주장 비교

• 예술가란 아름다움을 창조해 내는 사람이다. 예술을 드러내고 예술가 자신은 숨기는 것이 예술의 목적이다.
• 세상에 도덕적인 책이나 비도덕적인 책은 없다. 책이란 잘 씌어졌거나 아니면 형편없이 씌어졌거나 둘 중 하나일 뿐이다. 윤리적인 동정심을 가진 예술가는 없다. 예술가가 동정심을 갖고 있다는 것은 용서할 수 없는 매너리즘이다.
• 비평가는 예술의 영역과 도덕의 영역이 절대적으로 다르고 분리된 것임을 깨달을 수 있어야 한다. 예술은 도덕이 미칠 수 있는 영역 밖에 있다. 왜냐하면 예술의 눈은 아름답고 불멸하며 끊임없이 변화하는 것에 고정되어 있기 때문이다.

문제 확인

Q1 갑의 입장으로 옳지 <u>않은</u> 것은?

① 예술은 도덕적 평가로부터 자유로워야 한다.
② 예술의 미(美)는 선(善)으로 귀결되어야 한다.
③ 예술은 독립적인 순수 예술로서 존재해야 한다.
④ 예술은 미적 가치를 생산하는 활동이어야 한다.
⑤ 예술 작품의 영역과 도덕의 영역은 분리하여 사고해야 한다.

🔍 출제 경향

이 단원에서는 예술 지상주의와 도덕주의를 비교하는 문항이 자주 출제됩니다. 서양에서는 오스카 와일드, 스핑건 등이 예술 지상주의 입장을 대변하고, 플라톤, 톨스토이 등이 도덕주의 입장을 대변합니다. 동양에서는 음악이 도덕적 품성 함양에 도움이 된다고 보는 공자, 순자, 정약용의 주장이 자주 출제되므로, 각 사상가별 주장을 잘 정리해 두어야 합니다.

🔖 용어사전

*귀결(돌아갈 歸, 맺을 結) 가정으로부터 미루어 생각해 낸 결론

꼭 나오는 쟁점에 관한 비교 분석은 필수! 올리드만의 쟁점 비교 분석 비법을 공개합니다.

도덕주의

피카소(1881~1973)는 1937년 스페인 내전 중 독일 전투기가 게르니카라는 작은 마을을 폭격했다는 소식을 들었다. 그는 죽은 아이를 안고 우는 어머니, 쓰러진 사람들, 황소, 말, 불타는 건물 등으로 구성된 게르니카(1937)을 완성해 전쟁의 참혹함을 세계에 알렸다.

훌륭한 예술 작품이지만 모르겠다는 것은 맛 좋은 음식이지만 먹을 수 없다는 것과 같다. 모든 예술 작품은 그 작품에서 예술적 인상을 받는 모든 사람 사이에 일종의 교류를 갖게 한다. 예술은 개인과 인류의 생활 및 행복을 위한 발걸음에 없어서는 안 될 인간 상호 간의 교류 수단이요, 모든 사람을 동일한 감정으로 통일하는 수단이다.

을

- 현대 예술의 사명은, 인간의 행복은 인간 상호 간의 결합에 있다는 진리를 이성의 영역에서 감정의 영역으로 옮겨, 사랑의 세계를 건설하는 일이다.
- 만인을 결합시키는 감정은 두 종류 밖에 없다. 하나는 인간은 누구나 동포라는 자각에서 흘러나오는 감정이고, 다른 하나는 기쁨, 감격, 활기, 평안 등 누구에게나 받아들여지는 감정이다. 이 두 종류의 감정만이 훌륭한 예술의 대상이 된다.
- 예술의 평가, 즉 예술이 주는 마음의 평가는 인생의 의미에 관한 인간의 이해에 의존한다. 인생의 의의가 자기를 동물성에서 해방하는 데 있다면, 정신을 높여 주고 육체를 낮추게 하는 마음을 나타내는 예술이 좋은 예술일 것이다.

Q2 을의 입장에서 갑의 주장을 비판하는 내용으로 가장 적절한 것은?

① 예술이 심미적 가치를 배제해야 함을 강조하고 있다.
② 예술에는 예술 외에 다른 목적이 없음 간과하고 있다.
③ 예술이 대중의 기호를 적극 반영해야 함을 강조하고 있다.
④ 예술이 선악의 판단으로부터 자유로워 함을 간과하고 있다.
⑤ 예술이 정신을 고양하고 인류의 행복에 기여해야 함을 간과하고 있다.

올리드 가이드

예술 작품이 어떤 주제와 의도를 드러내는 수단일 수 있는지에 대해 대립적인 입장을 보여 줍니다.

갑은 오스카 와일드, 을은 톨스토이입니다. 와일드는 '예술을 위한 예술'을 강조하는 반면, 톨스토이는 예술 작품이 인류의 행복 증진을 위한 수단이어야 함을 강조합니다. 예술은 꼭 윤리적 가치를 지녀야 할까요?

두 입장은 다음 주제에 관해 상반된 주장을 하고 있습니다.
- 예술의 본질과 목적
- 미적 가치와 윤리적 가치의 관계
- 예술의 사회적 영향력

다음과 같이 물을 수 있어요.
- 갑, 을의 입장에 관한 설명으로 옳은 것은?
- 갑, 을 두 사상가 중 적어도 한 사람이 부정의 대답을 할 질문으로 옳은 것은?

 Q1 ② Q2 ⑤

02 의식주 윤리와 윤리적 소비

(🔎학습길잡이) • 의복, 음식, 주거의 윤리적 의미와 그와 관련된 윤리적 문제의 해결 방안을 숙지해 둔다.
• 윤리적 소비의 의미와 필요성, 실천 방안을 정리해 둔다.

🅰 의식주 윤리

┌ 인간의 피부는 추위와 더위에 약하고, 소화 기관은 날 것을 먹는 데 적합
└ 하지 않으며, 자연에 맨몸으로 거주하기에는 신체적 방어 능력이 약하다.

1 인간의 특징과 문화 결핍 존재로서 인간은 생존을 확보할 수 있는 옷과
음식, 집, 즉 제2의 자연으로서의 문화를 만들어 냄 (질문)

2 의복과 윤리 1

① 의복의 윤리적 의미

• 자아와 가치관의 형성 : 의복을 통해 자신의 가치관을 드러내며, 반대로
의복이 가치관 형성에 영향을 미치기도 함

• 예의에 대한 사회적 기준의 반영 : 관혼상제 등의 행사에는 의복을 갖춰
입어 상대방에 대한 예의를 표현함

② 의복과 관련된 윤리적 문제 ─ 그 밖에 모피와 가죽옷 등을 생산하는 과정에서
                                    발생하는 동물의 고통 문제도 있다.
• 유행 추구 현상

긍정적 입장의 논거	부정적 입장의 논거
• 유행에 따르고자 하는 개인의 선택권을 존중해야 함	• 기업의 판매 전략인 유행에 따르는 행위에 수반된 선택권이나 자유는 허상일 뿐임
• 유행에 따름으로써 자신을 다른 사람과 구별하는 개성을 표현함	• 맹목적인 모방과 동조 현상이므로 몰개성화를 초래함
• 유행을 창조함으로써 새로운 가치관을 형성하는 계기로 삼을 수 있음	• 패스트패션은 자원 낭비, 환경 문제, 노동 착취 등 또 다른 윤리 문제도 초래함 2

• 명품 선호 현상

긍정적 입장의 논거	부정적 입장의 논거
• 개인은 자유롭게 상품을 선택하고 구입할 권리가 있음	• 고가의 상품을 통해 자기를 과시하려는 그릇된 욕망일 뿐임
• 우수한 품질과 희소성을 가지는 명품은 자신의 품위를 효과적으로 높여 줄 수 있음	• 과소비와 사치 풍조를 조장해 사회 계층 간 위화감을 야기함

자료로 보는   과시적 소비의 본질

재력을 과시하는 방편인 동시에 명성을 획득하고 유지하는 방편은 과시적 여가
와 과시적 소비이다. …… 과시적 여가와 과시적 소비의 발달 과정을 탐색해 보
면 공통으로 낭비라는 요소가 작용했음을 알 수 있다. 그것은 한편으로는 시간과
노력의 낭비로, 다른 한편으로는 재화의 낭비로 나타난다. 명성을 획득하기 위한
수단으로 유용할 뿐만 아니라 체면 유지를 위한 요소로도 강조되는 과시적 소비
는 개인의 인간적인 접촉이 가장 광범위하게 이루어지고, 인구 이동이 가장 심한
사회의 구성원들에게는 최선의 소비로 여겨진다.   – 베블런, 『유한계급론』 –

자료 분석 미국의 사회학자 베블런은 가격이 오르는 물건에 대해 높은 수요가 발생하
는 까닭은 과시적 소비가 존재하기 때문이라고 진단한다. 과시적 소비란 부를 과시하며
이루어지는 소비로, 주로 사치품 시장에서 일반 사람들과 자신은 신분이 다름을 과시하
려는 부유층이나 이를 모방하는 계층이 주도한다.

개념 더하기 자료 채우기

👄 질문 있어요

왜 의식주까지 윤리적 문제가 되는 것인가요?

개인의 행위도 자세히 들여다보면 다른 여러 사람과 연결되
어 있어요. 의식주 생활도 그렇습니다. 예를 들어 공공장소에
서 음식을 먹는 행위는 개인의 취향으로 볼 수도 있지만, 그
행위가 다른 사람에게 피해를 준다면 이것은 윤리적 문제가
됩니다. 인간의 행위는 윤리적 측면에서 의무적 행위, 금지된
행위, 허용 가능한 행위, 칭송받을 만한 행위로 구분할 수 있
는데, 그중에서 '허용 가능한 행위'와 '칭송받을 만한 행위'를
구분할 때에는 세심한 윤리적 고려가 필요합니다.

1 제2의 피부이자 무언의 언어인 의복

인간은 태어나서 죽을 때까지 옷을 입는다. 의복은 추위나
더위 등으로부터 신체를 보호한다. 그러한 까닭에 의복을
'제2의 피부'라고 부른다. 한편 의복을 '무언의 언어'라고 부
르기도 한다. 의복은 자신을 표현하는 수단으로 개성을 드
러낼 뿐만 아니라 그 사람의 지위, 성별 또는 직업 등을 보
여 준다. 나아가 의복은 시대나 사회의 분위기를 반영하며
집단의 가치나 공동체의 성격을 드러내기도 한다.

2 패스트패션(fast fashion)

의미	최신 유행을 반영하여 짧은 주기로 대량 생산하여 판매하는 의류
특징	• 소비자의 취향에 즉각 대응하여 생산과 소비가 빠르게 이루어짐 • 주로 개발 도상국에서 생산해 가격이 저렴함 • 소비자는 최신 유행의 옷을 저렴하게 살 수 있고, 업체는 빠른 소비를 통해 재고 부담을 줄일 수 있음
문제점	• 빠른 생산과 소비로 과소비가 발생하고 버려지는 옷이 많아짐 • 생산 원가 절감에 따른 개발 도상국 노동자의 인권과 노동 환경 문제가 발생함 • 버려진 옷을 소각 등으로 폐기할 때 각종 유해 물질을 배출하여 환경 오염을 유발함

(✳) 용어사전

* **결핍 존재** 인간은 생물학적으로 전문화된 기관을 지니지 못
해 자연에 곧바로 적응할 수 없는 존재라는 의미

* **유행**(흐를 流, 다닐 行) 특정한 행동 양식이나 사상 따위가
일시적으로 많은 사람의 추종을 받아서 널리 퍼지는 사회적
동조 현상이나 경향

* **명품**(이름 名, 물건 品) 뛰어나거나 이름난 물건 또는 작품

3 음식과 윤리

① **음식의 윤리적 의미** : 음식은 생명권과 밀접한 관계를 맺으며, 사회의 도덕성과 생태계 유지에 영향을 줌

└ 예 기아나 빈곤은 생명권을 침해한다.

② **음식과 관련된 윤리적 문제** 질문

구분	사례	윤리적 문제
식품 안전성 문제	• 해로운 첨가제를 넣은 부정 식품 • 유전자 변형 농산물 **3**	인체에 해로운 음식은 여러 질병의 원인이 되며, 생명권을 위협함
환경 문제	• 화학 비료나 제초제 등의 남용 • 식자재 유통에 따른 탄소 배출량 증가	식량의 생산·유통·소비·폐기 전 과정에서 환경 오염이 발생함
동물 복지 문제	• 육류 소비 증가 • 대규모 공장식 사육과 도축	동물에 대한 비윤리적 처우와 동물권 문제가 발생함
음식 불평등 문제	• 국가 간 빈부 격차 심화 • 식량 수급의 불균형	식량 불평등은 저소득 국가의 인권 문제와 직결되는 윤리적 문제임

4 주거와 윤리

① **주거의 윤리적 의미**

• 집은 외부의 위험으로부터 신체의 안전을 제공함

• 집은 사생활의 영위와 심리적 안정, 휴식을 제공함 **4**

• 집은 가족 구성원이 함께 생활하며 유대감을 형성할 수 있게 함

• 집은 이웃과의 관계를 발전시켜 공동체의 관계성을 회복할 수 있게 함

② **주거와 관련된 윤리적 문제**

• 집의 경제적 가치 중시에 따른 문제 : 주거 정의 문제 발생, 집의 본질적 가치 상실 **5**

└ 예 하우스 푸어, 젠트리피케이션 현상 등이 있다.

• 주거 형태의 변화에 따른 문제 : 폐쇄적인 형태의 공동 주택에서 이웃과의 소통 단절, 획일화·규격화로 정체성과 개성 상실, 편리성과 효율성 추구로 고유한 역사와 전통 상실

• 도시 중심의 주거 문화에 따른 문제 : 생활의 질을 떨어뜨림

└ 왜? 환경 오염, 교통 혼잡, 소음 공해, 녹지 공간 부족 등이 발생하기 때문이다.

자료로 보는 **공간 책임론**

인간은 체험을 통해 자신이 위치한 공간을 삶의 중심으로 형성할 수 있다. 체험된 공간은 가치를 지향하는 삶의 관계들을 통해서 사람과 관계된다. 체험된 모든 공간은 그것을 체험한 인간과 서로 분리될 수 없다. 인간과 집의 관계는 집을 짓고 그 안에 살면서 자기 집 같고, 마음 편하며, 믿을 만한 친숙함이 있다고 이해될 수 있다. 인간은 이성적 노력을 통해 자신의 집을 지어야 하며, 그 집에서 자기 삶의 질서를 만들어 나가야 하고, 혼란을 일으키는 외부 세계와의 끊임없는 투쟁 속에서 이러한 질서를 지켜내야 할 책임을 갖는다.

– 볼노브, 『인간과 공간』 –

자료 분석 볼노브는 인간에게 자신의 공간을 자기 삶의 중심으로 형성해야 할 책임이 있다고 본다. 특히 집은 그곳에 거주하는 인간의 중심점이자 존재의 뿌리가 되는 곳이다. 집이라는 공간은 체험 속에서 고유한 의미를 지니는 것이다.

질문 있어요

음식과 관련된 윤리적 문제는 어떻게 해결할 수 있나요?
먼저 개인적으로 타인은 물론 생태계를 고려하는 음식 문화를 만드는 데 적극 동참해야 합니다. 예를 들면, 음식물 쓰레기 줄이기, 로컬푸드 운동, 슬로푸드 운동, 육류 소비 절제하기 등을 실천할 수 있어요. 또한 사회적으로 바람직한 음식 문화 확립을 위한 제도를 마련해야 합니다. 안전한 먹거리 인증이나 성분 표시 등을 의무화하고, 육류 생산 과정에서 동물의 고통을 최소화하는 제도 등을 마련할 수 있습니다.

3 유전자 변형 농산물에 대한 찬반 입장

찬성	반대
• 과일과 채소의 숙성을 늦추어 신선도를 유지할 수 있음 • 식품이 지닌 영양소를 인위적으로 높일 수 있음 • 병충해 등에 강한 유전자로 변형하여 대량 생산하면 식량 부족 문제를 해결할 수 있음 • 경제적 이윤을 창출하고, 사회 복지를 증진할 수 있음	• 새로운 물질이 알레르기나 독성을 일으켜 인체에 해를 줄 수 있음 • 해충에 강한 유전자 변형 식물에 내성을 가진 해충이 생기는 등 생태계에 교란을 일으킬 수 있음 • 변형 기술을 독점한 기업이 전 세계 농수산물의 생산, 판매, 소비를 지배하면 정의 문제가 발생할 수 있음

4 주거의 본래적 의미

하이데거는 내적 공간으로서 집의 본래적 의미가 상실되어 가는 세태를 '고향의 상실'이라고 비판하면서, 집은 휴식과 평화를 누리고, 자기 자신에게 돌아갈 수 있는 내적 공간으로서 집의 본래적 의미를 찾아야 한다고 주장하였다.

5 주거 정의 문제

오늘날 주거권은 인간다운 삶을 위한 인권의 한 요소로 간주되며, 거주의 문제는 정의의 문제로 확장되어 논의되고 있다. 예를 들어 도시 재개발로 치솟은 집값을 감당하지 못하는 원주민이 외곽으로 밀려나거나 대규모 프랜차이즈 등 상업 자본이 들어오면서 기존의 소규모 가게와 상인들이 떠날 수밖에 없는 젠트리피케이션 현상은 주거와 관련된 대표적인 정의의 문제이다.

용어사전

* **로컬푸드**(local food) **운동** 장거리 운송을 거치지 않은 안전하고 건강한 지역 농산물을 구매하려는 운동

* **슬로푸드**(slow food) **운동** 비만 등을 유발하는 패스트푸드의 문제를 해결하고자 가공하지 않고 사람의 손맛이 들어간 음식, 자연 숙성이나 발효를 거친 음식 등 전통 방식으로 만든 음식을 섭취하자는 운동

B 윤리적 소비문화

1 합리적 소비와 윤리적 소비

① 합리적 소비

- 의미 : 소득 범위 내에서 최소한의 비용으로 욕구를 최대한 충족하는 소비
- 특징 : 경제적 합리성이 상품 선택의 기준이 되며, 소비자 개인의 경제적 이익이나 만족감을 중시함 예 노동자에게 저임금을 주고 생산한 제품이 단지 다른 것보다 싸다는 이유로 계속 많이 팔리면 기업은 노동 착취를 멈출 이유가 없다.
- 한계 : 의도하지 않게 인권 침해, 사회 부정의, 동물 학대, 환경 문제 등을 조장할 수 있음

② 윤리적 소비

- 의미 : 윤리적인 가치 판단에 따라 상품이나 서비스를 구매하고 사용·처리하는 것
- 등장 배경 : 합리적 소비의 한계를 인식하고 이를 보완하는 과정에서 등장 → 소비자의 영향력에 대한 관심이 확대됨
- 특징 : 가격을 소비의 유일한 판단 기준으로 삼지 않음, 경제 활동 전반의 윤리성에 관심을 가짐, 정의·환경 등 보편적 가치의 실현을 지향함 **1**

2 윤리적 소비의 필요성과 유형

① 윤리적 소비의 필요성 : 소비자의 이익을 넘어 타인의 인권과 사회적 이익, 동물의 복지와 권리, 나아가 생태계까지 적극적으로 고려하기 위해

② 윤리적 소비의 유형 **2**

왜? 공정 무역 상품 구매 등을 통해 개발 도상국 노동자의 인권을 향상시킬 수 있기 때문이다.

- 인권과 정의를 생각하는 소비 예 공정 무역 상품 구매 질문
- 공동체적 가치를 생각하는 소비 예 로컬푸드 구매
- 동물 복지를 생각하는 소비 예 애니멀 프리 패션 상품 구매
- 환경 보전을 생각하는 소비 예 친환경 상품 소비, 공정 여행
  └ 멸종 위기 동식물이나 화학 비료 등을 사용하지 않은 제품을 소비함으로써 환경 오염을 방지하고 생태계를 보존할 수 있다.

자료로 보는 | 윤리적 소비의 사례 : 공정 여행

공정 무역이 한 잔의 커피를 마실 때 마시는 사람의 행복만이 아니라 그 커피콩을 생산한 농부의 행복까지 생각하듯이, 여행할 때에도 환경, 경제, 인권을 고려하는 것을 '공정 여행'이라고 한다. 영국의 공정 여행 비정부 기구(NGO)에 따르면 우리가 여행에서 쓰는 돈 중 단 10%만 현지에 쓰일 뿐 대부분은 항공 회사나 다국적 기업이 있는 선진국으로 돌아간다. 관광업에 종사하는 사람들은 여전히 가난하고, 관광 개발의 그늘 아래 파괴된 마을과 숲이 남는다. 이번 휴가에는 나만을 위한 여행이 아니라 그곳이 삶의 터전인 사람들과 동식물, 그들의 삶과 문화까지 존중하며 보살피는 '공정 여행'을 계획해 보는 것은 어떨까.

– 임영신·이혜영, 『희망을 여행하라』 –

자료 분석 공정 여행자들은 탄소를 많이 배출하는 비행기보다 자전거나 기차를 이용하며, 현지인이 운영하는 숙박업소와 상점을 이용하고, 지역 전통 음식을 맛본다. 이로써 현지 환경을 보전하고 현지인에게 직접 혜택이 돌아가도록 하며, 여행자 자신뿐만 아니라 여행지의 주민까지 함께 행복해지고자 한다.

개념 더하기 자료 채우기

1 윤리적 소비의 평가 기준

기후 변화, 주거와 자원, 오염과 독성 식품 첨가물, 환경 보전 (환경)	동물 실험, 공장형 사육, 동물의 권리 (동물)
인권, 노동자 권리, 아동 학대·착취, 무책임한 판매 (사람)	유기농 제품, 공정 무역, 에너지 효율 (지속 가능성)

2 윤리적 소비 실천 방안

윤리적 소비는 다음과 같은 방식으로 실천할 수 있다. 첫째, 불매 운동이다. 환경 오염, 노동자의 인권 침해, 소비자의 합리적 요구 거부 등과 같은 문제를 일으킨 기업의 제품 구매를 거부하는 것이다. 둘째, 긍정적 구매이다. 공정 무역 상품, 유기농 제품, 환경이나 동물 복지 인증 마크가 부착된 상품 등을 구매하는 것이다. 셋째, 관계적 구매이다. 생활 협동조합과 같이 생산자와 소비자가 직접 관계를 맺고 물건을 사고파는 것이다. 이를 통해 생산자는 정당한 이익을 얻으며, 소비자는 질 좋은 물건을 싸게 구매할 수 있다. 마지막으로, 지속 가능한 소비이다. 환경적으로 건전하고 지속 가능한 소비는 현세대는 물론 미래 세대의 욕구도 충족해 준다.

질문 있어요

공정 무역이란 무엇인가요?

일반 커피	VS	공정 무역 커피
판매자 1,500원		판매자 1,500원
가공업자		가공업자 1,000원
수출업자 3,000원		생산자 및 조합 2,500원
구매자		
생산자 500원		

일반 커피 한 잔의 판매 수익 중 상당 부분이 유통업체와 커피 회사에 돌아가고 커피를 생산한 농부에게 돌아가는 몫은 매우 적어요. 공정 무역은 이와 같은 선진국과 개발 도상국 사이의 불공정한 무역 구조에서 발생하는 부의 편중, 노동력 착취 등의 문제를 해결하기 위해 생긴 개념입니다. 공정 무역은 생산자의 합당한 이윤 보장뿐만 아니라 생산 환경 보호, 건강한 노동 환경 보장, 아동 노동 착취 근절, 자연 환경 보전 등을 지향합니다.

용어사전

- **애니멀 프리 패션**(animal free fashion) 모피, 털, 가죽 등을 재료로 사용하지 않은 패션 상품
- **생활 협동조합** 조합이 직접 생활필수품을 사들여 조합원에게 저렴하게 판매하는 형태로, 조합과 생산자가 미리 공급량과 가격을 결정하므로 판매 가격이 비교적 안정적임
- **개발 도상국** 선진국에서 채택하고 있는 기술·지식과 제도가 아직 충분히 보급되지 않은 국가

3 윤리적 소비 실천을 위한 노력 질문

① **개인적 차원** : 윤리적 소비를 실천하려는 의지를 가져야 함 **예** 인권, 정의, 환경을 고려하지 않는 기업의 제품 불매 운동, 윤리적 등급이 높은 상품 구매, 푸드 마일리지가 낮은 로컬푸드 구매 **3**

② **사회적 차원** : 윤리적 소비의 확산을 위한 제도적 장치를 마련해야 함 **예** 기업의 윤리 경영을 촉진하기 위한 제도 마련, 사회적 기업을 지원하는 법률 제정, 친환경 제품 인증과 환경 마크 **4**

4 윤리적 소비와 사회적 기업

① **사회적 기업의 의미와 특징** **5**

예 취약 계층이나 지역 사회를 위해 수익을 환원한다.

• 의미 : 기업 활동을 통해 창출된 수익을 사회적 목적을 위해 환원하는 기업

• 특징 : 경제적 이익과 사회적 가치를 함께 추구하며 회사의 수익을 공공성*을 위한 사업에 재투자함

② **사회적 기업의 유형**

구분	목적	사례
사회 통합형	취약 계층에게 교육, 보건, 문화 등의 다양한 사회 서비스 제공	장애인, 노인 돌봄 서비스 기업
노동 통합형	취약 계층에게 훈련, 고용 등을 통해 일자리 제공	시각 장애인 연주단
혼합 방식형	취약 계층에게 일자리와 사회 서비스를 함께 제공	취약 계층을 고용해 노인 복지 서비스를 제공하는 기업
지역 사회 공헌형	지역 주민의 삶의 질 향상을 위한 사회 서비스와 일자리 제공	지역 농업 공동체를 꿈꾸는 지역 영농 조합
기타	이외의 다양한 사회적 목적 실현	공정 여행 기획·판매와 여행 관련, 대안 학교 운영 기업

자료로 보는 **소비 동기의 중요성**

새로운 생명 공학 기술과 관련된 제품과 방법에는 잠재적인 이익이 있다. 그렇지 않으면 그것은 상업화되지 않았을 것이다. 기업들은 사람이 원하지 않는 재화나 서비스는 제공하지 않는다. 바로 이 사실이 중요하다. 중요한 것은 단순히 과학자들과 기업들이 생명 공학 연구에 투자하는 동기가 아니라 소비자인 우리의 동기이다. 현재 우리의 기대, 욕망, 태도, 경향 등이 미래의 인류에게 영향을 미치고 문화적 특징 요소들을 결정하기 때문이다. 아직은 시장이 소비자를 창출하는 것만큼 소비자가 시장을 창출할 수 있다. 조직적인 세력들의 압도적인 공세에도 불구하고, 우리 각자는 함께 공유해야 할 집단의 미래를 결정하는 데 어떤 식으로든 책임이 있다.

— 리프킨, 『바이오테크 시대』 —

자료 분석 오늘날 소비는 사회의 모든 영역과 연계되고 일상화되었다. 소비를 통해 이익을 실현해야 하는 기업은 소비자의 의식과 태도에 민감하게 반응할 수밖에 없다. 소비자 대다수가 윤리적 의식과 태도를 가지고 소비를 한다면 이에 따라 기업 및 기업 자본과 관련된 사람들은 바람직한 변화를 도모할 것이고, 장기적으로 인간·사회·환경을 위하는 문화가 형성될 것이다.

Q 리프킨이 윤리적 소비를 위해 강조하는 것은 무엇인가? **A** 소비자의 동기

개념 더하기 자료 채우기

질문 있어요

윤리적 소비를 실천한다는 것은 어떤 의의를 갖나요?
물건을 하나씩 구매할 때마다 우리는 투표를 하고 있습니다. 노동 착취로 만들어진 값싼 옷을 사는 것은 노동자들의 착취에 찬성표를 던지는 것이며, 연료 소비가 많은 자동차를 구입하는 것은 기후 변화에 찬성표를 던지는 것입니다. 윤리적 소비를 실천한다는 것은 세상에 미치는 영향을 고려한다는 뜻입니다. 소비자의 한 사람으로서 우리는 지갑 안에 자신의 의견을 표명할 힘을 가지고 있음을 기억해야 합니다.

3 로컬푸드와 푸드 마일리지

로컬푸드는 주로 반경 50km 이내에서 생산된 믿을 수 있는 친환경 농산물을 말한다. 로컬푸드를 소비함으로써 지역 경제를 활성화하고 식품의 운송 거리를 줄일 수 있다. 이때 푸드 마일리지로 운송 거리를 확인할 수 있다. 푸드 마일리지가 낮은 식품일수록 생산지와 소비자의 거리가 가까우며 이산화 탄소를 적게 배출하고 더 안전한 먹을거리라는 의미이다.

4 환경 마크

FSC
산림 자원 보호를 위해 친환경적으로 개발, 관리된 임지에서 생산된 목재품임을 나타낸다.

해양 생물의 개체 수 관리를 위해 책임감 있는 어장 관리와 어류 남획을 하지 않음을 증명한다.

NOT TESTED ON ANIMALS
의학과 화장품 산업에서 동물 실험을 하지 않은 제품을 뜻한다.

좁은 공간에서 동물을 사육하지 않는 등 올바른 사육과 도축을 거친 축산물임을 증명한다.

5 사회적 기업 인증 마크

365 Company
— 노동의 기쁨
— 사랑
— 도움의 손길

용어사전

* **공공성** 한 개인이나 단체가 아닌 일반 사회 구성원 전체에 두루 관련되는 성질

* **취약 계층** 사회 서비스 구매 능력이 부족한 저소득층과 노동 시장 여건상 취업하기 어려운 취업 취약 계층

A 의식주 윤리

1 의복에 관한 윤리

의복의 윤리적 의미	• 자아와 가치관의 형성과 관련됨 • 예의에 대한 사회적 기준을 반영함
의복과 관련된 문제	• 과소비에 따른 환경 오염 문제 • 생산 과정에서 동물의 고통 발생 • 유행 추구와 명품 선호 현상에 따른 문제

2 음식에 관한 윤리

음식의 윤리적 의미	식재료의 생산과 소비의 전 과정은 생명권과 사회의 도덕성, 생태계 전반에 영향을 끼침
음식과 관련된 문제	• 기아와 빈곤 등 생명권을 위협하는 문제 • 화학 비료, 음식물 쓰레기가 유발하는 환경 문제 • 대규모 공장식 사육과 도축 등 동물 복지 문제 • 첨가제, 유전자 변형 농산물 등 식품 안정성 문제

3 주거에 관한 윤리

주거의 윤리적 의미	• 신체의 안전, 심리적 안정, 휴식 제공 • 공동체의 유대감 형성과 관계성 회복
주거와 관련된 문제	• 하우스 푸어, 젠트리피케이션 등 주거 정의 문제 • 폐쇄적인 형태의 주택으로 이웃과의 소통 단절 • 획일화·규격화로 정체성과 개성 상실 • 편리성과 효율성 추구로 역사와 전통 상실 • 도시 중심의 주거 문화에 따른 환경 오염 등

B 윤리적 소비문화

1 윤리적 소비의 의미와 특징

등장 배경	합리적 소비의 한계를 보완하는 과정에서 소비 행위에 따른 사회 문제에 대한 관심 확대
의미	윤리적 가치 판단에 따라 상품이나 서비스를 구매하고 사용·처리하는 것
특징	• 가격을 소비의 유일한 판단 기준으로 삼지 않음 • 경제 활동 전반의 윤리성에 관심을 가짐 • 정의, 환경 등 보편적 가치를 실현하고자 함

2 윤리적 소비의 필요성과 실천 방안

필요성	• 노동자의 인권 향상과 사회 정의 구현 • 환경 오염을 방지하고 생태계를 보전
유형	• 인권과 정의를 위한 소비 ⓐ 공정 무역 상품 구매 • 공동체적 가치를 위한 소비 ⓐ 로컬푸드 구매 • 동물 복지를 위한 소비 ⓐ 애니멀 프리 상품 구매 • 환경 보전을 위한 소비 ⓐ 친환경 상품 구매
실천 방안	• 개인 : 윤리적 소비를 실천하려는 의지를 지님 • 사회 : 윤리적 소비의 확산을 위한 제도를 마련함

01 다음 설명이 맞으면 ○표, 틀리면 ×표를 하시오.

(1) 의복은 피부를 보호하는 기능뿐만 아니라 자아 정체성을 표현하는 기능도 한다. ( )

(2) 유전자 변형 농산물은 알레르기나 독성을 일으켜 인체에 해를 줄 수 있다고 우려된다. ( )

(3) 공동 주택 형태의 현대 주거 문화는 이웃 간의 소통과 유대감을 촉진하는 특징이 있다. ( )

(4) 생산지와 소비자의 거리가 가까우면 가까울수록 식자재 운송 시 탄소를 적게 배출하여 환경에 끼치는 악영향을 줄일 수 있다. ( )

(5) 합리적 소비는 가격을 소비를 결정하는 유일한 판단 기준으로 삼지 않으며, 소비를 통해 정의, 환경 등 보편적 가치를 실현하고자 한다. ( )

02 빈칸에 들어갈 알맞은 말을 쓰시오.

(1) ( )(이)란 최신 유행을 반영하여 짧은 주기로 대량 생산하여 판매하는 의류를 의미한다.

(2) ( ) 운동은 패스트푸드가 유발하는 각종 윤리 문제를 해결하고자 전통적인 방식으로 만든 음식을 섭취하자는 운동이다.

(3) ( )은/는 윤리적 가치 판단에 따라 상품이나 서비스를 구매하고 사용·처리하는 것을 말한다.

(4) ( )(이)란 취약 계층의 고용과 복지 문제를 해결하고 공익을 실현하고자 기업 활동으로 창출한 수익을 사회에 환원하는 기업을 의미한다.

03 다음 가치와 이를 실현하기 위한 윤리적 소비의 예시를 바르게 연결하시오.

(1) 동물 복지 •　　　　• ㉠ 공정 무역 제품 구매

(2) 환경 보전 •　　　　• ㉡ 애니멀 프리 의류 구매

(3) 인권과 정의 •　　　　• ㉢ 푸드 마일리지가 낮은 식품 구매

01 ㉠에 관한 설명으로 적절하지 <u>않은</u> 것은?

> 인간은 태어나서 죽을 때까지 옷을 입는다는 점에서 의복을 '제2의 피부'라고 한다. 의복은 신체를 보호하거나 추위와 더위를 막아 주는 기능을 할 뿐만 아니라, 사회적 존재인 인간을 동물과 구별해 주는 고유한 기능을 함으로써 ㉠ 윤리적 의미를 지닌다.

① 의복은 한 사회의 문화와 전통을 담는다.
② 의복은 사회적 지위와 행동 양식을 결정한다.
③ 의복에는 개인의 개성과 가치관이 반영되어 있다.
④ 의복을 통해 예의에 관한 사회적 기준을 알 수 있다.
⑤ 의복을 생산·유통·폐기하는 과정에서 인간은 물론 환경에 영향을 미친다.

02 〔중요 ★★〕 그림은 어떤 학생의 형성 평가 답안지이다. ㉠~㉣ 중 옳은 답변만을 있는 대로 고른 것은?

> ※ 다음 사상가의 입장으로 옳으면 'O'표, 옳지 않으면 '×'표를 하시오.

> 유행은 개인을 누구나 다 가는 길로 안내한다. 다른 한편 유행은 차별화 욕구를 만족시킨다. 이는 유행이 언제나 계층적으로 분화한다는 사실에 입각한다. 상류층의 유행은 그보다 신분이 낮은 계층의 유행과 구분되고 낮은 신분의 계층이 동화하는 순간 소멸한다는 사실은 이를 입증해 준다.

• 입장 1 : 유행은 동등한 위치에 있는 사람들과의 결합을 의미한다. (O) ········· ㉠
• 입장 2 : 유행은 일종의 모방이며 사회에 대한 의존 욕구를 충족한다. (O) ········· ㉡
• 입장 3 : 유행은 자신보다 낮은 신분의 사람들에 대한 개방성을 지닌다. (×) ········· ㉢
• 입장 4 : 유행은 사회적 균등화와 개인적 차별화 간에 타협을 이루려는 시도이다. (×) ········· ㉣

① ㉠, ㉡
② ㉠, ㉣
③ ㉢, ㉣
④ ㉠, ㉡, ㉢
⑤ ㉡, ㉢, ㉣

03 다음은 노트 필기의 일부이다. ㉠에 들어갈 적절한 내용만을 〈보기〉에서 있는 대로 고른 것은?

> **학습 주제 : ○○○패션**
>
> 1. 의미 : 최신 유행을 반영하여 짧은 주기로 대량 생산하여 판매하는 의류
> 2. 일반적 특징
> • 주로 개발 도상국에서 생산되어 가격이 저렴함
> • 소비자의 취향에 즉각 대응하여 생산과 소비가 빠름
> 3. 윤리적 문제
> • _____㉠_____

┌─ 보기 ┐
ㄱ. 생산 원가 절감에 따른 노동자의 인권 침해
ㄴ. 업체의 가격 경쟁력 제고에 따른 과소비 발생
ㄷ. 생산과 소비의 빠른 회전률에 따른 재고 부담 증가
ㄹ. 버려진 의류 소각 폐기 시 각종 유해 물질 배출 증가

① ㄱ, ㄴ
② ㄱ, ㄷ
③ ㄷ, ㄹ
④ ㄱ, ㄴ, ㄹ
⑤ ㄴ, ㄷ, ㄹ

04 〔중요 ★★〕 (가)의 주장을 (나) 그림으로 정리할 때, ㉠에 대한 반론의 근거만을 〈보기〉에서 있는 대로 고른 것은?

> (가) 유행을 따르는 것은 맹목적인 모방과 무비판적 동조이므로 바람직하지 않다.
>
> (나)
> **전제 ①** 맹목적인 모방과 무비판적 동조는 바람직하지 않다. + **전제 ②** ㉠
> ↓
> **결론** 유행을 따르는 것은 바람직하지 않다.

┌─ 보기 ┐
ㄱ. 유행을 창출하고 선도하는 것은 개인이 아닌 기업이다.
ㄴ. 유행은 다른 사람과 무조건 같아지려는 욕구를 충족시켜 준다.
ㄷ. 유행 추구는 개인의 주체적인 선택이 전제된 행위로 볼 수 있다.
ㄹ. 유행을 따르는 사람은 그렇게 않은 사람보다 자신의 미적 감각을 드러낼 수 있다.

① ㄱ, ㄴ
② ㄱ, ㄷ
③ ㄷ, ㄹ
④ ㄱ, ㄴ, ㄹ
⑤ ㄴ, ㄷ, ㄹ

05 다음 토론의 핵심 쟁점으로 가장 적절한 것은?

> 갑 : 최근 일부 학교에서 청소년들의 명품 소지를 규제하고 있습니다. 저는 이러한 학교에서 명품이 청소년에게 뛰어난 물건에 대한 안목을 키워 주고 그들의 품위를 높여 준다는 점을 간과하고 있다고 생각합니다.
> 을 : 그렇지 않습니다. 기업은 청소년에게 비싼 제품만이 명품이라는 잘못된 인식을 심어 주고, '명품이 곧 나'라는 마케팅으로 정체성의 혼란을 일으키기도 합니다.
> 갑 : 하지만 좀 더 넓은 시각에서 보면 명품은 궁극적으로 모두에게 유익합니다. 명품이 소비될수록 기업은 더 좋은 제품을 만들고자 노력할 것이고, 결국 소비자의 만족도 향상됩니다.
> 을 : 아닙니다. 명품 소비는 사치를 조장하고 학우 간의 위화감을 조성합니다. 따라서 이를 방지할 학교 규칙이 필요합니다.

① 명품은 우수한 품질과 희소성을 가져야 하는가?
② 청소년이 명품을 소지하는 것을 규제해야 하는가?
③ 명품은 청소년들의 정체성 형성에 영향을 주는가?
④ 청소년의 명품 소비는 기업 발전을 위해 필요한가?
⑤ 명품에 관한 학칙은 어떤 절차로 수립해야 하는가?

06 다음은 음식에 관한 윤리 문제와 해결 방안을 정리한 표이다. A~C에 들어갈 내용으로 적절하지 <u>않은</u> 것은?

구분	윤리 문제	해결 방안
개인적 차원	개인의 건강은 물론 성격에도 영향을 미침	A
생태적 차원	• 육류의 생산 과정에서 동물의 고통 문제가 발생함 • 먹거리의 생산과 유통 과정에서 농어민과 노동자의 권리를 침해함	B
사회적 차원	식자재의 원거리 이동에 따른 탄소 배출량이 증가함	C

① A : 슬로푸드 대신 정크 푸드 위주의 식단을 짠다.
② B : 공정 무역 인증 상품을 소비하는 습관을 기른다.
③ B : 대규모 공장식 사육 제품의 구매를 줄여 나간다.
④ C : 푸드 마일리지가 낮은 식료품을 구매한다.
⑤ C : 식재료 원산지를 확인한 후 로컬푸드를 소비한다.

07 ㉠의 예시로 적절하지 <u>않은</u> 것은?

> 오늘날 우리가 별다른 생각 없이 먹고 마시는 행위에도 ㉠윤리적 의미가 담겨 있다. 우리가 먹거리를 생산하고, 유통하고, 가공·조리하고, 폐기하는 모든 행위는 우리 자신은 물론 공동체의 다른 구성원들에게 도덕적으로 상당한 영향을 미치기 때문이다.

① 음식 섭취는 건강을 지켜 주고 생명권을 보장한다.
② 음식의 가공 기술은 과학 기술의 진보를 견인한다.
③ 음식 재료의 무분별한 획득은 자연환경을 파괴한다.
④ 음식을 함께 먹으며 유대감과 소속감을 지니게 된다.
⑤ 음식의 신뢰할 수 있는 유통망은 사회의 도덕성을 구현한다.

08 다음 그래프를 보고 A~C국의 소비 현상에 대해 적절하게 평가한 내용만을 〈보기〉에서 있는 대로 고른 것은?

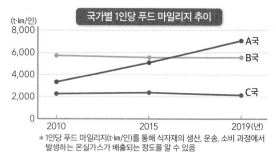

국가별 1인당 푸드 마일리지 추이

* 1인당 푸드 마일리지(t·km/인)를 통해 식자재의 생산, 운송, 소비 과정에서 발생하는 온실가스가 배출되는 정도를 알 수 있음

| 보기 |
> ㄱ. A국은 2010년에 비해 2019년에 더 먼 생산지에서 식자재를 공급받는 추세이다.
> ㄴ. B국은 C국에 비해 음식 소비가 환경에 미치는 영향을 적게 고려하고 있다.
> ㄷ. C국은 B국에 비해 합리적 소비보다는 윤리적 소비를 중시하는 경향을 보여 준다.
> ㄹ. A국은 B국과 C국에 비해 먹거리를 소비할 때 식자재의 신선도를 더 고려하고 있다.

① ㄱ, ㄴ   ② ㄱ, ㄹ   ③ ㄷ, ㄹ
④ ㄱ, ㄴ, ㄷ   ⑤ ㄴ, ㄷ, ㄹ

⭐⭐ 중요

09 ㉠에 들어갈 내용으로 적절하지 <u>않은</u> 것은?

> 갑 : 최근 외국의 한 회사가 독성에 강한 제초제에도 죽지 않는 유전자 변형 콩을 생산하는 데 성공했대. 들었니?
>
> 을 : 응, 그 콩은 우리가 전통적인 농사법으로 재배한 콩을 대체할 가능성이 높아. 머지않아 수입해 우리가 먹는 가공식품의 원료로 사용할 거래.
>
> 갑 : 유전자 변형 콩은 생산성이 좋아서 낮은 가격으로 수입할 수 있고, 부족한 식량 문제도 해결할 수 있어서 좋겠는데!
>
> 을 : 물론 그런 측면도 있지만, _____㉠_____는 문제점도 간과해서는 안 되겠지.

① 농산물 품종에 대한 표준화를 방해할 수 있다
② 인간 면역 체계에 부정적 영향을 끼칠 수 있다
③ 생태계와 생물의 상호 의존성을 파괴할 수 있다
④ 친환경 농법을 사용하는 농가에 피해를 줄 수 있다
⑤ 기술을 독점한 기업이 농산물 유통을 왜곡할 수 있다

10 다음은 신문 사설의 일부이다. ㉠에 들어갈 내용으로 가장 적절한 것은?

> **○○신문**　　　　　　　　2000년 ○○월 ○일
>
> 최근 '젠트리피케이션(gentrification)'으로 고통받는 사람들이 늘고 있다. 도시 재개발로 치솟은 집값을 감당하지 못해 외곽으로 밀려나는 원주민과 대규모 상업 자본이 들어오면서 가게를 내놓을 수밖에 없는 소규모 상인들이다. 또한 무리하게 빚을 얻어 집을 마련한 경우 부채가 늘어나 경제적 기반이 흔들리는 가계도 늘고 있다. 이른바 '하우스 푸어(house poor)'이다. 주거 불안정은 삶의 질을 떨어뜨리고 기본권을 침해한다. 이러한 문제를 근본적으로 해결하려면
> ㉠

① 규격화된 공동 주택 건설을 규제해야 한다.
② 외곽 지역을 개발하여 도시를 확장해야 한다.
③ 주택 가격에 대한 결정을 시장 질서에 맡겨야 한다.
④ 이웃 간 소통이 가능한 주거 형태를 개발해야 한다.
⑤ 집의 본질적 가치를 중시하는 풍토를 조성해야 한다.

⭐⭐ 중요

11 그림의 강연자가 지지할 주장으로 적절하지 <u>않은</u> 것은?

> 집은 외부 세계로부터 자신을 보호하는 공간이어야 하고, 즐겁게 머무를 공간이어야 하며, 아늑하고 평화로운 공간이어야 합니다. 거주함은 단순히 특정 공간에 위치함을 의미하는 것이 아니라, 특정 장소에 소속함을 의미합니다. 여기에서부터 세상을 향해 모든 길이 뻗어 나가는 동시에 또한 모든 길이 되돌아옵니다.

① 집은 외부의 위험으로부터 안전을 제공해야 한다.
② 집은 인간의 정신 건강을 위한 불가결한 조건이다.
③ 집은 집 밖의 세계와는 구분되어야 하는 공간이다.
④ 집은 노력에 의해 만들어지는 사적인 거주 공간이다.
⑤ 집은 외부 세계와 단절되어 있는 닫힌 공간이어야 한다.

12 다음 현대 서양 사상가의 입장과 일치하는 내용에만 모두 'V'를 표시한 학생은?

> 인간은 체험을 통해 자신이 위치한 공간을 삶의 중심으로 형성할 수 있다. 체험된 공간은 가치를 지향하는 삶의 관계들을 통해서 사람과 관계된다. 체험된 모든 공간은 그것을 체험한 인간과 서로 분리될 수 없다. 인간은 이성적 노력을 통해 자기 삶의 질서를 만들어 나가야 하고, 혼란을 일으키는 외부 세계와의 끊임없는 투쟁 속에서 이러한 질서를 지켜 내야 할 책임을 갖는다.

내용　　　　　　　　　　학생	갑	을	병	정	무
집은 인간과의 관계 속에서 의미를 지니게 된다.	V	V		V	
집은 공적 질서를 체험하고 형성하는 객관적 영역이다.	V		V		V
인간은 집을 자기 삶의 중심으로 형성해야 할 책임이 있다.		V		V	V
집은 인간의 체험으로 구성된 곳으로 인간 존재의 뿌리이다.			V	V	V

① 갑　　② 을　　③ 병　　④ 정　　⑤ 무

13 갑에 비해 을이 지니는 상대적 특징을 그림의 ㉠~㉤ 중에서 고른 것은?

> 갑 : 바람직한 소비란 윤리적 가치 판단에 따라 상품이나 서비스를 구매하고 사용하며 처리하는 소비입니다.
>
> 을 : 아닙니다. 자신의 소득 범위 내에서 최소한의 비용으로 자기 욕구를 최대한 충족하는 소비가 바람직한 소비입니다.

> X : 상품 선택의 기준으로서 경제적 합리성을 강조하는 정도
> Y : 소비자 개인의 욕구 충족과 경제적 만족감을 강조하는 정도
> Z : 경제 활동에서 인권, 정의 등 인류의 보편적 가치 실현을 강조하는 정도

① ㉠   ② ㉡   ③ ㉢   ④ ㉣   ⑤ ㉤

15 윤리적 소비의 실천 방안을 적절하게 제시한 사람을 고른 것은?

① 갑, 을   ② 갑, 병   ③ 을, 병
④ 을, 정   ⑤ 병, 정

14 ㉠의 구체적 사례로 가장 적절한 것은?

> 영국의 한 비정부 기구(NGO)에 따르면 우리가 여행에서 쓰는 돈 중 단 10%만 현지에 쓰일 뿐 대부분은 항공 회사나 다국적 기업이 있는 선진국으로 돌아간다. 내가 한 잔의 공정 무역 커피를 마실 때 나의 행복만이 아니라 그 커피콩을 생산한 농부의 행복까지 생각하듯이, ㉠여행할 때에도 내가 머무는 곳의 환경, 경제, 인권을 고려해야 하지 않을까.

① 현지 동물의 다양한 공연을 꼭 챙겨 본다.
② 현지인이 만든 전통 음식과 특산물을 구매한다.
③ 국제적으로 공인된 프랜차이즈 숙소를 이용한다.
④ 자전거나 기차보다는 저가 항공을 이동 수단으로 삼는다.
⑤ 여행자의 편리와 즐거움을 최우선으로 고려하는 패키지여행 상품을 구매한다.

16 ㉠에 들어갈 적절한 내용만을 〈보기〉에서 있는 대로 고른 것은?

△ A사와 B사의 수익 분배율 비교

> 어떤 소비자가 수익 분배율을 이유로 다국적 기업인 A사 커피를 구매하지 않고 B사 커피를 구매했다면, 이 소비자는 _____㉠_____ 고 평가할 수 있다.

| 보기 |

ㄱ. 노동자의 합당한 권리를 보장해 주고자 한다
ㄴ. 선진국과 개발 도상국 간 불공정 무역 구조에 대한 문제의식을 가지고 있다
ㄷ. 가격 대비 최고 만족을 주는 제품을 선택하고자 하는 합리적 소비를 하고 있다
ㄹ. 소비를 단순히 욕구 충족 수단으로 보지 않고 정의를 실현하는 방법으로 간주하고 있다

① ㄱ, ㄴ   ② ㄱ, ㄹ   ③ ㄴ, ㄷ
④ ㄱ, ㄴ, ㄹ   ⑤ ㄴ, ㄷ, ㄹ

중요 ★★

17 ㉠에 관한 설명으로 옳지 <u>않은</u> 것은?

> 윤리적 소비는 사회 정의를 구현하는 데 기여한다. 예를 들어 (㉠)의 제품을 구매하면 사회적 불평등을 완화하고 더욱 공정한 사회를 만드는 데 이바지할 수 있다. 최근 우리 사회에도 저소득층, 장애인 등을 고용하여 제품을 생산하거나 사회 복지 시설을 운영하는 등 다양한 유형의 (㉠)이/가 활발히 활동하고 있다.

① 이익을 창출하기 위한 활동을 고려하지 않는다.
② 취약 계층의 고용과 복지 문제를 해결하고자 한다.
③ 발생한 수익을 지역 사회의 공익을 위해 재투자한다.
④ 공공성을 실현하기 위한 각종 사규를 마련하고 있다.
⑤ 시각 장애인 연주단, 지역 영농 조합 등을 운영한다.

18 다음 글의 입장에서 긍정의 대답을 할 질문만을 〈보기〉에서 있는 대로 고른 것은?

> 새로운 생명 공학 기술과 관련된 제품과 방법에는 잠재적인 이익이 있다. 그렇지 않다면 그것은 상업화되지 않았을 것이다. 기업은 사람들이 원하지 않는 재화나 서비스는 제공하지 않는다. 바로 이 사실이 중요하다. 중요한 것은 단순히 과학자들과 기업들이 생명 공학 연구에 투자하는 동기가 아니라 소비자인 우리의 동기이다. 현재 우리의 기대, 욕망, 태도, 경향 등이 미래의 인류에게 영향을 미치고 문화적 특징 요소들을 결정하기 때문이다. 아직은 시장이 소비자를 창출하는 것만큼 소비자가 시장을 창출할 수 있다.

┤ 보기 ├
ㄱ. 소비자는 생명 공학 연구에 투자할 책임을 가지는가?
ㄴ. 소비자 다수의 윤리 의식은 시장의 창출로 이어지는가?
ㄷ. 현세대의 소비는 미래 세대의 삶의 질과 관련이 있는가?
ㄹ. 소비 동기는 한 사회의 문화적 특색을 형성하는 데 영향을 미치는가?

① ㄱ, ㄴ
② ㄱ, ㄹ
③ ㄴ, ㄷ
④ ㄱ, ㄴ, ㄹ
⑤ ㄴ, ㄷ, ㄹ

19 ㉠, ㉡에 들어갈 근거를 한 가지씩 서술하시오.

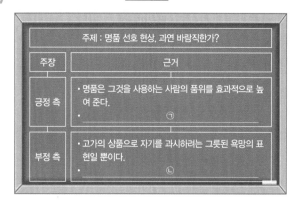

주제 : 명품 선호 현상, 과연 바람직한가?	
주장	근거
긍정 측	• 명품은 그것을 사용하는 사람의 품위를 효과적으로 높여 준다. • ㉠
부정 측	• 고가의 상품으로 자기를 과시하려는 그릇된 욕망의 표현일 뿐이다. • ㉡

20 ㉠에 해당하는 문제점을 세 가지 서술하시오.

> 오늘날 주거 공간은 산업화와 도시화의 영향으로 공동 주택을 중심으로 발전하였다. 공동 주택은 획일화되고 규격화된 형태의 주택으로 효율성과 편리성을 갖추고 있으나 ㉠다양한 윤리 문제를 낳기도 한다.

21 다음과 같은 마크가 부착된 제품을 소비함으로써 실현하고자 하는 목적을 각각 서술하시오.

마크	인증 내용	소비 목적
유기농 (ORGANIC) 농림축산식품부	친환경 농산물 제품	지속 가능한 환경 및 생태계 보전
FAIRTRADE	공정 무역 제품	㉠
FREEDOM FOOD RSPCA MONITORED	바른 사육과 도축 제품	㉡
365 Company	사회적 기업에서 생산된 제품	㉢

01 다음 글의 입장과 일치하는 내용만을 〈보기〉에서 있는 대로 고른 것은?

> 음식물에 관한 욕망은 자연적이다. 먹고 마시는 욕망을 추구할 때 흔히 저지르는 잘못은 주로 지나치는 것이다. 더 이상 먹고 마실 수 없을 때까지 먹고 마시는 것은 양에 있어 자연에 따르는 것을 넘어서는 것이다. 이런 이유로 사람들은 마땅한 것을 넘어 자신의 배를 채우는 사람을 '폭식가'라고 부른다. 이러한 사람이 바로 지나칠 정도로 노예적인 사람이다.

┤ 보기 ├
ㄱ. 인간은 이성적 능력을 발휘해 음식 섭취를 조절해야 한다.
ㄴ. 음식 섭취는 생태계가 순환하는 과정에 참여하는 행위이다.
ㄷ. 과도한 음식 섭취는 인간을 욕망에 종속된 존재로 전락시킨다.
ㄹ. 음식 섭취는 본능적 행위일 뿐 아니라 윤리적 행위가 될 수 있다.

① ㄱ, ㄴ   ② ㄱ, ㄹ   ③ ㄴ, ㄷ
④ ㄱ, ㄷ, ㄹ   ⑤ ㄴ, ㄷ, ㄹ

문제 접근 방법

제시문을 읽고, 그 내용으로부터 추론할 수 있는 선지를 고르는 문제이다. '음식물에 관한 욕망', '자연에 따르는 것' 등의 내용을 통해 음식에 관한 윤리적 문제에 관한 글임을 파악한 후 문제를 해결한다.

적용 개념

음식의 윤리적 의미

---

02 (가) 사상가의 입장에서 볼 때, 퍼즐 (나)의 세로 낱말 (C)에 관한 설명으로 가장 적절한 것은?

(가)	집은 인간의 삶을 한곳에 뿌리내리게 하는 공간이자 세계와 우주로 열리는 통로이다. 인간에게 주는 편안함과 한 장소에 뿌리내리게 해 주는 힘을 바탕으로 집은 인간의 전 생애에 걸쳐 있는 삶의 터전이다.
(나)	[표] (A) (B) (C) 퍼즐 [가로 열쇠] (A) : 인간 생활의 3대 요소인 옷, 음식, 집을 일컫는 말 (B) : 혼자서 살거나 홀로 지내는 것을 일컫는 말 예 ○○ 노인 [세로 열쇠] (C) : …… 개념

① 자연 만물의 생존을 가능하게 하는 터전이다.
② 하나의 문화 상품으로 부를 축적하는 수단이다.
③ 더 크고 넓은 삶의 장소로 진입하게 하는 중심이다.
④ 심신의 안정과 안전을 위해 잠시 체류하는 장소이다.
⑤ 영리를 목적으로 노동력을 결합시키는 사회적 공간이다.

문제 접근 방법

먼저 '집은 …… 삶의 터전'이라는 대목에서 (가) 사상가를 파악한다. 다음으로 (나)의 세로 낱말 (C)의 개념에 관해 이 사상가가 주장한 내용을 선지에서 골라 문제를 해결한다.

적용 개념

주거의 윤리적 의미

03 다음 글의 입장과 일치하는 내용만을 〈보기〉에서 있는 대로 고른 것은?

> 재화의 과시적 소비는 유한계급이 세속적 명성을 유지하는 수단이다. 고도로 산업화된 사회에서 명성을 획득할 수 있는 근거는 다름 아닌 재력이다. 재력을 과시하는 방편인 동시에 명성을 획득하고 유지하는 방편 중 하나가 과시적 소비인 것이다. 과시적 소비의 발달 과정을 탐색해 보면 낭비라는 요소가 작용했음을 알 수 있다. 그것은 한편으로는 시간과 노력의 낭비이고, 다른 한편으로는 재화의 낭비이다.

┤ 보기 ├

ㄱ. 과시적 소비는 경제적 합리성만을 고려하는 소비 형태이다.
ㄴ. 과시적 소비는 기계에 의한 재화의 대량 생산을 전제로 한다.
ㄷ. 과시적 소비자는 타인의 시선에 따라 재화의 가치를 결정한다.
ㄹ. 과시적 소비는 부유층이나 이를 모방하려는 계층에 의해 주도된다.

① ㄱ, ㄴ　　　　② ㄱ, ㄹ　　　　③ ㄷ, ㄹ
④ ㄱ, ㄴ, ㄷ　　　⑤ ㄴ, ㄷ, ㄹ

문제 접근 방법

먼저 '과시적 소비'라는 핵심어를 통해 제시문의 주제를 파악한다. 다음으로 '시간과 노력의 낭비', '재화의 낭비'라는 표현을 염두에 두고 제시문에서 추론할 수 있는 내용을 〈보기〉에서 골라 문제를 해결한다.

적용 개념

과시적 소비

04 (가)의 갑, 을의 주장을 (나) 그림으로 표현할 때, A~C에 들어갈 적절한 질문만을 〈보기〉에서 있는 대로 고른 것은?

(가)	갑 : 소비는 자신을 넘어 사회와 환경에 이르기까지 영향을 미친다. 따라서 자신에게 돌아오는 직접적인 혜택만 생각하지 말고, 장기적 관점에서 사회와 자연에 미치는 영향도 고려하여 소비해야 한다. 을 : 소비의 목적은 소비자 자신에 대한 직접적인 욕구 충족이다. 소비자는 자신의 욕구와 상품에 대한 정보를 바탕으로 소득 범위 내에서 상품을 선택하여 최소 비용으로 최대 만족을 얻을 수 있어야 한다.
(나)	

┤ 보기 ├

ㄱ. A : 소비자는 자신의 욕구 충족과 이익을 고려해야 하는가?
ㄴ. B : 소비자는 동물의 권리 보호를 의무로서 받아들여야 하는가?
ㄷ. B : 소비자는 구매 가격을 소비의 최종 판단 기준으로 삼아야 하는가?
ㄹ. C : 소비자는 경제적 합리성과 공공의 이익을 함께 고려해야 하는가?

① ㄱ, ㄴ　　　　② ㄱ, ㄹ　　　　③ ㄷ, ㄹ
④ ㄱ, ㄴ, ㄷ　　　⑤ ㄴ, ㄷ, ㄹ

문제 접근 방법

먼저 '장기적 관점', '사회와 자연에 미치는 영향' 등의 표현을 통해 갑의 입장을 파악한다. 다음으로 '최소 비용으로 최대 만족'이라는 내용에서 을의 입장을 파악한다. (나)의 순서도 A에는 갑, 을 모두 긍정의 대답을 할 질문이, B에는 갑이 긍정, 을이 부정의 대답을 할 질문이, C에는 을만 긍정의 대답을 할 질문이 들어가야 함을 확인한 후 문제를 해결한다.

적용 개념

합리적 소비
윤리적 소비

03 다문화 사회 윤리

🔖학습길잡이 • 다문화에 대한 관용의 필요성 및 범위와 한계를 명확히 해 둔다.
• 종교의 본질, 종교와 윤리의 공통점과 차이점, 종교 갈등의 원인과 극복 방안을 정리해 둔다.

🅐 문화 다양성과 존중

세계화에 따라 최근 우리나라는 국제결혼의 증가와 외국인 노동자 이주 등 다양한 형태로 외국인이 유입되면서 다문화 사회에 대한 담론이 활발히 전개되고 있다.

1 다문화 사회의 의미와 특징

① **다문화 사회** : 한 국가 안에 다양한 인종과 문화적 배경이 다른 사람들이 공존하는 사회 **1**

② **특징**

다양한 꽃이 저마다 아름다움을 뽐내며 꽃밭을 이루는 불교의 화엄(華嚴)처럼, 다문화 사회는 다양성과 차이를 존중하는 사회이다.

• 통일성보다 다양성, 단일성보다 다원성, 동일성보다 차이를 강조함 **2**
• 새로운 문화 요소의 도입으로 문화 선택의 폭과 문화 발전의 기회가 확대됨
• 다양한 문화적 요소 간 충돌로 갈등이 발생할 수 있음

⭐ 2 다문화를 바라보는 여러 가지 태도

① **동화주의** : 이주민 문화와 같은 소수 문화를 주류 문화에 적응시키고 통합하려는 입장 **예** 용광로 모델

• 장점 : 문화 충돌에 따른 갈등을 방지하고, 사회적 결속력을 강화할 수 있음
• 한계 : 문화적 역동성이 파괴되고, 이주민들은 자신의 문화적 정체성을 유지하며 살아가기 어려움

왜? 문화 변동의 외재적 원인인 다양한 문화가 사라지기 때문이다.

② **다문화주의** : 이주민의 고유한 문화와 자율성을 존중하여 문화 다양성을 실현하려는 입장 **예** 샐러드 그릇 모델 **질문**

• 장점 : 다양한 문화가 각각의 정체성을 유지하면서 조화를 이룰 수 있음
• 한계 : 연대감이나 사회적 결속력이 부족하여 사회 통합이 어려움

③ **문화 다원주의** : 이주민의 문화적 다양성을 인정하면서도 주류 문화를 중심과 바탕에 두려는 입장 **예** 국수 대접 모델

• 장점 : 이주민이 문화적 정체성을 유지하면서 공존할 수 있음
• 한계 : 주류 문화의 우위를 인정하여 비주류 문화와의 불평등이 발생함

자료로 보는 **다문화 사회를 설명하는 여러 가지 모델**

• **용광로 모델** : 여러 가지 금속을 용광로 안에 넣고 하나의 새로운 금속을 만드는 것처럼 다양한 문화를 섞어서 하나의 새로운 문화로 만든다는 관점이다.
• **샐러드 그릇 모델** : 다양한 채소와 과일이 있는 그대로 섞인다는 것으로, 한 사회 안에서 다양한 문화를 평등하게 인정하여 이주민의 문화가 존중받고 다양한 문화가 조화롭게 공존한다는 관점이다.
• **국수 대접 모델** : 주재료인 면 위에 고명을 얹어 국수의 맛을 내듯이 주류 문화는 국수와 국물처럼 중심 역할을 하며, 이주민의 문화는 색다른 맛을 더해 주는 고명이 되어 자신의 문화적 정체성을 유지하면서 공존한다는 관점이다.

Q 국수 대접 모델이 샐러드 그릇 모델에 비해 가지는 특징은 무엇인가?

A 이주민의 문화를 존중하면서도 주류 문화의 역할을 강조한다는 점이다.

📘개념 더하기 자료 채우기

1 연도별 국내 체류인 현황

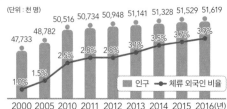

(단위: 천 명)

47,733 · 48,782 · 50,516 · 50,734 · 50,948 · 51,141 · 51,328 · 51,529 · 51,619

1.0% · 1.5% · 2.5% · 2.8% · 2.8% · 3.1% · 3.5% · 3.7% · 3.9%

■ 인구 ―●― 체류 외국인 비율

2000 2005 2010 2011 2012 2013 2014 2015 2016(년)
(법무부, 2016)

그래프는 우리 사회가 다문화 사회로 빠르게 진입하고 있음을 보여 준다.

2 다양성과 차이를 강조하는 철학

들뢰즈는 과거의 사유 방식이 보편적 가치나 개념으로부터 파생되는 나무와 같았다면, 다양성과 차이를 강조하는 오늘날에는 뿌리줄기 식물인 리좀(Rhyzome)의 사유 방식이 필요하다고 본다. 이러한 사유 방식은 다양한 개인 간의 차이에 주목하면서 각 개인이 삶의 중심이 되어야 함을 강조한다.

ⓐ 나무는 뿌리라는 한 가지 중심이 존재한다.

ⓑ 뿌리줄기 식물에는 중심이 존재하지 않는다.

✊질문 있어요

문화 다양성이 왜 중요한가요?
지역과 역사, 사회 환경에 따라 각기 다른 특성을 지니는 문화는 그 자체로 가치가 있기 때문이에요. 또한 다양한 문화를 인정할 때 우리는 더욱 풍요로운 삶을 누릴 수 있기 때문입니다. 이러한 관점에서 유네스코는 2001년 세계 각국의 문화 다양성을 지지하는 세계 문화 다양성 선언을 발표했으며, 이는 문화 다양성 협약으로 이어졌어요.

✳용어사전

* **문화적 정체성** 한 문화 속에 있는 사람들이 공유하는 동질감이자 자신의 문화에 대한 자긍심
* **문화 다양성 협약** 정식 명칭은 문화적 표현의 다양성 보호와 증진을 위한 협약. 각 지역의 문화적 고유성과 다양성을 보호하고, 문화 상품을 자유 무역 대상에서 제외하기로 한 협약으로, 2005년에 채택되었음

3 다문화 사회에 필요한 성숙한 시민 의식

① 문화적 편견 극복

- 문화적 편견이 타인의 보편적 권리를 침해할 경우 심각한 문제가 발생함
- 사례 : 자문화 중심주의, 문화 *사대주의, 문화 제국주의 **3**

② 윤리적 상대주의 경계 **4**

왜? 윤리적 상대주의는 보편 윤리를 위배하는 문화까지 인정하는 문제를 낳기 때문이다.

- 다문화 사회에서는 타 문화를 인정하는 문화 상대주의의 자세가 필요함
- 문화 다양성에 대한 인정이 윤리적 상대주의로 흐르는 것을 경계해야 함
- 노예 제도나 인종 차별, 명예 살인 등도 하나의 관습이나 전통이라는 미명 하에 정당화할 위험이 있음
- 윤리적 상대주의는 자문화와 타문화에 대한 비판적 성찰을 방해함

③ 관용의 실천

- 소극적 의미 : 타 문화에 대해 간섭하거나 배타적인 태도를 보이지 않음
- 적극적 의미 : 받아들일 수 없는 상대방의 주장이나 가치관을 이해하려고 노력하며 타자의 인권을 존중하여 평화를 실현하고자 함
- 관용의 필요성 : 이질적인 문화를 가진 사람들이 평화롭게 공존할 수 있으며, 문화적 풍요로움의 혜택을 많은 사람이 누릴 수 있음
- 관용의 한계 : 타인의 인권과 자유를 침해하지 않는 범위에서, 사회 정의와 사회 질서를 훼손하지 않는 범위에서 관용해야 함 **질문**

④ 바람직한 문화적 정체성 형성

- 자신의 문화적 정체성을 간직하면서 사람들과 조화롭게 살아가야 함 **5**
- 문화 다양성을 존중하면서도 보편적 규범을 준수해야 함

왜? 보편적 규범을 준거로 삼아 문화 다양성을 수용할 때 문화에 대한 성찰과 창조적 발전이 가능하기 때문이다.

자료로 보는 **보편 윤리의 필요성**

사람들이 자기 마음대로 다른 사람을 죽일 수 있고 누구도 그러한 행위를 잘못으로 생각하지 않는다고 가정해 보자. 그런 사회에서는 어떤 사람도 자신이 안전하다고 느끼지 못할 것이다. 이런 상황이라면 타인과 관계를 맺는 것이 위험해질 것이며 결국에 사회는 붕괴될 것이다. 그래서 사람들은 서로 해를 끼치지 않을 것을 믿는 사람들과 작은 집단을 만들어 연대할지도 모른다. 살인을 반대하는 규칙을 인정하는 사람들이 작은 사회를 구성한 것이다. 그러면 살인 금지는 모든 사회에 필수적인 특징이라고 할 수 있다. 정리하자면 모든 사회에는 사회가 존재하기 위해 필수적인 도덕률이 있어야만 한다. 거짓말과 살인에 관한 규칙은 그러한 도덕률의 예이다. 그리고 이 규칙은 모든 사회에서 유효하다. 문화 간의 차이점을 과대평가하는 것은 오류이다. 모든 도덕률이 사회마다 달라질 수는 없다.

– 레이첼스, 「도덕 철학의 기초」 –

자료 분석 특정한 시대와 장소에서 통용되는 구체적인 규범은 다양하고 시간이 흐르면서 변할 수 있다. 그러나 문화의 바탕에 놓여 있는 공통 정신이나 기본 원리가 있다. 예를 들어 모든 문화권에는 부모와 자녀 사이에 지켜야 할 의무가 있고, 무고한 사람을 죽여서는 안 된다는 금기가 있으며, 이타적인 행위를 바람직한 것으로 여긴다. 이것은 다양한 문화 속에서도 누구나 인정하는 보편 윤리가 존재한다는 것을 보여 준다.

---

3 문화적 편견 사례

구분	의미
자문화 중심주의	자신의 문화를 최고로 여기고 다른 나라의 문화를 무시하는 입장
문화 사대주의	다른 나라의 문화를 맹목적으로 숭상하며 추종하는 입장
문화 제국주의	다른 나라의 고유문화를 부정하고 문화적 지배와 종속의 질서를 강요하는 입장

4 문화 상대주의와 윤리적 상대주의

- 문화 상대주의 : 각각의 문화가 지닌 고유성과 상대적 가치를 이해하고 존중하는 태도를 말한다.
- 윤리적 상대주의 : 윤리를 문화의 산물로 간주하여 각 사회마다 따라야 할 규범이 다를 수 있다고 보는 태도이다. 즉 행위에 대한 옳고 그름의 기준은 사회마다 다르고, 보편적으로 인정할 수 있는 규범은 없다고 보는 관점이다.

질문 있어요

관용에도 한계를 두어야 하는 까닭은 무엇인가요?
'관용의 역설' 때문이에요. 관용의 역설이란 관용을 무제한으로 허용한 결과, 관용 자체를 부정하는 사상이나 태도까지 인정하게 되어 인권을 침해하고, 사회 질서가 무너지는 현상을 말합니다. 즉 인간의 존엄성과 같은 보편적 가치나 사회 정의를 해치는 행위까지 무제한으로 관용할 경우, 결국 아무도 관용을 보장받을 수 없게 되지요.

5 군자의 화이부동

군자는 다른 사람과 화합하되 동화되지는 않는다. …… 군자는 천하의 일에 있어서 이것만이 옳다고 주장하거나 이것은 절대로 안 된다고 주장해서는 안 된다. 다만 의(義)에 따를 뿐이다. – 「논어」 –

공자에 따르면 군자는 화이부동(和而不同)하는 반면, 소인은 동이불화(同而不和)한다. 소인은 자기 이익을 위해서라면 자신의 주관을 버리고 상대방에게 동화되어 버리지만 군자는 다른 사람과 화합하면서도 사사로운 이익을 얻기 위해 상대방을 무조건 좇지 않는다.

용어사전

- *사대주의 약자가 강자를 섬긴다는 뜻으로, 주체성이 없이 세력이 강한 나라나 사람을 받드는 태도
- *제국주의 우월한 군사력과 경제력으로 다른 나라나 민족을 정벌하여 대국가를 건설하려는 경향

B 종교의 공존과 관용

1 종교의 발생 원인

① **인간의 유한성과 불완전성** : 인간의 삶은 죽음으로 끝나며, 인간의 능력은 제한적이므로 살아가는 동안 어찌할 수 없는 *한계 상황에 직면함

② **인간의 종교적 지향성** : 삶의 실존적 문제를 해결하는 과정에서 초월적 존재에 대한 믿음을 종교로 구체화함 **1**
└ 종교학자 엘리아데는 인간을 종교적 존재 (Homo religiosus)로 규정한다.

2 종교의 본질과 구성 요소

① **의미** : 신앙 행위와 종교의 가르침, 성스러움과 관련된 심리 상태 등 다양한 현상을 아우르는 말

② **본질** : 다양한 종교의 공통된 본질을 규정하기 어려우나 일반적으로 사랑, 평화, 고통으로부터의 해방, 이타성, 행복 등 인간 삶의 궁극적 지향을 담고 있음 질문
왜? 유교는 절대자와 신앙의 대상이 엄밀하게 존재하지 않고 죽음과 내세에 대한 교리도 없지만 종교로 인정받고 있다.

③ **구성 요소**
- 내용적 측면 : 성스럽고 거룩한 것에 관한 체험과 믿음
- 형식적 측면 : 경전과 교리, 의례와 형식, 교단 등 **2**

3 종교와 윤리의 관계

대부분의 건전한 종교는 인간의 존엄성을 실현하는 윤리적 계율과 덕목을 중시한다. 불교에서는 자신이 가진 것을 베푸는 자비를, 그리스도교에서는 이웃에 대한 사랑을, 이슬람교에서는 다른 사람에 대한 친절과 배려를 강조한다.

구분	종교	윤리
차이점	• 성스러움이나 초월적인 문제를 다룸 • 신앙심을 바탕으로 신에 대한 의존을 강조함	• 도덕규범과 그 근거에 관하여 탐구함 • 이성, 양심, 도덕 감정 등을 근거로 도덕적 행위의 실천을 강조함
공통점	종교와 윤리는 모두 도덕성을 중시함 예 황금률 **3**	
관계	종교는 윤리적 삶을 고양하는 데 도움을 줄 수 있으며, 윤리는 종교가 올바른 방향으로 나아가는 데 도움을 줄 수 있음	

자료로 보는 종교를 바라보는 다양한 관점

- 종교는 우주의 영원하고 이상적인 내용과 본질에 대한, 그리고 무한자와 시간적인 존재 가운데 있는 영원자에 대한 경건한 직관이다. — 슐라이어마허 —
- 종교란 궁극적 실재와의 만남의 경험이며 엄청나고도 매혹적인 신비의 감정이다. 궁극적 실재는 두려움과 매혹의 대상이다. — 오토 —
- 종교적 인간에게 자연은 항상 종교적 의미로 충만해 있다. 세계는 신의 손으로 완성된 것이어서 성스러움으로 가득 차 있기 때문이다. — 엘리아데 —
- 사회는 절대적 권위를 상징하는 초월자를 필요로 한다. 신과 종교는 사회적 필요에 의해서 사회가 만들어 낸 산물이다. — 뒤르켐 —
- 종교는 억압받는 피조물의 탄식이며, 심장 없는 세상의 심장이고, 영혼 없는 현실의 영혼이다. 종교는 인민의 아편이다. — 마르크스 —

자료 분석 슐라이어마허, 오토, 엘리아데는 신이 실재한다고 보며, 종교는 필연적 산물이라고 본다. 반면 뒤르켐이나 마르크스는 종교가 인간의 필요에 의해 만들어진 것이라고 본다. 이러한 관점의 차이는 갈등의 원인이 되기도 한다.

개념 더하기 자료 채우기

1 엘리아데의 종교관

가장 원시적인 성현(聖顯), 예를 들면 돌이나 나무와 같은 일상적 대상 속에 성스러운 것이 나타나는 것에서 높은 수준의 성현, 즉 그리스도교에서 예수 안에 하느님의 신성이 부여되는 것에 이르기까지 일관된 연속성이 흐르고 있다. 여기서 우리는 신비스러운 사건에 직면한다. 즉 이 세상 것이 아닌 하나의 실재가 이 자연적인 '속된 세계'의 여러 사물 가운데 나타나는 사건에 직면하는 것이다.
— 엘리아데, 『성(聖)과 속(俗)』 —

엘리아데는 성과 속은 대립적이고 상호 모순적인 개념이지만, 세속적인 삶 속에서도 언제든지 성스러움이 드러난다는 점에 주목한다.

질문 있어요

종교는 우리 삶에서 어떤 역할을 하나요?

종교는 현실의 고통과 어려움을 이겨 낼 수 있는 힘을 주고 심리적 안정을 유지할 수 있게 해 줍니다. 또한 개인에게 삶의 궁극적 목적과 선악의 기준을 제시하여 바람직한 삶의 방향을 모색하게 하지요. 나아가 종교는 사회를 긍정적으로 변화시키는 데 도움을 주기도 합니다.

2 종교와 비종교의 구분 기준

① 종교는 초월적인 문제를 다루고, 세계의 기원과 운행에 대한 교리 체계를 갖추고 있다.
② 죽음과 내세에 대한 믿음을 구체화하는 종교 의례를 규정하고 있다.
③ 대부분의 종교 교리는 사랑, 정의, 생명 존중 등 보편적 도덕규범을 포함하고 있다.
④ 신을 상정하고 신에 대한 믿음을 강조한다.

3 황금률

황금률은 다양한 종교에서 공통으로 나타난다. "네가 싫어하는 것을 남에게 시키지 마라."라는 공자의 가르침이 소극적 황금률이라면, "남에게 대접받고자 하는 대로 남을 대접하라."라는 예수의 가르침은 적극적 황금률이라고 할 수 있다.

✱ 용어사전

* **한계 상황** 출생·우연·죽음·고통 등 변화시키거나 피할 수 없는 상황

4 종교 간 갈등의 원인

① **타 종교에 대한 배타적인 태도** : 자신의 종교만을 맹신하고 타 종교의 존재를 인정하지 않아 갈등이 일어남

② **타 종교에 대한 무지와 편견** : 자신의 종교적 지식에만 근거한 타 종교에 대한 판단이 갈등을 일으킴

5 종교 간 갈등의 다양한 유형 **4**

종교 간의 갈등은 어느 하나의 유형으로 고정되기보다는 여러 유형이 얽혀 있어 복합적인 갈등 양상을 보인다.

유형	내용
교리 문제	다른 종교 간, 또는 같은 종교 간 교리 차이에 따른 갈등
정치 문제	계급·계층, 정치 세력 간의 권력 다툼과 종교 갈등이 맞물린 경우
경제 문제	영토, 자원 등 경제적 이해관계의 대립과 종교 갈등이 맞물린 경우 **5**
윤리 문제	윤리적 문제에 대한 종교적 신념이나 교리의 차이에 따른 갈등
역사 문제	거듭된 반목과 대립으로 상대 종교에 대한 배타성에서 비롯된 갈등

★ 6 종교 간 갈등의 극복 방안

① **종교의 자유 인정** : 종교의 자유는 인간이 지닌 기본적인 권리 중 하나로 종교를 선택할 수 있는 권리, 종교에 대한 신앙을 강요빈지 않을 권리와 종교를 가지지 않아도 되는 권리 등을 포함함 **6**

② **타 종교에 대한 관용의 태도** : 종교적 진리에 대한 인간의 인식은 상대적이고 오류가 있을 수 있으므로 관용이 필요함 〈질문〉

③ **종교 간의 대화와 협력** : 종교 간의 적극적인 대화를 통해 타 종교에 대해 이해하고 존중해야 함

자료로 보는 │ 종교 갈등 극복을 위한 대화

• 대화 역량은 평화 역량을 위한 덕목이다. 대화가 중단되는 곳에는 그것이 개인적인 영역이든 아니면 공적인 영역이든 전쟁이 일어났다. 대화가 실패하는 곳에서 억압이 시작되었고 권력자들의 힘이 지배했다. …… 대화 역량에 우리의 모든 정신적 생존은 물론 심지어는 윤리적 생존도 달려 있다. 왜냐하면 종교 사이의 대화를 배제하고는 국가 사이의 어떠한 평화도 불가능하고, 종교 사이의 어떠한 평화도 불가능하며, 신학적인 기본 연구를 배제하고서는 종교 사이의 어떠한 태도도 불가능하기 때문이다. – 퀑, 『세계 윤리 구상』 –

• 종교적 대화의 시대가 시작되고 있다. 상대방을 바로 보지도 않고 말도 걸지도 않은 채 겉으로만 미끈하게 보이는 대화의 시대가 아니고, 확신에서 확신으로 그러나 또한 한 사람의 개방된 인격과 다른 한 사람의 개방된 인격의 사이에서 교환되는 진정한 대화의 시대가 온 것이다. 참된 공동생활은 바로 이때 나타날 수 있다. 그것은 모든 종교 속에서 발견되어 주장될 어떤 동일한 신앙 내용에서가 아니라 상황과 불안과 기대를 함께 할 공동생활에서 일어난다. – 부버, 『사람과 사람 사이』 –

자료 분석 퀑은 대화 역량이 곧 종교 간의 평화와 세계 평화를 보장해 주는 기초적인 조건이라고 본다. 마찬가지로 부버는 종교 간의 대화를 통해 공동생활의 기반을 마련해야 한다고 역설한다.

개념 더하기 자료 채우기

4 세계의 종교 갈등 지역

영국(북아일랜드)	발칸반도	파키스탄
개신교·가톨릭교	가톨릭교·그리스 정교·이슬람교	이슬람교 (수니파, 시아파)

나이지리아	인도·파키스탄 (카슈미르)
개신교·이슬람교	힌두교·이슬람교

수단·남수단	필리핀
개신교·이슬람교	가톨릭교·이슬람교

이란·이라크	인도네시아	동티모르	콜롬비아
이슬람교 (수니파, 시아파)	개신교·이슬람교	가톨릭교·이슬람교	개신교·가톨릭교

(한국 국방연구원, 2016)

5 카슈미르 분쟁

카슈미르 분쟁은 1947년 영국이 인도 식민 지배를 끝내고 철수한 뒤 인도와 파키스탄 사이의 영토 문제에서 비롯되었다. 당시 인도가 영토를 편입하는 과정에서 카슈미르 지역의 힌두교도 영주가 인도에 귀속할 것을 결정하였다. 그러나 카슈미르 인구의 대부분을 차지했던 이슬람교 주민들이 이에 반발하였고, 파키스탄이 이에 개입함으로써 정치 분쟁으로 확대되었다. 이후 50년간 이어진 이 갈등은 힌두교와 이슬람교 간 세력 경쟁의 양상을 보이며, 양측의 분쟁은 여전히 끊이지 않고 있다.

6 종교 간 갈등 극복 방안으로서의 자유주의

로크는 종교적 가치를 권력에 의지하여 실현하고자 할 때 박해, 고문, 살육 등의 비윤리적인 행위가 벌어졌다고 보고, 자유주의적 관점에서 구원의 문제는 개인의 양심과 자유에 맡겨야 한다고 주장한다. 국가 권력이 신앙의 영역에 강제력을 행사해서는 안 되며, 다른 종교에 대한 배타적이고 폭력적인 태도를 지양해야 한다는 것이다.

👆 질문 있어요

종교의 자유와 관용에도 한계가 있나요?

종교의 자유에도 한계가 있습니다. 종교적 가르침을 실천한다는 명목으로 타인의 권리를 침해하거나 해악을 가하는 일, 타인의 사상·종교·전통 등을 무시하는 일이 있어서는 안 됩니다. 또한 종교의 관용에도 한계가 있습니다. 부정의한 전쟁, 테러, 범죄 등 악덕에 대해서까지 관용해야 하는 것은 아니지요.

✱ 용어사전

* **배타**(밀칠 排, 다를 他) 남을 배척함
* **반목**(돌이킬 反, 눈 目) 서로서로 시기하고 미워함
* **자유주의** 개인의 인격의 존엄성을 인정하고, 개성을 자발적으로 발전시키고자 하는 사상, 개인의 사유와 활동에 대한 간섭을 줄이고 가능한 한 자유를 증대시키려고 하는 생활 방식

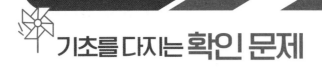

A 문화 다양성과 존중

1 다문화 사회의 의미와 특징 다양한 인종과 문화적 배경이 다른 사람들이 공존하며 통일성보다는 다양성, 단일성보다는 다원성을 강조하는 사회

2 다문화를 바라보는 여러 가지 태도

동화주의	소수 문화를 주류 문화에 흡수 통합하려는 입장 예 용광로 이론
다문화주의	소수 문화의 고유성과 자율성을 존중하여 문화 다양성을 실현하려는 입장 예 샐러드 볼 이론
문화 다원주의	소수 문화의 다양성을 인정하면서도 주류 문화를 중심에 두려는 입장 예 국수 대접 이론

3 다문화 사회의 성숙한 시민 의식

문화적 편견 극복	자문화 중심주의, 문화 사대주의, 문화 제국주의 등 문화적 편견을 극복해야 함
윤리적 상대주의 경계	윤리적 상대주의는 보편 윤리를 위배하는 문화를 인정하며, 문화에 대한 성찰을 방해함
관용의 실천	타인의 인권을 침해하지 않고, 사회 정의를 훼손하지 않는 범위에서 관용해야 함
바람직한 문화적 정체성 형성	화이부동의 자세로 문화 다양성을 존중하면서도 보편적 규범을 준수해야 함

B 종교의 공존과 관용

1 종교의 본질과 구성 요소

발생 원인	인간의 유한성과 불완전성, 인간의 종교적 지향성
본질	사랑, 평화, 고통으로부터의 해방, 이타성, 행복 등 인간의 궁극적 삶의 지향을 담고 있음
구성 요소	• 내용적 측면 : 성스러운 것에 관한 체험과 믿음 • 형식적 측면 : 경전과 교리, 의례와 형식, 교단 등

2 종교와 윤리의 상호 보완적 관계

종교	• 성스러움이나 초월적인 문제를 다룸 • 신앙심을 바탕으로 신에 대한 의존을 강조함
윤리	• 도덕규범과 그 근거에 관하여 탐구함 • 이성, 양심 등을 바탕으로 도덕적 행위의 실천을 강조함
공통점	종교와 윤리는 모두 도덕성을 중시함 예 황금률

3 종교 간 갈등의 원인과 극복 방안

원인	타 종교에 대한 배타적인 태도, 무지와 편견
극복 방안	• 종교의 자유를 인정해야 함 • 타 종교에 대해 관용하며, 대화해야 함

01 다음 설명이 맞으면 ○표, 틀리면 ×표를 하시오.

(1) 용광로 모델은 다양한 문화를 섞어서 하나의 새로운 문화로 만든다는 관점이다. ( )

(2) 다문화주의란 소수 문화의 다양성을 인정하면서도 주류 문화를 중심에 두려는 입장을 말한다. ( )

(3) 자문화 중심주의, 문화 사대주의, 문화 제국주의는 모두 우리가 지향해야 할 문화적 편견이다. ( )

(4) 종교는 형식적 측면에서 경전과 교리, 의례와 형식, 그리고 교단을 포함한다. ( )

(5) 종교의 자유란 다른 종교에 대한 믿음을 강요받지 않을 권리를 말하며, 종교를 가지지 않아도 되는 권리는 없다. ( )

02 빈칸에 들어갈 알맞은 말을 쓰시오.

(1) ( )은/는 다양한 문화를 대할 때 각각의 문화가 지닌 고유성과 상대적 가치를 존중하는 태도를 말한다.

(2) ( )(이)란 행위에 대한 옳고 그름의 기준은 사람이나 사회마다 다르고, 보편적으로 인정할 수 있는 도덕적 기준은 없다고 보는 관점을 말한다.

(3) ( )(이)란 관용을 무제한으로 허용한 결과, 관용 자체를 부정하는 사상이나 태도까지 인정하게 되어 인권을 침해하고, 사회 질서가 무너지게 되는 현상을 말한다.

(4) ( )(이)란 의(義)를 체득한 군자의 태도로, 서로의 생각을 조절하여 서로 화합하면서도 자신의 사사로운 이익을 얻기 위해서 상대방을 무조건 따르지 않는 것을 말한다.

03 각 사상가와 종교에 대한 입장을 바르게 연결하시오.

(1) 퀴닝 •

(2) 오토 •

(3) 엘리아데 •

• ㉠ 종교란 엄청나고도 매혹적인 신비의 감정이다.

• ㉡ 우주는 신의 손으로 완성된 것이어서 성스러움으로 가득 차 있다.

• ㉢ 종교 사이의 대화를 배제하고서는 종교 사이의 어떠한 평화도 불가능하다.

01 다음은 최근 우리 사회의 변화를 보여 주는 자료이다. ㉠에 관한 설명으로 적절하지 <u>않은</u> 것은?

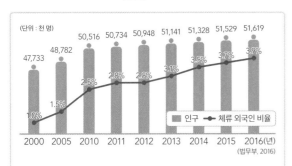

(단위 : 천 명)

47,733 (1.0%) / 48,782 (1.5%) / 50,516 (2.5%) / 50,734 (2.8%) / 50,948 (2.8%) / 51,141 (3.1%) / 51,328 (3.5%) / 51,529 (3.7%) / 51,619 (3.9%)

2000 2005 2010 2011 2012 2013 2014 2015 2016(년)
(법무부, 2016)

인구 ● 체류 외국인 비율

2021년에는 국내 체류 외국인이 300만 명을 넘어설 것으로 예측된다. 이는 우리 사회가 (㉠)(으)로 빠르게 진입하고 있음을 보여 준다.

① 세계화와 국가 간 교류 증대로 등장하였다.
② 문화 선택의 폭과 문화 발전의 기회가 확대된다.
③ 통일성보다 다양성, 동질성보다 차이가 강조된다.
④ 외래문화를 비판 없이 수용하는 태도가 요구된다.
⑤ 다양한 문화 요소 간 충돌로 갈등이 발생할 수 있다.

02 ㉠에 들어갈 진술로 적절하지 <u>않은</u> 것은?

| ○○신문 | 2000년 ○○월 ○일 |

다문화 사회로 빠르게 진입함에 따라 인종, 종교, 문화의 차이에 따른 갈등이 발생하고 있다. 예를 들어 우리나라에 거주하는 외국인들은 다양한 형태의 차별을 자주 경험한다고 토로한다. 또한 최근 외국의 축제를 무분별하게 도입하여 행사를 벌인 지방 도시가 재정 위기에 빠진 일이 발생하기도 했다. 이와 같은 다문화 사회로의 진입에 따른 문제를 해결하려면 ____㉠____

① 화이부동(和而不同)의 자세를 함양해야 한다.
② 불관용의 문화도 관용하는 태도를 길러야 한다.
③ 문화 상대주의를 지향하되 보편 윤리를 지켜야 한다.
④ 다양한 문화가 공존할 수 있는 정책을 마련해야 한다.
⑤ 여러 개인 간의 차이를 인정하는 사유 방식을 가져야 한다.

03 ㉠~㉢이 설명하는 입장과 모델을 바르게 짝지은 것은?

이민자들을 자국의 국민으로 받아들이는 과정에서 다양한 다문화 정책을 펼칠 수 있다. 예를 들어 ㉠이민자를 주류 사회에 동화시켜 이들에게 국민이라는 정체성을 부여하는 정책, ㉡이민자들이 그들의 고유한 문화를 유지하는 것을 인정하면서 공존을 지향하는 정책, 그리고 ㉢문화의 다양성을 인정하지만 주류 사회의 문화를 바탕으로 하여 문화적 다원성을 수용하려는 정책 등이 있다.

구분		입장	모델
①	㉠	문화 다원주의	국수 대접 모델
②	㉡	동화주의	용광로 모델
③	㉡	다문화주의	샐러드 그릇 모델
④	㉢	동화주의	국수 대접 모델
⑤	㉢	다문화주의	용광로 모델

04 (★★중요) 갑, 을, 병의 입장에서 질문에 대답한 내용을 모두 바르게 짝지은 것은?

갑 : 다양한 채소와 과일이 하나의 그릇 안에서 있는 그대로 섞이듯 다양한 문화들이 그 자체로 존중되며 공존하도록 해야 한다.
을 : 여러 광석이 용광로 안에서 새로운 금속으로 만들어지듯 소수 문화가 기존 문화로 변화될 수 있도록 도와야 한다.
병 : 주류 문화가 국수의 면과 국물처럼 중심적 위상을 유지하고 소수 문화는 국수의 고명과 같은 역할을 하도록 해야 한다.

	질문	갑	을	병
①	다양한 이질적 문화를 하나로 융합해야 하는가?	예	예	예
②	다양한 문화가 대등한 지위를 누려야 하는가?	예	예	아니요
③	이주민의 문화적 고유성을 인정해야 하는가?	예	아니요	아니요
④	주류 문화와 비주류 문화를 구분해야 하는가?	아니요	예	예
⑤	소수 문화가 문화 발전의 핵심적 역할을 담당해야 하는가?	아니요	아니요	예

05

갑, 을의 입장에 관한 옳은 설명만을 〈보기〉에서 있는 대로 고른 것은?

토론 주제 : 다문화 정책의 장점과 한계

당신의 주장은 주류 문화를 중심으로 다른 문화를 통합한다는 점에서 획일적인 사회로 나가기 쉽다는 문제점이 있습니다.

당신의 주장은 소수 문화를 존중하여 문화 간의 갈등을 막을 수 있지만, 문화의 구심점이 없어서 사회 통합을 저해할 수 있다는 문제점이 있습니다.

갑 　　　　　　　　　　　　　　　　 을

┤ 보기 ├

ㄱ. 갑은 타 문화에 대한 관용이 사회적 연대감을 강화한다고 본다.

ㄴ. 을은 단일 문화의 형성과 문화적 충돌에 따른 갈등 방지를 지지한다.

ㄷ. 갑과 을은 집단 간의 우열이 문화 간의 우열로 이어져서는 안 된다고 본다.

ㄹ. 을은 갑과 달리 비주류 문화의 통합에 따른 문화적 역동성 파괴를 우려한다.

① ㄱ, ㄴ 　　　 ② ㄱ, ㄷ 　　　 ③ ㄷ, ㄹ

④ ㄱ, ㄴ, ㄹ 　　 ⑤ ㄴ, ㄷ, ㄹ

06

갑의 입장에서 을의 주장에 대해 제기할 비판으로 가장 적절한 것은?

갑 : 모든 사회에는 사회가 존재하기 위해 필수적인 도덕률이 있어야만 합니다. 거짓말과 살인에 관한 규칙은 그러한 도덕률의 예이고, 이 규칙은 모든 사회에서 유효합니다.

을 : '옳음에 대한 관념'은 관습을 벗어나 존재하지 않습니다. 관습적인 것은 그것이 무엇이든지 간에 옳습니다. 그 자체에 조상으로부터 내려온 권위가 포함되어 있기 때문입니다.

① 윤리 규범이 문화의 산물임을 간과하고 있다.

② 관습은 분석의 대상이 될 수 없음을 간과하고 있다.

③ 문화의 상대적 가치를 부정해야 함을 강조하고 있다.

④ 관습이 보편 윤리를 위배할 수 있음을 간과하고 있다.

⑤ 모든 도덕률이 사회마다 달라질 수 없음을 강조하고 있다.

07

다음 글의 입장에서 지지할 견해에만 모두 'ㅇ'를 표시한 학생은?

사람들이 자기 마음대로 다른 사람을 죽일 수 있고 누구도 그러한 행위를 잘못으로 생각하지 않는다고 가정해 보자. 그런 사회에서는 타인과 관계를 맺는 것이 위험해질 것이며 결국에 사회는 붕괴될 것이다. 그래서 사람들은 서로 해를 끼치지 않을 것을 믿는 사람들과 작은 집단을 만들어 연대하게 된다. 즉 사람들은 살인을 반대하는 규칙을 인정하는 작은 사회를 구성하게 되는 것이다. 그렇다면 살인의 금지는 모든 사회에 필수적인 특징이라고 할 수 있다.

견해 ＼ 학생	갑	을	병	정	무
보편적으로 인정할 수 있는 도덕 규범이 존재한다.	∨	∨		∨	
문화 상대주의를 극복하고 윤리적 상대주의를 지향해야 한다.	∨		∨		∨
모든 사회에는 사회가 존재하기 위해 필수적인 도덕률이 있어야 한다.		∨		∨	
명예 살인은 한 문화권의 고유한 전통이므로 도덕 판단의 대상이 아니다.		∨	∨		∨

① 갑 　　 ② 을 　　 ③ 병 　　 ④ 정 　　 ⑤ 무

08

㉠~㉢에 관한 설명으로 가장 적절한 것은?

문화 정체성을 유지하면서도 다양한 문화가 공존하기 위해서는 문화적 편견을 극복해야 한다. 편견이란 공정하지 못하고 한쪽으로 치우친 생각을 의미하는데, 이러한 편견이 타인의 보편적 권리를 침해할 경우 심각한 문제가 될 수 있다. 예를 들면 ㉠ 문화 제국주의, ㉡ 문화 사대주의, ㉢ 자문화 중심주의 등의 태도에서 벗어나야 한다.

① ㉠ : 국가 간 다양한 문화의 공존을 추구하는 태도

② ㉡ : 다른 나라의 문화를 맹목적으로 추종하는 태도

③ ㉢ : 자기 문화보다 다른 문화가 우월함을 강조하는 태도

④ ㉡ : 자기 문화를 최고로 여기고 다른 문화를 무시하는 태도

⑤ ㉢ : 다른 나라에 문화적 종속과 문화의 수용을 강요하는 태도

09 다음은 노트 필기의 일부이다. ㉠~㉤ 중 옳지 <u>않은</u> 내용을 고른 것은?

> 학습 주제 : 관용
>
> 1. 의미
> • 타 문화에 대해 배타적인 태도를 보이지 않음 ┈┈┈ ㉠
> • 타자의 인권을 존중하고 평화를 실현하려 함 ┈┈┈ ㉡
> 2. 필요성
> • 단일 문화의 형성을 촉진하여 연대감을 증대시킴 ┈┈┈ ㉢
> • 이질적인 문화를 가진 사람들의 평화로운 공존 가능 ┈┈┈ ㉣
> 3. 허용 범위
> • 사회 통합을 목적으로 한 보편적 가치의 훼손 행위 ┈┈┈ ㉤

① ㉠, ㉡   ② ㉠, ㉣   ③ ㉡, ㉤
④ ㉢, ㉣   ⑤ ㉢, ㉤

10 다음 글의 입장에서 부정의 대답을 할 질문으로 옳은 것은?

> 관용의 정신은 기본적으로 양심, 사상, 표현의 자유를 지향한다. 따라서 표현의 자유를 부인하는 사상도 표현의 자유는 누려야 한다. 그러나 표현의 자유를 압살하려는 정권에 대한 관용까지가 관용의 이념에 포함될 수는 없다. 그 이유는 관용을 기반으로 삼아서 성립한 바이마르 공화국이 히틀러의 발호를 허용한 결과 나치스의 파시즘이 정권을 잡도록 길을 열어 줬다는 사실에서 명백하게 드러난다.
> *발호(跋扈) : 권세나 세력을 제멋대로 부리며 함부로 날뜀

① 무제한적인 관용은 관용의 상실을 가져오는가?
② 관용의 정신은 윤리적 상대주의를 지향하는가?
③ 관용은 인권을 침해하지 않는 한에서 허용되는가?
④ 사회 정의를 훼손하는 행위는 불관용의 대상인가?
⑤ 관용의 정신과 불관용 정책에 대한 저항은 상호 모순인가?

11 A에 들어갈 용어에 관한 설명으로 적절하지 <u>않은</u> 것은?

① 인간의 유한성과 불완전성에서 비롯되었다.
② 공통된 본질을 파악하여 엄밀하게 규정하기 어렵다.
③ 한계 상황을 이성 능력만으로 극복할 것을 강조한다.
④ 고유한 세계관으로써 삶의 궁극적 의미를 설명한다.
⑤ 인류의 보편적 가치를 추구하며 선악의 기준을 제시한다.

★★ 중요

12 갑, 을, 병이 서로에게 제기할 반론으로 가장 적절한 것은?

> 갑 : 종교란 궁극적 실재와의 만남의 경험이며 엄청나고도 매혹적인 신비의 감정이다. 궁극적 실재는 두려움과 매혹의 대상이다.
> 을 : 종교와 신은 사회적 필요에 의해서 사회가 만들어 낸 산물이다. 사회가 제 기능을 발휘하려면 절대적 권위를 상징하는 초월자를 필요로 한다.
> 병 : 종교는 억압받는 생명들의 탄식이며 인민의 아편이다. 종교는 아직 그 자신을 발견하지 못하거나 자신을 상실한 사람들의 자의식이다.

	~이	~에게	반론
①	갑	을	인간이 소망하는 것을 대상에 투사한 것이 신이라는 것을 모르고 있다.
②	을	병	종교는 사회 계급 간 갈등의 고통을 잊게 해 주는 것임을 모르고 있다.
③	병	갑	자기 삶을 신에게 의지하여 참된 자기를 회복해야 함 모르고 있다.
④	갑	을, 병	믿음을 통해 만날 수 있는 초월적 실재가 존재함을 모르고 있다.
⑤	을	갑, 병	종교는 성스러운 실재에 대한 강렬한 체험이라는 사실을 모르고 있다.

13 그림은 어떤 학생의 형성 평가 답안지이다. ⊙∼② 중 옳은 답변만을 있는 대로 고른 것은?

> ※ 다음 사상가의 입장으로 옳으면 '○'표, 옳지 않으면 '×'표를 하시오.
>
> > 가장 원시적인 성현(聖顯), 즉 돌이나 나무와 같은 일상적 대상 속에 성스러운 것이 나타나는 것에서 높은 수준의 성현, 즉 그리스도교에서 예수 안에 하느님의 신성이 부여되는 것에 이르기까지 일관된 연속성이 흐르고 있다. 여기서 우리는 이 세상 것이 아닌 하나의 실재가 이 자연적인 '속된 세계'의 여러 사물 가운데 나타나는 사건에 직면하게 된다.
>
> • 입장 1 : 성(聖)이란 속(俗)으로부터의 단절을 의미한다.
>   (×) ━━━━━━━━━━━━━━━━━━ ⊙
> • 입장 2 : 일상 속에서 성과 속 모두를 경험할 수 있다.
>   (○) ━━━━━━━━━━━━━━━━━━ ⓛ
> • 입장 3 : 초월적 실재와 자연 세계는 분리되어야 한다.
>   (○) ━━━━━━━━━━━━━━━━━━ ⓒ
> • 입장 4 : 종교적 수행을 통해서만 성스러움을 경험할 수 있다.
>   (×) ━━━━━━━━━━━━━━━━━━ ②

① ⊙, ⓛ   ② ⊙, ②   ③ ⓛ, ⓒ
④ ⊙, ⓛ, ②   ⑤ ⓛ, ⓒ, ②

14 ⊙에 관한 설명으로 적절하지 <u>않은</u> 것은?

> 인간이 사는 세계에는 인간의 지성으로는 알 수 없는 것이 존재한다. 또한 유한한 삶을 사는 인간은 행복을 추구하지만 때때로 불안과 고통을 겪기도 한다. 따라서 인간은 자연스럽게 초월적 존재에 의지하여 마음의 평화와 행복을 추구하며 삶의 궁극적 의미를 찾고자 노력한다. 이러한 과정에서 (⊙)이/가 발생하였다.

① 믿음을 구체화할 수 있는 의례와 형식을 규정한다.
② 세계의 기원과 운행에 대한 설명 체계를 갖추고 있다.
③ 도덕규범을 포함하며 인간의 존엄성 실현을 추구한다.
④ 성스러움에 대한 주관적 체험보다 과학적 분석을 강조한다.
⑤ 고통으로부터의 해방과 같은 인간의 궁극적인 삶을 지향한다.

15 다음 자료를 보고 적절하게 추론한 내용만을 〈보기〉에서 있는 대로 고른 것은?

종교	계율
유교	자기가 원하지 않는 바를 남에게 미루지 말라.
그리스도교	너희는 남에게 바라는 대로 남에게 해 주어라.
힌두교	너에게 고통을 불러일으키는 일을 남에게 하지 마라.
이슬람교	아무도 해치지 마라. 그러면 아무도 너를 해치지 않을 것이다.
불교	어떤 일로 고통받은 적이 있다면, 그 방식으로 남에게 상처를 주지 마라.

> **보기**
> ㄱ. 종교 윤리와 세속 윤리는 서로 조화될 수 있다.
> ㄴ. 다른 종교 간에 공유하고 있는 윤리 규범이 있다.
> ㄷ. 황금률은 세계 종교만이 가지고 있는 특징이다.
> ㄹ. 특정 민족만이 믿는 민족 종교는 보편 윤리를 포함하지 않는다.

① ㄱ, ㄴ   ② ㄱ, ㄷ   ③ ㄷ, ㄹ
④ ㄱ, ㄴ, ㄹ   ⑤ ㄴ, ㄷ, ㄹ

16 (가)의 입장에서 (나)의 문제 상황에 대해 제시할 해결 방안만을 〈보기〉에서 있는 대로 고른 것은?

(가)	구원의 문제는 자유주의 관점에서 개인의 양심과 자유에 맡겨야 한다. 국가 권력이 신앙의 고유한 영역에 강제력을 행사해서는 안 된다. 또한 다른 종교에 대한 배타적이고 폭력적인 태도도 지양해야 한다.
(나)	같은 뿌리를 가진 A국의 종교와 B국의 종교는 자신들만이 정통이며, 정통 교리를 따라야 한다고 주장해 왔다. 최근 A국과 B국이 자국 내 거주하는 외국인을 대상으로 자국의 종교를 따르는 것을 법제화하면서 갈등이 심화되고 있다.

> **보기**
> ㄱ. 타 종교의 유입을 제도로 차단해 갈등을 예방한다.
> ㄴ. 누구나 양심에 따라 종교를 선택할 권리를 가지고 있음을 인정한다.
> ㄷ. 자신이 믿는 교리의 절대성을 바탕으로 타 종교의 교리를 판단하고 평가한다.
> ㄹ. 종교의 자유에는 종교를 강요받지 않거나 종교를 갖지 않을 권리도 포함됨을 인정한다.

① ㄱ, ㄴ   ② ㄱ, ㄷ   ③ ㄴ, ㄹ
④ ㄱ, ㄷ, ㄹ   ⑤ ㄴ, ㄷ, ㄹ

17 ㉠에 들어갈 내용으로 적절하지 <u>않은</u> 것은?

> 힌두교를 믿는 인도와 이슬람교를 믿는 파키스탄은 카슈미르 지역의 귀속 문제로 50년간 대립하고 있다. 또한 이슬람교 수니파와 시아파는 정통성의 계승, 경전과 교리의 해석을 둘러싸고 갈등하고 있으며, 1945년 유대인들이 팔레스타인 지역에 이스라엘 국가를 세운 유대교를 믿는 이스라엘과 이슬람을 믿는 주변 국들 간에 네 차례 큰 전쟁이 발생하였다. 이처럼 종교 간 갈등은 _____㉠_____

① 정치, 경제 등 다양한 요인들이 얽혀 발생한다.
② 서로 다른 종교를 믿는 사람들 사이에서 발생한다.
③ 다른 종교에 대한 배타적인 태도 때문에 발생한다.
④ 자기 종교의 절대성만을 강조한 결과로 발생한다.
⑤ 종교 간 갈등이 지속되고 심화될 경우 폭력을 수반한다.

★★
중요

18 다음 글의 입장과 일치하는 내용만을 〈보기〉에서 있는 대로 고른 것은?

> 대화가 중단되는 곳에는 그것이 개인적인 영역이든 아니면 공적인 영역이든 전쟁이 일어났다. 대화를 지지하는 자는 자신의 교회와 종교의 규칙에 얽매이지 않으며, 다르게 생각하는 자와의 투쟁이라는 형태를 혐오한다. 종교 사이의 대화를 배제하고는 국가 사이의 어떠한 평화도 불가능하며, 종교 사이의 대화를 배제하고서는 종교 사이의 어떠한 평화도 불가능하고, 신학적인 기본 연구를 배제하고서는 종교 사이의 어떠한 태도도 불가능하기 때문이다.

> 보기
> ㄱ. 대화 역량은 평화 역량을 갖추기 위한 덕목이다.
> ㄴ. 대화 역량을 가진 종교인은 이단자에게도 관용의 자세를 취한다.
> ㄷ. 대화 역량에 기초한 종교 간 평화는 세계 평화가 보장될 때 가능하다.
> ㄹ. 대화 역량을 갖추려면 자기 종교와 타 종교에 대한 이해가 선행되어야 한다.

① ㄱ, ㄴ ② ㄱ, ㄷ ③ ㄷ, ㄹ
④ ㄱ, ㄴ, ㄹ ⑤ ㄴ, ㄷ, ㄹ

19 다음 글을 읽고 물음에 답하시오.

> 극단적인 (㉠) 상대주의자들은 명예 살인이 윤리적 가치 판단의 대상이 될 수 없다고 말한다. 이들은 윤리도 문화에 포함되므로 옳고 그름은 사회에 따라 다양하며, 보편적인 도덕적 기준은 존재하지 않는다고 주장한다. 하지만 이러한 (㉡) 상대주의의 관점에서 문화를 이해하면 ㉢여러 가지 문제를 초래할 수 있다.

(1) ㉠, ㉡에 들어갈 말을 각각 쓰시오.

(2) ㉢에 해당하는 문제점을 <u>두 가지</u> 서술하시오.

20 다음 글을 읽고 물음에 답하시오.

> (㉠)이/가 성스러움이나 초월적인 문제를 다룬다면, (㉡)은/는 도덕규범이나 그 규범의 근거에 관하여 탐구한다. (㉠)이/가 신앙심을 바탕으로 신에 대한 의존을 강조한다면, (㉡)은/는 이성이나 양심, 도덕 감정 등을 근거로 도덕적 행위의 실천에 관심을 둔다. 이런 차이에도 불구하고 다양한 종교에서 (㉢)와/과 같은 공통적인 윤리 규범을 발견할 수 있는데, 우리는 이를 통해 ㉣종교와 윤리의 공통점을 발견할 수 있다.

(1) ㉠~㉢에 들어갈 개념을 각각 쓰시오.

(2) ㉣에 해당하는 내용을 서술하시오.

21 다음 글을 토대로 종교 간 갈등의 해결 방안을 서술하시오.

> 종교 간 갈등이 발생하는 원인은 무엇인가? 먼저 타 종교에 대한 배타적인 태도 때문이다. 종교는 대체로 강력한 세계관과 신념 체계를 가지고 있다. 따라서 자신이 믿는 종교만을 맹신하고 타 종교의 존재를 인정하지 않으면 갈등이 발생한다. 또한 타 종교에 대한 무지와 편견 때문이다. 타 종교에 관한 지식이 부족하면 자신의 종교적 지식에만 근거해 타 종교를 판단하므로 갈등으로 이어진다.

등급을 올리는 고난도 문제

01 갑, 을의 입장에 관한 옳은 설명만을 〈보기〉에서 있는 대로 고른 것은?

> 갑 : 기본적 권리는 문화라는 특정한 맥락 안에서 실질적으로 행사될 수 있다. 집단별로 차별화된 권리를 인정하는 다문화주의는 집단 간 관계의 형평성을 제고시킬 뿐 아니라, 소수 집단의 성원으로 하여금 국가에 대한 충성심을 갖게 한다.
>
> 을 : 다문화주의는 문화 간 경계가 실제로 존재한다는 잘못된 전제에 근거하여 집단 간 문화의 장벽을 영속화시킬 뿐 아니라, 소수 집단에 별도의 권리를 부여하여 개인의 법 앞의 평등이라는 기본 원칙을 심각하게 손상시킨다.

--- 보기 ---
ㄱ. 갑 : 소수 집단의 차별화된 권리에 대한 존중이 사회의 결속을 촉진한다.
ㄴ. 을 : 소수 집단의 차별화된 권리와 달리 문화적 고유성은 인정해야 한다.
ㄷ. 을 : 소수 집단에 대한 차별화된 권리 인정은 보편적 인권을 침해한다.
ㄹ. 갑, 을 : 소수 집단의 차별화된 권리 인정은 문화 간 경계를 허문다.

① ㄱ, ㄷ   ② ㄱ, ㄹ   ③ ㄴ, ㄷ   ④ ㄱ, ㄴ, ㄹ   ⑤ ㄴ, ㄷ, ㄹ

문제 접근 방법

먼저 갑, 을이 다문화주의에 관해 상반된 입장임을 파악한다. 다음으로 '차별화된 권리 …… 형평성 제고'에서 갑의 입장을, '별도의 권리를 부여하여 …… 손상시킨다.'에서 을의 입장을 추론하여 문제를 해결한다.

적용 개념

다문화주의

02 (가)의 갑~병의 입장을 (나) 그림으로 표현할 때, A~D에 해당하는 옳은 질문만을 〈보기〉에서 있는 대로 고른 것은?

(가)	갑 : 이주민들이 출신국의 문화를 포기하고 우리 문화에 흡수되어야 사회 갈등을 해소할 수 있다. 을 : 이주민들은 주류 문화를 중심으로 공존하면서 자신들의 가치를 살릴 수 있는 사회를 만드는 데 협력해야 한다. 병 : 이주민들이 문화적 정체성을 유지하면서 대등한 입장에서 사회 발전에 기여하도록 해야 한다.
(나)	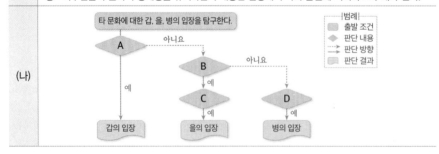

--- 보기 ---
ㄱ. A : 다양한 문화의 공존은 사회 통합에 걸림돌이 되는가?
ㄴ. B : 문화 다양성을 인정하되 문화 간의 우열을 가려야 하는가?
ㄷ. C : 집단 간 문화적 이질성을 인정해도 사회가 안정될 수 있는가?
ㄹ. D : 사회 통합을 위해 집단 간 문화적 동질성을 유지해야 하는가?

① ㄱ, ㄷ   ② ㄱ, ㄹ   ③ ㄴ, ㄹ   ④ ㄱ, ㄴ, ㄷ   ⑤ ㄴ, ㄷ, ㄹ

문제 접근 방법

순서도를 보고, 세 입장 간의 공통점과 차이점을 아는지 평가하기 위한 유형임을 파악한다. 동화주의와 문화 다원주의는 주류 문화와 비주류 문화를 구분한다는 공통점이 있으며, 문화 다원주의와 다문화주의는 이주민의 고유문화를 인정한다는 공통점이 있음을 상기하며 문제를 해결한다.

적용 개념

동화주의
문화 다원주의
다문화주의

03 다음 서양 사상가가 부정의 대답을 할 질문만을 〈보기〉에서 있는 대로 고른 것은?

> 종교적 인간의 입장에서 관찰한다면 세계는 실존하고, 실제로 거기에 있으며, 어떤 구조를 가지고 있다. 세계는 카오스가 아니라 코스모스이다. 따라서 세계는 신들의 작품인 피조물로 자신을 드러낸다. 즉 스스로 성스러운 것의 여러 양상을 계시한다. 따라서 성스러운 돌, 성스러운 나무는 단순히 돌이나 나무로서 숭배되는 것이 아니다. 우리가 그것을 숭배하는 것은 그것이 '성현(聖顯)'이기 때문이다.

┤ 보기 ├
ㄱ. 성(聖)과 속(俗)은 상호 모순적 개념으로 분리된 속성을 갖는가?
ㄴ. 종교적 인간은 현실의 삶 속에서 성스러움을 경험하는 주체인가?
ㄷ. 인간이 접촉하고 느끼는 모든 사물은 성스러움을 드러내고 있는가?
ㄹ. 성은 어떤 것에서 비롯되는 것이 아니라 그 자체로 나타나는 것인가?

① ㄱ, ㄷ ② ㄱ, ㄹ ③ ㄴ, ㄷ ④ ㄱ, ㄴ, ㄹ ⑤ ㄴ, ㄷ, ㄹ

🔍 **문제 접근 방법**
먼저 '종교적 인간', '성스러운 것' 등의 핵심어를 통해 사상가를 파악한다. 다음으로 〈보기〉의 질문에 사상가의 입장에서 답해 보며 문제를 해결한다. 원칙적으로 선지의 정오는 제시문만으로 판별 가능해야 하지만, 교과서나 기출 문제를 토대로 출제되는 경우도 있으므로 평소 여러 문제를 풀어 본다.

✏️ **적용 개념**
\# 종교적 인간
\# 성과 속

04 (가)의 갑, 을의 주장을 (나) 그림으로 표현할 때, A~C에 들어갈 옳은 질문만을 〈보기〉에서 있는 대로 고른 것은?

(가)	갑 : 과학은 사실에 토대하며 현상이 어떻게 일어나는지 그 원인을 찾고 반증 가능성에 대해 열린 자세를 취해야 한다. 물리적인 것 외에는 실재성이 이성적으로 증명될 수 없으므로 객관적으로 입증 가능한 사실에 근거하여 진리를 추구해야 한다. 을 : 종교는 신앙을 통해 진리로 나아갈 수 있도록 하는 매혹적이고 신비한 감정의 체험이다. 세계는 신비로 가득하므로 인간 이성이 과학적으로 인식하는 틀 속에 가둘 수 없다. 방향을 잡기 어려운 현실에서 종교를 통해 삶의 의미와 목적을 추구해야 한다.

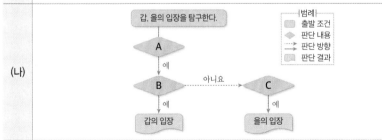

┤ 보기 ├
ㄱ. A : 이성적 인식을 통해 과학적 진리를 발견할 수 있는가?
ㄴ. B : 이성적 인식의 한계 내에서만 진리를 추구해야 하는가?
ㄷ. B : 이성적 인식 능력으로 신의 실재성을 증명할 수 있는가?
ㄹ. C : 이성적 인식 능력만으로는 삶의 목적을 발견할 수 없는가?

① ㄱ, ㄴ ② ㄱ, ㄷ ③ ㄷ, ㄹ ④ ㄱ, ㄴ, ㄹ ⑤ ㄴ, ㄷ, ㄹ

🔍 **문제 접근 방법**
먼저 진리를 추구하는 방법에 대해 갑, 을이 상반된 주장을 하고 있음을 파악한다. 다음으로 (나)의 순서도 A에는 갑, 을의 공통 입장이 들어가야 함에 유의하며 문제를 해결한다.

✏️ **적용 개념**
\# 종교의 내용적 요소
\# 과학적 인식

 유형 1

예술 지상주의와 도덕주의 비교하기

갑, 을의 입장에 대한 옳은 설명을 〈보기〉에서 고른 것은?

> 갑 : 예술 세계에서는 어떤 거짓말도 허용된다. 중요한 것은 오차 없는 진실이 아니라 아름다운 거짓이다. 아름다운 것에서 추악한 의미를 발견하는 사람은 타락한 사람이다. 아름다운 것에서 아름다운 의미를 발견하는 사람은 교양 있는 사람이다.
>
> 을 : 최고의 예술은 질서와 사랑을 통해 구현되며, 반항적이고 저급한 피조물을 거룩하게 만든다. 예술의 목적은 인간의 종교를 강화하고, 인간의 윤리적 상태를 완전하게 만드는 데 있다. 예술은 이러한 일들을 물질적으로 구현하는 것이다.

┤ 보기 ├
ㄱ. 갑은 예술의 본질을 오직 예술 안에서 찾아야 한다고 본다.
ㄴ. 을은 예술이 이상과 현실의 분리를 강조해야 한다고 본다.
ㄷ. 을은 도덕적 목적이 예술 작품으로 구현되어야 한다고 본다.
ㄹ. 갑, 을은 예술이 공동체의 질서 유지에 기여해야 한다고 본다.

① ㄱ, ㄴ ② ㄱ, ㄷ ③ ㄴ, ㄷ
④ ㄴ, ㄹ ⑤ ㄷ, ㄹ

>> 유형 분석 이 단원에서는 예술 지상주의와 도덕주의를 비교하는 유형이 꾸준히 출제되고 있다. 예술 지상주의를 주장한 와일드와 스핑건, 도덕주의를 주장한 플라톤, 톨스토이, 칸트, 공자, 순자, 정약용 등의 주요 입장을 비교해 두어야 한다.

☑ 공략법
❶ '중요한 것은 진실이 아니라 거짓', '예술의 목적은 윤리적 상태를 완전하게 만드는 것'이라는 핵심 문장을 찾아보자.
❷ 갑, 을이 예술 지상주의와 도덕주의 중 어느 입장인지 파악해 보자.
❸ 〈보기〉의 설명과 갑, 을의 입장이 일치하는지 확인하여 정답을 골라 보자.

 유형 2

대중문화의 특성 비판하기

다음 서양 사상가의 입장을 〈보기〉에서 고른 것은?

> 현대 자본주의 사회는 과거보다 교묘하고 효과적인 방식으로 대중을 다룰 수 있게 되었다. 대중 예술에 투사된 세계는 갈등이 조화롭게 해결되는 듯한 느낌을 주지만 이는 기만적 대리 만족이다. 문화 산업은 대중을 통제함으로써 지배 계급의 이념을 재생산한다. 개인은 자유가 있는 것 같지만 실은 경제적·사회적 장치의 산물이다. 문화 산업이 독점한 대중 예술은 개인의 특성을 획일화하여 자신의 논리를 관철한다.

┤ 보기 ├
ㄱ. 대중 예술품의 주된 가치는 교환 가치에 의해서 결정된다.
ㄴ. 대중 예술의 영역과 권력의 영역은 상호 무관하게 작동한다.
ㄷ. 대중 예술은 현실적 모순을 은폐하고 대중 의식을 조작한다.
ㄹ. 대중 예술의 감상은 획일화되지 않은 개인의 고유한 체험이다.

① ㄱ, ㄴ ② ㄱ, ㄷ ③ ㄴ, ㄷ
④ ㄴ, ㄹ ⑤ ㄷ, ㄹ

>> 유형 분석 어떤 사상가의 입장을 파악하는 유형은 생활과 윤리 과목을 대표하는 유형이다. 최근 아도르노의 문화 산업론이 자주 출제되며, 그 내용도 심화되는 추세이다. 제시문으로부터 직접 추론하여 정오를 판별해야 하는 문제가 출제될 가능성이 높다. 정오를 신속히 판별하려면 아도르노의 기본 입장을 정리해 두어야 한다.

☑ 공략법
❶ 제시문에서 '문화 산업은 대중을 통제하여 지배 계급의 이념을 재생산한다'는 내용을 찾아보자.
❷ 핵심 내용을 통해 아도르노의 문화 산업론임을 추론해 보자.
❸ 〈보기〉의 내용을 제시문의 어느 부분에서 추론할 수 있는지 확인하며 선지를 골라 보자.

유형 3 | 바람직한 주거 윤리 제시하기

다음 서양 사상가의 입장으로 가장 적절한 것은?

> 우리 시대의 인간은 고향을 잃고 지구상 어떤 곳에도 매여 있지 않은 영원한 망명자이다. 하지만 집은 이러한 위험과 희생의 공간인 외부 공간과 구분되는 안정과 평화의 공간이다. 인간은 자신의 중심점인 집을 스스로 만들어 그곳에 뿌리내리고 살 때 진정한 거주를 실현한다. 인간은 이러한 거주의 실현을 통해 단순히 공간을 점유하는 것이 아닌 거주자가 됨으로써 자신의 본질을 실현하고 온전한 의미에서 인간이 될 수 있다.

① 진정한 거주는 단순히 공간을 점유하는 행위로 국한된다.
② 인간은 진정한 거주를 실현하지 못하면 영원한 망명자이다.
③ 인간은 거주자가 됨으로써 자신의 본질을 실현할 수 없다.
④ 외부 공간은 위험과 희생이 아닌 안정과 평화의 공간이다.
⑤ 진정한 삶의 실현을 위해 거주 공간이 필요한 것은 아니다.

>> **유형 분석** 제시문을 통해 사상가의 입장을 파악하는 유형이다. 의식주 윤리는 특정 사상가의 주장이 제시문으로 출제되더라도, 대체로 제시문의 내용으로부터 선지의 정오를 판별할 수 있다. 따라서 제시문을 꼼꼼하게 독해하는 연습을 해 두어야 한다.

☑ **공략법**
❶ 제시문의 주제가 '집', 즉 주거 윤리에 관한 내용임을 파악해 보자.
❷ 제시문에서 '집'과 '외부 공간', '단순히 공간을 점유하는 것'과 '거주자가 됨' 등이 대립되는 개념임을 파악해 보자.
❸ 선지의 내용을 제시문에서 찾아보며 정오를 판별해 보자.

유형 4 | 관용의 한계 제시하기

다음 글의 입장에서 볼 때 〈가상 대담〉의 ㉠에 들어갈 말로 가장 적절한 것은?

> 관용은 문화적 편견과 차별의 문제를 극복하기 위해서 필요하다. 그러나 타인의 불의한 행위에 무관심하거나 도덕적 악을 참는 것은 관용이 아니다. 인류의 보편적 가치에 반하는 것들에 대해서는 불관용할 수 있어야 한다. 즉, 개인의 자유권, 생명권과 같은 권리에 대한 침해는 용인되어서는 안 된다. 모든 인간은 자신이 원하는 삶을 자유롭게 선택할 수 있는 권리가 있으며 그 누구도 개인의 자유를 박탈할 수 없다.
>
> 〈가상 대담〉
>
> 전문가 : 이제는 우리나라도 다문화 사회로 가고 있습니다. 따라서 다른 문화에 대해 관용의 자세를 가져야 합니다.
> 리포터 : 그렇다면 이런 문화도 관용의 대상이 되요? 외국에서 이민을 온 어떤 가족은 여자는 교육받을 필요가 없다고 해서 어린 딸을 학교에 보내지 않았어요. 더군다나 딸이 성인이 되어 외출을 하고 싶어 하는데도 집 밖으로 나가지 못하게 해요.
> 전문가 : 그런 문화는 _____㉠_____

① 부모의 고유한 권리를 존중한 것이므로 용인해야 합니다.
② 자녀의 기본적 권리를 침해하므로 용인해서는 안 됩니다.
③ 심각한 인권 침해가 아니므로 고유한 문화로 용인해야 합니다.
④ 종교의 계율과 전통을 충실하게 따른 것이므로 용인해야 합니다.
⑤ 다문화 사회 구성원들의 연대감을 저해하므로 용인해서는 안 됩니다.

>> **유형 분석** 특정 입장에서 구체적 상황에 대한 판단을 추론하는 유형이다. 지금까지는 주로 의무론, 배려 윤리, 책임 윤리 등의 입장을 물었으나, 최근 다문화 윤리에 관해 묻고 있다. 앞으로도 다양한 입장에서 특정 사례에 대해 평가하는 문항이 출제될 가능성이 높으므로 이와 같은 유형에 익숙해지도록 연습해 두어야 한다.

☑ **공략법**
❶ 제시문의 주제가 관용과 불관용임을 파악해 보자.
❷ '기본적 권리에 대한 침해는 용인되어서는 안 된다'는 주장을 놓치지 말자.
❸ 〈가상 대담〉에서 리포터가 제시한 상황의 문제점을 파악한 후 선지를 골라 보자.

01 예술과 대중문화 윤리

• 미적 가치와 윤리적 가치

도덕주의	예술 지상주의	예술의 상업화
• 참여 예술론 옹호 • 도덕적 가치가 미적 가치보다 우위에 있으므로 예술은 윤리의 인도를 받아야 함 예 플라톤, 톨스토이 • 예술의 목적은 도덕적 교훈이나 모범을 제공하는 것임 • 미적 요소가 경시되고, 자유로운 창작을 제한할 수 있음	• 순수 예술론 옹호 • 예술은 그 자체로 미적 가치를 지니며, 윤리적 가치로 예술의 가치를 판단하는 것은 잘못임 예 와일드, 스핑건 • 예술의 목적은 미적 가치를 구현하는 것임 • 예술의 사회적 영향과 책임을 간과할 수 있음	• 긍정적 측면 예 앤디 워홀, 벤야민 　– 예술에 대한 대중의 접근성을 높임 　– 대중의 욕구를 반영한 예술의 발전 　– 예술가의 창작 의욕을 북돋움 • 부정적 측면 예 패기 구겐하임 　– 예술의 질적 저하를 가져옴 　– 예술의 목적(미적 가치 구현) 상실 　– 예술이 재산 축적 수단으로 전락함

• 대중문화의 윤리적 문제와 그에 대한 규제

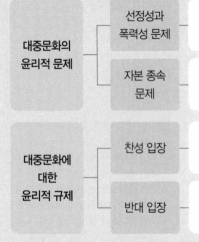

대중문화의 윤리적 문제	선정성과 폭력성 문제	• 육체와 성(性)을 욕구 충족의 수단으로 인식하게 함 • 폭력에 대한 그릇된 인식을 심어줄 수 있음
	자본 종속 문제	• 상업적 이익에 따라 작품이 제작되면서 대중문화의 창조성과 다양성이 떨어짐 • 대중의 삶이 획일화되고 문화 산업의 도구로 전락할 수 있음 예 아도르노

대중문화에 대한 윤리적 규제	찬성 입장	• 미풍양속과 청소년 보호를 위해서 유해 요소를 규제해야 함 • 문화 산업의 도구로 전락하는 개인을 보호할 수 있음
	반대 입장	• 대중문화의 자율성과 표현의 자유가 제한됨 • 대중을 억압하는 수단으로 악용될 수 있음

02 의식주 윤리와 윤리적 소비

• 의식주 윤리

의복 윤리	음식 윤리	주거 윤리
• 윤리적 의미 　– 자아와 가치관의 표현 및 형성과 관련됨 　– 예의에 대한 사회적 기준을 반영함 • 윤리적 문제 　– 과소비와 그에 따른 환경 오염 문제 　– 생산 과정에서 동물의 고통 발생 　– 유행 추구, 명품 선호 현상 　　예 베블런 효과	• 윤리적 의미 　– 빈곤·기아 → 생명권과 관련 　– 생산·유통 → 사회 도덕성과 관련 　– 식재료 획득·가공 → 생태계와 관련 • 윤리적 문제 　– 첨가제, 유전자 변형, 화학 비료 사용에 따른 농산물의 안전성 문제 　– 대규모 공장식 사육과 도축의 윤리성 　– 제3세계 식량 수급의 불균형	• 윤리적 의미 예 볼노브, 하이데거 　– 심신의 안식과 휴식 제공 　– 가족 간 유대감과 이웃 관계 형성의 토대 • 윤리적 문제 　– 하우스 푸어, 젠트리피케이션 　– 이웃과의 소통 단절, 정체성과 개성 상실, 역사와 전통 상실 등 　– 도심 주거에 따른 환경 오염 등

• 윤리적 소비문화

의미	윤리적인 가치 판단에 따라 상품이나 서비스를 구매하고 사용·처리하는 것
특징	• 가격을 소비의 유일한 판단 기준으로 삼지 않고, 정의, 환경 등 보편적 가치의 실현을 지향함을 가져야 함 • 인권과 정의를 위한 소비, 동물 복지를 위한 소비, 공동체적 가치를 위한 소비, 환경 보전을 위한 소비
실천 방안	• 개인적 차원 : 윤리적 소비를 실천하려는 의지를 가져야 함 • 사회적 차원 : 윤리적 소비의 확산을 위한 제도적 장치를 마련해야 함 예 친환경 제품 인증, 사회적 기업 지원 등

03 다문화 사회 윤리

• 문화 다양성과 존중

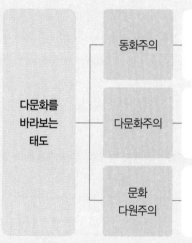

다문화를 바라보는 태도	동화주의	• 소수 문화를 주류 문화에 통합하려는 입장 예 용광로 모델 • 문화적 충돌에 따른 사회 혼란과 갈등을 방지하고, 사회적 연대감이나 결속력을 강화할 수 있음 • 문화적 역동성이 파괴되고, 이주민들은 자신의 문화적 정체성을 유지하며 살아가기 어려움
	다문화주의	• 소수 문화의 고유성과 자율성을 존중하여 문화 다양성을 실현하려는 입장 예 샐러드 볼 모델 • 다양한 문화가 각각의 정체성을 유지하면서 조화를 이룰 수 있음 • 사회적 연대감이나 결속력이 부족하여 사회적 통합이 어려움
	문화 다원주의	• 소수 문화의 다양성을 인정하면서도 주류 문화를 중심에 두려는 입장 예 국수 대접 모델 • 이주민이 문화적 정체성을 유지하면서 공존할 수 있음 • 주류 문화의 우위를 인정하여 비주류 문화와의 불평등이 발생할 수 있음

다문화 사회의 성숙한 시민 의식	문화적 편견 극복	자문화 중심주의, 문화 사대주의, 문화 제국주의 등을 극복해야 함
	윤리적 상대주의 경계	윤리적 상대주의는 보편 윤리를 위배하는 문화를 인정하며, 문화에 대한 성찰을 방해함
	관용의 실천	타인의 인권을 침해하지 않으며, 사회 질서를 훼손하지 않는 범위에서 관용해야 함
	바람직한 문화적 정체성 형성	• 자신의 문화적 정체성을 버리지 않으면서도 사람들과 조화롭게 살아감 예 공자 • 문화의 다양성을 수용하면서도 보편적 규범을 준수해야 함

• 종교의 공존과 관용

종교의 본질과 특징	종교와 윤리의 관계	종교 간 갈등
• 발생 원인 : 인간의 유한성, 불완전성, 인간의 종교적 지향성 • 본질 : 사랑, 평화, 고통으로부터의 해방, 이타성, 행복 등 궁극적 삶의 지향 • 내용적 측면 : 성스러운 것에 관한 체험과 믿음 • 형식적 측면 : 경전, 교리, 의례 등	• 종교 　– 성스러움이나 초월적인 문제를 다룸 　– 신앙심과 신에 대한 의존을 강조 • 윤리 　– 도덕규범과 그 규범의 근거를 탐구함 　– 양심에 근거한 도덕적 행위 강조 • 공통점 : 도덕성을 중시함 예 황금률	• 원인 　– 타 종교에 대한 배타적인 태도 　– 타 종교에 대한 무지와 편견 • 해결 방안 　– 종교의 자유 인정 예 로크 　– 타 종교에 대한 관용 실천 　– 종교 간 대화 예 한스 큉, 마틴 부버

01 다음 사상가의 입장에서 부정의 대답을 할 질문으로 옳은 것은?

> 예술을 드러내고 예술가 자신은 숨기는 것이 예술의 목적이다. 예술가는 무엇이든 표현할 수 있다. 사고와 언어란 예술가에게는 예술을 위한 도구이다. 덕과 미덕은 예술가에게는 예술을 위한 재료이다.

① 예술 활동의 자율성을 최대한 보장해야 하는가?
② 예술 작품에 대한 도덕적 평가를 금해야 하는가?
③ 예술은 미(美) 자체만을 목적으로 삼아야 하는가?
④ 예술 작품은 정서적 순화와 미덕을 유발해야 하는가?
⑤ 예술 작품이 덕을 소재로 삼는 것을 허용할 수 있는가?

02 (가)의 갑, 을의 입장을 (나) 그림으로 탐구할 때, A~C에 들어갈 옳은 질문만을 〈보기〉에서 있는 대로 고른 것은?

(가)	갑 : 예술 작품은 미(美) 자체만을 위한 하나의 독립적인 존재이다. 마치 창문 저쪽에서 벌어지는 광경에 주의를 빼앗기지 않고, 창문에만 시선을 고정한다면 창문은 하나의 독립적 존재인 것과 마찬가지이다. 을 : 예술 작품은 선(善)의 실현을 위한 도구적 존재이다. 다시 말해 예술 작품은 유리 자체의 구조나 투명도, 색깔과는 관계없이, 다만 그것을 통해 인생을 관찰할 수 있는 하나의 유리창에 비유할 수 있다.
(나)	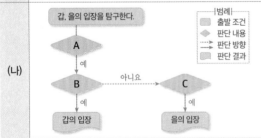

〈범례〉
■ 출발 조건
◆ 판단 내용
┈┈▶ 판단 방향
▭ 판단 결과

┤ 보기 ├
ㄱ. A : 예술은 공익성을 기준으로 평가해야 하는가?
ㄴ. B : 예술과 도덕의 영역을 분리해야 하는가?
ㄷ. B : 예술을 위한 예술만을 추구해야 하는가?
ㄹ. C : 예술 활동을 사회 참여의 관점에서 보아야 하는가?

① ㄱ, ㄴ ② ㄱ, ㄷ ③ ㄷ, ㄹ
④ ㄱ, ㄴ, ㄹ ⑤ ㄴ, ㄷ, ㄹ

개념 피드백 196쪽

03 (가) 사상가의 입장에서 (나)의 질문에 답변할 내용으로 가장 적절한 것은?

(가)	모든 예술 작품은 그것을 만든 사람과 그것을 감상하는 사람, 다시 말해서 과거, 현재, 미래를 통해서 그 작품에서 예술적 인상을 받는 모든 사람 사이에 일종의 교류를 갖게 한다. 예술은 개인과 인류의 생활 및 행복을 위한 발걸음에 없어서는 안 될 인간 상호 간의 교류 수단이요, 모든 사람을 동일한 감정으로 통일하는 수단이다.
(나)	질문 : 예술의 사명을 완수하려면 어떻게 해야 하는가?

① 예술 활동은 국가적 검열로부터 자유로워야 한다.
② 예술은 감상자의 도덕성을 자극하고 함양시켜야 한다.
③ 예술가에게는 표현의 자유를 최대한 보장해 주어야 한다.
④ 예술적 가치는 대중의 선호도에 따라 평가되어야 한다.
⑤ 예술 작품은 심미적 활동의 결과로서만 존재해야 한다.

04 갑~정의 진술을 종합하여 추론할 수 있는 토론 주제로 가장 적절한 것은?

① 예술의 자본 종속에 대한 법적 규제는 바람직한가?
② 예술의 순수성 보호를 위한 예술가 지원은 바람직한가?
③ 예술 활동에 대한 정부 차원의 사전 검열은 바람직한가?
④ 예술 작품이 시장의 원리에 따라 생산되는 것은 바람직한가?
⑤ 예술이 대중의 의식을 개선하는 수단으로 활용되는 것은 바람직한가?

05 다음 대화에 나타난 문제의식에 대한 반론만을 〈보기〉에서 있는 대로 고른 것은?

> 간접 광고 때문에 드라마 전체가 광고인 것 같아.

> 영화관에서도 거대 자본이 투입된 영화를 우선 상영해서 내가 보고 싶은 영화는 극장에서 보기 어려워.

> 음악 방송도 대규모 기획사에 소속된 가수가 점령했어.

> 내가 좋아하는 가수는 음원 순위에 들기 어려워.

┤ 보기 ├
ㄱ. 제작·유통이 전문화되어 대중문화의 질이 향상된다.
ㄴ. 소수만 즐겼던 문화를 대중도 함께 향유할 수 있다.
ㄷ. 대중은 대중문화를 생산한 기업이나 생산자들의 의도된 반응에 동참하게 된다.
ㄹ. 현실 사회를 반영한 문화 상품을 소비함으로써 사회 문제에 대한 대중의 관심이 증대될 수 있다.

① ㄱ, ㄴ   ② ㄱ, ㄷ   ③ ㄷ, ㄹ
④ ㄱ, ㄴ, ㄹ   ⑤ ㄴ, ㄷ, ㄹ

개념 피드백 199쪽

06 갑, 을 중 적어도 한 사람이 긍정의 대답을 할 질문만을 〈보기〉에서 있는 대로 고른 것은?

> 갑 : 대중문화의 폭력성과 선정성이 높아지고 있다. 주체적 규율에만 기댈 것이 아니라 대중문화의 유해 요소에 대한 제도적 규제를 마련해야 한다.
> 을 : 제도적 규제는 주체적 규율과 달리 표현의 자유를 침해할 수 있다. 특히 국가에 의한 검열은 시민을 정치적으로 억압한다.

┤ 보기 ├
ㄱ. 대중문화를 제도적으로 규제하여 성 상품화 현상을 막아야 하는가?
ㄴ. 대중의 기본권을 침해하는 대중문화 규제는 허용해서는 안 되는가?
ㄷ. 대중문화의 폭력성에 대한 개인의 주체적인 규율을 허용해서는 안 되는가?
ㄹ. 대중문화 규제는 특정 이데올로기를 일방적으로 전달하는 수단이 될 위험이 있는가?

① ㄱ, ㄴ   ② ㄱ, ㄷ   ③ ㄷ, ㄹ
④ ㄱ, ㄴ, ㄹ   ⑤ ㄴ, ㄷ, ㄹ

개념 피드백 210쪽

07 갑~병의 진술을 종합하여 내릴 수 있는 결론으로 가장 적절한 것은?

> 갑 : 저소득 계층은 대체로 유기농 음식보다 값싼 패스트푸드를 먹고 있으며, 굶어서가 아니라 잘못 먹어서 생기는 질병에 시달립니다.
> 을 : 개발 도상국 노동자들은 정당한 임금을 받지 못하는 경우가 많습니다. 옷 한 벌을 판매한 수익의 상당 부분은 유통 업체와 의류 회사에 돌아갑니다.
> 병 : 집을 여러 채 보유하고 있는 사람이 있는가 하면 평생 자기 집을 한 채도 소유하지 못하는 사람도 있습니다. 집이 없는 사람은 이사를 자주 하게 되어 주거 불안정성이 높아집니다.

① 의식주는 인간이 만든 제2의 자연이다.
② 의식주는 인간의 신체적 한계를 극복하게 해 준다.
③ 의식주는 유희적 존재로서의 인간 특성을 보여 준다.
④ 의식주는 자아 정체성과 가치관 형성에 영향을 준다.
⑤ 의식주는 생존 문제일 뿐만 아니라 정의의 문제이다.

08 ㉠에 들어갈 내용으로 가장 적절한 것은?

> ○○신문   20○○년 ○○월 ○일
> 물건을 하나씩 구매할 때마다 우리는 투표를 하고 있습니다. 노동 착취로 만든 값싼 옷을 사는 것은 노동자 착취에 찬성표를 던지는 것이며, 연료 소비가 많은 자동차를 구입하는 것은 기후 변화에 찬성표를 던지는 것입니다. 따라서 소비자의 한 사람으로서 우리는 소비가 낳는 윤리적 문제를 고려하면서 소비를 해야 합니다. 예를 들어 _____ ㉠

① 사회적 기업 제품에 대한 불매 운동에 참여해야 합니다.
② 공정 여행보다 효율적인 패키지여행을 선호해야 합니다.
③ 애니멀 프리 패션보다는 패스트패션을 소비해야 합니다.
④ 로컬푸드 위주의 식단으로 자연환경을 보전해야 합니다.
⑤ 공정 무역을 통해 생산자보다는 판매자의 권익을 보호해야 합니다.

개념 피드백 212쪽

09 A에 들어갈 내용으로 적절하지 않은 것은?

- 자연 숙성과 발효를 거친 전통 방식으로 만든 음식을 섭취하는 운동
- 반경 50km 이내에서 생산된 믿을 수 있는 지역 농산물을 소비하는 운동
- 화학 비료 사용을 자제하고 토지 성질에 따라 생산된 지역 농산물을 소비하자는 운동

이러한 운동을 하는 까닭은 무엇일까요?

A

① 지역 기반 농업을 활성화하기 위함입니다.
② 인간과 자연 모두 건강하게 살아가기 위함입니다.
③ 각 지역의 문화적 다양성을 보존하기 위함입니다.
④ 믿을 수 있고 안전한 음식을 소비하기 위함입니다.
⑤ 합리적 소비로 지역 경제에 이바지하기 위함입니다.

10 ㉠에 들어갈 내용으로 가장 적절한 것은?

사회자 : 오늘은 주거 윤리 전공자 한 분을 모셨습니다. 선생님께서는 오늘날 고층 빌딩이나 아파트를 보면 어떤 느낌이십니까?

강연자 : 시멘트와 철근으로 만든 긴 상자를 수직으로 쌓고 직선으로 나열한 모습이 마치 똑같은 모양의 도미노 패나 강제 수용소를 보는 느낌입니다.

사회자 : 그렇다면 이러한 건축 방식이 어떤 윤리적 문제를 낳을 수 있을까요?

강연자 : 차가운 건축물과 천편일률적인 공간 분할로 사람들은 악몽에 시달리게 될 것입니다. 즉 이러한 건축 방식은 _____㉠_____는 문제가 있습니다.

| 보기 |

ㄱ. 사생활 침해로 심리적 안정을 해친다
ㄴ. 외부의 침입으로부터 안전을 보장하지 못한다
ㄷ. 인간을 고립시키고 이웃 간 소통을 단절시킨다
ㄹ. 자아 정체성과 개성이 상실되는 결과를 낳을 수 있다

① ㄱ, ㄴ 　② ㄱ, ㄷ 　③ ㄴ, ㄷ
④ ㄴ, ㄹ 　⑤ ㄷ, ㄹ

개념 피드백 222쪽

11 (가)의 갑, 을의 입장을 (나) 그림으로 탐구할 때, (나)의 A, B 항목으로 가장 적절한 것은?

(가)	갑 : 다문화 사회에서 이주민들은 우리와 같아져야 할 타자입니다. 그들은 출신국의 문화를 포기하고 우리의 일원이 되어야 합니다. 을 : 그들은 우리와 동등하게 대우받아야 할 타자입니다. 그들은 자기 문화를 포기하지 않고도 우리 사회의 일원이 될 수 있습니다.
(나)	높음 갑 A 을 낮음 ← B → 높음

	A	B
①	집단 간의 위계를 강조하는 정도	이질적 문화에 대한 수용을 강조하는 정도
②	집단 간의 위계를 강조하는 정도	주류 문화 중심의 문화 공존을 강조하는 정도
③	이질적 문화에 대한 수용을 강조하는 정도	집단 간의 위계를 강조하는 정도
④	이질적 문화에 대한 수용을 강조하는 정도	주류 문화 중심의 문화 공존을 강조하는 정도
⑤	주류 문화 중심의 문화 공존을 강조하는 정도	집단 간의 위계를 강조하는 정도

12 ㉠에 들어갈 내용으로 가장 적절한 것은?

문화가 고유성과 상대성을 지니는 것처럼 윤리도 마찬가지야. '보편적 가치'라는 미명하에 타 문화를 평가절하 하는 것은 나빠.

그렇지 않아. 다양한 문화 속에 절대적이고 공통적인 가치가 담겨 있어. 내가 보기에 너는 ___㉠___

갑   을

① 보편타당한 도덕적 기준이 존재함을 강조하고 있어.
② 윤리적 상대주의가 보편 윤리를 위배할 수 있음을 강조하고 있어.
③ 여러 문화가 지니는 상대적 가치를 존중해야 함을 간과하고 있어.
④ 자문화와 타 문화에 대한 윤리적 성찰이 필요함을 간과하고 있어.
⑤ 문화 상대주의를 전제로 도출한 윤리적 상대주의가 논리적 오류임을 강조하고 있어.

개념 피드백 224쪽

13 (가)의 입장에서 (나)의 상황을 해결하기 위해 제시할 방안으로 가장 적절한 것은?

(가)	세계의 종교 속에 공통적으로 함축된 일반적인 도덕적 기준은 '인간적인 것(das humanum)'이다. 참된 종교는 '신적인 것'의 바탕에 반드시 '인간적인 것'을 두고 있어야 한다.
(나)	최근 종교인들의 범죄가 잇달아 밝혀지고 있다. 한 아동 보호 시설 원장은 수년간 정부 지원금을 횡령해 오다 적발되었다. 그간 원장은 시설을 설립한 종교의 독실한 신자로 알려져 있었다.

① 종교의 자유를 보장하는 제도와 풍토를 조성한다.
② 종교적 계율을 버리고 세속 윤리를 따르도록 한다.
③ 종교의 포교 활동을 제한하고 각 교단을 축소시킨다.
④ 종교 계율 중 이성에 맞지 않는 것은 모두 부정한다.
⑤ 종교인들이 세속의 보편 윤리를 실천하도록 촉구한다.

14 (가)의 입장에서 (나)의 문제 상황에 대해 제시할 해결 방안을 〈보기〉에서 고른 것은?

(가)	확신에서 확신으로 그러나 또한 한 사람의 개방된 인격과 다른 한 사람의 개방된 인격 사이에서 교환되는 진정한 대화의 시대가 왔다. 참된 공동생활은 바로 이때 나타난다. 그것은 모든 종교 속에서 발견되는 어떤 동일한 교리에서가 아니라 불안과 기대를 함께할 공동생활에서 일어난다.
(나)	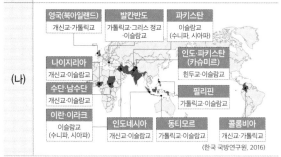 (한국 국방연구원. 2016)

┌─ 보기 ─┐
ㄱ. 타 종교에 대해 관용의 자세를 지닌다.
ㄴ. 종교 간 공동생활을 위해 통일된 교리를 정립한다.
ㄷ. 신뢰를 바탕으로 한 종교 간 대화와 협력을 추진한다.
ㄹ. 종교 간 보편 계율에 관한 탐구를 최우선 과제로 삼는다.

① ㄱ, ㄴ   ② ㄱ, ㄷ   ③ ㄴ, ㄷ
④ ㄴ, ㄹ   ⑤ ㄷ, ㄹ

15 다음 글을 읽고 물음에 답하시오.

> 대중문화는 막대한 자본에 힘입어 더욱 발전하고 있다. 그러나 투자 규모에 따라 대중문화의 흥행이 좌우되면서 투자자나 기획사가 대중문화를 주도하고 있다. 이것을 대중문화의 (㉠)(이)라고 하는데, 이러한 현상은 ㉡ 여러 가지 윤리적 문제를 가져온다.

(1) ㉠에 들어갈 말을 쓰시오.

(2) ㉡에 해당하는 내용을 서술하시오.

16 다음 글을 읽고 물음에 답하시오.

> (㉠)은/는 자신의 소득 범위 내에서 최소한의 비용으로 욕구를 최대한 충족하려는 소비를 말한다. 이러한 소비는 의도하지 않게 인권 침해, 사회 부정의, 동물 학대, 환경 문제 등을 조장한다. ㉡ 윤리적 소비는 이러한 문제를 해결하고자 등장하였으며, 구체적으로는 ㉢ 인권과 정의를 생각하는 소비, ㉣ 지역 공동체의 지속 가능한 발전을 도모하는 소비, ㉤ 동물 복지를 생각하는 소비, ㉥ 환경 보전을 생각하는 소비 등이 있다.

(1) ㉠에 들어갈 말을 쓰시오.

(2) ㉡의 의미를 서술하시오.

(3) ㉢~㉥ 각각에 해당하는 사례를 한 가지씩 쓰시오.

17 다음 표를 보고 물음에 답하시오.

구분	㉠	다문화주의	문화 다원주의
모델	용광로	샐러드 그릇	㉡
한계	이주민들은 자신의 문화적 정체성을 유지하기가 어려움	㉢	주류 문화의 우위를 인정하여 비주류 문화와의 불평등이 발생함

(1) ㉠, ㉡에 들어갈 말을 각각 쓰시오.

(2) ㉢에 들어갈 내용을 서술하시오.

(3) 다문화주의와 문화 다원주의의 공통점과 차이점을 서술하시오.

나는 자유인이다

중간고사 끝~~! 아~~~!!! 홀가분하다~~!

이제 밀린 소설도 잔뜩 읽고 TV도 볼 거야~~!

주말에는 친구들이랑 놀러 나가기로 했지롱~!!!

아무도 나를 막을 수 없다!!으아아

나는 이제 자유인이다 아아아아-!!

이때는 모르고 있었다.

아하하

아하하

곧 다가올 기말고사의 어두운 그림자를…

글 / 그림 우쿠쥐

VI

평화와
공존의 윤리

자~! 힘을 내서
차근차근 시작해요.

01 갈등 해결과 소통의 윤리

학습길잡이 • 사회 갈등의 유형과 원인을 알아보고, 사회 통합의 필요성과 실현 방안을 정리해 둔다.
• 바람직한 소통 행위를 담론 윤리의 관점에서 파악해 둔다.

A 사회 갈등과 사회 통합

1 사회 갈등의 유형 질문

지역 갈등	• 지역 발전을 위한 시설이나 투자를 자신의 지역에 유치하려는 경쟁 과정에서 비롯되는 갈등 ─ 예 철도, 공항, 산업 시설 등을 들 수 있다. • 지역주의가 지역 이기주의로 변질하면 나타날 수 있음 ❶ 예 수도권과 지방, 도시와 농촌, 영남과 호남 간 갈등
세대 갈등	• 청년 세대(신세대)와 기성세대가 서로의 차이를 이해하지 않고 인정하지 못하여 발생하는 갈등 ┌ 세대 갈등은 연령별·시대별 경험의 차이로 • 어느 사회에나 존재하는 일반적인 현상임 ┘ 인해 어느 사회에서나 나타날 수 있다. 예 일자리, 노인 부양 문제 등 사회적 쟁점을 둘러싼 세대 갈등
이념 갈등	• 이상적인 것으로 여기는 생각이나 견해의 차이에 따른 갈등 • 이념의 차이를 흑백 논리의 이분법적 사고로 구분할 경우 더욱 심화될 수 있음 예 보수와 진보의 갈등 ❷
계층 갈등	• 자원 축적과 분배가 불공정하다는 인식에서 비롯되는 갈등 • 경제적 자원의 분배가 불균등할수록 사회 구성원 간 갈등이 심화될 수 있음
노사 갈등	• 생산의 효율성을 극대화하려는 기업가와 임금, 복지 수준 등의 개선을 요구하는 노동자 간의 갈등 • 구조 조정과 비정규직이 확대될 경우 더욱 심화될 수 있음

2 사회 갈등의 원인

① **생각이나 가치관의 차이** : 자신의 생각이나 가치관만을 절대시하고 다른 사람의 생각이나 가치관을 무시할 경우 갈등이 발생함

② **이해관계의 대립** : 한정된 사회적 자원을 놓고 집단 간 이해관계가 충돌할 경우 갈등이 발생함

③ **원활한 소통의 부재** : 의견이 대립하는 주제에 대해 소통이 부족하거나 한 쪽에게만 유리한 결론을 내릴 경우 갈등이 발생함
└ 사회 구성원 간 원만한 관계 형성과 공공 정책의 결정·집행 과정에 필수적인 요소이다.

자료로 보는 **사회 갈등을 해결하기 위한 자세**

• 볼테르의 관용 정신 : 당신들은 연약한 존재이므로 서로를 도우시오. 당신들은 무지하므로 서로를 가르치고 용인하시오. 만약 당신들 모두가 같은 의견이고 단 한 사람만이 반대 의견이라면 당신들은 그 사람을 용서해야 하오. 왜냐하면 그가 그렇게 생각하는 데는 당신들 각자가 책임이 있기 때문이오. ─ 볼테르, 「관용론」 ─

• 공자의 화이부동(和而不同) : 군자는 다른 사람들과 평화롭게 지낸다. 하지만 그들과 동화되어 같아지지는 않는다. ─ 공자, 「논어」 ─

자료 분석 볼테르는 모든 인간이 태어날 때부터 올바르게 판단하고 참과 거짓을 구별하는 능력, 즉 보편적 이성을 가지고 있다고 보았다. 그는 이러한 이성을 통해 자신의 무지와 연약함을 깨닫고 상대를 용인하는 관용의 미덕을 갖출 것을 강조하였다. 한편, 공자는 '화이부동'을 통해 자신의 것을 지키되 남의 것도 존중하여 서로 다른 생각이 공존할 것을 강조하였다.

Q 사회 갈등을 해결하기 위해 자료에서 강조하는 자세는 무엇인가? **A** 관용과 여화로운 공존의 자세

개념 더하기 자료 채우기

질문 있어요

사회 갈등은 무조건 나쁜 것이니 피해야만 할까요?
사회 갈등이 깊어지면 이를 해결하기 위한 사회적 비용이 발생하며, 심각한 경우 사회가 해체되거나 파괴될 수 있어요. 하지만 사회 갈등은 때로 긍정적인 역할을 하기도 합니다. 왜냐하면 사회는 갈등을 해결하는 과정에서 배려와 관용의 정신을 바탕으로 갈등을 조정하고 관리하며, 사회에 내재된 문제를 명확히 인식함으로써 더 나은 방향으로 발전할 수 있기 때문이지요.

❶ 지역 이기주의의 두 가지 유형

NIMBY (Not In My Back Yard)   PIMFY (Please In My Front Yard)

지역 이기주의는 자기가 사는 지역의 이익만 추구하는 태도나 생각을 말한다. 지역 이기주의를 보여 주는 대표 유형으로 자기 지역에 혐오 시설 건설을 반대하는 님비(NIMBY) 현상과, 자기 지역 경제 활성화에 도움이 되는 시설 유치를 찬성하는 핌피(PIMFY) 현상이 있다.

❷ 보수와 진보

보수적 이념은 혼란보다 안정에 가치를 두어 사회적 혼란을 줄이면서 문제를 점진적으로 해결해야 한다고 본다. 반면 진보적 이념은 정체보다 변화에 가치를 두어 사회적 혼란을 감수하더라도 문제를 가능한 한 빨리 해결해야 한다고 본다. 보수와 진보는 상황과 배경에 따라 상대적인 의미를 지닌다. 예를 들어, 개인의 자유를 강조하는 자유주의는 절대 왕정 시대에는 진보적 이념이었지만, 사회주의가 대두한 시기에는 보수적 이념으로 분류되었다.

용어사전

* **세대** 역사적·정치적 사건을 공유한 연령 집단

* **흑백 논리**(검을 黑, 흰 白, 논할 論, 다스릴 理) 모든 문제를 흑백, 선악, 득실의 양 극단으로만 구분하고 중립적인 것을 인정하지 않는 편중된 사고방식이나 논리

* **볼테르** 봉건 제도와 종교 등의 맹신과 강제에 저항하며 이성으로 갈등을 해결하는 합리주의적인 계몽사상을 펼친 사상가

3 사회 통합의 의미와 필요성 🄱

의미	• 사회 내 개인이나 집단이 상호 작용을 통해 하나로 통합되는 과정 • 한 사회가 공동의 목표를 향해 조화롭게 결속된 상태
필요성	• 개인의 행복한 삶 실현 : 갈등이 만연하여 충돌과 대립이 일상화되면 개인의 삶이 불행해짐 • 사회 발전과 국가 경쟁력 강화 : 갈등은 사회적 역량의 결집을 방해하여 사회 발전을 가로막고 국가 경쟁력을 약화시킴 → 사회 통합을 통해 서로 신뢰하고 상생하는 사회적 자본을 형성할 수 있음 🄳

4 사회 통합을 실현하기 위한 노력

① **상호 존중과 신뢰에 바탕을 둔 소통** : 관용과 역지사지의 자세 필요, 다양성의 가치를 인정하고 대화하는 태도 필요 _{다양한 사람이 모여 사는 현대 다원주의 사회에서 더욱 강조되고 있다.}

② **사회 통합을 위한 제도와 정책 마련**

• 이해 당사자가 정책 결정 과정에 참여하기 위한 제도 마련 예*공청회 등

• 불평등이나 격차를 완화하기 위한 정책 마련 🄵 예 지방 분권, 복지 정책 등

⭐③ **사회 윤리의 기본 원리 고려**

연대성	인간은 사회의 일부로서 공동체의 일에 참여하고 서로 긴밀하게 연결되어 있음 → 사회 구성원 간에 연대 의식이 필요함
공익성	사회 구성원은 사익뿐만 아니라 공익을 존중할 때 인간 존엄성을 보장받을 수 있음 질문
보조성	개인이나 소규모 공동체가 제 기능을 하지 못할 경우 국가는 이들의 권리를 침해하지 않으면서 보조적으로 이들을 도와야 함

④ **사회 각 주체의 역할 이해와 협력**

개인	시민 사회	국가
자신의 행복과 권리를 추구하면서도 타인과의 다름을 포용하는 자세(열린 자세)를 지님	• 갈등 해결을 위한 국가의 노력을 지지함 • 자기 집단의 이익만을 지나치게 추구하지 않음	• 사회적 분열이 구조적으로 심화하는 것을 방지함 • 국민의 의견을 수렴하고 민주적인 절차를 마련함

자료로 보는 **사회 통합의 필요성을 보여 주는 사례**

(가) 금 모으기 운동

(나) 태안 앞바다 기름 제거 작업

자료 분석 (가)는 1997년 우리나라가 경제 위기에 처하자 우리 국민이 외채를 갚기 위해 자발적으로 '금 모으기 운동'에 참여하는 모습이다. (나)는 2007년 충청남도 태안군 앞바다에 원유가 유출되는 사고가 발생하자 전국의 자원봉사자들이 기름 제거 작업을 하는 모습이다. 두 사례를 통해 사회 통합의 긍정적 효과를 확인할 수 있다.

Q 사회 통합이 필요한 이유는 무엇일까?

A 사회 발전을 촉진하고, 사회 발전과 국가 경쟁력 강화를 실현하기 위해서이다.

개념 더하기 자료 채우기

🄳 사회 통합에 관한 사자성어

구동존이 (求同存異)	차이점을 인정하면서 같은 점을 추구한다는 의미
해불양수 (海不讓水)	바다는 어떠한 물도 마다하지 않고 받아들여 거대한 대양을 이룬다는 의미 → 모든 사람을 차별하지 않고 포용함을 강조

🄴 사회적 자본

종전의 인적·물적 자본에 대응하는 개념으로, 사회 구성원이 공동의 문제를 해결하는 데 적극적으로 참여하는 조건이나 특성을 뜻한다. 사람들 사이의 협력과 사회적 거래를 촉진시키는 일체의 신뢰, 규범 등 사회적 자산을 포함한다.

🄵 불평등이나 격차를 완화하기 위한 정책

적극적 우대 조치	사회적 약자에게 다양한 측면에서 직간접적으로 혜택을 제공하는 제도 예 여성 할당제, 장애인 의무 고용 제도 등
지역 격차 완화 정책	수도권과 비수도권 간, 도시와 농촌 간 공간 불평등을 해소하여 국토의 균형 발전을 이루려는 정책

질문 있어요

사익만을 지나치게 추구하면 어떤 문제가 생길까요?

소를 키워 생계를 꾸리던 마을이 있었다. 마을 사람들은 소를 키울 때 아무런 비용을 지불하지 않아도 되는 공동 목초지를 이용하였다. 그런데 저마다 더 많은 이익을 얻으려고 너무 많은 소를 방목한 나머지 풀이 무성하던 목초지는 그만 황무지가 되어 버렸다.

자료를 통해 알 수 있듯이, 사익을 지나치게 추구하면 다른 사회 구성원의 권리를 침해하고 결과적으로는 자신은 물론 사회 전체에 큰 피해를 줄 수 있습니다.

용어사전

* **공청회**(공평할 公, 들을 聽, 모일 會) 사회 일반에 큰 영향을 미치는 안건을 심의하기 전에 국회나 행정 기관이 학자, 경험자 또는 이해관계자들을 모아 의견을 듣는 공개 회의
* **연대 의식** 공동체 구성원이 함께 살아가야 함을 인식하고 공통으로 나누어 가지는 귀속 의식으로, 인간 소외를 극복하고 공존할 수 있는 기반이 됨

01 갈등 해결과 소통의 윤리

B 소통과 담론의 윤리

1 소통과 담론의 의미 질문

소통	• 막히지 않고 잘 통함 • 나와 상대방이 서로 의견을 주고받는 공유의 과정 • 상대방을 존중하는 바탕에서 열려 있는 대화를 통해 이루어짐 **1**
담론	• 갈등이나 문제를 해결하기 위한 이성적 의사소통 행위 • 언어로 표현되는 인간의 모든 관계를 분석하는 도구 → 현실에서 전개되는 사건과 행위를 해석하고 인식하는 틀을 제공함 • 사회 구성원들이 특정한 인식과 가치관으로 현실을 바라보고 재구성하게 함

└─ 예를 들어 통일이 반드시 필요하다는 사회적 담론이 형성되면, 사회 구성원들은 통일을 긍정적으로 바라보고 통일을 실현하기 위한 방안을 세우려 할 것이다.

2 소통과 담론의 필요성 **2**

① **참여 유도** : 사회 구성원의 자발적이고 적극적인 참여를 이끌어 낼 수 있음

② **합의 도출** : 도덕적 권위를 갖춘 합의를 도출할 수 있음

└─ 폐쇄적인 결정과 일방적인 통보로 운영되는 사회에서는 구성원 간 불만과 갈등이 발생한다.

3 동서양의 소통과 담론 윤리

① **장자** **3**

• "사물에는 저것이 아닌 것이 없고, 동시에 이것이 아닌 것이 없다. 저것은 이것 때문에 생겨나고 이것은 저것 때문에 생겨난다."

• "삶이 있기에 죽음이 있으며 옳음이 있기에 그름이 있다. 옳고 그름을 도(道)의 입장에서 바라본다면 서로 다른 것이 아니라 똑같은 것이다."

• 서로 다른 것을 그 자체로 인정하고 그것의 상호 의존 관계를 이해해야 함

② **원효**

• '모든 종파와 사상을 분리시켜 고집하지 말고, 더 높은 차원에서 하나로 통합해야 한다.'라는 화쟁 사상을 주장함

• 모든 종파의 특수성과 상대적 가치를 인정하면서도 전체로서 조화하고자 함

• 편견과 집착을 넘어 소통하면서 대립을 극복하고, 궁극적으로 진리로 나아가야 함을 강조함

자료로 보는 원효의 일심과 화쟁 사상

• 지난밤 잘 때는 토굴이라도 편안하더니, 오늘은 잠들 자리를 제대로 잡았어도 귀신이 사는 집에 걸려든 것 같았네. 아, 마음에서 일어나 여러 가지 법이 생기고, 마음이 사라지면 토굴이나 무덤이나 매한가지로다. …… 마음의 밖에 법이 없는 걸 어찌 따로 구하리오. 나는 당나라에 들어가지 않겠네. — 고운기, 『원효와 의상』 —

• 바람 때문에 고요한 바다에 파도가 일어나지만 파도와 고요한 바다는 둘이 아니다. 우리의 일심에도 깨달음의 경지인 진여(眞如)와 무명(無明)이 동시에 있을 수 있으나 이 역시 둘이 아닌 하나이다. — 원효, 『대승기신론소』 —

자료 분석 원효는 의상과 함께 당나라로 유학을 가다가 토굴에서 잠을 잔 뒤 깨달음을 얻고 돌아와 일심(一心) 사상을 세웠다. 일심 사상은 여러 교리와 사상이 있더라도 그것은 모두 중생에 대한 부처의 가르침이며, 그것의 목적은 모두 깨달음이라는 점에서 한마음이라는 것이다. 원효는 일심 사상을 바탕으로 모든 논쟁의 조화를 추구하는 화쟁(和諍)을 강조하였다.

Q '논쟁을 조화시킨다'는 뜻의 '화쟁'을 강조한 한국 불교 사상가는 누구인가? 효율 ✔

개념더하기 **자료**채우기

✊**질문** 있어요

소통과 담론 과정에서 필요한 윤리적 자세는 무엇일까요?
먼저 대화의 상대방을 존중하는 태도를 지녀야 합니다. 인간 존중의 윤리는 소통과 담론 과정에서도 준수되어야 합니다. 또한 진실한 대화에 힘써야 합니다. 상대를 속이거나 현혹하려는 태도를 버리고 진실에 근거하여 거짓 없는 소통을 해야 합니다. 다음으로 자신의 오류 가능성을 인정하는 겸허한 태도를 지녀야 합니다. 만일 자신의 무오류성을 강조한 나머지 타인의 주장을 배척하거나 거짓으로 간주하면 소통이 어렵습니다. 나아가 공적 의사 결정 과정에 적극적으로 참여해야 합니다. 시민 참여는 대의 민주주의의 한계를 보완하고 심의 민주주의로 나아갈 수 있는 토대가 됩니다.

1 **진정한 소통**

진정한 소통 과정에서 우리는 타인의 입장을 이해할 수 있으며, 정서적으로 공감할 수 있다. 공감을 통해 우리는 자기중심성에서 벗어나 다른 사람들을 인정할 수 있다. 즉, 진정한 소통을 위해서는 대화와 공감이 필요하다.

2 **소통의 필요성**

우리 사회에서 이루어지는 대부분의 일은 대화와 토론, 즉 소통으로 형성·유지되므로 사회 구성원의 소통 행위는 윤리와 뗄 수 없는 관계이다. 다시 말해, 바람직한 소통이 이루어지면 우리 사회가 옳은 방향으로 나아가지만, 왜곡된 소통이 이루어지면 그 반대 방향으로 나아가게 된다. 따라서 윤리적 기준에 근거하여 소통을 원활하게 해 나가야 한다.

3 **장자가 강조한 제물의 경지**

도가를 대표하는 사상가로, 자신의 아집에서 비롯되는 분별과 대립, 편견을 버리고 모든 것이 하나임을 아는 것을 이상적인 삶이라고 보았다. 또한 세속적인 차별 의식에서 벗어나 도(道)의 경지에서 모든 것을 한결 같이 보는 제물의 경지를 제시하였다. 제물의 관점에서 보면 선악, 미추, 빈부는 상대적인 것에 불과하며, 모든 사물에 대한 차별이 사라진다.

✱**용어사전**

* **진여**(참 眞, 같을 如) 사물의 있는 그대로의 모습. 우주 만유의 본체이자 평등하고 차별 없는 절대 진리

* **무명**(없을 無, 밝을 明) 불교의 가르침을 알지 못하는 세속의 무지한 견해. 무명은 삼독(탐욕, 분노, 어리석음)과 함께 인간이 지닌 근본 번뇌 중 하나이며 윤회의 원인이기도 함

* **대의 민주주의** 국민이 대표자를 선출해 정책 문제를 처리하도록 하는 민주주의로, 직접 민주주의의 이상을 실현하는 것

* **심의 민주주의** 소통이 의사 결정의 중심을 이루는 민주주의로, 사회적 쟁점에 관해 시민이 전문가 및 공직자들과 공적 심의를 진행하고 합의를 이끌어 내는 정책 결정 방식

③ **맹자** : 소통을 방해하는 그릇된 언사를 네 가지로 제시하며, 진실한 마음에서 우러나온 바른말을 해야 한다고 주장함

피사(詖辭)	한쪽으로 치우쳐 공정하지 못하고 편파적인 말
음사(淫辭)	음란하고 방탕한 말
사사(邪辭)	간교하게 속이는 말
둔사(遁辭)	스스로 이론이 궁색함을 알고 회피하려고 꾸며서 하는 말

④ **스토아학파***
- 인간의 본질은 이성이며, 이성을 지닌 모든 인간은 평등하다고 주장함
- 모든 사람을 세계의 동등한 시민으로 대우해야 한다는 세계 시민주의 사상을 제시함 → 세계 시민주의는 갈등 극복과 화해 실현에 기여함 **4**

⑤ **밀**
- 인간은 끊임없이 잘못 판단하고 잘못 행동할 수 있는 존재라고 봄
- 인간의 오류 가능성을 전제하며, 열린 토론의 중요성을 강조함 **5**

⑥ **아펠**
- '인격의 상호 인정'이 진정한 소통을 위한 기본 전제임을 강조함
- 의사소통 공동체의 모든 구성원이 져야 하는 숙고적인 책임을 강조함
- 의사소통 공동체와 관련된 책임으로 연대적 책임을 강조함
  <small>개인은 의사소통 공동체의 구성원으로서, 연대적 책임을 바탕으로 사회 문화적 조건을 개선하는 데 협력할 의무를 지닌다.</small>

⑦ **하버마스**
- 담론 윤리를 강조하며, 서로 이해하고 합의하는 과정을 중시함 **6** 질문
- 경제적으로 풍족해도 소통이 잘 이루어지지 않는 사회는 좋은 사회가 아님
  <small>왜? 인간의 가장 중요한 특성인 이성을 발휘하기 어렵기 때문이다.</small>
- 시민은 누구나 자유롭게 소통에 참여할 자격이 있음을 강조함
- 의사소통의 합리성을 실현하기 위해 '이상적 담화 조건'을 제시함

의사소통의 합리성		상호 간 논증적인 토론 과정을 거쳐 보편적인 합의에 도달하는 것
이상적 담화 조건	이해 가능성	서로 이해할 수 있어야 함
	정당성	사회적으로 정당한 규범에 따르며 논쟁 절차를 준수해야 함
	진리성	담화 내용이 참이어야 하며, 진리에 바탕을 두어야 함
	진실성	상대방을 속이려는 의도 없이 말하려는 바를 진실하게 표현해야 함

- 사회 통합의 가능성을 공론장에서 찾음

자료로 보는 **하버마스의 담론 윤리**

어떤 규범이 타당성을 지니려면 그 규범에 의해 영향을 받는 사람들이 합리적인 토론을 통해서 자유롭게 동의해야 합니다. 이를 위해 서로 다른 의견과 갈등, 폭력 등을 극복하기 위한 합리적인 의사소통이 필요합니다.

자료 분석 하버마스는 개인의 주관적 도덕 판단만으로는 규범이 성립될 수 없으므로 대화가 필요하며, 대화 당사자들이 합의한 결과를 수용하고 그것을 의무로 받아들이기 위해서는 합리적인 의사소통 과정을 거쳐야 한다고 본다. 그는 의사소통의 합리성을 실현하기 위해 이상적 담화 조건으로 이해 가능성, 정당성, 진리성, 진실성을 제시하였다.

ⓒ 하버마스가 제시한 이상적 담화 조건은 무엇인가?　<small>남당당 '양당앙 '양당앙 '양왕옹 '양왕앙 Ⓥ</small>

---

4 스토아학파의 세계 시민주의(cosmopolitanism)

스토아학파는 고대 그리스인이 전통적으로 그리스인과 야만인을 구별한 것에 반대하여 세계의 모든 사람은 공통 이성을 가진 형제이므로 모든 인류는 평등하다고 주장하였다. 스토아학파의 세계 시민주의는 고대 로마와 중세, 근대의 자연법 사상가들에게 많은 영향을 주었다.

5 토론의 중요성

> 모든 토론을 침묵하게 하는 것은 인간의 절대 무오류성을 가정하는 것이다. 하지만 인간은 끊임없이 잘못 판단하고 잘못 행동하면서 살아간다. 우리 인류는 스스로의 과오로부터 벗어나지 못한다는 사실을 이론적으로는 명심하고 있다.
> – 밀, 「자유론」 –

밀은 토론에 참여하는 사람들이 자신의 오류 가능성을 인정하고 열린 자세로 토론에 임할 것을 강조하였다.

6 담론 윤리의 특징

담론 윤리는 옳고 그름에 대한 판단의 정당성을 공적 담론에서 찾으며, 이성적으로 논의하는 능력을 가진 시민이 사회 문제 해결에 적극 참여하는 주체가 되어야 함을 강조한다. 이를 통해 담론 윤리는 행정·경제 체제의 영향력이 과도하게 강화되면서 시민의 의사를 공적 결정에 올바르게 반영하지 못하는 문제를 해결하는 데 기여한다.

질문 있어요

담론 윤리는 왜 합의의 과정을 중시할까요?
다양한 가치와 규범이 존중되는 현대 사회에서 구성원들이 서로의 차이를 인정하고 갈등을 합리적으로 해결하기 위해서는 상호 이해를 바탕으로 한 합의의 과정이 요청됩니다. 또한 합의의 과정에서 소외된 사람들의 목소리를 들을 수 있으며, 더 많은 구성원이 수락할 수 있는 타당한 규범을 정립해 나갈 수 있습니다. 이러한 합의의 과정을 통해 갈등을 예방하고 조정한다면 사회는 통합에 이를 수 있을 것입니다.

용어사전

- **스토아학파*** 헬레니즘 시대에 제논이 창시한 학파. 원래 스토아(stoa)는 '주랑(긴 복도)'를 가리키는데, 아테네 광장에 있던 공회당의 채색주랑(彩色柱廊)에서 제자를 가르쳤다고 해서 붙여진 명칭이다.
- **아펠*** 독일의 사회학자이자 철학자로, 보편적인 윤리 규범은 토론을 통해 합리적으로 조정하는 과정에서 만들어진다고 봄. 하버마스와 더불어 담론 윤리의 대표적 사상가

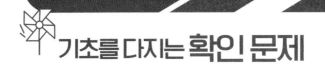

바른답·알찬풀이 68쪽

올리드 포인트

A 사회 갈등과 사회 통합

1 사회 갈등의 유형과 원인

유형	• 지역 갈등 : 지역 발전을 위한 시설이나 투자를 자기 지역에 유치하려는 경쟁 과정에서 비롯되는 갈등 • 세대 갈등 : 청년 세대(신세대)와 기성세대가 서로의 차이를 인정하지 못하여 발생하는 갈등 • 이념 갈등 : 이상적인 것으로 여기는 생각이나 견해의 차이에 따른 갈등
원인	생각·가치관 차이, 이해관계 대립, 원활한 소통 부재

2 사회 통합의 의미와 필요성, 노력

의미	사회 내 개인이나 집단이 상호 작용을 통해 하나로 통합되는 과정
필요성	• 개인의 행복한 삶을 실현하기 위해 • 사회 발전과 국가 경쟁력 강화를 위해
노력	• 상호 존중과 신뢰에 바탕을 둔 소통 • 사회 통합을 위한 제도와 정책 마련 • 연대성, 공익성, 보조성에 대한 고려

B 소통과 담론의 윤리

1 소통과 담론의 의미와 필요성

소통	나와 상대방이 서로 의견을 주고받는 공유의 과정
담론	갈등이나 문제를 해결하기 위한 이성적 의사소통 행위
필요성	사회 구성원의 자발적·적극적 참여를 이끌어 내고, 도덕적 권위를 갖춘 합의를 도출하기 위해

2 동서양의 소통과 담론 윤리

장자	• 서로 다름을 인정하고 상호 의존 관계를 이해해야 함 • 세속적 차별 의식에서 벗어난 제물의 경지를 제시함
원효	• 일심(一心) 사상을 바탕으로 모든 논쟁의 조화를 추구하는 화쟁(和諍) 사상을 주장함 • 모든 이론과 종파의 특수성을 인정하면서도 전체로서 조화하고자 함
맹자	소통을 방해하는 그릇된 언사로 피사(詖辭), 음사(淫辭), 사사(邪辭), 둔사(遁辭)를 제시함
스토아학파	모든 사람을 차별하지 않고 세계의 동등한 시민으로 대우해야 한다는 세계 시민주의를 제시함
밀	인간의 오류 가능성을 전제하여 열린 토론의 중요성을 강조함
아펠	의사소통 공동체의 모든 구성원이 져야 하는 숙고적인 책임을 강조함
하버마스	• 모든 사람은 평등하고 자유롭게 소통할 수 있어야 함 • 의사소통의 합리성을 실현하기 위해 이상적 담화 조건을 제시함

---

01 다음 설명이 맞으면 ○표, 틀리면 ×표를 하시오.

(1) 기술 변화에 빠르게 적응하는 기성세대와 상대적으로 그렇지 못한 신세대 간의 세대 갈등이 심화하고 있다. (   )

(2) 진보적 이념은 정체보다 변화에 가치를 두어 사회 문제를 가능한 한 빨리 해결해야 한다고 본다. (   )

(3) 맹자는 세속적 차별 의식에서 벗어난 제물(齊物)의 경지를 제시하였다. (   )

(4) 원효는 여러 교설은 모두 부처의 가르침에서 비롯된 것이라는 점에서 한마음[一心]이라고 보았다. (   )

(5) 아펠은 '인격의 상호 인정'이 진정한 소통을 위한 기본 전제임을 강조하였다. (   )

02 빈칸에 들어갈 알맞은 말을 쓰시오.

(1) (   )은/는 이상적인 것으로 여기는 생각이나 견해의 차이에 따른 갈등을 말한다.

(2) (   )은/는 불교의 여러 교설 간의 대립을 해소하기 위해 화쟁 사상을 제시하였다.

(3) 밀은 인간의 오류 가능성을 검증하기 위한 (   )의 중요성을 강조하였다.

(4) 하버마스는 의사소통의 (   )을/를 실현하기 위해 이상적 담화 조건을 제시하였다.

(5) 사회 윤리의 기본 원리 중 (   )은/는 인간은 고립되어 살아가지 않으며 구성원들과 긴밀하게 연결되어 공동체에 참여함을 의미한다.

03 하버마스가 제시한 이상적 담화 조건과 그 조건의 의미를 바르게 연결하시오.

(1) 이해 가능성 •

(2) 진리성 •

(3) 진실성 •

(4) 정당성 •

• ㉠ 대화 당사자들이 말하는 내용은 참이어야 한다.

• ㉡ 대화 당사자들은 논쟁의 절차를 준수하여 정당성을 확보해야 한다.

• ㉢ 대화 당사자들은 서로의 표현을 이해할 수 있음을 전제해야 한다.

• ㉣ 대화 당사자들은 서로 속이려는 의도 없이 말하는 바를 표현해야 한다.

실력을 키우는 실전 문제

바른답·알찬풀이 68쪽

01 그림의 수업 장면에서 교사의 질문에 옳게 대답한 학생을 고른 것은?

〈A의 유형〉
· 지역 갈등   · 세대 갈등   · 이념 갈등

(A)에 대해 설명해 볼까요?

한정된 자원을 놓고 집단 간 이해관계가 충돌할 경우 발생할 수 있습니다.

현대 다원주의 사회에서는 점차 일원화된 형태로 나타납니다.

사회 퇴보의 원인이기 때문에 절대로 일어나서는 안 됩니다.

자기 가치관을 고집하며 상대방의 문제점만을 지적할 경우 더욱 심해질 수 있습니다.

① 갑, 을   ② 갑, 병   ③ 을, 병
④ 을, 정   ⑤ 병, 정

02 ㄱ~ㅁ에 관한 설명으로 옳지 <u>않은</u> 것은?

○○도가 19세 이상 도민 1천 명을 대상으로 실시한 설문에서 도민 10명 중 8명 이상이 우리 사회의 갈등 문제가 심각하다고 생각하는 것으로 나타났다. 구체적으로는 ㄱ 빈부 갈등에 대해 89%가, ㄴ 이념 갈등에 대해 88%가, ㄷ 노사 갈등에 대해 83%가, ㄹ 세대 갈등에 대해 78%가, 남녀 갈등에 대해 67%가, ㅁ 지역 갈등에 대해 45%가 심각하다고 생각한다고 응답하였다. ○○도는 이 설문 결과를 토대로 도민이 느끼는 갈등 문제를 해결하기 위한 정책적 노력이 필요하다고 평가하였다. — □□신문, 2018. 3. 30. —

① ㄱ은 경제적 자원 축적과 분배 불균등과 관련된다.
② ㄴ은 주로 보수적 이념과 진보적 이념 간 갈등이다.
③ ㄷ은 구조 조정과 비정규직이 확대될수록 완화된다.
④ ㄹ은 연령별·시대별 경험의 차이 때문에 발생한다.
⑤ ㅁ은 지역 연고가 정치적으로 악용되면 심화될 수 있다.

[03~04] 다음 글을 읽고 물음에 답하시오.

(A)은/는 사회 현상을 이해하는 판단 근거나 기준이 된다. 하지만 한 사회의 구성원이 추구하는 (A)이/가 다르거나 (A)의 차이를 흑백 논리의 이분법적 사고로 구분할 경우 갈등이 발생하는데, ㄱ 보수적 입장과 ㄴ 진보적 입장의 갈등이 대표적인 사례이다.

03 A에 관한 설명으로 가장 적절한 것은?

① 이상적인 것으로 여기는 생각이나 견해이다.
② 자기가 사는 지역의 이익만 추구하려는 태도이다.
③ 구성원들이 차지하고 있는 사회적 지위의 층이다.
④ 역사적이고 정치적인 사건을 공유한 연령 집단이다.
⑤ 나와 상대방이 서로 의견을 주고받는 공유 과정이다.

04 ㄱ, ㄴ에 관한 옳은 설명만을 〈보기〉에서 있는 대로 고른 것은?

보기
ㄱ. ㄱ은 ㄴ에 비해 혼란보다 안정에 가치를 둔다.
ㄴ. ㄴ은 ㄱ과 달리 사회 질서 유지를 중시한다.
ㄷ. ㄴ은 ㄱ에 비해 혼란을 감수하더라도 변화를 추구해야 한다고 본다.
ㄹ. ㄱ, ㄴ은 상황에 따라 상대적인 의미를 지닌다.

① ㄱ, ㄴ   ② ㄱ, ㄷ   ③ ㄴ, ㄹ
④ ㄱ, ㄷ, ㄹ   ⑤ ㄴ, ㄷ, ㄹ

05 다음은 사회 갈등에 관한 노트 필기의 일부이다. ㄱ~ㄹ 중 옳지 <u>않은</u> 것은?

· 세대 갈등은 어느 사회에나 존재하는 현상이다. ········· ㄱ
· 이해관계 대립이 원인일 때에만 사회 갈등이라고 한다. ······· ㄴ
· 한자어 '갈등(葛藤)'은 칡이나 등나무가 얽혀 있는 모습에서 유래하였다. ················· ㄷ
· 전체주의 사회는 통제에 따라 일사불란하게 운영되기 때문에 진정한 사회 통합이 이루어졌다고 볼 수 있다. ········· ㄹ

① ㄱ, ㄴ   ② ㄱ, ㄷ   ③ ㄴ, ㄷ
④ ㄴ, ㄹ   ⑤ ㄷ, ㄹ

06 다음 사례를 통해 내린 결론으로 가장 적절한 것은?

○○군은 쓰레기 소각장을 건립하기로 하고 △△ 마을을 부지로 선정하였다. 하지만 이에 대한 △△ 마을 주민의 반대가 극심하여 사업을 추진하지 못하였다. ○○군은 주민들과 수차례 공청회를 진행해 주민들의 의견을 수용하고 갈등을 해결하기 위해 노력하였다. 그 결과 △△ 마을에는 쓰레기 소각장이 건립되었고 더불어 다양한 문화 시설을 갖추게 됨으로써 황량했던 마을이 발전을 이루게 되었다.

① 공공의 이익보다 지역의 이익을 우선해야 한다.
② 국가 정책과 지역 이익 간에는 갈등이 불가피하다.
③ 국가는 다수결의 원리에 의거해 정책을 결정해야 한다.
④ 지역 주민은 혐오 시설에 대해 자신의 의견을 제시해서는 안 된다.
⑤ 이해 당사자는 소통과 합의를 통해 합리적으로 이익을 조정해야 한다.

08 A, B에 들어갈 말을 바르게 짝지은 것은?

사회 통합과 관련된 사자성어에는 무엇이 있을까요?

차이점을 인정하면서 같은 점을 추구한다는 의미의 (A)이/가 있습니다.

바다는 어떠한 물도 마다하지 않고 받아들여 거대한 대양을 이룬다는 의미의 (B)도 있습니다.

우리는 사회 통합을 위해 (A)와/과 (B)의 자세를 함양해야 합니다.

	A	B
①	해불양수	구동존이
②	해불양수	화이부동
③	화이부동	상선약수
④	구동존이	상선약수
⑤	구동존이	해불양수

07 (중요 ★★) ㉠, ㉡에 들어갈 내용을 바르게 짝지은 것은?

사회 통합은 한 사회가 공동의 목표를 향해 조화롭게 결속된 상태를 의미한다. 이는 사회 갈등을 해소하여 평등하고 서로 신뢰하는 사회를 실현하며, 국민 개개인의 행복을 지향한다. 또한 사회 통합은 경제 성장과 복지를 확대하고, 국민을 위한 여러 가지 정책의 효과를 높일 수 있다. 사회 통합을 이루기 위해서는 (㉠)와/과 같은 제도적 차원의 노력과 (㉡)와/과 같은 의식적 차원의 노력이 함께 필요하다.

	㉠	㉡
①	양보와 관용의 정신 발휘	공정한 여론 수렴 절차 마련
②	양보와 관용의 정신 발휘	다양성을 인정하는 자세 확립
③	공정한 여론 수렴 절차 마련	양보와 관용의 정신 발휘
④	공정한 여론 수렴 절차 마련	법치주의 확립
⑤	다양성을 인정하는 자세 확립	법치주의 확립

09 (중요 ★★) 사회 갈등의 한 유형인 ㉠을 해결하기 위한 방안으로 가장 적절한 것은?

영호남 연극제는 영호남 지역의 특성을 살리면서 서로 교류하고 연마하는 과정을 통해 연극의 발전은 물론 영호남 지역의 단합을 도모하고자 한다. 연극 협회장은 "다른 축제와 다르게 영호남 연극제는 (㉠)에서 벗어나 동서 단합과 지역 연극 발전을 위해 창립된 것이니 더욱 의미가 있다."라고 강조한다. - ○○신문, 2016. 2. 25. -

① 지역 이기주의에서 벗어나기 위해 노력해야 한다.
② 자신이 속한 지역에 대한 특권 의식을 지녀야 한다.
③ 청년 세대와 기성세대가 서로의 차이를 인정해야 한다.
④ 지역의 역사적 상황과 결부해 지역감정을 가져야 한다.
⑤ 자신과 다른 종교를 가진 사회 구성원을 포용해야 한다.

[10-11] 다음 글을 읽고 물음에 답하시오.

> 갑 : 사회 통합을 위해 기본 소득 제도를 도입해야 한다
> 는 주장이 있어. 그런데 기본 소득 제도가 뭐야?
> 을 : 기본 소득 제도는 정부가 국민 모두에게 기본적
> 인 삶을 보장하기 위해 기본 생활비를 지급하는
> 것으로, ㉠ 보편적 복지의 핵심이야.
> 병 : 그렇구나. 하지만 나는 기본 소득 제도 도입에 반
> 대해. 왜냐하면 _____㉡_____ 이야.

10 ㉠을 다음 그림으로 탐구할 때, A, B에 들어갈 옳은 질문을 〈보기〉에서 골라 바르게 짝지은 것은?

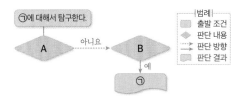

범례
▭ 출발 조건
◆ 판단 내용
⇢ 판단 방향
▱ 판단 결과

┤ 보기 ├
ㄱ. 특정 집단에 한정하여 복지 혜택을 제공하는가?
ㄴ. 경제적 수준에 관계없이 복지 혜택을 제공하는가?
ㄷ. 모든 국민에게 복지 혜택을 제공하는 것을 원칙으로 하는가?
ㄹ. 도움이 절실하게 필요한 국민에게만 복지 혜택을 제공하는가?

	A	B		A	B
①	ㄱ, ㄴ	ㄷ, ㄹ	②	ㄱ, ㄷ	ㄴ, ㄹ
③	ㄱ, ㄹ	ㄴ, ㄷ	④	ㄴ, ㄷ	ㄱ, ㄹ
⑤	ㄴ, ㄹ	ㄱ, ㄷ			

11 ㉡에 들어갈 적절한 내용을 〈보기〉에서 고른 것은?

┤ 보기 ├
ㄱ. 전체 계층이 근로 의욕을 상실할 수 있기 때문
ㄴ. 양극화로 인한 빈부 격차를 완화할 수 있기 때문
ㄷ. 세금 부담과 정부 지출 증가가 불가피하기 때문
ㄹ. 복지 사각지대의 해소로 저소득층의 삶의 질을 높일 수 있기 때문

① ㄱ, ㄴ   ② ㄱ, ㄷ   ③ ㄴ, ㄷ
④ ㄴ, ㄹ   ⑤ ㄷ, ㄹ

12 그림의 A에 들어갈 답변으로 가장 적절한 것은?

① 공익을 위해 사익을 포기해야 한다는 것입니다.
② 경제적이고 합리적으로 생활해야 한다는 것입니다.
③ 놀이를 통해 생활의 활력을 얻어야 한다는 것입니다.
④ 구성원 간에 서로 신뢰하고 도와야 한다는 것입니다.
⑤ 유한성을 극복하기 위해 종교 생활을 해야 한다는 것입니다.

중요 ★★

13 다음 한국 사상가의 입장에 관한 옳은 설명만을 〈보기〉에서 있는 대로 고른 것은?

> 모든 법은 오직 일심(一心)이 있을 뿐 일심 이외에 다시 어떠한 법도 없다. 다만 무명(無明)이 자신의 마음을 미혹시켜 모든 물결을 일으켜 육도(六道)에 유전하게 되는 것이다. 그러나 비록 육도의 물결이 일어나도 일심의 바다를 벗어나지 못한다. 진실로 일심의 움직임으로 말미암아 육도가 전개되는 것이다.
>
> *육도(六道) : 삼악도(三惡道)와 삼선도(三善道)를 통틀어 이르는 말로, 중생이 선악의 원인에 의하여 윤회하는 여섯 가지의 세계를 뜻한다.

┤ 보기 ├
ㄱ. 세상의 모든 것은 마음이 지어낸 것임을 강조한다.
ㄴ. 종파의 위계에 따라 모든 이론에는 우열이 있음을 강조한다.
ㄷ. 대립하는 이론을 조화시키는 화쟁(和諍)의 논리를 강조한다.
ㄹ. 모든 종파의 특수성을 부정하고 통합을 추구할 것을 강조한다.

① ㄱ, ㄴ   ② ㄱ, ㄷ   ③ ㄴ, ㄹ
④ ㄱ, ㄷ, ㄹ   ⑤ ㄴ, ㄷ, ㄹ

14 다음은 인터넷에서 사상가 A의 담론 윤리를 검색한 결과이다. ㉠~㉣ 중 옳은 내용을 고른 것은?

A의 담론 윤리   검색

〈연관 검색어〉
이상적 담화 조건, 공론의 장

〈검색 결과〉
• 전문가 집단의 토론 결과만으로 의사 결정을 해야 한다. ⋯⋯ ㉠
• 의사소통을 할 때 대화자는 이해 가능한 말을 해야 한다. ⋯⋯ ㉡
• 시민은 이성적 토론을 거쳐 쟁점에 대해 합의를 해야 한다.
  ⋯⋯⋯⋯⋯⋯⋯⋯⋯⋯⋯⋯⋯⋯⋯⋯⋯⋯⋯⋯⋯⋯⋯⋯⋯⋯⋯ ㉢
• 의사 결정 과정에서 효율성을 최고의 기준으로 삼아야 한다. ⋯ ㉣

① ㉠, ㉡   ② ㉠, ㉢   ③ ㉡, ㉢
④ ㉡, ㉣   ⑤ ㉢, ㉣

15 다음 사상가의 관점에만 모두 'V'를 표시한 학생은?

> 인간은 끊임없이 잘못 판단하고 잘못 행동하면서 살아간다. 우리 인류는 스스로의 과오로부터 벗어나지 못한다는 사실을 이론적으로는 명심하고 있다. 하지만 불행하게도 실제로 자신이 판단을 내릴 때는 이를 거의 문제 삼지 않는다. 왜냐하면 자기가 과오를 범할 수 있는 가능성에 대해 ⋯⋯ 받아들이는 사람은 거의 없기 때문이다.

관점＼학생	갑	을	병	정	무
다수의 의견은 언제나 참이라는 것을 인식해야 한다.	V	V		V	
자신의 오류 가능성을 인정하고 열린 자세로 토론에 임해야 한다.	V		V		V
토론을 통해 자신의 주장은 절대 오류가 없다는 것을 입증해야 한다.			V		V
인간은 끊임없이 잘못 판단하고 잘못 행동하는 존재라는 것을 알아야 한다.				V	V

① 갑   ② 을   ③ 병   ④ 정   ⑤ 무

16 ㉠, ㉡의 의미를 바르게 짝지은 것은?

> 맹자는 소통을 방해하는 그릇된 언사로 ㉠ 피사(詖辭), 음사(淫辭), 사사(邪辭), ㉡ 둔사(遁辭)를 제시하였으며, 진실한 마음에서 우러나온 바른말을 해야 한다고 주장하였다.

	㉠	㉡
①	간교하게 속이는 말	음란하고 방탕한 말
②	간교하게 속이는 말	회피하려고 꾸며서 하는 말
③	회피하려고 꾸며서 하는 말	간교하게 속이는 말
④	한쪽으로 치우쳐 공정하지 못한 말	음란하고 방탕한 말
⑤	한쪽으로 치우쳐 공정하지 못한 말	회피하려고 꾸며서 하는 말

17 그림의 강연자가 지지할 입장으로 가장 적절한 것은?

> 도(道)의 입장에서 본다면 사물에는 귀천이 없습니다. 그러나 사물의 입장에서 본다면 자신은 귀하고 남은 천한 것이 됩니다. ⋯⋯ 삶이 있기에 죽음이 있으며, 옳음이 있기에 그름이 있는 것입니다. 옳고 그름을 도의 입장에서 바라본다면 서로 다른 것이 아니라 똑같은 것입니다.

① 만물의 상호 의존 관계를 이해해야 한다.
② 인의(仁義)를 실현하기 위해 수양해야 한다.
③ 부처의 마음으로 돌아가 조화를 추구해야 한다.
④ 미추(美醜)와 선악(善惡)을 명확히 분별해야 한다.
⑤ 삶과 죽음의 윤회에서 벗어나기 위해 해탈해야 한다.

18 ㉠에 들어갈 말로 가장 적절한 것은?

> 그림은 아테네 광장에 있던 공회당의 주랑입니다. (㉠)은/는 이 주랑을 거닐며 제자를 가르쳤습니다. (㉠)이/가 제시한 세계 시민주의는 오늘날 사회 갈등을 극복하는 데 정신적 바탕이 됩니다.

① 플라톤   ② 스토아학파
③ 소크라테스   ④ 아리스토텔레스
⑤ 에피쿠로스학파

19 ★★ 중요

'A 윤리'에 관한 설명으로 옳지 <u>않은</u> 것은?

> A 윤리는 담론 과정을 통해 규범의 정당성을 확보하는 데 관심이 있어.

> A 윤리는 다양한 이해관계가 대립하는 현대 사회의 문제를 해결하는 데 기여해.

> A 윤리의 대표적 사상가로는 아펠과 하버마스가 있어.

① 의사소통의 합리성을 실현하고자 한다.
② 합의를 이루어 나가는 과정을 중시한다.
③ 의사소통 과정에서 지켜야 할 규범을 제시한다.
④ 담론 참여 기회를 결정하는 자본의 힘을 중시한다.
⑤ 모두의 동의를 얻을 수 있는 정당한 규범을 모색한다.

20 다음 가상 대담의 사상가가 지지할 주장만을 〈보기〉에서 있는 대로 고른 것은?

> 사회자 : 분업이 사회 통합에 기여한다는 주장이 있습니다. 이 주장에 대해 어떻게 생각하시나요?
>
> 사상가 : 저는 그렇게 생각하지 않습니다. 사회 안의 분업은 서로 독립된 상품 생산자 사이로 생산 수단이 분산되는 것을 전제하고 있지만, 작업장 안의 분업은 한 자본가의 수중에 생산 수단이 모여 있는 것을 전제하고 있습니다. 작업장 안의 분업은 이전에는 독립적이었던 노동자를 자본의 지휘와 규율에 복종하게 할 뿐만 아니라 노동자들 사이에 차등적 계층을 만들어 냅니다. 이는 노동자의 일체의 생산적인 능력과 소질을 억압하면서 특수한 기능만을 촉진하여 노동자를 기형적인 불구로 만듭니다.

┤ 보기 ├

ㄱ. 노동의 분업을 통해 인간 소외를 극복해야 한다.
ㄴ. 사유 재산과 계급이 소멸한 사회를 지향해야 한다.
ㄷ. 생산 수단의 공유화를 통해 경제적 평등을 실현해야 한다.
ㄹ. 타인의 노동을 자신에게 예속시키려는 권력을 지양해야 한다.

① ㄱ, ㄴ   ② ㄱ, ㄷ   ③ ㄴ, ㄹ
④ ㄱ, ㄷ, ㄹ   ⑤ ㄴ, ㄷ, ㄹ

21 다음 자료를 보고 물음에 답하시오.

이달의 청소년 추천 도서

· 도서명 : _____A_____
· 저자 : 볼테르
· 주요 문구 : "만약 당신들 모두가 같은 의견이고 단 한 사람만이 반대 의견이라면 당신들은 그 사람을 용서해야 하오. 왜냐하면 그가 그렇게 생각하는 데는 당신들 각자가 책임이 있기 때문이오."

⑴ A에 들어갈 도서명을 쓰시오.

⑵ A에서 강조하는 내용을 서술하시오.

22 다음 글을 읽고 물음에 답하시오.

> 신라 시대에 많은 고승들이 불교를 발전시켰다. 특히 (㉠)은/는 독자적인 이론 체계를 수립하였고, 당시 왕실 중심의 불교를 민중 불교로 전환시켜 불교의 보편화에 공헌하였다. 또한 (㉠)은/는 " ㉡ "라고 역설하면서 화쟁 사상을 정립하였는데, 이는 유교의 중화(中和) 또는 중용(中庸) 사상과 맥을 같이하는 화(和)의 윤리이다.

⑴ ㉠에 들어갈 한국 사상가를 쓰시오.

⑵ ㉡에 들어갈 내용을 서술하시오.

23 다음 글을 읽고 물음에 답하시오.

> 사회 통합을 위해서는 사회 구성원이 ㉠소통과 담론 과정에 참여해야 한다. 독일의 철학자 ㉡하버마스는 시민이 누구나 자유롭게 소통에 참여할 자격이 있음을 강조한다. 그에 따르면, 사회 구성원 모두는 사회 문제를 직접 결정하는 주체로서 어느 누구도 사회적·경제적 지위 등을 이유로 소통에서 배제되지 않아야 한다.

⑴ ㉠에서 필요한 윤리적 자세를 <u>두 가지</u> 서술하시오.

⑵ ㉡이 제시한 이상적 담화 조건을 서술하시오.

01 다음 글에 나타난 사회 갈등에 관한 설명으로 옳지 <u>않은</u> 것은?

> 기성세대와 청년 세대 사이에는 시대 차이로 인한 가치관과 행동 양식의 차이가 존재한다. 기성세대가 살아 온 생활 환경이나 역사적 경험이 청년 세대와 많이 다를수록 두 세대 사이의 시대 차이는 더욱 크게 벌어진다. 그런데 이러한 시대 차이를 기성세대는 작게 평가하는 경향이 있고, 청년 세대는 크게 평가하는 경향이 있다. 즉, 기성세대는 시대가 달라져도 변하는 것이 없다는 믿음을 갖고 있는 반면, 청년 세대는 세상이 변해 새로운 가치관과 행동 양식이 필요한데 기성세대는 시대착오적인 가치와 규범에 집착한다고 생각하는 것이다.

① 대화와 소통의 부족으로 발생할 수 있다.
② 현대 사회에 와서 새롭게 생겨난 사회 갈등이다.
③ 청년 세대 실업의 증가는 갈등을 심화시킬 수 있다.
④ 사회적 쟁점에 대한 의견 충돌로 인해 발생할 수 있다.
⑤ 급격한 사회 변동을 경험한 사회에서 더 심하게 나타날 수 있다.

문제 접근 방법

사회 갈등에는 지역 갈등, 세대 갈등, 이념 갈등, 계층 갈등, 노사 갈등 등이 있음을 기억하고, 이러한 사회 갈등 중 '기성세대와 청년 세대 사이의 시대 차이'라는 핵심 구절을 통해 어떤 갈등인지 추론하여 문제를 해결한다.

적용 개념

사회 갈등

02 다음 사상가의 입장에서 〈문제 상황〉에 대해 제시할 해결 방안으로 가장 적절한 것은?

> 오늘날 시민은 공적 장소에서 토론할 기회를 제대로 가질 수 없을 뿐만 아니라, 그러한 공적 토론이 시민에게 권장되지도 않는다. 시민 간의 합리적 의사소통이 없으면 건강한 민주 사회를 유지할 수 없게 된다. 이러한 문제를 극복하기 위해서는 자유롭고 평등한 시민들에 의해 공적 문제에 대한 문제 제기와 토론이 활성화되어야 한다. 민주적 공론장에서 이성적인 시민이 모두 합의할 수 있는 논증의 형태로 대화에 참가하고, 그 토론의 결과가 법체계에 반영된다면 현대 사회의 다양한 정치적·윤리적 문제를 해결할 수 있을 것이다.
>
> 〈문제 상황〉
> ○○ 지역에서 호수 주변 개발 여부를 놓고 지역 주민 간에 입장이 대립하고 있다. 호수 주변 개발이 자연환경을 훼손한다는 입장과 침체된 지역 경제를 살린다는 입장 간에 극심한 갈등을 겪고 있다.

① 생태 전문가 집단의 토론 결과를 적극 수용해야 한다.
② 합리적 논의보다 다수결 원칙에 근거하여 결정해야 한다.
③ 사회적 효용성을 높이기 위해 정부의 결정에 따라야 한다.
④ 자신의 이익을 배제한 지역 주민들만 담론에 참여해야 한다.
⑤ 주장의 타당성 입증을 위해 담론 참여자들이 자유롭게 논쟁해야 한다.

문제 접근 방법

먼저 제시문이 어떤 사상가의 주장인지 파악한다. 다음으로 민주적 토론을 강조하는 입장에서 〈문제 상황〉을 해결하기 위해 제시할 방안을 추론하여 문제를 해결한다.

적용 개념

담론 윤리
공론장

03 A에 들어갈 적절한 진술을 〈보기〉에서 고른 것은?

(가)	어느 마을의 가장 중요한 경제 활동은 양을 기르는 일이었다. 마을 사람들은 양을 길러 양털을 팔아 생활하고 있었다. 이 마을의 양들은 대부분의 시간을 마을 주변의 초원에서 풀을 뜯어 먹으며 보냈다. 마을 주민 누구도 이 초원을 소유하고 있지 않았지만, 마을 주민이라면 누구든지 이곳에서 자신의 양을 먹일 수 있었다. 초원의 풀이 무성할 때 이 공동 소유 제도는 별 문제가 없었다. 그러나 마을 사람들이 더 많은 이익을 얻기 위해 양의 수를 늘려 나가면서 초원은 풀을 스스로 보충하는 능력을 상실하였고, 결국 초원은 더 이상 양을 기를 수 없는 황무지가 되고 말았다.
(나)	 사회 통합과 관련해, (가) 사례가 우리에게 주는 교훈은 무엇일까요?　　A

보기
ㄱ. 경제적 선택을 할 때 효율성이 가장 중요하다는 것입니다.
ㄴ. 공동선을 추구하면 개인의 자유가 억압받게 된다는 것입니다.
ㄷ. 개인의 이익이 공동선과 조화를 이룰 수 있어야 한다는 것입니다.
ㄹ. 지나친 사익 추구가 사회 전체의 효용을 저해할 수 있다는 것입니다.

① ㄱ, ㄴ　　② ㄱ, ㄷ　　③ ㄴ, ㄷ　　④ ㄴ, ㄹ　　⑤ ㄷ, ㄹ

ⓟ 문제 접근 방법

공유지에서 사람들이 자기 이익만 지나치게 추구하면 파국을 초래할 수 있음을 파악한 후 문제를 해결한다.

ⓘ 적용 개념

공유지의 비극

---

04 서양 사상가 갑, 한국 사상가 을의 입장에 관한 설명으로 옳은 것은?

갑 : 의견 발표를 억압하는 것은 그 의견을 지지하거나 반대하는 사람 모두에게 손해를 끼친다. 한 사람 이외에 모든 인류가 동일한 의견이고 한 사람만이 반대 의견을 갖는다 해도 인류에게는 그 한 사람에게 침묵을 강요할 권리가 없다.
을 : 바람 때문에 고요한 바다에 파도가 일어나지만 파도와 고요한 바다는 둘이 아니다. 우리의 일심(一心)에도 깨달음의 경지인 진여(眞如)와 무명(無明)이 동시에 있을 수 있으나 이 역시 둘이 아닌 하나이다.

① 갑은 자유로운 토론을 통해 모두가 합의해야 진리가 된다고 본다.
② 갑은 인간이 과오를 범할 수 있기 때문에 토론이 중요하다고 본다.
③ 을은 자기를 중심으로 만물을 분별하는 삶을 살아야 한다고 본다.
④ 을은 일심 사상을 바탕으로 대립적인 사고를 지향해야 한다고 본다.
⑤ 갑은 을과 달리 소수의 이론이나 의견은 절대 진리일 수 없다고 본다.

ⓟ 문제 접근 방법

서양 사상가 갑은 '한 사람에게 침묵을 강요할 권리가 없음'을, 한국 사상가 을은 '둘이 아닌 하나임'을 강조했음을 파악하고 문제를 해결한다.

ⓘ 적용 개념

토론의 자유
일심과 화쟁

민족 통합의 윤리

🅐 통일 문제를 둘러싼 쟁점

└ 통일 과정에 수반하는 문제를 균형 있게 이해하고 합리적이고 바람직한 관점을 형성해 나가야 한다.

1 통일에 관한 찬반 입장의 논거

찬성 논거	반대 논거
• 이산가족의 고통 해소	• 오랜 분단으로 문화적 이질감 증대
• 민족의 동질성 회복 및 민족 공동체 실현	• 군사 도발 등으로 북한에 대한 거부감 심화
• 전쟁의 공포 해소를 통한 평화 실현	
• 군사비 감소에 따른 복지 혜택 증가	• 막대한 통일 비용에 따른 조세 부담 증가
• 민족의 경제적 번영 및 국제적 위상 제고	• 실업, 범죄 증가 등 사회적 갈등 발생 우려

자료로 보는 🐸 **통일의 필요성**

| 개인적 차원 | • 분단 고통 해소(이산가족, 납북자 문제 해결 등)
• 자유 확산 및 기회 확대(취업 및 소득 증대) · 평화롭고 풍요로운 삶 향유 |
|---|---|
| 민족적 차원 | • 역사적 정통성 및 동질성 회복 · 민족 공동체 구현
• 민족 문화 융성 |
| 국가적 차원 | • 전쟁 위협 소멸 · 자원의 상호 보완적 활용, 규모의 효과(단일 경제권 형성)
• 자원과 민족적 역량 낭비 제거 · 활동 영역 확대(유라시아 대륙과 태평양 연결) |
| 국제적 차원 | • '북한 문제' 해결(한반도 전쟁 위협 제거)
• 동북아 및 세계 평화에 기여 |

– 통일 교육원, 「2017 통일 문제 이해」 –

자료 분석 남북한이 통일을 해야 하는 이유는 개인과 민족적 차원에서부터 정치·경제·사회·문화 전 영역에 걸친 국가적 차원, 더 나아가 국제적 차원에 이르기까지 다양하다.

Q 국제적 차원에서 통일이 필요한 이유는 무엇일까? **🅐** 세계 평화에 이바지하기 때문이다.

⭐ 2 분단 비용과 통일 비용 문제

| 분단 비용 | • 분단으로 인해 남북한이 부담하는 유·무형의 모든 비용
• 민족 구성원 모두의 손해로 이어지는 소모적인 성격의 비용
• 경제적(유형적) 비용 : 군사비, 안보비, 외교 비용, 이념 교육 비용 등 **1**
• 경제 외적(무형적) 비용 : 전쟁 가능성에 대한 공포, 이산가족의 고통, 이념적 갈등과 대립, 국토의 불균형 발전 등 |
|---|---|
| 평화 비용 **2** | • 통일 이전에 한반도의 평화를 유지하고 정착시키기 위해 드는 비용
• 분단 비용과 통일 비용을 감소시키는 투자적인 성격의 비용
• 북한 지원 및 교류 사업, 북한의 사회 간접 자본 확충 등 남북 경제 협력 비용 |
| 통일 비용 | • 통일 이후 남북한 체제가 통합하는 데 드는 비용
• 통일 편익으로 이어지는 투자적인 성격의 비용
• 제도 통합 비용 : 정치·행정 제도, 금융·화폐 통합 비용 등
• 위기 관리 비용 : 치안, 인도적 차원의 긴급 구호 비용, 실업 문제 처리 비용 등
• 경제적 투자 비용 : 기반·생산 시설 구축 비용 등 |
| 통일 편익 질문 | • 통일로 얻게 되는 경제적·경제 외적 보상과 혜택
• 경제적 편익 : 분단 비용 해소, 규모의 경제 실현, 시장 확대, 산업 및 생산 요소의 보완성 증대 등
• 경제 외적 편익 : 이산가족 문제 해결, 국제 사회에서의 위상 제고, 전쟁 위험의 해소 등 |

└ 통일 이후 지속적으로 발생하기 때문에 한시적으로 발생하는 통일 비용보다 더 크다고 볼 수 있다.

개념 더하기 자료 채우기

1 세계 군사비 지출 현황

❶ 미국	5,960
❷ 중국	2,150 (추정) (단위 : 억 달러)
❸ 사우디아라비아	862
❹ 러시아	664
❺ 영국	555
❻ 인도	513
❼ 프랑스	509
❽ 일본	409
❾ 독일	394
❿ 대한민국	364

(스톡홀름 국제평화연구소, 2015)

군사비는 기본적으로 국가 존속을 위해 필요한 비용이다. 하지만 우리나라의 경우, 남북 분단으로 인해 남북한 인구 및 경제 규모 대비 적정 수준 이상의 군사비를 지출하고 있다. 남북한이 지출하는 막대한 군사비는 분단이 지속되는 동안 지속적으로 발생하는 비용으로 한반도의 긴장을 고조시키고 민족의 역량을 낭비하게 한다.

2 평화 비용이 가져다줄 혜택

평화 비용은 한반도의 긴장 완화와 평화 정착을 도모함으로써 분단 비용을 줄여 준다. 이를 통해 국가 신인도 제고를 통한 경쟁력 강화 등의 효과가 있다. 또한 남북 간의 동질성 회복과 경제적 격차 해소에 기여함으로써 통일 비용을 줄여 준다. 즉 통일 이후에 소요될 막대한 비용을 감소시켜 통일에 따른 충격을 완화해 주는 것이다.

✊ **질문 있어요**

통일 편익에는 구체적으로 어떤 것이 있나요?
분단에 따른 남북한 주민의 고통과 불편 해소를 들 수 있습니다. 통일은 이산가족의 고통을 덜어 주며, 북한 주민의 인권 문제도 해결할 것입니다. 또한 민족의 번영을 들 수 있습니다. 통일은 내수 시장 확대의 기반이 되며, 통일 한국은 동북아시아의 교통과 물류의 중심지가 될 것입니다. 마지막으로 평화의 실현을 들 수 있습니다. 통일은 평화로운 한반도를 만들어 줄 것이며, 동북아시아의 긴장 완화는 물론 지구촌 평화의 실현에도 이바지할 것입니다.

✳ **용어사전**

* **이질감**(다를 異, 성질 質, 느낄 感) 성질이 서로 달라 낯설거나 잘 맞지 않는 느낌 ↔ 동질감(同質感)
* **편익**(편할 便, 더할 益) 편리하고 유익함
* **규모의 경제**(economy of scale) 생산 규모의 증가에 따라 평균 생산비가 감소하는 현상
* **국가 신인도** 한 나라의 국가 위험도, 국가 신용도, 국가 경쟁력, 국가 부패 지수, 경제 자유도, 정치 권리 자유도 등을 평가한 지표

3 북한의 주요 인권 침해 실태 3
인간이라면 누구나 누려야 할 인류 보편의 가치이다.

식량 차별 배급	출신 성분, 계층에 따른 차별 배급
종교의 자유 침해	주민의 종교 생활 탄압
신체의 자유 침해	수사 기관의 자의적 체포·구금, 가족에게 통보하지 않음
표현의 자유 침해	상시적 통제 장치로 표현의 자유 억압
정치범 및 북한 이탈 주민의 처우	• 수용소에 갇힌 정치범들은 극심한 영양실조, 학대 등에 시달림 • 송환된 북한 이탈 주민은 수용소에 구금되고 폭행을 당함

자료로 보는 북한 인권 문제 개입에 대한 찬반 입장

북한 인권 문제에 대한 개입은 북한에 대한 내정 간섭이기 때문에 북한 당국이 스스로 해결하도록 해야 해. **갑**

인도적 차원에서 인권의 보편적 원칙에 따라 국제 사회의 개입이 필요해. **을**

자료 분석 갑은 주권 국가 체계에서 국가는 외교 관계와 내정에서 최고 권위를 가지므로 다른 나라로부터 간섭을 받지 않을 권리가 있음을 강조하는 입장이다. 반면 을은 어떤 국가가 자국민의 인권을 유린하거나 인권을 보장할 역량과 의지가 부족할 경우, 국제 사회가 인도적 차원에서 해당 국가의 인권 문제에 개입할 수 있다는 입장이다.

Q 북한의 인권 상황을 개선하기 위한 방안에는 무엇이 있을까?

A 북한 이탈 주민의 증언을 통해 북한 인권 실태를 알리고 국제 사회에 협조를 구한다.

4 대북 지원 문제
통일이라는 궁극적 목적을 이루기 위해서는 대북 지원 방향에 대한 국민적 합의를 이끌어 내려는 노력이 필요하다.

① 대북 지원의 구체적 내용 : 식량난 해소를 위한 농업 개발 지원, 이재민 구호와 피해 복구 지원, 보건 위생 상태 개선, 영양 결핍 아동과 노약자 지원 등

★ ② 대북 지원 방식에 대한 입장

인도주의 입장	남북의 정치·군사 상황과는 무관하게 대북 지원이 이루어져야 함
상호주의 입장	북한에 일정한 변화를 요구하면서 대북 지원을 해야 함

★ **5 바람직한 통일 방법**
왜? 전쟁은 모든 것을 무효화시키고 통일 후에도 사회 통합을 가로막기 때문에 무력 통일이 아닌 평화 통일을 지향해야 한다.

① 평화적 방법을 통해 점진적이고 단계적으로 이루어야 함
• 통일을 위해 남북은 지속적인 교류와 협력을 해야 함 **질문**
• 남북 간 사회적·경제적·문화적 통합과 신뢰를 형성한 후 통일 국가를 완성해야 함
왜? 동질성과 공동체 의식을 회복한 다음 체제 통합으로 나아가는 것이 바람직하기 때문이다.

② 국민적 이해와 합의에 기초하여 민주적으로 이루어야 함
• 통일이 수반하는 정치적 부담, 경제적 비용, 사회적 혼란 등에 대한 국민적 공감대를 형성해야 함 **4**
• 민주적 절차에 따라 통일의 시기와 과정을 논의해야 함

③ 주변국들과 협력을 강화하여 한반도의 통일을 지지하게 해야 함
• 통일은 민족 내부의 문제인 동시에 국제적 성격을 지님
• 민족 내부적 노력과 함께 국제적 기반을 조성해야 함

---

3 북한의 인권 개념

인권은 모든 착취와 억압이 청산되고 인민이 나라의 주인이 된 사회주의 제도하에서만 철저히 보장된다. 이러한 권리들은 그것을 실현할 수 있는 경제적 평등의 조건에 의하여 담보된다. 인민 정권은 자본주의 계급에 철저한 독재를 하면서 노동 계급을 비롯한 광범위한 인민 대중에게는 참다운 민주주의적 권리를 보장한다.
– 김병로, 「북한의 인권 개념과 인권 정책의 특징」 –

자료를 통해 북한은 사회주의적 체제에 기초하여 개별적 인권보다는 집단적 인권, 자유권보다는 사회권을 더 중시함을 알 수 있다. 또한 북한은 다른 사회주의 국가들처럼 인권보다는 주권의 중요성을 강조한다.

질문 있어요

남북 교류와 협력 사례에는 무엇이 있을까요?
애니메이션 '뽀로로'는 남북이 교류와 협력을 통해 달성한 성공 사례에 해당합니다. 뽀로로의 성공처럼 남한의 기술력과 자본이 북한의 노동력, 천연자원과 결합하면 동반 상승 효과를 낼 수 있습니다.

4 북한 이탈 주민의 정착을 돕기 위한 노력

남북 하나 재단이 시행한 '북한 이탈 주민 실태 조사'에 따르면, 북한 이탈 주민 중 25.3%가 지난 1년 동안 북한 출신이라는 이유로 차별당한 경험이 있다. 말투나 생활 방식의 차이, 북한에 대한 부정적 인식이 주된 차별 이유였다.
– ○○신문, 2016. 4. 28. –

북한 이탈 주민은 우리 사회에 정착하는 데 경제적·문화적·심리적 어려움을 겪고 있다. 북한 이탈 주민의 정착을 돕기 위해서는 생계비와 주거 안정 지원 확대, 직업 훈련과 취업 알선 등 경제적 자립 지원과 우리 사회 전반에 대한 이해를 높이기 위한 문화적 적응 지원이 필요하다. 또한 북한 이탈 주민에 대해 편견을 갖지 말아야 한다.

용어사전

* **인도주의** 인간의 존엄성을 최고 가치로 여기고 인종, 민족, 국가, 종교 등의 차이를 초월하여 인류의 안녕과 복지를 꾀하는 것을 이상으로 하는 사상이나 태도
* **상호주의** 국가 간에 등가(等價)인 것을 교환하거나 동일한 행동을 취하는 방식

02 민족 통합의 윤리

B 통일이 지향해야 할 가치

1 독일 통일의 교훈

① 독일 통일의 과정

1945년	제2차 세계 대전에서 패배한 독일은 동독과 서독으로 나누어짐
1949년	동독과 서독의 분단이 공식화됨
1949~1960년대 후반	냉전 체제에서 서독은 할슈타인 원칙에 따라 동독과 대결 국면을 조성하고, 동독은 동서 베를린을 차단하는 장벽을 쌓음
1960년대 후반	냉전 질서의 완화로, 서독이 동방 정책을 통해 동독과 교류·협력하면서 장기적인 통일 정책을 시작함
1990년	베를린 장벽이 무너지고(1989), 독일 통일(1990)이 이루어짐

② 독일 통일의 교훈

- 동서독 간의 활발한 교류와 협력은 독일 통일의 기초가 됨 예 다양한 문화 교류, 동독에 대한 서독의 경제적 지원 등
- 통일 이후 동서독 주민 간의 내면적·정신적 통합을 이루기 위해 노력함
  └ 지리적·정치적으로 하나가 되는 외형적 통합에 머무르지 않고 마음이 실질적으로 하나가 되려고 노력한 것이다.

자료로 보는 · 독일 통일의 교훈

독일에서 통일이 이루어지던 순간에는 '우리는 하나의 독일'이라는 동류의식이 지배적이었다. 그러나 통합이 진척되면서 동서독 주민 간에 갈등이 나타났다. 서독인이 동독인을 비하하는 '게으른 동쪽 것(ossi)', 그리고 동독인이 서독인을 비하하는 '거만한 서쪽 것(wessi)'이라는 용어는 동서독 주민 간 편견과 갈등을 보여 주는 대표적 예이다. 동독 출신 주민들은 새로운 가치와 생활 양식을 접하며 정신적 혼란을 경험하였고, 오히려 과거를 그리워하는 오스탈기(Ostalgi) 현상도 나타났다. 서독 출신 주민들은 조세 부담이 증가하고 물가가 상승함에 따라 많은 불만이 생겨났다.

– 통일 교육원, 「2017 통일 문제 이해」 –

자료 분석 통일이 되어 외형적 통합을 이루어도 서로 다른 이념과 체제에서 살아온 사람들이 내면적·정신적 통합을 이루기 위해서는 많은 시간과 노력이 소요된다. 독일의 통일은 외형적 통합뿐만 아니라 내면적 통합이 중요하다는 교훈을 준다.

◎ 독일 통일이 우리에게 주는 교훈은 무엇일까?

Ⓐ 외형적 통합뿐 아니라 내면적 통합을 이루기 위해 노력해야 한다는 교훈을 준다.

2 통일 한국이 지향해야 할 가치
┌ 통일 한국은 인류가 공동으로 추구하는 보편적 가치를 추구해야 한다.

평화	북한은 핵 실험 등으로 한반도와 세계 평화를 위협함 → 한반도 비핵화 및 평화 정착을 통해 전쟁의 공포를 없애야 함 **1**
자유	북한은 집단주의적 체제 운영을 위해 표현의 자유, 경제 활동의 자유 등 기본권을 제한함 → 자신의 신념과 선택에 따른 자유로운 삶을 보장해야 함
인권	북한의 정치범 수용소는 반인도적 인권 침해 실상을 보여 줌 → 모든 사람의 존엄과 가치를 존중해야 함 질문 **2**
정의	북한은 출신 성분에 따라 교육이나 직업 선택의 기회에 차별을 두며, 노력에 대한 정당한 대가를 주지 않거나 부당한 처벌을 함 → 모두가 합당한 대우를 받을 수 있어야 함

1 북한 핵 문제에 대한 입장

북한은 우리의 안보를 위협하는 경계의 대상이야. 그러니 우리는 6자 회담 등의 방법을 통해 핵을 억제하기 위해 노력해야 해.

갑

북한은 단순히 경계의 대상이 아니라 통일과 화해의 대상이야. 그러니 한반도의 비핵화를 위해서는 남북한 간의 대화와 협상이 우선되어야 해.

을

한반도뿐만 아니라 전 세계는 북한의 핵 실험을 우려하였다. 갑은 6자 회담과 같은 국제 사회의 협력을 통해 이 문제를 해결하고자 하는 반면, 을은 남북한 당사자 간의 협상을 통해 해결하고자 한다.

질문 있어요

북한 인권 침해 실상은 어떤가요?
북한 주민들은 기차를 이용해 도나 군의 경계를 넘어 이동하려면 북한 당국의 허가를 받아야 합니다. 또한 북한은 한 선거구당 후보가 한 명인데 주민들은 감시와 통제 속에서 찬성 투표만 할 수 있습니다. 심지어 정치범 수용소에서 강제 노역과 고문에 시달리다 사망하기도 합니다.

2 국제 연합의 세계 인권 선언

제 1 조	모든 인간은 태어날 때부터 자유롭고 평등하며 존엄과 가치를 가진다.
제25조	모든 인간에게는 …… 자신과 가족의 건강과 복지에 적합한 생활 수준을 요구할 권리가 있으며, …… 사회 보장을 요구할 권리가 있다.

세계 인권 선언은 인권 보장을 위해 1948년 국제 연합 총회에서 채택한 문서로, 인권의 국제적 기준을 제시하고 있다. 이 선언에는 시민적·정치적 권리, 경제적·사회적·문화적 권리, 연대와 단결의 권리 등이 담겨 있다.

용어사전

- **냉전(cold war)** 제2차 세계 대전 이후 미국을 중심으로 한 자유주의 진영과 소련을 중심으로 한 공산주의 진영이 이념을 중심으로 대립한 현상
- **할슈타인 원칙** 동독 정부를 승인한 나라와는 외교 관계를 맺지 않겠다는 서독의 외교 정책
- **동방 정책** 동구 공산권과의 관계 정상화를 위해 할슈타인 원칙을 폐기한 통일 전 서독의 외교 정책

3 남북 화해 및 평화 실현을 위한 노력

개인적 차원	• 열린 마음으로 소통과 배려 실천 : 남북한의 차이를 인정하면서도 동질성을 모 색하는 공존의 노력이 필요함 • 북한에 대한 올바른 인식 : 북한은 경계의 대상이자 동반자라는 양면성을 이해 해야 함 ┌ 통일은 나와 상관없는 일이라거나 누군가로부터 　　　　　└ 주어지는 것이라는 생각에서 벗어나야 한다. • 통일에 대한 관심 : 통일은 언제든지 현실로 다가올 수 있다는 인식이 필요함
국가적 차원	[내부적인 통일 기반 조성] • 안보 기반 구축과 신뢰 형성 : 북한의 안보 위협에 대비하면서 남북 간 교류와 협력을 도모해야 함 **예** 문화·예술·스포츠 교류, 이산가족 상봉, 대북 지원과 구호 등 • 평화 통일을 위한 체계적인 준비 : 통일의 필요성과 방법, 통일 한국의 미래상 등에 대한 국민적 이해와 합의를 도출해야 함 　– 통일 논의 과정에서 표출되는 남남 갈등 해결을 위해 노력해야 함 　– 통합 과정의 어려움과 혼란에 대비한 장기적이고 계획적인 준비가 요구됨 　　　　　　　　　　　　　┌ 남북 관계를 둘러싼 남한 내에서의 [국제적인 통일 기반 구축]　└ 이념적 갈등을 말한다. 국제 사회와 협력 강화 : 외교를 통해 한반도 통일이 각국의 이익을 침해하지 않 고, 동북아시아 및 세계 평화에 기여함을 알려야 함 **3**

4 통일 한국의 미래상

① 수준 높은 문화 국가

• 사회 발전과 국가 경쟁력의 원동력인 문화 자원을 발굴·육성해야 함

• 열린 민족주의를 바탕으로 우수한 전통문화를 계승하고 다양한 문화와 조
화를 이루어야 함 **질문**

② 자주적인 민족 국가

• 외세 의존적 통일이 아니라 우리의 힘으로 통일을 이루어야 함

• 경제적·문화적 측면에서도 자주성을 실현해야 함

③ 정의로운 복지 국가

• 사회 구성원의 삶의 질을 높일 수 있는 방안을 모색해야 함

• 불공정한 부의 분배나 집단과 계층 간 갈등 해소를 위해 노력해야 함

④ 자유로운 민주 국가
┌ 특정 계급이나 정파가 아닌 국민의 의사에 따라 국가의 정책을
└ 결정하고, 국민을 위한 정치가 이루어지는 국가이다.

• 인간 존엄성, 자유, 평등, 인권 등 기본적 권리를 보장해야 함

• 통일 과정에서 비민주적인 사회 구조와 제도를 개선하기 위해 노력해야 함

자료로 보는　　**통일 한국의 미래상 – 풍요로운 경제 국가**

통일에 따른 안보 위협의 해소는 국가 신용 등급과 국가 브랜드 가치를 높여 코리아
디스카운트를 코리아 프리미엄으로 전환시킬 것이다. …… 통일은 일차적으로 국토
면적의 확장과 인구 증가로 인한 내수 시장 확대를 가져온다. …… 또한 해양과 대
륙 진출의 요충지에 있는 한반도는 태평양과 유라시아를 연결하는 물류와 교통의
중심지가 될 것이다. **4**　　　　　　　　　　　– 통일 교육원, 「2018 통일 문제 이해」 –

자료 분석　통일이 되면 국토의 일체성을 회복하여 지정학적 요충지로서의 이점을 활
용할 수 있어 경제적으로 풍요로운 국가를 이루게 될 것이다.

Q 이 밖에 통일 한국의 미래 모습은 어떠해야 할까?

A 수준 높은 문화 국가, 자주적인 민족 국가, 정의로운 복지 국가, 자유로운 민주 국가

개념 더하기 자료 채우기

3 한반도의 주변국

중국		러시아
일본		미국

통일은 민족 내부의 문제인 동시에 국제적 성격을 가진다.
그러므로 주변국과 협력하고 유대를 강화하여 그들이 남북
한 통일을 지지하도록 유도해야 한다.

질문 있어요

열린 민족주의란 무엇인가요?

열린 민족주의는 '다양성'과 '주체성'으로 나누어 설명할 수
있습니다. '열린'이란 '다양성을 인정한다'는 뜻이고, '민족주
의'란 '자기 민족의 주체성을 유지한다'는 뜻입니다. 따라서
열린 민족주의란 민족 정체성을 지키면서 이를 토대로 다양
한 민족, 국가들과 교류하고 협력하는 것을 의미합니다. 열린
민족주의는 민족의 주체성을 유지하는 동시에 다른 민족의
문화와 삶의 양식을 포용합니다.

---

4 아시안 하이웨이(Asian Highway)

아시안 하이웨이는 아시아의 32개국을 횡단하는 총길이 14
만 km에 이르는 고속 도로로, 이중 1번과 6번 도로가 우리
나라를 통과한다. 우리나라가 태평양과 유라시아 대륙을 연
결하는 물류와 교통의 중심지이자, 동북아시아의 중추 국가
로 거듭나기 위해서는 분단 이후 끊어진 남북 연결망을 복
원해야 한다.

용어사전

* **코리아 디스카운트**(Korea discount)　주로 남북 분단으로 인
한 한국 경제의 불투명성, 불안정성, 불확실성을 근거로 외국
인이 한국의 주가를 실제 가치보다 낮게 평가하는 것
* **코리아 프리미엄**(Korea premium)　한국 증시에 외국인의 투
자가 늘어나고, 한국의 대외적 국가 브랜드 가치가 상승함에
따라 경제 분야에서 나타나는 한국에 대한 선호 현상

올리드 포인트

A 통일 문제를 둘러싼 쟁점

1 통일에 관한 찬반 입장의 논거

찬성 논거	• 이산가족의 고통 해소 및 민족의 동질성 회복 • 전쟁의 공포 해소를 통한 평화 실현 • 민족의 경제적 번영 및 국제적 위상 제고
반대 논거	• 문화적 이질감 및 북한에 대한 거부감 심화 • 막대한 통일 비용에 따른 조세 부담 • 사회적·정치적·군사적 혼란 발생 우려

2 통일 비용과 분단 비용 문제

분단 비용	분단으로 인해 남북한이 부담하는 유·무형의 모든 비용
평화 비용	통일 이전에 한반도의 평화를 유지하고 정착시키기 위해 드는 비용
통일 비용	통일 이후 남북한 체제가 통합하는 데 드는 비용
통일 편익	통일로 얻게 되는 경제적·경제 외적 보상과 혜택

3 북한 인권 문제
식량 부족, 종교·신체·표현의 자유 억압, 정치범 수용소 운영, 이동의 자유 제한 등

4 바람직한 통일 방법
① 평화적 방법을 통해 점진적·단계적으로 이루어야 함
② 국민적 이해와 합의를 통해 민주적으로 이루어야 함
③ 주변국과 협력을 강화하여 남북통일을 지지하게 해야 함

B 통일이 지향해야 할 가치

1 통일 한국이 지향해야 할 가치
평화, 자유, 인권, 정의

2 남북 화해 및 평화 실현을 위한 노력

개인적 차원	• 열린 마음으로 소통과 배려 실천 • 북한에 대한 올바른 인식 • 통일에 대한 관심
국가적 차원	• 내부적인 통일 기반 조성 : 안보 기반 구축과 신뢰 형성, 평화 통일을 위한 체계적인 준비 • 국제적인 통일 기반 구축 : 국제 사회와 협력 강화

3 통일 한국의 미래상

수준 높은 문화 국가	우수한 전통문화를 계승하고 다양한 문화와 조화를 이루어야 함
자주적인 민족 국가	외세 의존적 통일이 아니라 우리 힘으로 통일을 이루어야 함
정의로운 복지 국가	사회 구성원들의 삶의 질을 높이고 풍요로운 복지 국가를 실현해야 함
자유로운 민주 국가	인간 존엄성, 자유와 평등, 인권 등 기본적 권리를 보장해야 함

01 다음 설명이 맞으면 ○표, 틀리면 ×표를 하시오.

(1) 통일 비용은 남북 간 대결과 갈등으로 인해 발생하는 소모적 비용이다. ( )
(2) 분단 비용 해소, 규모의 경제 실현, 시장 확대는 통일로 얻게 되는 경제 외적 편익에 해당한다. ( )
(3) 평화, 자유, 인권, 정의는 통일 한국이 지향해야 할 보편적 가치이다. ( )
(4) 통일은 민족 내부의 문제인 동시에 국제적 성격을 지니기 때문에 통일에 우호적인 환경을 조성하기 위해 주변국들과 협력을 강화해 나가야 한다. ( )

02 빈칸에 들어갈 알맞은 말을 쓰시오.

(1) ( )은/는 분단이 계속되는 한 지속적으로 발생하는 비용으로, 군사비, 외교 비용과 같은 유형의 비용과 전쟁 가능성에 대한 공포, 이산가족의 고통과 같은 무형의 비용이 포함된다.
(2) 통일이 되면 분단 비용이 소멸되고 통일로 얻을 수 있는 편리함과 이익인 ( )이/가 창출된다.
(3) ( )은/는 민족 정체성을 지키면서 이를 토대로 다양한 민족, 국가들과 교류하고 협력하는 것을 의미한다.
(4) ( )은/는 남북 관계를 둘러싼 남한 내에서의 이념적 갈등을 말한다.

03 대북 지원 방식에 대한 다음 입장과 그에 관한 설명을 바르게 연결하시오.

(1) 인도주의 •
(2) 상호주의 •

• ㉠ 북한에 일정한 변화를 요구하면서 대북 지원을 해야 한다는 입장
• ㉡ 남북의 정치·군사 상황과 무관하게 대북 지원을 해야 한다는 입장

01 그림은 토론 과정의 일부이다. ㉠에 들어갈 적절한 내용을 〈보기〉에서 고른 것은?

> 토론 주제 : 통일은 이루어져야 하는가?
>
> | 주장 | 근거 |
> | --- | --- |
> | 찬성 측 | • 가족과 만나지 못하는 이산가족의 고통을 해소할 수 있다.
• ······ |
> | 반대 측 | ㉠ |

┤ 보기 ├

ㄱ. 전쟁의 공포를 해소함으로써 평화를 실현할 수 있다.

ㄴ. 막대한 통일 비용 때문에 조세 부담이 늘어날 수 있다.

ㄷ. 이질화와 경제적 격차 심화에 따른 갈등을 겪을 수 있다.

ㄹ. 민족의 정체성을 회복하고 민족 공동체를 건설할 수 있다.

① ㄱ, ㄴ ② ㄱ, ㄷ ③ ㄴ, ㄷ
④ ㄴ, ㄹ ⑤ ㄷ, ㄹ

중요

02 (가)의 ㉠을 (나) 그림으로 탐구할 때, A, B에 들어갈 질문으로 옳은 것은?

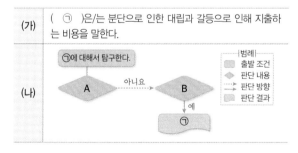

(가)	(㉠)은/는 분단으로 인한 대립과 갈등으로 인해 지출하는 비용을 말한다.
(나)	㉠에 대해서 탐구한다. A → 아니요 → B → 예 → ㉠ 범례: 출발 조건 / 판단 내용 / 판단 방향 / 판단 결과

① A : 유형과 무형의 비용을 모두 포함하는 비용인가?

② A : 민족 구성원의 손해로 이어지는 소모성 비용인가?

③ B : 통일 편익으로 이어지는 투자적 성격의 비용인가?

④ B : 분단이 계속되는 한 지속해서 발생하는 비용인가?

⑤ B : 통일 이후 제도 통합 과정에서 소요되는 비용인가?

03 다음은 노트 필기의 일부이다. ㉠~㉤ 중 옳지 <u>않은</u> 것은?

〈평화 비용과 통일 비용〉

1. 평화 비용
   • 평화를 지키고 창출하기 위한 비용임 ㉠
   • 남북 간 상호 이해와 한반도 평화 분위기 조성에 기여함 ㉡
   • 장기적으로 분단 비용과 통일 비용을 절감시키는 투자적인 성격의 비용임 ㉢
2. 통일 비용
   • 분단의 종식과 함께 소멸하는 소모적인 비용임 ㉣
   • 통일 이후 남북 간 격차 해소와 동질성 회복을 위해 소요되는 비용임 ㉤

① ㉠ ② ㉡ ③ ㉢ ④ ㉣ ⑤ ㉤

04 다음은 수행 평가를 위해 수집한 자료이다. ㉠에 들어갈 주제로 가장 적절한 것은?

• 주제 : _____㉠_____

• 수집 자료

1. 정치범 수용소
   정치범 수용소의 수감자들은 북한 당국에 의해 강제 노역과 고문에 시달리고 있다. 북한 이탈 주민 ○○○은 정치범 수용소는 재판을 하지 않고 국가 안전 보위성에서 단독으로 형을 결정한다고 증언하였다.

2. 선거
   북한 주민들은 북한 당국의 감시와 통제로 찬성 표만 던질 수 있다. 북한 이탈 주민 △△△은 규정상으로는 북한에서도 비밀 투표가 보장되지만, 투표함 바로 뒤에서 사람이 지켜보기 때문에 반대한다는 생각조차 할 수 없다고 증언하였다.

① 대북 식량 지원 문제

② 북한의 인권 침해 실태

③ 북한의 주요 지하자원 분포

④ 남북의 바람직한 통일 방안

⑤ 여성 인권 신장을 위한 노력

중요 ★★★

05 ⊙에 들어갈 내용으로 가장 적절한 것은?

> 갑 : 인권은 인류의 보편적 가치입니다. 북한은 자국 민의 인권을 보장할 역량과 의지가 부족하기 때 문에 국제 사회는 북한 인권 문제에 개입해야 합 니다.
>
> 을 : 아닙니다. 어떤 국가의 인권 문제는 해당 국가의 책임입니다. 북한 인권 문제에 대한 개입은 북한 에 대한 내정 간섭이기 때문에 북한 당국이 스스 로 해결하도록 해야 합니다.
>
> 갑 : 제 생각에 당신의 주장은 _____⊙_____ 는 점을 간과하고 있습니다.

① 국제 관계에서 내정 불간섭은 지켜져야 한다
② 북한에 어떠한 인권 문제도 존재하지 않는다
③ 북한은 자국의 인권 문제에 대해 책임이 없다
④ 북한이 국제 사회로부터 간섭받지 않을 권리를 갖 는다
⑤ 인권 보장을 위한 인도적 개입을 국제 사회의 의무 로 보아야 한다

06 다음은 다큐멘터리 제작 계획서이다. ⊙에 들어갈 제목으로 가장 적절한 것은?

> 제목 : _____⊙_____
>
> • 주요 장면
> – 장면 #1. 1991년, 남북 단일 탁구팀이 경기하는 모습
> – 장면 #2. 2000년, 평양에서 제1차 남북 정상 회담을 하는 모습
> – 장면 #3. 2002년, 아시안 게임에서 남북 선수단이 공동 입 장하는 모습
> – 장면 #4. 2007년, 대북 지원을 위해 비료를 선적하는 모습
> – 장면 #5. 2015년, 남한과 북한의 이산가족이 상봉하는 모습

① 지구촌 시대의 국제 정의
② 한민족 네트워크의 필요성
③ 남북한 화해와 교류·협력
④ 북한 이탈 주민 보호 및 정착 지원
⑤ 동아시아 역사 갈등 해결의 중요성

07 A, B에 들어갈 사례를 바르게 짝지은 것은?

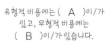

> 분단 비용은 유형적 비용과 무형적 비용으로 나눌 수 있습니다. 각각의 구체적 사례에는 무엇이 있을까요?

> 유형적 비용에는 (A)이/가 있고, 무형적 비용에는 (B)이/가 있습니다.

	A	B
①	군사비	이산가족의 고통
②	군사비	안보비
③	안보비	군사비
④	이념적 대립	전쟁 가능성에 대한 공포
⑤	전쟁 가능성에 대한 공포	이산가족의 고통

중요 ★★★

08 ⊙에 들어갈 내용으로 가장 적절한 것은?

> 남북은 통일 이전에 동질성 회복의 과정을 거쳐야 한 다. 조급한 외형적 통일은 내전이 계속 벌어지고 있 는 예멘처럼 쉽게 재분열로 이어질 위험이 있다. 그 런데 어떤 사람들은 "남북이 분단된 채로 동질성 회 복을 위해 시간을 낭비하다 보면 분단 비용의 부담이 증가할 수밖에 없다. 차라리 외형적 통일을 먼저 이 룬 후에 동질성 회복을 위해 노력해야 한다."라고 주 장한다. 나는 이러한 주장이 _____⊙_____ 고 생각한다.

① 분단 비용에 대한 고려 없이 내면적 통합만을 강조 하고 있다
② 통일 과정에서 주변국의 이해관계를 지나치게 강조 하고 있다
③ 정치 지도자의 결단에 따른 제도적 통합이 중요함 을 간과하고 있다
④ 진정한 통일을 위해 사회 통합을 먼저 이루어야 함 을 간과하고 있다
⑤ 정치적·지리적 통합이 사회적·문화적 통합보다 중 요함을 간과하고 있다

09 다음 가상 편지에서 강조하는 내용으로 가장 적절한 것은?

최근 설문 조사 결과를 보면 통일에 대한 무관심과 회의적 시각이 대두되고 있음을 알 수 있네. 정확히 산출하기 어려운 통일 비용에 대한 부담이 통일의 당위성에 관한 논란으로 이어지면서 남남(南南) 갈등 또한 깊어지고 있지. 우리는 평화로운 통일을 위해 이러한 갈등을 극복해야 한다네.

① 통일에 대한 국민적 공감대를 형성해야 한다.
② 분단 비용을 증대하여 통일 이후를 준비해야 한다.
③ 통일을 위해 남북 간 언어 이질화를 극복해야 한다.
④ 한반도 평화를 유지하기 위해 분단을 지속해야 한다.
⑤ 통일을 위해 남북 간의 제도적 통합을 우선해야 한다.

10 ㉠에 들어갈 내용으로 적절하지 않은 것은?

갑 : 통일 한국은 어떠한 방향으로 나아가야 할까요?
을 : ＿＿＿＿＿ ㉠ ＿＿＿＿＿를 지향해야 합니다.

① 정의롭고 풍요로운 복지 국가
② 자유 민주주의 정치 체제를 갖춘 국가
③ 전통문화에 뿌리를 둔 수준 높은 문화 국가
④ 개방적이고 인간의 존엄성을 존중하는 국가
⑤ 집단주의 체제에 기초해 경제적 평등을 실현한 국가

11 다음은 인터넷에서 A를 검색한 결과이다. A에 들어갈 용어로 옳은 것은?

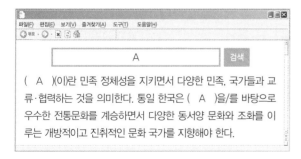

(A)(이)란 민족 정체성을 지키면서 다양한 민족, 국가들과 교류·협력하는 것을 의미한다. 통일 한국은 (A)을/를 바탕으로 우수한 전통문화를 계승하면서 다양한 동서양 문화와 조화를 이루는 개방적이고 진취적인 문화 국가를 지향해야 한다.

① 연대 의식 ② 세계 시민주의
③ 열린 민족주의 ④ 배타적 민족주의
⑤ 소명(召命) 의식

12 다음 글을 읽고 물음에 답하시오.

(㉠)은/는 통일이 되었다면 남북한이 얻을 수 있었지만 통일이 이루어지지 않음으로 해서 얻지 못하고 있는 편익을 의미한다. 보통 경제적 편익과 ㉡경제 외적 편익으로 나눌 수 있다. 통일의 순비용(net cost)은 통일의 총비용(total cost)에서 분단 비용과 (㉠)을/를 고려해서 산출된다. 하지만 (㉠)은/는 실제로 계량화하기 어려운 항목이 많아 산출하기가 쉽지 않다.

(1) ㉠에 들어갈 말을 쓰시오.

(2) ㉡의 구체적 사례를 두 가지 서술하시오.

13 다음 글을 읽고 물음에 답하시오.

2010년 2월 한국을 방문한 호르스트 쾰러 독일 전(前) 대통령은 "독일인은 통일에 대해 자부심을 가질 만한 이유가 있다."라고 말하며 독일 통일이 평화와 안정적인 민주 국가의 삶을 가져다준 것으로 평가하였다. 그는 ㉠통일 비용을 문제로 다른 결정적인 것을 보지 못해서는 안 된다며, ㉡남북통일의 필요성을 강조하였다.

(1) ㉠의 의미를 서술하시오.

(2) ㉡을 두 가지 서술하시오.

14 다음 글을 읽고 물음에 답하시오.

지난 60여 년간 서로 다른 정치·경제 체제 속에서 상이한 사고방식과 생활 방식을 지니게 된 남북한은 통일의 과정에서 적지 않은 갈등을 겪을 수 있다. 따라서 남북이 서로 이해하고 한반도 평화를 실현하려면 ㉠개인적 차원의 노력과 ㉡국가적 차원의 노력이 함께 이루어져야 한다.

(1) ㉠의 내용을 서술하시오.

(2) ㉡의 내용을 서술하시오.

01 다음은 수업 장면이다. 교사의 질문에 옳게 대답한 학생만을 있는 대로 고른 것은?

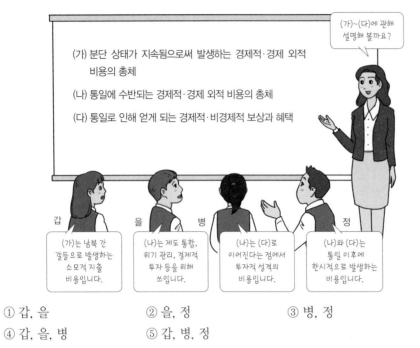

(가)~(다)에 관해 설명해 볼까요?

(가) 분단 상태가 지속됨으로써 발생하는 경제적·경제 외적 비용의 총체

(나) 통일에 수반되는 경제적·경제 외적 비용의 총체

(다) 통일로 인해 얻게 되는 경제적·비경제적 보상과 혜택

갑: (가)는 남북 간 갈등으로 발생하는 소모적 지출 비용입니다.

을: (나)는 제도 통합, 위기 관리, 경제적 투자 등을 위해 쓰입니다.

병: (나)는 (다)로 이어진다는 점에서 투자적 성격의 비용입니다.

정: (나)와 (다)는 통일 이후에 한시적으로 발생하는 비용입니다.

① 갑, 을
② 을, 정
③ 병, 정
④ 갑, 을, 병
⑤ 갑, 병, 정

문제 접근 방법

분단 비용, 평화 비용, 통일 비용, 통일 편익의 의미와 특징을 알고, 이를 바탕으로 (가), (나), (다)가 무엇인지 파악하여 문제를 해결한다.

적용 개념

분단 비용
통일 비용
통일 편익

02 A에 들어갈 진술로 가장 적절한 것은?

(가)	갑작스럽게 통일이 이루어진 이후, 동서독 주민들은 통일 이전의 상이한 체제에서 비롯된 사고방식과 정서의 차이로 심각한 갈등을 겪었다. 서독인은 동독인을 가난하고 게으르다는 의미인 '오씨(Ossi)'로, 동독인은 서독인을 거만하고 잘났다는 의미인 '베씨(Wessi)'로 부르는 현상이 나타났다.
(나)	(가)를 통해 우리나라의 분단 상황을 극복하는 데 얻을 수 있는 교훈은 무엇일까요? ／ A

① 주변국들로부터 남북통일에 대한 지지를 얻어야 합니다.
② 남북 간 내면적 통합보다 외형적 통합을 우선해야 합니다.
③ 군사적 방법을 통해 남북통일을 신속하게 달성해야 합니다.
④ 사회적 교류와 협력을 확대해 남북 간 이질감을 줄여야 합니다.
⑤ 남북통일에 따른 경제적 편익을 증진하기 위해 노력해야 합니다.

문제 접근 방법

독일은 비교적 오랜 시간 교류한 뒤에 통일을 이루었음에도 불구하고 통일 이후 내면적 통합이 잘 이루어지지 않아 갈등을 겪었다. (가)에서 이를 파악하고, A에 들어갈 내용을 추론하여 문제를 해결한다.

적용 개념

독일 통일의 교훈
외형적 통합과 내면적 통합

03 갑의 입장에 비해 을의 입장이 갖는 상대적 특징을 그림의 ㉠~㉤ 중에서 고른 것은?

> 갑 : 통일은 민족의 문제이므로 가능한 한 빠르게 이루어야 한다. 이렇게 함으로써 우리는 분단 비용을 해소하고 새로운 가치를 창출해야 한다. 또한 남북 간 교류·협력과 북한에 대한 인도적 지원은 남북 간 신뢰 구축과 대화를 위한 통로이므로 북핵 문제와 분리하여 추진해야 한다.
>
> 을 : 통일은 국제 공조를 바탕으로 여건이 성숙할 때까지 철저히 준비하여 이루어야 한다. 이렇게 함으로써 우리는 통일 비용을 더 적게 투입할 수 있다. 또한 북한에 경제적 지원을 하는 것은 핵 개발을 돕는 결과를 초래하므로 북핵 문제를 해결하기 전까지는 남북 간 교류와 협력을 중단해야 한다.

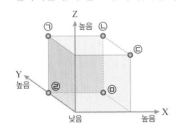

X : 점진적 통일 방식을 강조하는 정도
Y : 상호주의 원칙에 입각한 대북 지원 방식을 강조하는 정도
Z : 분단 비용의 절감을 위한 외형적 통합을 강조하는 정도

① ㉠　　　　② ㉡　　　　③ ㉢　　　　④ ㉣　　　　⑤ ㉤

🔍 **문제 접근 방법**

통일에 관해서는 적극적 입장과 소극적(신중한) 입장이 대립하고 있고, 대북 지원 방식에 관해서는 인도주의 입장과 상호주의 입장이 대립하고 있다. 각 입장의 차이와 특징을 파악한 후 문제를 해결한다.

ℹ️ **적용 개념**

\# 통일에 대한 입장
\# 대북 지원 방식
\# 인도주의
\# 상호주의

04 (가)를 주장한 사상가의 입장에서 볼 때, (나)의 ㉠에 들어갈 진술로 가장 적절한 것은?

(가)	• 도덕적 행위의 기준은 공리의 원리이다. 행위는 다수의 행복을 증대하는 정도에 비례하여 옳고, 고통을 파생시키는 정도에 비례하여 그르다. • 인간은 쾌락을 최대화하고 고통을 최소화하기 위해 행동한다. 행위의 옳고 그름을 평가하는 유일한 기준은 행위에 의해 생겨날 쾌락과 고통의 양이다.
(나)	남북이 통일을 해야 하는 이유는 _____㉠_____

① 손상된 민족의 자긍심을 회복해야 하기 때문이다.
② 우리가 동일한 역사와 전통을 가진 한 핏줄이기 때문이다.
③ 통일이 우리 민족이 수행해야 할 당위적 과제이기 때문이다.
④ 남북 간의 이질화를 막고 동질성을 회복해야 하기 때문이다.
⑤ 분단보다 통일이 우리에게 더 큰 통일 편익을 가져오기 때문이다.

🔍 **문제 접근 방법**

'공리의 원리', '쾌락과 고통의 양'과 같은 핵심어에서 (가)를 주장한 사상가를 파악한 후, 이 사상가의 입장에서 제시할 남북통일의 필요성을 추론해 본다.

ℹ️ **적용 개념**

\# 통일의 필요성
\# 공리주의

03 지구촌 평화의 윤리

학습길잡이 • 국제 분쟁의 원인과 윤리적 문제, 국제 분쟁에 대한 해결 방안을 정리해 둔다.
• 해외 원조의 윤리적 근거에 대한 여러 사상가의 관점을 비교해 둔다.

A 국제 분쟁의 해결과 평화

1 국제 관계를 바라보는 관점

> 특정한 집단이 다른 집단을 압도할 만큼 강대해지지 않도록 견제하여 균형을 유지하는 것을 말한다.

현실 주의	• 인간은 이기적 존재이며, 국가는 자국의 이익만 추구함 → 국가 간 힘의 논리 강조 • 분쟁은 자국의 이익만을 추구하는 외교 정책으로 발생함 • 분쟁 해결을 위해 세력 균형을 이루어야 함 • 한계 : 군비 경쟁 유도, 다양한 행위 주체의 협력 관계를 설명하지 못하고, 세력 균형이 무너질 경우 평화를 보장하지 못함 • 대표적 사상가 : 모겐소 ①
구성 주의	• 국제 관계는 국가 간 상호 작용을 통해 구성됨 • 분쟁 해결을 위해 자국과 상대국이 긍정적인 상호 작용을 해야 함 • 대표적 사상가 : 웬트
이상 주의	• 인간은 이성적 존재이며, 국가도 이성적이고 합리적임 → 도덕과 규범, 다양한 행위 주체들의 능동적인 노력 강조 **질문** • 분쟁은 잘못된 제도, 상대방에 대한 무지나 오해로 인해 발생함 • 분쟁 해결을 위해 국제법이나 국제 규범으로 제도를 개선해야 함 • 한계 : 현실과 낙관적 전망 사이의 괴리가 있음, 자국의 이익을 중시하는 현실적인 국제 관계를 설명하기 어려움 • 대표적 사상가 : 칸트

2 국제 분쟁의 원인과 윤리적 문제

> 국가의 영역은 영토, 영해, 영공을 포함하며, 국가의 주권이 미치는 범위이자 국민 생활의 터전이다.

① **국제 분쟁의 원인** : 영역과 자원을 둘러싼 갈등, 문화적 차이에 따른 갈등, 종족 내의 정치·사회적 쟁점을 둘러싼 갈등 등 다양함

② **국제 분쟁의 윤리적 문제** : 국제 평화 위협, 인간의 존엄성과 정의 훼손

③ **국제 분쟁에 대한 견해**

> **예** 헌팅턴은 탈냉전 시대에 이념이나 경제 대신 종교를 구심점으로 한 '문명'이 국제 분쟁을 주도할 것이라고 주장하였다.

헌팅턴의 문명의 충돌	문명 간의 충돌이 국제 분쟁의 주된 원인이라고 보며, 문명의 조화에 근거한 국제 질서를 구축하여 갈등을 극복할 수 있다고 봄 ②
뮐러의 문명의 공존	인간의 이성적인 화합 의지, 합리성, 관용으로 문명 간의 갈등을 극복할 수 있다고 봄

> 헌팅턴의 입장을 비판하며, 문명의 공존은 낯선 상대에 대한 앎으로부터 출발한다고 보았다.

자료로 보는 국제 분쟁 현황

> 북극해
> 북극해 자원 분쟁
> 보스니아 분쟁
> 카슈미르 분쟁
> 팔레스타인 분쟁
> 태평양
> 센카쿠 열도 (댜오위다오) 분쟁
> 대서양
> 중국·인도 국경 분쟁
> 인도양
> 포클랜드 분쟁
> 대서양
> 0 2,000km (한국 국방 연구원, 기타, 2016)

자료 분석 국제 분쟁은 영토 분쟁(예 중국과 인도의 국경 분쟁), 인종·민족 분쟁(예 보스니아 분쟁), 종교 분쟁(예 팔레스타인 분쟁, 카슈미르 분쟁), 자원 분쟁(예 북극해 분쟁) 등 다양한 형태로 일어난다.

Q '인도의 화약고'로 불리는 카슈미르 분쟁이 발생한 이유는 무엇인가?

A 힌두교를 믿는 인도와 이슬람교를 믿는 파키스탄 사이의 종교 및 문화 차이 때문이다.

1 모겐소의 현실주의적 입장

모겐소는 국민의 안녕과 국익을 지키는 것이 국가의 의무라고 생각하여, 국가의 이익이 도덕성과 충돌할 때 도덕성보다 국가의 이익을 우선시해야 한다고 주장하였다. 그에 따르면, 국제 정치는 국익의 관점에서 정의된 권력을 위한 투쟁이며, 개별 국가는 권력을 키워 국가 간 세력 균형을 유지해야 분쟁을 해결할 수 있다.

질문 있어요

국제 사회의 다양한 행위 주체에는 무엇이 있을까요?
국제 사회의 다양한 행위 주체에는 국가, 정부 간 국제기구, 국제 비정부 기구가 있습니다. 국가는 독립적인 주권을 행사하는 행위 주체로, 자국의 이익과 자국민 보호를 위한 외교 활동을 최우선으로 합니다. 정부 간 국제기구는 국가를 가입 주체로 삼으며, 국가 간 이해관계를 조정하고 국제 규범을 정립하는 역할을 합니다. 국제 비정부 기구는 민간 단체나 개인을 가입 주체로 삼으며, 국제적인 연대 활동을 통해 지구촌 공통의 문제를 해결하기 위해 노력합니다.

2 분쟁 예방을 위한 헌팅턴의 원칙

> *단층선 분쟁은 대개는 영토 분쟁의 양상을 띤다. 당사자들 중에서 최소한 한 진영의 목표는 영토를 점령한 뒤 다른 진영 사람들을 내쫓거나 죽이거나 둘 다를 감행함으로써, 다시 말해 '민족 청소'를 함으로써 이 지역에서 다른 사람들이 뿌리 내리지 못하도록 만드는 데 있다. － 헌팅턴, 「문명의 충돌」 －

헌팅턴은 단층선 분쟁을 예방하기 위해 다음과 같은 원칙을 실천해야 한다고 보았다.

자제의 원칙	다른 문명의 분쟁에 개입하지 않아야 함
중재의 원칙	상이한 문명에 속한 집단이나 국가 간의 단층선 분쟁을 억제시키거나 종식시키기 위해 타협하게 함
동질성의 원칙	한 문명에 속한 인간은 다른 문명에 속한 사람들과 공유하는 가치관, 제도, 관행을 확대해 나가야 함

용어사전

* **단층선 분쟁** 서로 다른 문명에 속한 국가나 무리 사이의 집단 분쟁

3 국제 평화 실현을 위한 노력

① 칸트의 영구 평화 3

┌ 이방인이 낯선 땅에 갔을 때 그가 평화적으로 행동하는 한 적으로 간주되지 않을 권리이자 존중받을 권리를 말한다.

- 평화를 유지할 수 있는 대책을 『영구 평화론』에서 제시함
- 평화를 실현하는 방안으로 환대의 권리를 강조함
- 모든 국가가 평화 유지를 위해 자유로운 국가 간 연맹에 참여할 것을 주장함
- 국제 연합(UN)은 칸트가 주장하는 영구 평화의 실천적 형태라고 할 수 있음

② 갈퉁의 적극적 평화

- 폭력의 종류를 직접적 폭력과 간접적 폭력으로 구분함

직접적 폭력	폭행, 구타, 고문, 테러, 전쟁 등 물리적이고 의도적인 폭력
간접적 폭력	• 구조적 폭력 : 사회 제도, 관습, 정치, 법률 등에서 생기는 간접적·정신적이고 의도되지 않은 폭력 • 문화적 폭력 : 종교, 언어, 예술 등을 통해서 직접적·구조적 폭력을 용인하고 정당화하는 기능을 수행하는 상징적인 폭력

- 평화를 소극적 평화와 적극적 평화로 구분함

소극적 평화	• 범죄, 테러, 전쟁 등과 같은 직접적 폭력이 없는 상태 질문 • 집단적이고 조직적인 폭력이 없는 상태
적극적 평화	• 직접적 폭력은 물론 가난, 굶주림, 차별 등 간접적 폭력(구조적 폭력·문화적 폭력)도 사라져 인간다운 삶을 누릴 수 있는 상태 • 빈곤, 기아, 정치적 억압, 종교와 사상에 따른 차별에 따른 폭력이 제거된 상태

왜? 전쟁이 멈추어도 빈곤과 차별, 인권 침해 등의 문제는 여전히 존재할 수 있기 때문이다.
- 소극적 평화만으로는 진정한 평화를 이루기 어려움 → 적극적 평화 강조
- 평화의 개념을 국가 안보의 차원에서 인간 안보의 차원으로 확장함

자료로 보는   **갈퉁의 평화론**

폭력은 직접적·구조적·문화적 폭력의 삼각형의 어떠한 꼭짓점에서도 시작될 수 있고 다른 꼭짓점으로 쉽게 전달된다. 그렇다면 폭력에 관한 삼각형적 증후군은, 마음속에서 문화적 평화가 다양한 당사자들 간의 공생적이고 동등한 관계와 더불어 구조적 평화를 낳고, 협력 활동과 우정, 사랑과 함께 직접적 평화를 낳는 평화의 증후군과 대비되어야 한다.   – 갈퉁, 『평화적 수단에 의한 평화』 –

자료 분석   갈퉁은 평화를 소극적 평화와 적극적 평화로 구분하였다. 그는 전쟁, 테러 등 신체에 직접 해를 가하는 직접적·물리적 폭력이 제거된 소극적 평화뿐만 아니라 구조적 폭력과 문화적 폭력이 사라진 적극적 평화를 추구해야 한다고 주장하였다.

Q 갈퉁이 의미하는 진정한 평화란 무엇인가?

A 직접적·구조적·문화적 폭력이 모두 사라진 적극적 평화

---

③ 국제 평화 실현을 위한 노력

개인적 차원	• 상호 존중과 관용의 자세 : 묵자의 겸애(兼愛) 사상 "자국을 사랑하듯이 타국을 사랑하라." → 전쟁 방지를 위한 상호 존중의 자세 강조
국제적 차원	• 반인도적 범죄에 대한 처벌 강화 : 국제 형사 재판소 등을 통해 가해자 처벌 • 분쟁의 중재 노력 : 국제 사법 재판소, 국제 해양법 재판소 등의 기구를 활용하여 화해와 중재 실천 4 • 분쟁의 적극적 개입과 해결 : 국제 연합 평화 유지군 활동 등을 통해 평화 유지 활동 전개

---

3 칸트의 영구 평화를 위한 확정 조항

> 제1항 모든 국가의 시민적 정치 체제는 공화정체(共和政體)이어야 한다.
> 제2항 국제법은 자유로운 여러 국가의 연맹 조직을 토대로 해야 한다.
> 제3항 세계 시민법은 보편적인 우호를 위한 제반 조건에 국한되어야 한다.
> – 칸트, 『영구 평화론』 –

칸트는 전쟁을 방지하고 국가 간 평화를 이루기 위해 모든 국가는 민주적 법치 국가가 되어야 하고, 보편적 우호 관계에 기반을 둔 국제법이 적용되는 국제 연맹이 필요하다고 보았다.

질문 있어요

평화를 실현하기 위한 전쟁도 있지 않나요?
무고한 사람의 보호, 부당하게 침해된 권리의 회복, 적국의 침입에 대한 방어 등을 위한 전쟁을 말하는군요. 이 전쟁은 도덕적 제약 아래 정의를 실현하기 위한 수단이 될 수 있다고 보는 관점이 있는데, 이를 '정의 전쟁론'이라고 합니다. 이러한 관점에서 왈처는 전쟁의 시작과 수행 과정, 종식 이후의 정의의 영역을 구분하였고, 개전(開戰)에서 정당화할 수 없는 전쟁을 수행하는 경우라도 전쟁 수행의 과정은 정의롭게 진행해야 한다고 주장하였습니다.

---

4 국제 사법 재판소(ICJ)와 국제 해양법 재판소(ITLOS)

국제 사법 재판소	국제법을 통한 국가 간 분쟁 해결을 목적으로 설립된 국제 사법 기관으로, 반인도적 범죄 가해자 개인을 처벌하는 국제 형사 재판소와 달리 국가 간 분쟁 문제만을 담당함
국제 해양법 재판소	대륙붕 경계, 어업권, 해양 환경 보호, 배타적 경제 수역 등 국가 간 해양 관련 분쟁을 도맡아 국제 해양법 협약을 통해 분쟁을 중재함

용어사전

* **인간 안보**(human security) 1994년 국제 연합 개발 계획(UNDP)이 제시한 새로운 안보 개념. 안보의 궁극적 대상을 인간으로 보는 관점으로 전쟁의 위협과 같은 국가적 안보는 물론 경제적 고통으로부터의 자유, 삶의 질, 자유와 인권 보장 등을 안보의 개념에 포함시킴

03 지구촌 평화의 윤리

B 국제 사회에 대한 책임과 기여

1 세계화의 의미와 특징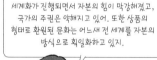

의미	국제 사회에서 상호 의존성이 증가하면서 세계가 단일한 사회 체계로 나아가는 현상
특징	• 교통·통신의 발달과 함께 이데올로기의 퇴조로 세계가 하나의 체제로 통합하면서 나타남 • 지구촌의 실현과 인류의 공동 번영을 지향함 • 주로 경제 분야에서 시작하여 정치, 사회, 문화 분야로 확대됨 질문 • 전 지구적 문제를 해결해 나가는 기회가 됨 ⑩ 환경, 난민, 인권 문제 등 • 보편적 가치를 보장하기 위한 국제 협력이 이루어짐 • 다국적 기업의 활동 범위가 확대되고 소비자의 상품 선택의 폭이 넓어짐 • 국가 간 빈부 격차와 절대 빈곤 등의 문제가 발생함 └ 자본과 기술을 보유한 선진국이 경쟁에서 유리해지면서 더욱 심화되고 있다.

자료로 보는 세계화에 대한 입장

> 세계화는 경제적 측면에서 효율성을, 문화적 측면에서 다양성을 제고해 각국의 이익을 극대화하고 있어. 또한 세계화로 다양한 문화가 교류되고 새로운 창조적 문화가 발생할 수 있어.

> 세계화가 진행되면서 자본의 힘이 막강해졌고, 국가의 주권은 약해지고 있어. 또한 상품의 형태로 환원된 문화는 어느새 전 세계를 자본의 방식으로 획일화하고 있지.

갑   을

자료 분석 갑은 세계화를 긍정적으로 보는 입장으로, 세계화로 경제적 효율성이 높아지고 다양한 문화의 공존과 질적 향상이 이루어진다고 본다. 반면 을은 세계화를 부정적으로 보는 입장으로, 세계화로 자본의 힘이 강해지고 문화의 획일화 현상이 발생한다고 본다.

ⓠ 세계화로 발생하는 문제에는 무엇이 있을까?

Ⓐ 국가 간 빈부 격차, 절대 빈곤, 문화의 획일화 문제 등

2 국가 간 빈부 격차의 윤리적 문제

① 인간다운 삶을 유지하기 어려움

② 남북문제와 같은 지구촌 분배 정의 문제가 발생함

⭐ 3 국제 정의의 실현

① **국제 정의의 필요성** : 지구촌 구성원 모두의 인간다운 삶을 위해 필요함

② **국제 정의의 종류**

구분	형사적 정의	분배적 정의
의미	범죄의 가해자를 정당하게 처벌함으로써 실현됨	재화의 공정한 분배를 통해 실현됨
국제 정의를 해치는 사례	전쟁이나 집단 학살, 테러, 인신 매매, 납치 등과 같은 반인도주의적 범죄	지구촌의 절대 빈곤
국제 정의 실현을 위한 노력	• 국제 형사 재판소를 상설화하여 반인도적 범죄의 가해자를 처벌함 • 국제 형사 경찰 기구를 통해 국제 범죄 수사에 공조함	공적 개발 원조를 통해 선진국이 빈곤 국가에 경제적 지원 및 기술 이전을 함으로써 부의 격차를 줄임

---

1 세계화(globalization)와 지역화(localization)

세계화를 부정적으로 이해하는 사람들은 세계화에 맞서 지역화를 강조하는 경향이 있다. 지역화는 지역의 전통이나 특성을 살려 다른 지역과 차별화된 경쟁력을 갖추려는 현상이나 전략을 가리킨다. 하지만 지역화를 지나치게 강조하면 배타성과 폐쇄성으로 갈등이 발생할 수 있다. 그래서 세계화와 지역화가 서로 조화를 추구해야 한다는 '글로컬리즘(glocalism)'에 대한 요구가 커지고 있다.

질문 있어요

국제 사회의 상호 의존성 증가는 어떤 영향을 가져올까요?

세계화로 국제 사회의 상호 의존성이 증가하고 있습니다. 이에 따라 생활 공간이 확장되면서 소비자는 다양한 상품을 선택할 기회를 가지고, 생산자는 더 넓은 시장에서 제품을 판매할 기회를 가집니다. 또한 각 기업들이 국제적 경쟁력을 갖추고 생산성을 높이려고 노력함으로써 경제 발전에 도움이 됩니다. 한편, 한 나라의 경제 위기가 다른 나라의 경제까지 위협하는 등 국가 간 경제 의존도가 커집니다. 또한 활발한 문화 교류로 특정 지역이나 나라의 고유한 정체성이 약해지고 문화가 획일화하는 현상이 나타나기도 합니다.

2 절대 빈곤의 의미와 기준

의미	건강을 최소한 유지할 수 있을 정도의 의식주를 획득하기 위한 자원이 결핍된 상태
기준	세계은행은 1일 1.25달러 미만을 절대 빈곤으로 규정

3 국제 형사 경찰 기구(ICPO)

국제 형사 경찰 기구는 '인터폴'로 더 잘 알려진 국제 공조 수사 기구로, 국제 범죄 예방과 진압을 위해 인터폴 헌장과 국내법이 허용하는 범위 내에서 회원국 간 필요한 정보와 자료를 교환하고 범인 체포와 인도에 있어서 상호 신속·원활한 협조 관계를 유지한다.

용어사전

* **이데올로기**(Ideologie) 사회 집단에 있어서 사상, 행동, 생활 방법을 근본적으로 제약하고 있는 관념이나 신조의 체계. 또는 역사적·사회적 입장을 반영한 사상과 의식의 체계

* **난민**(어려울 難, 백성 民) 전쟁, 테러 때문에 발생하는 박해, 극도의 빈곤, 기근 등의 영향으로 거주지 등을 떠나 다른 나라로 탈출하는 사람

* **반인도주의적 범죄** 무고한 생명을 앗아가며 인간의 존엄성을 훼손하는 행위

* **공적 개발 원조**(ODA) 선진국 정부 또는 공공 기관이 개발 도상국에 자금을 지원하거나 기술 원조를 하는 것 ≒ 공공 개발 원조, 정부 개발 원조

4 해외 원조에 대한 여러 가지 관점

① 싱어 ┌ 쾌락과 행복을 가져다주는 행위는 옳은 행위이며, 고통과 불행을 가져다주는 행위는
         └ 그릇된 행위로 평가하는 결과 중심의 윤리 이론이다.
- 공리주의 입장에서 해외 원조가 인류에게 주어진 의무임을 강조함
- 이익 평등 고려의 원칙에 따라 누구나 차별 없이 도움을 받아야 함
- 원조의 대상을 지구촌 전체로 확대할 것을 주장함

자료로 보는   해외 원조에 관한 싱어의 견해

이익 평등 고려의 원칙에서 보면, 고통을 덜어 주어야 할 궁극적이고 도덕적인 이유는 고통은 그 자체로 바람직하지 않기 때문이다. 인종은 이익을 고려하는 데 아무런 상관이 없다. 왜냐하면 중요한 것은 이익 자체이기 때문이다. 어떤 고통에 관하여 그것이 특정한 인종이 겪는 고통이라는 이유로 고려를 덜 한다면 이는 자의적인 차별이 될 것이다.
– 싱어, 『실천 윤리학』 –

자료 분석 싱어는 다른 사람의 고통을 방치하는 행위는 결과적으로 인류 전체의 고통을 증가시키기 때문에 세계 시민주의 관점에서 지구적 차원의 사고와 윤리를 요구한다.

Ⓠ 인류 전체의 행복을 증진하고 고통을 감소시키기 위해 해외 원조를 해야 한다는 싱어의 견해가 기반에 두고 있는 사상은 무엇인가?
Ⓥ 공리주의

② 롤스
- 해외 원조가 정의 실현을 위한 의무임을 강조함
- 고통받는 사회가 질서 정연한 사회가 되도록 돕는 것이 해외 원조의 목적임 ❹
- 차등의 원칙을 국제 사회에 적용하는 것을 반대함
- 해외 원조가 부의 재분배나 복지 향상을 의미하는 것은 아니라고 주장함

③ 노직   [왜?] 롤스에 따르면 국가 간의 부와 복지의 수준은 다양할 수 있으며, 이는 자연스러운 현상이기 때문이다.
- 해외 원조를 의무가 아닌 선의를 베푸는 자선으로 이해함
- 개인은 정당한 절차를 통해 취득한 재산에 관한 배타적·절대적 소유권을 가짐 → 자신의 부를 어떻게 이용할지는 전적으로 개인의 자유임

5 해외 원조의 목적과 방식 [질문]

목적	인류의 존엄성 및 평화로운 지구촌 실현, 국가의 이미지 제고, 해외 자원 확보와 같은 장기적인 경제적 이익 추구
방식	식량 및 의약품 보급, 구조대 파견 등의 긴급 구호, 교육을 통한 인적 자원 개발, 시민의 삶의 질을 높이기 위한 인권 보호와 성 평등 실현, 환경과 정보 통신 등의 지원

6 세계 시민 의식 ❺

① 세계 시민 의식의 의미와 필요성

의미	지구촌의 구성원으로서 국제 사회에서 발생하는 윤리적 문제를 정확하게 이해하고 해결하려는 책임감을 지니고 다양한 가치를 존중하며 세계를 정의롭고 지속 가능한 공동체로 변화시키려는 의식
필요성	국제 사회에서 발생하는 다양한 윤리적 문제는 여러 국가에 영향을 줌 → 세계 공동체에 관심과 책임 의식을 갖고 문제를 해결해 나가려는 자세가 필요함

② **바람직한 세계 시민 의식**: 국가 구성원으로서의 국가 정체성과 세계 시민으로서의 세계 시민성이 조화를 이루어야 함

---

❹ 고통받는 사회와 질서 정연한 사회

고통받는 사회	인권 보장이나 민주적 의사 결정 과정이 정착되어 있지 않은 사회로, 주로 정치적·문화적으로 불리한 여건에 있음
질서 정연한 사회	인권이 보장되고 민주적 의사 결정이 이루어지는 사회로, 구성원들의 선(善)을 증진해 주면서도 구성원들이 동의한 정의관에 의해 효율적으로 규제됨

롤스는 빈곤 해결을 위해서는 정치적 자유와 민주주의 체제의 확립이 중요하다고 보았다. 또한 고통받는 사회가 질서 정연한 사회로 진입한 이후에는 그 사회가 여전히 상대적으로 빈곤할지라도 해외 원조를 중단해야 한다고 보았다.

💬 질문 있어요

우리나라의 해외 원조 사례에는 무엇이 있을까요?
우리나라는 6·25 전쟁 이후 약 50년간 해외 원조를 받았고, 이러한 도움을 토대로 경제 성장을 이루었습니다. 2009년에는 경제 협력 개발 기구의 개발 원조 위원회에 가입해 세계 최초로 '원조를 받는 나라'에서 '원조를 주는 나라'가 되었지요. 특히 1991년에는 무상 원조 기관인 한국 국제 협력단(KOICA)을 설립하여, 우리나라와 개발 도상국 간 우호 협력과 상호 교류를 증진하고, 사회 발전을 지원하고 있습니다.

❺ 세계 시민으로 살기 위한 윤리적 지침

전제 1	만약 우리에게 어떤 사람에게 일어나는 매우 나쁜 일을 막을 힘이 있고, 그 나쁜 일을 막음으로써 그 일에 견줄 수 있는 다른 일이 희생되지 않는다면, 우리는 그를 도와야 한다.
전제 2	절대적이고 극단적인 빈곤은 매우 나쁜 일이다.
전제 3	도덕적인 의미를 지닌 다른 일을 희생하지 않고도, 절대적이고 극단적인 빈곤을 막을 방법이 우리에게 있다.
결 론	그러므로 우리는 절대적이고 극단적인 빈곤을 막아야 한다.

– 싱어, 『세계화의 윤리』 –

싱어는 묵자가 강조한 '보편적인 사랑과 상호 이익으로 가는 길'을 인용하면서 세계 시민, 즉 지구 공동체의 구성원으로서 살아가기 위한 윤리적 지침을 제시하였다.

✱용어사전

- **차등의 원칙** 기본적 가치를 배분할 때 발생하는 사회적·경제적 불평등이 최소 수혜자에게 최대한의 이익을 가져다주는 방향으로 이루어져야 한다는 롤스의 원칙
- **국가 정체성** 개인이 국가 구성원으로서 지니는 소속감과 국가 구성원이라는 뚜렷한 신념

A 국제 분쟁의 해결과 평화

1 국제 관계를 바라보는 관점

현실주의	• 국가는 자국의 이익만을 추구함 • 분쟁 해결을 위해 세력 균형이 필요함
구성주의	• 국제 관계는 국가 간 상호 작용을 통해 구성됨 • 분쟁 해결을 위해 국가 간 긍정적 상호 작용이 필요함
이상주의	• 국가는 이성적이고 합리적임 • 분쟁 해결을 위해 국제법이나 국제 규범을 통 한 제도 개선이 필요함

2 국제 분쟁의 원인과 윤리적 문제

원인	영역, 자원, 종교, 인종·민족 분쟁 등 다양함
윤리적 문제	국제 평화 위협, 인간 존엄성과 정의 훼손

3 국제 평화 실현을 위한 노력

칸트의 영구 평화론	• 모든 국가는 민주적 법치 국가가 되어야 함 • 보편적 우호 관계에 기반을 둔 국제법이 적용 되는 국제 연맹이 필요함
갈퉁의 평화론	• 소극적 평화 : 직접적 폭력이 없는 상태 • 적극적 평화 : 직접적 폭력은 물론 구조적·문 화적 폭력도 없는 상태

B 국제 사회에 대한 책임과 기여

1 세계화의 의미와 특징

의미	세계가 단일한 사회 체계로 나아가는 현상
특징	• 소비자의 상품 선택의 폭이 넓어짐 • 다양한 문화의 공존과 질적 향상이 이루어짐 • 국가 간 빈부 격차와 절대 빈곤 문제가 발생함 • 문화의 획일화 현상이 발생함

2 국제 정의의 실현

형사적 정의	• 법에 따라 정당한 제재를 가함으로써 실현되는 정의 • 국제 형사 재판소, 국제 형사 경찰 기구 등을 운용
분배적 정의	• 가치나 재화의 공정한 분배를 통해 실현되는 정의 • 공적 개발 원조 등을 통해 빈곤국을 도움

3 해외 원조에 대한 관점

의무의 관점	싱어	원조의 목적은 모든 사람의 고통을 감소시키 고 쾌락을 증진시키기 위함임
	롤스	원조의 목적은 불리한 여건으로 고통받는 사 회를 질서 정연한 사회가 되도록 돕기 위함임
자선의 관점	노직	개인은 사적 차원에서 자발적으로 해외 원조 를 할 수 있지만, 윤리적 의무를 지지는 않음

01 다음 설명이 맞으면 ○표, 틀리면 ×표를 하시오.

(1) 현실주의는 국제 관계에서 국가가 자국의 이익만을 추구한다고 보며, 국가 간 힘의 논리를 강조한다. (   )

(2) 이상주의는 이성적 존재인 인간과 달리 국가는 이성적이지 않다고 보아 국제법을 강조한다. (   )

(3) 갈퉁에 의하면 소극적 평화는 범죄, 테러, 전쟁 등과 같은 직접적 폭력이 없는 상태를 의미한다. (   )

(4) 적극적 평화 개념은 인간 안보의 차원에서 국가 안보의 차원으로 안보 개념을 확장하였다. (   )

(5) 뮐러는 서로 다른 문명에 속한 국가나 무리 사이의 집단 분쟁을 단층선 분쟁이라고 하였다. (   )

02 빈칸에 들어갈 알맞은 말을 쓰시오.

(1) 묵자는 자국을 사랑하듯이 타국을 사랑하라는 (   ) 사상을 주장하였다.

(2) (   )(이)란 국제 사회에서 상호 의존성이 증가하면서 세계가 단일한 사회 체계로 나아가는 현상을 말한다.

(3) 국제 정의에서 (   )은/는 국제 평화를 해친 범죄자에게 법에 따라 정당한 제재를 가함으로써 실현된다.

(4) (   )은/는 정부 개발 원조라고도 하며, 증여·차관·배상·기술 원조 등의 형태를 취한다.

(5) (   )은/는 개인의 소유권의 절대성을 강조하고 최소 국가를 이상적 국가로 제시하였다.

03 사상가와 해외 원조에 대한 입장을 바르게 연결하시오.

(1) 싱어 •

• ㉠ 원조의 목적은 고통받는 사회가 질서 정연한 사회가 되도록 돕는 것임

(2) 롤스 •

• ㉡ 고통받는 사람들은 이익 평등 고려의 원칙에 따라 도움을 받아야 함

(3) 노직 •

• ㉢ 해외 원조는 의무가 아닌 선의를 베푸는 자선으로 이해해야 함

중요

01 그림의 수업 장면에서 교사의 질문에 옳게 대답한 학생을 고른 것은?

〈국제 관계를 바라보는 관점〉
• ㉠ 현실주의 • 구성주의 • 이상주의

㉠에 대해 설명해 볼까요?

국제 분쟁은 상대방에 대한 무지와 오해, 잘못된 제도 때문에 발생한다고 봅니다.

국제 관계에서 평화는 힘의 균형을 통해 전쟁을 예방 또는 억지하는 것이라고 봅니다.

국제 관계에서 국가는 상대국과의 상호 작용을 통해 정체성을 형성한다고 봅니다.

국제 관계에서 국가는 자국의 이익만을 추구한다고 봅니다.

갑　정　을　병

① 갑, 을　② 갑, 정　③ 을, 병
④ 을, 정　⑤ 병, 정

02 (가)의 입장에 비해 (나)의 입장이 갖는 상대적 특징을 그림의 ㉠~㉤ 중에서 고른 것은?

(가) 인간의 본성과 마찬가지로 국가도 이기적이기 때문에 국제 관계는 '만인에 대한 만인의 투쟁 상태'일 수밖에 없고 결국 힘의 논리가 지배하게 된다. 국제 규범은 국익에 해가 된다면 언제라도 어길 수 있다.

(나) 전쟁과 관련하여 참전에 대한 결정을 다루는 데 있어 정의로워야 하고, 전장(戰場)의 전투 과정에서 정의로워야 한다. 이제 여기에 전쟁 이후의 정의라는 요소를 추가해야만 한다.

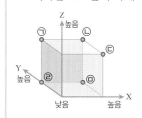

X : 국제 사회에서 권력의 극대화를 강조하는 정도
Y : 전쟁에 대한 도덕적 제한 조치의 수용을 강조하는 정도
Z : 자국이 손해를 입더라도 인도주의적 개입이 필요하다고 보는 정도

① ㉠　② ㉡　③ ㉢　④ ㉣　⑤ ㉤

중요

03 (가), (나)에 관한 설명으로 옳지 않은 것은?

(가) 인간은 근본적으로 상호 협력적 존재이므로 국가 간 이해관계도 협력을 통해 조정함으로써 평화를 달성할 수 있다.

(나) 국가 간의 관계는 힘의 논리가 우선하며, 국제 정치는 각 개별 국가들의 이익의 관점에서 정의된 권력을 위한 공간이다.

① (가)는 군비 경쟁을 유도할 수 있다는 한계가 있다.
② (가)는 국제법이나 국제기구를 통해 평화가 가능하다고 본다.
③ (나)는 국가 간 세력 균형을 통해 평화를 실현하고자 한다.
④ (나)는 다양한 행위 주체의 협력 관계를 설명하지 못한다는 한계가 있다.
⑤ (가)는 (나)보다 인간의 본성을 낙관적으로 본다.

04 다음 사상가의 입장만을 〈보기〉에서 있는 대로 고른 것은?

단층선 분쟁은 서로 다른 문명에 속한 국가나 무리 사이의 집단 분쟁이다. …… 나라 안의 단층선 분쟁은 지리적으로 명확히 구분된 지역에 거주하는 집단들 사이에서 벌어지는 충돌이지만, 지리적으로 혼재되어 있는 집단들 사이에서 발생하기도 한다. 인도의 힌두교도와 이슬람교도, 말레이시아의 이슬람교도와 화교처럼 지속적인 긴장 관계가 때때로 폭력으로 분출되기도 하고, 신생국이 들어서면서 국경선이 확정되고 주민들을 강제로 이주시키려는 야만적 시도가 강행되어 전면전으로 치닫기도 한다.

┤ 보기 ├
ㄱ. 종교는 문명을 구분하는 주요 기준이다.
ㄴ. 문명 간의 차이가 국제 분쟁을 주도한다.
ㄷ. 단층선 분쟁을 예방하기 위해 자제의 원칙을 실천해야 한다.
ㄹ. 소통과 단절로 인한 불안이 국제 분쟁의 근본 원인이다.

① ㄱ, ㄴ　② ㄱ, ㄹ　③ ㄷ, ㄹ
④ ㄱ, ㄴ, ㄷ　⑤ ㄴ, ㄷ, ㄹ

05 사상가 A의 입장에만 모두 'v'를 표시한 학생은?

> A는 전쟁과 평화의 근본 문제는 국가 간 신뢰에 있으며, 영구적 평화를 위해 전쟁의 원인 배제, 상비군의 점진적 폐지 등 6개 항목의 예비 조항을 제시하였다.

입장＼학생	갑	을	병	정	무
전쟁 방지를 위해 국제법을 폐지해야 한다.	v			v	v
국가는 분쟁 관계에서 도덕성을 고려해야 한다.		v	v	v	
국가는 자유로운 국가들 간의 연맹에 참여해야 한다.		v		v	v
국가의 이익과 도덕성이 충돌할 때는 국가의 이익을 우선해야 한다.	v		v		v

① 갑　② 을　③ 병　④ 정　⑤ 무

06 ㉠에 들어갈 내용으로 가장 적절한 것은?

> 다양한 분쟁으로 고통받는 지구촌 현실을 고려할 때 묵자의 조언을 들어볼 만하다. 묵자는 '(㉠).'라는 겸애(兼愛) 사상을 통해 상호 존중을 강조하였다.

① 사치를 삼가고 생산에 힘쓰라
② 자국을 사랑하듯이 타국을 사랑하라
③ 평등한 경지에서 만물을 차별 없이 바라보라
④ 존비친소의 구별을 전제로 분별적 사랑을 하라
⑤ 인위적 기준에 의존하지 않는 정신적 자유를 누려라

07 ㉠에 들어갈 학생의 답변으로 가장 적절한 것은?

> 교수 : 평화의 적극적 의미에 대해 설명해 볼까요?
> 학생 : _____ ㉠ _____

① 직접적 폭력을 제거하는 것이 가장 중요합니다.
② 인간이 겪는 다양한 차원의 고통을 소홀히 합니다.
③ 범죄, 테러, 전쟁과 같은 폭력만 사라진 상태입니다.
④ 물리적 폭력과 간접적 폭력까지 제거된 상태입니다.
⑤ 평화의 개념을 인간 안보 차원에서 국가 안보 차원으로 확장한 것입니다.

08 다음 사상가가 긍정의 대답을 할 질문으로 옳은 것은?

> 폭력은 직접적, 구조적, 문화적 폭력의 삼각형의 어떠한 꼭짓점에서도 시작될 수 있고 다른 꼭짓점으로 쉽게 전달된다. 그렇다면 폭력에 관한 삼각형적 증후군은, 마음속에서 문화적 평화가 다양한 당사자들 간의 공생적이고 동등한 관계와 더불어 구조적 평화를 낳고, 협력 활동과 우정, 사랑과 함께 직접적 평화를 낳는 평화의 증후군과 대비되어야 한다.

① 구조적 폭력은 항상 직접적인 방법으로 가해지는가?
② 물리적 폭력만 제거하면 진정한 평화가 실현되는가?
③ 적극적 평화가 아닌 소극적 평화를 실현해야 하는가?
④ 직접적 폭력은 물론 간접적 폭력까지 사라진 상태를 추구해야 하는가?
⑤ 직접적 폭력과 구조적 폭력을 정당화하는 문화적 폭력은 용인해야 하는가?

09 ㉠에 들어갈 내용으로 적절하지 않은 것은?

> 교수 : 국제 형사 재판소는 반인도적 범죄를 저지른 콩고 반군 지도자 루방가에게 징역 14년형을 선고하였습니다. 이 판결은 국제 형사 재판소 역사상 최초의 유죄 판결이라는 점에서 의미가 있으며, 세계 곳곳에서 자행되고 있는 아동 학대에 대한 경고가 될 것으로 전망됩니다. 이처럼 국제 사회는 국제기구를 두어 반인도적 범죄 행위에 대해 합당한 처벌을 내릴 수 있도록 노력해야 합니다.
> 기자 : 교수님 말씀은 국제 정의를 실현하기 위해서는 _____ ㉠ _____ 이군요.

① 국제 범죄에 대한 정당한 처벌이 중요하다는 뜻
② 국제 사회에서 형사적 정의를 실현해야 한다는 뜻
③ 지구촌 분배 정의 문제의 해결을 우선해야 한다는 뜻
④ 인간의 존엄을 훼손하는 행위에 대해 제재해야 한다는 뜻
⑤ 반인도적 범죄에 대해 국제 사회가 공동으로 대응해야 한다는 뜻

★★
중요

10 다음 사상가가 긍정의 대답을 할 질문만을 〈보기〉에서 있는 대로 고른 것은?

> 국제적인 경계를 넘는 무력 사용을 정당화하거나 강요까지 할 수 있으려면 전쟁의 계기가 극단적 상황이어야 한다. …… 개전(開戰)에서 정당화할 수 없는 전쟁을 수행하는 경우라도 전쟁 수행의 과정은 정의롭게 진행해야 한다.

┤ 보기 ├
ㄱ. 전쟁의 정당성 논의는 국제 평화를 위해 필요한가?
ㄴ. 무력은 정의를 실현하기 위한 수단이 될 수 있는가?
ㄷ. 모든 형태의 전쟁을 도덕적 판단의 대상이 아니라고 보는가?
ㄹ. 개전(開戰) 명분과 상관없이 전쟁 과정의 정당성 요건을 충족해야 하는가?

① ㄱ, ㄴ   ② ㄱ, ㄷ   ③ ㄷ, ㄹ
④ ㄱ, ㄴ, ㄹ   ⑤ ㄴ, ㄷ, ㄹ

11 ㉠~㉢에 관한 설명으로 옳지 <u>않은</u> 것은?

> ㉠세계화를 부정적으로 보는 사람들은 세계화에 맞서 ㉡지역화를 강조하는 경향이 있다. 하지만 지역화를 지나치게 강조하면 또 다른 갈등이 발생할 수 있다. 그래서 ㉢글로컬리즘에 대한 요구가 커지고 있다.

① ㉠은 자본 독점으로 개발 도상국 경제가 악화될 것을 우려한다.
② ㉡은 지역의 전통을 살려 경쟁력을 갖추고자 한다.
③ ㉡의 지나친 강조는 배타성으로 인한 갈등을 불러올 수 있다.
④ ㉢은 지역의 특색을 유지하면서도 세계화하는 것이다.
⑤ ㉢은 ㉡에 비해 자기 지역의 이익만을 도모하는 경향이 있다.

12 그림은 서술형 평가 문제와 학생 답안이다. 학생 답안의 ㉠~㉤ 중 옳지 <u>않은</u> 것은?

⊙ 문제 : ㈎에 대해 구체적으로 서술하시오.

> 국제 사회는 전쟁, 집단 학살 등의 반인도주의적 범죄로 고통을 받고 있으며, 끊임없는 분쟁으로 갈등을 겪고 있다. 따라서 지구촌 구성원 모두가 인간답고 평화로운 삶을 살기 위해서는 ㈎국제 평화 실현을 위한 노력이 필요하다.

⊙ 학생 답안

국제 평화의 실현을 위해서는 먼저 ㉠국제 형사 재판소를 상설화하여 형사적 정의를 실현하고자 노력해야 한다. ㉡국제 형사 재판소는 반인도주의적 범죄를 일으킨 국가의 처벌을 주로 담당하고 있다. 또한 분쟁의 평화로운 해결을 위해 노력해야 한다. ㉢국제 사법 재판소는 국제법을 통한 국가 간 분쟁 해결을 담당하고 있다. ㉣분쟁 당사국은 재판소의 판정 결과를 겸허히 수용하는 자세를 가져야 한다. 마지막으로 국제 사회는 ㉤국제 연합 평화 유지군 활동 등을 통해 평화를 유지하고 인권을 수호하기 위해 노력해야 한다.

① ㉠   ② ㉡   ③ ㉢   ④ ㉣   ⑤ ㉤

13 다음은 노트 필기의 일부이다. ㉠~㉤ 중 옳은 내용을 고른 것은?

> **주제 : 국제 정의의 실현**
> 1. 국제 정의의 종류
> 1) 형사적 정의
> • 재화의 공정한 분배를 통해 실현되는 정의임 ┄┄ ㉠
> 2) 분배적 정의
> • 재화 등 사회적 가치의 공정한 배분을 다룸 ┄┄ ㉡
> • 범죄 가해자를 정당하게 처벌함으로써 실현됨 ┄┄ ㉢
> 2. 국제 정의의 필요성
> • 선진국의 경제적 이익을 극대화하기 위해 필요함 ┄┄ ㉣
> • 지구촌 구성원 모두의 인간다운 삶을 위해 필요함 ┄┄ ㉤

① ㉠, ㉡   ② ㉡, ㉣   ③ ㉡, ㉤
④ ㉢, ㉣   ⑤ ㉢, ㉤

14 그림은 해외 원조에 대한 입장을 탐구하는 과정이다. A, B에 들어갈 질문으로 옳은 것은?

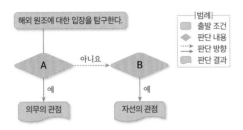

① A : 원조는 자선 활동의 하나일 뿐인가?
② A : 원조는 의무가 아닌 선의를 베푸는 행위인가?
③ B : 가난한 나라를 돕는 것은 선택적 행위인가?
④ B : 인류의 고통을 줄여야 할 윤리적 의무가 있는가?
⑤ B : 원조를 행하지 않는 것은 비난의 대상이 되는가?

16 A 사상가의 입장만을 〈보기〉에서 있는 대로 고른 것은?

| 보기 |
ㄱ. 차등의 원칙을 국제 사회에도 적용해야 한다.
ㄴ. 원조를 통해 국가 간 부(富)의 차이를 없애야 한다.
ㄷ. 빈곤국일지라도 질서 정연하다면 원조를 할 필요가 없다.
ㄹ. 원조를 통해 고통받는 사회가 질서 정연한 사회가 되도록 해야 한다.

① ㄱ, ㄴ   ② ㄱ, ㄹ   ③ ㄷ, ㄹ
④ ㄱ, ㄴ, ㄷ   ⑤ ㄴ, ㄷ, ㄹ

15 다음은 수행 평가를 위해 수집한 자료이다. ㉠에 들어갈 주제로 가장 적절한 것은?

주제 : _____㉠_____

• 수집 자료
(가) 재화는 인간의 필요를 충족하기 위해 존재하는 것이므로 사람이 잉여로 가지고 있는 것은 무엇이나 자연법에 의해 가난한 사람들이 생계를 유지하도록 주어야 한다.
(나) 만약 어떤 사람에게 매우 나쁜 일이 일어나는 것을 방지할 수 있는 힘이 우리에게 있고, 그 나쁜 일을 방지함으로써 그 일에 상응하는 도덕적 중요성을 가진 다른 일이 희생되지 않는다면, 우리는 그렇게 해야만 한다.
(다) 원조의 목적은 고통받는 사회가 '입헌적 자유주의 사회'나 '적정 수준의 사회'가 되도록 하는 데 있다. 즉 원조는 '고통받는 사회'를 '질서 정연한 사회'가 되도록 하는 것이다.

① 원조에 대한 의무의 관점
② 원조에 대한 자선의 관점
③ 원조에 대한 공리주의적 관점
④ 원조를 통한 형사적 정의 실현
⑤ 원조에 대한 책임을 부정하는 입장

17 ㉠에 들어갈 제목으로 가장 적절한 것은?

○○신문   2000년 ○○월 ○일
_____㉠_____

오늘날 국제 사회에서는 문화·경제·환경 등 다양한 영역에서 윤리적 문제가 발생하고 있다. 이러한 문제를 해결하기 위해 우리는 지구촌의 구성원으로서 세계 시민 의식을 함양해야 한다. 하지만 세계 시민 의식만을 지나치게 강조하면 국가 정체성이 약화되거나 상실되는 문제가 발생할 수 있다. 물론 국가 정체성만을 지나치게 강조하여 배타적 국가주의에 빠지는 것도 바람직하지 않다. 따라서 세계 시민 의식과 국가 정체성이 서로 갈등하지 않도록 노력해야 한다.

① 국민적 단합을 방해하는 국가 정체성을 포기해야
② 국가 정체성과 세계 시민성 간의 조화를 추구해야
③ 국가에 대한 소속감을 버리고 세계의 시민이 되어야
④ 배타적 국가주의에 근거해 전 지구적 문제를 해결해야
⑤ 국가 정체성은 세계 시민성과 양립할 수 없음을 인식해야

[18~19] 다음 글을 읽고 물음에 답하시오.

> 갑 : 이익 평등 고려의 원칙에서 보면, 고통을 덜어 주어야 할 궁극적이고 도덕적인 이유는 고통은 그 자체로 바람직하지 않기 때문이다. 인종은 이익을 고려하는 데 아무런 상관이 없다. …… 그것이 특정한 인종이 겪는 고통이라는 이유로 고려를 덜 한다면 이는 자의적인 차별이 될 것이다.
>
> 을 : 자유 세계에서 새로운 소유물은 자발적 교환과 행위에서 발생한다. 부유한 나라가 약소국에 원조를 하지 않는다고 해서 그것을 옳지 않다고 비난할 수 없다.

중요 ★★

18 갑, 을 사상가의 입장으로 옳은 것은?

① 갑 : 해외 원조 여부를 모두 국가에 위임해야 한다.
② 갑 : 친소(親疏)를 기준으로 원조 대상국을 정해야 한다.
③ 을 : 원조를 의무의 관점에서 접근해야 한다.
④ 을 : 원조는 사적 차원에서 자발적으로 행해져야 한다.
⑤ 갑, 을 : 해외 원조를 도덕적인 의무로 여겨야 한다.

19 갑, 을 사상가의 입장에서 다음 주장에 대해 제기할 비판을 〈보기〉에서 고른 것은?

> 질서 정연한 사회의 장기 목표는 무법적 국가와 마찬가지로 고통받는 사회를 질서 정연한 만민의 사회로 가입시키는 것이다. 질서 정연한 만민은 고통받는 사회를 원조해야 한다.

┤ 보기 ├

ㄱ. 갑 : 원조의 목적은 인류의 행복 증진에 있음을 인식해야 한다.
ㄴ. 갑 : 사회의 정치·문화의 성숙도를 고려해 원조 여부를 결정해야 한다.
ㄷ. 을 : 원조는 의무가 아닌 선택적 행위임을 알아야 한다.
ㄹ. 을 : 원조를 정의 실현을 위한 의무로 받아들여야 한다.

① ㄱ, ㄴ　　② ㄱ, ㄷ　　③ ㄴ, ㄷ
④ ㄴ, ㄹ　　⑤ ㄷ, ㄹ

20 그림은 인터넷 검색 화면이다. 물음에 답하시오.

> | A | 검색 |
>
> 1970년대 이후 탈냉전과 세계화라는 근본적인 변화를 겪고 있는 국제 관계를 새로운 시각으로 설명하기 위해 등장한 이론이다. 국제 관계에 영향을 미치는 요인들 가운데 국민이 형성한 국가 정체성, 국가의 문화, 역사, 추구하는 이념, 자국민과 상대 국가 국민 간의 문화적 상호 작용 등과 같은 관념적인 요인들을 가지고 국제 관계를 분석한다.

(1) A에 들어갈 말을 쓰시오.

(2) A의 입장에서 제시할 국제 분쟁 해결 방안을 서술하시오.

21 다음 글을 읽고 물음에 답하시오.

> 평화학자 갈퉁은 평화를 (A)와/과 (B)(으)로 구분하였다. (A)은/는 ⊙직접적 폭력이 없는 상태를 뜻하며, (B)은/는 직접적 폭력은 물론 구조적 폭력과 ⓒ문화적 폭력도 사라져 인간다운 삶을 누릴 수 있는 상태를 뜻한다.

(1) A, B에 들어갈 말을 쓰시오.

(2) ⊙, ⓒ의 의미를 각각 서술하시오.

22 그림을 보고 물음에 답하시오.

> 굶주리는 이웃에게 자기 소득의 일정 부분을 기부하는 것은 우리의 의무입니다.

갑

> 원조는 정의롭지 않은 사회를 ⊙질서 정연한 사회로 이행할 수 있도록 돕는 의무입니다.

을

(1) 갑, 을 사상가가 각각 누구인지 쓰시오.

(2) ⊙의 의미를 서술하시오.

01 그림은 서술형 평가 문제와 학생 답안이다. 학생 답안의 ㉠~㉤ 중 옳지 <u>않은</u> 것은?

서술형 평가

⊙ 문제 : 갑, 을의 입장을 비교하여 서술하시오.

> 갑 : 문명의 충돌은 세계 평화의 가장 큰 위협이다. 냉전 이후 서로 다른 문명에 속한
> 집단, 인접 국가, 핵심 국가들 사이의 갈등이 지속되고 있다. 문명의 충돌은 종
> 교와 같은 문화적 신념의 차이에서 비롯된다.
>
> 을 : 문명의 차이는 갈등을 심화시키는 하나의 계기에 불과하며 국제 갈등은 복합적
> 요인으로 발생한다. 문명 간에는 공통점이 많으며 공존을 위해 타 문명을 더 많
> 이 배워야 한다. 따라서 문명의 공존 가능성에 주목해야 한다.

⊙ 학생 답안

갑, 을의 입장을 비교하면, 갑은 ㉠ 분쟁의 원인이 문명의 이질성에 있다고 보며,
㉡ 동일 문명권의 국가들이 핵심국을 중심으로 결속한다고 본다. 을은 ㉢ 분쟁의 원인
이 소통의 단절로 인한 불안이라고 보며, ㉣ 복잡한 국제 관계를 문명 간의 충돌로 단
순화시켜서는 안 된다고 주장한다. 한편 갑과 을은 ㉤ 이념이나 경제 대신 종교를 중
심으로 한 문명이 국제 분쟁의 주요 요인이라고 본다는 공통점이 있다.

---

① ㉠　　　② ㉡　　　③ ㉢　　　④ ㉣　　　⑤ ㉤

문제 접근 방법

'문명의 충돌', '문명의 공존 가능성'이
라는 핵심 구절을 통해 갑은 헌팅턴,
을은 뮐러임을 파악한다. 국제 분쟁의
주요 요인에 대한 헌팅턴과 뮐러의 관
점을 비교하여 문제를 해결한다.

적용 개념

문명의 충돌
문명의 공존

02 갑, 을 사상가의 입장으로 옳지 <u>않은</u> 것은?

> 갑 : 전쟁이 정의롭기 위해서는 전쟁 개시, 전쟁 수행 과정, 전쟁 종식과 평화 정착에
> 서 정당성을 갖추어야 한다. 비록 개전(開戰)의 측면에서 정당화될 수 없는 전쟁
> 일지라도 그 수행 과정과 전후 처리는 정의로워야 한다.
>
> 을 : 항구적인 평화를 위해 모든 국가의 시민적 정치 체제는 공화정체(共和政體)이어
> 야 한다. 그리고 국제법은 자유로운 여러 국가의 연맹 체제를 기초로 해야 하며,
> 세계 시민법은 보편적인 우호의 조건들에 국한되어야 한다.

① 갑 : 자국의 방어를 위한 불가피한 전쟁은 허용될 수 있다.

② 갑 : 전쟁의 개시가 부당하더라도 정당하게 종식될 수 있다.

③ 을 : 개별 국가의 주권은 연맹 체제 단계에서도 인정되어야 한다.

④ 을 : 항구적 평화를 위해 모든 국가는 민주적 법치 국가가 되어야 한다.

⑤ 갑, 을 : 항구적 평화는 국가 간 세력 균형을 통해 실현되어야 한다.

문제 접근 방법

먼저 '전쟁', '정당화'라는 핵심어에서
갑의 사상가를, '항구적 평화', '공화정
체'라는 핵심어에서 을의 사상가를 파
악한 후 문제를 해결한다.

적용 개념

정의 전쟁론
이상주의

03 그림의 강연자가 지지할 주장으로 가장 적절한 것은?

> 과거에 선진국들은 보호 무역을 통해 경제 성장을 이루었습니다. 하지만 자국이 막강한 경쟁력을 갖추게 되자 다른 나라들에게는 세계적 기준이나 자유 무역을 따르라고 강요합니다. 이러한 세계적 기준이나 자유 무역은 선진국의 편의에 따라 만들어지고 행해집니다. 이미 우위를 선점한 선진국들은 다른 나라들이 선진국 대열에 오르지 못하도록 방해하고 있습니다. 이러한 일은 세계화 시대에 빈번하게 일어나며 점차 심화하고 있습니다.

① 세계화에 따른 자본과 시장의 독점을 막아야 한다.
② 세계화는 인류의 공동 번영을 위한 최상의 방법이다.
③ 자유 무역을 확대하여 경제적 효율성을 증진해야 한다.
④ 자유 경쟁을 강화하여 국가 간 빈부 격차를 완화해야 한다.
⑤ 세계화는 국가 간 부와 복지의 불평등 문제를 해결할 것이다.

🔍 **문제 접근 방법**

먼저 보호 무역에서 자유 무역으로의 전환에 대해 강연자가 취하는 입장을 파악한다. 이를 바탕으로 강연자가 지지할 주장을 선지에서 골라 문제를 해결한다.

✏️ **적용 개념**

\# 세계화

04 (가)의 갑, 을의 입장을 (나) 그림으로 표현할 때, A~C에 해당하는 적절한 진술만을 〈보기〉에서 있는 대로 고른 것은?

(가)	갑 : 자원은 한정되어 있기에 최대의 이익이 산출될 수 있는 곳에 사용하는 것이 적절하다. 풍요한 사회의 시민들만 풍요로움을 누리는 것은 부당하다. 인류 전체의 이익 증진을 위해 절대 빈곤으로 고통받는 사회의 사람들을 원조해야 한다.
	을 : 자원이 부족하다고 해서 질서 정연한 사회가 될 수 없는 경우는 거의 없다. 어떤 사회가 질서 정연한 사회가 되는 결정적 요인은 자원의 수준보다는 정치 문화이다. 불리한 여건으로 고통받는 사회가 정치 문화를 바꾸도록 원조해야 한다.
(나)	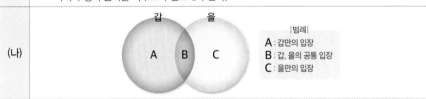

|범례|
A : 갑만의 입장
B : 갑, 을의 공통 입장
C : 을만의 입장

┌ 보기 ┐
ㄱ. A : 원조는 인류의 행복 증진을 위한 의무가 되어야 한다.
ㄴ. B : 원조의 최종 목표는 국가 간의 경제적 불평등 해소이다.
ㄷ. B : 원조의 이유는 자선이 아닌 의무의 관점에서 이해되어야 한다.
ㄹ. C : 원조의 대상은 빈곤한 모든 나라를 포함해야 한다.

① ㄱ, ㄴ　　② ㄱ, ㄷ　　③ ㄴ, ㄹ　　④ ㄱ, ㄷ, ㄹ　　⑤ ㄴ, ㄷ, ㄹ

🔍 **문제 접근 방법**

'고통받는 사회', '질서 정연한 사회'라는 핵심어를 통해 갑, 을의 사상가를 먼저 파악하고, 원조에 대한 두 사상가의 입장을 비교하여 문제를 해결한다.

✏️ **적용 개념**

\# 해외 원조

출제 경향

이 단원에서는 해외 원조에 대해 각각의 관점에서 주장하는 내용이 무엇인지를 탐구하는 문제가 자주 출제됩니다. 주로 싱어, 롤스, 노직의 입장을 비교하는 문제가 출제되므로 각 사상가의 주장을 꼼꼼히 정리해 두어야 합니다.

자료 보기

해외 원조는 의무이다

우리가 만약 어떤 사람에게 매우 나쁜 일이 일어나는 것을 방지할 힘을 가지고 있고, 그 나쁜 일을 방지함으로써 우리의 중요한 일이 희생되지 않는다면 우리는 그렇게 해야만 한다. 우리가 이 원칙에 따라 행위를 한다면 우리의 삶과 세계는 근본적으로 바뀔 것이다. …… 우리는 절대 빈곤에 빠진 사람들을 도울 의무가 있다. …… 돕지 않는 것은 나쁜 일일 것이다. 돕는 것은 칭찬할 만한 가치가 있다. 이러한 행위는 자선적인 행위가 아니며, 모든 사람이 마땅히 해야 하는 행위이다.

모든 사람의 고통을 감소시키고 쾌락을 증진시키는 것은 우리의 의무입니다. 도움을 줄 수 있는 사람은 도움받는 사람의 인종, 국가에 관계없이 그들의 고통을 줄여 주기 위해 노력해야 합니다. 약소국에 대한 해외 원조는 의무이며, 전 지구적 차원의 분배가 필요합니다.

갑

주장 비교

- 해외 원조는 인류에게 주어진 의무이다.
- 해외 원조는 세계 시민주의 차원의 당위이다.
- 큰 희생 없이 타국의 빈민을 도울 수 있다면 도와야 한다.
- 인류 전체의 공리 증진을 위해 원조의 의무를 실천해야 한다.
- 해외 원조의 목적은 가난과 굶주림에 따른 고통을 없애는 것이다.
- 고통받는 사람들은 이익 평등 고려의 원칙에 따라 누구나 차별 없이 도움을 받아야 한다.
- 원조 대상을 자신이 속한 공동체 내부로 한정하지 말고 지구촌 전체로 확대해야 한다.

용어사전

* **친소**(친할 親, 멀 疏) 친함과 친하지 아니함을 말한다.
* **인도주의** 인간의 존엄성을 최고의 가치로 여기고 인종, 민족, 국가, 종교 따위의 차이를 초월하여 인류의 안녕과 복지를 꾀하는 사상이나 태도를 말한다.
* **부조**(도울 扶, 도울 助) 남을 거들거나 도와주는 일을 말한다.
* **세계 시민** 자신을 지구 공동체의 구성원으로 여기고 자기 국가의 문제뿐만 아니라 지구촌 전체의 문제를 해결하기 위해 적극적으로 노력하는 사람을 말한다.

문제 확인

Q1 갑의 입장과 일치하는 내용으로 옳지 <u>않은</u> 것은?

① 원조는 친소(親疏)에 관계없이 이루어져야 한다.
② 원조는 인도주의적 관점에서 자선으로 접근해야 한다.
③ 인류 전체의 행복 증진을 원조의 목적으로 삼아야 한다.
④ 사회 내 부조와 해외 원조 사이에 본질적인 차이는 없다.
⑤ 세계 시민으로서 전 지구적 차원의 원조에 동참해야 한다.

해외 원조는 자선이다

취득에서의 정의 원칙에 따라 소유물을 획득한 사람에게는 그 소유물에 대한 소유권리가 있다. …… 최소 국가는 강압, 절도, 사기, 강제 계약 등으로부터의 보호와 같은 협소한 기능에만 한정되기 때문에 정당화된다. 이를 넘어서는 포괄 국가는 무엇인가를 행하도록 강제되어서는 안 되는 개인의 권리를 침해할 것이다. 그리고 최소 국가는 도덕적으로 옳다. 이러한 결론에 담긴 중요한 속뜻은 시민들에게 다른 시민들을 돕게 할 목적으로 국가가 강제적인 장치를 사용해서는 안 된다는 것이다.

개인은 정당하게 취득한 재산에 대해 다른 개인이나 국가가 결코 침해할 수 없는 배타적 소유권을 지닙니다. 따라서 해외 원조의 경우에도 개인의 자유로운 선택의 영역이며, 원조의 문제는 의무가 아닌 자선으로 이해해야 합니다.

을

- 해외 원조는 의무가 아니라 선의를 베푸는 자선이다.
- 원조의 의무를 실행하기 위한 과세는 강제 노동과 같다.
- 해외 원조나 기부를 실천해야 할 윤리적 의무는 존재하지 않는다.
- 부유한 나라가 약소국에 원조하지 않는다고 해서 옳지 않다고 비난할 수 없다.
- 자신의 부를 어떻게 이용할지는 전적으로 개인의 자유에 맡겨야 한다.
- 우리를 불가침의 개인들로 간주하는 정의로운 국가는 최소 국가뿐이다.
- 개인은 정당한 절차를 통해 취득한 재산에 관한 배타적·절대적 소유권을 가진다.

Q2 을의 관점에서 갑의 주장을 비판하는 내용으로 가장 적절한 것은?

① 원조가 인류에게 주어진 윤리적 의무임을 모르고 있다.
② 인류 전체의 행복 증진이 원조의 목적임을 모르고 있다.
③ 당위가 아닌 자선의 차원에서 원조해야 함을 모르고 있다.
④ 큰 희생이 없다면 타국의 빈민을 도와야 함을 모르고 있다.
⑤ 원조의 목적이 국가 간의 경제적 불평등 해소임을 모르고 있다.

올리드 가이드

해외 원조를 윤리적 의무로 여겨야 한다는 입장과 개인의 자율적 선택에 맡겨야 한다는 입장이 대립하고 있습니다. 해외 원조에 대해 우리는 어떤 입장을 취해야 할까요?

갑은 싱어, 을은 노직입니다. 싱어는 해외 원조를 의무의 관점에서 보는 반면, 노직은 자선의 관점에서 보고 있지요.

두 입장은 다음 주제에 관해 상반된 주장을 하고 있습니다.

- 해외 원조의 의무
- 해외 원조의 근거

다음과 같이 물을 수도 있어요.

- 갑의 관점에서 을의 주장을 비판하는 내용으로 가장 적절한 것은?
- 갑, 을의 입장에 관한 설명으로 옳은 것은?

Q1 ② Q2 ③

 하버마스의 담론 윤리 이해하기

다음 가상 대담의 ㉠에 들어갈 진술로 적절하지 **않은** 것은?

① 공론장에서 행정 및 경제 체계의 효율성을 강조해야 합니다.
② 공론장에서 기업과 정부가 시민의 의견을 경청해야 합니다.
③ 공정한 담론 절차를 준수한 합의의 결과를 수용해야 합니다.
④ 시민이 참여할 수 있는 공론장의 개방성을 유지해야 합니다.
⑤ 공론장에서 정확하고 이해 가능하며 진실한 말로 주장해야 합니다.

>> **유형 분석** 가상 대담이 하버마스의 담론 윤리라는 점을 인지하지 못하더라도 대담 내용을 읽고 분석하면 해결할 수 있다. 하지만 하버마스의 담론 윤리는 자주 출제되는 주제이므로 주요 내용을 정리하여 알아 두어야 한다.

☑ **공략법**
❶ 가상 대담에서 '의사소통의 합리성' 이라는 핵심 내용을 확인해 보자.
❷ 핵심 내용을 통해 사상가가 누구 인지 파악해 보자.
❸ 사상가의 주장으로 옳지 않은 것을 선지에서 골라 보자.

유형 2 **칸트의 영구 평화론 이해하기**

다음 서양 사상가의 주장으로 옳은 것은?

세계 평화는 받는 것이 아니라 성취해야 하는 것이다. 평화란 모든 전쟁의 종결을 의미하므로 그 앞에 '영원한'이라는 수식어를 붙이는 것은 용어의 중복일 따름이다. 평화는 도덕적 입법의 최고 자리에 위치한 이성이 명령하는 보편적 의무이다. 국가들은 서로를 하나의 인격체로 대하고, 무력과 기만을 근절해 평화를 예비해야 한다. 공화국으로 전환한 계몽된 자유 국가들이 연방을 결성하고, 호혜적인 질서를 수립함으로써 평화를 확정해야 한다.

① 자유 국가들 간의 연방 단계에서 세계 정부를 수립해야 한다.
② 세계 시민법은 보편적 우호 조건을 규정하는 데 국한되어야 한다.
③ 도덕적 입법의 한계를 세계 정부의 강제력으로 보완해야 한다.
④ 세계 평화의 정착을 위해 개별 국가의 주권은 폐지되어야 한다.
⑤ 세계 평화는 실제로는 불가능하나 정치적 의무로 설정해야 한다.

>> **유형 분석** 칸트의 영구 평화론은 출제될 가능성이 높은 주제이면서도 점차 심화된 내용을 묻고 있어 명확하게 학습해 두어야 한다. 특히 칸트가 국제 연맹을 제안했지만 세계 정부의 수립을 주장하지 않았음을 알고 있으면 옳은 선지를 고르는 데 도움이 된다.

☑ **공략법**
❶ 제시문에서 '평화', '공화국', '연방' 등의 핵심어를 파악해 보자.
❷ 핵심어를 통해 사상가가 누구인지 상기해 보자.
❸ 사상가의 주장으로 옳은 것을 선지에서 골라 보자.

갈퉁의 평화론 이해하기

다음 사상가의 입장으로 가장 적절한 것은?

> 폭력을 줄이는 것도 중요하지만, 폭력을 예방하는 것이 더 중요하다. 전자는 소극적 평화를 목표로 하지만, 후자는 적극적 평화를 지향하는 것이다. 따라서 전쟁, 테러, 폭행 등 신체에 직접 해를 가하는 직접적·물리적 폭력이 제거된 소극적 평화 상태뿐만 아니라 억압, 착취 등의 구조적 폭력과 종교와 사상, 언어와 예술, 과학과 법, 대중 매체와 교육의 내부에 존재하는 문화적 폭력까지 모두 사라진 적극적 평화 상태를 추구해야 한다. 또한 목적이 수단을 정당화할 수 없듯이 평화는 평화적 수단으로만 이루어져야 한다.

① 적극적 평화를 위한 직접적인 폭력 사용은 인정되어야 한다.
② 직접적인 폭력의 제거가 간접적인 폭력의 제거보다 중요하다.
③ 빈곤, 인권 침해 등으로 인간 삶의 질이 저하되는 상태도 폭력이다.
④ 국제 평화 개념은 국가 간에 전쟁이 없는 상태로 국한되어야 한다.
⑤ 폭력의 개념은 공인되지 않은 비합법적인 무력의 사용으로 한정된다.

>> **유형 분석** 평화에 대한 갈퉁의 입장은 '지구촌 평화의 윤리' 단원에서 출제 비중이 큰 편은 아니지만, 언제든 출제될 가능성이 있다. 갈퉁이 제시한 폭력의 개념과 평화의 개념을 구분하여 정리해 두어야 한다.

☑ **공략법**

❶ 제시문에서 핵심 내용(소극적 평화, 적극적 평화, 직접적·물리적 폭력, 구조적 폭력, 문화적 폭력)을 파악해 보자.

❷ 핵심 내용을 통해 사상가가 누구인지 상기해 보자.

❸ 사상가의 입장으로 옳은 내용을 선지에서 골라 보자.

해외 원조에 대한 롤스와 싱어의 입장 비교하기

갑, 을 사상가의 입장으로 옳은 것은?

> 갑 : 공정으로서의 정의와 달리 만민법은 사회·경제적 불평등이 최소 수혜자에게 이익이 될 것을 요구하지 않는다. 모든 사회가 '질서 정연한 사회'가 될 때까지 만민법에 따라 원조의 의무를 이행해야 한다.
> 을 : 세계를 지금 이대로 내버려 둔다면 수백만 명의 사람들이 자신의 나라가 '질서 정연한 사회'가 되기 전에 영양실조와 가난으로 죽어 갈 것이다. 원조의 의무는 인류 전체의 공리 증진을 위해 지속되어야 한다.

① 갑 : 모든 빈곤국을 원조의 대상으로 간주해야 한다.
② 갑 : 원조 정책은 지구적 차등 원칙에 근거해야 한다.
③ 을 : 질서 정연한 사회의 빈민은 원조의 대상일 수 없다.
④ 을 : 원조의 의무는 국경을 초월한 세계 시민적 의무이다.
⑤ 갑, 을 : 원조를 통해 모든 사회의 복지 수준을 일치시켜야 한다.

>> **유형 분석** 해외 원조에 대한 다양한 입장은 자주 출제되므로 의무의 관점과 자선의 관점으로 구분해 알아 두어야 한다. 특히 해외 원조에 대한 롤스, 싱어, 노직의 입장은 핵심 주장과 근거를 중심으로 명확하게 정리해 둘 필요가 있다.

☑ **공략법**

❶ 해외 원조에 대한 갑, 을 사상가들의 주장을 파악해 보자.

❷ 주장을 통해 갑, 을 사상가가 각각 누구인지 써 보자.

❸ 갑, 을 사상가의 입장을 비교·분석한 후 옳은 내용을 선지에서 골라 보자.

VI 단원 개념 마무리

01 갈등 해결과 소통의 윤리

• 사회 갈등과 사회 통합

사회 갈등	유형	• 지역 갈등 : 지역 발전을 위한 시설 등을 자신의 지역에 유치하려는 경쟁 과정에서 비롯되는 갈등 • 세대 갈등 : 청년 세대와 기성세대가 서로의 차이를 이해하고 인정하지 못하여 발생하는 갈등 • 이념 갈등 : 이상적인 것으로 여기는 생각이나 견해의 차이에 따른 갈등
	원인	생각이나 가치관의 차이, 이해관계의 대립, 원활한 소통의 부재
사회 통합	의미	사회 내 개인이나 집단이 상호 작용을 통해 하나로 통합되는 과정
	필요성	개인의 행복한 삶 실현, 사회 발전과 국가 경쟁력 강화
	실현 노력	• 상호 존중과 신뢰에 바탕을 둔 소통을 해야 함 • 사회 통합을 위한 제도와 정책을 마련해야 함 • 사회 윤리의 기본 원리(연대성, 공익성, 보조성)를 고려해야 함 • 사회의 각 주체가 각자의 역할을 이해하고 협력해야 함

• 소통과 담론의 윤리

동양	• 공자 : 화이부동(和而不同)의 정신을 통해 서로 다른 생각이 공존하도록 노력할 것을 강조함 • 장자 : "옳고 그름을 도(道)의 입장에서 바라본다면 서로 다른 것이 아니라 똑같은 것이다." 　→ 서로 다른 것을 그 자체로 인정해야 함. 평등한 경지에서 만물을 바라보는 제물(齊物)의 경지를 제시함 • 원효 : "모든 종파와 사상을 분리시켜 고집하지 말고, 더 높은 차원에서 하나로 통합해야 한다." 　→ 화쟁(和諍) 사상, 일심(一心) 사상을 주장함 • 맹자 : 소통을 방해하는 그릇된 언사(피사, 음사, 사사, 둔사)를 제시함
서양	• 스토아학파 : 모든 사람을 세계의 동등한 시민으로 대우해야 한다는 사상(세계 시민주의)을 제시함 • 밀 : "모든 토론을 침묵하게 하는 것은 인간의 절대 무오류성을 가정하는 것이다." 　→ 인간의 오류 가능성을 검증하기 위한 토론의 중요성을 강조함 • 아펠 : '인격의 상호 인정'이 진정한 소통을 위한 기본 전제임을 강조함 • 하버마스 : "서로 다른 의견과 갈등, 폭력 등을 극복하기 위한 합리적 의사소통이 필요하다." 　→ 의사소통의 합리성을 실현하기 위한 이상적 담화 조건(이해 가능성, 정당성, 진리성, 진실성)을 제시함

02 민족 통합의 윤리

• 통일 문제를 둘러싼 쟁점

통일에 대한 찬성과 반대 입장의 논거	통일 비용과 분단 비용	북한 인권 문제에 대한 개입
[찬성 논거] • 이산가족의 고통 해소 • 민족의 동질성 회복 → 민족 공동체 실현 • 전쟁의 공포 해소 → 평화 실현 • 군사비 감소 → 복지 혜택 증가 [반대 논거] • 북한에 대한 문화적 이질감·거부감 증대 • 막대한 통일 비용 → 조세 부담 증가 • 통일 과정에서의 사회·정치·군사적 혼란	• 분단 비용 : 분단으로 인해 부담하는 유·무형의 모든 비용 • 평화 비용 : 통일 이전에 한반도의 평화를 유지하고 정착시키기 위한 비용 • 통일 비용 : 통일 이후 남북한 체제가 통합하는 데 드는 비용 • 통일 편익 : 통일로 얻게 되는 경제적·경제 외적 보상과 혜택 ➡ 통일이 되면 소모적 비용인 분단 비용이 소멸되고, 통일 편익이 창출됨	[개입 찬성 논거] • 국가의 정당성은 구성원의 권리를 보호·존중할 경우에만 인정됨 • 인권 유린을 막기 위한 인도적 개입은 국제 사회의 의무임 [개입 반대 논거] • 근대 국가는 배타적 주권을 가지며, 내정 불간섭은 국제 관계의 중요한 원칙임 • 인권 문제에 대한 개입은 약소국에 대한 강대국의 주권 침해일 수 있음

- **통일이 지향해야 할 가치**

남북 화해 및 평화 실현을 위한 노력	개인적 차원	• 열린 마음으로 소통과 배려를 실천해야 함 • 북한에 대한 올바른 인식을 정립하고, 통일에 대한 관심을 가져야 함
	국가적 차원	• 안보 기반 구축과 신뢰를 형성해야 함 • 평화 통일을 위한 체계적인 준비를 해야 함 • 통일에 대한 우호적인 환경 조성을 위해 주변국과 협력을 강화해야 함
통일 한국	지향해야 할 가치	평화, 자유, 인권(인간 존엄성), 정의, 복지, 지속 가능한 생태
	미래상	수준 높은 문화 국가, 자주적인 민족 국가, 정의로운 복지 국가, 자유로운 민주 국가

03 지구촌 평화의 윤리

- **국제 분쟁의 해결과 평화**

현실주의	구성주의	이상주의
• 세계는 자국의 이익을 추구하는 국가들로 이루어짐 • 평화는 국가 간 세력 균형을 통해 전쟁을 억지힘으로써 이루어짐	• 국제 관계는 국가 간 상호 작용을 통해 구성됨 • 평화는 자국과 상대국의 긍정적인 상호 작용을 통해 이루어짐	• 분쟁은 상대방에 대한 무지, 오해, 잘못된 제도에서 발생함 • 평화는 국가 간 이성적인 대화와 협력을 바탕으로 이루어짐

- **갈퉁의 평화론**

소극적 평화	• 범죄, 테러, 전쟁 등과 같은 직접적 폭력이 없는 상태 • 빈곤이나 인권 침해 같은 다양한 차원의 고통을 고려하지 않는다는 한계가 있음
적극적 평화	• 직접적 폭력은 물론 간접적 폭력(구조적 폭력, 문화적 폭력)도 사라진 상태 • 평화의 개념을 국가 안보 차원에서 인간 안보 차원으로 확장함

- **국제 정의의 실현**

형사적 정의	• 범죄의 가해자를 정당하게 처벌함으로써 실현됨 • 국제 형사 재판소를 통해 반인도적 범죄의 가해자 처벌, 국제 형사 경찰 기구를 통해 국제 범죄 수사 공조	분배적 정의	• 재화의 공정한 분배를 통해 실현됨 • 공적 개발 원조를 통해 선진국이 빈곤국에게 경제적 지원 및 기술 원조

- **해외 원조에 대한 입장**

싱어	• 공리주의 : 고통을 감소시키고 행복을 증진하는 것은 인류의 의무임 • 세계 시민주의 : 원조의 대상을 국경 내부로 한정하지 말고 지구촌 전체로 확대해야 함 • 이익 평등 고려의 원칙에 따라 누구나 차별 없이 도움을 받아야 함
롤스	• 국제주의 : 원조에서 국가적 경계를 중시함, 원조의 목적을 모든 인류의 복지 수준 향상에 두지 않음 • 원조의 목적은 '고통받는 사회'가 '질서 정연한 사회'가 되도록 돕는 것임 • 차등의 원칙을 국제 사회에 적용하는 것을 반대함
노직	• 원조는 개인의 자유로운 선택에 따른 자선 행위임 • 원조를 의무로 요구하는 것은 개인의 권리에 대한 침해임 • 개인이 정당한 절차를 통해 취득한 재산에 대한 소유 및 사용은 개인의 배타적 권리임

01 그림은 서술형 평가 문제와 학생 답안이다. 학생 답안의 ㉠~㉤ 중 옳지 **않은** 것은?

> ⊙ 문제 : A, B의 특징과 해결 방안에 관해 서술하시오.
>
> > • A : 기성세대와 젊은 세대가 서로의 차이를 인정하지 않음으로써 발생하는 갈등
> > • B : 지역 발전을 위한 시설을 자신의 지역에 유치하려는 경쟁 과정에서 비롯되는 갈등
>
> ⊙ 학생 답안
> ㉠ 우리나라의 대표적인 사회 갈등으로 A, B가 있다. A는 ㉡ 어느 사회에서나 연령별·시대별 경험의 차이로 나타나는 보편적인 현상이며, 이를 완화하기 위해서는 ㉢ 세대 간 공감대를 형성하려는 자세가 필요하다. B는 ㉣ 경제 개발 과정에서 정부가 주도하여 성장 가능성이 높은 지역을 집중적으로 개발하면서 나타난 현상이며, 이를 완화하기 위해서는 ㉤ 연고주의를 바탕으로 사회적 평가를 하려는 자세가 필요하다.

① ㉠　　② ㉡　　③ ㉢　　④ ㉣　　⑤ ㉤

02 갑, 을의 입장을 〈보기〉에서 골라 바르게 짝지은 것은?

> 갑 : 국가는 모든 학생에게 급식을 제공할 책임이 있다. 정부는 복지 예산을 대폭 확충하여 전국의 모든 학생에게 무상 급식을 시행해야 한다.
> 을 : 급식비를 낼 수 있는 학생에게까지 무상 급식을 시행하는 것은 세금 낭비이다. 어려운 가정의 학생들을 선별하여 지원해야 한다.

　보기　

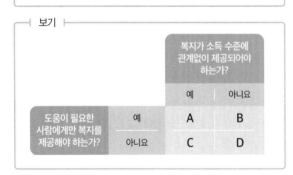

		복지가 소득 수준에 관계없이 제공되어야 하는가?	
		예	아니요
도움이 필요한 사람에게만 복지를 제공해야 하는가?	예	A	B
	아니요	C	D

　　갑　을　　　　갑　을　　　　갑　을
① A　B　　② A　D　　③ C　B
④ C　D　　⑤ D　B

개념 피드백 245쪽

03 (가)~(다)에 들어갈 사회 윤리의 기본 원리를 바르게 짝지은 것은?

(가)	개인이나 하위 단체가 제 역할을 하지 못할 때 상위 단체가 개입해 도움을 주는 보충적·응급적 조치이다.
(나)	사회 구성원은 자신의 이익뿐만 아니라 공동선을 존중해야 할 책임과 의무를 지닌다.
(다)	개인과 개인, 개인과 사회, 국가와 국가 간 상호 의존을 기반으로 한다.

　　(가)　　　　(나)　　　　(다)
① 보조성　　공익성　　연대성
② 보조성　　연대성　　공익성
③ 연대성　　공익성　　보조성
④ 연대성　　보조성　　공익성
⑤ 공익성　　보조성　　연대성

개념 피드백 246쪽

04 다음 사상가의 입장에서 〈문제 상황〉에 대해 제시할 견해로 가장 적절한 것은?

> 깨끗함과 더러움은 그 성품이 둘이 아니고, 참과 거짓 또한 서로 다르지 않다. 그러므로 하나[一]라고 한다. 이 둘이 없는 곳에서 모든 법은 가장 진실되어 허공과는 다르므로 스스로 신령스럽게 아는 성품이 있으니, 이를 마음[心]이라고 부른다. 그러나 이미 둘이 없는데 어찌 하나가 있으며, 하나가 없는데 무엇을 일러 마음이라 하겠는가? 이 같은 도리는 언어와 생각을 초월했으니 무엇이라고 지목할지를 몰라 억지로 하나인 마음[一心]이라고 한다.
>
> 〈문제 상황〉
> 서로 다른 생각과 이해관계를 가진 사람들이 함께 살아가면서 세대 간 가치 갈등, 이익 집단 간 갈등, 남녀 간 역할 갈등 등 다양한 사회 갈등이 발생하고 있다.

① 모든 현상을 자기중심적 입장에서 바라보아라.
② 다른 사람과 집단의 상대적 가치를 수용하지 마라.
③ 고정된 사고방식에서 나오는 차별 의식을 지향하라.
④ 감각을 기초로 참과 거짓을 구별하는 기준을 마련하라.
⑤ 각각의 특수성과 상대적 가치를 인정하면서 전체로서 조화를 꾀하라.

05 개념 피드백 247쪽 다음 사상가의 관점에만 모두 'V'를 표시한 학생은?

> 말할 수 있고 행위 능력이 있는 사람들은 모두가 자유롭게 참여할 자격이 있다. 자신의 주장뿐만 아니라 개인적인 바람, 욕구 등도 표현할 수 있다. 다른 사람의 주장에 의문을 제기하고 비판도 할 수 있다.

관점＼학생	갑	을	병	정	무
담론 참여자들은 서로 이해할 수 있는 말을 해야 한다.	V	V		V	
담론의 절차보다 만장일치로 합의된 결과를 중시해야 한다.	V		V		V
담론 참여자들은 논쟁의 절차를 준수하여 정당성을 확보해야 한다.			V		V	V
합리적 의사소통이 이루어지기 위해서는 권력에 의한 억압이 없어야 한다.			V	V	V

① 갑   ② 을   ③ 병   ④ 정   ⑤ 무

06 ㉠에 들어갈 내용으로 적절하지 <u>않은</u> 것은?

> 남북 관계는 국내외 여러 여건이 변화하면서 화해와 갈등을 반복하였다. 남북 관계의 이러한 변화에 따라 통일에 대한 전망도 변화해 왔다. 그렇다면 통일을 희망하는 적극적 입장의 근거는 무엇일까? 그 근거로 _____ ㉠ _____ 을/를 들 수 있다.

① 군사비 감소 및 전쟁의 공포 해소
② 역사적 정통성 및 민족의 동질성 회복
③ 이산가족과 실향민의 아픔과 고통 해소
④ 남북의 경제적 격차 및 막대한 통일 비용
⑤ 평화와 인권 등 인도주의적 차원의 보편적 가치 실현

07 ㉠에 들어갈 용어로 가장 적절한 것은?

> 통일은 분단으로 발생하는 남북한 민족 역량의 낭비를 없애 줄 뿐만 아니라 (㉠)을/를 해소해 준다. (㉠)은/는 남북 분단 상황과 전쟁의 위험성 때문에 우리나라 기업이 비슷한 수준의 외국 기업보다 낮게 평가되는 것을 말한다.

① 통일 비용   ② 통일 편익
③ 규모의 경제   ④ 코리아 프리미엄
⑤ 코리아 디스카운트

08 ㉠에 들어갈 제목으로 가장 적절한 것은?

>
>
> ○○신문   2000년 ○○월 ○일
>
> ㉠
>
> 우리는 가족 구성원끼리 서로 닮았다고 생각한다. 그러나 아버지, 어머니, 아들, 딸의 생김새가 모두 똑같지는 않다. 아버지와 아들은 눈이 닮았지만 귀가 다르고, 어머니와 딸은 코가 닮았지만 입이 다를 수 있다. 그들은 똑같이 닮지는 않았지만 우리는 그들이 가족임을 알 수 있다. 그것은 각각의 부분적 닮음들이 중첩하여 전체적으로 닮음의 형상을 이루기 때문이다. 여기서 닮음은 동일성이 아니다. 그것은 차이가 있는 닮음이다. 남북한 역시 가족이 닮은 것처럼 닮음의 끈을 가지고 있으므로 이를 잘 연결해 나가야 한다.

① 통일을 위해 남북 간 이질성을 온전히 제거해야
② 이념적 갈등으로 발생하는 남남 갈등을 극복해야
③ 남북의 차이를 인정하면서 동질성 회복을 추구해야
④ 정치적 통합이 비정치적 분야의 교류와 협력보다 선행해야
⑤ 국제 사회의 긴밀한 협력 관계를 통해 우호적인 통일 환경을 조성해야

09 개념 피드백 256쪽 ㉠~㉤에 관한 설명으로 옳은 것은?

> ㉠<u>독일 통일</u> 이후 부각된 통일 비용 문제는 우리 사회에 통일에 대한 회의적 시각이 늘어나는 데 영향을 끼치고 있다. 통일은 상이한 제도와 이질적인 주민의 삶을 통합하는 과정이므로, 여기에는 당연히 일정한 비용과 노력이 수반된다. 하지만 통일은 비용만 초래하는 것이 아니라 이를 상쇄하고도 남을 정도의 혜택을 가져다줄 수 있음을 인식해야 한다. 즉 통일 비용 문제를 논할 때는 ㉡<u>분단 비용</u>이나 ㉢<u>통일 편익</u>을 함께 고려해야 하는 것이다. 이때 통일 편익은 다시 ㉣<u>경제적 편익</u>과 ㉤<u>비경제적 편익</u>으로 나눌 수 있다.

① ㉠ : 서독의 할슈타인 원칙에 따라 이루어졌다.
② ㉡ : 통일이 되면 소멸하는 소모적 성격의 비용이다.
③ ㉢ : 통일 이후 남북한 체제 통합에 드는 비용이다.
④ ㉣ : 이산가족 문제 해결, 전쟁 위험의 해소가 있다.
⑤ ㉤ : 국방비 감축, 외교적 경쟁 비용 해소가 있다.

10 갑, 을, 병 사상가의 입장으로 옳은 것은?

> 갑 : 국제 정치는 국가 이익의 관점에서 정의된 권력을 위한 투쟁이다.
> 을 : 국제 관계는 국가 간 상호 작용을 통해서 구성된다.
> 병 : 국제 분쟁은 국가 간 도덕성을 확보해야 해결된다.

① 갑 : 국제법, 국제기구를 통해 분쟁을 해결해야 한다.
② 을 : 자국과 상대국의 관계에 따라서 국익이 좌우된다.
③ 병 : 국가의 힘을 키워서 세력 균형을 유지해야 한다.
④ 병 : 국가는 자국의 이익을 최우선으로 추구해야 한다.
⑤ 갑, 병 : 분쟁은 상대국에 대한 오해 때문에 발생한다.

11 갑이 을에게 제기할 수 있는 비판을 〈보기〉에서 고른 것은?

> 갑 : 진정한 평화란 직접적 폭력뿐만 아니라 간접적 폭력까지 모두 사라진 상태입니다.
> 을 : 아닙니다. 전쟁이나 테러와 같은 직접적 폭력만 사라지면 진정한 평화를 실현할 수 있습니다.

> ┤ 보기 ├
> ㄱ. 물리적 폭력의 제거가 중요함을 모르고 있다.
> ㄴ. 직접적 폭력의 종류가 다양함을 간과하고 있다.
> ㄷ. 인권 침해와 같은 간접적 폭력을 간과하고 있다.
> ㄹ. 인간은 구조적 폭력으로 인해 고통을 겪는다는 점을 모르고 있다.

① ㄱ, ㄴ   ② ㄱ, ㄷ   ③ ㄴ, ㄷ
④ ㄴ, ㄹ   ⑤ ㄷ, ㄹ

12 다음 사상가의 입장으로 가장 적절한 것은?

> 우리는 물에 빠져 죽을 위험에 처한 아이를 구할 때 이것저것을 따지지 않는다. 아이가 겪을 고통을 방지할 힘이 있고, 그 고통을 방지함으로써 그에 상응하는 도덕적 의미를 가진 다른 일이 희생되지 않는다면 우리는 아이를 구해야 한다.

① 해외 원조는 국가 차원에서만 해야 한다.
② 해외 원조는 의무가 아닌 선택의 문제이다.
③ 자국민에 대한 원조가 해외 원조보다 우선한다.
④ 전 인류의 삶을 동등하게 고려하여 원조해야 한다.
⑤ 해외 원조는 정치 제도의 개선을 목적으로 해야 한다.

13 다음 입장에서 긍정의 대답을 할 질문으로 가장 적절한 것은?

> 세계화로 인해 해외 자본의 유치가 중요해지면서 국가 간에 임금, 환경 기준 등을 낮은 수준으로 유지하려는 경쟁이 심화되고 있다. 한 국가가 임금 인상 억제 정책을 펼치면, 다른 국가들도 그렇게 해야만 해외 자본을 유치할 수 있기 때문이다. 따라서 국가들은 해외 자본 유치에 우호적인 기업 환경을 조성하기 위해 노동자의 이익을 억제하는 정책을 펼치게 된다.

① 국가 간 경계 개념이 강화될 것인가?
② 국가 간 정부 정책의 유사성이 약화될 것인가?
③ 해외 자본에 대한 정부의 규제가 강화될 것인가?
④ 국가 내의 계층 간 소득 양극화가 심화될 것인가?
⑤ 기업에 대한 증세로 노동자의 삶의 질이 높아질 것인가?

14 (가)의 갑, 을, 병의 입장을 (나) 그림으로 표현할 때, A~D에 해당하는 옳은 진술을 〈보기〉에서 고른 것은?

> (가)
> 갑 : 절대 빈곤에 처한 사람들을 국적에 관계없이 원조해야 한다. 원조의 의무는 지리적 근접성과 무관하게 누군가가 어려움을 겪고 있다는 사실로부터 나온다.
> 을 : 소유물을 획득한 사람에게는 그 소유물에 대한 소유 권리가 있다. 시민들에게 다른 시민들을 돕게 할 목적으로 국가가 강제적인 장치를 사용해서는 안 된다.
> 병 : 질서 정연한 사회는 고통받는 사회를 도와야 한다. 원조의 궁극적 목적은 국가 간의 정의를 실현하는 데 있다.

> (나)
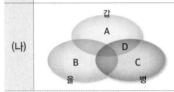
> |범례|
> A : 갑만의 입장
> B : 을만의 입장
> C : 병만의 입장
> D : 갑, 병의 공통 입장

> ┤ 보기 ├
> ㄱ. A : 원조의 목적은 인류의 행복 증진에 있다.
> ㄴ. B : 원조의 의무를 실행하기 위한 과세는 강제 노동과 같다.
> ㄷ. C : 원조는 국제적 차원의 부의 재분배를 위해 행해져야 한다.
> ㄹ. D : 원조의 최종 목표는 국가 간의 경제적 불평등 해소이다.

① ㄱ, ㄴ   ② ㄱ, ㄷ   ③ ㄴ, ㄷ
④ ㄴ, ㄹ   ⑤ ㄷ, ㄹ

15 다음 입장과 일치하는 내용을 〈보기〉에서 고른 것은?

원조 환상이란 부유한 나라가 하루 1달러 미만으로 생계를 유지하고 있는 나라에 돈을 더 주기만 하면 세계의 빈곤이 사라질 것이라는 생각을 말한다. 하지만 원조 수혜국의 빈곤 문제는 단순히 자원이 부족하기 때문이 아니라 열악한 제도, 미숙한 정부, 부패 정치 등 구조적인 문제와 연결되어 있다. 마치 한쪽에서 물을 공급하면 다른 쪽으로 쏟아져 나오는 것처럼 오히려 원조는 수혜국의 빈곤 상황을 악화시킬 수 있다.

┤ 보기 ├
ㄱ. 빈곤 문제는 항상 자원 부족 때문에 발생한다.
ㄴ. 물질적 원조만으로 빈곤 문제를 해결하기 어렵다.
ㄷ. 정의롭지 않은 사회 제도는 빈곤 문제에 영향을 미친다.
ㄹ. 물질적 원조와 원조 수혜국의 경제 성장률은 비례 관계에 있다.

① ㄱ, ㄴ ② ㄱ, ㄷ ③ ㄴ, ㄷ
④ ㄴ, ㄹ ⑤ ㄷ, ㄹ

⊃┥ 개념 피드백 269쪽
16 (가)의 입장에 비해 (나)의 입장이 갖는 상대적인 특징을 그림의 ㉠~㉤ 중에서 고른 것은?

㉮ 세계화로 국가 간 경계가 약화되도 인간 생활의 기본 단위는 국가이다. 따라서 역사나 전통 등에 기초한 동질성을 토대로 국가 정체성을 확립하고 자국의 이익을 최우선으로 추구해야 한다.
㉯ 세계화로 인류는 빈곤이나 테러 등 전 지구적 차원의 문제에 직면해 있다. 이러한 문제를 극복하기 위해서는 인간 존엄성과 평화라는 인류 공동체의 가치를 토대로 국가의 구별을 넘어 관용과 협력의 정신을 추구해야 한다.

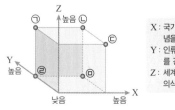

X : 국가 구성원으로서의 신념을 중시하는 정도
Y : 인류 공동의 보편적 가치를 강조하는 정도
Z : 세계 시민으로서의 책임 의식을 중시하는 정도

① ㉠ ② ㉡ ③ ㉢ ④ ㉣ ⑤ ㉤

17 다음 글을 읽고 물음에 답하시오.

사회 갈등은 다양한 원인이 복잡하게 작용한 결과물로 개인적으로나 사회적으로 여러 가지 문제를 발생시킨다. 이를 해결하기 위해서는 ㉠ 사회 통합이 필요하다.

(1) ㉠의 의미를 서술하시오.

(2) ㉠의 필요성을 두 가지 서술하시오.

18 다음 글을 읽고 물음에 답하시오.

평화 비용은 한반도의 긴장을 완화하고 평화 정착을 도모하여 ㉠ 분단 비용은 물론 통일 비용을 줄여 준다. 통일 비용은 한시적으로 지출되지만, 통일 편익은 통일 이후 영구히 발생한다.

(1) ㉠의 의미를 서술하시오.

(2) ㉠의 구체적인 사례를 두 가지 서술하시오.

19 다음과 같이 남북한이 교류를 하는 이유를 서술하시오.

• 이산가족 상봉(2014년)
• 겨레말 큰 사전 보고회(2009년)

20 ㉠의 의미를 구체적으로 서술하시오.

이달의 청소년 추천 도서
• 도서명 : 『영구 평화론』
• 저자 : 칸트
• 주요 문구 : ㉠ 환대의 권리는 인류가 지구 땅덩어리를 공동으로 소유함에 따라 자연적으로 부여된 권리이다. 이를 통해 지구상의 각 지역이 서로 평화적으로 관계를 맺게 되고, 인류는 세계 시민적 체제에 점차 가까이 다가설 수 있게 된다.

Memo

수학 I

유형까지 꽉 잡는
개념 완전 학습!

고등 수학(상), 고등 수학(하),
수학 I, 수학 II, 확률과 통계, 미적분, 기하

1 개념 완전 학습
세분화한 교과서 개념을
한 쪽의 간결한 설명으로
완전하게 개념 이해

2 유형 완전 학습
유형별 대표 문제부터
유사 및 변형 유제까지
완벽한 유형 훈련

3 수준별 마무리 학습
시험 출제율 높은 유형과
수준별 문제로
촘촘하게 실전 대비

고등 도서안내

개념서

비주얼 개념서

룩 LOOK

이미지 연상으로 필수 개념을 쉽게 익히는
비주얼 개념서

국어 문법
영어 분석독해

내신 필수 개념서

 올리드

개념 학습과 유형 학습으로
내신 잡는 필수 개념서

사회 통합사회, 한국사, 한국지리, 사회·문화,
생활과 윤리, 윤리와 사상
과학 통합과학, 물리학 Ⅰ, 화학 Ⅰ,
생명과학 Ⅰ, 지구과학 Ⅰ

기본서

문학

손쉬운

작품 이해에서 문제 해결까지
손쉬운 비법을 담은 문학 입문서

현대 문학, 고전 문학

수학

수학중심

개념과 유형을 한 번에 잡는 강력한
개념 기본서

고등 수학(상), 고등 수학(하),
수학 Ⅰ, 수학 Ⅱ, 확률과 통계, 미적분, 기하

유형중심

체계적인 유형별 학습으로 실전에서 더욱 강력한
문제 기본서

고등 수학(상), 고등 수학(하),
수학 Ⅰ, 수학 Ⅱ, 확률과 통계, 미적분

바른답·알찬풀이

Mirae N 에듀

NEW 올리드

바른답 • 알찬풀이

STUDY POINT

1 바로잡기
자세한 오답풀이로 문제를 쉽게 이해할 수 있습니다.

2 자료 분석 노트
어려운 자료에 대한 분석 노하우를 터득할 수 있습니다.

3 만점 공략 노트
핵심 개념을 다시 한 번 이해하며 정리할 수 있습니다.

내신 잡는 필수 개념서

바른답·알찬풀이

생활과 윤리

01 현대 생활과 실천 윤리

기초를 다지는 확인 문제
14쪽

01 (1) ○ (2) × (3) × (4) ○ (5) × **02** (1) 기술 (2) 메타
(3) 학제적 (4) 윤리적 공백 **03** (1) ⓒ (2) ㉠ (3) ⓛ (4) ㉣

실력을 키우는 실전 문제
15~17쪽

01 ③ **02** ② **03** ③ **04** ⑤ **05** ③ **06** ⑤
07 ③ **08** ④ **09** ② **10** ⑤

11 **예시답안** 정보는 창작자 개인의 소유물인가, 모든 사람의 공유물인가? 정보 사회에서 표현의 자유가 지니는 한계는 어디까지인가?

12 (1) 윤리적 공백 (2) **예시답안** 과학 기술의 발달이 우리 삶에 큰 영향을 미친다는 사실을 이해하고, 과학 기술의 영향에 대해 충분히 숙고하는 동시에 과학 기술의 장기적 효과와 부작용 등에 대해 책임 있는 태도를 지닌다.

13 (1) A : 이론 윤리학 B : 실천 윤리학 (2) ㉠ 의무론, 공리주의, 덕 윤리 등 ⓛ 환경 윤리, 정보 윤리, 생명 윤리 등
(3) **예시답안** 실천 윤리학은 이론 윤리학의 연구 성과를 적극적으로 활용하며, 이론 윤리학과 마찬가지로 실천 윤리학도 어떤 윤리 이론이 더욱 타당한지 밝혀내는 데 관심을 가진다는 공통점이 있으므로 유기적 관계이다.

---

01 윤리학은 인간이 살아가면서 지켜야 할 도덕적인 행동의 기준이나 규범을 탐구하는 학문이다. 이때 규범은 당위의 형식으로 제시된다. 윤리학은 도덕의 본질, 인간에게 필요한 가치 등을 탐구하며, 구체적인 도덕 현상에서 발생하는 윤리 문제의 해결책을 모색한다.

바로잡기 ③ 윤리학은 가치 있는 삶의 방향을 제시하고자 한다.

02 ㉠은 실천 윤리학이다. 실천 윤리학은 실천적 규범을 통한 구체적인 도덕 문제 해결을 일차적 과제로 보며, 도덕규범의 현실적인 적용과 구체적인 대안의 실천을 강조한다.

바로잡기 • 두 번째 특징 : 실천 윤리학은 윤리 문제에 대한 해결책을 도출하는 새로운 학문 분야이며, 도덕적 탐구가 학문적으로 성립 가능한 분야임을 긍정한다.
• 네 번째 특징 : 도덕적 관행은 단지 문화적 사건의 인과 관계일 뿐임을 강조하는 윤리학은 기술 윤리학이다.

03 A 윤리학은 규범 윤리학이고, B 윤리학은 메타 윤리학이다. 메타 윤리학에서 제기할 주요 물음은 '도덕적 진술은 주관적 감정의 표현에 불과한가?'와 '도덕 판단을 논리적으로 정당화할 수 있는가?'이다.

바로잡기 ㄱ, ㄴ. 규범 윤리학에서 제기할 주요 물음이다.

주요 물음을 통해 규범 윤리학과 메타 윤리학을 구분해 보자.

구분	규범 윤리학	메타 윤리학
주요 물음	• 인생에서 옳고 그름, 선과 악은 무엇인가? • 인생에서 무엇을 추구해야 하는가? • 다른 사람에게 무엇을 해야 하는가?	• '옳다', '그르다', '선하다', '악하다'라는 말의 의미는 무엇인가? • '해야 한다'는 것과 '해서는 안 된다'는 말의 의미는 무엇인가?

04 ⑷는 이론 윤리학, ⑸는 메타 윤리학이다. 이론 윤리학은 도덕 원리의 일반적 체계를 탐구하는 학문인 반면, 메타 윤리학은 도덕적 용어의 의미와 도덕적 추론의 논리적 타당성을 탐구하는 학문이다.

바로잡기 ⑤ 규범 윤리학으로 분류되는 학문은 이론 윤리학과 실천 윤리학이다. 즉, ⑷는 규범 윤리학에 속하지만 ⑸는 속하지 않으며, 실천적인 성격과 거리가 멀다.

메타 윤리학의 의미, 탐구 대상 등을 묻는 문제는 자주 출제되므로 잘 알아 두어야 한다.

의미	• 메타는 '~의 위에, '~를 넘어서서'라는 뜻을 지닌 접두어이다. • 메타 윤리학이란, 기존 윤리학의 위에서, 규범 윤리학을 넘어서, 윤리학 그 자체에 관해 탐구하는 학문이다.
탐구 대상	• 도덕적 지식의 성격과 근거는 무엇인가? • '도덕적'이라는 속성은 과연 존재하는가? • 윤리학 자체가 학문으로서 성립 가능한가? • 개별 도덕 언어는 각각 어떤 의미를 지니는가?

05 A 윤리학은 이론 윤리학, B 윤리학은 실천 윤리학, C 윤리학은 메타 윤리학이다. 이론 윤리학은 도덕적 행위에 대한 이론적 분석과 정당화를 핵심 과제로 삼는 데 비해, 실천 윤리학은 이론 윤리를 적용하여 현실 도덕 문제의 해결책을 모색하는 것을 핵심 과제로 삼는다. 즉, 실천 윤리학은 현실 도덕 문제에 대한 윤리적 해법을 모색해야 함을 강조한다. 이와 달리 메타 윤리학은 도덕 언어의 개념 분석과 도덕 추론의 타당성 입증을 핵심 과제로 삼는다.

바로잡기 ① 윤리학의 본질을 도덕 언어의 논리적 분석이라고 보는 윤리학은 메타 윤리학이다.
② 윤리학 자체가 학문으로 성립 가능한지 탐구하는 윤리학은 메타 윤리학이다.
④ 행위의 선악을 판단하는 일반적 도덕적 원리를 정립하고자 하는 윤리학은 이론 윤리학이다. 메타 윤리학은 도덕적 기준을 구성하는 언어를 분석하고, 논리적 타당성을 검증하고자 한다.
⑤ 윤리학의 주요 과제를 도덕적 관습에 관한 가치 중립적 서술이라고 보는 입장은 기술 윤리학이다.

06 20세기 후반에 등장한 새로운 문제는 실천 윤리학이 등장하게 된 배경 중 하나이다. 성에 관한 인식 변화로 생긴 문제, 안락사를 어디까지 허용해야 하는지의 문제, 기후 변화를 둘러싼 국가 간 책임 소재의 문제, 산업화 과정에서 무분별한 개발로 발생한 환경 문제 등이 이러한 문제에 해당한다.

바로잡기 ⑤ 윤리학이 하나의 객관적 학문으로 성립 가능한지는 메타 윤리학이 제기한 문제의식이다.

07 ㉠은 실천 윤리학이다. 실천 윤리학이 등장한 이유는 기존의 전통 윤리학만으로는 현실에서 발생하는 구체적인 윤리 문제를 해결하기가 어려워졌기 때문이다. 또한 현대 과학 기술이 급속히 발달함에 따라 새로운 윤리적 쟁점이 발생했기 때문에 이러한 문제를 해결하기 위해 실천 윤리학이 요청되었다.

바로잡기 ㄱ. 도덕적 용어의 의미에 관한 분석이 필요했기 때문에 등장한 윤리학은 메타 윤리학이다.
ㄷ. 과거로부터 내려온 절대적 신념과 제도를 변경할 필요가 있었기 때문에 실천 윤리학이 등장하였다.

08 제시문은 실천 윤리학이 학제적 접근을 요청한다는 내용이다. 현대 윤리 문제에 대한 현실적인 해결 방안을 모색하려면 의학, 법학, 과학, 종교 등 다양한 학문 분야의 전문 지식과 기술이 필요하다. 따라서 실천 윤리학은 다양한 학문 영역의 지식을 활용하는 학제적 접근을 통해 개별 윤리 문제에 관한 구체적이고 실질적인 해결 방안을 모색한다.

바로잡기 ① 실천 윤리학은 인접 학문의 영역과 서로 교류하는 학제적 정체성을 가진다.
② 실천 윤리학의 일차적 목표는 윤리 문제 해결이다. 즉, 실천 윤리학은 이론적 지식보다 실천적 지식에 관한 탐구를 지향한다.
③ 법적 장치를 마련하는 것은 입법부, 행정부, 사법부 등 국가 기관의 역할이다. 실천 윤리학은 다만 법적 관점을 참조하여 윤리적 기준을 마련한다.
⑤ 실천 윤리학은 전통 윤리학의 지침에 따라 바람직한 삶의 방향을 안내하고자 하지만, 제시문을 통해 알 수 있는 내용과 거리가 멀다.

09 갑은 사회 윤리적 입장인 반면, 을은 개인 윤리적 입장이다. 개인 윤리적 입장에서는 윤리 문제의 근본 원인이 개인의 도덕성 결함에 있다고 보는 반면, 사회 윤리적 입장에서는 윤리 문제의 근본 원인이 사회 구조에 있다고 본다. 사회 윤리는 사회 제도나 구조가 개인의 도덕성 및 행위에 미치는 영향력이 크다는 데 주목한다.

바로잡기 ① 학교 폭력의 원인이 개인의 도덕적 타락 때문에 발생한다고 보는 것은 을의 입장이다.
③ 사회 문제의 원인이 사회 구조의 부조리함에 있다고 보는 것은 갑의 입장이다.
④ 사회 구조나 제도의 개선을 통해 윤리 문제를 해결해야 한다고 보는 것은 갑의 입장이다.
⑤ 갑은 개인의 인격과 사회 제도의 도덕성 간에 밀접한 관련이 있다고 본다.

만점 공략 노트

개인 윤리와 사회 윤리 비교

개인 윤리적 접근과 사회 윤리적 접근의 주안점을 비교해 두자.

구분	개인 윤리	사회 윤리
문제 원인	개인의 도덕적 의사 결정 능력, 실천 의지, 습관의 결여 등에서 원인을 파악함	개인보다는 사회 구조나 제도에서 문제의 원인을 찾음
문제 해결	개인의 양심을 함양하고 덕목을 실천하여 현대 사회에서 발생하는 윤리 문제들을 해결하려 함	개인의 도덕성 함양과 더불어 사회 구조와 제도를 개선하여 사회 윤리 문제들을 해결하려 함

10 (가)는 문화 윤리 영역, (나)는 사회 윤리 영역이다. 문화 윤리 영역에서는 예술과 도덕의 관계, 의식주 윤리, 윤리적 소비, 다문화 윤리 등에 관한 쟁점을 다룬다. 사회 윤리 영역에서는 공정한 분배 기준, 우대 정책과 역차별, 사형 제도의 존폐 등의 쟁점을 다룬다.

11 이렇게 쓰면 **만점** 정보 사회에서 발생하는 새로운 윤리 문제는 지적 재산권 문제, 표현의 자유 문제뿐만 아니라 사생활 침해, 불건전한 정보 유통, 각종 인터넷 범죄 등이 있다. 이에 관한 쟁점을 제시하여 서술하면 만점이다.

12 이렇게 쓰면 **만점** (2) 요나스가 윤리적 공백을 해결하기 위해 강조한 태도, 즉 '과학 기술의 영향에 관한 도덕적 숙고', '장기적 관점에서 책임 있는 태도' 등을 서술하면 만점이다.

13 이렇게 쓰면 **감점** (3) '유기적 관계'의 의미를 이해하여 실천 윤리학과 이론 윤리학이 서로 영향을 주고받음을 서술해야 한다. 한쪽의 특징만 서술하면 감점이다.

등급을 올리는 **고난도 문제** _____ 18~19쪽

01 ① **02** ④ **03** ① **04** ③ **05** ④

01 이론 윤리학과 실천 윤리학의 공통점

자료 분석 노트

(A) 윤리학은 윤리적 판단과 행위 원리를 탐구하고 이에 대한 정당화에 초점을 두는 학문이다. 예를 들어 '어떤 행위가
└ 이론 윤리의 주요 탐구 과제를 확인한다.
옳은 행위인가?'라는 물음에 공리주의에서는 '최대 다수의 최대 행복에 기여하는 행위'가 옳은 행위라고 주장한다.
반면 (B) 윤리학은 이론 윤리를 현대 사회의 여러 문제에
└ 실천 윤리학의 주요 탐구 과제를 확인한다.
적용하여 해결하는 데 초점을 두는 학문이다. 예를 들어 롤스는 빈부 격차 문제를 해결하기 위해서는 사회적·경제적 불평등은 사회의 최소 수혜자를 포함하여 모두에게 이익이 되는 경우에만 허용되어야 한다는 원칙을 제시한다.

A 윤리학은 이론 윤리학, B 윤리학은 실천 윤리학이다. 이론 윤리학과 실천 윤리학은 모두 규범 윤리학으로서 도덕 판단을 위한 도덕규범의 필요성을 중시한다는 공통점이 있다.

바로잡기 ②, ⑤ 메타 윤리학에 관한 설명이다.
③ 기술 윤리학에 관한 설명이다.
④ 이론적 근거를 마련하여 도덕성의 기초를 정립하고자 하는 것은 이론 윤리학이다. 이와 달리 실천 윤리학은 이론을 토대로 구체적인 윤리 문제를 해결하고자 한다.

02 실천 윤리학의 주요 쟁점 　 자료 분석 노트

반면 (B) 윤리학은 이론 윤리를 현대 사회의 여러 문제에 적용하여 해결하는 데 초점을 두는 학문이다. 예를 들어 롤스
└ 실천 윤리학의 주요 탐구 과제이므로 B 윤리학은 실천 윤리학이다.
는 빈부 격차 문제를 해결하기 위해서는 사회적·경제적 불평
└ 사회 윤리의 주요 쟁점에 해당한다. 이처럼 실천 윤리는 구체적인 도덕 문제를 해결하기 위한 구체적인 대안을 탐구한다.
등은 사회의 최소 수혜자를 포함하여 모두에게 이익이 되는 경우에만 허용되어야 한다는 원칙을 제시한다.

B 윤리학은 실천 윤리학이다. 실천 윤리학은 현대 사회의 다양한 삶의 영역에서 발생하는 윤리적 쟁점을 다룬다. '사회적 약자를 위한 우대 정책은 역차별인가?'는 사회 윤리 영역의 주요 쟁점이고, '생명에 관한 자기 결정권이 인간에게 주어져 있는가?'는 생명 윤리 영역의 주요 쟁점이며, '표현의 자유를 제한하는 것은 국민의 알 권리를 침해하는가?'는 정보 윤리 영역의 주요 쟁점이다.

바로잡기 ㄹ. '바람직하다', '유덕하다'와 같은 도덕적 술어가 어떤 의미가 있는지를 주요 쟁점으로 다루는 것은 메타 윤리학이다.

03 도덕규범의 절대성과 상대성 　 자료 분석 노트

갑 : 인간으로서 따라야 할 도덕규범은 변하지 않는다. 도덕규범은 모든 사람에게 구속력을 지니므로 보편적이고 절대적인 것으로 이해해야 한다.
갑은 사회 문화의 환경이 변하더라도 인간으로서 따라야 할 도덕규범은 변하지 않는다고 본다.
을 : 사회 문화적 환경의 변화에 따라 도덕규범도 지속적으로 변하기 때문에 어떤 사람에게도 예외 없이 무조건 구속력을 을은 사회 문화의 변화에 따라 도덕규범도 지속적으로 변화한다고 본다.
을 지니는 도덕규범은 존재하지 않는다.

갑은 도덕규범의 절대성을 강조하는 반면, 을은 도덕규범의 상대성을 강조한다. 을은 도덕규범이 시대와 상황에 따라 변화한다고 보면서, 모든 사람에게 구속력을 지니는 도덕규범은 존재하지 않음을 강조하고 있다. 따라서 도덕규범을 모든 상황에 적용하는 것은 불가능하며, 도덕규범은 사회 문화적 환경의 변화를 반영해야 한다고 본다.

바로잡기 ① '도덕규범은 상대적인 것이 아닌 절대적인 것임을 모르고 있다.'라는 주장은 갑이 을에게 제기할 반론이다.

04 윤리학의 구분 문제 　 자료 분석 노트

(가)
갑 : 윤리학은 당위에 관한 학문이므로 객관적인 도덕 원리를 정립함으로써 무엇이 옳고 그른지 판단하는 기준을 제시해야 한다. – 이론 윤리학
을 : 윤리학은 '무엇을 해야만 하는가?'를 다루는 당위가 아니라, '그러한 당위가 학문적으로 성립할 수 있는가?' 하는 문제를 규명해야 한다. – 메타 윤리학
병 : 윤리학은 '하늘의 별'을 고찰하는 것이 아니라 '발밑의 문제'를 해결하는 것이어야 한다. 즉, 윤리학은 현실 문제를 해결하는 데 중점을 두어야 한다. – 실천 윤리학

(나)

갑, 을, 병의 입장을 탐구한다.

A
갑이 긍정으로 대답할 질문이 들어가야 한다.
아니요 →
을이 긍정으로 대답할 질문이 들어가야 한다.

B
아니요 →

C
예
D
예

예 ↓
갑의 입장
이론 윤리학자

예 ↓
을의 입장
메타 윤리학자

예 ↓
병의 입장
실천 윤리학자

갑은 이론 윤리학, 을은 메타 윤리학, 병은 실천 윤리학을 강조하는 입장이다. 이론 윤리학은 객관적인 도덕 원리의 정립을 중시하는 데 비해, 메타 윤리학은 도덕적 용어를 분석하고 도덕적 논증의 타당성을 입증하고자 한다. 실천 윤리학은 현실 문제에 대한 해결책을 마련하고자 한다.

바로잡기 ㄱ. 갑이 부정으로 대답할 질문이다.
ㄷ. 기술 윤리학의 입장에서 긍정으로 대답할 질문이므로, (가)의 제시문과 관련이 없다.

05 윤리학의 구분 이해 　 자료 분석 노트

윤리학의 문제는 올바른 대답으로 해결될 수 있는 문제가 아니라 언어 분석으로 해소해야 할 문제입니다. 따라서 윤리학은 도덕 언어의 의미와 논리적 타당성 분석에 집중해야 합니다.
메타 윤리학이 제시하는 윤리학의 주요 과제이다.
갑

윤리학의 문제는 언어 분석으로 해소될 수 있는 문제가 아니라 올바른 대답으로 해결해야 할 문제입니다. 따라서 윤리학은 도덕적 행위에 대한 이론적 분석과 정당화를 다룸으로써 도덕 판단의 근거가 되는 도덕 원리를 체계화해야 합니다.
이론 윤리학이 제시하는 윤리학의 주요 과제이다.
을

갑은 메타 윤리학을 지지하는 반면, 을은 이론 윤리학을 지지한다. 메타 윤리학에서 제시하는 주요 탐구 과제는 '선하다', '옳다' 등과 같은 도덕적 언어의 의미를 분석하는 것이다. 반면 이론 윤리학에서 제시하는 주요 탐구 과제는 우리가 따라야 할 객관적이고 보편적인 도덕규범을 정립하는 것이다.

바로잡기 ㄱ. 각 시대의 다양한 도덕률을 실증적으로 기술하고자 하는 것은 기술 윤리학이다.
ㄹ. 구체적인 도덕 문제에 도덕규범을 적용하여 해결 방안을 찾고자 하는 것은 실천 윤리학이다.

02 현대 윤리 문제에 대한 접근

24 쪽

━━━ 기초를 다지는 **확인 문제** ━━━

01 (1) ○ (2) ○ (3) × (4) × (5) ○　**02** (1) 소국 과민 (2) 아퀴
나스 (3) 덕 윤리 (4) 진화 윤리학　**03** (1) ㉡ (2) ㉠ (3) ㉢

━━━ 실력을 키우는 **실전 문제** ━━━ 25~27 쪽

01 ④　**02** ②　**03** ③　**04** ②　**05** ③　**06** ①
07 ③　**08** ④　**09** ④　**10** ⑤

11 예시답안 유교에서는 사람들 사이의 관계성을 중시하며, 도덕
적 공동체의 실현을 중시한다. 유교에서 강조하는 서(恕), 즉 타인
에 대한 존중과 배려를 실천하여 모두가 더불어 잘 사는 대동 사
회를 만들기 위해 노력해야 한다.
12 예시답안 (가) 모든 존재는 인연으로 연결되어 있고 서로 의존
하므로 차별 없이 대해야 해요. (나) 친구를 외모로 차별 대우하는
것은 잘못이에요. 편견에서 벗어나 친구를 대해야 해요.
13 예시답안 갑 : 이웃을 돕는 것은 인간이 마땅히 해야 할 의무이
므로 어려움에 처한 지역 주민을 도와주세요.
을 : 유덕한 행위자가 할 법한 행위를 생각하면서, 어려운 이웃을
꾸준히 돕는 습관을 기르세요.

01 제시문은 유교 윤리의 규범인 오륜(五倫)이다. 오륜은 인간관
계에서 지켜야 하는 의무로, 현실 문제를 중시하는 유교 윤리
의 특징을 보여 준다. 유교는 충서(忠恕)와 같은 덕목을 통해
타인에 대한 존중과 배려를 강조한다.
　바로잡기 ① 연기(緣起)에 대한 깨달음을 강조하는 것은 불교이다.
② 인(仁)은 타고난 도덕성이므로 형성해야 할 대상이 아니라 회복해
야 할 본성이다.
③ 유교에서는 도덕과 예로 다스리는 정치[德治]를 강조한다.
⑤ 모든 차별이 소멸된 정신적 자유의 경지는 소요(逍遙)이다. 이를 강
조한 입장은 도가이다.

02 (가)는 노자의 『도덕경』의 일부이다. (나)의 순서도 A에는 도가
에서 부정으로 대답할 질문이, B에는 긍정으로 대답할 질문
이 들어가야 한다. 도가에서는 옳고 그름, 선과 악을 인위적
으로 구별하는 태도를 비판하면서, 인위적인 삶에서 벗어나
소박한 삶을 추구해야 한다고 주장하였다. 또한 타고난 본성
을 해치거나 자연스러움을 거스르면 불행으로 이어진다고 보
았다. 또 다른 도가의 사상가인 장자는 만물을 평등하게 바라
보는 제물을 실천해야 한다고 하였다.
　바로잡기 ② 도가에서는 인간을 자연의 일부로 간주하였으므로, 이
질문에 예라고 대답할 것이다.

03 제시된 윤리 사상은 불교이다. 불교는 모든 존재가 인연으로
연결되어 있다는 연기의 깨달음을 강조하였으며, 팔정도와
삼학의 수행을 통해 깨달음에 달하여 자비를 실천해야 함을
강조한다.

바로잡기 ㄱ. 불교는 자기 안에 내재한 불성에 대한 깨달음을 강조한다.
ㄴ. 불교는 자연에 영원불변하는 고정된 실체가 없으며, 만물은 인과
연에 의해 끊임없이 변한다고 본다.

04 ㉠에 들어갈 유교의 이상적 인간상은 군자, ㉡에 들어갈 불교
의 이상적 인간상은 보살이다. 군자는 효제와 충서를 실천하
고 선악에 관한 분별적 지혜를 지니며 자신의 욕망이나 감정
을 잘 다스리는 사람이다. 한편 보살은 대승 불교가 제시한
이상적 인간으로 위로는 진리를 구하고, 아래로는 중생을 구
제하는 사람으로 육바라밀을 실천한다.

만점 공략 노트

유교, 불교, 도가의 비교

현대 윤리 문제에 대해 유·불·도 사상의 시사점을 묻는 문제가
자주 출제되므로 잘 비교해 두자.

구분	유교	불교	도가
현실 이해	도덕성이 상실되어 혼란함	탐욕과 집착으로 고통에 빠짐	인위적 제도로 인하여 혼란함
수행 방법	사욕을 극복하고 인의예지의 본성을 실현함	참선을 통해 모든 잡념을 없애는 삼매의 경지에 도달함	무위자연과 모든 차별이 소멸된 정신적 자유의 경지를 지향함
이상적 인간상	군자, 성인 등	보살	지인, 진인 등

05 제시문과 같이 주장한 사상가는 칸트이다. 칸트는 도덕성을
판단할 때 행위의 결과보다 동기를 중시하면서 오로지 의무
의식과 선의지에서 나온 행위만이 도덕적 가치를 지닌다고
보았다. 칸트는 도덕 명령을 어떠한 조건도 붙지 않는 정언
명령의 형식으로 제시한다.
　바로잡기 ㄱ. 칸트에게 도덕적 기준은 시대와 상황에 따라 변하는 것
이 아니다. 즉, 도덕적 기준은 보편타당해야 한다.
ㄴ. 유용성의 원리를 도덕과 입법의 원리로 제시한 이론은 공리주의
이다.

06 제시문을 주장한 사상가는 쾌락의 양만이 아니라 질적인 차
이도 고려해야 한다고 본 밀이다. 밀은 유용성을 중시하는 공
리주의의 전제를 따르면서도 벤담과 달리 쾌락의 질적인 차
이에 주목하였다.
　바로잡기 ① 모든 쾌락은 질적으로 같으며 양적인 차이만 있다고 본
사상가는 양적 공리주의자 벤담이다.

07 ㉠은 행위 공리주의, ㉡은 규칙 공리주의이다. 행위 공리주의
는 개별 행위의 결과가 유용하도록 행위할 것을 주장하는 입
장이다. 행위 공리주의는 윤리적 의사 결정을 할 때마다 어떤
행위가 더 큰 공리를 산출하는지 계산하기 어려우며, 각 대안
을 검토하기에는 너무 많은 시간이 걸린다는 한계가 있다. 또
한 매번 선택한 결과가 우리의 도덕적 직관과 어긋날 수 있다
는 한계도 있다. 이러한 한계를 극복하고자 등장한 규칙 공리

주의는 윤리적 의사 결정을 할 때 더 큰 유용성을 산출하는 규칙에 따라 행위할 것을 주장한다. 그러나 여러 규칙 간에 충돌할 때 어떤 규칙을 따라야 하는지에 대한 기준을 세우기 어렵다는 한계가 있다.

바로잡기 ③ 행위의 동기를 도덕 판단의 기준으로 삼는 것은 의무론의 입장이다. 규칙 공리주의는 행위 결과의 유용성을 도덕 판단의 기준으로 삼는다.

행위 공리주의와 규칙 공리주의 비교 ［만점 공략 노트］

공리주의 분파의 공통점과 차이점, 그리고 한계를 정리해 두자.

구분	행위 공리주의	규칙 공리주의
의미	어떤 행위가 최대의 유용성을 낳는가를 중시함	어떤 규칙이 최대의 유용성을 낳는가를 중시함
한계	• 매 경우마다 어떤 대안이 더 큰 공리를 가져올 것인지 계산하기 어려움 • 각 대안의 유용성을 계산하여 선택한 행위가 우리의 직관에 비도덕적일 수 있음 예 거짓말이 유용할 때	• 규칙 공리주의도 결국 행위의 유용성을 옳은 행위라고 판단하므로 행위 공리주의의 한계를 답습함 • 개별 규칙이 충돌할 때 어떤 것을 규칙으로 삼을지 선택하기 어려움

08 갑은 덕 윤리학자인 매킨타이어, 을은 공리주의자인 벤담이다. 매킨타이어를 비롯한 덕 윤리학자들은 도덕 판단이 구체적이고 맥락적인 사고를 반영해야 한다고 보면서, 공동체의 역사와 전통의 맥락 안에서 정의된 덕을 함양할 것을 주장한다. 한편 공리주의자들은 쾌락과 고통에 대한 인간의 자연적 경향성을 존중하면서, 고통을 피하고 쾌락을 추구하는 개개인의 행위가 공동선의 증진으로 이어진다고 본다.

바로잡기 ㄱ. 덕 윤리 사상가들은 공동체의 역사와 전통이라는 구체적 맥락 안에서 덕성을 함양해야 한다고 본다.
ㄷ. 공리주의 사상가들은 최대 다수에게 최대 행복을 가져다주는 행위를 옳은 행위라고 판단한다. 이때 자기 자신의 행복을 배제하는 것은 아니다.

09 ㉠은 덕 윤리이다. 덕 윤리는 옳고 선한 결정을 하려면 유덕한 성품을 길러야 하며, 이러한 성품을 갖추기 위해서는 옳고 선한 행위를 습관화하여 덕을 내면화해야 한다고 주장한다.

바로잡기 ① 자연법 윤리 사상가들이 제시한 명령이다.
② 칸트의 의무론에서 제시한 명령이다.
③ 벤담의 양적 공리주의에서 제시한 명령이다.
⑤ 규칙 공리주의에서 제시한 명령이다.

10 제시문은 신경 윤리적 접근을 보여 준다. 이러한 접근은 인간이 어떻게 도덕적 판단을 내리며, 어떻게 도덕성을 형성하는지 등에 관하여 과학적으로 해명하는 데 도움을 준다.

바로잡기 ① 보편 윤리를 확립하고자 하는 것은 의무론적 접근이다.
② 도덕적 실천력을 높이는 데 관심을 두는 것은 덕 윤리적 접근이다.

③ 자연법 윤리 사상이 주는 시사점이다.
④ 공리주의 윤리 사상이 주는 시사점이다.

11 ［이렇게 쓰면 만점］ 유교 사상은 개인의 도덕적 완성과 도덕 공동체의 실현에 관심을 둔다는 점을 상기하며, 다문화 사회에 발생하는 갈등에 대한 시사점을 서술한다. 유교에서 그리는 이상 사회인 대동 사회의 모습, 지향하는 가치 등을 담아 서술하면 만점이다.

12 ［이렇게 쓰면 만점］ 불교의 핵심 사상인 연기설의 관점과, 도가의 핵심 사상인 제물의 관점에서 〈문제 상황〉의 갑에게 제시할 조언을 서술하면 만점이다.

13 ［이렇게 쓰면 만점］ 갑은 칸트, 을은 아리스토텔레스이다. 칸트의 의무론의 관점과 아리스토텔레스의 덕 윤리적 관점에서 〈문제 상황〉의 A 군에게 제시할 조언을 서술하면 만점이다.

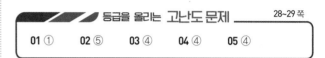

등급을 올리는 **고난도 문제** _____ 28~29 쪽

01 ①	02 ⑤	03 ④	04 ④	05 ④

01 칸트의 의무론 적용 ［자료 분석 노트］

> 칸트는 도덕 법칙을 정언 명령의 형식으로 제시한다.
> 의지를 결정할 수 있는 것은 객관적으로 보면 법칙뿐이며 주관적으로 보면 실천 법칙에 대한 순수한 존경, 즉 나의 모든 경향성을 포기하고서라도 그 법칙에 따르겠다는 준칙뿐이다.
> └ 칸트는 자연적 경향성을 극복하고 도덕 법칙에 따르는 행위를 선하다고 본다.

㈎의 사상가는 칸트이다. 그의 입장에서는 ㈏의 갑의 행동이 '사람의 도리'라는 의무 의식에서 비롯된 행위이기 때문에 도덕적이라고 평가할 것이다.

바로잡기 ② 잠시 망설였지만 도리, 즉 의무 의식에 따라 행동하였으므로 칸트의 입장에서는 도덕적인 행위라고 평가할 것이다.
③ 칸트는 결과보다 행위의 동기를 중시하므로 칸트가 제시할 평가로 적절하지 않다.
④ 칸트는 감정이 아닌 실천 이성의 명령에 따르는 행동을 도덕적으로 옳다고 판단하므로 칸트가 제시할 평가로 적절하지 않다.
⑤ 사회의 행복 증진, 즉 결과를 도덕적 평가의 기준으로 제시하는 것은 공리주의적 입장이므로 칸트가 제시할 평가로 적절하지 않다.

02 유·불·도 사상의 수양론 비교 ［자료 분석 노트］

> ┌ 유교의 천인합일 사상을 추론할 수 있다.
> 갑 : 하늘이 사람을 내시니, …… 아름다운 덕(德)을 좋아한다.
> 을 : 최상의 선은 물과 같다［上善若水］. …… 그러므로 도(道)에 가깝다.
> └ 상선약수를 강조한 사상은 도가이다.
> 병 : 고집멸도를 바른 통찰지로 보는 사람은 모든 괴로움에서 벗어날 것이다.
> └ 불교의 사성제를 파악할 수 있다.
> 따라서 갑은 유교의 맹자, 을은 도가의 노자, 병은 불교의 석가모니임을 알고 문제를 해결한다.

유교는 인격 완성과 도덕적 공동체를 지향하면서 다스리는 자는 먼저 자기 수양을 통해 타인을 다스리려야 함[治人]을 강조한다. 한편 도가는 조용히 앉아서 시비 분별을 잊는 좌망(坐忘)의 수양법을 제시한다.

바로잡기 ㄱ. 유교는 인간의 타고난 도덕적 본성을, 도가는 자연적 본성을, 불교는 깨달을 가능성으로서의 불성을 인정한다. 따라서 세 입장 모두 이 질문에 부정으로 답할 것이다.

ㄴ. 번뇌에서 벗어나기 위해 삼독을 제거해야 한다고 보는 것은 불교이므로 B에 들어갈 질문으로 부적절하다.

03 유·불·도 사상의 공통점과 차이점

갑은 맹자, 을은 노자, 병은 석가모니이다. 맹자는 유교의 대표 사상가로, 타고난 선한 본성을 보존하고 확충할 것을 강조한다. 노자는 도가의 대표 사상가로, 사회 규범에 얽매이지 않는 무위자연의 경지를 지향한다. 석가모니는 불교의 창시자로, 세상 만물은 고정불변한 것이 아니며, 인연 생기를 깨달아야 한다고 가르친다. 유교, 도가, 불교 모두 인간과 자연을 유기적 관계로 본다는 공통점이 있다.

바로잡기 ④ 사회 구성원의 이름에 맞는 책임을 강조하는 것은 맹자만의 입장이다.

04 도가와 유교가 강조하는 삶의 태도 〔자료 분석 노트〕

= 상선약수(上善若水)
(가) 가장 훌륭한 것은 물처럼 되는 것이다. 물은 …… 도(道)에 가장 가까운 것이다. 도가에서는 물이 갖고 있는 겸허(謙虛)와 부쟁(不爭)의 덕이 무위자연을 잘 보여 준다고 설명한다.
(나) …… 그러므로 홀로 있을 때에도 항상 조심하고 삼가는 것[愼獨]이다.
신독은 유교에서 강조하는 태도이다.

(가)는 도가 사상, (나)는 유교 사상이다. 도가에서는 인의(仁義)를 버리고 자연의 소박한 덕에 따르는 삶을 강조한다. 이와 달리 유교에서는 도덕적 본성을 확충하기 위해 거경(居敬)을 실천할 것을 강조한다.

바로잡기 ㄱ. 도가 사상은 자연적 본성을 회복하기 위해 인위적인 규범에서 자유로워져야 한다고 본다. 예에 따라야 함을 강조하는 것은 (나)의 유교 사상이다.

ㄷ. 집착에서 벗어나 무위(無爲) 삶을 추구해야 한다고 보는 것은 (가)의 도가 사상이다.

05 아리스토텔레스의 덕 윤리 〔자료 분석 노트〕

덕에는 두 가지 종류가 있다. 하나는 지성적 덕이며, 다른 하나는 품성적 덕이다. 지성적 덕은 교육에 의해 생기며 성장한다. '도덕적 덕'이라고도 한다.
다. 그러한 까닭에 그것은 경험과 시간을 필요로 한다. 반면 품성적 덕은 습관의 결과로 생겨난다 …… 품성적 덕은 실천함으로써 획득하게 된다.
즉, 타고나는 것이 아니다. 좋은 성품을 지니기 위해서는 옳은 행위를 반복적으로 실천하여 좋은 습관을 길러야 함을 강조하는 내용이다.

제시문과 같이 주장한 사상가는 아리스토텔레스이다. 그는 행위자의 덕성에 주목하면서 지성적 덕은 교육을 통해, 품성적 덕은 습관을 통해 길러야 한다고 주장하였다. 그는 비록 덕이 무엇인지 알더라도 행하지 못하는 경우가 있으며, 이러한 의지의 나약함을 극복하고 옳은 행위를 반복적으로 실천하여 좋은 습관을 기르고, 덕을 자기 자신의 성품으로 내면화해야 한다고 주장하였다.

바로잡기 ④ 아리스토텔레스는 지성적 덕은 교육을 통해 형성되는 것이고, 품성적 덕은 습관을 통해 길러지는 것이라고 설명한다. 그에 따르면, 도덕적 덕은 타고난 것이 아니라 길러지는 것이다.

03 윤리 문제에 대한 탐구와 성찰

기초를 다지는 확인 문제 36쪽

01 (1) × (2) × (3) ○ (4) × (5) ○　**02** (1) 역할 교환, 보편화 가능성 (2) 토론 (3) 윤리적 성찰 (4) 소크라테스　**03** (1) ㉠ (2) ㉢ (3) ㉡

실력을 키우는 실전 문제 37~39쪽

01 ④　**02** ③　**03** ③　**04** ③　**05** ②　**06** ④
07 ⑤　**08** ①　**09** ⑤　**10** ⑤
11 **예시답안** 인간을 대상으로 하는 실험은 바람직하지 않다.
12 (1) ㉠ 역할 교환 검사법 ㉡ 보편화 가능성 검사법
(2) **예시답안** ㉠ 다른 친구가 약속이 있다고 교실 청소를 안 하고 가면 너가 받아들일 수 있니? ㉡ 모든 친구가 너처럼 청소를 안 하고 가면 교실이 어떻게 되겠니?
13 **예시답안** 바람직한 도덕적 탐구를 위해서는 이성적 사고뿐만 아니라 공감, 배려 등과 같은 정서적 측면도 고려해야 한다. 탐구의 정당성을 높이고 탐구 내용을 좀 더 풍성하게 하려면 이성적으로 사고해야 할 뿐만 아니라 정서적 측면도 고려해야 한다 등

01 도덕적 탐구 과정에서 고려해야 할 사항에 관해 바르게 제시한 학생은 갑, 을, 병, 무이다. 도덕적 탐구를 할 때에는 행위의 단기적 결과뿐만 아니라 장기적 결과까지 고려해야 하며, 다양한 이론적 관점을 적용하여 쟁점을 명확히 제시하여야 한다. 이를 통해 다양한 관점에서 좀 더 현실적이고 보편적인 해결 방안을 제시할 수 있다. 또한 도덕적 추론의 근거가 되는 도덕 원리와 사실 판단이 타당한지 면밀히 검토해 볼 필요가 있다.

바로잡기 ④ 도덕적 책임과 배려의 범위를 인간에게만 한정하는 태도는 도덕적 탐구에서 고려해야 할 사항이라고 보기 어렵다. 특히 현대 사회에서 발생하는 환경 윤리 문제를 탐구할 때에는 동식물을 포함한 자연 생태계까지 고려하는 태도가 필요하다.

02 ㉠은 도덕적 탐구이다. 도덕적 탐구는 대체로 윤리적 딜레마를 활용한 도덕적 추론으로 이루어진다. 도덕적 추론 과정은 주로 이성적 사고이지만, 공감, 배려, 도덕적 분노 등과 같은 정서적 측면까지 고려할 때 좀 더 효과적인 도덕적 추론이 이루어진다.

바로잡기 ㄱ. 도덕적 규범은 도덕적 실천과 관련이 있다.
ㄹ. 도덕적 탐구는 일반적 탐구와 달리 도덕적 가치와 규범에 주목한다. 자연 현상을 객관적으로 탐구하여 진위를 밝히는 데 중점을 두는 것은 일반적 탐구이다.

03 제시된 도표는 가치 분석 탐구 모형이다. 이러한 탐구는 먼저 윤리적 쟁점이나 문제 상황을 명료하게 인식하고 갈등하는 가치가 무엇인지를 확인하는 것으로 시작한다. 다음으로 도덕적으로 평가하려는 대상에 관한 사실의 진위를 파악하고, 타당성을 검토하여 윤리적 쟁점에 대해 잠정적으로 도덕 판단을 내린다. 이후 자신이 내린 잠정적 도덕 판단이 전제하고 있는 도덕 원리를 검사하여 도덕 판단을 최종 확정한다.

바로잡기 ③ 유보란 어떤 일을 당장 처리하지 아니하고 나중으로 미루어 둔다는 뜻이다. ㉢은 쟁점에 관한 자신의 도덕 판단을 잠정적으로 내리는 단계이다.

04 제시된 도표는 가치 갈등 해결 탐구 모형이다. 윤리적 쟁점에 대한 자신의 입장을 선택하고 대안을 설정하며, 자신이 채택한 도덕 원리에 대한 정당화 근거를 마련할 때에는 역할 교환 검사와 보편화 가능성 검사를 활용할 수 있다.

바로잡기 ③ 윤리적 쟁점에 관한 자신의 입장을 채택하고 정당화 근거를 제시할 때에는 주로 이성적 사고를 활용하지만 동시에 공감과 배려와 같은 정서적 측면도 고려해야 한다.

도덕 원리 검사 방법	만점 공략 노트

도덕 원리를 검사하는 여러 가지 방법이 있으므로, 숙지하여 두어야 한다.

역할 교환 검사법	딜레마 속에서 다른 사람의 입장을 취해 보는 방법
보편화 가능성 검사법	자신이 채택한 입장을 유사한 상황에 있는 모든 행위자에게 보편적으로 적용할 수 있는지 심사숙고해 보는 방법
반증 사례 검사법	도덕 원리가 적용되지 않는 반증 사례는 없는지 확인하는 방법
포섭 검사법	선택한 도덕 원리를 좀 더 일반적이고 포괄적인 도덕 원리에 따라 검사해 보는 방법

05 ㉠은 비판적 사고이고, ㉡은 배려적 사고이다. 비판적 사고는 이성적 사고 중 하나로 주장의 근거와 적절성을 검토하는 것을 말한다. 한편 배려적 사고는 윤리 문제를 탐구하는 과정에서 타인의 욕구와 감정에 관심을 기울이며 역지사지와 공감을 발휘하는 사고를 의미한다.

바로잡기 ㄴ. 배려적 사고에 관한 설명이다.
ㄹ. 이성적 사고 가운데 논리적 사고에 관한 설명한다.

06 제시문은 유교 사상에 관한 내용이다. 유교에서 제시한 성찰 방법으로는 매일 세 가지를 자문자답하며 자신을 돌아보는 일일삼성(一日三省), 마음을 한 곳에 모아 흐트러짐이 없도록 하는 거경(居敬), 홀로 있을 때에도 도리에 어긋나지 않을 것을 강조하는 신독(愼獨), 일상생활에서 마음과 함께 몸가짐을 단정히 하고 잡념이 들지 않도록 마음을 한군데 집중하는 것 등이 있다.

바로잡기 ④ 유교 사상에서는 인간의 본성을 선하다고 본다.

07 ㉠은 윤리적 성찰이다. 윤리적 성찰은 도덕적으로 자각하는 계기가 되며, 성숙한 인격과 도덕적 주체의 자아상을 형성하는 데 필요하다. 또한 윤리적 성찰을 통해 자신의 잘못을 고쳐 더 나은 삶을 살아갈 수 있다.

바로잡기 ⑤ 사회의 각종 윤리 문제에 대한 이해와 분석 능력을 함양하게 해 주는 것은 도덕적 탐구의 효용이다.

08 제시문은 토론과 열린 자세의 필요성을 강조하는 내용이다. 토론을 할 때에는 타인의 주장에 대해 열린 자세를 지녀야 한다. 이를 통해 인류는 진리의 가치를 재확인할 수 있다.

바로잡기 ㄷ. 토론을 통해 도출된 결론이라도 오류 가능성이 있으므로 수정될 여지가 있다.
ㄹ. 토론을 통해 도출된 판단은 그렇지 않은 판단보다 좀 더 객관적이고 합리적인 판단이라고 볼 수 있다.

09 제시문은 윤리 문제를 해결하기 위한 공동체 전체의 토론을 강조하는 내용이다. 공동체적 토론을 통해 문제를 객관적으로 인식하고 판단의 오류를 줄일 수 있으며, 해결의 실마리를 마련할 수 있다.

바로잡기 ㄱ. 공동체적 성찰을 지향하는 토론은 승자와 패자를 구분하기 위한 것이 아니라 양쪽의 주장과 논거를 충분히 고려하여 다양한 목소리가 공존하는 성숙한 사회를 조성하기 위한 것이다.

10 제시문은 도덕적 앎이 도덕적 실천으로 이어져야 함을 강조하는 내용이다.

바로잡기 ① 보편적 윤리 사상을 확립해야 한다는 주장은 제시문의 내용과 거리가 멀다.
② 이론의 유용성 검증을 위한 토론을 강조하는 주장은 제시문의 내용과 거리가 멀다.
③ 제시문은 도덕적 앎보다 도덕적 실천이 중요하며, ④ 도덕적 탐구와 도덕적 실천이 서로 관련이 있다는 내용이다.

11 **이렇게 쓰면 만점** 전제 ①과 결론으로부터 숨어 있는 전제 ②를 추론할 수 있는지 묻는 문제이다. '인간을 대상으로 하는 실험은 바람직하지 않다.'라고 써야 만점이다.

12 **이렇게 쓰면 감점** (2) ㉠은 역할 교환 검사법을, ㉡은 보편화 가능성 검사법을 적용하여 서술해야 한다. 두 검사법을 바꾸

어 쓰거나 역할 교환 또는 보편화 가능성을 잘못 적용하여 서술하면 감점이다.

13 **이렇게 쓰면 감점** 제시문은 도덕적 탐구에서 정서적 측면을 고려해야 함을 강조하는 내용이다. '공감', '배려', '정서적 측면'을 포함하지 않고 서술하면 감점이다.

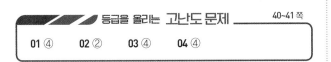

등급을 올리는 **고난도 문제** _____ 40~41 쪽

01 ④   **02** ②   **03** ④   **04** ④

---

01 삼단 논법 적용
자료 분석 노트

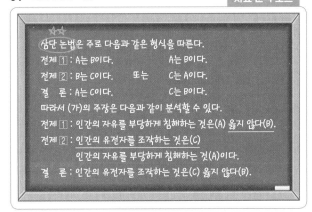

(가)의 주장을 (나)와 같이 분석해 보면, ㉠에 들어갈 내용은 '인간의 유전자를 조작하는 것은 인간의 자유를 부당하게 침해하는 것이다.'이다. 이에 대한 적절한 반론은 '유전자를 조작하는 것은 인간의 자유를 침해하지 않는다.', '오히려 유전자를 조작할지 조작하지 않을지에 관한 더 많은 선택의 기회(자유)를 제공한다.' 등이 된다.

바로잡기 ①은 자연법적 관점에서, ③은 칸트의 의무론적 관점에서 (가)의 주장을 뒷받침하는 근거이다.
②, ⑤ ㉠의 주장을 뒷받침하는 근거이다.

---

02 도덕적 추론 과정 적용
자료 분석 노트

갑은 뇌사를 죽음으로 인정해야 한다는 입장인 반면, 을은 뇌사를 죽음으로 인정하지 말아야 한다는 입장이다. 각각의 도덕적 추론 과정을 분석해 보면 갑은 '뇌사를 죽음으로 인정하

는 것은 사람들에게 이익을 가져다준다.'고 주장하고 있으며, 을은 '뇌사를 인정하는 것은 누군가의 생명을 고의로 해치는 것이다.'라고 주장하고 있다.

---

03 밀의 자유론 이해
자료 분석 노트

> 소수의 의견을 억압하는 것은 사회적 유용성이 없다는 내용이다.
> 의견 발표를 억압하는 것은 …… <u>모든 사람에게 손해를 끼친</u>
> <u>다.</u> 한 사람 이외의 모든 인류가 동일한 의견이고, 한 사람만
> 이 반대 의견을 갖는다 해도 인류에게는 그 한 사람에게 침묵
> <u>을 강요할 권리는 없다.</u>   소수 의견을 존중해야 함을 강조하고 있다.

제시문은 밀의 『자유론』의 일부이다. 밀은 토론의 중요성을 강조하면서, 자유로운 토론 과정에서 진리의 가치를 재확인할 수 있고, 진리에 대한 참된 이해가 가능하다고 본다.

바로잡기 ㄴ. 밀은 소수 의견을 제한하는 것은 사회적 유용성이 없다고 주장하였다.

---

04 윤리적 성찰을 강조한 소크라테스
자료 분석 노트

> 여러분은 지혜와 힘이 가장 뛰어나고 유명한 아테네의 시민입
> 니다. 그런데 여러분은 재물과 명성과 명예에 대해서는 최대
>   세속적 가치
> 한 마음을 쓰지만, <u>사리분별과 진리 그리고 정신의 훌륭함에</u>
>   정신적 가치
> 대해서는 생각도 않고 염려하지도 않습니다.
> 소크라테스는 아테네인들이 세속적 가치보다
> 정신적 가치를 좀 더 염려할 것을 강조하고 있다.
> …… <u>저는 온종일 어디서나 여러분에게 달라붙어서 여러분을</u>
> <u>일깨우고 설득하며 나무라기를 절대 그만두지 않는 그런 사람</u>
> <u>으로서 말씀입니다.</u>   아테네인들을 진정한 자기 인식의 길로
>   이끌겠다는 결의를 보여 준다.

제시문은 법정에 선 소크라테스의 변론 중 일부이다. 그는 세속적 가치만 중시하고 정신적 가치를 보살피지 않는 삶을 비판하면서, 자기 자신을 도덕적 관점에서 반성적으로 검토해야 함을 강조하였다. 즉, 지속적으로 성찰하는 삶만이 가치 있는 삶이라고 본 것이다.

바로잡기 ④ 제시문에서 소크라테스는 재물이나 명예보다 사리분별과 진리 그리고 정신의 훌륭함에 마음을 써야 한다고 하였다.

수능 특강 _____ 42~43 쪽

유형 1 ③   **유형 2** ②   **유형 3** ①   **유형 4** ⑤

유형 1 윤리학의 종류와 특징 파악하기

제시문의 '나'는 도덕규범과 원칙을 구체적인 삶의 문제에 적용하여 해결하는 것이 윤리학의 근본 과제라고 보는 실천 윤리학자이다. 이와 달리 '어떤 사람들'은 도덕 현상을 경험적 연구 대상이라고 보며, 이 현상을 가치 판단 없이 객관적으로 기술하는 것이 윤리

학의 근본 과제라고 보는 기술 윤리학자이다. 따라서 실천 윤리학의 입장에서 기술 윤리학에 대해 평가할 내용을 찾는 문제이다.

선택지 분석

✗ **도덕 추론에 대한 논리적 구조 분석의 필요성을 주장한다**
— 메타 윤리학의 주장으로, ㉠에 들어갈 내용으로 적절하지 않다.

✗ **도덕 현상의 인과 관계에 대한 탐구 가능성을 부정한다**
→ 기술 윤리학은 도덕 현상의 인과 관계를 탐구 가능성을 긍정하는 입장이다.

③ **실천적 규범을 통한 도덕 문제 해결의 중요성을 경시한다**
— 실천 윤리학의 관점에서 기술 윤리학에 대해 평가한 내용으로 적절하다.

✗ **현실적 도덕에 대한 가치 중립적 설명의 필요성을 무시한다**
→ 기술 윤리학은 현실적 도덕에 대한 가치 중립적 설명이 필요함을 중시하는 입장이다.

✗ **보편적 도덕규범의 이론적 체계 구성의 중요성을 강조한다**
— 이론 윤리학의 입장이므로 제시문의 내용과 무관하다.

유형 2 칸트의 입장에서 조언하기

제시문은 칸트의 의무론적 윤리 이론에서 '인간성의 정식'에 관한 내용이므로, 칸트의 입장에서 〈문제 상황〉의 A 공학자에게 제시할 조언을 찾는 문제이다. '도덕적 행위를 할 수 있는 로봇', 즉 도덕적 행위의 조건을 칸트의 입장에서 어떻게 제시하는지 찾는다.

선택지 분석

✗ **로봇이 유덕한 품성을 지니도록 개발하세요.**
→ 덕 윤리학자가 제시하는 도덕적 행위의 조건이다.

② **로봇이 인간 존엄성을 존중하도록 개발하세요.**
→ 칸트의 입장에서 제시하는 도덕적 행위의 조건이다.

✗ **로봇이 자기 보존 성향을 지니도록 개발하세요.**
→ 자기 보존 성향을 지닌 로봇은 인간을 위협할 수 있다.

✗ **로봇이 쾌락의 총량을 최대화하도록 개발하세요.**
→ 공리주의의 입장에서 제시하는 도덕적 행위의 조건이다.

✗ **로봇이 인간을 수단으로만 대하도록 개발하세요.**
→ 인간을 수단으로만 대하도록 개발하는 것은 칸트의 입장과 상반된 조언이다. 특히 ②, ④와 같은 조언은 로봇이 인간 존엄성과 보존을 위협할 수 있으므로 적절하지 않다.

유형 3 도가 윤리의 이상적 인간상 이해하기

㈎는 도가 사상가인 장자의 주장이다. ㈏의 가로 낱말 (A)는 '성현(聖現)'이고, 가로 낱말 (B)는 '수기안인(修己安人)'이므로 세로 낱말 (A)는 '성인(聖人)'이다. 따라서 이 문제는 도가에서 제시하는 성인의 의미를 고르는 문제이다.

선택지 분석

① **좌망(坐忘)을 통하여 일체의 분별 의식에서 벗어난 존재이다.**
— 도가에서 제시한 이상적 인간상이다.

✗ **지혜를 갖추고 자비를 베풀어 중생(衆生)을 제도하는 존재이다.**
— 대승 불교에서 제시한 이상적 인간상인 보살에 관한 설명이다.

✗ **사욕을 이기고 예로 돌아가 도덕적 인격을 완성한 존재이다.**
— 극기복례를 말한다. 이는 유교의 이상적 인간상인 군자에 관한 설명이다.

✗ **덕과 형벌을 병행하여 왕도(王道)의 이상을 구현하는 존재이다.**
→ '왕도'란 덕을 통한 통치를 의미하며, 형벌과의 병행을 강조하지 않는다. 왕도는 유교에서 제시하는 이상적 통치에 관한 설명이다.

✗ **허심에서 깨어나 모든 망상과 번뇌로부터 벗어난 존재이다.**
→ '허심'은 마음을 비운다는 의미로, 도가에서 지향하는 경지이다. '허심에서 깨어난다'는 표현은 도가의 지향점과 반대되는 설명이므로 명백한 오답이다.

유형 4 도덕적 추론 분석하고 반론 제시하기

자료 분석

그림의 왼쪽 학생은 자발적 안락사가 옳지 않다고 주장한다. 칠판은 이 주장을 삼단 논법으로 정리한 내용이다. 소전제 ㉠에 들어갈 내용은 '자발적 안락사는 인간을 죽이는 것이다.'이며, 이 주장에 대한 적절한 반론을 고르는 문제이다.

선택지 분석

✗ **인간에게는 자신의 생명을 끊을 권리가 없다.**
— ㉠을 뒷받침하는 근거에 해당한다.

✗ **환자의 요구에 반하여 안락사를 시켜서는 안 된다.**
— 반자발적 안락사에 반대하는 주장으로, 문제와 무관하다.

✗ **환자가 뇌사 상태에 있을 경우에는 치료를 중단해도 된다.**
— 비자발적 안락사를 옹호하는 주장으로, 문제와 무관하다.

✗ **시한부 환자의 고통을 덜기 위해 안락사를 시키는 것도 사람을 죽이는 것이다.** — ㉠을 뒷받침하는 근거에 해당한다.

⑤ **자발적 안락사는 환자가 스스로 요구한다는 점에서 사람을 죽이는 것과 다르다.** → 자발적 안락사와 인간을 죽이는 것의 차이를 제시한다는 점에서, '자발적 안락사는 사람을 죽이는 것이다.'라는 ㉠에 대한 반론으로 적절하다.

46~49 쪽

실전 대비 | 단원 문제 마무리

01 ④	02 ⑤	03 ②	04 ④	05 ③	06 ④
07 ⑤	08 ④	09 ②	10 ④	11 ⑤	12 ⑤
13 ⑤	14 ⑤				

15 예시답안 ㈎는 도가의 입장이다. 도가에 따르면, 미추를 구별하는 것은 인간의 편견에 불과하다. 인위적인 잣대를 버리고 본래의 자신의 자연스러운 모습대로 살아야 한다.

16 (1) 보살 (2) **예시답안** 보시를 실천하는 보살의 모습은 받은 만큼만 돌려주거나 자기 이익에만 지나치게 집착하는 등 이기주의적인 태도로 살아가는 현대인에게 타인을 배려하고 보살펴야 함을 가르쳐 준다.

17 예시답안 ㉠은 성찰하지 않는 삶은 가치가 없다는 말이다. 도덕적 탐구와 성찰을 바탕으로 도덕적 행위를 실천하는 '윤리함' 속에서 우리는 좀 더 가치 있는 삶을 살 수 있다.

01 제시문의 '나'는 윤리학의 근본 과제가 '도덕적으로 올바른 행위를 판단하는 데 필요한 도덕 원리를 일반화하는 것'이라고 보는 이론 윤리학자이다. '어떤 사람들'은 윤리학의 근본 과제가 도덕 언어의 쓰임새를 설명하고, 도덕적 추론 과정의 타당

성을 검토하는 것이라고 보는 메타 윤리학자이다. 따라서 ㉠에는 이론 윤리학의 관점에서 메타 윤리학에 관해 평가하는 내용이 들어가야 한다. 즉, '나'는 메타 윤리학이 도덕 법칙을 정립해야 하고, 의무, 덕성, 공리와 같은 도덕적 행위의 근거를 마련해야 함을 간과하고 있다고 생각할 것이다.

바로잡기 ① 메타 윤리학은 도덕 명제에 대한 검증 가능성을 강조하므로, '간과하고 있다'는 평가는 적절하지 않다.
② 메타 윤리학은 행위를 정당화하는 규범적 체계의 확립을 강조하지 않는다. 이를 강조하는 것은 이론 윤리학의 입장이다.
③ 도덕적 관행을 문화적 사실로 보아야 함을 강조하는 것은 기술 윤리학의 입장이다.
⑤ 메타 윤리학은 의무, 덕성, 공리와 같은 도덕적 근거를 마련해야 함을 간과하고 있다. 이를 강조하는 것은 이론 윤리학의 입장이다.

02 ㉠은 이론 윤리학, ㉡은 실천 윤리학이다. 이론 윤리학과 실천 윤리학은 모두 규범 윤리학으로, 인간의 도덕적 삶을 안내하는 데 실질적으로 도움을 주는 것이 윤리학의 근본 과제라고 본다는 공통점이 있다.

바로잡기 ⑤ 윤리학의 근본 과제를 윤리학 자체의 성립 가능성 탐구로 제시하는 것은 메타 윤리학이다.

03 제시문은 실천 윤리학과 이론 윤리학의 상호 유기적 관계를 설명하는 내용이다. 실천 윤리학은 도덕 이론을 현실의 도덕 문제에 실제로 적용하므로 특정 상황의 윤리를 보편화하여 도덕 원칙을 세우는 이론적 작업과 그 이론을 응용하여 실천하는 일은 별개가 아니라는 것이다.

바로잡기 ㄴ. 실천 윤리학은 이론 윤리학을 응용하여 개별 윤리 문제에 대한 해결책을 제시한다.
ㄷ. 이론 윤리학은 그 이론을 적용할 특정한 상황을 전제하여 보편성과 타당성을 정립하고자 한다.

04 현대 사회의 다양한 윤리 문제를 전문적으로 다루는 윤리 영역에는 생명 윤리, 사회 윤리, 평화 윤리, 정보 윤리, 문화 윤리, 환경 윤리 등이 있다.

바로잡기 ④ '미래 세대를 고려하여 지속 가능한 발전을 추진해야 하는가?'라는 쟁점은 환경 윤리 영역에서 다룬다.

05 (가)의 사상가는 유교의 공자이다. 공자는 임금은 임금답고, 신하는 신하답고, 아버지는 아버지답고, 자식은 자식다워야 한다는 정명(正名)과 임금이 덕으로 백성을 다스리는 덕치(德治)를 강조하였다. 따라서 (나)의 ㉠에는 덕으로 인도하고 예로써 가지런히 하라는 내용이 들어가는 것이 적절하다.

바로잡기 ① 공자는 인간의 본성이 선하다고 전제한다. 인간의 본성을 악하게 보며 예치를 강조한 것은 순자이다.
② 공자는 인의(仁義)를 강조한다. 인의를 버리고 무위(無爲)로 다스려야 함을 강조하는 것은 도가 사상의 입장이다.
④ 공자는 덕치를 강조한다. 백성을 법과 형벌로 다스림을 강조하는 것은 법가 사상의 입장이다.

⑤ 불성의 자각을 강조하는 것은 불교의 입장이다.

06 제시문은 『장자』의 「지락편」에 나오는 이야기로, 노나라 임금이 바다 새를 아끼는 마음으로 대접했으나 이 방식이 바다 새의 자연스러운 본성과 맞지 않아 죽었다는 내용이다. 이 우화를 통해 장자는 사회 혼란과 사회 문제의 원인이 시비, 선악, 미추 등에 관한 인위적인 판단이라고 설명하였다. 또한 선악을 명확히 구분하는 태도를 지양하고 만물을 평등하게 바라보아야 한다고 주장하였다.

바로잡기 ④ 선악을 명확히 구분하는 것은 장자가 비판하는 태도이다. 선악을 명확히 구분하여 선한 본성을 유지해야 한다는 주장은 유교의 입장이다.

07 제시문은 서양 사상가 칸트의 주장이다. 그에 따르면, 행위의 도덕성은 도덕 법칙에 근거한 의무의 실천에 두어야 하며, 도덕은 다른 무엇의 수단이 아닌 그 자체가 목적인 것으로 인식해야 한다.

바로잡기 첫 번째 내용 : '행복 총량의 극대화를 도덕의 원리로 삼아야 한다.'는 것은 공리주의의 입장이다.
두 번째 내용 : '자연적 경향성에서 나온 행위를 도덕적 행위로 규정한다.'는 것은 공리주의 또는 자연법 사상의 입장이다. 칸트는 자연적 경향성을 극복해야 한다고 강조하였다.

08 제시문은 불교의 연기(緣起) 사상에 관한 내용이다. 연기 사상은 모든 존재는 무수한 원인과 조건에 의해 발생한다고 보는 세계관이다. 불교는 참선과 같은 수행을 통해 인간 내면을 성찰하고 정신을 수양할 것을 가르친다. 한편, 불교에서는 인간뿐만 아니라 모든 생명체에 불성이 있음을 강조하면서 만물에 자비를 베풀 것을 강조한다. 이러한 불교 사상은 생명 경시 풍토, 생태계 파괴 등이 만연한 현대 사회에 시사하는 바가 크다.

바로잡기 ㄱ. 현대 윤리 문제에 공리주의가 주는 시사점에 해당한다.
ㄷ. 현대 윤리 문제에 도덕 과학적 접근이 주는 시사점에 해당한다.

09 제시문의 사상가는 벤담이다. 벤담은 모든 쾌락은 질적으로 같다고 가정하면서 양적 공리주의를 제시하였다. 그는 쾌락과 고통의 양을 구체적인 기준(강력성, 지속성, 확실성, 원근성, 다산성, 순수성)에 따라 계산한 후에, '최대 다수의 최대 행복'이라는 공리의 원리를 도덕과 입법에 적용하고자 하였다.

바로잡기 ㄴ. 벤담은 개개인의 행복의 총합을 공동선으로 환원하여, 최대 다수의 최대 행복이라는 원리를 제시하였다.
ㄹ. 벤담은 행위의 동기보다 결과가 낳는 쾌고, 즉 행위의 유용성을 중시하였다.

10 제시문의 사상가는 아리스토텔레스이다. 그는 덕을 지성적인 덕과 품성적인 덕(도덕적인 덕)으로 나누어 설명하면서, 지성적인 덕이 교육을 통해 형성된다면, 품성적인 덕은 습관을 통해 길러진다고 보았다. 그는 행복한 삶을 살아가려면 두 가지

덕이 모두 필요한데, 이러한 사실을 알더라도 그 덕을 실천하지 못하는 경우가 있다고 지적하면서 덕성을 부단히 함양해야 한다고 강조하였다. 특히, 좋은 성품을 지니려면 옳은 행위를 반복하여 습관을 기르고, 덕성을 자기 안에 지녀야 한다고 강조하였다. 이러한 아리스토텔레스의 사상은 현대 덕 윤리로 계승되고 있다.

바로잡기 ④ 아리스토텔레스는 도덕적 덕을 타고난 것, 즉 선천적으로 주어진 것이라고 보지 않았다. 그에 따르면 도덕적 덕은 교육과 습관을 통해 길러지는 후천적인 것이다.

11 제시문의 '이 법'은 자연법이다. 자연법은 자연의 질서에 내재한 보편적이고 항구적인 법으로, 자연법 사상가들은 자연법이 실정법보다 상위에 있는 도덕 법칙이라고 본다. 이러한 관점에 따르면 인간이라면 누구나 자연법을 파악할 이성을 가지고 있으며, 도덕적 직관을 통해 일상적인 도덕 판단을 내릴 수 있다. 또한 어떤 행위가 자연적 질서에 부합하면 옳고, 부합하지 않으면 옳지 않다. 예를 들어 인간이 본성적으로 지니는 자연적 성향에 거스르는 행위 자살, 살인, 안락사 등은 도덕적으로 옳지 않다.

바로잡기 ⑤ 유용성에 따라 행위의 옳고 그름을 판단하는 것은 공리주의의 입장이다.

12 제시된 도표는 '인공 임신 중절은 무고한 태아를 죽이는 행위이므로 도덕적으로 그르다.'라는 주장을 삼단 논법으로 정리한 것이다. 첫 번째 전제 '무고한 인간을 죽이는 행위는 도덕적으로 그르다.'와 결론 '태아를 죽이는 인공 임신 중절은 도덕적으로 그르다.'를 통해 두 번째 전제 (A)에 들어갈 내용은 '인공 임신 중절은 무고한 인간을 죽이는 행위이다.'임을 알 수 있다. 좀 더 타당한 추론의 근거를 마련하기 위해 태아의 도덕적 지위에 관한 논의가 진행되고 있으며, 이때 의학, 법학 등의 학제적 접근이 요청된다. 이러한 일련의 과정을 도덕적 탐구라고 한다.

바로잡기 ⑤ 도덕적 탐구는 경험적 탐구와 달리 가치와 규범을 토대로 도덕 판단의 시비를 가리고, 행위를 정당화하는 데 초점을 둔다.

13 갑은 밀, 을은 포퍼이다. 공리주의자이자 자유주의자였던 밀은 한 사람에게 침묵을 강요하는 일은 인류 전체에게 해악을 끼치는 일이라고 말하며, 누구에게나 표현의 자유를 보장해야 한다고 주장하였다. 한편 인간의 합리성을 긍정했던 포퍼는 개방적이고 자유로운 토론을 통해 오류를 수정하고 진리에 더욱 근접할 수 있다고 보았다. 두 사상가 모두 다양한 의견을 자유롭게 개진할 수 있는 사회 분위기를 만들어야 하며, 이를 통해 오류를 시정하고 진리를 발견할 수 있다고 주장하였다.

바로잡기 ① 두 사상가 모두 진리에 접근하려면 인간의 오류 가능성을 인정해야 한다고 보았다.

② 두 사상가 모두 다수의 의견이라는 이유로 무작정 따르는 것에 반대하며, 소수에게도 발언할 기회를 주어야 한다고 보았다. 개방적인 토론을 통해 오류를 수정하고 진리를 드러낼 수 있기 때문이다.
③ 두 사상가 모두 하나의 가치만이 옳다는 신념으로 여러 가치의 다양성을 배제하는 일은 옳지 않다고 보았다.
④ 두 사상가 모두 자기 자신과 다른 견해에 열린 태도를 지닐 것을 강조하면서, 나와 다른 견해라고 해서 배제하는 태도를 경계하였다.

14 제시문에서 '법의 부당함을 알리고, 후손이 살아갈 더 나은 세상을 만들기 위해 버스 타기를 거부하며 걸어서 학교나 일터로 향했다.'라는 대목을 통해 나뿐만 아니라 미래 세대가 살아갈 더 나은 세상을 만들기 위해서는 도덕적 성찰과 실천이 필요함을 알 수 있다. 삶을 좀 더 바람직한 방향으로 개선하고 인간답게 살아가려면, 올바른 준거에 따라 우리의 삶을 반성적으로 성찰하고 도덕적 행위를 의식적으로 실천해야 한다.

바로잡기 ① 편익을 위해 과학 문명의 이기를 활용해야 한다는 내용은 제시문이 주는 시사점과 거리가 멀다.
② 제시문은 오히려 기존 사회의 관습과 규범이 옳지 않을 때에는 적극적으로 교정해야 함을 보여 준다.
③ 제시문은 지배 집단의 논리에 순응하기보다는 정의를 실현하기 위해 항거하는 모습을 보여 준다.
④ 제시문은 현세대뿐만 아니라 후손이 살아갈 더 나은 미래를 고려하여 의식적으로 행동해야 함을 보여 준다.

15 **이렇게 쓰면 만점** (가)의 '가장 올바른 길을 가는 사람은 타고난 그대로의 자연스러운 모습을 잃지 않는다.'라는 내용에서 도가 사상임을 파악하고, 인위적 잣대에 따라 미추를 판단하는 태도를 버리고 있는 그대로의 자연스러운 모습대로 살아가는 것이 바람직하다는 내용을 포함하여 서술하면 만점이다.

이렇게 쓰면 감점 (가)의 입장을 밝히지 않았거나 도가의 관점이 아닌 다른 사상의 입장에서 서술하면 감점이다.

16 **이렇게 쓰면 감점** (2) 불교에서 제시하는 이상적 인간상인 보살의 태도가 현대 윤리 문제에 주는 시사점을 서술해야 한다. 즉 '조건 없이 기꺼이 베푸는 보시를 실천하라'는 불교의 가르침이 현대인에게 시사하는 내용을 서술한다. 따라서 보시와 관련이 없는 내용이거나 '연기', '해탈' 등 불교의 다른 개념의 의미를 서술하면 감점이다.

17 **이렇게 쓰면 만점** 제시문의 '나'는 소크라테스이다. '캐묻지 않는 삶은 살 가치가 없다.'라는 말은 아무 생각 없이 살아가는 삶, 무엇이 좀 더 가치 있는 것인지 성찰하지 않는 삶은 가치가 없다는 뜻이다. 이 말의 뜻을 바르게 파악하고, 좀 더 가치 있는 삶을 살아가기 위해 윤리적 성찰이 필요하다는 내용을 포함하여 서술하면 만점이다.

이렇게 쓰면 감점 윤리함은 윤리적 탐구와 성찰이 실천으로 이어지는 일련의 과정을 의미한다. '탐구', '성찰', '실천'이라는 세 가지 핵심어 중 한 가지라도 누락하면 감점이다.

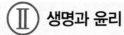
01 삶과 죽음의 윤리

기초를 다지는 확인 문제 ___ 56쪽

01 (1) ○ (2) ○ (3) × (4) ○ (5) ○　**02** (1) 생명권 (2) 칸트 (3) 공리주의 (4) 존엄성　**03** (1) ㉡ (2) ㉠ (3) ㉢

실력을 키우는 실전 문제 ___ 57~61쪽

01 ⑤　**02** ⑤　**03** ③　**04** ③　**05** ⑤　**06** ⑤
07 ③　**08** ②　**09** ③　**10** ③　**11** ③　**12** ⑤
13 ④　**14** ③　**15** ①　**16** ③　**17** ①　**18** ②
19 ①

20 (1) 하이데거　(2) **예시답안** 죽음에 대한 자각을 통해 삶의 의미와 가치를 깊이 성찰해야 한다.

21 (1) 잠재성 논증　(2) **예시답안** 태아는 온전한 인간이 될 가능성과 잠재성을 지니고 있기 때문에 인공 임신 중절을 해서는 안 된다.

22 (1) 자발적 안락사　(2) **예시답안** 주변 사람이 환자의 죽음을 결정할 권리가 있는가의 문제가 있다.

01 출생은 인간의 자연적 성향을 실현하는 과정이고, 도덕적 주체로 사는 삶의 출발점이며, 가족과 사회 구성원으로 사는 삶의 시작이다. 또한 인간은 출생으로 새로운 세대를 구성하고 이전 세대의 문화적 유산을 계승·발전시키기 때문에 출생은 새로운 사회를 유지하고 지속하는 데 필수적인 요소가 된다. 따라서 ㄱ, ㄴ, ㄷ, ㄹ 모두 출생의 윤리적 의미에 해당한다.

02 죽음은 삶의 소중함을 깨닫게 하는 계기가 되고, 죽음에 대한 자각은 삶의 의미와 가치를 깊이 성찰하게 하여 더욱 의미 있고 가치 있는 삶을 살게 한다. 또한 죽음은 인간관계의 소중함을 깨닫게 하는 계기가 되며, 상례와 제례를 통해 우리는 죽음을 애도하고 죽은 사람을 기억한다.

바로잡기 ㉤ 인간을 한 가족의 구성원으로 되게 하는 것은 죽음이 아니라 출생이다.

03 죽음은 인간이라면 누구나 죽음을 맞게 된다는 점에서 보편성과 평등성을, 죽은 사람을 다시 되살릴 수 없다는 점에서 비가역성을 지니며, 죽음을 피하고자 하는 그 어떤 노력도 결국 실패하고 만다는 점에서 불가피성을 지닌다.

04 제시문은 플라톤의 죽음에 대한 입장이다. 플라톤은 육체를 순수한 인식을 불가능하게 하는 감옥처럼 생각했으며, 죽음을 육체로부터 해방되는 것으로 보았다. 즉 육체에 갇혀 있는 영혼이 죽음을 통해 영원불변하는 이데아의 세계로 들어간다고 본 것이다. 따라서 ㄴ, ㄷ의 질문에 대해서 긍정의 대답을 할 것이다.

바로잡기 ㄱ. 플라톤은 죽음을 긍정적으로 보았다. 따라서 플라톤이 부정의 대답을 할 질문이다.
ㄹ. 죽음은 경험할 수 없기 때문에 두려워할 필요가 없다고 주장한 사상가는 에피쿠로스이다.

05 갑은 공자, 을은 장자이다. 공자는 죽음 이후의 세계에 대해서는 관심을 갖지 않고, 현세에서의 삶을 위해 자신의 인격적 수양에 최선을 다해야 한다고 주장하였다. 장자는 삶과 죽음을 기가 모이고 흩어지는 것으로 보며, 자연적이고 필연적인 과정으로 여겼다.

바로잡기 ① 공자는 죽음의 문제보다 삶의 문제에 더 관심을 두어야 한다고 주장하였다.
② 삶과 죽음을 기(氣)가 모이고 흩어지는 것으로 보는 사상가는 장자이다.
③ 불교 사상의 입장이다.
④ 현세에서의 도덕적 실천을 강조한 사상가는 공자이다.

죽음에 대한 동서양의 관점　**만점 공략 노트**

죽음에 대한 여러 입장을 비교하는 문제가 자주 출제되므로 정리해 두자.

동양	• 유교 : 죽음을 자연의 과정으로 여기며, 공자는 죽음보다 도덕적으로 실천하는 삶에 더 관심을 가짐 • 불교 : 죽음은 또 다른 세계로 윤회하는 것이며, 윤회 과정에서 인간의 선행과 악행은 죽음 이후의 삶을 결정한다고 봄 • 도가 : 삶과 죽음을 기(氣)가 모이고 흩어지는 것으로 보면서 자연적이고 필연적인 과정으로 이해함
서양	• 플라톤 : 육체를 순수한 인식을 불가능하게 하는 감옥처럼 여기고, 죽음을 육체로부터 해방되는 것으로 봄 • 에피쿠로스 : 죽음을 경험할 수 없기 때문에 죽음을 두려워할 필요가 없다고 봄 • 하이데거 : 죽음에 대한 자각을 통해 삶을 더욱 의미 있고 가치 있게 살 수 있다고 봄

06 제시문은 죽음에 관한 에피쿠로스의 입장을 보여 준다. 에피쿠로스는 인간이 살아 있는 상태에서는 죽음을 경험할 수 없고, 죽은 뒤에는 감각이 사라져서 어떤 쾌락과 고통도 느낄 수 없기 때문에 죽음을 두려워할 필요가 없다고 주장하였다.

바로잡기 ① 에피쿠로스는 삶과 죽음이 계속 반복된다고 보지 않는다.
②, ④ 에피쿠로스는 죽음 이후의 세계, 즉 내세(來世)를 주장하지 않았다.
③ 플라톤의 입장이다.

07 (가) 사상은 불교이고, (나)의 ㉠에 들어갈 말은 죽음이다. 불교에서는 죽음을 또 다른 세계로 윤회하는 것이며, 윤회 과정에서 인간의 선행과 악행은 죽음 이후의 삶을 결정한다고 보았다. 즉 불교에서는 죽음을 자신의 업(業)에 따라 또 다른 삶을 결정짓는 윤회의 과정으로 본다.

바로잡기 ① 불교에서는 신과 하나가 되라고 주장하지 않는다.

② 죽음을 인간의 쾌락과 고통의 감각이 소멸되는 과정으로 본 사상가는 에피쿠로스이다.
④ 죽음을 사계절의 운행과 같이 기(氣)가 자연스럽게 순환하는 과정으로 본 사상가는 장자이다.
⑤ 죽음을 영혼이 육체의 구속에서 벗어나 자유를 누리는 과정으로 본 사상가는 플라톤이다.

08

생명 의료 윤리 카페 게시판

> 갑 : 인공 임신 중절은 다양한 윤리적 쟁점 중의 하나이다. 인공 임신 중절이 인간의 생명을 죽이는 행위라고 하여 이를 반대하는 사람들이 있다. 나는 이 의견에 찬성하지 않는다. → 인공 임신 중절 찬성 입장

∟ 여성은 자신의 삶을 자율적으로 영위할 권리를 가진다. ········· ㉠
 → 인공 임신 중절을 찬성하는 입장이다. (자율권 논거)
∟ 태아는 사람이기 때문에 인공 임신 중절은 살인 행위이다. ····· ㉡
 → 인공 임신 중절을 반대하는 입장이다.
∟ 태아는 무고한 인간이기 때문에 무고한 인간을 죽이는 행위는 잘못이다. ·········· ㉢
 → 인공 임신 중절을 반대하는 입장이다. (무고한 인간의 신성불가침 논거)
∟ 태아는 여성의 신체 일부로서 여성은 자신의 신체에서 일어날 일을 선택할 권리를 가진다. ·········· ㉣
 → 인공 임신 중절을 찬성하는 입장이다. (소유권 논거)

갑은 인공 임신 중절을 찬성하는 입장이다. 인공 임신 중절의 찬성 입장 논거에는 소유권 논거, 생산 논거, 자율권 논거, 평등권 논거, 정당방위 논거가 있다. 인공 임신 중절의 반대 입장 논거에는 존엄성 논거, 무고한 인간의 신성불가침 논거, 잠재성 논거가 있다. ㉠은 자율권 논거, ㉣은 소유권 논거로 인공 임신 중절을 찬성하는 입장이다.

바로잡기 ㉡, ㉢ 인공 임신 중절을 반대하는 입장이다.

09 ⑺의 주장은 인공 임신 중절을 반대하는 입장이다. 인공 임신 중절을 반대하는 사람들은 태아는 어떠한 경우에도 침해될 수 없는 존엄성을 지닌 존재라고 생각한다. 따라서 질문 1에 대해서는 '예'라고 대답할 것이다. 반면에 질문 2에 대해서는 '아니요'라고 대답할 것이다. 왜냐하면 태아는 여성 몸의 일부이고, 태아의 소유권이 여성에게 있다는 주장은 인공 임신 중절을 찬성하는 입장이기 때문이다.

10 인공 임신 중절을 찬성하는 논거 중 여성의 몸의 일부인 태아에 대한 소유권은 여성에게 있다는 논거를 '소유권 논거'라고 하고, 여성은 태아를 생산하므로 태아를 마음대로 할 수 있다는 논거를 '생산 논거'라고 한다. 인공 임신 중절을 반대하는 논거 중 생명이 있는 인간인 태아를 보호해야 한다는 논거는 '존엄성 논거'라고 한다.

11 그림은 자살로 인해 가족이 큰 고통에 빠진다는 내용이다. 이렇듯 자살은 가족, 친구 등 주변 사람에게 깊은 슬픔과 고통

을 안겨 주며, 사회 공동체의 결속을 약화시킬 수 있다. 따라서 그림을 통해 알 수 있는 자살의 윤리적 문제점은 사회에 부정적 영향을 끼칠 수 있다는 것이다.

바로잡기 ①, ②, ④, ⑤ 자살의 윤리적 문제점에 해당하지만 그림을 통해 알 수 있는 문제점과는 거리가 멀다.

12 ⑺의 갑은 유교 사상가이고, 을은 칸트이다. 칸트는 "너 자신과 다른 모든 사람의 인격을 결코 단순히 수단으로만 대하지 말고 언제나 동시에 목적으로 대하도록 행위하라."는 정언 명령을 제시하며, 자살이 인격을 한낱 수단으로 여기며 인간 존엄성의 이념과 양립 불가능한 행위라고 비판하였다.

바로잡기 ① 불살생(不殺生)의 계율을 강조하는 사상은 유교가 아니라 불교이다.
② 자살이 신으로부터 받은 생명을 해치는 것이라고 보는 것은 그리스도교이다.
③ 무위자연의 원리를 강조한 것은 도가이다.
④ 칸트는 인간이 생명에 대한 자기 결정권을 지니고 있다고 주장하지 않는다.

13 ㉠은 자살이다. 자살은 자기 삶의 일회성과 비가역성을 인식하지 못하는 행위로 돌이킬 수 없는 결과를 초래한다. 자연법 윤리에 따르면 인간은 자기 보존의 의무가 있으며, 자살은 이를 위반하는 행위이다. 쇼펜하우어는 자살이 문제를 해결하는 것이 아니라 회피하는 것으로 한 번뿐인 삶을 인위적으로 종결시킴으로써, 문제를 해결하며 자신의 능력을 발휘할 가능성을 파괴하는 것이라고 주장하였다.

바로잡기 ㄷ. 자살은 가족, 친구 등 주변 사람에게 깊은 슬픔과 고통을 안겨 주며, 특히 유명인의 자살은 모방 자살로 이어지기 때문에 다른 사람과 사회 전체에 영향을 준다고 볼 수 있다.

14 ⑺는 칸트의 사상이다. ⑷의 A는 난치성 척수 질환을 앓고 있고, 사지가 마비된 상태로 매우 고통스러운 상황에서 안락사를 고려하고 있다. 칸트는 인간을 수단으로 대우하지 말고 언제나 목적으로 대우할 것을 주장하며, 인간의 존엄성과 의무를 강조한다. 따라서 칸트는 A에게 인간의 생명은 존엄성을 지님을 알아야 한다고 조언할 것이다.

바로잡기 ①, ④ 환자의 고통을 줄여 주는 선택을 하라거나 가족의 심리적·경제적 부담의 경감을 주장하는 입장은 공리주의 사상이다.
② 칸트는 환자에 대한 동정심이 아니라 환자의 존엄성을 바탕으로 결정해야 한다고 주장할 것이다.
⑤ 칸트는 의료 자원의 효율성을 근거로 안락사 여부를 결정하는 것에 대하여 반대할 것이다.

15 제시문의 ㉠은 안락사에 대해 찬성하고 있다. 안락사에 찬성하는 입장에서는 불치병으로 고통받고 있는 환자의 자율성과 삶의 질을 중시한다. 이러한 입장에 따르면 환자는 자율적 주체로서 자신이 어떤 방법으로 죽을 것인지를 스스로 선택할 수 있으며, 인간답게 죽을 권리를 가진다.

바로잡기 ㄷ. 안락사에 찬성하는 사람들은 인간이 자신의 죽음을 선택할 권리가 있다고 본다.

ㄹ. 안락사에 반대하는 사람들의 주장이다. 특히 자연법 윤리의 관점에서 볼 때, 죽음을 인위적으로 앞당기는 행위는 자연의 질서에 부합하지 않는다.

안락사 찬반 논거　　　　　　　　**만점 공략 노트**

안락사 찬반 입장에 따른 논거를 찾거나 반론을 찾는 문제는 자주 출제되므로 정리해 두자.

찬성 논거	• 인간은 자율적 주체로서 자신의 삶과 죽음에 대한 결정권이 있음 • 인간은 인간답게 죽을 권리를 가짐 • 환자와 환자 가족의 경제적·정신적·심리적 고통을 줄여 주어야 함 → 공리주의 관점
반대 논거	• 모든 인간의 생명은 존엄함 • 인간은 자신의 죽음을 인위적으로 선택할 권리를 갖지 않음 • 인간의 죽음을 인위적으로 앞당기는 행위는 자연의 질서에 어긋남 • 의료인의 기본 의무는 생명을 살리는 것이기 때문에 의료인은 환자의 죽음을 앞당기는 의료 행위를 해서는 안 됨

16 ㉠에는 안락사 찬성 근거가 들어가야 한다. 안락사를 찬성하는 입장에서는 인간이 최소한의 품위를 유지하면서 죽을 권리가 있고, 불치병을 앓고 있는 환자에게 연명 치료를 하는 것은 공리주의 관점에서 환자 본인과 가족에게 심리적·경제적 부담을 준다고 주장한다.

바로잡기 ㄱ, ㄴ. 안락사를 반대하는 입장에서는 인간의 생명은 존엄하며, 안락사는 자연의 질서를 거스르는 행위라고 주장한다.

17　　　　　　　　　　　　　　　**자료 분석 노트**

갑 : 최근 의료 기술의 발달로 장기 이식에 대한 관심이 증가하고 있습니다. 뇌사를 죽음의 기준으로 인정하면 많은 생명을 살릴 수 있습니다.
　└ 뇌사를 죽음의 기준으로 인정하고 있다.
　　　이유 : 많은 생명을 살리기 위해
을 : 맞습니다. 그러나 심장 박동이 멈추고 호흡이 정지해야 죽
　└ 뇌사를 죽음의 기준으로 인정하면 많은 생명을 살릴 수 있다고 본다.
은 것으로 보아야 합니다.
　└ 심폐사를 죽음의 기준으로 인정하고 있다.
갑 : 아닙니다. 뇌는 인간의 생명 활동을 관장하는 핵심 기관이기 때문에 뇌 기능이 정지하면 이미 죽음의 단계에 들어선
　└ 뇌사를 죽음의 기준으로 인정해야 하는 이유
것입니다.
을 : 뇌 기능이 멈추더라도 호흡과 심장 박동은 유지될 수 있기 때문에 아직 죽음에 이른 것은 아닙니다. 또한 장기 이식
　└ 뇌사를 죽음의 기준으로 인정하면 안 되는 이유
때문에 뇌사를 죽음으로 인정할 수는 없습니다.
　└ 뇌사를 죽음의 기준으로 인정하면 안 되는 이유

갑은 뇌사를 죽음의 판정 기준으로 인정해야 한다고 주장하고, 을은 심폐사를 죽음의 판정 기준으로 인정해야 한다고 주

장하고 있다. 따라서 토론의 핵심 쟁점은 '죽음의 판정 기준은 무엇인가?'이다.

바로잡기 ② 장기 이식의 허용 문제에 대해서는 다루고 있지 않다.

③ 갑, 을 모두 뇌사를 인정할 경우 다수의 생명을 살릴 수 있다는 점에 대해서는 동의한다.

④ 뇌의 명령이 없어도 심장 박동은 유지될 수 있기 때문에 옳은 사실에 관한 질문이 아니다.

⑤ 환자의 고통 문제는 토론 내용과 거리가 멀다.

18 (가)의 갑은 자연법 윤리 사상가이고, 을은 공리주의 사상가이다. 자연의 질서에 부합하는 행위를 강조하는 자연법 윤리의 관점에서는 심폐사를 죽음의 판정 기준으로 보아야 한다고 주장할 것이다. 반면에 유용성과 실용성을 강조하는 공리주의 입장에서는 뇌사를 죽음의 판정 기준으로 인정해야 한다고 주장할 것이다. 왜냐하면 뇌사를 죽음으로 인정하면 인공 호흡기 등 의료 자원의 효율적 이용에 도움이 되고, 뇌사자의 장기를 장기 이식에 이용할 수 있기 때문이다.

바로잡기 ㄴ. 생명의 존엄성을 강조하는 입장에서는 뇌사보다는 심폐사를 죽음의 판정 기준으로 보아야 한다고 주장할 것이다. 따라서 자연법 윤리에서는 뇌사를 죽음의 판정 기준으로 삼아야 한다는 주장에 반대할 것이다.

ㄹ. 판정의 오류를 주장하는 사람들은 뇌사를 죽음의 판정 기준으로 삼는 데 반대한다. 반면, 공리주의 입장에서는 뇌사를 죽음의 판정 기준으로 보아야 한다고 주장할 것이다.

19 제시문은 유명인의 자살이 일반인의 모방 자살로 이어지는 '베르테르 효과'에 관한 내용이다. 이를 통해 자살은 개인의 문제일 뿐만 아니라 사회적 문제를 일으킨다는 점에서 사회에 부정적 영향을 끼친다는 것을 알 수 있다.

바로잡기 ②, ③, ④, ⑤ 자살의 윤리적 문제점에 해당하지만 제시된 현상을 통해 내릴 수 있는 결론으로 적절하지 않다.

20 **이렇게 쓰면 만점** (2) 죽음에 대한 자각을 통해 '삶의 의미와 가치를 깊이 있게 성찰해야 한다'는 내용을 정확하게 서술하면 만점이다.

이렇게 쓰면 감점 (2) 제시문은 죽음에 대한 성찰을 강조한 하이데거의 주장이다. 따라서 '성찰', '삶의 의미(또는 가치)' 등의 핵심어를 포함하지 않고 서술하면 감점이다.

21 **이렇게 쓰면 만점** (2) 태아는 온전한 인간이 될 '가능성' 혹은 '잠재성'을 지니고 있기 때문에 인공 임신 중절을 해서는 안 된다는 내용을 정확하게 서술하면 만점이다.

22 **이렇게 쓰면 만점** (2) 비자발적 안락사는 환자의 직접적인 동의 없이 가족 혹은 국가의 요구에 의한 경우에 이루어진다. 따라서 '주변 사람이 환자의 죽음을 결정할 권리를 지니고 있는가'의 문제에 관해 서술하면 만점이다.

바른답·알찬풀이　**15**

01 동서양의 다양한 죽음관   자료 분석 노트

갑 : 진인(眞人)은 분별심으로 도를 버리지 않고, 인위로 자연
└ 도가의 이상적 인간상이므로 갑은 장자임을 추론할 수 있다.
을 돕지 않습니다. 자연은 삶을 주어 수고하게 하고, 죽음
을 주어 쉬게 합니다.
└ 죽음을 자연적이고 필연적인 과정으로 본다.
을 : 현자(賢者)는 죽음을 두려워하지 않습니다. 삶이 해를 주는
것도 아니고, 죽음도 악으로 생각되지 않기 때문입니다.
└ 죽음은 감각을 소멸하기 때문에 고통의 감각도 없어지므로 죽음을
두려워할 필요가 없다고 보므로 에피쿠로스임을 알 수 있다.
그는 긴 삶이 아니라 즐거운 시간을 향유하려고 노력합니다.

갑은 도가 사상가인 장자이고, 을은 에피쿠로스이다. 장자는
죽음을 자연적이고 필연적인 것으로 보기 때문에 두려워할
필요가 없다고 주장한다. 또한 삶과 죽음을 서로 연결된 순환
과정으로 보았기 때문에 분별하지 말아야 한다고 주장한다.
한편 에피쿠로스는 쾌락이 유일한 선이고, 고통을 악으로 보
면서, 인간은 죽음을 감각할 수 없기 때문에 두려워할 필요가
없다고 주장한다. 장자와 에피쿠로스 모두 죽음을 두려움의
대상으로 보지 않는다는 공통점이 있다.

바로잡기 ㄷ. 에피쿠로스는 죽으면 감각이 소멸하고 아무것도 경험할
수 없다고 주장한다. 즉 그는 내세의 행복을 주장하지 않는다.

02 생명 옹호주의와 선택 옹호주의   자료 분석 노트

┌ 태아의 생명권을 강조한다.
갑 : 무고한 생명을 죽이는 행위는 죄악입니다. 우리가 아이를
낳고 길러야 하는 여성의 불가피한 상황을 헤아린다고 할
지라도 태아는 무고한 생명입니다. 따라서 태아의 생명권
은 마땅히 존중받아야 합니다. 결론 : 인공 임신 중절은 무고한
└ 생명을 죽이는 행위이다.
┌ 여성의 선택권을 강조한다.
을 : 태아는 임신부의 신체 중 일부입니다. 따라서 인공 임신
중절의 허용 여부는 임신부의 자유로운 결정에 맡겨야 합
└ 인공 임신 중절 찬성 : 소유권 논거, 자율권 논거
니다. 또한 태아는 인격체가 아니기 때문에 인격체와 같은
생명의 권리를 갖지 못합니다.

갑은 인공 임신 중절을 반대하는 반면, 을은 찬성하고 있다.
따라서 '여성은 태아를 생산하기 때문에 마음대로 할 수 있는
가?'라는 질문에 갑은 부정, 을은 긍정의 대답을 할 것이다.

바로잡기 ① 갑은 생명이 있는 태아는 보호해야 할 대상이라고 본다.
② 을은 여성이 자기 몸에 대한 소유권을 지니고 있다고 본다.
④ '잘못이 없는 인간을 해치는 것은 도덕적으로 옳지 않은 일인가?'
라는 질문에 대해 을도 '예'라고 답할 것이다.
⑤ 갑은 태아가 온전한 인간으로 성장할 잠재성을 갖고 있기 때문에
보호해야 한다고 주장할 것이다.

03 자발적 안락사의 윤리적 쟁점   자료 분석 노트

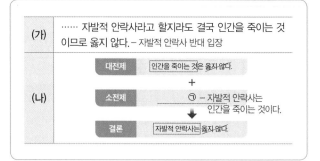

(가)	…… 자발적 안락사라고 할지라도 결국 인간을 죽이는 것이므로 옳지 않다. – 자발적 안락사 반대 입장
(나)	**대전제** 인간을 죽이는 것은 옳지 않다. + **소전제** ㉠ – 자발적 안락사는 인간을 죽이는 것이다. ↓ **결론** 자발적 안락사는 옳지 않다.

(가)는 자발적 안락사가 인간을 죽이는 행위이므로 옳지 않다
는 주장이며, (나)는 이를 삼단 논법으로 정리한 내용이다. ㉠
을 뒷받침하는 논거는 '인간을 죽이는 행위는 어떠한 예외도
없이 도덕적으로 옳지 않다.'이다.

바로잡기 ① 안락사를 찬성하는 논거이므로 ㉠을 뒷받침하는 근거가
아니다.
② 안락사를 반대하는 논거이지만 ㉠의 내용과 거리가 멀다.
③ 공리주의적 관점에서 안락사를 찬성하는 논거이다. 따라서 ㉠을 뒷
받침하는 근거가 아니다.
⑤ 자발적 안락사를 인간을 죽이는 행위와 구분하는 논거는 ㉠에 대
한 반론의 근거이다.

04 뇌사에 대한 찬성과 반대 입장   자료 분석 노트

┌ 죽음의 판정 기준을 뇌사로 보는 입장
갑 : …… 뇌사를 죽음으로 인정하면 많은 생명을 살릴 수 있습
니다.
을 : 그렇습니다. 하지만 사람의 생명은 실용적 가치로 평가할
└ 뇌사를 죽음의 기준으로 인정하면 많은 생명을 살릴 수 있다는 점에는 동의한다.
수 없는 존엄성을 지니기 때문에 심폐사를 죽음으로 보는
것이 옳습니다. – 죽음의 판정 기준을 심폐사로 보는 입장
갑 : 저는 인간의 존엄성은 심장이 아니라 뇌의 활동에서 비롯된
다고 생각합니다. 따라서 뇌사를 죽음으로 보아야 합니다.
을 : 앞의 말씀에는 동의합니다. 하지만 뇌의 명령 없이도 유지
└ 인간의 존엄성은 뇌에서 비롯된다는 생각에는 동의한다.
될 수 있는 사람의 생명 그 자체가 존엄한 것입니다. 또한
장기 이식을 위해 뇌사 판정이 악용될 가능성에도 유의할
필요가 있습니다.

갑과 을의 대화는 죽음의 기준을 뇌사로 보아야 할지, 심폐사
로 보아야 할지에 대한 논쟁이다. 갑은 뇌사를 죽음의 기준으
로 인정하면 장기 이식이 가능하게 되어 많은 생명을 살릴 수
있다고 보는 실용주의적 관점이다. 반면 을은 생명은 그 자체
로 존엄성이 있으므로 심폐사를 죽음으로 인정해야 한다고
주장한다. 따라서 갑은 부정, 을은 긍정의 대답을 할 질문은
ㄴ, ㄹ이다.

바로잡기 ㄱ. 갑은 긍정, 을은 부정의 대답을 할 질문이다.
ㄷ. '뇌사를 인정할 경우 다수의 생명을 살릴 수 있는가'라는 질문에 대
해서는 갑, 을 모두 긍정의 대답을 할 것이다.

02 생명 윤리

기초를 다지는 확인 문제 _____ 68쪽

01 (1) ○ (2) × (3) × (4) ○ (5) ○ **02** (1) 건강권, 인권 (2) 유전자 치료 (3) 생물학 (4) 레건, 내재적 **03** (1) ⓛ (2) ⓒ (3) ㉠

실력을 키우는 실전 문제 _____ 69~73쪽

01 ④	**02** ②	**03** ②	**04** ③	**05** ③	**06** ④
07 ②	**08** ③	**09** ④	**10** ①	**11** ⑤	**12** ②
13 ④	**14** ④	**15** ③	**16** ④	**17** ③	**18** ③

19 (1) **예시답안** 생명의 존엄성 실현을 목적으로 한다.
(2) **예시답안** 인간의 존엄성 훼손, 생태계 파괴 등
20 (1) 미끄러운 경사길 논증 (2) **예시답안** 배아 복제를 허용하면 개체 복제까지 허용할 수 있다.
21 (1) 벤담 (2) **예시답안** 고통을 느낄 수 있는가

01 불교에서는 연기의 가르침을 통해 생명의 상호 의존 관계를 강조하였고, 불살생의 가르침을 통해 생명의 보존을 주장하였다. 슈바이처는 생명을 보존하고 촉진하는 것은 좋은 일이고, 그것을 파괴하고 억제하는 것은 나쁜 일이라고 주장하였다. 서양의 그리스도교는 신의 피조물인 생명은 존엄하면서도 일정한 위계를 가진다고 보았다.
바로잡기 ㄹ. 도가에서는 자연스럽게 태어나고 자라는 것을 인위적으로 조장하는 일이 바람직하지 않다고 주장한다. 연기에 의한 불살생의 가르침은 불교에서 강조하는 내용이다.

02 제시문은 유전자 조작을 통해 인간의 생명을 만들어 내는 모습이다. 이를 통해 생명 과학은 인간의 존엄성을 훼손할 수 있다는 결론을 도출할 수 있다.
바로잡기 ① 생태계 파괴는 제시문과 무관하다.
③, ④ 인간이 각자 등급에 맞는 일을 하고, 자신에 대해 만족하고 행복을 느끼도록 세뇌를 당하는 일은 행복한 삶 또는 삶의 질 향상과는 거리가 멀다.
⑤ 인위적으로 인간의 등급을 구분하는 것은 수직적인 세계이기 때문에 평등한 세계와 거리가 멀다.

03 갑은 동물 복제를 통해 얻을 수 있는 유용한 결과에 주목하며 동물 복제에 대해 찬성하는 입장이다. 반면 을은 동물 복제가 인위적으로 동물 개체수를 늘리는 일에 불과하다고 주장하며, 동물 복제에 대해 반대하는 입장이다.
바로잡기 ㄴ. 동물 복제를 찬성하는 입장에서는 동물이 인간을 위한 도구가 될 수 있다고 본다.
ㄷ. 동물 복제를 반대하는 입장에서는 동물 복제가 동물의 행복 증진에 기여하지 않는다고 본다.

04 ㉠은 반려견을 잃고 난 후 막대한 비용을 들여 복제를 하였다. 따라서 ㉠은 동물 복제에 찬성하는 입장이라고 볼 수 있다. 동물 복제를 찬성하는 사람들은 동물 복제를 통해 얻을

수 있는 유용한 결과에 관심을 갖는다.
바로잡기 ① 동물 복제를 찬성하는 사람들은 동물·복제로 인한 종의 다양성 침해 문제에 관심을 두지 않는다.
② 동물 복제가 자연의 질서에 어긋나는 일이라고 주장하는 것은 동물 복제를 반대하는 사람들이다.
④ 동물 복제를 찬성하는 사람들은 동물 복제를 통해 우수한 품종을 개발하는 것이 문제가 있다고 보지 않는다.
⑤ 동물 복제를 찬성하는 사람들은 동물이 인간의 유용성을 위한 도구가 될 수 있다고 본다.

05 배아의 도덕적 지위 논거 중 배아는 이미 인간 종에 속하므로 도덕적 지위를 가진다는 것을 '종의 구성원' 논거라고 하고, 인간의 발달 과정은 선명한 경계선이 없으므로 배아는 도덕적 지위를 가진다는 것을 '연속성' 논거라고 한다. 배아가 성장해서 존재할 생명체와 배아는 동일하므로 도덕적 지위를 가진다는 것을 '동일성' 논거라고 한다.

06 갑은 도토리와 나무가 동일한 지위를 지니듯이, 배아와 인간도 같은 관계라고 주장하고 있다. 따라서 갑의 입장에서는 〈문제 상황〉의 배아 세포 실험을 반대할 것이다. 즉 갑은 배아를 인간이 될 존재로 보고 있으므로 배아 실험을 정당하지 않다고 평가할 것이다.
바로잡기 ㄱ. 과학 발전을 위한 배아 실험을 정당하다고 보는 것은 갑의 입장과 거리가 멀다.
ㄷ. 유전적 결함을 치료하기 위한 배아 실험을 정당하다고 보는 것은 갑의 입장과 거리가 멀다.

07 **자료 분석 노트**

> 갑: 모든 참나무가 한때는 도토리였지만, 도토리가 참나무와 같지는 않다. 도토리와 참나무가 같은 가치를 지닐 수 없듯이, 배아와 인간의 관계도 마찬가지이다. 단지 배아는
> <u>배아 ≠ 인간</u>
> 인간이 될 수 있는 가능태(可能態)일 뿐이다.
> └ 배아는 인간이 아니라는 입장이다.
>
> 을: 어떤 차별도 정당화되지 않듯이 발달 과정에서의 차별 역시 정당화되지 않는다. 모든 인간은 배아로부터 시작되고
> <u>연속성 논거</u>
> 인간의 생명은 오로지 그 자체로 존중받아야 하므로, 우리는 배아를 인간과 동일한 존재로 보아야 한다.
> <u>배아 = 인간</u>
> └ 배아는 인간이라는 입장이다.

갑은 도토리와 참나무가 같지 않다고 보면서, 이와 마찬가지로 배아는 인간과 동일하지 않다고 주장한다. 배아는 단지 인간이 될 가능성만 가진 것이라고 본다. 반면 을은 연속성의 논거에 따라 배아는 인간과 같은 존재이며, 이에 상응하는 존엄성을 가진다고 본다.
바로잡기 ① 갑은 배아가 인간과 동일한 지위를 가지지 않으며 인간이 될 가능성만을 지닌다고 본다.

③ 을은 배아가 인간과 동일한 권리를 가진 존재라고 본다.

④ 갑은 배아의 생명의 권리를 인정하지 않고, 을은 인정한다.

⑤ 갑은 배아를 인간과 동일시하지 않으므로, 배아와 인간의 도덕적 지위를 서로 같다고 보지 않는다.

08 인간 개체 복제를 찬성하는 입장에서는 개체 복제를 통해 불임 부부의 고통을 해소할 수 있다는 점을 강조한다. 이에 반대하는 입장에서는 개체 복제가 인간의 존엄성을 훼손하고, 자연스러운 출산 과정에 어긋나며, 인간의 고유성을 위협할 수 있다는 점을 강조한다. 또한 개체 복제는 가족 관계에 혼란을 줄 수 있다고 주장한다.

바로잡기 ③ 개체 복제는 사람들 간의 상호 의존성을 파괴할 수 있다.

09 (가)는 자연법 윤리 사상의 관점이고, (나)의 문제 상황은 유전자를 조작하여 원하는 아이를 태어나게 해 주겠다는 내용이다. 자연법 윤리 사상에 따르면 이러한 유전자 조작은 자연스러운 과정이 아니기 때문에 정당하지 않다.

바로잡기 ①, ③ 자연법 윤리 사상에서는 유용성과 경제적 효용성을 중요하게 생각하지 않는다. 유용성을 강조하는 사상은 공리주의이다. ② 유전자 조작을 옹호하는 주장으로 자연법 윤리 사상과 거리가 멀다. ⑤ 유전자 조작을 반대하는 주장이지만 자연법 윤리 사상과 거리가 멀다.

10 제시된 탈리도마이드 부작용 사례는 인간과 동물이 생물학적으로 긴밀한 유사성을 가지지 않음을 보여 준다. 이러한 사례는 동물 실험 결과를 인간에게 그대로 적용하는 데 한계가 있으므로 동물 실험을 금지해야 한다는 주장의 논거로 인용된다.

바로잡기 ② 제시문과 거리가 멀다.

③, ⑤ 동물 실험에 찬성하는 입장의 논거이다.

④ 탈리도마이드 부작용 사례는 동물 실험 결과를 인간에게 그대로 적용할 수 없다는 것을 보여 준다.

11 생명 의료 윤리 원칙에는 자율성 존중의 원칙, 해악 금지의 원칙, 선행의 원칙, 정의의 원칙이 있다. 자율성 존중의 원칙은 인간의 자율적 의사를 최대한 존중해야 한다는 것이고, 해악 금지의 원칙은 신체적 해악이나 정신적 상처를 주어서는 안 된다는 것이다. 선행의 원칙은 환자나 피험자의 유익을 도모하고 선행을 베풀어야 한다는 것이고, 정의의 원칙은 연구 성과나 자원을 공정하게 분배해야 한다는 것이다.

12 ㉠에 들어갈 내용은 생식 세포 유전자 치료에 대한 반대 근거이다. 생식 세포 유전자 치료에 반대하는 사람들은 미래 세대의 동의 여부가 불확실하고, 의학적으로 불확실하며 임상적으로 위험하다고 주장한다. 또한 고가의 치료비로 그 혜택이 일부 사람에게 치중되며, 인간의 유전자를 조작하려는 우생학을 부추길 수 있다는 점을 지적한다.

바로잡기 ② 인간의 생식적 범위를 넓혀 준다는 주장은 생식 세포 유전자 치료에 찬성하는 입장의 근거이다.

유전자 치료에 관한 쟁점은 빈출 주제이므로 찬반 논거를 정리해 두자.

찬성 논거	• 병의 유전을 막아 다음 세대의 병을 예방함 • 유전병을 퇴치하는 등 의학적으로 유용함 • 부모의 자율적 선택을 존중함 • 새로운 치료법 개발을 통해 경제적 효용 가치를 산출함
반대 논거	• 미래 세대의 동의 여부가 불확실함 • 의학적으로 불확실하고 임상적으로 위험함 • 인간의 유전자를 조작하려는 우생학을 부추김 • 분배 정의에 어긋날 수 있음

13 제시문은 근대 서양 사상가인 베이컨의 입장이다. 베이컨에 따르면 인간의 이익과 행복 증진을 위해 인간은 동물을 이용할 수 있고, 동물 실험의 결과를 인간에게 적용할 수 있다. 이러한 주장의 이면에는 인간이 동물과 근본적으로 다른 존재 지위를 갖고 있다는 생각이 깔려 있다.

바로잡기 ㄴ. 인간과 동물이 존재 지위에 별 차이가 없다고 주장하면 동물 실험을 반대해야 한다.

14   **자료 분석 노트**

┌ 데카르트이다.

갑 : 동물은 자동인형 또는 움직이는 기계에 불과하다. 동물이
동물 = 기계 : 단순한 기계인 동물은 고통과 쾌락을 경험할 수 없다.
고통을 느낄 때 몸부림치거나 고통스러운 소리를 내는 것은 자동인형이 움직이거나 시계가 째깍거리는 소리와 같다.

┌ 아퀴나스이다.

을 : 사물의 질서는 불완전한 것이 완전한 것을 위해 존재하는 방식으로 이루어져 있다. 식물은 모두 동물을 위해 존재하고, 동물은 모두 인간을 위해 존재한다. 만약 인간이 동물
인간은 동물과 다른 존재이며, 인간을 위해 동물을 이용할 수 있다.
에게 동정 어린 감정을 나타낸다면, 그는 그만큼 더 동료 인간들에게 관심을 가질 것이다.
다만 인간의 품성에 영향을 주기 때문에 동물을 함부로 다루어서는 안 된다고 본다.

갑은 데카르트, 을은 아퀴나스이다. 데카르트는 동물을 자동인형 또는 움직이는 기계에 불과하다고 주장하였고, 이러한 그의 주장은 당시 유럽에서 마취제 없이 이루어진 동물 실험을 정당화하는 데 이용되었다. 한편 아퀴나스는 동물이 도덕적으로 고려받을 권리를 갖지는 않지만, 그렇다고 해서 동물을 함부로 다루어서도 안 된다고 주장하였다. 왜냐하면 그것이 인간의 품성에 부정적인 영향을 끼치기 때문이다.

바로잡기 ㄱ. 아퀴나스의 주장이다.

ㄷ. 당시 유럽에서 마취제 없이 이루어진 동물 실험을 정당화하는 데 이용된 것은 데카르트의 주장이다.

15 제시문은 칸트의 입장이다. 칸트는 동물이 도덕적으로 고려받을 권리를 갖지는 않지만, 인간의 품성을 고려하여 동물을 함부로 다루어서는 안 된다고 주장하였다. 그는 동물에게 친

절한 사람은 사람에게도 친절할 것이고, 동물에게 잔인한 사람은 사람에게도 잔인할 것이라고 보았다.

바로잡기 ③ 칸트가 자연 안의 어떠한 존재도 수단으로 대해서는 안 된다고 주장했다고 보기는 어렵다.

16

┌ 칸트
(갑): 자연의 피조물이 이성을 갖지 않는다고 해서 잔인하게 다루면 안 된다. 그렇게 다룰 경우, 고통에 대한 공감을 일으키는 인간의 자연적 소질이 약화되기 때문이다.
└ 인간의 품성에 부정적인 영향을 주기 때문에 동물을 함부로 대해서는 안 된다고 주장한다.

(을): 자연의 다른 존재를 위한 유용성과는 독립적으로, 쾌고(快苦)를 느끼며 목표를 위해 행위하는 삶의 주체는 비록 의무를 가질 수 없다고 해도 삶을 영위할 권리를 갖는다.
└레건
└ 자신의 삶을 영위할 수 있는 능력을 지닌 존재는 내재적 가치를 지니며, 한 살 정도의 포유류는 이러한 내재적 가치를 지닌다고 본다.

갑은 칸트, 을은 레건이다. 칸트는 동물이 도덕적으로 고려받을 권리를 가지지는 않지만, 그렇다고 동물을 함부로 대해서는 안 된다고 주장하였다. 한편 레건은 한 살 정도의 포유류는 자신의 삶을 영위할 수 있는 능력, 즉 믿음, 욕구, 지각, 기억, 감정 등을 가진 삶의 주체가 될 수 있기 때문에 내재적 가치를 지닌다고 주장하였다.

바로잡기 ① 칸트와 레건 모두 동물을 함부로 대해서는 안 된다고 주장하였다.
② 칸트는 동물이 도덕적으로 고려받을 권리를 가진다고 보지 않았다.
③ 칸트는 동물이 쾌락과 고통을 경험할 수 없다고 주장하지 않았다.
⑤ 레건은 인간뿐만 아니라 한 살 정도의 포유류도 자신의 삶을 영위할 수 있는 능력을 가진다고 주장하였다.

17 제시문은 싱어의 입장이다. 공리주의자인 벤담의 사상을 이어받은 싱어는 동물이 쾌고 감수 능력을 갖고 있으므로 동물의 이익도 평등하게 고려해야 한다고 주장한다.

바로잡기 ㄱ. 싱어는 동물 실험을 기본적으로 반대하지만, 만약 동물 실험을 통해 얻을 수 있는 쾌락의 양이 동물이 느낄 고통의 총량을 뛰어넘을 경우에는 동물 실험이 정당화될 수 있다고 본다.
ㄷ. 싱어에 따르면 동물 학대 금지는 인간이 지닌 직접적인 의무이다.

18 갑은 싱어, 을은 레건이다. 싱어와 레건은 모두 동물이 도덕적으로 고려받을 권리가 있다고 주장한다. 또한 두 사상가는 경제적 효용성의 관점에서 동물의 가치를 평가하는 것을 비판한다.

바로잡기 ㄱ. 싱어와 레건 모두 동물이 쾌락과 고통을 느낄 수 있다고 본다. 따라서 B에 들어갈 진술이다.
ㄹ. 레건은 한 살 정도의 포유류가 삶의 주체로서 능력을 갖고 있으며, 이러한 동물은 내재적 가치를 지닌다고 주장한다.

19 **이렇게 쓰면 만점** (1) '생명의 존엄성 실현'이라는 의미를 정확하게 서술하면 만점이다.

이렇게 쓰면 감점 (2) 생명 과학이 지닌 윤리적 문제를 한 가지만 서술하면 감점이다.

20 **이렇게 쓰면 만점** (2) 배아 복제를 허용하면 개체 복제까지 이어질 수 있다는 점을 정확하게 서술하면 만점이다.

21 **이렇게 쓰면 만점** (2) 동물의 쾌고 감수 능력에 관해 서술하면 만점이다.

등급을 올리는 고난도 문제 ____ 74~75쪽

01 ④   02 ④   03 ③   04 ③

01 배아의 도덕적 지위 논쟁

인간 배아는 단순한 세포 덩어리에 불과해서 얼마든지 의학 실험의 대상이 될 수 있어.

배아는 인간과 동일한 지위를 지닐 수 없다고 본다.

배아 세포 실험 찬성 -갑

인간 배아는 인간으로서의 존엄성을 지니기 때문에 의학 실험의 대상으로 삼아서는 안 돼.

배아는 인간과 동일한 지위를 지닌다고 본다.

배아 세포 을 -실험 반대

갑은 배아 세포 실험을 찬성하는 입장이고, 을은 배아 세포 실험을 반대하는 입장이다. 따라서 갑은 인간 배아의 가치를 효용성에서 찾을 수 있고, 인간 배아의 손실과 유아의 죽음을 동일시해서는 안 된다고 주장할 것이다. 반면 을은 배아와 인간이 동일하며, 인간의 발달 과정은 연속적이기 때문에 선명한 경계선이 없다고 주장할 것이다.

02 유전자 치료의 윤리적 쟁점

┌ 갑의 핵심 주장
(갑): 유전자 치료만이 유전적 질병에 대한 근본적 해결책입니다. 따라서 체세포 유전자 치료뿐만 아니라 생식 세포 유전자 치료까지 허용해야 합니다. 이를 통해 유전자 치료의 효과가 후세대로 이어져 인류 전체의 행복에 기여할 수 있습니다.
└ 생식 세포 유전자 치료를 허용해야 하는 이유
└ 체세포 유전자 치료와 생식 세포 유전자 치료 모두를 허용해야 한다는 입장이다.

(을): 체세포 유전자 치료는 환자 개인의 신체 세포에 영향을 주기 때문에 허용되지만, 생식 세포 유전자 치료는 개인은 물론 후세대에까지 영향을 주기 때문에 금지되어야 합니다.
└ 생식 세포 유전자 치료를 허용해서는 안 되는 이유
└ 체세포 유전자 치료만 허용해야 한다는 입장이다.

갑은 체세포 유전자 치료와 생식 세포 유전자 치료를 모두 허용해야 한다는 입장이고, 을은 체세포 유전자 치료만 허용해야 한다는 입장이다. 따라서 갑과 을은 모두 체세포 유전자 치료를 허용해야 한다고 주장한다. 또한 갑, 을 모두 생식 세포 치료는 유전자 치료의 범주에 포함된다고 보고, 후세대에 영향을 주지 않는 유전자 치료를 허용해야 한다고 주장한다.

바로잡기 ㄹ. 후세대에 영향을 주는 것은 생식 세포 유전자 치료이므로 갑, 을 모두 부정의 대답을 할 질문이다.

03 동물 복제에 대한 찬반 논거 〔자료 분석 노트〕

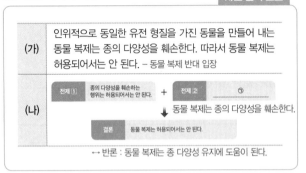

(가)	인위적으로 동일한 유전 형질을 가진 동물을 만들어 내는 동물 복제는 종의 다양성을 훼손한다. 따라서 동물 복제는 허용되어서는 안 된다. – 동물 복제 반대 입장

(나)
전제 ① 종의 다양성을 훼손하는 행위는 허용되어서는 안 된다. + 전제 ② ⊙
↓ 동물 복제는 종의 다양성을 훼손한다.
결론 동물 복제는 허용되어서는 안 된다.

↳ 반론 : 동물 복제는 종 다양성 유지에 도움이 된다.

(가)의 내용을 삼단 논법으로 정리해 보면, (나)의 ⊙에 들어갈 말은 '동물 복제는 종의 다양성을 훼손한다.'이므로 ⊙에 대한 반론으로 적절한 것은 동물 복제가 종의 다양성을 훼손하는 행위는 아니라는 내용이다. 따라서 동물 복제가 희귀 동물을 보존하는 방법을 제공한다는 것은 ⊙에 대한 반론으로 적절하다.

바로잡기 ①, ④ 동물 복제를 반대하는 입장의 근거이다.
② 동물 복제 찬성 근거이나 ⊙에 대한 반론으로 부적절하다.
⑤ ⊙을 뒷받침하는 근거이다.

04 동물 권리 논쟁 〔자료 분석 노트〕

┌데카르트
갑 : 인간은 말과 기호를 사용할 줄 알고 모든 상황에 적절히 대처할 수 있는 데 반해, 동물은 움직이는 자동 기계에 불과하다. 데카르트임을 알 수 있는 키워드이다. 동물은 기계에 불과하므로 도덕적으로 고려받을 권리가 없다고 주장한다.

을 : 욕구, 지각, 기억, 감정 등 일련의 특징을 지니고 자신의 고
┌레건 유한 삶을 살아가는 삶의 주체만이 도덕적 권리를 지닌다. 레건임을 알 수 있는 키워드이다. 그는 한 살 이상의 포유류는 삶의 주체로서 내재적 가치를 지니며 도덕적으로 고려받을 권리를 가진다고 주장한다.

갑은 데카르트, 을은 레건이다. 인간 중심주의자인 데카르트와 달리 동물 중심 주의자인 레건은 단지 인간의 목적을 위한 수단으로 동물을 이용하는 것에 대해 반대하였다. 두 사상가는 모두 자연의 모든 생명체가 도덕적 지위를 갖는 것은 아니라고 주장하였다. 레건도 한 살 이상의 포유류라는 단서를 달았기 때문에 여기에 포함되지 않는 동물들까지 도덕적 지위를 갖는다고 보지 않았다.

바로잡기 ㄱ. 데카르트는 동물을 영혼이 없는 기계로 보았다.
ㄷ. 데카르트는 동물이 도덕적으로 고려받을 권리가 없고, 인간의 이익을 위해서 동물을 이용해도 된다고 보았다. 반면에 레건은 동물이 도덕적으로 고려받을 권리가 있고, 인간의 목적을 위하여 동물을 수단으로 단순히 이용하는 것에 대해서도 반대하였다.

🔲 사랑과 성 윤리

〔기초를 다지는 확인 문제〕 82쪽

01 (1) ○ (2) ○ (3) ○ (4) × (5) × **02** (1) 생식적, 인격적 (2) 헤겔 (3) 신의, 효도 (4) 형우제공 **03** (1) ⓛ (2) ㉠ (3) ㉢

〔실력을 키우는 실전 문제〕 83~87쪽

01 ②	02 ①	03 ④	04 ⑤	05 ⑤	06 ①
07 ①	08 ①	09 ①	10 ⑤	11 ②	12 ④
13 ④	14 ⑤	15 ④	16 ①	17 ①	18 ①
19 ⑤					

20 (1) (가) 보수주의 입장 (나) 중도주의 입장 (다) 자유주의 입장
(2) **예시답안** 사랑과 성은 인간의 인격과 관련이 있다.
21 (1) 자기 결정권 (2) **예시답안** 타인이 갖는 성에 대한 자기 결정권을 침해할 수 있다. 생명을 훼손하는 부도덕한 결과를 초래할 수 있다.
22 (1) 고정된 성 역할에 따른 가사 분담의 문제 (2) **예시답안** 서로 동등한 존재임을 인식해야 한다. 서로 존중하고 협력해야 한다. 서로 간에 신의를 지켜야 한다.

01 제시문은 사랑에 대한 프롬의 입장이다. 그는 『사랑의 기술』에서 참다운 사랑은 보호, 책임, 존경, 이해(지식)의 요소를 포함한다고 보았다. 그는 사랑하는 사람을 보호하는 것, 사랑하는 사람의 요구를 배려하면서 자신의 행동에 책임을 지는 것, 사랑하는 사람을 있는 그대로 받아들이며 존경하는 것, 사랑하는 사람을 올바로 이해하는 것이 진정한 사랑의 모습이라고 주장하였다.

바로잡기 ② 프롬에 따르면 진정한 사랑은 상대의 모든 것을 소유할 때 실현되는 것이 아니라 상대방을 있는 그대로 존중할 때 실현되는 것이다.

02 인간의 성(性)은 새로운 생명을 탄생시키는 원천으로 생식적 가치를 지닌다. 또한 성은 인간의 감각적인 욕구를 충족시켜 주는 쾌락적 가치를 지니며, 남녀 상호 간의 존중과 배려를 실현하게 해 주는 인격적 가치를 지닌다. 따라서 ㉠에는 '생식적', ㉡에는 '쾌락적', ㉢에는 '인격적'이 들어가야 한다.

03 제시문은 성과 사랑에 관한 아퀴나스의 입장이다. 아퀴나스는 성과 사랑의 관계에 대해 보수주의 입장이다. 이러한 입장에서는 결혼과 출산 중심의 성 윤리를 제시하며, 부부간의 신뢰와 사랑을 전제로 할 때만 성적 관계가 도덕적이라고 주장한다.

바로잡기 ① 보수주의 입장은 성과 결혼을 결부시킨다.
② 보수주의 입장에서는 혼전 성적 관계를 허용하지 않는다.
③ 성에 대한 개인의 자유로운 선택을 중시하는 입장은 자유주의이다.
⑤ 자발적 동의에 따라 이루어지는 성적 관계를 정당하다고 보는 입장은 자유주의이다.

04 갑은 성과 사랑의 관계를 자유주의 입장에서, 을은 중도주의 입장에서 바라보고 있다. 자유주의 입장은 자발적인 동의 중심의 성 윤리를 제시한다. 즉 성에 관하여 개인의 자유로운 선택을 중시한다. 중도주의 입장은 사랑 중심의 성 윤리를 제시한다. 이 입장에서는 사랑 혹은 인격적 교감을 동반한 성적 관계는 허용될 수 있다고 주장한다. 갑과 을은 모두 성의 본능적인 측면을 인정하고 있다.

바로잡기 ㄱ. 갑은 성의 생식적 가치보다는 쾌락적 가치를 강조한다.
ㄴ. 갑은 자발적인 동의, 즉 개인의 자유로운 선택을 강조하는 입장이다.

05 제시문은 여성학자 보부아르의 주장이다. 그는 『제2의 성』에서 "여성은 태어나는 것이 아니라 여성으로서 만들어진다."라고 주장하며, 남성다움과 여성다움은 사회 문화적으로 규정된다고 하였다. 특히 여성의 성 정체성은 자연적인 것이 아니라 역사적으로 학습되고 사회적으로 할당된 지위로서 내면화된 것이라고 주장하였다.

바로잡기 ①, ③, ④ 보부아르는 성이 자연적인 것이 아니라 사회적으로 규정된다고 주장하였다.
② 성의 포괄적 의미에 관한 설명으로, 제시문과 거리가 멀다.

06 사랑과 성의 관계에 대한 입장 중 갑은 보수주의, 을은 중도주의, 병은 자유주의 입장이다. 보수주의 입장에서는 부부간의 사랑이 전제될 때 성이 정당화될 수 있다고 보며, 중도주의 입장에서는 성을 결혼과 결부시키지는 않으나, 사랑을 동반한 성적 관계를 허용한다. 반면 자유주의 입장에서는 개인의 자유로운 선택을 중시하며, 자발적 동의에 따라 이루어지는 성적 관계를 옹호한다. 따라서 갑과 을은 긍정, 병은 부정의 대답을 할 질문은 ㄱ뿐이다.

바로잡기 ㄴ. 보수주의, 중도주의, 자유주의 모두 사랑과 성이 인간의 인격과 관련된다고 보고 있으므로 갑, 을, 병 모두 긍정의 대답을 할 질문이다.
ㄷ. 성과 사랑을 결혼과 결부시키는 입장은 보수주의뿐이다. 따라서 갑만 긍정, 을과 병은 부정의 대답을 할 질문이다.
ㄹ. 사랑이 동반된 혼전 성적 관계에 대해서는 갑만 부도덕하다고 주장하는 반면, 을과 병은 부도덕하지 않다고 본다.

07 성차별은 남자다움과 여자다움을 사회적·문화적으로 규정한 후 이를 따르게 할 때 발생한다. 성차별은 인간으로서 평등성과 존엄성을 훼손하고, 인권을 침해한다. 또한 남녀 각 개인의 잠재력을 충분히 발휘할 수 없도록 하여 국가 차원에서 인적 자원의 낭비를 초래한다.

바로잡기 ㄷ. 성차별은 남녀 간의 차이를 잘못 이해하여 발생하는 차별이다.
ㄹ. 성차별은 사회적으로 규정된 남자다움과 여자다움을 강요할 때 발생한다.

08 (가)는 음양론에 관한 내용이다. 음양론은 만물이 음양의 상호 작용을 통해 생성된다는 이론이다. 〈사례〉는 남녀 간의 성차별에 관한 신문 기사 내용이다. 음양론에 따르면, 음양은 우열이 있는 관계가 아니라 상호 의존적이고 보완적인 관계이다. 따라서 음양론의 관점에서 성차별 문제를 해결하기 위해서는 생물학적 차이에 따라 차별하지 않도록 하고, 동일 직종에서 성별 차이에 따른 임금 차등 지급을 금지해야 한다고 주장할 것이다.

바로잡기 ㄷ. 남성 주도로 임금 격차를 해소하는 것은 음양론의 관점과 거리가 멀다.
ㄹ. 남녀의 임금 격차가 능력 차이에 따른 것이라는 주장은 성급한 일반화의 오류를 범하는 것이며, 음양론의 관점과도 거리가 멀다.

09 성(性)과 관련된 창작물 검열에 대한 질문에 왼쪽 학생은 표현의 자유를 근거로 검열이 정당화될 수 없다고 주장한다. 반면 오른쪽 학생은 검열이 정당화될 수 있다고 주장하므로 ㉠에는 이 주장을 뒷받침하는 근거가 들어가야 한다.

바로잡기 ① 과도한 성적 표현이 외모 지상주의를 억제할 수 있게 해 주는 것은 아니다.
② 성에 대한 자기 결정권의 보호는 검열을 반대하는 근거이다.
③ 표현의 자유를 보장하는 것은 검열을 반대하는 근거이다.
⑤ 이윤 획득의 옹호는 검열을 반대하는 근거이다.

10 제시문은 성 상품화를 반대하면서 성에 대한 왜곡된 시각을 바로잡아야 한다고 주장하는 내용이다. 성 상품화란 성 자체를 상품처럼 사고팔거나 다른 상품을 팔기 위한 수단으로 성을 이용하는 행위를 말한다. 인간을 수단으로만 보지 말고 항상 목적으로 대우하라는 칸트 윤리의 관점에서 볼 때, 성 상품화는 인격적 가치를 지니는 성을 상품으로 대상화하여 성의 가치와 의미를 훼손하는 행위이다.

바로잡기 ① 성에 대한 자기 결정권을 강조하는 주장은 성 상품화를 찬성하는 입장이다.
② 성 상품화는 외모 지상주의를 조장한다는 비판을 받는다.
③ 성적인 이미지를 이용하여 이윤을 추구하자는 주장은 성 상품화를 찬성하는 입장이다.
④ 성에 대한 표현의 자유를 강조하는 주장은 성 상품화를 찬성하는 입장이다.

성 상품화에 대한 찬반 입장 　만점 공략 노트

성 상품화에 관한 논쟁은 이 단원의 주요 쟁점이다. 쟁점에 관한 찬반 논거를 정리해 두자.

찬성 입장	• 성에 대한 자기 결정권과 표현의 자유를 강조함 • 자본주의 경제 논리에 부합함 • 소비자의 선호를 반영하는 것이라면 허용할 수 있음
반대 입장	• 성이 지닌 인격적 가치를 훼손함 • 인간을 수단화하고 도구화하는 것임 • 외모 지상주의를 조장함

11 제시문에서는 성에 대한 자기 결정권을 인정하면서도, 이를 남용해서는 안 된다고 주장하고 있다. 성에 대한 자기 결정권이란 인간이 외부의 부당한 압력, 타인의 강요 없이 자기 의지와 판단에 따라 자신의 성적 행동을 결정할 권리이다. 상대방의 동의 없이 강제로 성적 행위를 하는 것은 상대방의 자기 결정권을 침해하는 일이며, 이에 대해서는 개인이 책임을 져야 한다. 따라서 '성에 대한 자기 결정권을 행사한 개인에게 책임을 물어서는 안 되는가?'라는 질문에 부정의 대답을 할 것이다.

[바로잡기] ① 성에 대한 자기 결정권을 남용해서는 안 된다고 본다. ③ 자신의 행위가 타인의 성에 대한 자기 결정권을 침해해서는 안 된다는 입장이다. ④ 상대방이 원하지 않는 성적 행위나 활동을 강제해서는 안 된다는 입장이다. ⑤ 성에 대한 자기 결정권을 남용하면 생명을 훼손하는 부도덕한 결과를 초래할 수 있다는 입장이다.

12

[자료 분석 노트]

> 남자는 사모관대(紗帽冠帶)를 하고 상 앞에 무릎을 꿇고 앉아 원래는 벼슬아치의 복장이었으나 지금은 전통 혼례에서 착용하는 복장을 뜻한다. 나무 기러기[木雁]를 상 위에 놓고 공손히 절을 한다. …… 그 전통 혼례에서 기러기는 신랑과 신부를 뜻한다. 후 서로 절을 한 다음 술을 나누어 마심으로써 새로운 사회관계를 이루게 된다. – 전통 혼례의 모습을 설명하는 내용이다.

결혼은 사랑의 결실이며, 인류 존속을 위한 첫걸음이다. 그리고 남녀가 서로의 차이를 존중하겠다는 의지의 표현이며, 조상을 모시고 집안을 이어가겠다고 서약하는 의례이기도 하다.

[바로잡기] ㄹ. 스승의 노고에 감사를 표현하는 것은 결혼에 관한 내용이 아니다.

13 (가)는 형제자매 관계, (나)는 부부 관계, (다)는 장유, 즉 어른과 아이 간의 관계이다. 형제자매 관계는 같은 뿌리에서 나왔지만, 장유유서의 수직적인 질서를 근본으로 한다. 형제자매 간의 관계는 자연적 혈연관계이지만, 부부 관계는 결혼이라는 공식 제도로 맺는 사회적 관계이다. 음양론에 따르면 남성과 여성은 상호 의존적이고 보완적인 관계이며, 부부 관계는 형제자매 관계가 성립하는 토대가 된다.

[바로잡기] ㄷ. 전통 윤리에서 (다)는 (가)가 확대된 것으로 파악한다. 즉 사회의 어른과 아이의 관계는 가정의 형제자매 관계가 확장된 것이다.

14 제시된 내용은 유교 사상이다. 유교에서 효는 백행지본(百行之本)이라 하여, 모든 행실의 근본이라고 보았다. 유교에서 강조하는 효의 실천 방법으로는 부모로부터 물려받은 몸을 깨끗하고 온전하게 하는 것(불감훼상), 부모의 뜻을 헤아려 실천함으로써 부모를 기쁘게 해 드리는 것(양지), 부모를 욕되지 않게 해 드리는 것(불욕) 등이 있다.

[바로잡기] ⓐ 아침저녁으로 부모에게 문안을 드리는 것은 혼정신성(昏定晨省)이라고 한다. 그러나 이는 효의 마침이 아니다. 유교에서 효의 마침은 입신양명(立身揚名), 즉 후세에 이름을 떨쳐 부모를 영광되게 해 드리는 것이다.

전통적인 효의 실천 방법 [만점 공략 노트]

전통적인 효의 실천 방법의 의미를 묻거나 현대적으로 적용할 방법을 물을 수 있으므로 정리해 두자.

불감훼상	효의 시작으로, 부모로부터 물려받은 몸을 깨끗하고 온전하게 하는 것
봉양	부모를 실질적으로 잘 모시는 것
양지	부모의 뜻을 헤아려 실천함으로써 부모를 기쁘게 해 드리는 것
공대	표정을 항상 부드럽게 하여 부모가 편안한 마음을 지닐 수 있도록 해 드리는 것
불욕	부모를 욕되지 않게 해 드리는 것
혼정신성	아침저녁으로 부모에게 문안을 드리는 것
입신양명	효의 마침으로, 후세에 이름을 떨쳐 부모를 영광되게 해 드리는 것

15 제시문은 근대 서양 사상가인 헤겔의 가족에 대한 입장이다. 헤겔은 개인이 결혼을 통해 윤리적 삶으로 들어가며 가족 안에서 공동체의 구성원임을 알게 된다고 하였다. 또한 그는 근대적인 시민의 평등한 사랑에 기초한 '시민적 가족'을 염두에 두는데, 시민적 가족은 부부간의 평등한 사랑을 기반으로 성립한다.

[바로잡기] ㄹ. 헤겔은 가족을 생산과 소비의 경제적인 개념보다 사랑과 자유의 개념으로 접근해야 할 대상으로 본다.

16 (가)는 길리건의 입장이다. 그는 남성은 정의의 관점에서, 여성은 배려의 관점에서 도덕성이 발달한다고 보면서 여성의 도덕성 발달을 남성적 기준으로 측정하여 남성보다 열등하거나 덜 성숙하다고 판단하고 무시해서는 안 된다고 주장한다. (나)의 ㉠에 들어갈 말은 '부부'이다. 길리건의 관점에 따르면, 부부는 서로 동등한 존재임을 인식해야 하고, 서로를 차별하지 말아야 한다.

[바로잡기] ㄷ. 부부는 동등한 존재이기 때문에 위계질서가 아닌 수평적 관계를 수립해야 한다. ㄹ. 부부의 역할은 고정되어 있는 것이 아니며, 서로 존중하고 협력하는 태도를 지녀야 한다.

17 제시문의 ㉠에는 형제자매, ㉡에는 부부가 들어가야 한다. 형제자매 관계는 형과 아우의 순서가 있는 상하 관계이면서 한 부모 아래 동기(同氣)라는 점에서 횡적 관계를 가진다는 특징이 있다.

[바로잡기] ② 자애와 효도는 부모와 자식 간에 필요한 덕목이다. 부부 간에는 존중, 신의, 협력 등이 필요하다.

③ 같은 기(氣)를 가진 혈연관계는 부부가 아니라 형제자매 관계이다. 부부는 결혼이라는 공식 제도로 맺어진 사회적 관계이다.
④ 형제자매 간은 혈연관계, 부부간은 사회적 관계이다.
⑤ 부부 관계가 성립되지 않으면 형제자매 관계도 존재할 수 없다.

18 (가)는 인(仁)과 예(禮)를 강조하는 유교 사상이다. (나)의 가로 낱말 (A)는 '우정'이고, (B)는 '박애'이다. 따라서 세로 낱말 (A)는 '우애'이다. 우애는 형제자매 간에 지켜야 할 덕목이다. 형제자매는 같은 뿌리를 가졌다고 해서 동기간(同氣間)이라고 부르며, 형제자매 간에 우애를 지키는 것은 사회적 관계의 규범을 익히는 밑거름이 된다.

바로잡기 ㄷ. 부부간에 지켜야 할 덕에 관한 설명이다.
ㄹ. 생명을 주고받은 수직 관계는 부모와 자식의 관계이다. 이때 부모가 자식에게 베푸는 덕을 자애(慈愛)라고 한다.

19 제시된 편지의 ㉠에 들어갈 말은 '형제자매'이다. 형제자매는 서로 아끼고 우애 있게 지내야 하며, 이러한 모습이 결국은 부모에 대한 사랑, 즉 효(孝)를 실천하는 일이 된다.

바로잡기 ① 형제자매 관계는 형과 아우의 순서가 있는 상하 관계이다.
② 음양의 원리는 부부간에 적용될 수 있다. 그러나 부부간 역할에 우열을 두어서는 안 된다.
③ 친구 관계에 관한 설명이다.
④ 개인의 존재를 가능하게 해 주는 생명의 근원은 부모이다.

20 이렇게 쓰면 **만점** (2) 사랑과 성이 인간의 인격과 관련되어 있다는 내용이 반드시 포함되어 있어야 만점이다.

21 이렇게 쓰면 **감점** (2) 타인이 갖는 성에 대한 자기 결정권을 침해할 수 있다는 점과 생명을 훼손하는 부도덕한 결과를 초래한다는 점을 모두 서술하지 않으면 감점이다.

22 이렇게 쓰면 **만점** (2) 부부는 서로 동등한 존재임을 인식해야 하고, 서로 존중하고 협력해야 하며, 서로 간에 신의를 지켜야 한다는 내용 중에 두 가지를 정확하게 서술하면 만점이다.

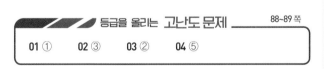
등급을 올리는 **고난도 문제** ____ 88~89쪽

01 ①   **02** ③   **03** ②   **04** ⑤

01 프롬의 사랑의 구성 요소   자료 분석 노트

사랑은 상대방의 생명과 성장에 적극적으로 관여하는 것이다. 사랑의 기본적 요소들인 보호, 책임, 존경, 지식은 서로 의존
└ 프롬이 제시한 사랑의 구성 요소
하고 있다. 그러한 요소들은 성숙한 인간, 즉 내적 힘에 바탕을 둔 겸손한 사람들에게서만 찾아볼 수 있다.
→ 프롬은 사랑의 요소로 보호, 책임, 존경, 이해(지식) 등을 제시하였다.

제시문의 사상가는 프롬이다. 그는 사랑의 구성 요소로 보호,

책임, 존경, 이해 등을 제시하였다. 그는 사랑이 능동적인 활동이고, 진정한 사랑은 상대를 소유 대상으로 보지 않으며, 상대의 고유한 개성을 존중하고 성장에 관심을 갖는 것이라고 보았다. 또한 사랑하는 사람을 있는 그대로 받아들이며 존경하는 것이 중요하다고 보았다.

바로잡기 ㄷ. 사랑은 상대방을 상대방의 입장에서 파악하고 보호하는 것이다.
ㄹ. 프롬이 말하는 사랑은 자신을 희생하는 것이 아니다.

02 칸트의 관점에서 바라본 성 상품화 문제   자료 분석 노트

(가)	인간을 목적으로 대하는 것은 그를 절대적 또는 무조건적 가치를 가진 존재로 인식하는 것이다. 이러한 인식은 우리 └ 칸트의 인격주의 정식 가 그 존재에 대해 그의 자율을 존중하도록 한다. → 칸트의 관점에서 성 상품화에 대해 제시할 입장을 추론하는 문제이다.
(나)	성에 대한 자기 결정권은 다른 사람이나 사회의 강요 없이 자신의 의지와 판단에 따라 자율적으로 성적 행위를 결정할 수 있는 권리이다. 그렇다면, ㉠ 성에 대한 자기 결정권을 행사하여 성을 상품화하는 것은 바람직한가?

(가)는 칸트의 입장이다. 그는 "너 자신에게나 다른 사람에게 있어서 인격을 언제나 동시에 목적으로 대우하고 수단으로 대우하지 말라."는 인격주의 정식을 제시하였다. 칸트의 입장에서 성 상품화는 자신의 인격을 수단시하는 행위이기 때문에 바람직하지 않다. 또한 성을 대상화시켜 사물처럼 간주하여 인간의 가치를 비하하는 일이라고 생각할 것이다.

바로잡기 ㄱ. 칸트는 신체를 도구적 수단으로 이용하는 것에 반대하므로 성 상품화를 바람직하지 않다고 볼 것이다.
ㄴ. 칸트는 결과와 무관하게 도덕 법칙을 기준으로 행동의 옳고 그름을 판단하는 의무론의 입장에 있기 때문에 건전한 성 문화의 저해와 같은 결과를 기준으로 성 상품화를 평가하지 않는다.

03 유교의 관점에서 바라본 부부 관계   자료 분석 노트

(가)	만물의 도리가 모두 나에게 갖추어져 있다. 자신을 반성하며 정성을 다하여 도리를 지키면 즐거움은 이보다 더 클 수가 없을 것이다. 힘써 남을 먼저 생각하며 행동하면 인 (仁)을 추구하는 가장 가까운 길이 될 것이다. 유교의 핵심 개념이다.
(나)	• (㉠)의 도(道)는 음양(陰陽)이 짝을 이루어 하늘과 땅 음과 양은 각각 아내와 남편을 의미한다. 의 신령에 통달하는 것이니 진실로 인륜(人倫)상의 크나 큰 일이다. 결혼은 다양한 인간관계의 시작이다. • 천지(天地)가 생긴 다음에 만물이 있고, 만물이 생긴 다음에 남녀가 있으며, 남녀가 생긴 다음에 (㉠)이/가 있고, 그 이후에 부자(父子)가 있다. 『예기』에서는 "천지가 화합하지 않으면 만물이 나오지 않는다. 혼인은 만세의 이어짐이다."라고 하였다.

(가)는 유교 사상이고, (나)의 ㉠에 들어갈 말은 '부부'이다. 부부는 서로 동등한 존재이기 때문에 각자의 덕목을 실천함으로써 서로를 보완해 주어야 하고, 이성(異性)이 결합하였기 때문에 서로 공경해야 하는 관계이다.

바로잡기 ㄱ. 부부는 결혼이라는 공식 제도를 통해 맺어진 사회적 관계이다. 즉 혈연관계가 아니다.

ㄷ. 효와 자애를 주고받으며 사랑을 실천하는 관계는 부모와 자식 간이다.

04 유교에서 강조하는 효의 실천 방법 자료 분석 노트

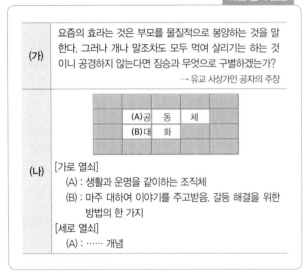

(가)	요즘의 효라는 것은 부모를 물질적으로 봉양하는 것을 말한다. 그러나 개나 말조차도 모두 먹여 살리기는 하는 것이니 공경하지 않는다면 짐승과 무엇으로 구별하겠는가? → 유교 사상가인 공자의 주장
(나)	[가로 열쇠] (A) : 생활과 운명을 같이하는 조직체 (B) : 마주 대하여 이야기를 주고받음. 갈등 해결을 위한 방법의 한 가지 [세로 열쇠] (A) : …… 개념

(가)는 유교의 대표 사상가인 공자의 주장이다. (나)의 가로 낱말 (A)는 '공동체'이고, (B)는 '대화'이다. 따라서 세로 낱말 (A)는 '공대'이다. 유교 사상의 입장에서 공대(恭待)란 효를 실천하는 구체적인 방법 중 하나로 표정을 항상 부드럽게 하여 부모가 편안한 마음을 지닐 수 있도록 해 드리는 것이다.

바로잡기 ① 불욕(不辱)에 관한 설명이다.
② 봉양(奉養)에 관한 설명이다.
③ 혼정신성(昏定晨省)에 관한 설명이다.
④ 양지(養志)에 관한 설명이다.

수능 특강 90~91쪽

유형 1 ① 유형 2 ② 유형 3 ③ 유형 4 ④

유형 1 죽음에 대한 동서양의 관점 비교하기

갑은 죽음을 경험할 수 없기 때문에 두려워할 필요가 없다는 에피쿠로스의 입장이다. 을은 삶과 죽음을 자연스럽고 필연적인 과정으로 보는 장자의 입장이다.

선택지 분석

①A : 죽음에 대한 두려움을 가질 필요가 없다고 보는가?
→ A에는 에피쿠로스와 장자 모두 '예'라고 대답할 질문이 들어가야 한다. 에피쿠로스와 장자 모두 죽음에 대해 두려워할 필요가 없다고 주장하였다.

B : 죽음을 끊임없는 윤회의 한 과정으로 보는가?
→ 죽음을 윤회의 과정으로 보는 것은 불교의 입장이다. 따라서 에피쿠로스와 장자 모두 '아니요'라고 대답할 질문이다.

B : 죽음을 기(氣)의 자연스러운 순환 과정으로 보는가?
→ 장자가 긍정의 대답을 할 질문이므로 C에 들어갈 질문이다.

C : 죽으면 신의 나라에 들어갈 수 있다고 보는가?
→ 죽으면 신의 나라에 들어갈 수 있다고 보는 관점은 그리스도교이다. 따라서 장자의 입장에서는 '아니요'라고 대답할 질문이다.

C : 죽음을 육체의 굴레에서 영혼이 해방되는 것으로 보는가?
→ 죽음을 육체의 굴레에서 영혼이 해방되는 것으로 보는 사상가는 플라톤이다. 따라서 장자의 입장에서는 '아니요'라고 대답할 질문이다.

유형 2 생명 복제에 대한 찬반 논거 비교하기

㉠에 들어갈 내용은 '인간 배아 복제 실험은 인간을 대상으로 하는 실험이다.'이다. 따라서 이에 대한 반론은 배아 복제 실험이 인간을 대상으로 하지 않는다는, 즉 배아가 인간이 아니라는 내용이 적절하다.

선택지 분석

인간 배아는 성인과 동등한 도덕적 지위를 지닌다.
→ 인간 배아 복제 실험을 반대하는 근거에 해당한다. 따라서 소전제 ㉠을 지지하는 내용이다.

②출생하기 이전의 어떤 존재도 인간으로 볼 수 없다.
→ 소전제 ㉠은 인간 배아 복제 실험이 인간을 대상으로 하는 실험으로 보고 있으므로 이에 대한 반론은 배아가 인간이 아니라는 점을 보여 주어야 한다. 따라서 출생하기 이전의 어떤 존재도 인간으로 볼 수 없다는 내용이 소전제 ㉠에 대한 반론으로 적절하다.

인간을 대상으로 하는 실험은 인간 존엄성을 침해한다.
→ 인간 배아 복제 실험을 반대하는 근거에 해당한다. 따라서 소전제 ㉠을 지지하는 내용이다.

인간 배아는 잠재적인 인간이므로 인간의 범주에 포함된다.
→ 인간 배아 복제 실험을 반대하는 근거에 해당한다. 따라서 소전제 ㉠을 지지하는 내용이다.

인간 배아 복제는 인간을 대상으로 하는 임상 연구에 속한다.
→ 배아를 인간과 동일한 지위를 갖고 있다고 보기 때문에 소전제 ㉠을 지지하는 내용이다.

유형 3 유전자 치료에 대한 윤리적 쟁점 파악하기

갑은 해악 금지의 원칙에 따라 자기 유전 정보를 '모를 권리'가 보장되어야 한다고 주장한다. 반면 을은 자율성 존중의 원칙에 따라 자기 유전자 정보를 '알 권리'가 보장되어야 한다고 주장한다.

선택지 분석

갑 : 자기 유전 정보를 알아야 불필요한 해악을 막을 수 있다.
→ 갑은 자기 유전 정보를 아는 것이 인간에게 해악을 줄 수 있다고 주장한다.

ㄴ 갑 : 자기 유전 정보에 대한 무지를 개인의 권리로 인정해야 한다.
→ 갑은 자기 유전 정보를 알게 됨으로써 겪을 수 있는 해악 때문에 자기 유전 정보에 대한 '모를 권리'를 주장한다.

ㄷ 을 : 자기 유전 정보를 알아야 자율적 삶을 누리는 데 도움이 된다.
→ 을은 자기 유전 정보를 아는 것이 자신의 삶을 스스로 계획하는 데 도움이 된다고 주장한다.

갑, 을 : 미래의 불가피한 유전 질환에 대해 고려할 필요는 없다.
→ 유전 정보에 대한 모를 권리를 주장하는 것은 갑만의 입장이다. 을은 자기 유전 정보를 미리 알고 미래의 유전 질환을 고려하여 스스로 삶의 계획을 세울 수 있도록 해야 한다고 주장한다.

성 상품화를 반대하는 근거를 묻는 문제이다. 성 상품화를 반대하는 학생은 갑, 병, 정이다.

선택지 분석

갑 : 성에 대한 왜곡된 의식을 심어 주기 때문입니다.

→ 성 상품화를 반대하는 입장에서는 성의 인격적 가치와 의미의 변질로 인한 성 의식 왜곡을 우려한다.

을 : 인간 행동의 동기는 경제적 이익 추구가 되어야 하기 때문입니다.

→ 성 상품화를 찬성하는 근거이다. 왜냐하면 성 상품화를 찬성하는 근거 중에 성 상품화가 이윤 극대화를 추구하는 자본주의 원리에 부합된다는 점이 있기 때문이다.

병 : 성을 대상화시켜 사물처럼 간주하여 인간의 가치를 비하하기 때문입니다.

→ 성 상품화를 반대하는 근거이다. 이와 관련하여 인간을 수단으로만 보지 말고 항상 목적으로 대우하라는 칸트 윤리의 관점에서 볼 때 성 상품화는 인간을 도구화하는 것이다.

정 : 인간의 성이 지닌 본래적 의미를 변질시키기 때문입니다.

→ 성 상품화를 반대하는 근거 중에 성 상품화가 성이 지닌 본래적 의미를 변질시킨다는 입장이 있다.

무 : 인간의 성이 지닌 교환 가치를 무시하기 때문입니다.

→ 인간의 성이 지닌 교환 가치를 강조하는 것은 성 상품화를 찬성하는 근거이다.

실전대비 ▌▌단원 문제 마무리 *94~97쪽*

01 ②	02 ②	03 ④	04 ④	05 ④	06 ⑤
07 ②	08 ①	09 ①	10 ③	11 ④	12 ⑤
13 ④	14 ⑤				

15 (1) 에피쿠로스 (2) **예시답안** 감각을 잃어버린 상태이기 때문에 결코 두려워할 필요가 없습니다.

16 (1) **예시답안** 인공 임신 중절은 인간 존재를 죽이는 것이다.

(2) **예시답안** 태아는 완전한 인격체가 아니기 때문에 인간 존재로 볼 수 없다.

17 (1) (가) 부모와 자식 간의 관계 (나) 형제자매 간의 관계

(2) (가) 부자자효(혹은 부자유친) (나) 형우제공

---

01 갑은 불교의 석가모니, 을은 유교의 공자이다. 불교에서는 연기에 대한 깨달음을 추구하는 삶을 강조한다. 연기란 만물은 다양한 원인과 조건에 의해 생성된다는 불교의 핵심 사상이다. 불교에서는 우주와 만물, 인생의 진리를 제대로 파악하지 못하기 때문에 괴로움이 생긴다고 본다. 그러므로 이에 대한 깨달음을 통해 윤회의 고통에서 벗어나 해탈의 경지에 이를 수 있어야 한다고 주장한다. 유교의 공자는 죽음보다는 도덕적으로 실천하는 삶에 더 관심을 가진다. 또한 죽음을 자연의 과정으로 여기면서 애도하는 것을 마땅한 일로 여긴다.

바로잡기 ㄴ. 삶과 죽음을 기의 변화로 설명한 사상가는 도가의 장자이다.

ㄹ. 불교와 유교에서는 모두 삶과 죽음의 분별을 통해 고통에서 벗어날 것을 주장하지 않는다.

---

02 그림의 강연자는 독일의 철학자 하이데거이다. 하이데거는 죽음이 인간과 함께 있기 때문에 죽음을 외면하지 말고 항상 자각하며 살라고 하였다. 죽음에 대한 자각은 삶의 의미를 깊이 성찰하게 하여 더욱 가치 있는 삶을 살게 한다.

바로잡기 ① 하이데거는 인간이 죽음 이후가 아닌, 삶을 살면서 자신이 죽는다는 사실을 인식함으로써 타인과 구별되는 참된 실존을 회복할 수 있다고 주장하였다.

③ 죽음을 윤회의 과정으로 보는 관점은 불교 사상이다.

④ 하이데거는 죽음을 두려워해야 한다고 주장하지 않았다.

⑤ 사물을 있는 그대로 바라볼 수 없도록 지혜의 활동을 방해하는 육체로부터 영혼이 벗어나는 것으로 죽음을 본 사상가는 플라톤이다.

---

03 갑은 플라톤, 을은 장자이다. 플라톤은 죽음 이후에 이데아의 세계에서 자기 영혼의 참된 모습을 발견할 수 있다고 주장한다. 장자는 삶과 죽음을 기(氣)가 모이고 흩어지는 것으로 보면서 자연적이고 필연적인 과정으로 이해한다.

바로잡기 ① 을만 '예'라고 답할 질문이다.

② 플라톤은 죽음을 통해 순수한 인식을 불가능하게 하는 육체에서 벗어나 참된 지혜를 얻을 수 있다고 보므로 '아니요'라고 답할 질문이다.

③ 장자는 삶과 죽음을 자연스러운 과정으로 보므로 '아니요'라고 답할 질문이다.

⑤ 플라톤은 죽음을 통해 영혼이 아닌 육체에서 벗어나 참된 지혜를 얻을 수 있다고 본다.

---

04 갑은 죽음의 판정 기준으로 심폐사를, 을은 뇌사를 주장하고 있다. 뇌사를 죽음의 판정 기준으로 보아야 한다는 입장에서는 이를 통해 의료 자원을 효율적으로 이용할 수 있고 장기 이식으로 다른 생명을 살릴 수 있다고 주장한다.

바로잡기 ① 갑은 심폐사를 죽음의 판정 기준으로 본다.

② 갑은 죽음에 대한 인간의 자기 결정권을 강조하지 않는다.

③ 을은 뇌사를 죽음의 판정 기준으로 본다.

⑤ 실용적 가치를 중시하는 것은 을만의 입장이다.

---

05 제시문은 적극적 안락사는 반대하지만, 소극적 안락사는 찬성하는 입장이다. 소극적 안락사가 오히려 인간의 존엄성을 지키는 일이라고 보는 것이다.

바로잡기 ①, ② 적극적 안락사를 반대하므로 부정의 답을 할 질문이다.

③ 적극적 안락사를 반대하는 것으로 볼 때, 인간의 자율성을 가장 최우선의 가치로 두지는 않는다.

⑤ 연명 치료 중단을 자연의 과정을 거스르지 않는 안락사 방법으로 제시하므로 부정의 답을 할 질문이다.

---

06 갑은 태아의 생명권을 중시하는 생명 옹호주의인 반면, 을은 여성의 선택권을 중시하는 선택 옹호주의 입장이다. 갑은 을의 입장에 대해 인공 인심 중절을 허용하는 것은 무고한 인간을 죽이는 행위이고, 태아의 생명을 수단이 아닌 목적으로 대우해야 함을 간과하고 있다고 비판할 것이다. 또한 임신부의 결정권을 지나치게 강조하고 있다고 볼 것이다.

07 제시문은 서양 중세 사상가인 아퀴나스의 주장이다. 아퀴나스는 자살이 자연법의 측면에서 '자기 보전의 의무'를 거스르고, 공동체를 훼손하며, 신을 거스르는 행위이므로 금지해야 한다고 주장하였다. 그리고 아무리 불행하거나 수치스러운 죄를 지었다고 해도 자살은 올바르지 않다고 보았다.

바로잡기 ② 아퀴나스는 생명을 주관하는 것은 인간이 아니라 신의 권능이라고 보았다.

08 갑은 칸트, 을은 싱어, 병은 레건이다. 칸트는 동물이 도덕적으로 고려받을 권리를 갖지는 않지만, 그렇다고 해서 동물을 함부로 다루어서는 안 된다고 주장한다. 싱어는 동물이 쾌고 감수 능력을 갖고 있으므로 동물의 이익도 평등하게 고려해야 한다고 주장한다. 레건은 한 살 정도의 포유류는 자신의 삶을 영위할 수 있는 능력을 가진 삶의 주체가 될 수 있다고 본다. 싱어와 레건은 동물이 도덕적으로 고려받을 권리를 가진다고 본다.

바로잡기 ㄴ, ㄷ. 싱어와 레건의 공통 입장이다.
ㄹ. 칸트, 싱어, 레건의 공통 입장이다.

09 ㉠에는 동물 복제를 반대하는 내용이 들어가야 한다. 동물 복제를 반대하는 사람들은 동물 복제가 자연의 질서에 어긋나고, 종의 다양성을 해치며, 나아가 동물의 생명을 인간의 유용성을 위한 도구로 삼는다고 주장한다.

바로잡기 ②, ③, ⑤ 동물 복제를 찬성하는 입장이다.
④ 동물 복제는 희귀 동물 보존에 도움을 줄 수 있으며, 이는 동물 복제를 찬성하는 근거가 된다.

10 갑은 베이컨, 을은 싱어이다. 베이컨은 동물 실험에 찬성하는 반면, 싱어는 동물 실험에 반대한다. 베이컨은 인간이 동물과 근본적으로 다른 존재 지위를 갖고 있다고 보고, 인간과 동물은 생물학적으로 유사하기 때문에 동물 실험의 결과를 인간에게 적용할 수 있다고 본다. 반면 싱어는 고통을 느낄 수 있는 존재를 도덕적 고려의 대상에 포함시켜야 한다고 주장하고, 인간의 이익을 위해 동물 종에게 고통을 가하는 것은 윤리적으로 정당화하기 어렵다고 본다.

바로잡기 ㉢ 동물 실험에 찬성하는 입장에서는 동물과 인간이 생물학적으로 유사하기 때문에 동물 실험의 결과를 인간에게 적용할 수 있다고 본다.

11 제시문은 인간 개체의 형성이 어디서부터 시작되는지 확실히 경계를 구분할 수 없다고 본다. 이러한 이유로 전배아 단계의 복제를 허용할 경우, 그 이후 단계의 복제까지 연쇄적으로 확산될 수 있다고 주장한다. 또한 배아는 인간이 될 잠재성이 있다고 보기 때문에 전배아 단계의 복제를 허용하지 말아야 한다고 본다.

바로잡기 세 번째 진술 : 제시문에서는 전배아 단계의 복제를 허용해서는 안 된다고 주장하고 있다.

12 제시문은 공리주의자인 밀의 주장이다. 밀은 여성의 예속이 사회 발전을 방해하는 것이라고 주장하였다. 또한 양성평등은 전 인류에게 유용하므로 보장해야 하고, 남성이 독점해 온 모든 직업을 여성에게도 전면 개방해야 한다고 보았다.

바로잡기 ㄱ. 밀은 남녀의 본성을 알 수 없기 때문에 이에 따른 사회적 역할 부여는 정당화될 수 없다고 보았다.

13 사랑과 성의 관계에 대해 갑은 보수주의, 을은 중도주의, 병은 자유주의 입장을 보여 준다. 보수주의 입장은 결혼과 출산 중심의 성 윤리를 제시하는 데 비해, 중도주의는 사랑 중심의 성 윤리를 제시하며, 이와 달리 자유주의는 자발적인 동의 중심의 성 윤리를 제시한다. 따라서 자유주의 입장에서는 개인의 권리를 침해하지 않는 한 자발적 동의에 따라 성적 관계가 허용될 수 있다고 본다.

바로잡기 ① 중도주의에서도 성에는 사랑이 전제되어야 한다고 본다. 따라서 갑, 을 모두 긍정으로 대답할 질문이다.
② 중도주의, 자유주의 모두 성을 결혼과 결부시키지 않는다. 따라서 을, 병 모두 부정으로 대답할 질문이다.
③ 당사자들 간의 합의를 강조하는 입장은 자유주의이다. 따라서 D에 들어가기 적절한 질문이다.
⑤ 자유주의 입장에서는 행위의 결과가 타인에게 피해를 주면 안 된다고 보기 때문에 단순히 개인 간 합의의 문제로 보지 않는다. 따라서 D에 들어가기 부적절한 질문이다.

14 갑은 성의 인격적 가치를 강조하면서 성 상품화를 반대하는 입장이다. 반면 을은 성을 이윤 추구의 수단으로 여겨 성 상품화를 찬성하는 입장이다. 갑의 입장에서 볼 때 을의 주장은 성 상품화가 인간을 도구화한다는 점을 경시하고 있다.

바로잡기 ① 을은 성의 실용적 가치를 강조한다.
② 을은 성적 표현의 자유를 강조한다.
③ 갑은 성이 지닌 인격적 가치를, 을은 쾌락적 가치와 도구적 가치를 강조하고 있다.
④ 성적 취향의 다양성 존중 여부는 성 상품화 논쟁과 거리가 멀다.

15 **이렇게 쓰면 감점** (2) 죽음이 감각의 상실을 가져오고, 이 때문에 고통을 느낄 수 없어 두려워할 필요가 없다는 내용을 정확하게 쓰지 않고, 단순하게 두려워할 필요가 없다고 서술하면 감점이다.

16 **이렇게 쓰면 만점** (1) 인공 임신 중절은 인간 존재를 죽이는 것이라는 내용을 서술하면 만점이다.
이렇게 쓰면 만점 (2) 태아는 완전한 인격체가 아니기 때문에 인간 존재로 볼 수 없다는 내용을 서술하면 만점이다.

17 **이렇게 쓰면 만점** 부모와 자식 간의 관계, 형제자매 간의 관계를 각각 쓰고, 이러한 인간관계에서 필요한 덕목인 부자자효(혹은 부자유친), 형우제공을 쓰면 만점이다.

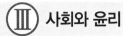

Ⅲ 사회와 윤리

01 직업과 청렴의 윤리

기초를 다지는 확인 문제 _____ 104쪽

01 (1) ○ (2) ○ (3) × (4) × (5) ○   **02** (1) 플라톤 (2) 속죄
(3) 소명 (4) 인간 소외   **03** (1) ㉢ (2) ㉠ (3) ㉡

실력을 키우는 실전 문제 _____ 105~109쪽

01 ⑤	**02** ④	**03** ③	**04** ③	**05** ④	**06** ⑤
07 ①	**08** ③	**09** ⑤	**10** ③	**11** ②	**12** ⑤
13 ④	**14** ④	**15** ②	**16** ④	**17** ④	**18** ⑤
19 ②					

20 (1) 맹자 (2) **예시답안** 맹자는 모든 직업을 사회적 역할을 분담하는 활동으로 보았으며, 정신노동과 육체노동의 우열을 가리지 않았다.
21 (1) 직업 (2) **예시답안** 직업은 개인적 측면에서는 생계유지, 자아실현, 사회 참여의 기능을 하며, 사회적 측면에서는 사회의 발전에 기여한다.
22 (1) 정명 정신 (2) **예시답안** 각자 맡은 바 임무와 역할을 충실히 수행할 것을 강조한다.
23 (1) 부패 (2) **예시답안** 개인의 권리를 부당하게 침해한다. 시민 의식의 발달을 저해한다. 사회 발전을 저해한다. 국가 신인도 하락을 초래한다.

01
자료 분석 노트

갑 : 임금은 임금답고, 신하는 신하다워야 하며, 아버지는 아버지답고, 자식은 자식다워야 한다.
　　공자의 정명 정신으로, 맡은 바 책임을 다할 것을 강조한다.
을 : 국가의 세 계급, 즉 통치자 계급, 수호자 계급, 생산자 계급이 각자의 사회적 직분에 맞는 덕을 발휘할 때 정의로운 사회가 될 수 있다. 플라톤은 통치자는 지혜의 덕을, 수호자는 용기의 덕을, 생산자는 절제의 덕을 발휘할 때 정의의 덕에 바탕을 둔 이상 국가가 된다고 보았다.

갑은 공자, 을은 플라톤이다. 공자는 정명 정신을 통해 사회 구성원들이 각자 자신에게 주어진 역할과 책임을 다할 것을 강조하였으며, 플라톤은 모든 계급이 각자에게 주어진 역할을 다할 때 이상 국가가 실현된다고 보았다.
바로잡기 ①은 칼뱅, ③은 마르크스, ④는 중세 그리스도교의 입장이다.
② 공자는 이익보다는 도덕을 중시하는 삶을 강조하였다.

02
제시문은 공자의 주장이다. 공자는 사회 구성원 모두가 맡은 바 책임과 역할을 다하는 정명 정신을 강조하고, 이러한 자세를 사회 구성원 모두가 실천할 때 공동체의 안정이 이룩될 수 있다고 보았다.

바로잡기 ① 공자는 공동체의 안정을 위해 각자 자신의 직분에 충실할 것을 강조하였다.
② 칼뱅의 입장이다. 그는 직업을 소명의 관점에서 이해하고 직업 생활을 통한 부의 축적을 긍정적으로 보았다.
③ 중세 그리스도교의 입장이다.
⑤ 마르크스의 입장이다. 그는 분업에 바탕을 둔 자본주의 사회의 노동이 인간 소외를 심화시킨다고 보았다.

03
직업의 기능으로 생계유지, 자아실현, 사회 참여 등을 들 수 있다. 맹자는 일정한 생업이 도덕적인 마음을 유지하는 바탕임을 주장하고, 군주는 백성이 생업을 마련할 수 있도록 노력할 것을 강조하였다.
바로잡기 ①, ②, ④ 직업의 기능에 해당하지만, 제시문의 내용과 거리가 멀다.
⑤ 칼뱅의 입장이다.

04
직업 윤리에는 성실, 책임 의식과 같이 모든 직업에서 요구되는 보편적인 윤리 규범이 있으며, 의사 윤리나 변호사 윤리와 같이 각각의 특수한 직업에서 요구되는 윤리 규범도 존재한다. 전자를 직업 윤리의 일반성, 후자를 직업 윤리의 특수성이라고 한다.

05
갑은 맹자, 을은 순자이다. 맹자는 정신노동과 육체노동을 구분하고 사회적 역할 분담의 관점에서 정신노동과 육체노동의 상호 보완적 관계를 강조하였다. 순자는 인간의 욕망을 인정하면서도 예(禮)를 통해 욕망을 절제해야 한다고 보았다. 즉, 순자는 예라는 인위적 규범을 바탕으로 사회적 역할을 나누어야 한다고 보았다.
바로잡기 ①, ② 맹자는 육체노동과 정신노동을 구분하고 직업의 우열보다는 상호 보완적 관계를 강조하였다.
③ 순자는 적성과 능력에 따라 직업이 주어져야 한다고 보았다.
⑤ 순자는 인간의 욕망을 긍정하였다. 따라서 이윤 추구 행위와 부의 축적에 대해 부정하지 않았다.

동양의 직업관 _____ **만점 공략 노트**

동양 사상가들의 직업관은 빈출 주제이다. 각 사상가의 입장을 정확하게 이해하고 꼼꼼하게 정리해 두자.

공자	• 정명 정신 : 사회 구성원 모두가 맡은 바 책임과 역할을 다할 것을 강조함
맹자	• 정신노동과 육체노동을 구분 : 사회적 역할 분담의 관점(직업에 귀천이 없음) • 성선설 : 도덕성(항심)의 유지를 위한 생계 수단(항산)의 중요성을 강조함
순자	• 인간의 욕망을 긍정하고 적성과 능력에 따른 사회적 역할 분담을 강조 : 누구나 높고 귀한 직업을 갖고자 하는 욕망이 있기 때문에 선왕이 제정한 인위적 규범인 예(禮)에 따라 사회적 역할을 분담해야 함
공통점	각자의 직분에 충실할 때 사회적 안정이 실현됨

06 제시문은 의사가 준수해야 할 윤리적 행동 지침인 의사 윤리 강령이다. 모든 전문직 종사자는 책임, 성실과 같은 일반적인 직업 윤리를 준수함과 동시에 각자의 직업에서 요구되는 특수한 직업 윤리를 준수하기 위해 노력해야 한다.

바로잡기 ⑤ 직업 윤리의 특수성은 성실, 책임과 같은 일반적인 직업 윤리를 보충한다.

07 직업은 경제적 기반을 마련하게 해 주고, 사회적 역할을 분담하게 하며, 자아실현에 기여하게 함으로써 궁극적으로 행복한 삶의 실현에 이바지한다.

바로잡기 ②, ③, ④, ⑤ 제시문의 맥락에 맞지 않는 내용이다.

08 갑은 칼뱅, 을은 마르크스이다. 칼뱅은 모든 직업이 신의 부름, 즉 소명에 따라 주어지는 것으로 금욕적 태도를 바탕으로 직업을 성실하게 수행해야 하며, 직업적 성공을 구원의 증표라고 보았다. 마르크스는 노동을 인간의 본질을 실현하는 것으로 보았다. 그러나 자본주의 사회에서는 노동자가 상품 생산을 위한 수단으로 전락하는 인간 소외 현상이 생겨나며, 분업은 인간 소외 현상을 심화시킨다고 보았다.

바로잡기 ③ 마르크스는 분업에 대해 부정적 입장이다.

칼뱅과 마르크스의 직업관 비교 | 만점 공략 노트

서양 사상가들의 직업관은 빈출 주제이다. 각 사상가의 입장을 정확하게 이해하고 세밀한 부분까지 꼼꼼하게 정리해 두자.

칼뱅	• 직업 소명설 → 직업은 신의 소명, 모든 직업은 거룩한 일(직업의 귀천 부정), 직업을 통한 부의 축적에 긍정적 • 구원 예정설 → 구원 예정자는 신에 의해 정해져 있으며, 직업적 성공은 구원의 증표
마르크스	• 노동은 인간의 본질을 실현하는 활동 → 인간은 노동을 통해 자아를 실현하는 존재 • 자본주의에서는 노동자가 상품 생산의 수단으로 전락 → 자본주의의 노동은 인간의 본질 실현이 아님 • 분업에 대해 부정적 → 분업 노동은 자본 축적을 위한 수단으로, 노동자는 분업으로 자신의 본질을 실현하지 못하고 강제 노동에 시달리게 됨
차이점	칼뱅은 소명 정신을, 마르크스는 노동 착취를 자본 축적의 원인으로 봄

09 첫 번째 자료는 중세 사상가인 아퀴나스의 주장이고, 두 번째 자료는 구약 성서의 일부이다. 중세 시대까지 그리스도교에서는 노동을 원죄에 대한 속죄의 의미로 파악하였다. 그러나 종교 개혁가인 칼뱅은 노동을 신의 부르심으로 이해하고 직업을 통한 이윤 추구와 부의 축적을 긍정적으로 파악하였다.

바로잡기 ① 칼뱅의 입장이다.
② 마르크스의 입장이다.
③ 노동을 원죄에 대한 벌로 이해하는 관점에 따르면 노동은 죽는 그 순간까지 이루어져야 한다.
④ 생계 수단의 의미뿐 아니라 종교적 차원의 의미도 있다.

10 제시문은 순자의 주장이다. 그는 적성과 능력에 따른 사회적 역할 분담을 강조하였다. 또한 성악설을 바탕으로 인간의 욕망을 긍정하였지만, 예(禮)를 통해 욕망의 적절한 절제가 필요하다고 주장하였다.

바로잡기 ㄱ, ㄹ. 순자의 입장에서 부정의 대답을 할 질문이다. 그는 신분이 아닌 각자의 소질과 적성에 따라 직업이 부여되어야 한다고 본다.

11 자료 분석 노트

노동자는 그가 부(富)를 더 많이 생산할수록, 또 그의 생산의 힘과 범위가 증대될수록 그만큼 더 가난해진다. **노동자는 그**가 더 많은 생산물을 만들수록 그만큼 더 저렴한 **상품이 되어** 버린다. [자본주의 체제에서 노동자는 상품을 생산하는 도구로 전락한다.] 사물화된 상품 세계의 가치 증식이 곧바로 **인간 세계의 가치 절하**를 가져온다. [자본가의 착취로 노동자는 고통받게 되며, 노동의 본래적 가치는 사라진다.]

제시문 마르크스의 주장이다. 그는 인간이 노동을 통해 자아실현을 하는 존재임을 강조하였다. 그러나 자본주의 사회에서는 노동이 상품화되면서 강제적이고 타율적인 노동으로 전락하는 인간 소외가 가속화된다고 보았다. 또한 분업은 노동자를 부분 노동자로 전락시켜 노동의 본래적 가치를 상실하게 하며 자본가의 이윤만 극대화시켜 줄 뿐이라고 보았다.

바로잡기 ① 마르크스는 분업에 대해 부정적이다.
③ 마르크스는 직업의 우열을 인정하지 않았다.
④ 칼뱅의 입장이다.
⑤ 마르크스는 사유 재산이 사라진 공산 사회를 지향하였다.

12 제시문은 실학자 홍대용의 주장이다. 그는 노동을 하지 않는 양반을 비판하고 개인의 재능과 학식에 따라 직업이 주어져야 한다고 보았다.

바로잡기 ① 홍대용은 세습적인 신분에 따라 직업이 정해지는 것을 반대하였다.
② 홍대용은 일을 하지 않는 양반을 비판하였다.
③ 홍대용은 직업을 통한 사회적 분업을 부정하지 않았다.
④ 홍대용은 재능과 학식에 따라 직업이 정해져야 한다고 보았다.

13 제시문은 정약용의 『목민심서』의 일부이다. 그는 목민관의 기본 자세로 청렴을 강조하고, 백성을 사랑하는 애민(愛民)과 공적인 일에 헌신하는 봉공(奉公)의 덕목을 바탕으로 공직을 수행할 것을 주장하였다.

바로잡기 ①, ②, ③, ⑤ 정약용은 청렴을 바탕으로 애민과 봉공의 덕을 실천할 것을 강조하였으며, 어떠한 이유로도 목민관의 부패를 정당화하지 않았다.

14 갑은 기업의 사회적 책임이 이윤 극대화에 있다고 본다. 이와 달리 을은 이윤 추구 이외에도 공동선과 공익에 기여하는 것이 기업의 사회적 책임이라고 주장한다.

바로잡기 ④ 을도 이윤 추구를 기업의 기본적 목적으로 본다.

15 갑은 부패와 같은 문제가 자체적으로 해결되지 않을 때 내부 고발이 필요하다는 입장이고, 을은 내부 고발이 조직의 구성원이 주어진 의무를 위반하는 것이라고 보는 입장이다.

내부 고발의 쟁점

내부 고발에 관한 찬반 입장을 알아 두자.

의미	조직 내부 혹은 외부의 부패나 불법 행위 등에 대한 정보를 조직 내 구성원이 외부에 알리는 것
찬성	장기적으로 건전하고 투명한 조직으로 거듭날 수 있어 조직의 발전에 기여함
반대	자체적으로 해결할 수 있는 문제조차 내부 고발로 해결하면 조직의 결속력이 와해될 수 있음

바로잡기 ① 갑은 내부 고발이 장기적으로 조직에 이익이 된다고 본다. ③, ④, ⑤ 을은 조직 내부의 문제는 자체적으로 해결해야 하며, 이를 외부에 알리는 것은 부적절하다는 입장이다.

16 갑은 기업의 사회적 책임을 이윤 추구 행위로 한정하는 입장인데 비해, 을은 기업의 사회적 책임을 이윤 추구 행위 이외에도 공익 실현의 책임까지 확장하여 기업의 사회적 책임을 강조한다. 갑과 을은 기업의 목적이 이윤 추구에 있다는 점에는 동의한다.

바로잡기 ㄱ. 갑은 이윤 추구 행위를 긍정적으로 본다. ㄷ. 을은 갑에 비하여 기업의 적극적인 사회적 책임을 강조한다.

17 제시문은 기업의 주된 목적이 이윤 추구에 있다는 점을 인정하면서도 동시에 공익 증진을 위한 적극적인 사회적 책임을 이행해야 함을 강조하는 내용이다.

바로잡기 ㄹ. 제시문은 기업의 이윤 추구를 긍정하는 내용이다.

기업의 사회적 책임에 대한 입장

기업의 사회적 책임의 범위가 어디까지인지 묻는 문제는 빈출 주제이다. 기업의 사회적 책임에 대한 학자별 입장과 더불어 쟁점에 대해 명확하게 정리해 두자.

이윤 추구	스미스	'보이지 않는 손'에 따라 각자 자신의 이익을 추구할 때 사회 전체에도 이익이 됨
	프리드먼	기업은 시장 질서를 준수하면서 이윤 극대화를 위해 노력해야 함
이윤 + 공익	애로	기업이 사회적 책임(공익, 복지)을 실천할 때 소비자의 신뢰를 얻어 장기적으로는 기업에 이익이 됨
	보겔	기업의 사회적 책임 수행이 기업의 체질을 강화하고 기업의 이윤 창출에 기여함

18 갑은 애로, 을은 프리드먼이다. 두 사상가는 모두 기업의 목적이 이윤 추구에 있음을 인정한다. 애로는 기업이 이윤 추구 활동 이외에도 사회 복지 증진, 환경 보전 활동과 같은 적극적인 사회적 책임을 이행할 것을 강조한다.

바로잡기 ① 갑은 부정으로 답할 질문이다. 이윤 극대화를 기업의 유일한 책임으로 보는 입장은 을이다. ②, ④ 기업이 이윤 추구 과정에서 법을 준수하고 시장 질서를 지켜야 한다는 점에 대해 갑, 을 모두 긍정한다. ③ 갑, 을 모두 시장 질서 준수와 준법을 강조하므로 부정으로 답할 질문이다.

19 공직자는 국민의 생활과 밀접한 공적 영역의 일을 담당하기 때문에 높은 도덕성과 책임 의식이 요구된다. 따라서 직무를 통해 얻은 정보를 이용하여 부당하게 사익을 추구하는 행위를 해서는 안 된다.

바로잡기 ㄴ. 제시문과 거리가 먼 내용이다. ㄹ. 공직자에게는 높은 수준의 도덕성이 요구되므로 사적인 영역에서 공직 활동에 영향을 줄 수 있는 행위가 제한되는 경우가 있다(예 겸직 금지). 그러나 근본적으로 개인적 차원의 이익 추구 행위를 모두 금지하지는 않는다.

20 **이렇게 쓰면 만점** (2) 맹자가 모든 직업을 사회적 역할을 분담하는 활동으로 보았다는 점과 정신노동과 육체노동의 우열을 가리지 않았다는 점을 모두 서술하면 만점이다.
이렇게 쓰면 감점 (2) 두 가지 중 한 가지를 쓰지 못했거나 정신노동을 더 우월한 것이라고 서술하면 감점이다.

21 **이렇게 쓰면 만점** (2) 직업의 기능을 개인적 측면과 사회적 측면으로 나누어 모두 서술하면 만점이다.
이렇게 쓰면 감점 (2) 직업의 기능을 개인적 측면과 사회적 측면 중 한쪽 측면만 서술하면 감점이다.

22 **이렇게 쓰면 만점** (2) 정명 정신은 사회 구성원 모두가 맡은 바 임무와 역할을 다하는 것이라고 서술하면 만점이다.

23 **이렇게 쓰면 만점** (2) 부패의 문제점을 세 가지 모두 서술하면 만점이다.
이렇게 쓰면 감점 (2) 부패의 문제점을 세 가지 모두 서술하지 못하거나 관련 없는 내용을 서술하면 감점이다.

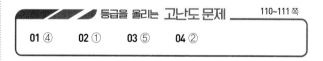

등급을 올리는 고난도 문제 110~111쪽

01 ④	02 ①	03 ⑤	04 ②

01 맹자와 마르크스의 직업관   **자료 분석 노트**

모든 것을 손수 만들어 사용해야 한다면, 그것은 천하의 사람들을 바쁘게 만드는 것이다. 어떤 사람은 마음을 수고롭게 하고[勞心], 어떤 사람은 몸을 수고롭게 한다[勞力]. 백성은 항산(恒産)이 없다면, 항심(恒心)도 없게 된다.

맹자는 생계(항산)의 유지가 도덕성(항심) 실현의 바탕이라고 본다.

맹자는 정신노동과 육체노동을 구분하지만 역할 분담의 관점으로 본다.

갑

노동이 분업에 의한 방식으로 바뀌면서 고용주는 자본가가 되어 지휘와 감독, 조절 기능을 담당한다. 분업은 특수한 기능에 적합한 부분 노동자를 양산하며, 노동자는 작업장의 부속물로서 자본의 소유물이 된다.

마르크스는 분업이 자본가가 노동자를 착취하여 자본 축적을 이루는 수단이라고 본다.

자본주의 체제에서의 노동은 노동자의 자아실현과 행복 실현을 방해하고, 노동자는 상품 생산의 수단으로 전락한다.

을

갑은 맹자, 을은 마르크스이다. 맹자는 직업을 통한 생계유지가 도덕성 실현의 전제라고 보고, 생계가 유지되어야 도덕성도 유지될 수 있다고 보았다. 또한 직업을 사회적 역할 분담의 관점에서 보아 육체노동과 정신노동의 상호 보완적 관계를 강조하였다. 한편, 마르크스는 사유 재산으로 계급이 발생했으며, 자본주의 체제에서는 생산 수단을 소유한 자본가가 그렇지 않은 노동자를 착취하여 부를 축적한다고 보았다. 또한 자본주의 사회에서 이루어지는 분업은 노동자를 상품 생산의 수단으로 전락시킨다고 비판하였다. 즉, 마르크스는 분업이 노동자를 부분적인 노동만을 하는 존재로 전락시킨다고 보았다.

바로잡기 ④ 마르크스는 사유 재산을 계급 갈등과 착취의 원인으로 파악하고, 사유 재산과 계급이 사라진 공산 사회가 실현될 때 착취도 사라진다고 보았다.

02 칼뱅과 순자의 직업관

자료 분석 노트

직업은 신의 소명임을 의미한다.

직업은 신으로부터 부름을 받은 자기 몫의 일이다. 따라서 자신의 직업에 충실히 종사하는 것이 바로 신의 명령에 따르는 것이다. 나아가 각자의 직업에는 귀천이 없으며, 각자 맡은 바 소명을 실천하기 위해 검소하고 금욕적인 태도를 지녀야 한다.

농부는 밭일에 정통하고, 상인은 장사하는 일에 정통하며, 공인(工人)은 그릇을 만드는 일에 정통하지만, 그 일을 지도하는 관리가 될 수는 없다. 관리는 이 일들을 하나도 못하지만, 예(禮)에 정통하기에 이 일들을 다스릴 수 있다.

근면, 성실, 검소의 덕을 바탕으로 직업을 수행해야 한다.

갑

을

각자의 능력과 적성에 따라 직업을 맡아야 한다.

갑은 칼뱅, 을은 순자이다. 칼뱅은 직업을 신의 부르심이라고 보며, 금욕적 직업 생활을 통해 직업적 성공을 이루고 부를 축적하는 것을 구원의 증표라고 본다. 한편 순자는 직업을 통해 사회적 역할 분담이 이루어진다고 보며, 인위적 규범인 예(禮)를 바탕으로 지위를 정하고 능력을 헤아려 직분을 맡게 할 때 사회가 안정된다고 본다.

바로잡기 ② 칼뱅은 금욕적 태도를 바탕으로 직업 생활을 통한 이윤 추구와 부의 축적이 양립할 수 있다고 본다.
③ 순자는 직업이 인간의 욕망을 충족시켜 주는 수단이라고 본다.
④ 순자는 직분을 나눌 때 도덕성과 능력을 강조하여 후천적인 노력을 중시한다.
⑤ 칼뱅은 성실한 직업 생활의 이유가 신의 소명 때문이라고 본다.

03 기업의 사회적 책임에 대한 논쟁

자료 분석 노트

"기업은 자유 시장에서 이윤 극대화 이외의 사회적 책임을 지지 않아도 된다."라는 주장은 시장 실패를 통해 그 부당성이 입증될 수 있다. 시장 실패의 대표적 사례는 기업 활동으로 인한 환경 오염과 같은 부정적 외부 효과이다. 이에 따른 문제의 대가를 치르지 않고 제3자에게 피해를 주는 행위로 환경 오염, 길거리 흡연 등을 예로 들 수 있다.

핵심은 환경 오염의 처리 비용을 당사자인 기업이 아니라 일반 시민이나 미래 세대 같은 제삼자가 부담해야 한다는 사실이다. 그러나 이는 분명히 잘못이다. 윤리적 관점에서 볼 때, 부정적 외부 효과 발생의 책임은 해당 기업이 져야 한다. 설령 이윤이 감소하더라도 기업은 사회적 문제에 대한 적극적 책임을 지는 것이 마땅하다. └ 필자의 핵심 주장으로, 공익을 위해 기업의 이윤 추구 행위가 제한될 수 있음을 의미한다.

제시문은 부정적 외부 효과 즉, 환경 오염에 대한 책임을 해당 기업이 져야 한다는 내용이다. 부정적 외부 효과의 방지를 위해 기업의 이윤 추구 활동은 제약될 수 있으며, 기업은 비용 부담이 발생하더라도 환경 오염 예방을 위해 노력할 책임이 있다고 본다.

바로잡기 네 번째 입장 : 제시문에 따르면, 기업에게 이윤 극대화만을 강조하면 환경 오염과 같은 부정적 외부 효과를 예방하기 어렵다.

04 기업의 사회적 책임에 대한 논쟁

자료 분석 노트

갑 : 사회에 대한 적극적 책임 이행은 기업에 이익이 되지 않으며, 시장 경제 질서를 어지럽힐 뿐이다. 기업은 이익 추구에 전념해야 하므로 기업의 어떤 행위도 법의 테두리를 벗 갑의 핵심 주장으로, 기업의 책임은 이윤 추구로 국한됨을 강조하고 있다. 어나지만 않는다면 허용되어야 한다.

을 : 기업은 이윤을 추구하는 것뿐만 아니라 도덕적 의무를 다 갑, 을 모두 동의하는 부분이다. 해야 한다. 기업은 공익을 위한 활동에도 최선을 다해야 을의 핵심 주장이다. 기업의 책임은 이윤 추구 이외에도 공익, 공공선의 실현에 기여해야 한다는 것이다. 한다. 책임 있게 경영하는 기업은 그렇지 못한 경쟁자들에 비해 비즈니스 위험에 덜 노출될 것이다.

갑은 기업의 사회적 책임을 이윤 추구로 한정하는 입장이다. 이러한 입장은 기업이 법과 시장 질서를 준수하면서 자유롭게 이윤 추구 행위를 할 수 있으며, 기업에 그 이상의 공익적 활동을 요구하는 것은 부당하다고 본다. 반면 을은 기업의 사회적 책임을 적극적으로 강조하는 입장이다. 이러한 입장에서는 기업이 이윤 추구 이외에도 좀 더 적극적으로 공익을 위한 활동을 전개할 책임이 있다고 본다.

바로잡기 ㄴ. 을도 기업의 이윤 추구를 인정한다. 따라서 을은 기업이 이윤을 추구하는 것이 도덕적으로 정당하다고 본다.
ㄷ. 을이 주장하는 도덕적 의무에는 준법의 의무까지 포함되는 것이다. 따라서 을은 기업에게 준법의 책임을 요구하는 것이 정당하다고 본다.

02 사회 정의와 윤리

기초를 다지는 확인 문제
116쪽

01 (1) ○ (2) × (3) ○ (4) × (5) ○ **02** (1) 원초적 입장 (2) 반대 (3) 응보주의 (4) 예방 **03** (1) ⓒ (2) ⓛ (3) ⊙

실력을 키우는 실전 문제
117~121쪽

01 ④	**02** ③	**03** ①	**04** ④	**05** ⑤	**06** ①
07 ②	**08** ④	**09** ②	**10** ④	**11** ④	**12** ①
13 ①	**14** ③	**15** ②	**16** ④	**17** ②	**18** ④
19 ②					

20 (1) 니부어 (2) **예시답안** 개인의 도덕성 함양과 더불어 사회 제도와 구조의 개선이 필요하다.
21 (1) 갑 : 롤스 을 : 노직 (2) **예시답안** 갑은 사회적 약자를 위한 재분배(복지 제도)를 찬성하지만, 을은 반대한다.
22 (1) 칸트 (2) **예시답안** 형벌은 동등성의 원리에 따라야 하므로 살인에 대한 정당한 처벌은 사형 이외에는 없으며, 인간의 존엄성을 존중하는 것이기 때문이다.

01 ⊙은 개인 윤리, ⓛ은 사회 윤리이다. 사회 윤리적 관점에 따르면 사회 구조와 제도의 부조리가 윤리 문제의 원인이며, 이를 해결하기 위해서는 사회 구조와 제도의 개선이 필요하다.

바로잡기 ④ 사회 윤리석 관점은 개인의 양심과 더불어 사회 구조와 제도의 개선을 통해 정의를 실현하고자 한다.

개인 윤리와 사회 윤리 비교 　만점 공략 노트

현대 사회에서 발생하는 계층 간의 갈등, 빈부 격차, 인종 차별, 부정부패 문제와 같은 사회 문제는 개인 윤리만으로는 해결하기 어렵기 때문에 사회 윤리가 더욱 강조되고 있다. 이러한 배경을 이해하고 개인 윤리적 관점과 사회 윤리적 관점의 차이를 명확히 정리해 두어야 한다.

개인 윤리	• 윤리 문제 원인 : 개인의 양심과 도덕성의 타락 • 윤리 문제 해결 : 양심, 이타심, 도덕성의 함양
사회 윤리	• 윤리 문제 원인 : 사회 구조와 제도의 부조리 • 윤리 문제 해결 : 법·정책 마련, 사회 구조와 제도 개선, 정치적 강제력

02 (가)는 사회 윤리적 관점이다. 개인 윤리적 관점은 개인의 도덕성 함양을 강조하지만, 사회 윤리적 관점은 윤리 문제에 대해 법과 제도적인 측면의 해결을 강조한다.

바로잡기 ①, ②, ④, ⑤ 개인 윤리적 관점의 해결 방안이다.

03 제시문은 아리스토텔레스의 주장이다. 그는 분배적 정의가 각자의 가치에 비례해야 함을 강조했는데, 각자의 가치는 공동체에 기여한 바에 따라 정해진다고 보았다. 따라서 분배적 정의는 기하학적 비례에 따른다.

바로잡기 ㄷ. 절대적 평등에 따른 분배에 관한 설명이다.
ㄹ. 필요에 따른 분배에 관한 설명이다.

04 제시문은 니부어의 주장이다. 그에 따르면 개인은 어느 정도 동정심과 배려심이 있으나 집단의 도덕성은 개인의 도덕성보다 떨어진다. 따라서 사회 정의를 실현하기 위해서는 개인의 도덕성 함양과 더불어 잘못된 사회적 관행이나 제도의 개선이 필요하다.

바로잡기 ①, ③, ⑤ 니부어는 도덕성, 자발적 타협, 선의지 등 개인의 도덕성만으로는 사회 정의를 실현할 수 없다고 보았다.
② 니부어는 개인의 도덕성보다 집단의 도덕성이 떨어진다고 보았다.

니부어의 사회 윤리 　만점 공략 노트

개인 윤리적 관점과 사회 윤리적 관점은 빈출 주제이며, 특히 니부어의 주장은 사회 윤리적 관점을 잘 보여 주기 때문에 매우 중요하다. 니부어가 제시하는 개인과 집단의 특성을 비교하여 이해하고, 정의를 실현하기 위해서는 개인의 도덕성 함양과 강제력(사회 구조와 제도)이 동시에 필요함을 강조했다는 점을 기억해 두어야 한다.

개인	• 이기적 충동과 이타적 충동(배려심, 동정심)을 동시에 가진 존재임 • 개인은 집단에 비해 어느 정도 도덕적임 • 개인의 도덕적 이상은 이타심임 → 도덕성 함양 필요
집단	• 개인의 이기심은 집단의 구성원이 되면 극대화됨 • 집단 간 관계는 윤리적이기보다는 정치적임 • 집단 간 힘의 차이로 사회 갈등이 발생함 • 집단 간 갈등 해결을 위해서는 정치적 강제력이 필요함 • 집단의 도덕적 이상은 정의임 → 정치적 강제력 필요

05 제시문은 니부어의 주장이다. 그는 개인의 이기심이 집단에 소속될 경우 더욱 강화되며, 사회 정의 실현을 위해서는 강제력의 사용이 필요하지만, 합리적인 범위를 벗어나면 안 된다고 보았다. 나아가 니부어는 사회 구조와 제도의 개선이 사회 정의 실현을 위해 필수적이지만, 개인의 도덕성 함양도 함께 이루어져야 한다고 보았다.

바로잡기 첫 번째 관점 : 니부어에 따르면 사회의 불의는 도덕적 권고와 더불어 강제력의 사용을 통해 해결해야 한다.

06 절대적 평등에 따른 분배는 생산 의욕과 책임 의식을 저하시킨다는 단점이 있다. 업적, 능력, 필요에 따른 분배도 모두 장단점이 존재한다. 이처럼 모든 입장에는 장단점이 존재하므로 어느 한 가지의 기준만으로는 사회적 합의를 도출하기 어려울 수 있다.

바로잡기 ⊙ 절대적으로 평등하게 분배할 경우 분배의 기준을 마련하는 것이 상대적으로 수월하다. 또한 구성원에게 기회와 혜택을 동등하게 분배할 수 있다는 장점이 있다. 그러나 절대적으로 평등한 분배가 이루어질 경우 노력에 대한 보상이 이루어지기 어렵기 때문에 구성원의 생산 의욕과 책임 의식을 저하시킨다는 단점이 있다.

07 제시문을 주장한 사상가는 롤스이다. 롤스는 분배의 결과보다 분배의 절차를 중시하는 절차적 정의를 강조하였다.

08 갑은 노직, 을은 롤스이다. 노직은 개인의 소유 권리의 절대성을 강조하여 근로 소득에 대한 과세와 재분배 정책을 반대한다. 반면 롤스는 경제적 불평등이 사회적 약자의 처지를 개선해 주는 경우에만 허용될 수 있다고 보면서 국가의 재분배 정책이 필요하다고 본다. 노직은 자유 지상주의, 롤스는 자유주의를 바탕으로 정의가 실현되어도 불평등이 존재할 수 있음을 인정한다.

롤스와 노직의 사상 비교 　　**만점 공략 노트**

분배 정의에 대해 롤스와 노직은 서로 다른 견해를 제시한다. 두 사상가의 견해를 비교하는 문제는 빈출 주제이므로 각 사상가의 입장을 정확히 파악하고, 공통점과 차이점을 명확히 정리해 두어야 한다.

구분	롤스	노직
차이점	사회적 약자를 위한 복지 제도 찬성	사회적 약자를 위한 복지 제도 반대
공통점	• 정의가 실현되어도 불평등이 존재할 수 있음 • 정의 실현을 위한 국가의 역할을 강조함 • 기본적 자유는 결코 침해될 수 없음	

09 갑은 노직, 을은 롤스이다. 노직과 롤스는 모두 절차적 정의를 강조한 사상가이다. 두 사상가 모두 분배의 절차가 공정하면 그 분배는 결과와 관계없이 공정하다고 본다.

10 제시문은 복합 평등을 주장한 왈처의 주장이다. 복합 평등이란 특정 영역의 사회적 가치가 지배적 역할을 하여 다른 영역을 획득하는 데 기여하는 것을 금지하고, 자신의 고유한 영역 안에 머무르는 것을 말한다.

11 제시문은 필요에 따른 분배를 강조한 마르크스의 주장이다. 필요에 따른 분배는 사회적 약자를 보호할 수 있다는 장점이 있지만, 모든 구성원의 필요를 충족시키는 것은 현실적으로 어려우며, 근로 의욕을 감소시켜 효율성을 저하시킬 수 있다는 단점이 있다.

12 제시문은 소수 집단에 대한 적극적 우대 조치의 사례이다. 적극적 우대 정책을 찬성하는 사람들은 적극적 우대 정책이 과거의 차별에 대한 보상을 실시하여 사회적 긴장 완화와 행복 증진에 기여하며, 사회적 약자에게 유리한 기회를 보장함으로써 사회적 약자를 보호할 수 있다고 주장한다.

적극적 우대 정책, 부유세에 대한 찬반 입장의 논거 　**만점 공략 노트**

분배 정의와 관련하여 적극적 우대 정책과 부유세에 대한 찬반 논쟁은 빈출 주제이며, 학교 시험에서는 서술형 문제로 출제될 수 있다. 이러한 제도를 지지하는 논거와 반대하는 논거를 명확하게 정리해 두자.

구분	찬성 논거	반대 논거
적극적 우대 정책	• 보상의 논리 • 재분배의 논리 • 공리주의 논리	• 또 다른 차별 초래 • 잘못이 없는 현세대가 보상 책임을 지는 것은 부당함 • 업적주의 위배
부유세	• 부의 재분배를 통한 불평등 해소 • 빈부 격차 완화와 사회 통합 실현	• 개인의 재산권 침해 • 업적주의 위배

13 분배 정의 실현과 관련하여 부유세의 도입 여부에 대한 윤리적 쟁점이 있다. 이러한 조세 정책을 찬성하는 입장에서는 부의 재분배를 통해 불평등을 해소할 수 있다고 주장한다. 거두어들인 세금을 사회적 약자의 복지를 위해 사용하면 빈부 격차를 완화하여 사회 통합에 기여할 수 있다는 것이다.

14 ㉠은 응보주의이다. 응보주의에 따르면 처벌은 범죄 행위에 대한 인과 응보적 응징이다. 따라서 범죄 행위에 상응하는 동등한 해악을 가하는 것이 처벌의 본질이다.

15 제시문은 칸트의 주장이다. 칸트는 대표적인 응보주의 사상가로 형벌의 정도는 범죄의 해악과 일치해야 하며, 아무리 범죄자라도 범죄 예방을 위한 수단으로 취급받지 않아야 한다고 본다.

바로잡기 ㄴ, ㄷ. 공리주의의 입장이다.

16 제시문은 벤담의 주장이다. 공리주의자인 벤담에 따르면, 모든 형벌은 고통을 초래하므로 악이지만, 범죄자가 형벌을 받으면서 느낄 고통보다 사회의 이익이 크면 형벌은 정당화될 수 있다. 또한 형벌을 일종의 본보기라고 하면서 형벌이 지닌 예방적 효과에 주목하였다.

바로잡기 ㄹ. 칸트가 긍정의 대답을 할 질문이다.

17

┌루소
갑 : 사회 계약의 목적은 계약자의 생명 보존에 있다. 이를 위해 모든 것을 공동체에 양도함으로써 일반 의지의 감독하에 둔다. <u>루소가 주장하는 국가의 생명 박탈권의 근거이다.</u> 살인을 저질러 계약을 위반한 자는 공공의 적으로 간주되어야 한다. <u>루소는 살인자는 정당한 사회 구성원이 아니므로 사형에 처해야 한다고 보았다.</u>
을 : 법의 일반적 목적은 해악을 방지하는 것이다. 그러나 모든 <u>범죄 예방과 사회 질서 유지 등을 말한다.</u>
└벤담
형벌은 악이다. 공리의 원칙에 의하면, 형벌이 허용될 수 <u>벤담은 형벌이 고통을 초래하지만 사회적 유용성이 있으므로 필요악이라고 본다.</u> 있는 경우는 그것을 통해 더 큰 악을 제거하는 것이 보장될 때뿐이다.

갑은 루소, 을은 벤담이다. 루소는 사회 계약의 관점에서 사형 제도를 찬성한다. 그에 따르면 사회 계약 과정에서 사람들은 살인자로부터 자신의 생명을 보호받기 위해 국가에 살인자에 대한 생명 박탈권을 부여한다. 한편 공리주의 사상가인 벤담에 따르면, 모든 형벌은 사회적 유용성을 증진하기 위한 수단이다. 그러나 형벌을 통해 얻으려는 유용성보다 처벌로 인한 고통이 지나치게 클 경우 형벌은 정당화되기 어렵다.

바로잡기 ㄴ, ㄹ. 응보주의의 입장이다.

18 갑은 베카리아, 을은 칸트이다. 베카리아는 국가의 생명 박탈권을 부정하기 때문에 사형을 반대한다. 또한 형벌의 범죄 예방 효과는 강도보다 지속성에 있기 때문에 사형보다는 종신 노역형이 더욱 효과적인 형벌이라고 보았다. 반면 칸트는 살인에 대한 정당한 처벌은 사형 이외에는 없음을 강조하고, 사형은 동등성의 원리에 부합하며, 사형이 범죄자의 존엄성을 존중하는 것이라고 보았다.

바로잡기 ① 갑이 부정의 대답을 할 질문이다.
②, ⑤ 을이 긍정의 대답을 할 질문이다.
③ 갑이 부정의 대답을 할 질문이다. 베카리아는 국가의 형벌권은 사회 계약에서 비롯되지만, 국가가 국민의 생명을 박탈할 권한은 없으며 사형은 국민에 대한 선전 포고라고 주장하였다.

사형에 대한 칸트, 루소, 베카리아의 입장을 비교하는 문제는 빈출 주제이며, 난이도도 높게 출제된다. 각 사상가의 입장을 명확히 이해하고, 다른 사상가의 입장과 비교하여 꼼꼼하게 정리해 두어야 한다.

구분	칸트	루소	베카리아
주장	사형 제도 찬성	사형 제도 찬성	사형 제도 반대
근거	• 응보주의 • 동등성의 원리 • 사형은 살인자의 존엄성을 존중하는 것	• 사회 계약(살인자 처형에 동의) • 살인자는 정당한 사회 구성원이 아님	• 형벌의 강도보다 지속성이 중요 • 종신 노역형이 사형보다 예방에 효과적임

19

┌루소임을 알 수 있다.
타인의 희생으로 자기의 생명을 보존하려고 하는 사람은 타인을 위해 자신도 희생해야 한다는 데 동의해야 한다. <u>그는 일반 의지로부터 규정된 법을 따라야 한다.</u>

┌칸트임을 알 수 있다.
형벌의 법칙은 하나의 <u>정언 명령</u>이다. 그래서 형벌은 범죄자가 범죄를 저질렀다는 이유 때문에 가해져야 한다. 형벌의 종류와 정도는 어느 한쪽으로 기울어지지 않는 <u>평등의 원리</u>에 따라 결정되어야 한다.

루소 – 갑   을 – 칸트

갑은 루소, 을은 칸트이다. 루소와 칸트는 모두 사형 제도를 찬성하는 입장이다. 따라서 살인자에 대한 국가의 생명 박탈권을 인정한다.

바로잡기 ① 베카리아가 긍정의 대답을 할 질문이다.
③ 칸트만 긍정의 대답을 할 질문이다. 루소는 사형 제도를 계약론에 근거하여 사회 방위를 목적으로 시행되는 것으로 보았다.
④ 칸트가 부정의 대답을 할 질문이다. 그는 사형이 범죄자가 스스로 한 행위에 대해 책임을 질 수 있게 함으로써 존엄성을 존중하는 것이라고 보았다.
⑤ 공리주의 입장에서 긍정의 대답을 할 질문이다.

20 이렇게 쓰면 **만점** (2) 개인의 도덕성 함양과 사회 구조와 제도의 개선을 모두 서술하면 만점이다.

이렇게 쓰면 **감점** (2) 개인의 도덕성 또는 사회 구조와 제도의 개선 중 한 가지만 서술하면 감점이다.

21 이렇게 쓰면 **만점** (2) 사회적 약자를 위한 재분배에 대해 롤스는 찬성, 노직은 반대임을 서술하면 만점이다.

22 이렇게 쓰면 **만점** (2) 칸트는 응보주의 사상가라는 사실을 바탕으로 동등성의 원리에 따라 살인에 대한 정당한 처벌은 오직 사형임을 서술하면 만점이다.

이렇게 쓰면 **감점** (2) 칸트가 주장하는 사형 찬성 논거가 아닌 일반적인 사형 찬성 논거를 서술하면 감점이다.

01 적극적 우대 정책 찬반 논쟁 [자료 분석 노트]

> 사회적 약자에 대한 적극적 우대 정책은 또 다른 차별을 가져옵니다. 사회적 약자라는 이유만으로 기회의 평등에서 예외를 인정하거나, 과거의 불평등을 잘못이 없는 후대에게 책임지우는 것은 부당합니다.
> 역차별이 나타날 수 있음을 의미한다.
> 갑

> 오랫동안 부당한 차별로 고통받았던 사람들에게 응분의 보상을 하는 것은 정당한 처사입니다. 우리는 좀 더 적극적으로 사회 전체의 평화와 행복을 증진하는 등 여러 사회적 가치를 실현해야 합니다.
> 실질적 평등의 실현이 중요함을 의미한다.
> 을

갑은 적극적 우대 정책을 반대하는 입장이고, 을은 찬성하는 입장이다. 적극적 우대 정책을 반대하는 입장에서는 적극적 우대 정책이 업적주의에 위배되고, 과거의 차별에 대한 책임을 현세대가 부담하는 것은 부당하며, 역차별이 생겨날 수 있다고 주장한다. 반면 적극적 우대 정책을 찬성하는 입장에서는 과거의 부당한 차별에 대한 보상이 필요하며, 차별을 줄이기 위해 인종, 종교, 성별 등의 다양성이 확대되어야 하며, 사회적 격차 해소와 갈등 예방을 위해 필요하다고 주장한다.

바로잡기 ㄴ, ㄹ. 을은 적극적 우대 정책을 통해 실질적 평등이 실현되어야 하며, 업적주의가 사회적 약자의 불리한 여건 개선에 도움이 되지 않는다고 본다.

02 니부어의 사회 윤리 [자료 분석 노트]

> 집단과 집단 사이의 관계는 항상 윤리적이기보다는 지극히 정치적이다.
> 니부어에 따르면 집단 간 힘의 차이로 인해 집단 간의 관계는 정치적이다.
> 모든 도덕주의자들은 인간의 집단 행동이 지닌 야양심이나 이타심 등의 개인 윤리를 강조하는 사람들로, 집단 간의 문제는 정치적 강제력을 통해 해결해야 한다는 것을 모르는 사람들이다.
> 수적 성격과 모든 집단적 관계들에 있는 집단적 이기주의의 힘에 대한 이해를 결여하고 있다. 그들은 사회적 갈등이 인류 역사에서 불가피한 것임을 제대로 인식하지 못한다.
> 니부어에 따르면 집단은 이기심을 억제할 수 있는 능력이 개인보다 떨어지기 때문에 사회 갈등은 불가피하다.

제시문은 니부어의 주장이다. 니부어에 따르면 개인의 도덕적 이상은 이타심이며, 사회의 도덕적 이상은 정의이다. 또한 개인 간 갈등은 양심이나 도덕성을 발휘하여 도덕적이고 합리적인 방법으로 조정될 수 있지만, 집단 간 갈등은 개인적 합리성이나 이타적 양심보다는 사회 구조와 제도의 개선, 정치적 강제력 등으로 조정해야 한다고 주장한다. 따라서 니부어는 사회 정의 실현을 위해서는 개인의 도덕성 함양과 더불어 사회 구조와 제도를 개선해야 한다고 보았다.

바로잡기 ③ 니부어는 개인의 도덕적 선의지만으로는 사회 정의가 실현되기 어려우며, 사회 제도와 정책의 개선과 정치적 강제력 등이 사회 정의 실현을 위한 필수조건이라고 본다.

03 분배 정의에 대한 다양한 관점 [자료 분석 노트]

> ┌ 아리스토텔레스
> **갑** : 분배적 정의는 가령 사람 a와 b가 각각 물건 c와 d를 얻기 전과 후의 비율이 동등할 때 성립한다는 점에서 기하학적 비례를 추구하는 것이다. 분배적 정의가 실현되기 위해서는 각자의 가치에 비례하여 각자에게 각자의 몫이 주어져야 한다고 보았다.
> ┌ 노직
> **을** : 개인의 타고난 자산이 도덕적 관점에서 볼 때 임의적이건 아니건 간에, 개인은 그 자산에 대한 소유 권리를 지닌다. 노직은 개인의 소유 권리를 최우선으로 보장하는 것이 사회 정의라고 본다. 또한 이로부터 나오는 것에 대해서도 그러하다.
> **병** : 개인의 타고난 재능의 분포는 응분의 것이 아닌 사회 공동
> 롤스 의 자산으로 간주해야 한다. 더 불운한 자들의 선에 도움이 되는 한에서만 그 행운으로부터 이익을 취할 수 있다.
> 롤스는 개인의 자유를 보장하면서도 복지 정책 등을 통해 사회 정의를 구현해야 한다고 보았다.

아리스토텔레스는 정의를 일반적 정의와 특수적 정의로 나누고, 특수적 정의를 분배적 정의와 교정적 정의로 구분하였다. 노직의 경우 취득과 이전의 과정이 공정하면 그 소유물에 대해 개인은 배타적인 소유 권리를 가지며, 이러한 권리를 보장하는 최소 국가를 정의롭다고 보았다. 롤스는 천부적 재능(지능, 체력 등)의 분포를 공공의 자산으로 보아, 이를 통해 유리한 지위를 차지한 사람들의 사회적 약자에 대한 책임을 강조하였다. 노직과 롤스는 어떠한 경우에도 개인의 기본적 자유를 침해할 수 없다고 본다는 공통점이 있다.

바로잡기 ③ 롤스에 따르면 천부적 재능 분포의 우연성은 정의와 부정의를 이야기할 수 없는 자연적 사실에 불과하다.

04 사형 제도에 대한 다양한 견해 [자료 분석 노트]

> **갑** : 모든 형벌은 강도, 지속성, 보편성을 근거로 과도하지 않게 집행되어야 한다. 형벌의 가장 중요 목적은 처벌을 본
> 벤담은 처벌이 고통을 주는 악이라고 보고, 범죄자라 할지라도 지나치게 가혹한 처벌에는 반대한다.
> 보기로 삼아 전체의 효용을 증진하는 것이다.
> 벤담은 처벌이 범죄 예방에 기여할 때 가치가 있다고 본다.
> **을** : …… 사형은 살인범의 인간성을 훼손할 수 있는 모든 가혹 행위로부터 살인범의 인격을 존중하는 것이다.
> 칸트는 사형이 살인자로 하여금 스스로 책임질 수 있는 기회를 주는 것이라고 본다.
> **병** : …… 형벌의 강도보다 지속성이 사람들에게 더 큰 영향을 준다.
> 베카리아는 지속적으로 살인범에게 고통을 주는 종신 노역형이 사형보다 범죄 예방에 더욱 효과적이라고 본다.

갑은 벤담, 을은 칸트, 병은 베카리아이다. 벤담은 공리주의적 관점에서 지나치게 과도한 처벌에는 반대하였다. 칸트는 처벌의 정도는 범죄의 해악에 비례해야 한다는 동등성의 원리를 강조하였다. 베카리아는 처벌의 효과가 강도보다는 지속성에 있으며, 처벌의 목적은 범죄 예방에 있으므로 종신 노역형이 그러한 목적에 잘 부합한다고 보았다.

바로잡기 ㄱ. 벤담은 사회 전체의 이익을 중시하였다.
ㄹ. 칸트는 처벌이 다른 목적을 위한 수단이 되면 안 된다고 보았다.

01 (1) ○ (2) × (3) ○ (4) × (5) ×　**02** (1) 한비자 (2) 최소 수혜자 (3) 역성혁명 (4) 로크 (5) 법에 대한 충실성　**03** (1) ㉢ (2) ㉡ (3) ㉠

01 ①	**02** ③	**03** ③	**04** ①	**05** ③	**06** ③
07 ③	**08** ②	**09** ④	**10** ⑤	**11** ④	**12** ①
13 ⑤	**14** ④	**15** ①	**16** ①	**17** ④	**18** ⑤

19 (1) 아리스토텔레스 (2) **예시답안** 국가는 인간 본성에 따라 성립된 것이므로 자연스럽게 권위를 가진다.

20 (1) 갑 : 로크 을 : 맹자 (2) **예시답안** 국민을 위한 정치를 하지 않는 권력은 국민에 의해 교체되어야 한다.

21 (1) 갑 : 소로 을 : 롤스 (2) **예시답안** 갑은 개인의 양심, 을은 공유된 정의관을 시민 불복종의 근거라고 본다.

01 (가) 사상은 공리주의이다. 공리주의에 따르면 국가의 법을 지켜야 하는 이유는 최대 다수의 최대 행복을 증진하기 위해서이다.

바로잡기 ② 자연법의 입장이다.
③ 인간 본성에 의해 국가의 권위와 법을 정당화하는 관점이다.
④ 사회 계약설의 관점이다.
⑤ 그리스도교의 관점이다.

02 (가) 사상가는 아리스토텔레스이다. 그에 따르면 인간은 본성적으로 국가 공동체를 구성하며 공동체의 구성원으로 살아갈 때만 자아를 실현할 수 있다. ①은 사회 계약설, ②는 천명의 관점으로, 아리스토텔레스는 '아니요'라고 답할 것이므로 A에 들어갈 질문으로 적절하다.

바로잡기 ③ 묵자의 입장으로, 아리스토텔레스는 '아니요'라고 대답할 것이므로 B에 들어갈 질문으로 적절하지 않다.

아리스토텔레스와 국가의 권위　**만점 공략 노트**

아리스토텔레스의 국가 이론은 빈출 주제이다. 국가 공동체에 대한 그의 입장을 충분하게 이해하고 다른 사상가들의 관점과 비교하여 명확히 알아 두어야 한다.

인간 본성과 공동체	• 인간은 정치적 동물 : 인간은 본성적으로 국가를 구성하는 존재 • 가족 공동체 → 촌락 공동체 → 국가 공동체(완성)
국가 권위	인간은 국가 공동체 안에서만 자아를 실현하고 최선의 삶이 가능하기 때문에 국가는 권위를 가짐

03 제시된 사상은 사회 계약설이다. 사회 계약설에 따르면 국가는 시민의 자발적 동의에 의해 생겨난 것이므로, 국가의 권위는 시민을 위해 발휘될 때 도덕적 정당성을 갖는다.

바로잡기 ㄱ. 국가의 권위에 대한 유교의 입장이다.
ㄴ. 국가의 권위에 대한 아리스토텔레스의 입장이다.

04 (가) 사상가는 로크이다. 로크는 사회 계약설을 바탕으로 국가 권위의 근거를 시민 간 동의라고 본다. 이에 따라 국가는 권위를 가지게 되며, 시민에게 다양한 의무를 부과할 수 있다.

바로잡기 ② 중세 그리스도교의 입장이다.
③ 아리스토텔레스의 입장이다.
④ 로크는 노동을 통해 생겨난 이익이나 사유 재산에 대한 권리를 중요하게 생각한다.
⑤ 자연 상태를 만인에 대한 만인의 투쟁 상태로 본 사상가는 홉스이다.

사회 계약설과 국가　**만점 공략 노트**

사회 계약설은 국가의 형성, 국가의 권위, 시민의 의무 등 인간의 국가 생활에 대한 전반적인 이론을 제공하는 중요한 사상이다. 홉스, 로크, 루소의 사상을 비교하여 꼼꼼하게 정리해 두자.

자연 상태	• 홉스 : 만인에 대한 만인의 투쟁 상태 • 로크 : 자연권(생명, 자유, 재산)이 어느 정도 보장되지만 분쟁 가능성이 있음 • 루소 : 평화롭고 목가적인 상태 → 사유 재산으로 인해 불평등 발생
동의 (계약)	• 홉스 : 자연권 양도 • 로크 : 자연권 위임(저항권의 근거) • 루소 : 일반 의지(공공선)를 따르기로 함
국가	• 홉스 : 절대 군주제(절대적 권위) • 로크 : 입헌 군주제(시민의 저항권 인정) • 루소 : 직접 민주주의

05 제시문은 맹자의 주장이다. 그는 민본주의를 바탕에 둔 정치를 강조하였으며, 군주는 백성의 생업을 보장해야 할 책임이 있음을 강조하였다.

바로잡기 ㄱ. 묵자가 긍정의 대답을 할 질문이다.
ㄹ. 한비자가 긍정의 대답을 할 질문이다.

06 제시문의 스승은 소크라테스이다. 그는 시민의 준법에 대한 약속과 국가로부터 받은 혜택으로부터 국가 권위의 정당성을 찾는다.

바로잡기 ① 사회 계약설의 입장이다.
② 로크의 입장이다.
④ 마르크스의 입장이다.
⑤ 아리스토텔레스의 입장이다.

07 제시문은 국가가 제공하는 다양한 혜택에 대해 설명하는 내용이다. 혜택론에 따르면 국가가 제공하는 공공재와 관행의 혜택이 국가 권위를 정당화하는 근거이다.

바로잡기 ① 국가 권위의 근거를 천명의 관점에서 파악하고 있다.
② 그리스도교적 관점이다.
④ 자연법적 관점이다.
⑤ 아리스토텔레스의 입장이다.

08 제시문은 공자의 사상이다. 그는 나라를 다스리는 사람은 먼저 군자다운 덕을 갖추고 백성을 다스려야 한다고 보았다. 나아가 재화의 고른 분배가 실현되고, 사회적 약자들이 돌봄을 받는 대동 사회를 지향해야 한다고 보았다.

바로잡기 ㄴ. 법과 벌을 강조한 한비자의 입장이다.
ㄹ. 겸애를 강조한 묵자의 입장이다.

09 갑은 맹자, 을은 묵자이다. 맹자는 군주가 민본주의를 바탕으로 왕도 정치를 실천해야 함을 강조하였고, 묵자는 겸애를 통해 사회 혼란을 극복해야 한다고 보았다.

바로잡기 ④ 묵자는 자신과 타인, 자가(自家)와 타가(他家), 자국과 타국을 똑같이 사랑할 때 천하의 혼란이 해결된다고 본다.

10 갑은 한비자, 을은 공자이다. 한비자는 강력한 법과 통치술을 통해 이기적 본성을 지닌 백성을 다스릴 때 사회 질서가 유지된다고 보는 반면, 공자는 군주의 덕으로 백성을 교화하고 예로써 다스리면 사회 질서가 유지된다고 보았다.

바로잡기 ① 묵자의 입장이다.
② 맹자의 입장이다.
③, ④ 한비자의 입장이다.

11 제시문은 로크의 주장이다. 로크에 따르면 자연 상태에서 인간은 생명, 자유, 재산에 대한 권리를 누리지만, 이러한 권리가 완전하게 보장되지는 못하기 때문에 계약을 통해 국가를 형성한다. 따라서 사회 계약으로 형성된 국가는 시민의 자연법적 기본권인 생명, 자유, 재산을 보호할 권리가 있다. 만일 국가가 이러한 임무를 망각하고 시민의 자연권을 함부로 침해한다면 시민은 이에 대해 저항할 권리를 갖는다.

바로잡기 ㄱ, ㄷ. 홉스의 입장이다.

12 갑은 로크, 을은 맹자이다. 로크와 맹자는 모두 시민을 위하지 않는 국가 권력의 교체 가능성을 인정하였다.

바로잡기 ㄷ. 성선설을 주장한 맹자가 부정의 대답을 할 질문이다.
ㄹ. 로크와 맹자 모두 부정의 대답을 할 질문이다.

로크와 맹자의 사상 비교   **만점 공략 노트**

로크와 맹자의 사상은 매우 중요한 빈출 주제이다. 각각의 사상가의 입장에서 국가의 성립과 권위의 정당성에 관해 어떻게 주장하는지 살펴보고 공통점을 숙지해 두어야 한다.

구분	로크	맹자
국가의 성립	자연권을 보장받고자 하는 시민의 동의	백성을 위한 정치를 실천하라는 하늘의 뜻
국가의 권위	국가 권위는 시민을 위한 정치를 할 때 정당함	국가 권위는 민본주의에 바탕을 둔 정치를 할 때 정당함
공통점	시민과 백성을 위하지 않는 국가 권력은 교체의 대상이 됨(로크 – 저항권, 맹자 – 역성혁명)	

---

13 제시문은 홉스의 주장이다. 그에 따르면 자연 상태에서 인간은 자기 보존의 욕구를 충족할 수 없기 때문에 계약을 통해 국가를 형성한다. 따라서 국가의 의무는 시민의 자기 보존 욕구를 충족시켜 주는 것이다.

바로잡기 ① 홉스, 로크, 루소 등의 사회 계약설을 주장한 사상가들은 국가를 목적이 아니라 시민을 위한 수단이라고 본다.
② 홉스에 따르면 자연 상태는 인간이 서로에게 적이 되는 혼란한 상태이다.
③ 홉스는 인간이 사회를 형성한 까닭은 자기 보존의 필요성을 느꼈기 때문이라고 본다.
④ 저항권을 인정한 사상가는 로크이다.

14 제시문은 롤스의 주장이다. 그에 따르면 국가는 개인의 기본적 자유를 보장하고, 사회적 약자를 위한 재분배와 복지 정책을 실시해야 한다. 또한 국가는 다수의 정의관에 부합하는 법을 시행할 의무가 있으며, 이와 같은 질서 정연한 사회를 실현해야 한다.

바로잡기 ㄹ. 롤스는 질서 정연한 사회에도 불평등이 있을 수 있다는 것을 인정하기 때문에 경제적 불평등의 제거는 국가의 의무에 포함되지 않는다.

15 갑은 소로, 을은 롤스이다. 소로는 개인의 양심을 시민 불복종의 정당화 근거로 보아 양심에 어긋나는 법이나 정책이 존재할 경우 즉각 불복종해야 한다고 보았다. 롤스는 법에 대한 충실성의 한계 내에서 일부 부정의한 법이나 정책이 불복종의 대상이 된다고 보았다.

바로잡기 ㄴ. 롤스는 시민 불복종이 법에 대한 충실성의 한계 내에서 이루어지는 행위라고 보았다.
ㄹ. 롤스는 시민 불복종이 비폭력적일 때 정당화될 수 있다고 보았으므로 갑, 을의 공통 입장이 아니다.

소로와 롤스의 시민 불복종   **만점 공략 노트**

소로와 롤스의 시민 불복종 이론은 빈출 주제이며 매우 까다로운 주제이기 때문에 정확히 이해해 둘 필요가 있다. 각 사상가의 주장을 전체적으로 이해한 뒤 세세한 내용들을 꼼꼼하게 정리해 두어야 한다.

사상가	시민 불복종에 대한 입장
소로	• 개인의 양심이 시민 불복종의 정당화 근거 • 법에 대한 존경심보다는 정의에 대한 존경심 강조
롤스	• 공공의 정의관이 시민 불복종의 정당화 근거 • 청원 등의 방법을 동원했지만 뜻을 이루지 못할 경우 최후의 수단으로 사용 • 평등한 자유의 원칙과 기회균등의 원칙에 대한 심각한 위반이 있을 때 (단, 차등의 원칙에 따른 시민 불복종은 인정하지 않음) • 체제 붕괴(정치 체제의 변혁)를 도모하는 행위는 시민 불복종이 아님

16 ⑤은 참여이다. 시민의 참여는 간접적으로만 시민의 의사가 반영되는 대의 민주주의의 한계를 보완할 수 있다는 장점이 있다.

바로잡기 ① 참여를 통해 시민의 의사가 정부의 정책 결정 과정에 직접적으로 반영될 수 있다.

17 제시문은 영국이 시행한 소금법의 부당성을 알리고자 한 간디의 불복종 운동이다. 이 사례에서 알 수 있는 시민 불복종의 정당화 조건은 행위 목적의 정당성(영국의 부당한 법을 거부하고 인도 국민의 공익 증진), 비폭력성, 최후의 수단, 처벌 감수 등이다.

바로잡기 ④ 시민 불복종의 궁극적인 목적은 정치 체제의 변혁이 아니라 부당한 법이나 정책의 개선이다.

18 제시문은 롤스의 주장이다. 그는 시민 불복종이 사회적 다수에 의해 공유된 정의관에 따라 이루어져야 한다고 보았다. 또한 법에 대한 충실성의 한계 내에서 이루어져야 하며, 은밀히 이루어지는 것이 아니라 공개적으로 이루어지는 행동이어야 한다고 보았다.

바로잡기 ⑤ 롤스에 따르면 시민 불복종은 사회적 다수의 정의관(= 공공의 정의관, 공유된 정의관)에 따라 이루어져야 한다. 따라서 종교적 가르침이나 개인적 신념에 따른 시민 불복종은 인정하지 않는다.

19 이렇게 쓰면 만점 아리스토텔레스는 국가 권위의 근거를 인간 본성에서 찾는다는 점을 명시하여 서술하면 만점이다.

20 이렇게 쓰면 만점 로크와 맹자는 공통적으로 부당한 권력에 대한 저항권을 인정했음을 포함하여 서술하면 만점이다.

21 이렇게 쓰면 만점 소로는 '개인의 양심', 롤스는 '공유된 정의관'을 명시하여 서술하면 만점이다.

등급을 올리는 고난도 문제 ___ 136~137쪽

01 ④   **02** ②   **03** ①   **04** ③

---

01 롤스의 시민 불복종 〔자료 분석 노트〕

거의 정의롭지만 정의에 대한 심각한 위반이 발생하기도 하는 사회에서 시민 불복종이 성립합니다. <u>시민 불복종은 신중하고</u>
<small>시민 불복종은 법이나 정책이 심각하고 현저하게 정의에 어긋날때만 정당화된다.</small>
<u>양심적인 정치적 신념의 표현인 청원의 한 형태이므로 공개 석</u>
<small>시민 불복종은 공개적으로 이루어져야 한다.</small>
상에서 이루어지며, 어떤 <u>개인적 도덕 원칙이나 종교적 교설</u>
<u>이 아닌 공유된 정의관에 의거해야 합니다.</u> 정당한 시민 불복
<small>롤스는 공유된 정의관에 의한 시민 불복종만을 인정한다.</small>
종이 시민 화합을 해치는 것으로 보이면, 그 책임은 불복종하는 자들이 아니라 권위와 권력을 남용한 자들에게 있는 것입니다.

제시문은 롤스의 주장이다. 롤스에 따르면 시민 불복종은 법이나 정부의 정책에 변혁을 가져올 목적으로 행해지는 공공적이고 비폭력적이며 양심적이기는 하지만 법에 반하는 정치적 행위이다. 따라서 정부 정책이 공유된 정의관에 현저히 위배될 때 시민 불복종을 통해 바로잡아야 한다고 본다.

바로잡기 ④ 롤스에 따르면 시민 불복종은 정부의 법이나 정책에 대한 변화를 도모하는 정치적 행위이다.

02 로크와 루소의 사회 계약설 〔자료 분석 노트〕

갑 : 국가의 단일한 최고 권력인 입법부는 사회에서 인민의 생명, 자유, 재산을 보존하는 업무를 수행한다. 행정권이 이러한 입법부의 업무를 무력에 의해서 방해할 때 인민은 그것을 무력에 의해서 제거할 권리뿐만 아니라 예방할 권리
<small>└로크의 저항권 사상이다.</small>
도 가진다.

을 : 우리 각자는 신체와 모든 힘을 공동의 것으로 삼아 일반의지의 최고 지도 아래 둔다. 다수의 사람이 결합하여
<small>└공동선을 말한다.</small>
스스로 일체를 형성한다고 생각하는 한, 그들은 '공동의 보전'과 '일반적 복지'에 대한 관심이라는 단 하나의 의지
<small>└일반 의지의 구체적인 내용이다.</small>
만을 갖는다.

갑은 로크, 을은 루소이다. 루소와 로크는 국가의 권위와 시민의 의무의 근거를 사회 계약에서 찾으며, 자연권이 인간에게 천부적으로 주어진 것이라고 본다.

바로잡기 ①, ④ 홉스의 입장이다.
③ 로크와 루소 모두 자연권을 천부적인 권리라고 보았다.
⑤ 로크는 사회 계약 이후에 국가가 시민의 생명, 재산, 자유의 보장과 같은 의무를 다하지 않으면 저항할 권리가 있다고 보았다.

03 민본주의와 민주주의 비교 〔자료 분석 노트〕

<small>┌백성을 위하고 백성을 사랑한다는 뜻이다.</small>
(가) <u>위민(爲民)</u>과 <u>애민(愛民)</u>을 기본 정신으로 하는 정치사상으로, "백성은 나라의 근본이며, 근본이 견고해야 나라가 평안
<small>민본주의 사상의 핵심이다.</small>
하다."라는 구절에서 유래하였다.

(나) 국민의 자유와 평등의 가치 실현을 중시하는 정치사상으로 민중을 뜻하는 '데모스(demos)'와 지배를 뜻하는 '크라토스(kratos)'가 합쳐져 구성되었다.
<small>└민주주의(democracy)의 어원이다.</small>

(가)는 민본주의 사상, (나)는 민주주의 사상이다. 민본주의는 백성을 나라의 근본으로 여기는 사상으로 국가의 권위는 하늘로부터 부여받은 것으로 본다. 민주주의는 주권이 국민에게 있음을 강조하는 사상으로 국가의 권위는 국민으로부터 유래된다고 본다. 민본주의 사상과 민주주의 사상은 국민을 위한 정치를 지향하며, 인간의 존엄성을 존중한다는 공통점이 있다. 그러나 민주주의 사상이 국민을 정치 참여의 주체로 본다면, 민본주의 사상은 백성을 군주가 부여한 의무에 따르는 수동적인 존재로 파악한다는 차이점이 있다.

바로잡기 ㄷ. 민본주의 사상만의 특징이다. 민주주의 사상은 국가의 통치권은 국민으로부터 나온 것이라고 본다.

ㄹ. 민주주의 사상만의 특징이다. 민본주의 사상은 백성을 통치의 대상으로 인식한다.

04 아리스토텔레스와 국가의 권위

자료 분석 노트

국가는 자연적으로 존재하는 공동체들의 완성이다. [자신의 본]
└아리스토텔레스는 인간이 구성하는 공동체는
가족, 촌락의 단계를 거쳐 국가에서 완성된다고 본다.

[성상] 국가의 구성원이 될 수 없거나 이미 자족해서 그럴 필요
└국가는 인간의 본성에서 자연스럽게 비롯된다고 설명하고 있다.

가 없는 존재는 보잘것없는 존재이거나 인간 이상의 존재이다. 인간만이 서로 도와줄 필요가 없는 경우에도 국가를 이루길 원한다. 국가가 존재하는 목적은 단지 물질적 필요의 충족만은 아니다. 그것만이 국가의 목적이라면 노예나 짐승의 국
└아리스토텔레스에 따르면 국가는 개인의 자아실현과 행복에 기여한다.

가도 존재할 수 있다.

제시문은 아리스토텔레스의 주장이다. 그는 국가 권위의 근거를 인간 본성에서 찾았다. 아리스토텔레스에 따르면 인간은 본성적으로 공동체를 구성하는 정치적 동물이며, 그 속에서 자아를 실현하고 행복을 이룰 수 있다.

바로잡기 ㄱ. 국가 권위의 근거를 동의에서 찾는 입장이다.

ㄹ. 국가 권위의 근거를 공공재와 관행의 혜택에서 찾는 입장이다.

수능 특강

138~139 쪽

| 유형 1 ⑤ | 유형 2 ② | 유형 3 ⑤ | 유형 4 ③ |

유형 1 개인 윤리적 관점과 사회 윤리적 관점 비교하기

갑은 칸트, 을은 니부어이다. 칸트는 그 자체로 선한 것은 선의지뿐이며, 선의지에 따른 행위만이 도덕적 행위임을 강조한다. 한편 니부어는 정의의 실현을 위해서는 개인의 도덕성 함양과 더불어 비합리적인 수단을 동원할 수 있음을 인정하지만, 이는 반드시 선의지의 통제를 받아야 함을 강조한다.

선택지 분석

✗ 갑은 오직 결과를 고려한 행위만이 도덕적 행위라고 본다.
→ 칸트는 결과를 고려한 행위는 도덕적 행위가 될 수 없다고 본다.

✗ 을은 진정한 정의는 선의지만으로 충분히 달성될 수 있다고 본다.
→ 니부어에 따르면 정의는 선의지와 같은 개인의 도덕성과 더불어 사회 구조와 제도의 개선이 함께 이루어져야 한다.

✗ 갑은 을과 달리 사회 구조가 개인 행위의 도덕성을 좌우할 수 있다고 본다.
→ 사회 구조와 제도의 도덕성이 개인의 도덕성에 영향을 준다고 보는 것은 니부어이다.

✗ 을은 갑과 달리 선한 천부적 자질은 선의지의 통제가 필요하다고 본다.
→ 천부적 자질(⑩ 지성, 용기, 결단성)도 선의지의 통제가 있어야 도덕적 행위로 이어질 수 있다고 보는 것은 칸트이다.

⑤ 갑, 을은 개인의 선의지가 사회생활에서 반드시 필요하다고 본다.
→ 칸트는 선의지에 따른 행위만을 도덕적 행위로 보았으며, 니부어 역시 선의지와 같은 개인 윤리가 정의로운 사회를 실현하는 데 꼭 필요하다고 본다.

유형 2 분배 정의에 대한 세 가지 입장 비교하기

갑은 아리스토텔레스, 을은 롤스, 병은 노직이다. 아리스토텔레스에 따르면 명예, 재화, 지위 등은 각자의 가치에 따라 분배되어야 하며, 이는 기하학적 비례를 추구하는 것이다. 롤스는 공정한 절차에 따른 분배를 강조하였다. 그는 사회적 가치가 분배되는 가상적 상황인 원초적 입장에서 사람들이 합의한 원칙에 따를 때 정의로운 분배가 실현된다고 보았다. 노직은 취득과 이전의 과정이 정당하면 그 과정을 통해 얻은 개인의 소유물에 대해서는 절대적 권리가 발생하며, 이러한 권리를 보장하는 최소 국가만이 정당하다고 보았다.

선택지 분석

✗ A : 분배적 정의만이 비례를 추구하는 특수적 정의인가?
→ 아리스토텔레스에 따르면 특수적 정의에는 분배적 정의와 교정적 정의가 있으며, 분배적 정의는 기하학적 비례를, 교정적 정의는 산술적 비례를 추구한다.

Ⓛ B : 경제적 불평등은 모두에게 이익이 되어야 정당한가?
→ 롤스에 따르면 경제적 불평등은 모두에게 이익이 되어야 정당하다. 노직은 경제적 불평등은 그 자체로 당연한 것이고 이를 시정하려는 노력은 부당한 것이라고 본다.

✗ C : 원초적 입장에서 개인은 모두의 이익에 관심을 갖는가?
→ 롤스에 따르면 원초적 입장에서 개인은 타인의 이익에는 무관심하다.

Ⓡ D : 개인의 자연적 재능을 공동의 소유물로 여기는 것은 부당한가?
→ 노직은 뛰어난 자연적 재능으로 생겨난 이익도 모두 개인의 정당한 소유물이라고 본다.

유형 3 사형 제도에 대한 두 가지 입장 비교하기

갑은 베카리아, 을은 칸트이다. 베카리아는 공리주의적 관점에서 형벌의 목적은 범죄 예방에 있음을 강조하고, 범죄 예방은 형벌의 강도보다 지속성이 더 좋은 효과를 발휘하기 때문에 살인자에 대해서는 사형보다 종신 노역형이 더 적절한 처벌이라고 주장하였다. 또한 그는 시민이 국가와 계약을 맺을 때 국가에 생명권을 양도하지 않았기 때문에 국가는 사형 집행의 권리가 없다고 보았다. 반면 칸트는 이성적이고 자율적인 인간이 스스로 살인을 의욕했다면 그에 대한 정당한 처벌은 오직 사형뿐이라고 주장하였다. 나아가 그는 사형이 자신의 행위에 대한 책임을 질 수 있도록 해 주어 인간의 존엄성을 존중하는 처벌임을 강조하였다.

선택지 분석

✗ 형벌의 목적은 응분의 보복이 아니라 범죄의 예방에 있는가?
→ [갑 : 긍정, 을 : 부정] 베카리아는 형벌의 목적이 범죄 예방에 있다고 보는 반면, 칸트는 응분의 보복이라고 본다.

✗ 사형은 유용성의 원리가 아니라 인간 존중의 이념에 위배되는가?
→ [갑 : 부정, 을 : 부정] 베카리아는 사형이 유용성의 원리에 위배된다고 보는 반면, 칸트는 사형이 인간 존중의 이념에 부합한다고 본다.

✗ 사형제는 다른 효과적인 형벌 제도가 있으므로 폐지되어야 하는가?
→ [갑 : 긍정, 을 : 부정] 베카리아는 사형보다는 종신 노역형이 더욱 효과적인 형벌임을 강조하는 반면, 칸트는 응보주의 관점에서 사형 제도의 존속을 주장한다.

✗ 범죄자는 응분의 보복을 의욕했기 때문에 반드시 처벌받아야 하는가?
→ [갑 : 부정, 을 : 부정] 베카리아는 형벌의 목적을 범죄 예방이라고 보는 반면, 칸트는 응분의 보복, 즉 처벌을 의욕했기 때문이 아니라 살인을 의욕했기 때문에 처벌해야 한다고 보았다. '응분의 보복을 의욕했기 때문에'라는 표현은 매력적인 오답이므로 문장을 꼼꼼히 분석해야 한다.

⑤ 사형제는 동등성의 원리에 따라 공적 정의를 실현하기 위한 수단인가?
→ [갑 : 부정, 을 : 긍정] 동등성의 원리에 따른 처벌은 응보주의 사상가인 칸트만 긍정할 내용이다.

자료 분석

갑 : 법이나 정책은 원초적 입장에서 합의한 정의의 원칙을 위반해서
└ 시민 불복종의 정당화 근거이다.
　는 안 된다. 시민 불복종은 제1원칙인 평등한 자유의 원칙이나 제
　2원칙 중 공정한 기회균등의 원칙에 대한 현저한 위반에 국한되
　어야 한다. └ 롤스는 차등의 원칙은 시민 불복종의 근거가 될 수 없다고 본다.

을 : 법에 대한 존경심보다는 먼저 정의에 대한 존경심을 길러야 한다.
　실정법 자체에 대한 존중보다는 정의에 대한 존경심이 더 중요함을 강조한다.
　법에 대한 존경심 때문에 선량한 사람조차도 불의의 하수인이 될
　상황이라면 그 법을 어겨라. 양심에 따라 그 법에 저항하라.
　　　　　　　　　　개인의 양심에 어긋나는 모든 법은 시민 불복종의 대상이 된다.

갑은 롤스, 을은 소로이다. 롤스는 사회적 다수에게 공유된 정의관에 어긋난 법이나 정책이 시민 불복종의 대상이라고 보았다. 이와 달리 소로는 개인의 양심에 어긋나는 법과 정책이 존재할 때 시민 불복종이 정당화된다고 보았다.

선택지 분석

✗ 갑은 불복종이 공개적으로 이루어질 필요가 없다고 본다.
　→ 롤스는 시민 불복종이 공개적으로 이루어져야 한다고 본다.

✗ 갑은 불복종에 따른 처벌을 감수하는 것이 옳지 않다고 본다.
　→ 롤스는 시민 불복종은 위법 행위이므로 그에 따른 처벌을 감수해야 한다고 본다.

③ 을은 양심에 어긋나는 모든 법에 불복종해야 한다고 본다.
　→ 소로는 법에 대한 존경심보다는 정의에 대한 존경심을 바탕으로 자신의 양심에 어긋나는 모든 법에 불복종해야 한다고 본다.

✗ 을은 공동체의 정의감을 불복종 정당화의 최종 근거로 본다.
　→ 소로는 개인의 양심을 시민 불복종의 근거로 본다.

✗ 갑, 을은 불복종을 정의의 실현을 위한 합법적 행위로 본다.
　→ 롤스와 소로 모두 시민 불복종을 의도적인 위법 행위라고 본다.

실전 대비 ||| 단원 문제 마무리 142~145쪽

01 ④	02 ①	03 ⑤	04 ①	05 ⑤	06 ③
07 ⑤	08 ⑤	09 ②	10 ⑤	11 ④	12 ④
13 ①	14 ①				

15 (1) 칼뱅 (2) 예시답안 직업 생활을 통한 이윤 추구 행위를 긍정적으로 보아 자본주의 발전의 정신적 토대가 되었다.

16 (1) 적극적 우대 정책 (2) 예시답안 사회적 약자에게 유리한 기회를 제공할 수 있다. 과거의 부당한 차별에 대한 보상이 필요하다. 사회적 긴장을 완화하고 행복을 증진할 수 있다. 사회적 격차를 줄일 수 있다.

17 (1) 예시답안 사형이 범죄를 억제한다는 확실한 증거가 없다. 사형은 인간의 생명권을 근본적으로 부정하는 것이다.
(2) 예시답안 베카리아는 생명권을 국가에 양도하는 것은 사회 계약의 내용이 아니며, 종신 노역형이 범죄 예방에 더 효과적이라고 보아 사형 제도를 반대한다.

18 (1) 시민 불복종 (2) 예시답안 사회 정의를 실현하고자 해야 한다. 비폭력적인 방법으로 진행되어야 한다. 처벌을 감수해야 한다.

01 갑은 칼뱅, 을은 공자이다. 칼뱅은 직업이 신의 소명이므로 모두 평등하고 존귀한 것이라고 보았다. 공자는 이익보다는 정의와 도덕을 추구하는 직업 생활을 강조하였다. 칼뱅과 공자는 모두 자신에게 주어진 직분을 성실히 수행해야 함을 강조하였다.

바로잡기 ㄱ. 칼뱅은 직업의 궁극적 목적은 신의 부르심에 응하는 것이라고 본다.
ㄷ. 공자는 직업 생활을 통해 이익보다는 정의와 도덕을 추구해야 한다고 보았다.

02 제시문은 실학 사상가 정약용의 주장이다. 그는 목민관이 검소한 자세로 백성을 위해 봉사하는 태도를 실천할 것을 강조하였다.

바로잡기 ㄷ, ㄹ. 정약용에 따르면 공직자는 사익보다는 의로움을 중시해야 하며, 업무의 효율성보다 시민의 권리를 중시해야 한다.

03 갑은 기업의 사회적 책임이 오직 이윤 극대화를 추구하는 것이라고 본다. 반면 을은 기업이 사회를 떠나서 존재할 수 없기 때문에 공공선을 위한 사회적 책임을 수행해야 한다고 본다. 갑과 을은 모두 기업이 이윤 추구를 위해 존재한다는 점을 인정한다.

바로잡기 ①, ② 기업의 공익 추구 활동을 강조하는 것은 을의 입장이다.
③, ④ 기업의 사회 공헌 활동을 부정하는 것은 갑의 입장이다.

04 제시문은 히포크라테스 선서이다. 히포크라테스 선서에는 의료인이 전문직으로서 준수해야 할 윤리적 원칙들이 담겨 있다. 전문직은 고도의 전문적 지식을 바탕으로 사회에 많은 영향을 주기 때문에 높은 수준의 도덕성과 공공을 위한 봉사 정신이 필요하다.

바로잡기 ② 히포크라테스 선서는 의사가 준수해야 할 특수한 직업 윤리에 해당한다.
③, ④, ⑤ 히포크라테스 선서에서 강조한 전문직 윤리의 내용과 거리가 멀다.

05 가상 설문에 응답한 사상가는 니부어이다. 그는 집단 간 힘의 불균형이 사회 갈등의 원인이며, 개인의 양심과 더불어 정치적 강제력을 통해 사회 정의가 실현될 수 있다고 보았다.

바로잡기 ㄱ. 니부어가 부정의 대답을 할 질문이다. 개인의 도덕성 함양과 사회 제도의 개선을 통해 사회 정의가 실현될 수 있다고 보았다.

06 갑은 오랫동안 지속적으로 차별을 받았던 소수 집단에게 과거부터 받았던 고통을 보상하는 것이 정당하다고 보는 입장이다. 을은 소수 집단에 대한 우대 정책을 통해 차별에 대한 책임이 없는 현세대에게 희생을 요구하는 것이 부당하다고 보는 입장이다.

바로잡기 ①, ② 갑은 개인의 업적이 아닌 과거의 차별에 대한 보상을 강조한다.
④, ⑤ 갑의 입장에서 평가할 내용이다.

07 갑은 롤스, 을은 노직이다. 롤스는 공정한 분배가 이루어지려면 원초적 입장에서 합리적 개인 간에 합의되는 정의의 원칙을 따라야 한다고 본다. 반면, 노직은 공정한 분배가 이루어지려면 취득·양도·교정에서의 정의의 원칙을 따라야 한다고 본다. 롤스와 노직은 모두 분배의 절차가 공정하면 그 결과도 공정하다고 본다는 공통점이 있다.

바로잡기 ⑤ 롤스와 노직은 모두 결과의 평등을 정의의 목표로 삼지 않으며, 공정한 절차를 통해 분배한 결과가 불평등할 가능성이 있음을 인정한다.

08 갑은 롤스, 을은 노직이다. 롤스는 최소 수혜자를 위한 국가의 재분배 정책을 찬성한다. 그러나 노직은 자유 지상주의를 바탕으로 소유 권리의 절대성을 강조하여 국가에 의한 재분배 정책을 반대한다. 롤스와 노직은 정의가 실현되어도 경제적 불평등이 있을 수 있다는 점과, 절차가 공정하면 분배의 결과는 정의로운 것이라는 점, 그리고 어떠한 경우에도 개인의 기본적 자유를 제한할 수 없음에 동의한다.

바로잡기 ① 롤스는 부정, 노직은 긍정의 대답을 할 질문이다.
②, ④ 롤스와 노직 모두 긍정의 대답을 할 질문이다.
③ 롤스는 긍정, 노직은 부정의 대답을 할 질문이다.

09 갑은 베카리아, 을은 칸트이다. 베카리아는 공리주의를 바탕으로 처벌의 목적은 범죄의 예방에 있다고 본다. 칸트는 처벌이 다른 목적을 이루기 위한 수단이 되는 것에 반대하며 오로지 죄를 지었다는 이유만으로 가해져야 한다고 본다.

바로잡기 ㄴ. 을의 입장이다. 베카리아는 국가의 형벌권은 인정하지만 국민의 생명을 빼앗을 권한은 없다고 보아 사형을 반대한다.
ㄹ. 공리주의의 입장이다. 칸트는 형벌이 유용성의 원리가 아니라 동등성의 원리에 따라야 한다고 본다.

10 갑은 맹자, 을은 로크이다. 맹자는 민본주의를 바탕으로 군주보다는 백성을 위한 정치가 바람직하다고 본다. 이를 위해 맹자는 군주가 덕으로 백성을 교화하고, 백성의 생계를 책임지는 정치를 실천할 것을 강조하였다. 로크는 국가가 시민의 생명, 자유, 재산 등 자연권적 권리를 지키기 위해 시민 간의 계약을 통해 형성된다고 본다.

바로잡기 ⑤ 로크는 국가를 목적이 아닌 수단으로 본다.

11 갑은 아리스토텔레스, 을은 롤스이다. 아리스토텔레스는 인간이 본성적으로 국가 공동체를 구성하며, 국가 구성원으로 살아갈 때 비로소 자아실현이 가능하다고 보았다. 롤스는 원초적 입장에서 합의한 정의의 원칙들이 준수될 때 정의로운 국가가 실현된다고 보았다. ④는 마르크스의 입장이므로 아리스토텔레스와 롤스가 모두 부정의 대답을 할 질문이다.

바로잡기 ①, ② 아리스토텔레스가 긍정의 대답을 할 질문이다.
③, ⑤ 롤스가 긍정의 대답을 할 질문이다.

12 갑은 롤스, 을은 소로이다. 롤스는 시민 불복종이 공유된 정의관을 근거로 이루어지는 부정의한 법에 대한 공개적인 위법 행위이며, 합법적인 개혁이 모두 실패할 경우 최후의 수단으로 동원될 수 있다고 보았다. 소로는 시민 불복종이란 개인의 양심을 근거로 이루어지는 부정의한 법에 대한 저항이며, 이를 통해 정의를 실현할 수 있다고 하였다.

바로잡기 ① 소로의 입장이다. 이와 달리 롤스는 개인의 양심이나 종교적 신념 등에 따르는 불복종은 인정하지 않았다.
② 롤스는 시민 불복종이 정당화되려면 비폭력적인 방법으로 이루어져야 한다고 보았다.
③ 드워킨의 입장이다.
⑤ 시민 불복종은 엄연한 위법 행위이므로 처벌을 감수함으로써 준법 정신을 수호한다.

13 갑은 흄, 을은 로크이다. 흄은 국가 권위의 근거를 국가가 제공하는 공공재와 관행의 혜택에서 찾는다. 로크는 국가 권위의 근거가 시민이 자발적으로 맺은 계약에 있다고 본다.

바로잡기 ① 흄은 국가 권위의 근거는 국가가 시민에게 공공재와 관행의 혜택을 제공하여 사회적으로 유용한 결과를 만들기 때문이라고 본다. 따라서 국가에 대한 복종은 무조건적인 의무가 아니다.

14 제시문을 주장한 사상가는 롤스이다. 그에 따르면 시민 불복종은 법이나 정책이 평등한 자유의 원칙과 기회균등의 원칙에 위배될 때 정당화된다.

바로잡기 ㄷ. 롤스는 부정의한 법이나 정책이 존재할 경우 합법적인 개혁의 방법을 시도해 보고, 그것이 소용 없을 때 최후의 수단으로 시민 불복종을 시도할 수 있다고 보았다.
ㄹ. 롤스는 차등의 원칙을 시민 불복종의 근거로 인정하지 않았다.

15 이렇게 쓰면 감점 (2) 이윤 추구 행위를 긍정적으로 보았다는 언급이 없이 자본주의 발전의 원동력이 되었다고만 서술하면 감점이다.

16 이렇게 쓰면 만점 (2) 적극적 우대 정책을 찬성하는 적절한 논리를 세 가지 모두 서술하면 만점이다.

17 이렇게 쓰면 만점 (1) 예시 답안에 제시된 논거 이외에도 '범죄자의 교화라는 형벌의 목적에 부합하지 않는다.', '오판 가능성과 정치적 악용 가능성이 있다.'라는 논거도 있으므로 적절하게 두 가지를 서술하면 만점이다.
이렇게 쓰면 감점 (2) 베카리아가 사형 제도를 반대하는 사상적 근거를 쓰지 않고 단순히 베카리아는 사형 제도를 반대한다고만 서술하면 감점이다.

18 이렇게 쓰면 만점 (2) 예시 답안에 제시된 세 가지 논거 이외에도 '법에 대한 충실성', '최후의 수단' 등의 논거도 있으므로 적절하게 세 가지를 서술하면 만점이다.

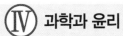

01 과학 기술과 윤리

┌─────────────────────────────────────┐
│ ▰▰▰▰ 기초를 다지는 확인문제 ___ 152쪽
│
│ **01** (1) ✕ (2) ○ (3) ✕ (4) ○ **02** (1) 정당화 (2) 존엄성 (3) 예
│ 방적 **03** (1) ㉠ (2) ㉢ (3) ㉣
└─────────────────────────────────────┘

┌─────────────────────────────────────┐
│ ▰▰▰▰ 실력을 키우는 실전문제 ___ 153~157쪽
│
│ **01** ⑤   **02** ②   **03** ⑤   **04** ③   **05** ②   **06** ③
│ **07** ④   **08** ⑤   **09** ③   **10** ③   **11** ④   **12** ①
│ **13** ③   **14** ⑤   **15** ⑤   **16** ④   **17** ④   **18** ①
│ **19** (1) 책임 (2) **예시답안** 과학 기술 시대에 발생할 수 있는 문제
│ 를 해결하기 위해서는 윤리적 책임의 범위를 자연은 물론 미래 세
│ 대까지 확장해야 한다.
│ **20** **예시답안** 갑은 과학 기술의 긍정적인 면만 강조하는 과학 기술
│ 지상주의이고, 을은 과학 기술의 부정적인 면에만 주목하는 과학
│ 기술 혐오주의이다.
│ **21** **예시답안** 과학 기술자는 자신의 연구 결과가 사회적 위기를 가
│ 져올 수 있음을 인식하고, 자신의 연구와 그 활용에 관하여 사회적
│ 책임을 다해야 한다.
└─────────────────────────────────────┘

01 신문 기사는 법률 회사에 인공 지능 변호사가 채용되었다는
내용이다. 즉 과학 기술이 발전하면서 인공 지능이 법률 서비
스 분야에도 편의를 제공하고 있음을 알 수 있다. 이처럼 과
학 기술은 우리 삶의 다양한 분야에 편의를 제공하고 혜택을
주고 있다.
바로잡기 ① 제시문은 과학 기술이 권력자를 위해 활용된 사례가 아
니다.
② 제시문은 과학 기술이 개인의 목적을 위해 활용된 사례가 아니다.
③ 과학 기술이 사회적 약자를 위해 활용되는 것은 바람직하지만 제
시문은 사회적 약자를 위해 활용되고 있는 사례가 아니다.
④ 제시문은 과학 기술이 과학자의 사회적 지위를 높이기 위해 활용
된 사례가 아니다.

02 노트 필기는 과학 기술의 가치 중립성을 인정하는 입장과 부
정하는 입장을 정리한 것이다. 과학 기술의 가치 중립성을 인
정하는 입장에서는 과학 기술이 주관적인 가치가 개입될 수
없는 객관적인 사실의 영역이므로 가치 중립적이라고 본다.
또한 과학 기술의 가치는 사용하는 사람에게 달려 있다고 본
다. 반면 과학 기술의 가치 중립성을 부정하는 입장에서는 과
학 기술이 인간의 필요에 의해 발견되고 활용되므로 가치와
깊은 관련이 있고, 과학 기술은 인간의 존엄성 구현과 삶의 질
향상이라는 윤리적 목적을 지향해야 한다고 본다.
바로잡기 ② 과학 기술자는 자신의 연구 결과가 사회에 미칠 영향에
대해 책임을 져야 한다. 따라서 과학 기술이 사회적 책임으로부터 자

유로울 수 없다고 보는 것은 과학 기술의 가치 중립성을 부정하는 입
장이다.

03 ㉠은 정보 통신 기술의 발전으로 개인 정보가 유출되고 사람
들이 감시되고 통제되는 '전자·정보 팜옵티콘' 사회가 도래할
수 있다고 우려한다. 이러한 사회에서는 과학 기술이 대중에
대한 거대한 감시 체제로 작동할 수 있으며, 개인 정보 유출
과 사생활 침해 문제가 발생할 수 있다.
바로잡기 ㄱ. 전자·정보 팜옵티콘 사회가 생명의 존엄성을 훼손하는
결과를 낳는 것은 아니다.
ㄴ. 전자·정보 팜옵티콘 사회는 민주주의의 발전을 가로막고, 전체주
의적 사회로 만들 위험성이 있다.

04 제시된 사례는 과학 기술이 인류에게 긍정적 결과도 가져다
주지만 부정적 결과도 낳을 수 있다는 점을 보여 준다.
바로잡기 ① 과학 기술이 사회를 진보시킨다는 것은 과학 기술의 긍
정적 측면만을 의미한다.
② 과학 기술이 인류에게 편리함만을 가져다준다는 것은 과학 기술의
긍정적 측면만을 의미한다.
④ 과학 기술이 인류가 직면한 모든 문제를 해결해 줄 수 있다고 보는
것은 과학 기술의 긍정적 측면만을 강조하는 과학 기술 지상주의이다.
⑤ 과학 기술자들이 내적 책임을 준수해야 하는 것은 맞지만, 제시된
사례를 통해 추론할 수 있는 내용은 아니다.

05 제시문은 과학 기술이 긍정적 측면과 부정적 측면을 모두 고
려해야 한다는 내용이다. 과학 기술의 긍정적 측면을 극대화
하고 부정적 측면을 최소화하기 위해서는 과학 기술에 대해
비판적으로 성찰하는 자세를 가져야 한다.
바로잡기 ① 과학 기술의 부정적 측면을 과학 기술로 해결할 수 있다
는 것은 과학 기술 지상주의의 입장이다.
③ 과학 기술 관련 정책을 결정할 때에는 전문가의 의견뿐만 아니라
시민의 다양한 의견도 들어야 한다.
④ 제시문은 과학 기술의 가치 중립성을 주장하는 내용이 아니다.
⑤ 제시문의 내용과 관련성이 없으며, 과학 기술은 인간의 삶의 질 향
상에 기여해야 한다.

06 제시문은 과학 기술 혐오주의를 대표하는 러다이트 운동에
관한 내용이다. 과학 기술 혐오주의는 과학 기술의 발전을 비
판적으로 바라보는 입장이다. 이러한 입장에서는 과학 기술
의 비인간적이며 비윤리적인 측면을 부각하거나 과학의 합리
성 자체를 문제 삼는다. 과학 기술 혐오주의에서는 과학 기술
이 인류에게 아무런 가치를 주지 않는다고 보고, 과학 기술의
발전으로 앞으로의 사회는 비관적인 사회가 될 것이라고 본
다. 또한 과학 기술이 비인간적·비윤리적 문제를 일으키며,
과학 기술의 위험에서 벗어나기 위해서는 적극적으로 행동해
야 한다고 본다.
바로잡기 ③ 과학 기술이 가져다주는 유용한 측면을 발전시켜야 한
다는 입장은 과학 기술 혐오주의가 간과하는 측면이다.

07 제시문은 과학 기술의 가치 중립성을 부정하는 입장이다. 이 입장에 따르면 현대 과학 기술은 막대한 인적·물적 자원이 투입되는 거대과학이다. 한정된 연구비와 우수한 인적 자원을 어느 분야에 투입할지 선택하는 과정에서 가치가 개입된다. 따라서 과학 기술은 연구와 활용 과정에서 가치로부터 자유로울 수 없으며, 사회적 영향력을 고려해야 한다.

바로잡기 ㄱ. 과학 기술이 가치 판단과 무관하다고 보는 것은 과학 기술의 가치 중립성을 인정하는 입장이다.

ㄷ. 과학 기술을 사회적 제약 없이 연구해야 한다고 보는 것은 과학 기술의 가치 중립성을 인정하는 입장이다.

08 ㉠은 과학 기술 지상주의이다. 과학 기술 지상주의는 과학 기술의 발전을 지나치게 낙관적으로 바라보는 입장이다. 이 입장은 인류가 과학 기술을 이용하여 사회의 모든 문제를 해결하고 무한한 부와 행복을 누릴 것이라고 본다. 또한 과학 기술의 발전에 따른 부작용도 과학 기술의 힘으로 해결할 수 있다고 믿는다.

바로잡기 ① 과학 기술이 인간 소외 현상을 일으킨다는 것은 과학 기술이 가져온 문제점으로 과학 기술 혐오주의에서 주장할 수 있는 내용이다.

② 과학 기술 지상주의는 과학 기술의 혜택을 적극적으로 누려야 한다고 본다.

③ 과학 기술이 인류에게 부작용만을 초래한다고 보는 것은 과학 기술 혐오주의이다.

④ 과학 기술이 인류에게 주는 가치를 부정하는 것은 과학 기술 혐오주의이다.

베이컨의 과학 기술 지상주의 **만점 공략 노트**

베이컨이 제시한 이상 사회는 과학 기술에 대한 무한한 신뢰를 바탕으로 하고 있다. 베이컨은 자연에 대한 지식이 힘이며, 이 지식을 통해 자연을 통제하고 지배할 수 있다고 본다. 그는 경험을 통해 얻은 지식을 객관적이고 참다운 지식으로 보고, 관찰과 실험에 기초한 과학 지식을 통해 인간은 자연으로부터 무엇인가를 얻어 낼 수 있다고 주장한다. 또한 그는 인간이 자연에 대한 지식을 통해 풍요롭고 안락한 삶을 누릴 수 있다고 전망한다.

---

09 그림의 강연자는 하이젠베르크이다. 하이젠베르크는 과학 기술의 가치 중립성을 인정하는 입장에 대해 반대하고 있다. 그는 원자 폭탄을 만든 과학자는 원자 폭탄으로 인한 결과에 대하여 응분의 책임을 져야 한다고 주장하고 있다.

바로잡기 ① 하이젠베르크는 과학자가 과학 기술의 연구 개발과 활용에서 사회적 책임을 다하기 위해 정치 문제에 관여할 수 있다고 본다.

② 하이젠베르크는 과학자는 윤리적 평가로부터 자유로울 수 없다고 본다.

④ 하이젠베르크는 과학자가 자신의 연구 과정뿐만 아니라 연구 결과의 활용에 대해서도 책임을 져야 한다고 본다.

⑤ 하이젠베르크는 과학자가 자신의 연구 업적을 높이는 데 주력하는 것이 아니라 과학자의 사회적 책임을 중시해야 한다고 본다.

10

갑 : '공포의 발견술'이란 악의 인식이 선의 인식보다 쉽기 때문에 윤리학은 희망보다 공포를 논의의 대상으로 삼아야 한다는 것을 말한다. 예를 들면 핵무기가 개발되었을 때 주 <u>과학 기술의 부작용에 대해 비판적으로 성찰해야 함을 강조하는 내용이다.</u> 어지는 혜택보다는 그것이 가져다줄 수 있는 절망과 공포를 먼저 생각해야 한다는 것이다. 원자 폭탄, 화학 무기에 의한 끔찍한 살상의 역사 속에서 과학은 파괴의 도구가 되기도 했다는 점을 생각해 볼 때, 공포의 발견술은 유효한 <u>책임 윤리</u>의 기준이 될 수 있다.
└ 갑은 책임 윤리를 주장한 요나스임을 알 수 있다.

요나스는 자연을 파괴하고 인류의 생존을 위협하는 현대 과학 기술을 적절히 통제할 수 있는 새로운 윤리학이 필요하다고 주장한다. 요나스가 주장한 새로운 윤리학은 기존의 전통적 윤리학보다는 넓은 윤리적 책임의 범위를 제시하고 있다. 또한 요나스는 인류가 존속해야 한다는 것은 절대적 명령이기 때문에 인류의 존속을 파괴하는 행위에 대해 반대한다.

바로잡기 ① 요나스는 우리가 책임을 져야 하는 대상은 현세대뿐만 아니라 자연과 미래 세대까지라고 보았다.

② 요나스는 과학 기술의 위험에서 벗어나기 위해 과학 기술에 대한 끊임없는 비판적 성찰이 필요하다고 보았다.

④ 요나스에 따르면 과학 기술의 주된 목적은 경제적 이익 추구가 아니라 인간의 존엄성 구현과 삶의 질 향상이다.

⑤ 요나스는 인간의 욕망을 충족시키기 위해 자연 환경을 파괴하는 것에 대해 부정적인 입장이다.

11 제시문은 과학자가 연구 과정에서는 규범을 준수해야 하지만, 과학 기술의 정당화 과정에서는 가치 중립성을 확보해야 한다고 보는 입장이다.

바로잡기 ㄷ. 긍정의 대답을 할 질문이다. 제시문의 입장은 연구 과정에서 규범을 준수해야 하기 때문에 과학 이론을 검증하는 과정에서는 과학자가 책임 의식을 가져야 한다고 본다.

12 A는 적정 기술이다. 적정 기술은 그 기술이 사용되는 사회 공동체의 정치적·문화적·환경적 조건을 고려하여 해당 지역에서 지속적인 생산과 소비를 할 수 있게 하는 기술로, 인간 삶의 질을 궁극적으로 향상할 수 있게 한다.

바로잡기 ㄴ. 적정 기술은 해당 국가의 경제적 이익만을 위한 기술이 아니다.

ㄹ. 적정 기술의 주목적은 인간의 존엄성과 삶의 질 향상에 기여하는 것이다.

13 제시문의 입장은 과학 기술자들이 연구 과정에서는 연구 윤리를 지키면서 자신의 주관적 가치를 개입해서는 안 된다고 본다. 또한 과학 기술자는 자신의 연구가 가져올 결과를 미리 예상할 수 없기 때문에 이에 대해서는 도덕적 평가를 성급히 내리지 말아야 한다고 본다. 따라서 이에 대한 적절한 반론은

과학 기술자는 자신의 연구 결과에 대해 비판적으로 성찰해야 하고, 사회적 책임 의식을 지녀야 한다는 것이다.

바로잡기 ㄱ, ㄴ. 제시문의 입장을 옹호하는 주장이다.

14 갑은 야스퍼스의 입장, 을은 하이데거의 입장과 상통한다. 야스퍼스는 과학 기술의 가치 중립성을 긍정하는 반면, 하이데거는 과학 기술을 가치 중립적인 것으로 간주할 경우 과학 기술에 대한 적절한 통제가 불가능하다고 우려한다. 따라서 하이데거와 같은 입장에서는 과학 기술에 대해 지속적인 비판적 성찰이 필요하며, 과학 기술은 가치로부터 자유로울 수 없다고 본다.

바로잡기 ㄱ, ㄴ. 갑은 긍정, 을은 부정의 대답을 할 질문이다.

15 제시된 헌장은 과학 기술인 헌장 중 일부이다. 과학 기술인은 세계 평화를 위해 노력해야 하고, 인류의 존속과 복지 증진을 위한 사회적 책임을 가져야 한다. 또한 과학 기술인은 사회적 책임과 함께 과학적 탐구에 대한 자율성도 보장받아야 한다.

바로잡기 ⑤ 과학 기술인 헌장은 인류의 행복과 평화를 궁극적인 목적으로 삼아야 한다는 내용이다.

16 제시문은 표절한 과학자의 사례이다. 표절 강사는 자신의 연구 업적을 만드는 과정에서 표절을 해서는 안 된다는 연구 윤리를 지키지 않았다.

바로잡기 ① 표절 강사는 연구 업적을 교재를 통해 공표하였다.
② 표절 강사는 연구 업적에 대한 검증 과정을 중시하지 않았다.
③ 표절 강사는 연구의 내적 책임을 고려하지 않았다.
⑤ 표절 강사는 연구 과정에서 진실성을 중시하지 않았다.

17 갑은 도가 사상가이다. 도가 사상가의 입장에서는 조력 발전소 건설이 자연에 대한 인위적인 개입이라고 볼 것이다. 따라서 도가 사상가는 A 시장에게 조력 발전소 설치를 반대하는 입장에서 조언을 할 것이다.

바로잡기 ① 도가 사상에서는 인간과 자연이 상호 의존적인 관계라고 본다.
② 도가 사상에서는 자연에 대한 인위적인 개입을 주장하지 않는다.
③ 도가 사상에서는 자연 친화적인 에너지 개발이라고 할지라도 그것이 자연에 대한 인위적인 개입이라면 반대할 것이다.
⑤ 도가 사상에서는 경제적 풍요를 가져온다고 할지라도 자연에 대한 인간의 개입을 반대할 것이다.

18 제시문은 과학 기술이 사회적 책임을 다하기 위해서는 과학 기술 개발에 시민의 참여가 필요하다는 점을 강조하고 있다.

바로잡기 ② 과학 기술의 위험에 대한 예방적 조치가 필요하지만, 제시문에서 강조하는 내용과 거리가 멀다.
③ 제시문은 과학자들의 연구 실적에 대한 공정한 평가를 다루는 내용이 아니다.
④ 제시문은 과학 기술과 관련된 법과 제도가 필요하다는 점을 강조하는 내용이 아니다.
⑤ 제시문은 과학 기술의 지속적 개발을 강조하는 내용이 아니다.

19 **이렇게 쓰면 만점** (2) 윤리적 책임의 범위를 자연과 미래 세대까지 확장해야 한다는 내용을 서술하면 만점이다.

20 **이렇게 쓰면 감점** 과학 기술 지상주의와 과학 기술 혐오주의라는 용어를 서술하지 않으면 감점이다.

21 **이렇게 쓰면 만점** 과학 기술자가 자신의 연구 결과가 가져올 사회적 위기를 인식하고, 자신의 연구와 그 활용에 관하여 사회적 책임을 다해야 한다는 내용을 서술하면 만점이다.

등급을 올리는 고난도 문제 _____ 158~159쪽

01 ⑤   **02** ③   **03** ④   **04** ⑤

01 과학 기술의 가치 중립성 논쟁 　　　자료 분석 노트

(가) 과학 기술은 객관적인 사실의 영역이므로 가치 판단과 무관하다. 과학 기술은 그 자체로 좋은 것도 나쁜 것도 아니 └과학 기술을 가치 중립적인 것으로 보고 있다. 며, 사회적 책임과 윤리적 평가에서 자유로워야 한다.
(나) 과학 기술은 연구의 목적을 설정하거나 결과를 현실에 적용할 때 가치 판단이 개입하므로 과학 기술에 대한 윤리적 성찰이 필요하다. 또한 과학 기술이 인간과 자연에 미치는 └과학 기술에 대한 사회적 책임을 강조하고 있다. 영향력이 늘어나고 있으므로 윤리적 관점에서 그 발전 방향을 숙고해야 한다.

(가)는 과학 기술의 가치 중립성을 긍정하는 입장이고, (나)는 과학 기술의 가치 중립성을 부정하는 입장이다. 그러므로 (가)의 입장은 (나)의 입장에 비해 X축과 Y축은 상대적으로 높고, Z축은 상대적으로 낮다. 따라서 그림에서 이를 나타내는 지점을 찾으면 ⑩이다.

02 과학자의 책임에 대한 이해 　　　자료 분석 노트

갑 : 과학 기술자는 자신의 연구나 개발 활동이 사회에 미칠 영향력을 인식하여 연구 과정과 개발, 그 활용에 관하여 사회적 책임을 다해야 한다. └과학 기술자의 내적 책임과 외적 책임을 모두 강조하고 있다.
을 : 과학 기술자는 연구 과정에서 비윤리적인 행위를 하지 말아야 한다. 또한 실험 대상을 윤리적으로 대우해야 하며, 연구 결과를 완전하게 공표해야 한다. 하지만 연구 결과의 활용에 대해서는 책임을 질 필요가 없다. └과학 기술자의 내적 책임만을 강조하고 있다.

갑은 과학 기술자가 자신의 연구 과정과 개발, 그 활용에 관하여 사회적 책임을 다해야 한다는 내용을 통해 과학 기술자의 내적 책임과 외적 책임을 모두 강조하는 입장임을 알 수

있다. 을은 과학 기술자가 연구 과정에서 비윤리적 행위를 해서는 안 되지만, 연구 결과의 활용에 대해서는 책임을 질 필요가 없다는 내용을 통해 과학 기술자의 내적 책임만을 인정하는 입장임을 알 수 있다. 따라서 '과학 지식의 활용에서 과학 기술과 가치는 분리되어야 하는가?'라는 질문에 대해 갑은 부정의 대답을, 을은 긍정의 대답을 할 것이다.

바로잡기 ①, ②, ④ 갑이 긍정의 대답을 할 질문이다.
⑤ 갑이 부정의 대답을 할 질문이다. 갑은 내적 책임과 외적 책임을 모두 중시한다.

03 과학 기술의 가치 중립성 논쟁

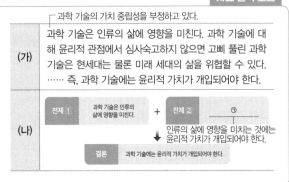

자료 분석 노트

과학 기술의 가치 중립성을 주장하는 입장에서는 '정당화 과정'과 '발전 및 활용의 과정'을 엄격하게 분리하면서, 과학 그 자체는 사실의 영역이며 이를 가치의 영역과 분리할 때 진리를 확보할 수 있다고 본다. 또한 과학적 사실을 어떻게 활용하는지에 따라 영향이 달라진다고 주장한다.

바로잡기 ㄹ. 주관적 가치 판단이 개입한다는 것은 ㉠의 주장을 뒷받침하는 내용이다.

04 요나스의 책임 윤리

자료 분석 노트

인간적 의무의 대상은 인간 자신, 지구상의 다른 어떤 것도 아닌 인류 자신이었다. 물론 전통 윤리학의 규범들 가운데 그 어
└ 요나스는 현대 사회에서 발생하는 문제들을 해결하는 데 인간만을 고려하는 전통 윤리로는 한계가 있다고 보았다.
떤 것도 구속력을 상실하지는 않는다. 그러나 오늘날 지구상의 전 생태계와 그 안에 존재하는 모든 생명체는 인간의 부당
└ 전일론적 관점
한 침해와 그로 말미암아 빚어진 훼손 가능성에 직면하여 자연이 그들에게 허용한 것, 즉 그들의 고유한 목적 자체에 대한 존중을 요구하고 있다.
└ 요나스는 미래 세대와 자연에 대한 인간의 책임을 강조하였다.

요나스는 책임질 수 있는 능력을 지닌 존재는 인간뿐이며 현세대가 미래에 일어날 결과에 대해 책임을 져야 한다고 보면서 과학 기술의 결과에 대해 책임을 묻는 새로운 윤리가 필요하다고 주장하였다.

바로잡기 ㄱ. 요나스는 과학 기술을 전적으로 신뢰하기보다 과학 기술에 대해 비판적으로 성찰할 것을 강조하였다.

02 정보 사회와 윤리

기초를 다지는 확인 문제 _____ 164쪽

01 (1) ○ (2) × (3) ○ (4) × (5) ○ **02** (1) 정보 사유론 (2) 정보 공유론 (3) 인간 존중 (4) 매체 이해력 **03** (1) ㉡ (2) ㉠ (3) ㉢

실력을 키우는 실전 문제 _____ 165~169쪽

01 ⑤	02 ③	03 ③	04 ⑤	05 ①	06 ⑤
07 ②	08 ⑤	09 ⑤	10 ③	11 ①	12 ⑤
13 ④	14 ②	15 ⑤	16 ④	17 ⑤	18 ⑤

19 (1) 정보 사회 (2) **예시답안** 정보 사회에서 발생할 수 있는 윤리적 문제는 사이버 폭력과 사생활 침해 등이 있다.
20 (1) 익명성 (2) **예시답안** 익명성과 비대면성을 무기 삼아 타인에게 사이버 폭력을 가하는 등 비도덕적 행위가 일어나기 쉽다.
21 **예시답안** 개인 정보를 비롯하여 자신이 쓴 게시물 등이 포털 사이트 등을 통하여 많은 사람에게 더 이상 공개되지 않도록 삭제를 요구할 권리이다.

01 제시문은 정보 사회의 긍정적인 변화에 대한 내용이다. 정보 통신 기술의 발달로 다양한 일상적인 업무를 쉽고 빠르게 처리할 수 있게 되는 등 개인의 삶의 질과 생활의 편리성이 향상되었다. 또한 사이버 공간의 등장으로 신분의 노출 없이 자신의 의견을 자유롭게 표현할 수 있기 때문에 사회 참여의 기회가 확대되었다. 그리고 정보 사회에서는 수평적이고 쌍방향의 의사소통이 가능해짐에 따라 다양성을 존중하는 다원적인 사회 분위기가 형성되었다.

바로잡기 ⑤ 정보 사회는 다양한 긍정적 측면도 있지만, 사이버 폭력 문제, 사생활 침해 문제 등 다양한 윤리 문제를 발생시키기도 한다.

02

자료 분석 노트

······ '보이지 않는 힘'을 갖게 된 기게스는 전령으로 궁전에 들
└ 사이버 공간의 특성 중 익명성과 같은 의미이다.
어갔다. 그는 반지를 이용하여 투명하게 변한 후, 왕을 암살하여 왕위를 빼앗고 스스로 왕이 되었다.
└ 기게스가 보이지 않는 힘을 이용해 비도덕적 행위를 하듯이, 익명성이 보장된 사이버 공간에서도 비도덕적 행위가 발생할 수 있다.

제시문은 플라톤의 『국가론』에 나오는 '기게스의 반지' 사례이다. 이 사례를 통해 익명성의 윤리적 문제를 추론할 수 있다.

03 제시문은 인터넷 중독으로 발생하게 된 범죄 사례이다. 인터넷 중독을 예방하고 올바르게 인터넷을 이용할 수 있도록 하기 위해서는 법적·제도적 장치가 필요하며, 인터넷 이용자들에게 정보 통신 윤리 교육을 강화해야 한다.

바로잡기 ㄴ. 인터넷 이용자들에게 시간 제한 없이 자유롭게 인터넷을 사용할 수 있게 하면 인터넷 중독이 오히려 심해질 수 있다.
ㄹ. 가상 공간도 현실의 공간과 마찬가지로 법과 규범이 적용되는 공간임을 강조해야 한다.

04 ㉠의 구체적인 내용은 사생활 침해로 발생하는 문제점이다. 정보에 대한 접근이 쉬워지면서 사적인 정보가 쉽게 유출되는 문제가 발생하고 있다. 이러한 사생활 침해는 한 개인에 관한 평가를 왜곡하고, 개인의 자유로운 활동과 행복 추구를 방해하며, 인간의 존엄성을 해치는 등 윤리적 문제를 발생시킨다.

바로잡기 ㄴ. 사생활 침해는 개인의 알 권리를 침해하는 것이 아니라 인격권을 침해하는 것이다.

05 제시문은 사이버 따돌림에 관한 내용이다. 사이버 따돌림을 예방하기 위해서는 사이버 따돌림 피해자들이 겪는 고통에 공감하는 자세를 가져야 하고, 사이버 따돌림의 심각성에 대해 학교나 가정에서 지속적인 교육을 실시해야 한다. 또한 사이버 따돌림을 예방하기 위한 다양한 제도나 법률을 마련해야 하고, 대중 매체를 통해 사이버 따돌림의 문제점을 지속적으로 알리는 것이 필요하다.

바로잡기 ① 사이버 따돌림 행위는 단순한 장난이 아니라 심각한 폭력이므로 불관용해야 한다.

06 ㉠에 들어갈 내용은 정보 공유론에 대한 근거이다. 정보 공유론은 정보는 나누면 나눌수록 그 가치가 커지므로, 창작자에게 감사의 마음을 갖는 것만으로 충분하며, 모든 정보는 무료로 사용해야 한다는 입장이다. 정보 공유론의 입장에서는 더 많은 사람이 쉽게 사용할 수 있도록 정보를 공유하면 정보의 가치가 증대된다고 본다. 또한 정보에 대한 배타적 소유권을 강조하게 되면 정보 격차가 더 심해진다고 본다.

바로잡기 ㄱ. 정보 사유론의 근거이다. 정보 사유론에서는 저작권 보호가 사회의 이익을 증진시킨다고 본다.
ㄴ. 정보 사유론의 근거이다. 정보 사유론에서는 저작권을 보호하여 저작권자에게 노력의 대가를 충분히 지급함으로써 정보의 질적 향상을 도모하고 저작권자의 창작 동기를 자극한다고 본다.

정보 사유론과 정보 공유론 만점 공략 노트

정보가 지닌 가치가 증대되면서 지적 산물에 대한 창작자의 권리를 보호해야 한다는 정보 사유론의 입장과 사회적 산물인 정보에 대한 권리를 공유해야 한다는 정보 공유론의 입장이 대립하고 있다. 각 입장의 특징을 비교하여 정리해 둔다.

정보 사유론	정보 공유론
• 창작자의 권리에 대한 절대적인 인정과 보호 주장 • 문학, 영화 등의 예술 작품을 비롯한 저작물에 대해 독점적이고 배타적인 이용을 보장하는 권리 • 지적 재산권을 보호하면 창작 의욕이 고취되고, 사회의 지적 자산도 풍부해진다고 봄	• 지적 재산에 대한 지나친 권리 행사 비판 • 저작물에 대한 권리를 모든 사람이 공유할 수 있게 하자는 주장 • 창작 의욕 저하와 품질 하락 등의 문제를 발생시킨다는 비판을 받음

07 ㉠에 들어갈 내용은 정보 격차를 줄이기 위한 방안이다. 정보 격차란 새로운 정보 기술에 접근할 수 있는 사람들과 그렇지 못한 사람들 사이에 사회적·경제적 격차가 심화되는 현상을 말한다. 정보 격차를 줄이기 위해서는 정보에 소외된 사람들에 대한 사회적·경제적 지원을 강화해야 한다.

바로잡기 ① 인터넷 윤리에 관한 교육이 필요하지만, 정보 격차를 줄이는 방안과는 거리가 멀다.
③ 정보 처리 속도를 높이는 투자 확대를 정보 격차를 줄이는 방안이라고 볼 수는 없다.
④ 사이버 공간에서 익명성을 보장하는 것이 정보 격차를 줄이는 방안은 아니다.
⑤ 정보 창작자의 배타적 권리를 강조하면 정보 격차가 더 심화될 수 있다.

08 제시된 기사는 정보 윤리가 필요하다는 내용이다. 정보 기술은 우리에게 수많은 혜택을 가져다주는 유용한 도구이지만, 윤리적 성찰이 따르지 않으면 심각한 문제를 발생시킬 수 있다. 따라서 정보의 생산, 소비, 유통 과정에서 정보 윤리를 지켜야 한다. 사이버 공간에서 타인과 건전하게 교류하는 가운데 공동체의 조화로운 삶과 복지를 증진할 수 있어야 한다. 또한 타인과 사회에 해를 끼치거나 무책임한 행동을 하지 않도록 해야 한다. 그리고 정보가 인간다움을 유지하고 인간의 삶에 이바지하도록 해야 한다.

바로잡기 ㄴ. 국민의 알 권리도 중요하지만 타인의 기본권을 침해해서는 안 된다.

세버슨의 정보 통신 윤리의 기본 원칙 만점 공략 노트

세버슨은 정보 통신 윤리의 기본 원칙으로 지적 재산권 존중, 사생활 존중, 공정한 표현, 해악 금지의 네 가지를 제시하였다. 먼저 지적 재산권 존중의 원칙은 정보 관련 제품의 개발자나 아이디어 창안자를 보상하고 정보의 공정한 이용을 가능하게 해 주는 것이다. 둘째, 사생활 존중의 원칙은 자기 결정과 자아 정체성을 보호하기 위해서 개인의 사생활을 보호할 것을 요구한다. 셋째, 공정한 표현의 원칙은 정보 산업 분야에서 판매자들이 도덕적 존중과 책임을 가지고 고객을 대할 것을 요구한다. 마지막으로 해악 금지의 원칙은 해킹, 컴퓨터 범죄, 불공정 경쟁 등을 규제하는 윤리학적 원칙으로서 타인에게 피해를 주지 말 것을 요구한다.

09 (가)는 정보 사유론의 입장이다. 정보 사유론에서는 정보 창작자에게 지적 재산권의 배타적 소유가 인정되어야 한다고 본다.

바로잡기 ① 긍정의 대답을 할 질문이다. 정보 사유론에서는 지적 재산권 보호가 정보 창작자의 창작 의욕을 고취한다고 본다.
② 긍정의 대답을 할 질문이다. 정보 사유론에서는 지적 재산권의 보호가 양질의 정보 생산에 도움이 된다고 본다.
③ 부정의 대답을 할 질문이다. 모든 정보가 자유롭게 공유되어야 한다고 보는 것은 정보 공유론의 입장이다.
④ 부정의 대답을 할 질문이다. 지식과 정보의 사용이 무제한적이어야 한다는 것은 정보 공유론의 입장이다.

10 ㉠은 뉴 미디어이다. 뉴 미디어는 다양한 인쇄 매체와 방송 매체, SNS, 블로그, UCC 등의 사회적 매체와 스마트폰이 정보 전달의 중심 매체가 되고 있다. 이러한 뉴 미디어는 다양한 매체가 하나의 정보망으로 통합되는 종합화, 송수신자 간 쌍방향 정보 교환이 가능한 상호 작용화, 수신자가 원하는 시간에 정보를 볼 수 있는 비동시화, 특정 대상과 특정 정보를 상호 교환할 수 있는 탈대중화, 이용자가 더욱 능동적으로 활동할 수 있게 된 능동화 등의 특징을 지닌다.

바로잡기 ③ 뉴 미디어는 송수신자 간 쌍방향 정보 교환이 가능한 특징을 갖고 있다.

11 제시문은 인터넷 실명제에 대한 위헌 판결의 내용이다. 인터넷 실명제란 인터넷 이용자의 실명과 주민 등록 번호가 확인되어야만 인터넷 게시판에 글을 올릴 수 있는 제도이다. 하지만 이 제도는 헌법에 보장된 표현의 자유를 침해하고, 주민 등록 번호와 같은 개인 정보가 유출될 우려가 있기 때문에 헌법 재판소에서 위헌 결정이 내려졌다.

바로잡기 ㄴ. 인터넷 실명제는 오히려 악플을 감소시킴으로써 사회적 약자에 대한 배려를 강조한다.
ㄹ. 인터넷 실명제는 명예 훼손, 유언비어 유포 등의 행위를 방지하기 위한 목적으로 제정되었다.

인터넷 실명제 더 알기　　　　만점 공략 노트

인터넷 게시판의 익명성을 악용한 다양한 사이버 범죄가 발생하여 개인적·사회적 피해가 커지자 2002년 이후 공공 기관이나 인터넷 포털 사이트 등의 게시판에 글을 올릴 때는 본인 확인을 거치도록 하는 인터넷 실명제를 의무화하였다. 시행 이후, 인터넷 언론사의 범위에 대한 불명확성, 익명 표현의 자유에 대한 침해, 주민 등록 정보의 노출에 따른 개인 인권의 침해, 국민의 정치 참여 제한 등 여러 가지 문제점이 제기되었으며, 2012년 8월 23일 헌법 재판소 재판관의 만장일치로 위헌 결정이 내려졌다. 헌법 재판소는 인터넷 실명제가 헌법이 보장하는 개인의 표현의 자유를 침해할 뿐 아니라 공익의 효과도 미미하다고 보았다. 또한 주민 등록 번호가 없는 외국인은 국내 사이트 게시판을 사용하는 데 어려움을 겪는 등 문제가 많아, 국내의 수많은 인터넷 이용자들이 익명성이 보장되는 해외 사이트로 도피하기도 하였다. 이에 인터넷 실명제를 시행함으로써 발생하는 문제점이 제도 시행 시 창출되는 공익적 효과보다 적지 않다고 판단하여 결국 폐지되었다.

12 제시된 그림은 뉴 미디어 시대의 매체 윤리에 대한 내용이다. 뉴 미디어의 발달로 정보의 공급자와 소비자 간의 경계가 허물어졌다. 즉 정보를 소비할 뿐만 아니라 직접 생산하고 유통하는 생산적 소비자의 시대, 또는 1인 미디어 시대가 가능해지게 되었다. 이러한 뉴 미디어 시대에는 다양한 매체 윤리가 필요하다. 개인 정보를 신중하게 다루어야 하고, 표절을 하지 말아야 하며, 매체 이해력을 습득해야 한다. 또한 표현의 자유에는 한계가 있다는 점을 인식해야 한다. 뉴 미디어상에서

의 표현의 자유는 타인의 권리를 침해하지 않고, 사회 질서와 공공복리를 침해하지 않는 범위에서 허용되어야 한다.

바로잡기 ⑤ 표현의 자유에는 한계가 없는 것이 아니라 한계가 있다는 점을 인식해야 한다.

13 ㉠은 인격권이다. 인격권은 권리의 주체와 분리하여 생각할 수 없는 인격적 이익을 내용으로 하는 권리로, 개인의 존엄성과 사적 권리를 보호하기 위한 것이다. 인격권 중 자신의 초상에 관한 독점적인 권리는 초상권이고, 자신의 성명을 사용하는 것에 관한 권리는 성명권이다. 또한 저작자가 자신의 저작에 관해 갖는 권리는 저작 인격권이고, 자신의 사적 생활이 공개되거나 침해당하지 않을 권리는 사생활권이다.

바로잡기 ④ 자신과 타인의 호기심을 충족할 수 있는 권리는 인격권에 해당하지 않는다.

14　　　　　　　　　　　　　　　　　　　　자료 분석 노트

갑은 국민의 알 권리를 중시하는 입장이고, 을은 인격권을 중시하는 입장이다. 알 권리란 사람들이 정보를 자유롭게 알 수 있는 권리를 말한다. 따라서 매체는 국민의 알 권리를 보장하기 위해 국민에게 진실을 알릴 의무가 있다고 본다. 인격권은 인간의 존엄성에 바탕을 둔 사적 권리로, 인격적 이익을 기본 내용으로 하며 그 주체만이 행사할 수 있는 권리이다.

바로잡기 ㄱ. 갑은 국민의 알 권리를 보장해야 하지만 공익에 심각한 피해를 주어서는 안 된다고 본다.
ㄹ. 을은 국민의 알 권리와 인격권이 충돌할 때 인격권을 중시해야 한다고 본다.

15 제시문은 사이버 공간에서 표현의 자유를 남용함으로써 타인에게 피해를 준 사례이다. 사이버 공간은 익명성이 보장된 공간이기 때문에 자신의 생각을 자유롭게 표현할 수 있는 소통의 장이 될 수 있다. 하지만 타인이나 사회에 악영향을 줄 수도 있기 때문에 표현의 자유는 타인과 사회에 대한 책임 의식을 바탕으로 행사해야 하고, 타인을 존중하고 배려하는 자세를 바탕으로 행사해야 한다. 또한 표현의 자유는 사회의 보편적 규범과 질서를 훼손하지 않는 범위 내에서, 타인의 인권을 침해하지 않는 범위 내에서 허용해야 한다.

바로잡기 ⑤ 사이버 공간에서 표현의 자유는 무제한적으로 허용되는 것이 아니라 타인의 권리를 침해하지 않고, 사회 질서와 공공복리를 침해하지 않는 범위에서 허용해야 한다.

가령 한 사람만을 제외한 모든 인류가 같은 의견인데, 단 한 사람
이 그것에 반대 의견을 가지고 있다 하여 인류가 그 한 사람을 침묵
하게 하는 것은 부당하다. 그것은 한 사람이 힘을 가지고 있어서 인
류를 침묵하게 하는 것이 부당한 것과 같은 것이다. …… 표현의 자
유를 억압함으로써 생기는 해악은 그것이 전 인류에게서 행복을 빼
앗는다는 점에 있다.

16 ㉠은 데이터 스모그이다. 현대인은 정보의 홍수 속에서 살아
가고 있다. 이러한 정보 과잉의 시대에 데이터 스모그에 대응
하기 위해서는 정보를 올바르게 해석하고 습득하는 능력, 즉
매체 이해력이 필요하다.

바로잡기 ① 데이터 스모그를 없애기 위한 노력이라고 볼 수 없다.
② 최대한 많은 정보를 확보하기 위해 노력하게 되면, 데이터 스모그
를 더 확산시키는 결과를 낳을 것이다.
③ 매체가 제공하는 정보를 올바르게 해석하고 습득하는 능력이 필요
하다.
⑤ 개인 정보를 많이 공개하게 되면 심각한 사생활 침해가 발생할 수
있다.

17 A는 매체 이해력이다. 매체 이해력은 정보 사회에서 매체를
사용하고 이해하는 데 필요한 기본적인 읽기, 쓰기 능력을 말
한다. 포괄적으로 다양한 형태의 커뮤니케이션에 접근하여
분석하고 평가하며 의사소통할 수 있는 능력을 의미한다. 이
러한 매체 이해력은 거짓 정보를 선별해 내고, 자신이 찾아낸
정보의 가치를 제대로 평가하기 위해 모든 사용자에게 필요
한 비판적 사고 능력이기도 하다.

바로잡기 ㄱ. 매체 이해력은 매체를 경제적으로 이용할 수 있는 능력
과는 거리가 멀다.

18 매체는 다양한 역할을 담당하고 있다. 매체는 다양한 정보를
제공하고, 사람들은 이러한 정보를 통해 위기에 대응하고 안
전한 생활을 누리게 된다. 또한 매체는 한 사회의 전통과 가
치, 규범 등을 다음 세대에 전달하는 기능을 하고, 특정 인물
이나 사회의 쟁점을 파고들어 사회적으로 부각시키는 기능을
한다.

바로잡기 갑 : 매체는 정보를 전달할 때 경제적 이익보다 진실성을
우선해야 한다.
무 : 매체는 정보를 제공할 때 인격권과 국민의 알 권리를 모두 고려해
야 한다. 따라서 국민의 알 권리를 인격권보다 항상 우선해야 하는 것
은 아니다.

19 이렇게 쓰면 만점 (2) 사이버 폭력, 사생활 침해, 저작권 침해
가운데 두 가지를 골라 서술하면 만점이다.

20 이렇게 쓰면 만점 (2) 익명성과 비대면성을 원인으로 발생하는
문제점을 서술하면 만점이다.

21 이렇게 쓰면 감점 개인 정보나 자신이 쓴 게시물의 삭제를 요
구한다는 내용이 없으면 감점이다.

등급을 올리는 **고난도 문제**　　　170~171쪽

01 ①　　**02** ②　　**03** ③　　**04** ②

---

01 정보 공유론과 정보 사유론 비교　　　자료 분석 노트

갑 : 경제력을 가진 사람이나 권력을 가진 사람이 정보를 독점
　　하고 이것을 상업적으로 악용해서는 안 된다. 정보는 인류
　　└ 정보 독점과 상업적 악용을 반대하고 있다.
　　가 오랜 기간 동안 함께 만들어 온 결과물이기 때문에 공동
　　체 전체의 이익 신장을 위해 사용해야 한다. – 정보 공유론
　　　　　　　　└ 정보를 개인의 소유물이 아니라
　　　　　　　　　공공의 자산으로 본다.
을 : 정보를 생산한 창작자의 동의 없이 지적 산물을 복제하거
　　나 사용해서는 안 된다. 창작자의 노력에 대한 경제적 보
　　상을 보장함으로써 정보의 수준을 높이고 더 많은 지적 산
　　물이 만들어지는 데 기여할 수 있다. – 정보 사유론
　　　　　　　└ 창작자의 권리를 보호하고
　　　　　　　　창작 의욕을 고취시켜야 한다고 본다.

갑은 정보 공유론, 을은 정보 사유론의 입장이다. 정보 공유
론은 정보와 같은 지적 재산은 인류가 누려야 할 소중한 자산
이기 때문에 모두가 공유해야 한다고 본다. 정보 사유론은 정
당한 대가를 지불하고 정보를 사용해야 정보의 질이 높아질
수 있다고 본다. 정보 공유론의 입장은 정보 사유론의 입장보
다 상대적으로 정보 창작자의 권리 보호를 강조하는 정도인
X축은 낮고, 정보의 공공재적 성격을 강조하는 정도인 Y축과
정보 독점의 완화 가능성 정도인 Z축은 모두 높다.

02 인터넷 실명제에 대한 찬반 입장　　　자료 분석 노트

갑은 인터넷 실명제를 찬성하는 입장이고, 을은 인터넷 실명제
를 반대하는 입장이다. 갑은 인터넷 실명제가 건전한 사이버
문화 형성에 도움이 된다고 보지만, 을은 인터넷 실명제가 표
현의 자유를 침해하며 일종의 국가에 의한 검열이라고 본다.

바로잡기 ㄱ. 갑은 인터넷 실명제를 통해 사이버 공간의 특성인 익명
성으로 발생하는 윤리적 문제를 줄일 수 있다고 본다.
ㄹ. 을은 인터넷 실명제가 개인의 표현의 자유를 침해하는 제도라고
본다.

인간은 본성적으로 자기 보존, 종족 보존, 신과 사회에 대한
진리 파악이라는 성향을 지니고 있다. 즉, 생물학적 존재로서
└ 아퀴나스는 이러한 것을 자연적 경향성에 해당하는 것이라고 보았다.
자신과 자기 종족을 보존하려는 성향과 이성적 존재로서 진리
를 파악하려는 성향은 인간이 본성적으로 가지는 것이다.
└ 아퀴나스는 자연적 경향성을 따르는 행위는 옳지만
　그렇지 않은 행위는 그르다고 보았다.

갑은 자연법 윤리 사상가인 아퀴나스이다. 〈문제 상황〉은 사
이버 폭력 중에서 사이버 따돌림에 해당하는 내용이다. 아퀴
나스는 인간이 본성적으로 지니는 자연적 성향으로 자기 보
존, 종족 보존, 신과 사회에 대한 진리 파악을 제시하였다. 생
물학적 존재로서 자신과 자기 종족을 보존하려는 성향과 이
성적 존재로서 진리를 파악하려는 성향은 인간이 본성적으로
가지는 자연적 성향이라고 본다. 자연법 윤리 사상가의 입장
에서는 사이버 따돌림이 자연적 경향성에 부합하는지를 고려
하라고 조언할 것이다.

바로잡기 ① 덕 윤리 입장에서 조언할 내용이다.
② 배려 윤리 입장에서 조언할 내용이다.
④ 공리주의 입장에서 조언할 내용이다.
⑤ 칸트의 의무론 입장에서 조언할 내용이다.

04 잊힐 권리에 대한 입장

갑 : 사이버상의 개인 정보와 사진 등은 개인의 것이기 때문에
　　개인이 원하는 것을 지울 수 있는 잊힐 권리가 보장되어야
　　합니다. 왜냐하면 어떤 사람들은 자신이 지우고 싶은 과거
　　　└ 잊힐 권리를 강조하는 입장이다.
　　의 흔적 때문에 피해를 입고 있기 때문입니다.
을 : 물론 잊힐 권리도 보장되어야 하지만, 그러한 권리를 무제
　　　　　　　　　　　　　　　　　└ 잊힐 권리가 보장되어야 한다는 점에는 동의하고 있다.
　　한적으로 허용할 경우, 공익과 관련된 중요한 정보를 알
　　수 없게 됩니다. 그렇게 되면 국민의 알 권리를 심각하게
　　　└ 잊힐 권리가 공익을 위해 제한될 수 있음을 말하고 있다.
　　침해할 수도 있습니다.

갑은 잊힐 권리를 강조하는 입장이고, 을은 잊힐 권리를 인정
하지만 잊힐 권리도 공익을 위해서는 제한될 수 있다고 보는
입장이다. 따라서 갑은 잊힐 권리를 강조하기 때문에 자기 정
보에 대한 삭제권이 있어야 한다고 보고, 을은 사생활 보호를
중요하게 보지만 공익을 위해서는 제한될 수 있다고 본다.

바로잡기 ㄴ. 갑은 알 권리의 보장이 잊힐 권리의 침해로 이어질 수
있다고 본다.
ㄹ. 을은 잊힐 권리가 공익을 위해 제한될 수 있다고 하였으므로 배타
적·절대적 권리라고 보지 않는다.

03 자연과 윤리

01 (1) ○ (2) × (3) ○ (4) × (5) ○　　**02** (1) 무위자연 (2) 아퀴
나스 (3) 생명 중심주의　　**03** (1) ㉠ (2) ㉢ (3) ㉡

01 ②	**02** ⑤	**03** ②	**04** ①	**05** ④	**06** ④
07 ⑤	**08** ⑤	**09** ②	**10** ②	**11** ④	**12** ②
13 ④	**14** ⑤	**15** ⑤	**16** ⑤	**17** ②	**18** ④

19 (1) 레건 (2) **예시답안** 레건은 동물이 도덕적으로 무능할지라
도 자기의 삶을 영위할 수 있는 '삶의 주체'로서 내재적 가치를 지
니기 때문에 도덕적으로 존중받을 권리가 있다고 본다.
20 (1) 네스 (2) **예시답안** 네스는 환경 위기를 극복하기 위하여
인간의 세계관 자체를 근본적으로 바꾸어야 한다고 보았으며, 이
에 따라 '큰 자아실현'과 '생명 중심적 평등'이라는 두 규범을 제시
하였다.
21 **예시답안** ㉠ 생명 중심주의, 생명 중심주의는 개별 생명체의
존중에 초점을 두는 개체론의 입장에서 벗어나지 못한다는 한계
를 갖는다.

01 갑은 도가 사상가인 노자이고, 을은 서양 사상가인 베이컨이
다. 노자는 만물의 생성과 존재의 원리인 도(道)가 궁극적으
로 지향하는 것을 자연으로 보았으며, 자연을 본받고 따르는
것을 이상적인 삶으로 여겼다. 반면 베이컨은 인간의 힘은 자
연을 관찰하고 분석해 얻는 지식을 통해 생겨난다고 보았다.
그는 자연을 단지 인간의 필요를 위해 존재하는 물질적 대상
으로 여기며, 자연을 탐구함으로써 인간의 물질적 생활을 향
상할 수 있다고 보았다. 따라서 노자는 베이컨에게 자연과 인
간이 상호 공존 관계임을 알아야 한다고 조언할 것이다.

바로잡기 ①, ③ 베이컨이 노자에게 할 조언이다.
④ 노자는 자연을 기계로 보지 않는다. 그는 자연을 유기적인 생명체
로 바라본다.
⑤ 노자는 자연에 대한 인간의 개입을 강조하지 않는다. 자연 보존을
위해 인간의 개입을 강조하는 것은 온건한 인간 중심주의의 입장이다.

02 갑은 인간 중심주의 사상가인 데카르트이다. 데카르트는 이
분법적 세계관에 입각하여 인간과 자연의 관계를 인식 주체
와 인식 대상으로 설정하였다. 또한 그는 자연을 단순한 기계
로 파악함으로써 도덕적 고려의 대상에서 제외하였다. 데카
르트가 "깨끗한 식수를 얻기 위해 강을 보호해야 한다."라는
주장을 지지한다면 그 이유는 인간에게 이익이 되기 때문이다.

바로잡기 ㄱ. 데카르트는 인간 이외의 자연의 대상들이 도구적 가치
를 지닌다고 본다.
ㄴ. 데카르트는 인간 이외의 대상들을 생명을 지닌 대상으로 보지 않
고 물질적 대상으로 본다.

03 갑은 자연을 내재적 가치를 지닌 대상으로 보고, 을은 자연을 인간의 이익을 위해 이용되어야 할 것으로 도구적 가치를 지닌 대상으로 본다. 따라서 갑은 을에게 자연이 내재적 가치를 지닌 존재임을 모른다고 지적할 것이다.

[바로잡기] ① 갑은 자연이 물질로만 이루어진 존재라고 주장하지 않는다.

③ 을은 자연과 인간이 상호 의존적 관계임을 간과하고 있다.

④ 을은 자연이 유기체임을 간과하고 있다.

⑤ 을은 자연이 인간에게 이로움을 주는 대상임을 강조하고 있다.

04 (가) 사상가는 온건한 인간 중심주의 입장인 칸트이다. 칸트는 자연을 무자비하게 파괴하고자 하는 성향은 다른 사람을 대하는 태도에도 영향을 미치므로 인간에 대한 의무를 거스르는 것이라고 보았다. 그는 자연이 인간의 도덕적 감수성을 증진하는 데 이바지하기 때문에 인간이 자연을 폭력적으로 대해서는 안 된다고 보았다. 그는 자연에 대한 의무는 인간의 도덕적 완성을 위해 요청되는 간접적 의무이며, 이성적 존재인 인간 상호 간의 의무만이 직접적 의무라고 보았다. 칸트는 자연을 도덕적 지위를 지닌 대상으로 보지 않으며, 인간만이 도덕적 지위를 지닌 대상이라고 본다.

[바로잡기] ② 칸트는 온건한 인간 중심주의 입장이기 때문에 긍정의 대답을 할 질문이다.

③ 칸트는 인간만이 도덕적 행위의 주체라고 보기 때문에 부정의 대답을 할 질문이다.

④ 쾌고 감수 능력을 도덕적 고려의 기준으로 보는 것은 싱어이다. 따라서 칸트가 부정의 대답을 할 질문이다.

⑤ 칸트는 인간이 동물에 대해 간접적 의무를 가진다고 보기 때문에 부정의 대답을 할 질문이다.

05 제시문은 동학 사상가인 최시형의 주장으로, 자연과 인간이 상호 유기적 관계에 있는 존재라고 인식하는 동양의 전통적 자연관을 보여 준다. 근대 이후 서구에서는 인간의 이성에 대한 과도한 믿음을 바탕으로 자연에 대한 인간의 지배를 당연시하고, 자연을 인간을 위한 도구로 보는 정복 지향적 자연관을 가지고 있었다. 이에 비하여 동양에서는 인간을 자연의 일부로 보고 인간과 자연의 조화를 중요시하는 자연관을 바탕으로 자연의 가치를 인정하는 태도를 보여 준다.

[바로잡기] 네 번째 관점 : 동양의 자연관은 자연을 인간을 위한 수단으로 보지 않으며 자연의 내재적 가치를 중시한다.

06 제시문은 동물 중심주의 사상가인 싱어의 주장이다. 싱어는 이익 평등 고려의 원칙을 근거로 인간을 특별하게 우대하고, 쾌고 감수 능력을 지닌 동물을 차별하는 태도에 대해 비판한다. 따라서 싱어는 '인간의 고통이 동물의 고통보다 중요한가?'라는 질문에 부정의 대답을 할 것이다.

[바로잡기] ① 싱어는 고통을 느낄 수 있는 생명체인 동물에게 도덕적 지위를 부여해야 한다고 본다.

② 싱어는 동물도 쾌고 감수 능력을 가진 존재라고 본다.

③ 싱어는 이익의 평등한 고려의 원칙에 입각하여 인간과 동물의 이익을 차별해서는 안 된다고 본다.

⑤ 싱어는 동물도 고통을 느끼는 존재이기 때문에 동물에게 고통을 주는 실험을 해서는 안 된다고 본다.

07 갑은 동물 중심주의 사상가인 레건이고, 을은 생명 중심주의 사상가인 테일러이다. 레건은 의무론에 근거하여 '삶의 주체'로서 동물의 권리를 존중해야 한다고 본다. 한편 테일러는 모든 생명체는 자기 생존·성장·발전·번식이라는 목적을 추구하는 '목적론적 삶의 중심'으로 도덕적으로 고려되어야 한다고 본다. 또한 테일러는 인간이 본질적인 측면에서 다른 생명체보다 우월하다고 보지 않는다.

[바로잡기] ㄱ. 레건은 모든 생명체가 아니라 삶의 주체인 동물까지만 도덕적 고려의 대상으로 간주한다. 모든 생명이 그 자체로 가치가 있다고 보는 것은 테일러와 같은 생명 중심주의 입장이다.

테일러의 생명 중심주의 **만점 공략 노트**

생명체가 목적론적 삶의 중심이라는 것은 그것의 외적 활동뿐만 아니라 내적 작용이 목적 지향적이라는 것, 그리고 그것이 자신의 생존을 유지하고, 자신의 종을 재생산하고, 변화하는 환경에 적응하게 하는 생명 활동을 성공적으로 수행하게 해 주는 항상적인 경향성을 갖고 있다는 것이다. 생명체가 목적론적 활동의 중심이 되게끔 하는 것은 자신의 선을 실현하도록 방향 시워진 유기체의 작용이 갖는 일관성과 통일성이다.

08 **자료 분석 노트**

> 갑 : 인류는 공동체 전체에 대한 존경심을 가져야 한다. 대지 윤리는 공동체의 범위를 넓혀 흙, 물, 식물, 동물, 곧 집합적으로 대지를 포함한다.
> └ 도덕적 고려의 범위가 생태계 전체임을 알 수 있는 내용이다.
> 을 : 모든 생명체는 자기의 생존, 성장, 발전, 번식이라는 목적을 추구하고, 이를 위해 환경에 적응하려고 애쓰는 존재이다.
> └ 모든 생명체가 목적론적 삶의 중심임을 알 수 있는 내용이다.

갑은 생태 중심주의 사상가인 레오폴드이고, 을은 생명 중심주의 사상가인 테일러이다. 레오폴드는 인간과 자연을 포괄한 전체 공동체를 도덕적으로 고려해야 한다고 본다. 테일러는 모든 생명체가 의식의 유무와 상관없이 생존, 성장, 발전, 번식 등의 목적을 지향한다는 점에서 모든 생명체를 목적론적 삶의 중심이라고 본다. 레오폴드는 테일러가 개체론적 입장에 있으므로 생태계 전체를 도덕적으로 고려하지 않는다고 비판할 것이다.

[바로잡기] ① 불특정 다수에게 과도한 책임을 요구하는 것은 생태 중심주의의 한계에 해당한다.

② 인간이 다른 존재보다 더 가치 있다고 주장하는 것은 인간 중심주의이다.

③ 생태계의 선을 위해 개별 구성원의 희생을 강요하는 것은 생태 중심주의의 한계에 해당한다.
④ 생명 중심주의에서는 개별 생명체를 보호해야 할 근거를 제시한다.

09 제시문은 칸트의 주장이다. 칸트는 이성적 존재만이 자율적으로 행동하는 도덕적 주체라고 보며, 인간의 도덕적 지위를 인정한 반면 자연의 도덕적 지위를 부정하였다. 또한 칸트는 인간은 인간에 대해서만 직접적 의무를 지니며, 자연에 대해서는 간접적인 의무를 지닌다고 보았다.

바로잡기 ① 동물을 자기 삶을 영위할 수 있는 삶의 주체로 보는 것은 레건의 입장이다.
② 칸트는 자연이 인간의 욕구를 충족하기 위한 대상이라고 본다.
③ 모든 생명이 그 자체로 존엄한 존재라고 보는 것은 생명 중심주의의 입장이다.
④ 칸트는 인간이 생태계 전체에 대해 직접적 의무를 지닌다고 보지 않는다.

10 갑은 생명 중심주의 사상가인 슈바이처이고, 을은 동물 중심주의 사상가인 싱어이다. 슈바이처는 도덕적 지위를 갖는 기준을 '생명'으로 보고, 모든 생명체에 대한 도덕적 고려를 강조하였다. 싱어는 쾌고 감수 능력을 기준으로 동물을 도덕적으로 고려해야 한다고 보았고, 종 차별주의에 반대하여 이익 평등 고려의 원칙을 제시하였다. 두 사상가 모두 동물을 도덕적 고려의 대상으로 본다.

바로잡기 ② 슈바이처와 싱어 모두 생태계 전체가 도덕적 지위를 갖는다고 보지 않는다.

11 갑은 동물 중심주의 사상가인 싱어이고, 을은 동물 중심주의 사상가인 레건이다. 싱어는 동물의 도덕적 지위를 인정하며 동물을 고통으로부터 해방시켜야 한다는 동물 해방론의 입장을 강조하였다. 레건은 의무론에 근거하여 동물의 권리를 인정해야 한다고 보았다.

바로잡기 ㄱ. 생태계 전체에 대해 도덕적으로 고려해야 한다고 보는 것은 생태 중심주의이다.
ㄷ. 레건은 인간뿐만 아니라 삶의 주체인 동물도 고유한 삶을 영위할 수 있는 존재라고 본다.

12 제시문은 불교의 입장이다. 불교는 인간을 포함한 동물, 식물, 흙, 물, 공기 등 우주의 모든 것이 상호 의존 관계로 존재한다는 연기적 세계관을 보여 준다. 연기적 세계관에 따르면 그물의 구슬들이 서로를 비추어 주기에 빛이 나는 인드라망처럼 우주와 인간이 한 몸으로 연결되어 있다. 따라서 불교에서는 인간뿐만 아니라 모든 생명체를 존중해야 한다고 주장한다.

바로잡기 ① 의식이 있는 존재만이 도덕적 지위를 가진다고 보는 것은 인간 중심주의의 입장이다.
③ 이성적 존재만이 생태계에서 우월한 지위를 가진다고 보는 것은 인간 중심주의의 입장이다.

④ 인간의 욕구 충족을 위해 자연을 적극적으로 이용해야 한다는 것은 인간 중심주의의 입장이다.
⑤ 자연에 대한 도덕적 고려의 기준을 인간의 이익 극대화로 보는 것은 인간 중심주의의 입장이다.

13 제시된 그림의 강연은 요나스의 책임 윤리에 관한 내용이다. 요나스는 현세대가 지녀야 할 덕목으로 두려움, 겸손, 검소, 절제 등을 제시하였다. 즉, 인류 존속을 위해 현세대의 잘못으로 미래 세대가 생존할 수 없을지도 모른다는 사실에 대한 두려움을 갖고 겸손한 태도를 지니며, 검소한 생활과 절제하는 소비 습관을 길러야 한다고 보았다.

바로잡기 ㄴ. 요나스는 건강한 자연환경에서 살아갈 권리는 현세대뿐만 아니라 미래 세대에게도 보장되어야 한다고 주장한다.

요나스의 책임 윤리　　　　　　만점 공략 노트

후세의 인간은 어쨌든 실존할 수 있기 때문에 만약 우리의 잘못된 행위로 인해서 미래 세대를 위한 세계를 타락시켰다면, 불행의 창시자로서 우리를 비난할 수 있는 권리가 미래 세대에게 있는 것이다. 미래 세대가 존재하는 것에 대해서는 단지 그들의 부모에게 책임을 물을 수 있는 데 반하여, 그들이 생존할 수 있는 조건에 관해서는 현재의 우리에게 책임이 있다고 생각할 수 있다. 따라서 아직 존재하고 있지는 않지만 존재할 것으로 기대되는 미래 세대의 권리에 대하여 우리는 응답할 의무가 있다. 이런 의무 때문에 심각한 결과를 가져올 수 있는 행위를 할 때 우리는 그들에 대해 책임을 져야 한다.

14 제시문은 생태 중심주의 사상가인 레오폴드의 주장이다. 레오폴드는 토양과 물, 식물과 동물이 모여 있는 대지는 존중받아야 한다고 보았다. 또한 그는 인간을 대지의 정복자가 아니라 대지의 구성원으로 바라보며, 토양과 물, 식물과 동물로 이루어진 공동체 자체를 존중할 것을 강조하였다. 레오폴드는 생태계 전체를 도덕적 고려의 대상으로 보고, 모든 생명은 내재적 가치를 지닌다고 보기 때문에 이에 대한 질문에는 긍정의 대답을 할 것이다. '도덕적 고려 대상의 기준은 전일론적 관점에 근거하는가?'라는 질문에는 자연을 개체론적 관점이 아니라 전일론적 관점으로 바라보기 때문에 긍정의 대답을 할 것이다. '도덕 공동체의 범위를 동물, 식물, 흙, 물까지 확대해야 하는가?'라는 질문에는 도덕 공동체의 범위를 대지까지 확대해야 한다고 보기 때문에 긍정의 대답을 할 것이다.

바로잡기 ⑤ 레오폴드는 인간이 생명 공동체 내에서 우월한 위치를 차지한다고 보지 않는다.

15 제시된 그림은 환경적으로 건전하고 지속 가능한 발전을 위해 필요한 노력에 관한 수업 내용이다. 환경적으로 건전하고 지속 가능한 발전을 위해서 개인적으로는 친환경적 소비를 생활화하고, 국가적으로는 관련 제도와 법을 마련하며, 국제적으로는 국가 간 협력 체제를 갖추어야 한다.

바로잡기 갑 : 쓰레기를 줄이는 것은 맞지만, 소비를 하지 말아야 한

다는 것은 지속 가능한 발전의 취지에 맞지 않다.

병 : 환경 문제는 전 지구적인 문제이기 때문에 개인적 노력뿐만 아니라 국가적·국제적 노력도 필요함을 알아야 한다.

16 탄소 배출권 거래 제도는 국가마다 할당된 온실가스 감축량 의무 달성을 위해 자국의 기업별, 부문별로 배출량을 할당하고, 기업은 할당된 온실가스 감축 의무를 이행하지 못할 경우 다른 나라 기업으로부터 할당량을 매입할 수 있도록 하는 제도이다. 이러한 제도를 통해 각 국가에 할당된 온실가스 배출 감축량 의무를 성실하게 이행함으로써 기후 변화의 근본 원인인 온실가스의 배출량을 줄일 수 있다. 하지만 탄소 배출권 거래 제도는 경제적 대가를 치르면 환경 파괴도 정당화될 수 있다는 인식을 심어 준다는 비판을 받기도 한다.

바로잡기 ① 지구 온난화의 주원인을 온실가스로 규정한 이론적 근거를 인정하고, 이를 줄이기 위해 마련한 제도이다.
② 탄소 배출권 거래 제도는 기후 정의를 실현하기 위해 마련한 제도이다.
③ 탄소 배출권 거래 제도는 대체로 선진국에 더 많은 의무를 부과하고 있다.
④ 탄소 배출권 거래 제도는 기후 변화 문제에 인류가 공동으로 대응하기 위해 마련한 제도이다.

17 A는 파리 협정이다. 파리 협정은 기후 변화의 근본 원인인 온실가스의 배출량을 줄이며, 개발 도상국이 기후 변화에 적절하게 대처할 수 있도록 선진국이 돕는 것을 내용으로 하는 협약이다.

바로잡기 ㄱ. 파리 협정은 다양한 형태의 국제 탄소 시장 메커니즘 설립에 합의한 협정이다.
ㄹ. 파리 협정은 기후 변화 문제를 해소하기 위해 선진국에 대해 재원 공급의 의무를 규정한 협정이다.

18 갑은 자연에 대한 개발을 강조하는 입장이고, 을은 자연에 대한 보존을 강조하는 입장이다. 개발론자들은 자연이 도구적 가치를 지니며, 개발에 따른 환경 문제는 경제 성장과 기술 발달로 해결할 수 있다는 점을 근거로 자연 개발을 강조한다. 반면 보존론자들은 자연이 내재적 가치를 지니며, 자연을 보존하는 것이 장기적으로도 큰 이익이라는 점에서 자연 보존을 강조한다.

바로잡기 ④ 보존론자들은 자연을 보존하는 것이 장기적으로 큰 이익을 가져다준다고 본다.

19 이렇게 쓰면 **만점** (2) 삶의 주체로서 동물이 도덕적으로 존중받을 권리가 있다는 점을 서술하면 만점이다.

20 이렇게 쓰면 **감점** (2) '큰 자아실현'과 '생명 중심적 평등'의 개념을 포함하지 않으면 감점이다.

21 이렇게 쓰면 **만점** 생명 중심주의는 개체론적 관점에서 벗어나지 못한다는 한계가 있음을 서술하면 만점이다.

등급을 올리는 **고난도 문제** _____ 182~183 쪽

01 ③   02 ④   03 ③   04 ①

01 동물·생명·생태 중심주의 비교 　자료 분석 노트

　┌쾌고 감수 능력
갑 : 고통과 즐거움을 느낄 수 있는 능력은 어떤 존재가 이익 관심을 갖는다고 말할 수 있기 위한 필요조건일 뿐만 아니라 충분조건이기도 하다.
　└쾌고 감수 능력을 도덕적 고려의 필요충분조건으로 보는 것은 싱어의 입장이다.

을 : 윤리적인 인간은 이 생명 혹은 저 생명이 얼마나 값진가를 묻지 않으며, 그것이 나에게 얼마나 이익이 되는가를 묻지 않는다. 그에게는 생명 그 자체가 거룩하다.
　└생명 외경을 주장하는 슈바이처의 입장이다.

병 : 새로운 윤리는 인류의 역할을 대지 공동체의 정복자에서
　└대지 윤리
그것의 평범한 구성원이자 시민으로 변화시킨다. 이 윤리는 인류의 동료 구성원에 대한 존중, 그리고 공동체 자체에 대한 존중을 필연적으로 수반한다.
　└대지 윤리를 주장하는 레오폴드의 입장이다.

갑은 싱어, 을은 슈바이처, 병은 레오폴드이다. 레오폴드는 싱어, 슈바이처와 달리 개별 생명체의 복지가 아니라 생명 공동체 전체를 중시하는 생태 중심주의의 입장을 취한다. 개체주의적 관점을 지양하고 전일론적 관점을 주장하는 것은 레오폴드만의 입장이다. 동물을 도덕적 고려 대상으로 보는 것은 싱어, 슈바이처, 레오폴드의 공통 입장이다.

바로잡기 ㄱ. 싱어는 '이익 평등 고려의 원칙'에 따라 인간과 동물의 이익을 동등하게 고려할 것을 주장한다. 그러나 인간과 모든 생명을 동일하게 대우하라고 주장하지는 않는다.
ㄴ. 슈바이처는 모든 생명을 도덕적으로 고려해야 한다고 본다. 삶의 주체인 존재만이 도덕적 권리를 갖는다는 것은 레건의 주장이다.

02 아퀴나스와 아리스토텔레스의 자연관 비교 　자료 분석 노트

갑 : …… 신의 섭리를 발견한다. 신의 섭리에 따라 동물은 자연의 과정에서 인간이 사용하도록 운명 지어졌다.
　　　　　　　　　　　　　　– 인간 중심주의 입장인 아퀴나스의 주장이다.

을 : 식물은 동물을 위해, 동물은 인간을 위해 존재한다. 자연은 목적이 없거나 헛된 일을 하지 않는다. 자연은 이성적 존재인 인간을 위해 모든 동물을 만들었다.
　　　　　　　　　　　　　　– 인간 중심주의 입장인 아리스토텔레스의 주장이다.

갑은 아퀴나스, 을은 아리스토텔레스이다. 아퀴나스는 자연이 신에 의해 창조된 것으로, 인간이 신의 명령에 따라 관리해야 할 대상이자 신의 섭리를 발견할 수 있는 대상으로 보았다. 따라서 아퀴나스는 자연을 이용하는 것은 부정의한 것이 아니라고 보았다. 한편, 아리스토텔레스는 식물은 동물을 위해서, 동물은 인간을 위해서 만들어진 것이라고 주장하며, 이성을 지닌 인간이 이성이 없는 자연을 지배할 수 있다고 보았

다. 두 사상가 모두 인간 중심주의의 입장에 있기 때문에 자연을 도구적 대상으로 보고, 인간만이 이성을 지닌 존재이며, 인간이 자연보다 우월한 가치를 지닌 존재라고 본다.

바로잡기 세 번째 관점 : 인간 중심주의 사상가들은 인간만이 도덕적 지위를 지닌다고 본다.

03 싱어, 테일러, 칸트의 환경 윤리 입장 비교 〈자료 분석 노트〉

갑 : 만약 한 존재가 <u>고통을 느낀다면</u> 그와 같은 고통을 고려의 대상으로 삼길 거부하는 자세를 옹호할 수 있는 도덕적인 논증은 없다.
— 싱어는 공리주의에 기초하여 도덕적 고려의 기준을 쾌락과 고통을 느끼는 능력이라고 본다.
└ 동물 중심주의인 싱어이다.

을 : <u>생명체가 목적론적 활동의 중심</u>이 되게끔 하는 것은 자신의 선(善)을 실현하도록 방향 지어진 유기체의 작용이 갖는 일관성과 통일성이다.
└ 생명 중심주의인 테일러임을 알 수 있다. 그는 모든 생명체가 의식 유무와 상관없이 생존, 성장, 발전, 번식 등의 목적을 가지고 있으며, 이러한 목적을 지향한다는 점에서 목적론적 삶의 중심이라고 본다.

병 : 동물은 비록 이성은 없을지라도 살아 있는 피조물임을 고려할 때, <u>동물을 폭력적으로 잔인하게 다루는 것은 인간 자신에 대한 의무를 훨씬 더 심각하게 거스르는 것이다.</u>
└ 칸트에 따르면, 동물을 학대하는 행위는 인간이 자신의 인간성을 지키고 고양해야 할 의무를 저버리는 행위이다.

갑은 싱어, 을은 테일러, 병은 칸트이다. 싱어는 동물도 쾌락과 고통을 느끼므로 도덕적 고려의 대상이라고 본다. 테일러는 모든 생명체가 자신의 고유한 방식으로 자신의 선(善)을 추구한다는 점에서 인격체와 다름없는 내재적 존엄성을 지니므로 도덕적으로 고려되어야 한다고 본다. 칸트는 이성적 존재인 인간만이 도덕적 지위를 가진다고 보면서, 동물에 대한 인간의 의무는 인간성 실현을 위한 간접적인 도덕적 의무에 불과하다고 본다.

바로잡기 ㄱ. 싱어는 쾌고 감수 능력이 있는 동물을 인간의 즐거움을 위해 이용해서는 안 된다고 본다.
ㄴ. 테일러는 생명 공동체가 아니라 모든 생명체가 고유의 선을 지니고 있다고 보는 생명 중심주의자이다.

04 유교 사상의 자연관 〈자료 분석 노트〉

┌ 천인합일 사상을 엿볼 수 있는 대목이다.
하늘은 나의 아버지이며 땅은 나의 어머니이다. 그리고 나와 같은 작은 존재도 이들 가운데서 친밀한 위치를 발견한다. 그러므로 우주를 가득 채우고 있는 것을 나는 나의 몸으로 여기며, 우주를 이끌고 가는 것을 나의 본성으로 여긴다. 모든 사람은 나의 형제자매이며, 만물은 나의 식구이다. 『성리대전』의 일부 내용이다.

(가)는 유교 사상이고, (나)의 ㉠은 지구 온난화 현상이다. 유교에서는 만물이 본래의 가치를 지닌다고 보며, 인간과 자연이 조화를 이루는 천인합일(天人合一)의 경지를 지향한다. 또한 하늘과 땅은 서로 느끼고 상응하며 맞물리면서 끊임없이 만물을 낳고 기르는 존재라고 하여 자연을 살아 있는 유기체라

고 본다. 유교 사상에서는 지구 온난화 문제를 해결하기 위해 자연과 인간의 상호 의존성을 강조하며, 인간이 자연을 본받아 다른 존재와 타인에게 인(仁)을 실천해야 한다고 본다.

바로잡기 ② 유교에서는 자연과 인간을 상호 유기적인 관계로 본다.
③ 유교에서는 인간을 자연보다 우월한 존재로 보지 않는다.
④ 유교에서는 자연과 인간이 공존하는 관계라고 보지만, 인간의 이익을 위해 자연과 인간이 공존해야 한다고 보지 않는다.
⑤ 유교에서는 인간이 자연을 이용할 권리를 가진다고 보지 않는다.

수능 특강 186~187쪽

유형1 ④ 유형2 ③ 유형3 ⑤ 유형4 ④

유형1 과학자의 윤리적 책임 파악하기

갑, 을, 병, 정의 내적 책임과 외적 책임에 대한 입장을 나눠서 〈보기〉를 해석하고 문제에 접근하여 적어도 세 명이 부정의 대답을 할 질문만을 골라야 한다. ㄹ은 내적 책임을 강조하므로 갑, 을은 긍정의 대답을 하고, 병, 정은 부정의 대답을 할 것이다.

선택지 분석

㉠ 과학자는 자료를 위조해서라도 사회적 책임을 다해야 하는가?
→ 과학자의 내적 책임보다 외적 책임이 중요한지 묻는다. 따라서 병만 긍정의 대답을 하고, 갑, 을, 정은 모두 부정의 대답을 할 것이다.

㉡ 과학자는 모든 책임에서 면제되어 자유롭게 연구해야 하는가?
→ 과학자가 내적·외적 책임이 모두 없는지 묻는다. 따라서 정만 긍정의 대답을 하고, 갑, 을, 병은 모두 부정의 대답을 할 것이다.

㉢ 과학자는 연구 자체만이 아니라 사회적 부작용도 책임져야 하는가?
→ 과학자의 내적·외적 책임이 모두 중요한지 묻는다. 따라서 갑만 긍정의 대답을 하고, 을, 병, 정은 모두 부정의 대답을 할 것이다.

✗ 과학자는 어떠한 경우에도 연구 과정에서 표절을 해서는 안 되는가?
→ 과학자의 내적 책임만을 묻는다. 따라서 갑, 을은 긍정의 대답을 하고, 병, 정은 부정의 대답을 할 것이다.

유형2 잊힐 권리와 알 권리 이해하기

갑은 당사자가 원하지 않는 정보를 삭제할 수 있는 잊힐 권리를 보장해야 한다고 주장한다. 이에 비해 을은 시장 선거에 필요한 정보와 같이 공공성을 지닌 정보일 경우에는 잊힐 권리보다 알 권리가 우선한다고 주장한다.

선택지 분석

✗ 갑 : 잊힐 권리의 보장이 알 권리의 침해로 이어짐을 강조한다.
→ 갑이 아니라 을의 입장이다. 을은 잊힐 권리의 보장이 알 권리의 침해로 이어져 공익에 어긋날 수 있다고 주장한다.

㉡ 갑 : 개인에게 자기 정보에 대한 삭제권이 있어야 함을 주장한다.
→ 갑은 자신이 원하지 않는 자기 정보를 삭제할 수 있는 잊힐 권리를 보장해야 한다고 주장한다.

㉢ 을 : 사생활 보호가 공익을 위해 제한될 수 있음을 주장한다.
→ 을은 사생활일지라도 공익을 위해서는 제한될 수 있음을 주장한다.

✗ 갑, 을 : 자기 정보에 대한 배타적 관리권이 절대적임을 강조한다.
→ 갑만의 입장이다. 을은 자기 정보에 대한 배타적 관리권이 공익을 위해서는 제한될 수 있음을 주장한다.

자료 분석

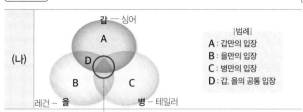

갑 — 싱어
(나)

|범례|
A : 갑만의 입장
B : 을만의 입장
C : 병만의 입장
D : 갑, 을의 공통 입장

레건 — 을   병 — 테일러

└ 〈보기〉의 ㄱ은 갑, 을, 병의 공통 입장이다.

싱어는 쾌고 감수 능력을 지닌 동물을 인간과 차별해서는 안 된다고 주장하며 종 차별주의를 비판하면서 인간과 동물의 이익 관심을 동등하게 고려해야 한다고 강조한다. 레건은 의무론의 입장에서 포유동물도 감정적인 생활을 할 뿐만 아니라 희망과 목적을 추구할 수 있는 삶의 주체이기 때문에 도덕적 지위를 갖는다고 주장한다. 테일러는 모든 생명체가 의식 유무와 상관없이 생존, 성장, 발전, 번식 등의 목적을 가지고 있으며, 이러한 목적을 지향한다는 점에서 목적론적 삶의 중심이라고 본다. 따라서 테일러는 모든 생명체를 도덕적으로 고려하고 존중해야 한다고 본다.

선택지 분석

✗ A : 종의 차이만으로 도덕적 지위에 차별을 두어서는 안 된다.
→ 싱어, 레건, 테일러 모두 종의 차이만으로 도덕적 지위에 차별을 두어서는 안 된다고 본다.

ㄴ B : 삶의 주체인 동물의 권리를 의무론의 관점에서 존중해야 한다.
→ 레건은 의무론의 관점에서 일부 동물도 삶의 주체로서 도덕적 권리를 갖는다고 본다.

ㄷ C : 인간에게는 생명 공동체에 대한 불간섭의 의무가 있다.
→ 테일러는 개별 유기체의 자유를 간섭하거나 유기체의 삶의 터전인 생태계를 조작, 통제, 개조하지 않아야 한다는 의무를 강조한다.

ㄹ D : 개체는 쾌고 감수 능력을 지녀야만 도덕적 지위를 갖는다.
→ 개체가 쾌고 감수 능력을 지녀야만 도덕적 지위를 갖는다는 진술은 싱어와 레건의 공통 입장에 해당한다.

유형 4 동양의 자연관 파악하기

(가)는 불교 사상으로 연기 사상에 따라 만물이 고정된 실체가 없다고 본다. 연기 사상에 따르면 자연 만물은 서로 의지한 채 살아간다. 이것이 없으면 저것이 없고, 저것이 없으면 이것도 없기 때문이다. (나)는 유교 사상으로 하늘을 인간이 따라야 하는 도덕 원리의 원천으로 보기 때문에 하늘이 명한 것을 성(性)이라고 부르고 그것에 따르는 삶을 강조한다.

자료 분석

(가), (나)의 관점을 비교하면, (가)는 ㉠자연 만물에 고정된 실체가 없다고
→ 불교에서는 자연 만물에 고정된 실체가 없다고 본다.
보며, ㉡살아 있는 모든 생명에 대한 존중을 강조한다. 이에 비해 (나)는
→ 불교에서는 모든 생명체가 불성을 지니고 있으므로 존중할 것을 강조한다.
㉢하늘[天]을 인간이 따라야 하는 도덕 원리의 원천으로 보며, ✗하늘 아
→ 유교에서는 하늘을 인간이 따라야 하는 도덕 원리의 원천으로 본다.
래 만물이 무위(無爲)의 자연스러움을 따라야 함을 강조한다. 한편 ㉤(가),
→ 무위의 자연스러움을 따라야 함을 강조하는 것은 도가의 입장이다.
(나) 모두 자연 만물을 상의(相依)와 화해(和諧)의 관계에 놓인 것으로 본다.
→ 불교와 유교는 모든 자연 만물이 상의와 화해를 이룬다고 본다.

---

01 ② 02 ① 03 ② 04 ⑤ 05 ⑤ 06 ④
07 ② 08 ⑤ 09 ① 10 ② 11 ③ 12 ⑤
13 ② 14 ⑤

15 (1) 과학 기술 지상주의 (2) 예시답안 과학적 성과를 높게 평가하여 과학 기술의 한계와 위험을 간과하게 만들 수 있다.

16 (1) 테일러 (2) 예시답안 불침해의 의무, 불간섭의 의무, 성실의 의무, 보상적 정의의 의무가 있다.

17 예시답안 인터넷 중독 문제를 해결하기 위해서는 먼저 정보 통신 윤리의 확립이 필요하다. 또한 법적·제도적 장치를 통해 인터넷 중독 문제를 해결해야 한다.

01 제시문은 과학 기술의 가치 중립성을 인정하는 내용이다. 과학 기술의 가치 중립성을 인정하는 입장에서는 과학이 가치의 문제와 분리되어야 한다고 보고, 과학 연구의 독립성을 강조하며, 외부적 요인이나 다양한 가치들이 개입해서는 안 된다고 본다.

바로잡기 ㄴ. 과학의 사회적 책임을 강조하는 것은 과학 기술의 가치 중립성을 부정하는 관점이다.
ㄹ. 과학에 대한 비판적 성찰을 강조하는 것은 과학 기술의 가치 중립성을 부정하는 관점이다.

02 제시된 기사는 과학 기술이 갖는 긍정적 측면과 부정적 측면을 설명하고 있다. 따라서 기사의 제목으로 가장 적절한 것은 과학 기술의 양면성이다.

바로잡기 ②, ③, ④ 과학 기술의 긍정적 효과 또는 부정적 효과만 제시하는 것은 제목으로 부적절하다.
⑤ 과학 기술이 갖는 한계에 대한 해결책은 제목으로 부적절하다.

03 제시문은 과학 기술에 대한 책임 윤리를 강조한 요나스의 주장이다. 요나스는 예견적 책임을 강조하며, 인류의 존속에 기여하기 위해 과학 기술에 대한 지속적인 성찰이 필요하다고 보았다.

바로잡기 ② 요나스는 윤리적 책임의 범위를 현세대뿐만 아니라 미래 세대와 자연까지 확대해야 한다고 보았다.

04 갑은 과학 기술의 가치 중립성을 인정하는 입장이고, 을은 과학 기술의 가치 중립성을 부정하는 입장이다. 따라서 '과학 연구 활동이 규범적 평가와 관련 있는가?'라는 질문에 갑은 부정, 을은 긍정의 대답을 할 것이다. 그리고 '과학 연구 결과의 활용이 도덕적 가치와 연관되는가?'라는 질문에 갑은 부정, 을은 긍정의 대답을 할 것이다.

05 정보 기술의 발달은 사이버 폭력, 사생활 침해, 저작권 침해 등 다양한 윤리적 문제를 발생시키기도 하였다. 특히 정보 기술의 발달로 개인 정보가 쉽게 노출되어 사생활 침해 문제가 발생하고 있다.

바로잡기 ① 정보 기술의 발달로 과거보다 활동 영역이 오히려 넓어졌다.
② 정보 기술의 발달로 다양한 매체를 활용해서 자신의 의견을 자유롭게 표현할 수 있게 되었다.
③ 정보 기술의 발달로 과거보다 시공간적 제약에서 벗어날 수 있게 되었다.
④ 정보 기술의 발달로 일반인들이 다양한 정보를 쉽게 접할 수 있게 되었다.

06 갑은 정보 사유론의 입장이고, 을은 정보 공유론의 입장이다. 정보 사유론에서는 정보 창작자의 배타적 권리를 인정해야 한다고 본다. 정보 공유론에서는 정보 소유권에 대한 강조가 정보 사회의 발전을 가로막는다고 본다.
바로잡기 ㄱ. 정보를 인류의 공동 자산으로 보는 것은 정보 공유론의 입장이므로 이 질문에 갑은 부정으로 대답할 것이다.
ㄷ. 타인이 만든 정보를 자유롭게 사용할 수 있어야 한다고 보는 것은 정보 공유론의 입장이므로 이 질문에 갑은 부정으로 대답할 것이다.

07 제시문은 정보 사회의 특징 중 하나인 유비쿼터스에 관한 설명이다. 유비쿼터스는 언제 어디서나 정보에 접속할 수 있는 편리한 환경이지만, 이러한 환경에서는 개인 정보가 쉽게 유출되고 사생활이 침해되는 문제가 발생할 수 있으며, 이는 개인의 자유로운 활동과 행복 추구를 방해할 수 있다.
바로잡기 ㄴ. 유비쿼터스 환경에서는 정보에 대한 접근이 과거보다 쉬워진다.
ㄹ. 제시된 유비쿼터스 환경의 내용과 거리가 먼 진술이다.

08 A는 잊힐 권리이다. 잊힐 권리란 개인 정보를 비롯하여 자신이 원하지 않는 민감한 정보들이 포털 사이트 등을 통하여 많은 사람에게 공개되지 않도록 정보를 통제할 수 있는 권리이다. 잊힐 권리를 강조하는 사람들은 개인의 인격권을 보장하고, 정보에 대한 자기 결정권을 강화하기 위해 이러한 권리가 필요하다고 본다.
바로잡기 ㄱ. 잊힐 권리는 국민의 알 권리보다 개인의 인격권을 보장하기 위해 필요하다.

09 (가)는 도가 사상이고, (나)는 불교 사상이다. 도가에서는 자연의 한 부분인 인간이 자연에 대한 인위적인 조작과 통제를 해서는 안 된다고 본다. 불교에서는 연기설을 바탕으로 만물의 상호 의존성을 강조한다. 따라서 도가와 불교 모두 인간과 자연의 관계를 조화와 공존의 관계로 본다.
바로잡기 ㄷ. 그리스도교적 자연관이다.
ㄹ. 서구의 인간 중심주의적 자연관이다.

10 제시문은 동물 중심주의 사상가인 싱어의 입장이다. 싱어는 '동물의 도덕적 지위를 인정하는가?', '동물을 고통으로부터 해방시켜야 하는가?', '쾌고 감수 능력이 도덕적 고려의 기준인가?'라는 질문에 긍정의 대답을 할 것이다. 또한 싱어는 도덕적 행위의 주체인 인간이 동물을 도덕적으로 배려해야 한

다고 보기 때문에 '도덕적 행위의 주체는 동물을 배려해야 하는가?'라는 질문에 긍정의 대답을 할 것이다.
바로잡기 ② 싱어는 동물도 쾌고 감수 능력을 지닌 존재이기 때문에 동물이 인간의 오락을 위한 도구가 될 수 없다고 본다.

11 갑은 온건한 인간 중심주의자이고, 을은 온건한 생태 중심주의자이다. 온건한 인간 중심주의는 환경 보전이 인간의 이익 관심과 부합하므로 자연을 보호해야 한다고 보는 한편, 온건한 생태 중심주의는 자연의 순리에 어긋나지 않는 선에서 개발을 인정하기 때문에 '자연의 자정 능력을 넘어서는 개발을 자제해야 한다.'는 진술은 갑, 을의 공통 입장이다. 또한 온건한 생태 중심주의는 기본적으로 자연이 그 자체로 내재적 가치를 지닌 존재라는 점을 인정하는 입장이다.
바로잡기 ㄱ. 온건한 인간 중심주의에서는 인류의 존속과 안녕을 위해 자연을 보존해야 한다고 본다.
ㄴ. 인간은 자연에 대해 직접적 의무가 없다고 보는 것은 온건한 인간 중심주의만의 입장이다.

12 제시문은 생명 중심주의 사상가인 슈바이처의 주장이다. 생명 중심주의는 인간 중심주의에서 벗어나 모든 생명체의 고유한 가치를 일깨워 주었다는 점에서 의의가 있다. 하지만 여전히 개별 생명체만 도덕적으로 고려하기 때문에 생태계 전체를 고려하지 못한다는 한계를 지닌다.
바로잡기 ① 심층 생태주의의 한계이다.
②, ④ 인간 중심주의의 한계이다.
③ 동물 중심주의의 한계이다.

13 제시된 노트 필기는 인간 중심주의에 관한 내용이다. 인간 중심주의는 인간만이 직접적인 도덕적 고려의 대상이며, 동물이나 식물 등 인간이 아닌 존재는 도덕적 고려의 대상이 아니라고 본다.

14 교토 의정서와 람사르 협약은 환경적으로 건전하고 지속 가능한 발전을 위한 국제적 노력에 해당한다. 환경 문제는 개인이나 개별 국가만의 문제가 아니라, 전 지구적 문제이기 때문에 국제적인 협력이 필요하다.
바로잡기 ① 환경 문제의 주요 원인은 주로 선진국에 있다.
② 제시된 국제적 노력과 거리가 먼 내용이다.
③, ④ 개인적인 노력이나 특정 국가만의 노력만으로는 환경 문제를 해결하기 어렵기 때문에 제시문과 같은 협약을 마련한 것이다.

15 **이렇게 쓰면 만점** (2) 과학 기술의 한계와 위험을 간과하게 만든다는 내용을 서술하면 만점이다.

16 **이렇게 쓰면 감점** (2) '불침해', '불간섭', '성실', '보상적 정의'라는 용어 중 한 가지라도 들어가지 않으면 감점이다.

17 **이렇게 쓰면 만점** 인터넷 중독 문제를 해결하기 위해 개인적 노력과 사회적 노력의 구체적인 내용을 서술하면 만점이다.

Ⅴ 문화와 윤리

01 예술과 대중문화 윤리

기초를 다지는 확인 문제 ____ 200쪽

01 (1) ○ (2) × (3) ○ (4) × (5) ○   **02** (1) 도덕주의 (2) 참여
(3) 상업화 (4) 자본 종속   **03** (1) ⓒ (2) ⓛ (3) ㉠

실력을 키우는 실전 문제 ____ 201~205쪽

01 ⑤	**02** ①	**03** ⑤	**04** ②	**05** ④	**06** ⑤
07 ⑤	**08** ④	**09** ②	**10** ③	**11** ①	**12** ⑤
13 ④	**14** ⑤	**15** ④	**16** ②	**17** ⑤	**18** ①

19 (1) ㉠ 예술 지상주의 ⓒ 순수 예술론 (2) **예시답안** ⓛ 올바른
품성을 기르고 도덕적 교훈이나 모범을 제공하는 것 ⓔ 미적 요소
가 경시되고, 자유로운 창작을 제한할 수 있음
20 (1) ㉠ 예술의 상업화 ⓛ 문화 산업 (2) **예시답안** 문화 산업은
예술 작품을 획일화된 하나의 상품으로 전락시키고 이는 감상자
에게 고유한 체험이 아니라 표준화된 소비 양식이 될 뿐이며 사고
의 획일성을 가져온다.
21 **예시답안** 대중문화의 자율성과 표현의 자유, 다양한 대중문화
를 즐길 대중의 권리가 제한될 수 있다. 특정한 정치적 의도를 관
철하거나 억압하는 수단으로 악용될 수 있다.

01 A는 예술이다. 예술은 삶을 풍요롭게 하는 체험의 기회를 제
공하고, 카타르시스를 통해 인간의 정서를 순화시키는 역할
을 한다. 또한 예술은 평소와 다른 관점에서 사물을 바라볼
수 있게 돕고, 자유로운 표현 기법을 통해 새로운 가치를 창
조하기도 한다.
바로잡기 ⑤ 윤리에 관한 설명이다. 예술은 현실의 제약을 넘어 자유
를 추구하는 반면, 윤리는 현실의 제약 속에서 도덕적 당위를 추구한
다는 차이점이 있다. 그러나 예술과 도덕은 모두 인간다운 삶에 이바
지한다는 공통점이 있다.

02 갑은 예술 지상주의 입장인 오스카 와일드이고, 을은 도덕주
의 입장인 플라톤이다. 와일드는 예술가의 자율성과 독창성
이 보장되어야 한다고 강조하며, 예술의 목적을 미적 가치의
실현으로 본다. 반면 플라톤은 예술이 도덕적 교훈과 모범을
제공해야 한다고 주장하며, 이를 위해 국가 차원의 검열이 필
요하다고 본다.
바로잡기 ㄷ. 예술 지상주의 입장인 갑만의 주장이다.
ㄹ. 예술의 목적을 미적 가치의 실현으로 보는 것은 예술 지상주의자
인 갑의 입장이다.

03 ㈎는 순수 예술론의 입장, ㈏는 참여 예술론의 입장이다. 순
수 예술론은 예술가가 윤리적 기준과 관습에 상관없이 순수
하게 예술을 표현할 수 있도록 자율성과 독창성을 지녀야 한
다고 주장하는 반면, 참여 예술론은 예술가도 사회 구성원이

고 예술 활동도 하나의 사회 활동이므로 예술은 사회의 모순을
지적하고 사회의 도덕적 성숙에 기여해야 한다고 주장한다.
바로잡기 ⑤ 예술의 사회성을 강조하는 것은 참여 예술론만의 입장
이다. 순수 예술론은 예술의 자율성을 강조한다.

04 갑은 도덕주의 입장인 톨스토이, 을은 예술 지상주의 입장인
스핑건이다. 예술 지상주의는 도덕주의에 비해 예술 작품의
미적 가치와 예술가의 독창성, 예술 활동의 가치 중립성을 강
조한다. 도덕주의는 예술 작품의 가치가 도덕적 가치에 의해
결정되므로 예술은 선을 지향해야 한다고 본다. 반면 예술 지
상주의는 삼각형을 도덕적으로 평가하는 것이 무의미하듯 예
술 작품을 도덕적 가치로 평가하는 것은 무의미하며, 예술의
영역과 도덕의 영역은 분리되어야 한다고 주장한다.

05 제시문은 정약용의 주장이다. 정약용은 도덕주의 입장에서
예술의 윤리적 가치를 중시하였으며, 예술이 개인의 정서를
순화하고 도덕감을 고양시켜야 한다고 강조하였다.
바로잡기 두 번째 견해 : 예술가가 사회적 영향이나 책임으로부터 자
유로워야 한다고 보는 것은 예술 지상주의 입장이다.

동양의 예악 사상   만점 공략 노트

동양 사상에서 예술과 윤리의 관계는 『예기(禮記)』의 예악(禮樂)
사상에 잘 나타나 있다.
예와 악은 음양의 이기(理氣)에 상응하며, 각각 차별과 조화의 원리
를 내포하고 있다. 다시 말해 예는 구별의 원리를 따르는 것으로서,
사람의 신분이 다름을 나타낸다. 한편, 악은 조화의 원리를 따르는
것으로서, 사람의 마음을 화합하는 기능을 한다. 이처럼 예와 악은
상호 대립하는 측면도 있지만 동시에 상호 보완적이며, 두 가지 모두
마음이라는 동일한 근원에서 연유한다. 그러므로 예와 악을 잠시도
우리 몸에서 떠나게 할 수 없다. 악의 이치에 밝은 사람은 예의 이치
에도 밝고, 이 두 가지를 함께 익힌 자가 유덕한 사람, 즉 군자(君子)
이다.

06 제시문은 상업화된 예술을 비판하는 아도르노의 주장이다.
그에 따르면, 문화 산업은 예술을 규격화된 상품으로 전락시
킴으로써 감상자들의 사고를 획일적으로 만든다. 또한 문화
산업으로 획일화된 예술품은 감상자에게 고유한 체험을 주는
것이 아니라 표준화되고 획일화된 체험을 제공한다.
바로잡기 ㄱ. 아도르노는 문화 산업과 예술의 상업화를 비판하였다.

07 제시된 명화를 활용한 광고나 생활용품 등은 예술의 상업화
현상을 보여 준다. 예술의 상업화란 예술품이 하나의 상품처
럼 이윤을 위해 시장에서 거래되는 현상을 말한다. 예술의 상
업화는 예술가에게 경제적 이익을 보장하여 왕성한 창작 활
동을 할 수 있도록 돕고, 대중의 요구를 반영함에 따라 예술
의 다양성을 확대시킬 수 있지만, 예술품을 재산 축적 수단으
로 전락시키기도 한다.

바로잡기 ⑤ 예술의 상업화는 예술의 순수성을 보장하기 어려우며 예술과 예술이 아닌 것의 경계가 불분명해진다.

08 갑은 예술의 상업화를 긍정적으로 보는 반면, 을은 이를 우려하고 있다. 을은 예술가가 상품성을 우선 고려하다 보면 자율성을 잃을 수 있고 그 결과 예술의 본질과 목적이 왜곡되며, 예술 작품의 인문 교양적 가치가 배제됨을 주장할 수 있다.

바로잡기 ㄷ. 갑은 예술의 상업화로 대중이 예술에 좀 더 쉽게 접근하고 예술을 향유하게 되었음을 강조하고 있다.

09 갑은 예술의 상업화에 대해 부정적 입장인 페기 구겐하임, 을은 긍정적인 입장인 앤디 워홀이다. 구겐하임은 미술품 수집의 대가로서 예술 작품이 단지 경제적 이익을 위한 수단으로 전락하는 것을 비판하였으며, 워홀은 팝아트를 창시한 예술가로 대중 예술의 선구자이다. 두 사람 모두 예술 작품이 경제적 가치를 가진다는 점을 인정하지만, 워홀과 달리 구겐하임은 이윤 추구를 위해 예술이 수단화되는 것을 경계해야 한다고 강조하였다.

바로잡기 ㄴ. 구겐하임은 미술품 수집가였으며, 예술 작품의 거래 자체를 반대한 것은 아니다.
ㄹ. 워홀은 대중 예술을 적극적으로 옹호하였다.

10 제시문은 뒤샹의 작품 「샘」이 알려지게 된 과정에 관한 이야기이다. 이 사례에서 협회 측은 미에 대한 객관주의 입장을 보여 준다. 객관주의에 따르면 아름다움은 대상에 내재해 있는 객관적인 성질로, 대상 자체가 가진 아름다움으로 인해 우리는 미적 쾌락을 느끼게 되며, 우리가 느끼지 않더라도 아름다움은 그 대상에 독립적으로 존재한다.

바로잡기 ③ 미를 관찰자의 감정의 산물로 보는 것은 주관주의의 입장이다.

주관주의와 객관주의 　　　　　　　　　　　**만점 공략 노트**

현대 사회로 접어들어 예술의 대중화와 상업화가 급속도로 전개되었으며, 키치와 패러디, 기성품 등이 등장하였다. 이러한 예술품이 미적 가치를 지니는지에 관한 논쟁으로, 주관주의와 객관주의에 대해 정리해 두어야 한다.

주관주의	객관주의
• 아름다움은 개인의 주관에 달려 있다.	• 아름다움은 대상에 내재해 있는 객관적인 성질이다.
• 아름다움은 주관 속에서 생겨나는 감정의 산물이다.	• 대상 자체가 가진 아름다움으로 인해 우리는 미적 쾌감을 느끼게 된다.
• 아름다움은 대상이 가지고 있는 고유한 속성이 아니며, 대상을 관찰하는 관찰자의 마음 속에 일어나는 현상이다.	• 우리가 느끼지 않더라도 아름다움은 그 대상에 독립적으로 존재한다.

---

11 제시문은 칸트의 주장이다. 칸트에 따르면 미적 체험은 인간만의 고유한 체험이며, 미의 판단 형식과 선의 판단 형식은 다르지만, 미와 선이 모두 이기적인 욕구에서 벗어나 있다는 공통점이 있다. 또한 미적 체험은 선의 실현에 기여한다고 보았다.

바로잡기 ㄷ. 칸트는 미추의 판단 형식과 선악의 판단 형식은 차이가 있다고 보았다.
ㄹ. 칸트는 미적 즐거움은 동물과 신적 존재 사이의 중간자인 인간에게 고유한 것이라고 보았다.

12 노트 필기는 대중문화에 관한 내용이다. 대중문화는 대중 사회를 기반으로 형성되어 다수의 사람이 소비하고 향유하는 문화이다. 대중문화는 시장을 통해 유통되며 이윤을 창출한다. 이는 대중매체에 의해 전파되며, 제작과 유통 과정이 분업화되어 산업 형태를 띤다. 또한 대중의 감수성과 행동 양식 전반에 영향을 미친다.

바로잡기 ⑤ 대중문화는 소수가 즐기는 순수 예술과 고급 예술이 아니라 다수가 즐기는 대중 예술을 발전시킨다.

13 제시문은 '대중문화의 자본 종속'에 관한 내용이다. 대중문화가 자본에 종속되어 이윤을 창출하는 수단으로 전락하면 문화 상품은 콘텐츠의 질보다는 판매량과 판매 부수, 시청률 등에 의해 평가된다.

바로잡기 ㄷ. 대중문화가 자본에 종속되면 작품의 선정은 창작자의 예술가 정신보다는 제작자와 중간 상인의 손익, 즉 자본에 의존한다.

14 ㉠에 대한 반론은 '대중문화를 통한 폭력 체험이 현실의 폭력을 감소시키지는 않는다.'이다. 이에 대한 근거로 가상적 폭력 체험 속에는 피해자의 고통이 잘 드러나지 않으며, 폭력을 악에 대한 응징 수단으로 정당화하게 되면 실제 폭력을 감소시키는 데 기여하지 않음을 들 수 있다.

바로잡기 ㄱ. ㉠의 주장을 뒷받침하는 논거이다.

15 강연자는 독립 영화의 활성화를 지지하고 있다. 독립 영화란 자본과 배급망으로부터 자유로운 영화를 의미한다. 따라서 강연자는 문화에 대한 자본 종속과 상업화를 경계하는 입장이다.

바로잡기 ①, ②, ③, ⑤ 대중문화가 자본에 종속되었음을 보여 주는 주장이다.

16 갑은 대중문화에 대한 제도적인 규제가 필요하다고 주장하는 반면, 을은 이러한 규제가 표현의 자유와 문화 향유 권리를 침해하므로 바람직하지 않다고 주장한다.

바로잡기 ① 갑, 을 모두 대중문화가 성 상품화와 일탈 행위를 심화한다는 데 동의한다. 다만 갑은 이에 대한 규제가 필요하다고 보는 반면, 을은 개인의 자율적 규제로 해결할 수 있다고 본다.
③ 갑은 대중문화가 대중의 가치관 형성에 영향을 미친다는 점을 강조하지만, 을은 이에 관한 특정한 입장을 내놓지 않는다.
④ 갑, 을 모두 대중문화가 상품으로써 유통되는 것 자체에 반대하지 않는다.

⑤ 을은 제도적 규제에 대한 반대 논거로 대중문화를 향유할 권리의 침해와 표현의 자유 침해를 모두 제시하고 있다.

17 사설은 대중문화의 선정성과 폭력성이 청소년에게 악영향을 주고 있으며, 모방 범죄로 이어지고 있음을 지적하는 내용이다. 이는 대중문화의 선정성과 폭력성의 허용 범위에 대한 윤리적 규제가 필요하다는 주장의 논거이다.

[바로잡기] ① 사설은 자본주의 체제 안에서 대중문화의 공급자가 대중의 주목을 끌기 위해 노력하는 것을 자연스러운 일로 본다.
② 사설은 대중문화가 욕구와 분노를 해소하는 통로로서 자극적인 내용을 포함하는 것을 우려하고 있다.
③ 사설의 주장이나 근거와 거리가 멀다.
④ 대중문화에 대한 자본 투자가 더욱 확대되면 투자한 만큼의 이윤을 얻기 위해 선정적이고 폭력적인 내용이 더 많이 포함될 수 있다.

18 제시문은 대중문화가 자본의 논리에 지배당하는 것을 비판한 아도르노와 호르크하이머의 주장이다. 그에 따르면 상업화된 문화는 대중의 욕구에 맞춘 획일적인 상품만을 생산함으로써 대중에게 표준화된 소비 양식을 제공하며, 그 결과 대중은 획일적인 사고와 삶을 갖게 된다.

[바로잡기] ㄷ. 대중문화의 자본 종속은 대중문화가 시장의 논리에 의해 지배되는 현상을 의미한다.
ㄹ. 아도르노에 따르면 자본에 종속된 대중문화는 대중의 사고를 통제하여 기존의 이데올로기에 순응하도록 만든다.

19 이렇게 쓰면 [만점] (2) 도덕주의는 미적 가치보다 도덕적 가치를 우위에 둔다. 따라서 예술의 목적과 본질은 도덕적 가치의 구현이라고 보며, 이러한 이유로 작가의 자율성을 침해할 수 있다는 문제점이 있음을 모두 서술하면 만점이다.
이렇게 쓰면 [감점] (2) ㉡은 도덕주의 입장에서 제시하는 예술의 목적, ㉣은 도덕주의의 문제점에 관한 내용이므로 기호를 명기하지 않고 서술하면 감점이다.

20 이렇게 쓰면 [만점] (2) 문화 산업의 가장 특징은 '문화의 획일성'과 그에 따른 '사고의 획일성'이다. 이 두 가지 요소를 연결하여 서술하면 만점이다.
이렇게 쓰면 [감점] (2) '문화의 획일성' 또는 '사고의 획일성' 중 한 가지만 서술하면 감점이다.

21 이렇게 쓰면 [만점] 대중문화에 대한 제도적 규제가 개인의 권리, 즉 표현의 자유와 문화 향유 권리 등을 침해한다는 내용과 정치적 억압의 수단이 될 수 있다는 내용을 모두 서술하면 만점이다.

━━━━━ 등급을 올리는 **고난도 문제** ━━━ 206~207 쪽

01 ②   **02** ⑤   **03** ③   **04** ④

---

01 플라톤의 도덕주의 이해   [자료 분석 노트]

플라톤에 따르면 사람들은 이데아를 향해 나아가기보다는 이데아의 모방에 불과한 물질세계에 사로잡혀 있다. 예술 작품은 이러한 현실 세계를 다시 한 번 더 모방한 것이기에 백해무익하다. 그러므로 예술은 현실이 아닌 이데아를 모방하여 도덕적 모범을 제시해야 한다고 주장한다.

• 시인이나 설화 작가들이 모방을 할 경우에는, 용감하고 절제 있고 경건하며 자유다운 사람들을 모방해야만 하네. ……
플라톤이 제시한 네 가지 덕, 즉 지혜·용기·절제·정의를 상기할 수 있는 대목이다.

• 나는 음악적 수련이야말로 다른 어떤 수련보다도 가장 가치가 높은 분야라고 보네. 음악 교육이 지극히 중요한 까닭은 예술이 사회적인 책임을 가지고 있음을 강조하고 있다.
다음과 같은 이유일 테지. 말하자면 리듬과 하모니는 영혼의 내부로 아주 깊이 파고 들어가서 우아함을 심어 주고 영혼을 힘차고 확고하게 만들어 준다네. …… 그리고 음악을 영혼 속에 포함시키면 기품이 높아지고 선량해진다네.

제시문은 플라톤의 주장이다. 그에 따르면 예술은 실재에 대한 '모방'이어야 하며, 예술은 도덕성을 고양시켜 국가와 사회에 이로움을 주어야 한다. 따라서 예술에서 미(美)와 선의 내용은 유사해야 한다. 또한 이러한 예술의 목적을 실현하기 위해 국가 차원이 검열이 필요하다.

[바로잡기] ㄴ. 예술이 도덕이나 다른 목적이 아닌 예술 안에서만 완벽함을 추구해야 한다고 주장하는 것은 예술 지상주의 입장이다.
ㄹ. 플라톤에 따르면 예술은 현상이 아니라 실재(idea)를 모방함으로써 참된 가치를 실현할 수 있다.

02 오스카 와일드와 톨스토이의 입장 비교   [자료 분석 노트]

갑 : 최고의 예술은 질서와 사랑을 통해 구현되며, 반항적이고 저급한 피조물을 거룩하게 만든다. 예술의 목적은 인간의 종교를 강화하고, 인간의 윤리적 상태를 완전하게 만드는 데 있다. 예술은 이런 일들을 물질적으로 구현하는 것이다.
도덕주의의 대표적인 입장이다.

을 : 예술 세계에서는 어떤 거짓말도 허용된다. 중요한 것은 오 예술의 영역과 도덕의 영역을 분리하고 있다.
차 없는 진실이 아니라 아름다운 거짓이다. 아름다운 것에서 추악한 의미를 발견하는 사람은 타락한 사람이다. 아름다운 것에서 아름다운 의미를 발견하는 사람은 교양 있는 사람이다. 예술이 미 자체만을 위한 것임을 강조하고 있다.

갑은 도덕주의 입장인 톨스토이, 을은 예술 지상주의 입장인 오스카 와일드이다. 예술 지상주의는 예술을 위한 예술, 미 그 자체를 위한 예술을 주장한다. 도덕주의 입장에서는 이러한 주장에 대해 예술이 지향해야 할 목적은 개인의 도덕성을 함양시키거나 공동체의 질서 유지에 기여하는 것 등임을 간과하고 있다고 반론할 수 있다.

[바로잡기] ① 예술 지상주의는 예술의 영역과 도덕의 영역을 서로 무관한 영역으로 본다.
② 예술 지상주의는 오직 예술을 위한 예술, 미 자체를 위한 예술을 추구한다.

③ 이상과 현실의 분리는 예술 지상주의 입장에서 강조하는 내용이다.
④ 예술 지상주의는 예술의 가치가 도덕이나 정치적 목적 등 외재적 요소에 의해 좌우되어서는 안 된다고 강조한다.

03 기술적 복제에 대한 벤야민의 입장 이해
자료 분석 노트

> …… 아우라는 기술 복제 시대에 이르러 처참히 무너져 버리고 만다. **구글은 모나리자라는 검색어로 0.32초 만에 152만 개의 복제된 이미지를 검색해 주고** 집 앞 이발소의 달력에는 모나리 이로 인해 감상자들은 어디에서나 작품을 감상할 수 있고 예술 작품은 시공간적으로 해방된다.
> 자가 오묘한 미소를 띠며 낡아 빠진 면도날을 쳐다보고 있다. 모나리자는 도처에 존재한다. 이러한 예술 작품의 기술적 복제는 아우라의 붕괴를 가져오지만 이로 인해 예술의 신비적・ 복제된 이미지들에 일상적으로 노출됨으로써 원본이 가진 신비감이 사라진다.
> 종교적 요소가 제거되면서 감상자의 비판적 수용이 가능해진다. 아우라의 붕괴로 사람들은 스스로 예술 작품의 의미를 새롭게 찾고, 혁명의 주체가 될 수 있는 기회를 갖게 된다.

제시문은 벤야민의 주장이다. 벤야민은 복제 기술의 발달이 예술에 미친 영향에 주목한 사상가이다. 그에 따르면 복제 기술은 예술 작품을 시공간적으로 해방시켜 예술의 대중화와 민주주의를 이끌었으며, 예술의 제의적 기능을 전시적 기능으로 변환시켰다. 그러나 복제된 작품은 원작이 가진 유일성으로부터 주어지는 신비감, 즉 아우라를 위축시킨다.

바로잡기 ㄱ. 벤야민은 복제 기술이 예술의 종교적 가치를 전시적 가치로 변환시켰다고 보았다.
ㄹ. 벤야민은 대중 예술의 복제 기술의 발달이 원작이 가진 신비감과 고유성의 가치를 떨어뜨린다고 보았다.

04 대중문화의 상업화에 대한 찬반 입장 비교
자료 분석 노트

> 사회에 저항하는 힘을 가지지 못한 예술은 단순한 상품일 뿐입니다. 고급 예술은 상품화되었다 하더라도 자율성을 주장하지만, **대중문화는 산업을 자처하며 대중을 기만하고 그들의 의식을 속박합니다.**

> 예술은 삶의 일부입니다. 경험으로서 예술 작품은 우리 삶 속에 존재하지요. 오늘날 미적인 것은 모든 삶의 영역 속으로 빨려 들어가고 있습니다. 삶 속에서도 대중 예술에서도 미적인 것을 구현할 수 있습니다.

자본주의 사회의 대중 예술을 '문화 산업'이라고 비판한 아도르노의 문화 산업론의 핵심 주장이다.
아도르노

대중 예술에 대해 비판적인 갑과 달리, 을은 대중 예술도 예술로서의 본연의 기능을 할 수 있다고 주장한다.
슈스터만

갑은 아도르노이고, 을은 슈스터만이다. 아도르노는 상업화된 대중 예술이 대중의 주체적 사유를 방해하여 기존의 지배 이념을 옹호하게 만드는 역할을 한다고 보았으며, 획일화된 대중 예술은 사회를 몰개성화로 이끈다고 보았다. 한편 슈스터만은 대중 예술로도 미적 가치를 구현할 수 있으며, 이를 통해 대중의 미적 경험에 대한 욕구가 해소된다는 점을 강조하였다.

바로잡기 ㄹ. 갑의 입장이다. 아도르노에 따르면, 자본에 종속된 대중 예술은 획일적인 문화 상품을 양산하고 표준화된 체험만을 제공함으로써 현대인의 주체적이고 다양한 사유를 방해한다.

02 의식주 윤리와 윤리적 소비

기초를 다지는 확인 문제 214쪽

01 (1) ○ (2) ○ (3) × (4) ○ (5) ×　**02** (1) 패스트패션 (2) 슬로푸드 (3) 윤리적 소비 (4) 사회적 기업　**03** (1) ㉡ (2) ㉢ (3) ㉠

실력을 키우는 실전 문제 215~219쪽

01 ②	**02** ④	**03** ④	**04** ③	**05** ②	**06** ①
07 ②	**08** ④	**09** ①	**10** ⑤	**11** ⑤	**12** ④
13 ⑤	**14** ②	**15** ①	**16** ④	**17** ①	**18** ④

19 예시답안 ㉠ 개인은 자유롭게 상품을 선택하고 구입할 권리가 있다. ㉡ 과소비와 사치 풍조를 조장해 사회 계층 간 위화감을 야기한다.

20 예시답안 공동 주택의 획일화와 규격화는 정체성과 개성의 상실을 야기하며, 공동 주택의 폐쇄성은 이웃과의 소통을 단절시킨다. 또한 효율성과 편리성을 추구하는 동안 자신이 살아온 주거 공간의 역사와 전통을 상실하는 문제를 낳는다.

21 예시답안 ㉠ 개발 도상국 노동자의 인권 보호 ㉡ 동물의 권리와 복지 보호 ㉢ 취약 계층의 고용과 복지 문제 해결

01 제시문은 의복이 신체를 보호하는 기능뿐 아니라 윤리적 의미를 갖는다고 주장한다. 인간은 의복을 통해 자신의 가치관을 드러내며 반대로 의복이 가치관 형성에 영향을 미치기도 한다. 또한 관혼상제 등의 행사에는 의복을 갖춰 입어 상대에 대한 예의를 표현하는데 이는 의복이 예의에 관한 사회적 기준을 반영하고 있음을 보여 준다. 나아가 의복은 그 시대의 문화와 전통을 담는다.

바로잡기 ② 의복은 신체를 보호해 주는 실용적 가치를 넘어 윤리적 의미를 갖지만, 의복이 사회적 지위와 행동 양식을 결정하는 것은 아니다.

02 제시문은 베블런의 주장이다. 그에 따르면 유행은 사회에 대한 의존 욕구를 충족시키는 일종의 모방이다. 유행을 따름으로써 동등한 위치의 사람들과는 같아지고, 자신보다 낮은 신분의 사람들과는 차별성을 유지하고자 한다는 점에서 유행은 양면성을 가진다.

바로잡기 입장 4 : 베블런에 따르면 유행은 사회적 균등화와 개인적 차별화 간에 타협을 이루려는 시도이므로 ○가 정답이다.

03 제시된 노트 필기는 패스트패션에 관한 내용이다. 패스트패션은 주로 노동비가 저렴한 개발 도상국에서 생산되어 가격이 저렴하다. 제조사는 생산 원가를 절감하는 과정에서 개발 도상국 노동자의 인권을 경시하는 경향을 보이기도 한다. 또한 업체 간 가격 경쟁으로 소비자는 좀 더 저렴한 가격에 옷을 구매할 수 있게 되어 과소비로 이어질 수 있다. 마지막으로 유행이 빠르게 변할 때마다 버려진 옷이 폐기될 때 각종

유해 물질이 배출되어 패스트패션은 환경 오염을 유발하는 원인이 되기도 한다.

바로잡기 ㄷ. 빠르게 소비되므로 업체의 재고 부담은 감소한다.

04 ㉠에 대한 반론은 '유행은 맹목적인 모방과 무비판적 동조가 아니다.'이다. 이를 뒷받침하는 근거로 유행을 선택하는 것도 개인의 주체적인 선택으로 볼 수 있으며, 유행을 통해 자신의 미적 감각과 개성을 드러낼 수 있음을 들 수 있다.

바로잡기 ㄱ, ㄴ. ㉠을 뒷받침하는 근거이다.

05 갑은 일부 학교에서 학생들의 명품 소지를 규제하고 있음을 비판하는 반면, 을은 이러한 규제가 필요하다고 주장하고 있다. 따라서 토론의 쟁점은 '청소년이 명품을 소지하는 것을 규제해야 하는가?'이다.

바로잡기 ① 갑, 을은 모두 명품의 조건에 관해 언급하지 않았다.
③ 갑, 을 모두 명품이 청소년의 정체성이나 가치관에 영향을 미친다는 점을 인정한다.
④ 갑만의 주장이며, 을은 이에 관한 의견을 제시하지 않았다.
⑤ 갑, 을은 모두 명품에 대한 학칙 수립 절차에 관해 언급하지 않았다.

06 A~C에는 음식의 윤리적 문제에 대한 해결 방안이 들어가야 한다. 먹거리의 생산과 유통 과정에서 농어민과 노동자의 권리를 침해하는 문제를 해결하려면 공정 무역 인증 상품을 소비하는 습관을 기르는 것이 도움이 된다. 또한 육류의 대량 생산 과정에서 발생하는 동물의 고통을 감소하려면 공장식 사육 제품의 구매를 줄여 나가는 것이 필요하다. 또한 식자재의 원거리 이동에 따른 탄소 배출량을 감소하려면 푸드 마일리지가 낮은 식품을 구매해야 한다.

바로잡기 ① 정크 푸드는 열량은 높지만 영양가는 낮은 즉석식품의 총칭이다. 건강을 위해서는 정크 푸드의 섭취를 줄여야 한다.

07 제시문은 우리가 먹고 마시는 행위는 함께 먹는 사람과 유대감을 형성해 줄 뿐 아니라, 우리의 생명권과 사회 정의, 자연 환경 보전 등과 밀접한 연관이 있으며 윤리적 의미를 가진다는 내용이다.

바로잡기 ② 음식의 가공 기술의 발달은 윤리적 의미와 거리가 멀다.

08 1인당 푸드 마일리지가 높다는 것은 식자재의 생산지가 그만큼 멀다는 의미이다. 따라서 푸드 마일리지가 점차 높아지는 추세를 보이는 A국은 다른 나라에 비해 더 먼 생산지에서 식자재를 공급받고 있음을 알 수 있다. 또한 B국은 C국에 비해 푸드 마일리지가 꾸준히 높은 추세를 보이고 있기 때문에, C국이 B국에 비해 환경 문제를 더 많이 고려하며 윤리적 소비를 하고 있다고 평가할 수 있다.

바로잡기 ㄹ. A국은 B국과 C국에 비해 푸드 마일리지가 높기 때문에 식자재의 신선도를 고려한다고 보기 어렵다.

09 ㉠에는 유전자 변형 농산물의 부정적인 측면에 해당하는 내용이 들어가야 한다. 유전자 변형 농산물은 새로운 물질이 독성을 일으켜 인체의 면역 체계에 부정적인 영향을 끼칠 수 있다. 또한 내성이 생긴 해충에 의해 생태계 순환과 생물의 상호 의존성이 파괴될 수 있다. 뿐만 아니라 친환경 농법을 사용하는 농가에 피해를 주며, 유전자 변형 기술을 독점한 기업이 농산물 유통을 왜곡할 수 있다.

바로잡기 ① 유전자 변형 농산물을 생산하는 과정에서 농산물 품종에 대한 표준화가 이루어지고, 특정한 목적에 맞게 유전자를 변형·조작하여 새로운 종을 개발하게 된다.

유전자 변형 농산물에 대한 찬반 입장 만점 공략 노트

유전자 변형 농산물에 관한 찬반 논쟁의 근거를 비교해 두자.

찬성	반대
• 과일과 채소의 숙성을 늦추어 신선도를 유지할 수 있음 • 식품이 지닌 영양소를 인위적으로 높일 수 있음 • 병충해와 환경에 강한 유전자로 변형하여 대량 생산이 가능하며 식량 부족 문제를 해결할 수 있음 • 경제적 이윤 창출하고, 사회 복지를 증진할 수 있음	• 새로운 물질이 알레르기나 독성을 일으켜 인체에 해를 줄 수 있음 • 유전자 변형 식물에 내성을 가진 해충이 생기는 등 생태계에 교란을 일으킬 수 있음 • 변형 기술을 독점한 기업이 전 세계 농수산물의 생산, 판매, 소비를 지배하면 정의 문제가 발생할 수 있음

10 사설에서 제시한 하우스 푸어나 젠트리피케이션은 집의 경제적 가치를 중시한 결과 발생한 현상이다. 이러한 현상을 극복하기 위해서는 집의 본질적 가치를 회복해야 한다.

바로잡기 ①, ② 주택을 경제적 가치의 관점에서만 보는 태도에서 벗어나지 않는 한 공동 주택 건설이나 도시 확장을 규제해도 제시문의 현상이 계속 발생하게 된다.
③ 현상들은 시장 질서에 따라 주택의 가격을 결정한 결과이다.
④ 이웃 간 소통만으로 집의 본질적 가치가 회복되는 것은 아니다.

11 그림의 강연자는 볼노브이다. 그에 따르면 집은 외부 세계의 위험으로부터 안식을 주고, 평화와 아늑함을 유지하는 공간이다. 또한 외부 세계와 구분되어 있지만 외부 세계로 출입하는 곳이기도 하다.

바로잡기 ⑤ 볼노브에 따르면 집으로부터 세상의 모든 길이 뻗어나가고 또한 반대로 모든 길이 되돌아온다. 즉, 집은 열린 공간이다.

볼노브의 주거 윤리에 대한 입장 만점 공략 노트

주거에 대한 독일 철학자 볼노브의 주장은 제시문으로 자주 등장한다. 따라서 볼노브의 다양한 주장을 정리해 두어야 한다.
• 인간은 안정과 안전을 얻기 위해서 경계를 그어야 하고 반갑지 않은 침입자로부터 보호되어야 한다.
• 인간은 자기의 주거지에서 살기 위해서 자기의 생활을 발전시킬 수 있는 공간적인 확장을 필요로 한다. 사람들은 이러한 거주 공간을 주택이라고 부른다. 주택은 인간이 생활하는 기본 공간이 된다.

- 집이라는 사적인 공간을 소유한다는 것은 인간의 정신 건강을 위해서 불가결한 조건이다.
- 집은 내적으로 자기 자신에게로 돌아갈 수 있는 곳이다.
- 집은 인간 삶의 역사가 쌓여 있는 곳이어야 한다.

12 제시문은 볼노브의 주장이다. 그에 따르면 집은 체험을 통해 구성된 자기 삶의 중심이자 자기 존재의 뿌리가 되는 공간이며, 외부 세계와 구별되는 고유한 질서를 지니는 주관적 영역이다.

바로잡기 두 번째 내용 : 볼노브에 따르면 집은 외부 세계와 구분되는 사적 공간이고, 주관적인 영역이다.

13 갑은 윤리적 소비를, 을은 합리적 소비를 바람직한 소비로 보고 있다. 윤리적 소비에 비해 합리적 소비는 경제적 합리성과 경제적 만족감을 강조하는 정도는 높은 반면, 인류의 보편적 가치의 실현을 강조하는 정도는 낮다.

14 ㉠은 공정 여행에 관한 설명이다. 공정 여행자들은 현지 환경을 존중하고 현지인에게 직접 혜택이 돌아가도록 하며, 여행자 자신뿐만 아니라 여행지의 주민까지 함께 행복해질 수 있는 여행을 즐긴다. 이를 위해 탄소를 많이 배출하는 비행기보다 도보나 자전거, 기차로 이동하며, 현지인이 운영하는 숙박업소를 이용하고, 지역 전통 음식을 맛본다.

바로잡기 ① 공정 여행자는 현지의 자연환경을 존중한다. 따라서 동물에게 고통을 주는 동물 공연은 피한다.
③ 공정 여행자는 국제적으로 공인된 프랜차이즈 숙소보다는 현지인이 운영하는 숙소를 이용한다.
④ 공정 여행자는 탄소를 많이 배출하는 비행기보다 걷거나 자전거, 기차를 이용한다.
⑤ 공정 여행은 여행자 자신뿐만 아니라 여행지 주민의 행복까지 고려하는 여행이다.

15 윤리적 소비에는 여러 가지 유형이 있다. 예를 들어 환경 오염, 노동자의 인권 침해 등과 같은 윤리적 문제를 일으킨 기업의 제품에 대해 불매 운동을 전개할 수 있다. 또한 공정 무역 상품, 유기농 제품, 환경이나 동물 복지 인증 마크가 부착된 상품 등 윤리적 상품을 구매할 수 있다.

바로잡기 병 : 생활 협동조합은 생산자와 소비자 간의 직접 거래를 위해 만든 조직이다. 이를 통해 생산자는 정당한 이익을 얻고, 소비자는 질 좋은 물건을 싸게 구매할 수 있다.
정 : 지속 가능한 소비는 현세대는 물론 미래 세대의 복지도 고려하는 소비이다.

16 제시문의 B사 커피는 공정 무역 기업의 커피이다. 공정 무역은 선진국과 개발 도상국 사이의 불공정한 무역 구조 개선, 생산자의 합당한 이윤 보장, 건강한 노동 환경 추구, 아동 노동 착취 근절, 자연 환경 보전 등을 목표로 한다.

바로잡기 ㄷ. 공정 무역은 윤리적 소비의 한 유형이다. 가격 대비 최고의 실용적 만족을 주는 제품을 선택하는 것은 합리적 소비이다.

---

17 ㉠은 사회적 기업이다. 사회적 기업이란 취약 계층의 고용과 복지 문제를 해결하는 과정에서 등장한 기업으로, 기업 활동을 통해 수익을 창출하고 창출된 수익을 사회적 목적을 위해 환원하는 기업을 말한다. 주로 취약 계층을 대상으로 운영되며, 공공성을 기반으로 사회적 목적을 실현하기 위해 노력한다. 또한 기업에서 발생한 이익은 공익을 위한 일이나 지역 사회에 재투자한다.

바로잡기 ① 사회적 기업도 기업이기 때문에 이익 창출을 위한 활동을 고려한다.

18 제시문은 소비 동기의 중요성을 강조한 리프킨의 주장이다. 그에 따르면 기업은 소비자의 의식과 태도에 민감할 수밖에 없으므로, 소비자 대다수가 윤리적 의식과 태도를 갖는다면 그에 따른 시장이 창출되어 문화와 미래 삶에 영향을 미치게 된다.

바로잡기 ㄱ. 리프킨은 새로운 생명 공학 연구와 같은 특정 사업이나 연구 투자에 대한 책임 여부가 아니라, 생산된 제품에 대한 소비 동기를 성찰해야 한다는 점을 강조하고 있다.

19 **이렇게 쓰면 만점** 긍정 측 근거에는 개인의 권리를 강조하는 내용을, 부정 측 근거에는 과소비나 사치, 위화감 조성 등 사회에 미친 악영향을 서술하면 만점이다.

20 **이렇게 쓰면 만점** 공동 주택은 폐쇄성, 획일화와 규격화, 효율성과 편리성의 추구 등 특징을 갖는다. 각각의 특징이 가져올 수 있는 문제점을 서술하면 만점이다.
이렇게 쓰면 감점 위의 세 가지 특징 중 어느 한두 가지만 골라 서술하면 감점이다.

21 **이렇게 쓰면 만점** 공정 무역은 생산자의 인권과 권리 보호, 바른 사육과 도축은 동물의 권리 보호, 사회적 기업은 취약 계층의 고용과 복지를 실현하고자 함을 서술하면 만점이다.
이렇게 쓰면 감점 ㉠~㉢을 명기하지 않으면 감점이다.

01 음식 윤리
자료 분석 노트

> 제시문은 음식 섭취에서 자연에 따르는 것을 넘어서지 않아야 한다고 주장한다. 여기에서 '자연'은 생태계나 자연환경을 말하는 것이 아니라 자연적으로 주어진 소화 능력을 의미한다.
> 음식물에 대한 욕망은 자연적이다. 먹고 마시는 욕망을 추구할 때 흔히 저지르는 잘못은 주로 지나치는 것이다. 더 이상
> 먹고 마시는 행위도 윤리적 행위가 될 수 있음을 보여 준다.
> 먹고 마실 수 없을 때까지 먹고 마시는 것은 양에 있어 자연에 따르는 것을 넘어서는 것이다. 이런 이유로 사람들은 마땅한
> 먹고 마시는 행위도 윤리적 행위이며 자연스러움과 마땅함을 고려해야 한다는 내용이다.
> 것을 넘어 자신의 배를 채우는 사람을 '폭식가'라고 부른다. 이런 사람이 바로 지나칠 정도로 노예적인 사람이다.
> 욕망에 종속된 사람을 비유적으로 표현한 말이다.

제시문은 아리스토텔레스의 주장으로, 먹고 마시는 행위도 욕망에 따르는 대신 이성에 따라 적절하게 중용의 상태를 유지해야 한다는 점을 강조하는 내용이다. 그에 따르면 음식에 대한 욕망은 자연스러운 것이지만 지나친 과식은 마땅한 것을 넘어서는 것으로, 윤리적으로 바람직하지 않은 행위이다. 과도한 음식 섭취는 인간을 노예적으로 만드는, 즉 욕망에 종속된 존재로 전락시키는 것이므로 이성적 능력을 발휘하여 음식 섭취를 조절해야 할 필요가 있다.

바로잡기 ㄴ. 음식 윤리에 관한 진술이기는 하지만 제시문의 내용과 거리가 멀다. 제시문의 '자연'은 생태계가 아니라 자연적 본성을 의미한다.

02 볼노브의 주거 윤리
자료 분석 노트

> 집은 인간의 삶을 한곳에 뿌리내리게 하는 공간이자 세계와 우주로 열리는 통로이다. 인간에게 주는 편안함과 한 장소에 뿌
> 집은 임시적이고 임의적 체류 공간이 아님을 알 수 있다.
> 집은 더 넓은 장소의 진입을 가능하게 하는 중심이다.
> 리내리게 해 주는 힘을 바탕으로 집은 인간의 전 생애에 걸쳐 있는 삶의 터전이다.

(가)는 볼노브의 주장이며, (나)의 퍼즐에서 가로 낱말 (A)는 '의식주', (B)는 '독거'이므로 세로 낱말 (C)는 '주거'이다. 볼노브에 따르면 주거는 세계와 우주로 열리는 통로, 즉 더 넓은 장소로 진입하게 하는 중심이다.

바로잡기 ① 볼노브에 따르면 집은 인간적인 공간이다.
② 볼노브에 따르면 집은 부를 축적하기 위한 수단이 아니라 삶의 터전, 즉 본질적인 공간이다.
④ 볼노브에 따르면 집은 잠시 체류하는 공간이 아니라 전 생애에 걸친 삶의 터전이다.
⑤ 볼노브에 따르면 집은 외부 세계로 나아가는 통로이자 외부 세계와 구분되는 사적인 공간이다.

03 베블런의 유한계급론
자료 분석 노트

> 생산적 노동에 적극적인 의욕을 가지지 않으며 비생산적 소비 생활을 하는 계층
> 재화의 과시적 소비는 유한계급의 세속적 명성을 유지하는 수단이다. 고도로 산업화된 사회에서 명성을 획득할 수 있는 근
> 기계에 의한 대량 생산과 소비가 가능한 사회이다.
> 거는 다름 아닌 재력이다. 재력을 과시하는 방편인 동시에 명성을 획득하고 유지하는 방편 중 하나가 과시적 소비인 것이
> 과시와 명성은 타인의 시선과 평가가 전제된 개념이다.
> 다. 과시적 소비의 발달 과정을 탐색해 보면 낭비라는 요소가
> 과시적 소비는 경제적 합리성만을 고려하는 소비 형태가 아님을 알 수 있는 대목이다.
> 작용했음을 알 수 있다. 그것은 한편으로는 시간과 노력의 낭비이고, 다른 한편으로는 재화의 낭비이다.

제시문은 과시적 소비를 비판한 베블런의 주장이다. 그에 따르면 과시적 소비는 부유층이나 이를 모방하려는 계층에 의해 주도되며, 소비를 자신의 명성을 유지하는 수단으로 보기 때문에 상품의 가격이 오르고 있어도 수요가 높아지는 특징이 있다. 과시적 소비에서는 개인의 필요보다는 타인의 시선에 의해 재화의 가격이 결정된다.

바로잡기 ㄱ. 과시적 소비는 자신의 재력을 과시하기 위해 값비싼 상품을 구매하는 것을 말한다. 이는 경제적으로는 낭비이므로 합리성만을 고려하는 소비 형태와는 거리가 멀다.

04 합리적 소비와 윤리적 소비
자료 분석 노트

> 갑 : 소비는 자신을 넘어 사회와 환경에 이르기까지 영향을 미친다. 따라서 자신에게 돌아오는 직접적인 혜택만 생각하지 말고, 장기적 관점에서 사회와 자연에 미치는 영향도 고려하여 소비해야 한다.
> 윤리적 소비를 주장하고 있다.
> 을 : 소비의 목적은 소비자 자신에 대한 직접적인 욕구 충족이다. 소비자는 자신의 욕구와 상품에 대한 정보를 바탕으로 소득 범위 내에서 상품을 선택하여 최소 비용으로 최대 만족을 얻을 수 있어야 한다.
> 합리적 소비를 주장하고 있다.

갑은 자신에게 돌아오는 직접적 혜택뿐 아니라 사회와 자연에 미치는 영향을 고려한 소비를 강조하고 있으므로 윤리적 소비를 지지하는 입장이다. 반면 을은 최소 비용으로 최대 만족을 얻는 소비를 강조하고 있으므로 합리적 소비를 지지하는 입장이다. 두 입장 모두 소비자가 자신의 욕구 충족과 이익을 고려해야 한다는 점을 인정하지만, 갑은 소비자에게 경제적 합리성 이외에 공공의 이익과 지속 가능한 환경 보전에 대한 의무가 있다고 보는 반면, 을은 경제적 합리성만을 고려한다는 차이점이 있다.

바로잡기 ㄷ. 갑은 부정, 을은 긍정의 대답을 할 질문이므로 B에 들어갈 질문으로 적절하지 않다.
ㄹ. 을이 부정의 대답을 할 질문이므로 C에 들어갈 질문으로 적절하지 않다.

❸ 다문화 사회 윤리

기초를 다지는 확인문제 _____ 226쪽

01 (1) ○ (2) × (3) × (4) ○ (5) × **02** (1) 문화 상대주의
(2) 윤리적 상대주의 (3) 관용의 역설 (4) 화이부동 **03** (1) ㉢
(2) ㉠ (3) ㉡

실력을 키우는 실전문제 _____ 227~231쪽

01 ④ **02** ② **03** ③ **04** ④ **05** ① **06** ④
07 ② **08** ② **09** ⑤ **10** ② **11** ③ **12** ④
13 ④ **14** ④ **15** ① **16** ③ **17** ② **18** ④
19 (1) ㉠ 문화 ㉡ 윤리적 (2) **예시답안** 첫째, 보편 윤리를 위배하는 문화도 무조건 인정해야 한다. 둘째, 자문화와 타 문화를 비판적으로 성찰할 수 없다.
20 (1) ㉠ 종교 ㉡ 윤리 ㉢ 황금률 (2) **예시답안** 종교와 윤리는 모두 도덕성을 중시한다.
21 **예시답안** 먼저 종교의 자유를 인정하고 타 종교에 대해 관용의 태도를 가져야 한다. 또한 타 종교에 대한 이해와 존중의 정신을 일깨우도록 종교 간에 적극적으로 대화하고 협력해야 한다.

01 ㉠은 다문화 사회이다. 다문화 사회는 세계화에 따른 국가 간 교류 증대와 이주민 증가로 등장하였으며, 한 국가 안에서 다양한 문화적 배경을 가진 여러 인종이 공존하는 사회를 말한다. 그 결과 새로운 문화 요소의 도입으로 문화 선택의 폭이 넓어지고 문화 발전의 기회도 확대되지만, 여러 문화 요소 간 충돌로 갈등이 발생할 가능성도 높아지고 있다. 이러한 다문화 사회에서는 통일성보다 다양성, 단일성보다 다원성, 동일성보다 차이가 강조된다.

바로잡기 ④ 외래문화를 비판적으로 수용하는 태도가 요구된다.

02 제시문은 다문화 사회에서 발생하는 문제와 이에 대한 해결 방안을 제시하고 있다. 다문화 사회의 문제점을 해결하려면 문화 상대주의를 지향하며, 이에 따른 정책을 마련하되 보편 윤리를 지켜야 한다. 또한 여러 개인 간의 차이를 인정하는 리좀의 사유 방식과 서로 화합하면서도 상대방에게 무조건 따르지 않는 화이부동의 태도가 필요하다.

바로잡기 ② 다양한 문화가 공존하려면 관용의 자세가 필요하지만 불관용의 문화까지도 관용하게 되면 관용의 역설에 빠지게 된다.

03 이민자를 주류 사회에 동화시키고자 하는 ㉠ 정책은 동화주의 입장으로 용광로 모델에 해당한다. 반면 이민자들의 고유 문화를 인정하면서 공존을 지향하는 ㉡ 정책은 다문화주의 입장으로 샐러드 그릇 모델에 해당한다. 이와 달리 문화의 다양성을 인정하지만, 주류 문화를 바탕으로 다른 문화를 수용하는 ㉢ 정책은 문화 다원주의 입장으로 국수 대접 모델에 해당한다.

04 갑은 샐러드 그릇 모델, 을은 용광로 모델, 병은 국수 대접 모델을 지지한다. 용광로 모델은 비주류 문화를 주류 문화에 통합시키고자 하며, 국수 대접 모델은 비주류 문화의 보조적 역할을 강조하므로 두 입장 모두 주류 문화와 비주류 문화를 구분한다.

바로잡기 ① 을만 '예'라고 대답할 질문이다.
② 갑만 '예'라고 대답할 질문이다.
③ 갑, 병이 '예'라고 대답할 질문이다.
⑤ 병이 '아니요'라고 대답할 질문이다.

05 갑은 다문화주의 입장에서, 을은 동화주의 입장에서 상대방의 주장을 비판하고 있다. 다문화주의는 다양한 문화를 관용하고 존중해야 함을, 동화주의는 소수 문화를 주류 문화로 통합시켜 단일한 문화를 형성해야 함을 주장한다.

바로잡기 ㄷ, ㄹ. 갑만의 입장이다. 갑은 비주류 문화의 고유성과 정체성 보존을 강조하는 반면, 을은 문화 간의 우열을 구분한다.

06 갑은 모든 사회에 적용되는 보편 윤리가 있음을 강조하고 있다. 반면 을은 극단적 문화 상대주의 입장으로 관습적인 것이 무엇이든 간에 옳다는 입장이다. 따라서 갑은 을의 주장에 대해 관습이 보편 윤리를 위배할 수 있음을 간과하고 있다고 비판할 것이다.

바로잡기 ① 을은 윤리 규범을 문화의 산물로 본다.
② 을은 관습은 분석의 대상이 될 수 없다고 본다.
③ 을은 문화의 상대적 가치를 강조한다.
⑤ 을은 모든 도덕률이 사회마다 달라질 수 있다고 본다.

07 제시문은 한 사회가 유지되기 위해서는 도덕규범이 필요하며 그중 살인 금지, 거짓말 금지와 같이 보편적으로 적용되는 규범이 있음을 강조하는 내용이다.

바로잡기 두 번째 견해 : 윤리적 상대주의는 보편타당한 윤리를 부정하므로 제시문의 입장과 거리가 멀다.
네 번째 견해 : 제시문의 입장에서 볼 때 살인은 그 어떤 이유나 형태이든 도덕적으로 옳지 않다.

문화에 대한 다양한 입장 　　　　　　　　　　**만점 공략 노트**

다문화 사회와 관련하여 문화에 대한 다양한 입장이 쟁점으로 자주 출제되므로 각 입장을 정확하게 정리해 두어야 한다.

문화 상대주의		문화의 다양성과 상대성을 인정하고, 어떤 문화를 그 사회의 특수한 자연환경과 역사적·사회적 맥락 속에서 이해하고 판단하려는 태도
문화 절대주의	자문화 중심주의	자기 문화는 당연하고, 정당하며 다른 문화에 비해 우월하다고 믿는 태도
	문화 사대주의	다른 사회의 문화를 동경하거나 숭상한 나머지, 자기의 문화를 무시하거나 낮게 평가하는 태도
문화 제국주의		다른 나라의 고유문화를 부정하고 문화적 지배와 종속의 질서를 강요하는 입장 ⓔ 근대 유럽의 제국주의

08 문화 제국주의는 다른 나라의 고유문화를 부정하고 문화적 지배와 종속의 질서를 강요하는 입장이고, 문화 사대주의는 다른 나라의 문화를 맹목적으로 추종하는 입장이다. 이와 달리 자문화 중심주의는 자신의 문화를 최고로 여기고 다른 나라의 문화를 무시하는 입장이다.

바로잡기 ① 문화 상대주의에 관한 설명이다.
③은 ㄴ, ④는 ㄷ, ⑤는 ㄱ에 관한 설명이다.

09 관용이란 소극적으로는 타 문화에 대해 반대하거나 간섭하지 않는 태도를 의미하고, 적극적으로는 받아들이기 힘든 상대방의 주장이나 가치관을 이해하고 타자의 인권을 존중하고 평화를 실현하려는 태도를 의미한다. 관용은 이질적인 문화를 가진 사람들의 평화로운 공존을 가능하게 하며, 문화적 혜택을 더 많은 사람이 누릴 수 있게 한다. 또한 인간의 자율성을 보장하고 인간 존중을 실현할 수 있는 바탕이 된다. 그렇다고 해서 관용이 타인의 인권과 자유를 침해하거나 사회 정의와 사회 질서를 훼손하는 것까지 허용하는 것은 아니다.

바로잡기 ㄷ 관용은 단일 문화의 형성을 촉진하는 것이 아니라 다양한 문화의 공존을 지향하는 태도이다.
ㄹ 관용은 다양한 문화의 평화로운 공존을 추구하지만 타인의 인권과 자유를 침해하는 행위까지 허용하는 것은 아니다.

10 제시문은 무제한의 관용은 관용의 상실을 낳는다는 내용이다. 관용을 기반으로 성립한 바이마르 공화국이 히틀러의 발호를 허용한 결과 나치스의 파시즘이 정권을 잡도록 허용한 사례를 꼽으며, 기본적 인권과 사회 정의를 훼손하는 세력에 대해 관용해서는 안 된다고 주장한다.

바로잡기 ② 관용은 보편적 가치를 훼손하지 않는 범위에서 허용된다. 따라서 관용의 정신은 보편적 가치를 부정하는 윤리적 상대주의를 지향하는 것이 아니다.

11 A는 종교이다. 종교는 유한하고 불완전한 인간이 실존적인 문제에 직면하여 초월적인 존재와 초자연적인 힘을 의존하는 과정에서 발생하였다. 다양한 종교의 공통된 본질을 규정하기는 어려우나 일반적으로 종교는 사랑, 평화, 고통으로부터의 해방, 이타성, 행복 등 인간 삶의 궁극적 지향을 담고 있으며, 대체로 세계의 기원과 운행에 관한 교리 체계를 갖추고 있다. 한편 종교는 세속 윤리와 마찬가지로 인류의 보편적 가치를 추구하며 선악의 기준을 제시한다.

바로잡기 ③ 종교는 한계 상황을 초월적인 존재와 초자연적인 힘에 의존하여 극복할 것을 강조한다.

12 갑은 오토, 을은 뒤르켐, 병은 마르크스이다. 오토는 종교를 궁극적 실재와의 만남이라고 보는 반면, 뒤르켐과 마르크스는 종교를 인간의 필요에 의해 만들어 낸 것이라고 본다.

바로잡기 ① 을이 강조하는 진술이다. 뒤르켐에 따르면 신은 사회적 필요에 의해서 사회가 만들어 낸 산물이다.

② 병이 강조하는 진술이다. 마르크스에 따르면 종교는 계급 간 갈등에서 비롯된 고통을 잊게 해 주는 일종의 아편이다.
③ 병이 부정하는 진술이다. 마르크스에 따르면 종교는 아직 자신을 발견하지 못하거나 자신을 상실한 사람들의 자의식이다.
⑤ 갑이 강조하는 진술이다. 오토에 따르면 종교는 성스러운 실재에 대한 강렬한 체험이다.

13 제시문은 엘리아데의 주장이다. 엘리아데는 일상에서 접촉하는 모든 사물에서 성스러움을 경험할 수 있다고 보았으며, 성과 속을 단절되거나 분리된 것으로 보지 않았다.

바로잡기 입장 3 : 엘리아데에 따르면 자연 세계와 초월적 실재는 분리되지 않으므로 정답은 ×이다.

14 ㉠은 종교이다. 종교는 초월적인 문제를 다루며, 세계의 기원과 운행에 관한 교리 체계를 갖추고 있다. 또한 죽음과 내세에 대한 답을 구하며 믿음을 구체화하는 종교 의례를 규정하고 있다. 그리고 대부분의 종교에서는 사랑, 정의, 생명 존중 등 도덕규범을 포함하고 있으며, 절대자로서의 신을 상정하여 신에 대한 믿음을 강조한다.

바로잡기 ④ 종교는 성스러운 것에 대한 과학적 분석보다는 주관적인 체험과 믿음을 강조한다.

15 자료는 다양한 종교에 포함되어 있는 황금률이다. 황금률은 종교 윤리와 세속 윤리가 서로 조화될 수 있으며, 서로 다른 종교 간에 공유할 수 있는 윤리 규범이 존재함을 보여 준다.

바로잡기 ㄷ. 보편 윤리로서 황금률은 민족 종교나 세계 종교 등 건전한 종교라면 가지고 있는 특징이다.
ㄹ. 민족 종교로 분류되는 유교에서도 황금률을 발견할 수 있다.

16 ⑺는 자유주의 관점에서 종교 문제에 접근해야 한다고 주장한다. 종교의 자유에는 누구나 양심에 따라 종교를 자유롭게 선택할 수 있는 권리는 물론, 종교를 강요받지 않거나 종교를 가지지 않을 권리가 포함된다.

바로잡기 ㄱ. 제시문의 입장에서 볼 때, 국가 권력 등에 의해 타 종교의 유입을 제도적으로 차단하는 것은 바람직하지 않다.
ㄷ. 제시문은 다른 종교에 대한 배타적이고 폭력적인 태도를 지양해야 한다고 강조한다.

17 종교 간의 갈등은 정치, 경제 등 다양한 요인이 얽혀 있는 경우가 많다. 자신의 종교의 절대성을 강조하고 다른 종교의 존재를 인정하지 않는 태도, 즉 타 종교에 대한 배타적 태도는 종교 갈등을 심화시킨다. 종교 갈등이 지속적으로 심화될 경우 폭력을 수반하기도 한다.

바로잡기 ② 시아파와 수니파의 갈등은 같은 이슬람교 내의 갈등이다.

18 제시문은 한스 큉의 주장이다. 그의 주장에 따르면 종교 간의 대화는 이단자에게도 관용의 자세를 취할 때 가능하며, 이러한 대화 역량을 갖추려면 자기 종교와 타 종교에 대한 신학적인 기본 연구가 선행되어야 한다.

바로잡기 ㄷ. 세계 평화는 대화 역량에 기초한 종교 간 평화가 보장될 때 가능하다.

19 **이렇게 쓰면** **만점** (2) 보편 윤리를 위배한다는 점과 문화에 대한 비판적 성찰이 어려운 점을 모두 서술하면 만점이다.

20 **이렇게 쓰면** **만점** (2) 종교와 윤리는 모두 도덕성이나 인간의 보편적 가치, 인간의 존엄성을 중시한다는 내용을 포함하여 서술하면 만점이다.

21 **이렇게 쓰면** **만점** 종교의 자유 인정, 타 종교에 대한 관용의 태도, 종교 간의 대화 노력 등을 포함하여 서술하면 만점이다.

등급을 올리는 고난도 문제 232~233 쪽

01 ①　　02 ④　　03 ②　　04 ④

---

01 다문화를 바라보는 태도　　**자료 분석 노트**

갑 : 기본적 권리는 문화라는 특정한 맥락 안에서 실질적으로
　　행사될 수 있다. 집단별로 차별화된 권리를 인정하는 다문
　　<u>각 집단의 고유성과 정체성을 대등하게 인정하고 존중하는 것을 바탕으로 한다.</u>
　　화주의는 집단 간 관계의 형평성을 제고시킬 뿐 아니라,
　　소수 집단의 성원으로 하여금 국가에 대한 충성심을 갖게
　　한다. <u>다문화주의가 사회 결속력을 높인다고 본다.</u>
을 : 다문화주의는 문화 간 경계가 실제로 존재한다는 잘못된
　　전제에 근거하여 집단 간 문화의 장벽을 영속화시킬 뿐 아
　　니라, 소수 집단에 별도의 권리를 부여하여 <u>개인의 법 앞</u>
　　<u>의 평등이라는 기본 원칙을 심각하게 손상시킨다.</u>
　　<u>다문화주의에 근거한 정책이 보편적 인권을 침해할 수 있다고 본다.</u>

갑은 다문화주의를 지지하는 입장으로 소수 집단에 차별화된 권리를 부여하는 것이 국가에 대한 충성심을 갖게 한다고 본다. 반면 을은 문화적 고유성 인정에 따른 문화 간 경계 자체를 부정하면서 소수 집단에 대한 차별화된 권리 부여가 법 앞에서의 평등이라는 기본 원칙을 손상시킨다고 강조한다.

바로잡기 ㄴ, ㄹ. 을은 문화적 고유성 인정에 따른 문화 간 경계를 부정한다.

---

02 다문화를 바라보는 태도　　**자료 분석 노트**

　　┌다른 곳으로 옮겨 가서 사는 사람. 또는 다른 지역에서 옮겨 와서 사는 사람
갑 : 이주민들이 출신국의 문화를 포기하고 <u>우리 문화에 흡수</u>
　　되어야 사회 갈등을 해소할 수 있다. └동화주의의 입장이다.
을 : 이주민들은 <u>주류 문화를 중심으로 공존</u>하면서 자신들의
　　　　　　　└문화 다원주의의 입장이다.
　　가치를 살릴 수 있는 사회를 만드는 데 협력해야 한다.
병 : 이주민들이 <u>문화적 정체성을 유지하면서 대등한 입장에서</u>
　　사회 발전에 기여하도록 해야 한다. └다문화주의의 입장이다.

동화주의와 문화 다원주의는 주류 문화와 비주류 문화를 구분한다는 공통점이 있으며, 문화 다원주의와 다문화주의는 이주민의 문화의 고유성을 인정한다는 공통점이 있다.

바로잡기 ㄹ. 병은 다문화주의 입장이므로 문화적 동질성보다는 이질성을 강조한다.

---

03 엘리아데의 종교관　　**자료 분석 노트**

┌엘리아데는 종교적 지향성을 인간의 근본적인 성향으로 보고
│인간을 종교적 존재(Homo religiosus)로 규정한다.
종교적 인간의 입장에서 관찰한다면 세계는 실존하고, 실제
로 거기에 있으며, 어떤 구조를 가지고 있다. 세계는 카오스가
　　　<u>우주가 발생하기 이전의 원시적인 상태. 혼돈이나 무질서 상태를 이른다.</u>
가 아니라 코스모스이다. 따라서 세계는 신들의 작품인 피조
　　　<u>질서와 조화를 지니고 있는 우주 또는 세계이다.</u>
물로 자신을 드러낸다. 즉 스스로 성스러운 것의 여러 양상을
<u>자연 세계와 초월적 실재가 분리되어 있지 않다고 봄을 알 수 있다.</u>
계시한다. …… 우리가 그것을 숭배하는 것은 그것이 '성현(聖
顯)'이기 때문이다.

제시문은 엘리아데의 주장이다. 그에 따르면 이 세계는 혼돈의 세계가 아니라 질서 잡힌 세계이며, 이 세계 안에 있는 모든 존재는 초월적 실재의 성스러움을 드러낸다. 종교적 인간은 일상적 사물과 접촉하면서 이러한 성스러움을 경험한다.

바로잡기 ㄱ. 엘리아데에 따르면 성과 속이 모순된 개념이기는 하지만 분리되어 있지 않으며, 성은 속을 통해 드러난다.
ㄹ. 엘리아데에 따르면 성스러움은 그 자체로 드러나는 것이 아니라 세계 안에 존재하는 것을 통해 드러난다.

---

04 종교의 특징　　**자료 분석 노트**

갑 : 과학은 사실에 토대하며 현상이 어떻게 일어나는지 그 원
　　인을 찾고 반증 가능성에 대해 열린 자세를 취해야 한다.
　　<u>어떤 사실이나 주장이 옳지 아니함을</u>
　　<u>그에 반대되는 근거를 들어 증명함을 말한다.</u>
　　물리적인 것 외에는 실재성이 이성적으로 증명될 수 없으
　　므로 객관적으로 입증 가능한 사실에 근거하여 진리를 추
　　구해야 한다. <u>이성적 인식 능력의 범위 안에서만</u>
　　　　　　　└진리를 발견해야 한다는 입장이다.
을 : 종교는 신앙을 통해 진리로 나아갈 수 있도록 하는 매혹적
　　이고 신비한 감정의 체험이다. 세계는 신비로 가득하므로
　　인간 이성이 과학적으로 인식하는 틀 속에 가둘 수 없다.
　　<u>이성으로는 과학적 진리를 발견할 수 있으나 이성적 인식 능력만으로는</u>
　　<u>부족하며 신앙이 필요함을 강조하고 있다.</u>
　　방향을 잡기 어려운 현실에서 종교를 통해 삶의 의미와 목
　　적을 추구해야 한다. <u>이성적 인식 능력만으로는 진리를 발견</u>
　　　　　　　　　　　<u>할 수 없다고 강조한다.</u>

갑은 과학을 강조하는 입장으로 이성을 통해 객관적으로 입증할 수 있는 진리만을 추구해야 함을 강조하는 반면, 을은 종교를 강조하는 입장으로 삶의 목적과 의미는 신앙으로써 발견할 수 있음을 강조하고 있다.

바로잡기 ㄷ. 갑, 을 모두 부정으로 대답할 질문이므로 순서도 B에 들어갈 질문으로 적절하지 않다.

유형 1 ② 　　유형 2 ② 　　유형 3 ② 　　유형 4 ②

유형 1 　예술 지상주의와 도덕주의 비교하기

자료 분석

갑 : 예술 세계에서는 어떤 거짓말도 허용된다. 중요한 것은 오차 없
는 진실이 아니라 아름다운 거짓이다. 아름다운 것에서 추악한
└ 예술의 세계에는 윤리적 가치가 적용되지 않음을 강조하고 있다.
의미를 발견하는 사람은 타락한 사람이다. 아름다운 것에서 아
름다운 의미를 발견하는 사람은 교양 있는 사람이다.
└ 예술의 본질과 목적이 미적 가치의 구현에 있음을 보여 준다.

을 : 최고의 예술은 질서와 사랑을 통해 구현되며, 반항적이고 저급한
피조물을 거룩하게 만든다. 예술의 목적은 인간의 종교를 강화
하고, 인간의 윤리적 상태를 완전하게 만드는 데 있다. 예술은 이
└ 도덕주의 입장을 직접적으로 강조하고 있다.
러한 일들을 물질적으로 구현하는 것이다.

갑은 예술 지상주의 입장의 와일드, 을은 도덕주의 입장의 톨스토
이이다. 예술 지상주의는 예술의 목적과 본질을 미적 가치의 구현
으로 보며 예술과 윤리의 분리를 강조한다. 반면 도덕주의는 예술
의 사회적 책임을 강조하며, 예술이 공동체의 질서 유지에 기여해
야 한다고 본다.

선택지 분석

ㄱ 갑은 예술의 본질을 오직 예술 안에서 찾아야 한다고 본다.
→ 예술 지상주의만의 주장이다.
　도덕주의는 예술의 본질을 윤리적 가치와 연결하여 설명한다.

✗ 을은 예술이 이상과 현실의 분리를 강조해야 한다고 본다.
→ 도덕주의는 예술의 사회적 책임과 영향을 강조한다.

ㄷ 을은 도덕적 목적이 예술 작품으로 구현되어야 한다고 본다.
→ 도덕주의만의 주장이다.
　도덕주의는 예술 작품이 도덕적 교훈이나 모범을 제공해야 한다고 주장한다.

✗ 갑, 을은 예술이 공동체의 질서 유지에 기여해야 한다고 본다.
→ 도덕주의 입장인 을만의 주장이다.

유형 2 　대중문화의 특성 비판하기

제시문은 아도르노의 주장이다. 그에 따르면 하나의 상품으로 전
락한 예술 작품을 감상하는 것은 감상자만의 고유한 체험이 아니
라 표준화된 소비 양식이 될 뿐이며, 그 결과 사람들의 개성과 독
립성, 사고력이 사라져 버린다.

선택지 분석

ㄱ 대중 예술품의 주된 가치는 교환 가치에 의해서 결정된다.
→ 아도르노에 따르면 대중 예술품의 주된 가치는 시장의 원리에 따라 정해진다.

✗ 대중 예술의 영역과 권력의 영역은 상호 무관하게 작동한다.
→ 아도르노에 따르면 문화 산업은 지배 계급이 대중을 통제하는 수단이므로
　예술의 영역과 권력의 영역이 상호 밀접하게 작동한다.

ㄷ 대중 예술은 현실적 모순을 은폐하고 대중 의식을 조작한다.
→ 아도르노에 따르면 문화 산업은 대중을 무비판적이고 수동적으로 만들어
　그 결과 현실 사회의 모순이 은폐된다고 주장한다.

✗ 대중 예술의 감상은 획일화되지 않은 개인의 고유한 체험이다.
→ 아도르노에 따르면 대중 예술품은 감상자에게 고유한 체험이 아니라 표준화된 소
　비 양식을 제공할 뿐이다. 개인이 고유한 체험이라고 생각하는 것은 착각으로서
　문화 산업이 지니는 획일화와 사이비 개성화의 결과물일 뿐이다.

유형 3 　바람직한 주거 윤리 제시하기

제시문은 볼노브의 주장이다. 그에 따르면 현대인은 어떤 곳에도
매여 있지 않은 영원한 망명자이다. 하지만 집에 뿌리를 내리면
서, 즉 진정한 거주를 실현함으로써 인간의 본질을 실현하게 된
다. 따라서 인간에게 집은 외부의 위험과 희생으로부터 안정과 평
화를 누리는 공간이다.

선택지 분석

✗ 진정한 거주는 단순히 공간을 점유하는 행위로 국한된다.
→ 진정한 거주는 단순히 공간을 점유하는 것이 아니라 집에 뿌리를 내리는 것이다.

② 인간은 진정한 거주를 실현하지 못하면 영원한 망명자이다.
→ 볼노브에 따르면 진정한 거주를 실현하지 못하면 영원한 망명자가 된다.

✗ 인간은 거주자가 됨으로써 자신의 본질을 실현할 수 없다.
→ 볼노브에 따르면 인간은 거주자가 됨으로써 자신의 본질을 실현할 수 있다.

✗ 외부 공간은 위험과 희생이 아닌 안정과 평화의 공간이다.
→ 볼노브에 따르면 거주 공간, 즉 집은 안정과 평화의 공간인 반면,
　외부 공간은 위험과 희생의 공간이다.

✗ 진정한 삶의 실현을 위해 거주 공간이 필요한 것은 아니다.
→ 볼노브에 따르면 자신의 본질을 실현하기 위해 거주 공간이 반드시 필요하다.

유형 4 　관용의 한계 제시하기

자료 분석

┌ 제시문의 입장에서 부정의 대답을 할 질문이다.
리포터 : 그렇다면 이런 문화도 관용의 대상이 되나요? 외국에서 이민
을 온 어떤 가족은 여자는 교육받을 필요가 없다고 해서 어린
딸을 학교에 보내지 않았어요. 더군다나 딸이 성인이 되어 외
출을 하고 싶어 하는데도 집 밖으로 나가지 못하게 해요.
└ 기본적인 권리를 침해하는 문제 상황이다. ┘

제시문은 관용의 한계에 관한 내용이다. 제시문에서는 다문화 사
회에서 문화 간 편견과 차별을 극복하고 공존하기 위해서는 관용
의 태도가 필요하다고 전제한다. 그러나 개인의 자유권, 생명권과
같은 인류의 보편적 가치에 반하는 것에 대해서는 불관용해야 한
다고 강조한다. 모든 인간은 자신이 원하는 삶을 자유롭게 선택할
권리를 가지고 있으며, 누구도 이러한 자유와 권리를 박탈할 수
없기 때문이다. 따라서 이러한 입장에서는 〈가상 대담〉에서 리포
터가 제시한 사례에 대해 인간의 기본적 권리를 침해하므로 관용
을 베풀어서는 안 된다고 대답할 것이다.

선택지 분석

✗ 부모의 고유한 권리를 존중한 것이므로 용인해야 합니다.
→ 제시문에 따르면 인간은 스스로 자기 삶을 선택할 수 있는 권리가 있다.
　따라서 리포터가 제시한 사례는 딸의 권리를 침해하는 행위이며, 용인해서는 안
　된다고 볼 것이다.

② 자녀의 기본적 권리를 침해하므로 용인해서는 안 됩니다.
→ 제시문의 입장과 일치하는 내용이다.

✗ 심각한 인권 침해가 아니므로 고유한 문화로 용인해야 합니다.
→ 신체의 자유나 교육받을 권리는 모두 인간의 기본적 권리이다.
　따라서 리포터가 제시한 사례는 심각한 인권 침해 사례이다.

✗ 종교의 계율과 전통을 충실하게 따른 것이므로 용인해야 합니다.
→ 제시문에 따르면 문화적 차이를 인정할 수 있는 한계는 인간의 기본적 자유와 권
　리를 침해하지 않을 때이다. 그러나 리포터가 제시한 사례는 이를 침해하고 있으
　므로 관용의 대상이 아니다.

✗ 다문화 사회 구성원들의 연대감을 저해하므로 용인해서는 안 됩니다.
→ 리포터가 제시한 사례가 관용의 대상이 아닌 이유는 구성원들의 연대감을 저해하
　기 때문이 아니라 개인의 기본적 권리와 자유를 침해하기 때문이다.

01 ④	02 ⑤	03 ②	04 ④	05 ④	06 ④
07 ⑤	08 ④	09 ⑤	10 ⑤	11 ①	12 ④
13 ⑤	14 ②				

15 (1) 자본 종속 (2) **예시답안** 소수의 거대 자본이 대중문화의 흐름을 좌우하면서 문화가 획일화되고 소비자 또한 획일화된 사고를 갖게 된다. 대중의 취향과 기호를 중요하게 여기므로 예술가의 순수한 상상력과 자율성이 발휘되기 어려울 수 있다. 대중의 관심을 유도하기 위한 폭력성과 선정성으로 문화의 질적 저하를 가져올 수 있다 등

16 (1) 합리적 소비 (2) **예시답안** 윤리적 소비란 도덕적 가치에 따라 재화나 서비스를 구매하고 사용하며 처리하는 소비를 의미한다. (3) ⓒ 공정 무역 상품 구매 ⓜ 로컬푸드 구매 ⓞ 애니멀 프리 패션 상품 구매 ⓗ 유기농 농산물 구매

17 (1) ㉠ 동화주의 ㉡ 국수 대접 (2) **예시답안** 문화적 구심점이 없어 사회적 연대감이나 결속력이 부족하여 사회 통합이 어렵다. (3) **예시답안** 두 입장 모두 문화적 다양성을 인정한다. 그러나 다문화주의와 달리 문화 다원주의는 문화 간 위계를 구분한다.

01 제시문은 예술 지상주의의 대표 사상가인 와일드의 주장이다. 그는 예술의 본질이 미적 가치만을 구현하는 것이라고 보면서, 예술은 아름다움 자체를 드러내기 위해 윤리적 규범이나 사회적 목적 등으로부터 자유로워야 한다고 하였다. 즉, 예술의 영역과 도덕의 영역을 명확하게 구분하면서 덕과 미덕도 예술을 위한 소재에 불과하다고 보았다.

바로잡기 ④ 예술 작품이 정서적 순화와 미덕을 유발해야 한다고 보는 것은 도덕주의의 입장이다. 와일드는 예술 작품이 도덕의 수단으로 사용되는 것에 반대한다.

02 갑은 예술을 미(美) 자체만을 위한 것으로 보는 예술 지상주의 입장이다. 반면 을은 예술 작품이 선(善)의 실현을 위한 도구라고 보는 도덕주의 입장이다. 예술 지상주의는 예술과 도덕의 영역을 분리해야 한다고 주장하는 반면, 도덕주의는 예술에 대한 도덕의 우위를 주장한다. 또한 예술 지상주의는 예술의 자율성을 강조하는 순수 예술론을 주장하는 반면, 도덕주의는 예술의 사회성을 강조하는 참여 예술론을 주장한다.

바로잡기 ㄱ. 갑이 부정의 대답을 할 질문이다. 공익성을 기준으로 예술을 평가하는 것은 도덕주의 입장에만 해당한다.

03 (가)는 도덕주의의 대표 사상가인 톨스토이의 주장이다. 톨스토이에 따르면, 예술은 인류의 행복을 위한 감정 교류의 수단으로서 '사랑의 세계 건설'이라는 사명을 완수해야 한다. 즉, 예술은 감상자의 도덕성을 자극하고 함양시키는 데 이바지해야 한다.

바로잡기 ① 도덕주의는 예술에 대한 윤리적 규제나 국가적 검열을 인정한다.
③ 예술의 자율성을 강조하는 것은 예술 지상주의 입장이다.

④ 도덕주의는 예술적 가치가 윤리적 가치에 의해 평가되어야 한다고 주장한다.
⑤ 예술을 미적 가치의 구현, 즉 심미적 활동으로 보는 것은 예술 지상주의 입장이다.

04 갑과 병은 예술의 상업화에 대한 긍정적인 측면을, 을과 정은 부정적인 측면을 진술하고 있다. 예술의 상업화란 상품을 사고파는 행위를 통해 이윤을 얻는 일이 예술 작품에도 적용되는 현상을 말한다. 따라서 토론 주제로 가장 적절한 것은 '예술 작품이 시장의 원리에 따라 생산되는 것은 바람직한가?'이다.

바로잡기 ① '예술의 자본 종속'은 예술의 상업화에 관한 개념이지만, '법적 규제'는 토론의 내용과 거리가 멀다.
② 예술의 상업화는 '예술의 순수성'을 저해한다는 비판을 받지만 '예술가 지원 여부'에 관한 내용은 토론의 내용과 거리가 멀다.
③의 '정부 차원의 사전 검열'이나 ⑤의 '대중의 의식을 개선하는 수단'에 관한 내용은 토론의 내용과 거리가 멀다.

05 학생들은 대중문화의 상업화에 대한 문제의식을 갖고 있으므로, 이에 대한 반론은 대중문화의 상업화에 따른 긍정적 측면이다. 즉, 작품의 제작과 유통이 전문화되어 대중문화가 질적으로 향상했으며, 더 많은 사람이 문화를 향유할 수 있게 되었고, 현실 사회를 반영하는 드라마, 영화, 음악 등을 소비함으로써 사회 문제에 대한 대중의 관심이 증대될 수 있다는 등의 내용이 적합한 반론이다.

바로잡기 ㄷ. 대중이 대중문화를 생산한 기업이나 생산자의 의도된 반응에 동참하는 소비자로 전락하게 된다는 것은 학생들의 문제의식을 뒷받침하는 내용이다.

06 갑은 대중문화의 선정성과 폭력성에 대한 주체적 규율뿐만 아니라 제도적 규제가 필요하다고 주장한다. 반면 을은 제도적 규제가 표현의 자유를 침해하고 시민을 정치적으로 억압할 수 있음을 우려한다. 따라서 갑은 대중문화의 유해 요소에 대해 제도적으로 규제하는 데 찬성하는 입장이다. 한편 을은 기본권을 침해하는 규제는 허용해서는 안 된다고 주장하며, 제도적 규제가 특정 이데올로기를 일방적으로 전달하는 수단이 될 위험성이 있다고 본다.

바로잡기 ㄷ. 갑, 을 모두 주체적 규율은 필요하다고 본다.

07 갑은 저소득 계층이 값싼 패스트푸드를 소비하여 질병에 시달리는 식량 불평등 문제를 지적하고 있다. 을은 정당한 대가를 받지 못하는 의류 생산 노동자의 인권 문제에 관해 말하고 있다. 병은 집을 여러 채 보유한 사람과 집을 보유하지 못한 사람 간의 주거 불균형 문제를 제시하고 있다. 이처럼 의식주와 관련된 불공정의 문제는 모두 정의 문제에 해당한다.

바로잡기 ①~④ 의식주는 인간의 신체적 한계를 극복하기 위해 만든 제2의 자연으로 자아 정체성과 가치관 형성에 다양한 방식으로 영향을 준다. 그러나 이러한 내용은 제시문의 내용과 거리가 멀다.

08 제시문은 윤리적 소비의 필요성에 관한 내용이다. 로컬푸드는 주로 반경 50km 이내에서 생산된 믿을 수 있는 친환경 농산물을 해당 지역에서 소비하는 것을 뜻한다. 로컬푸드를 소비함으로써 지역 경제를 활성화할 뿐만 아니라 식품의 운송 거리를 줄여 이산화탄소 발생량을 줄이고 자연환경을 보전할 수 있다.

바로잡기 ① 사회적 기업 제품을 '구매'하는 것이 윤리적 소비의 사례이다. 사회적 기업은 취약 계층의 고용과 복지를 위해 기업 이윤의 일부를 재투자하는 기업을 말한다.
② 윤리적 소비자는 패키지여행보다 공정 여행을 선호한다. 공정 여행이란 그 여행지가 생활 터전인 사람들의 삶과 문화, 자연까지 존중하는 것을 말한다.
③ 윤리적 소비자는 개발 도상국 노동자의 인권 문제와 환경 문제를 야기하는 패스트패션을 선호하지 않는다. 또한 동물 가죽 등을 재료로 사용하지 않은 애니멀 프리 패션 상품인지를 따져보고 의류를 구매한다.
⑤ 공정 무역은 윤리적 소비의 사례로, 판매자보다는 생산자의 권익을 보호하기 위한 것이다.

09 제시된 내용은 순서대로 슬로푸드 운동, 로컬푸드 운동, 유기농 농산물 소비에 관한 설명이다. 이것은 모두 먹거리에 관한 윤리적 소비의 실천 방안으로, 이러한 소비를 통해 안전한 음식을 섭취하여 건강을 지키는 동시에 지역의 농업을 활성화할 수 있을 뿐 아니라 문화적 다양성도 보존할 수 있다.

바로잡기 ⑤ 합리적 소비는 소득 범위 내에서 최소한의 비용으로 욕구를 최대한 충족하는 소비를 말한다. 이러한 소비는 의도하지 않게 인권 침해, 사회 부정의, 동물 학대, 환경 문제 등을 조장할 수 있다.

10 강연자는 현대의 고층 빌딩이나 아파트가 똑같은 모양의 도미노 패나 강제 수용소와 같은 느낌을 준다고 말하면서 이러한 건축물의 특징을 차가움과 공간 분할로 보았다. 이러한 관점에 따르면, 획일적이고 폐쇄적인 주거 형태는 인간을 고립시키고 이웃 간의 소통을 단절시키며 자아 정체성과 개성의 상실로 이어진다.

바로잡기 ㄱ, ㄴ. 폐쇄적인 형태의 현대 건축물은 사생활을 보장하고 그에 따른 심리적 안정을 줄 수 있다. 또한 외부의 침입으로부터 신체를 보호하고 안전을 보장할 수 있다.

11 갑은 동화주의, 을은 다문화주의 입장이다. 갑은 이주민이 출신국의 문화를 포기하고 기존 사회에 동화되어야 한다고 주장하는 반면, 을은 이주민을 동등하게 대우해야 하며 이들의 문화를 존중해야 한다고 주장한다. 동화주의는 집단 간의 위계를 강조하는 정도는 높고, 이질적 문화에 대한 수용을 강조하는 정도는 낮다. 이와 달리 다문화주의는 이질적 문화에 대한 수용을 강조하는 정도는 높고, 집단 간 위계를 강조하는 정도는 낮다.

바로잡기 ②, ④, ⑤ 갑, 을의 주장을 통해 주류 문화를 중심으로 한 문화의 공존에 관한 입장을 추론하기는 어렵다. 주류 문화를 중심으로 한 문화의 공존을 주장하는 입장은 문화 다원주의이다.

12 갑은 문화 상대주의를 근거로 윤리적 상대주의를 주장하고 있다. 이와 달리 을은 다양한 문화 속에 절대적이고 공통된 가치, 즉 보편적 가치가 있음을 강조한다. 따라서 을의 입장에서 볼 때 갑은 자문화와 타 문화에 대한 윤리적 성찰의 중요성을 간과하고 있다.

바로잡기 ① 을은 윤리적 상대주의 입장이므로 보편타당한 도덕적 기준이 존재함을 부정한다.
② 을의 입장에서 볼 때 갑은 윤리적 상대주의가 보편 윤리를 위배할 수 있음을 간과하고 있다.
③ 갑은 문화 상대주의를 인정하므로 여러 문화가 지닌 상대적 가치를 존중해야 함을 강조하고 있다.
⑤ 을의 입장에서 볼 때 갑은 문화 상대주의를 전제로 도출한 윤리적 상대주의가 논리적 오류임을 간과하고 있다.

13 (가)는 모든 종교가 인간의 존엄성에 관한 보편 윤리를 함축하고 있음을 강조하며, 참된 종교는 보편 윤리에 기반을 둔다는 내용이다. 따라서 (가)의 입장에서 볼 때 (나)의 문제 상황을 해결하기 위해 제시할 방안은 종교인들이 세속의 보편 윤리를 실천하도록 촉구하는 것이다.

바로잡기 ①, ③ (가)의 입장과 거리가 멀다.
②, ④ '신적인 것'의 바탕에 '인간적인 것'을 두어야 한다는 말은 종교적 계율과 일반적 도덕을 조화시켜야 한다는 말이다. 즉, 계율을 버리라거나 모두 부정하라는 표현은 (가)의 입장과 거리가 멀다.

14 (가)는 종교 간의 관용과 대화를 강조한 마틴 부버의 주장이다. 부버는 모든 종교 속에서 동일한 교리를 발견하지 못하더라도 열린 대화를 통해 종교 간의 공존은 가능하다고 본다. 이러한 입장에서는 (나)의 종교 갈등을 해결하기 위해 타 종교에 대해 관용의 자세를 지니며, 신뢰를 바탕으로 한 종교 간의 대화와 협력을 추진해야 한다고 주장할 것이다.

바로잡기 ㄴ, ㄹ. 부버는 종교 간의 대화와 공동생활을 위해 통일된 교리나 보편적 계율이 반드시 필요한 것은 아니라고 본다.

15 이렇게 쓰면 **만점** (2) 자본 종속에 따른 문화와 소비자의 획일화, 예술가의 순수성 침해, 선정성과 폭력성 심화, 문화의 질적 저하 등에 관한 내용을 포함하여 서술하면 만점이다.

16 이렇게 쓰면 **감점** (2) 도덕적 가치나 윤리적 문제에 대한 고려를 포함하지 않고 서술하거나 제시문의 기준을 단순히 나열하여 서술하면 감점이다.

17 이렇게 쓰면 **만점** (2) '사회적 연대감', '결속력', '사회 통합' 등의 단어를 포함하여 서술하면 만점이다.
이렇게 쓰면 **감점** (3) 두 입장 모두 이주민 문화를 인정하지만, 문화 다원주의는 문화 간 위계나 우열을 구분함을 서술해야 한다. '문화의 다양성 인정' 또는 '문화 간의 위계'에 관한 내용 중 한 가지만 서술하면 감점이다.

01 갈등 해결과 소통의 윤리

━━━━━ 기초를 다지는 확인 문제 ━━━━━ 248쪽

01 (1) × (2) ○ (3) × (4) ○ (5) ○ **02** (1) 이념 갈등 (2) 원효
(3) 토론 (4) 합리성 (5) 연대성 **03** (1) ⓒ (2) ㉠ (3) ⓔ (4) ⓛ

━━━━━ 실력을 키우는 실전 문제 ━━━━━ 249~253쪽

01 ②	**02** ③	**03** ①	**04** ④	**05** ④	**06** ⑤
07 ③	**08** ⑤	**09** ①	**10** ③	**11** ②	**12** ④
13 ②	**14** ③	**15** ③	**16** ⑤	**17** ①	**18** ②
19 ④	**20** ⑤				

21 (1)『관용론』 (2) 예시답안 인간은 보편적 이성을 통해 자신의 무지와 연약함을 깨닫고 상대를 용인하고 용서하는 관용의 미덕을 갖추어야 한다.
22 (1) 원효 (2) 예시답안 모든 종파와 사상을 분리시켜 고집하지 말고, 더 높은 차원에서 하나로 통합해야 한다.
23 (1) 예시답안 대화의 상대방을 존중하는 태도를 지녀야 하며 진실한 대화에 힘써야 한다. 자신의 오류 가능성을 인정하는 겸허한 태도를 지녀야 한다. 공적 의사 결정 과정에 적극적으로 참여해야 한다 등 (2) 예시답안 서로 이해할 수 있어야 한다는 '이해 가능성', 사회적으로 정당한 규범에 근거해야 한다는 '정당성', 진리에 바탕을 두어야 한다는 '진리성', 자신의 의도를 진실하게 표현해야 한다는 '진실성'이 있다.

01 A는 사회 갈등이다. 사회 갈등은 생각이나 가치관의 차이, 이해관계의 대립, 원활한 소통의 부재 때문에 발생한다. 사회 갈등은 서로의 가치관을 고집하며 상대방의 문제점만을 지적하고 양보하지 않을 경우 더욱 심해질 수 있다.
바로잡기 을 : 사회 갈등을 예방·조정·관리하는 과정을 통해 사회에 내재된 문제를 명확히 인식함으로써 발전의 계기가 될 수 있다.
정 : 현대 다원주의 사회에서는 사회 갈등 양상이 다양하게 나타난다.

02 빈부 갈등은 경제적 자원 축적과 분배의 불균등과 관련되며, 불균등의 정도가 심할수록 갈등의 정도도 심해진다. 이념 갈등은 이상적인 것으로 여기는 생각이나 견해의 차이에 따른 갈등으로, 보수적 이념과 진보적 이념 간의 갈등을 예로 들 수 있다. 세대 갈등은 연령별·시대별 경험의 차이로 나타난다. 지역 갈등은 수도권과 지방, 영남과 호남, 지역 개발의 이해관계 등 다양한 양상으로 나타난다. 지역 갈등은 지역주의가 정치적으로 악용되면 심화될 수 있다.
바로잡기 ③ 노사 갈등은 경영자가 노동자를 동반자가 아닌 통제 대상으로 인식하고, 노동자가 정부와 경영자의 권위주의 정책을 불신할 경우 발생한다. 오늘날 국제 경쟁력을 강화하기 위해 노동 시장을 유연화함으로써 구조 조정과 비정규직이 확대되어 노사 갈등이 더욱 심화되고 있다.

03 A는 이념이다. 이념은 한 사회나 집단이 지닌 특정한 가치관이자 이상적인 것으로 여기는 생각이나 견해를 말한다.
바로잡기 ② 지역 이기주의에 관한 설명이다. 대표적인 지역 이기주의에 님비 현상과 핌피 현상이 있다.
③ 사회 계층에 관한 설명이다. 사회 계층의 양극화가 심화되면 계층 간 갈등이 발생할 수 있다.
④ 세대에 관한 설명이다. 일자리나 노인 부양 문제 등 사회적 쟁점을 둘러싸고 세대 간 갈등이 발생할 수 있다.
⑤ 소통에 관한 설명이다. 소통은 '막히지 않고 잘 통한다.'는 의미로, 주로 대화를 통해 이루어진다.

04 보수적 입장은 혼란보다 안정을 중시해 사회 혼란을 줄이려면 문제를 점진적으로 해결해야 한다고 본다. 반면 진보적 입장은 정체보다 변화를 중시해 사회 혼란을 감수하더라도 문제를 가능한 한 빨리 해결해야 한다고 본다. 한편 보수적 입장과 진보적 입장은 상황과 배경에 따라 상대적인 의미를 지닌다.
바로잡기 ㄴ. 사회 안정과 질서 유지를 중시하는 것은 보수적 입장이다.

05 세대 갈등은 어느 사회에나 존재하는 일반적인 현상이다. 갈등은 칡[葛]이나 등나무[藤]가 복잡하게 얽혀 있는 모습에서 유래한 용어이다.
바로잡기 ⓛ 사회 갈등의 원인으로는 이해관계의 대립 이외에도 생각이나 가치관의 차이, 원활한 소통의 부재를 들 수 있다.
ⓔ 전체주의 사회는 통제와 지시로 일사불란하게 운영되지만, 사회 구성원 간의 소통과 담론이 배제되어 있기 때문에 진정한 사회 통합이 이루어졌다고 보기 어렵다.

민주주의와 전체주의 [만점 공략 노트]

민주주의와 전체주의의 특징을 비교하고, 우리 사회에서 소통과 담론이 필요한 이유에 대해 생각해 보자.

민주주의	• 국민이 권력을 가지고 스스로 권력을 행사하는 정치 제도 → 자유, 평등, 인간 존엄성 실현 지향 • 오늘날 대의 민주주의, 참여 민주주의, 심의 민주주의, 전자 민주주의와 같이 다양한 형태로 구현함
전체주의	• 강제와 억압을 통해 개인 생활의 모든 측면을 통제하고 지시하는 강력한 중앙 집권 통치 → 사회사상으로서 위력과 힘을 상실하고 퇴조함 • 사례 : 이탈리아의 파시즘 국가, 히틀러의 나치 독일, 스탈린 통치하의 구소련 등

06 제시된 사례는 국가와 지역 주민 간에 갈등이 발생했을 때 이해 당사자가 소통과 합의를 통해 합리적으로 이익을 조정할 수 있음을 보여 준다.
바로잡기 ①, ② 제시된 사례는 공익 또는 국가의 정책과 지역의 이익이 대화를 통해 합리적으로 조정될 수 있음을 보여 준다.
③ 국가는 다수결의 원리에 따라 정책을 결정할 수 있으나, 소수 의견도 존중하며 소통해야 한다는 제시문의 내용과 거리가 멀다.
④ 제시된 사례는 혐오 시설에 관한 국가의 정책에 지역 주민의 의견이 반영될 수 있음을 보여 준다.

07

> 사회 통합은 한 사회가 공동의 목표를 향해 조화롭게 결속된
> 상태를 의미한다. 이는 사회 갈등을 해소하여 평등하고 서로
> 신뢰하는 사회를 실현하며, 국민 개개인의 행복을 지향한다.
> └ 사회 통합은 사회적 자본을 형성함으로써 서로 신뢰하고 상생하는 사회를
>   실현하는 데 이바지한다.
> …… 사회 통합을 이루기 위해서는 (㉠)과/와 같은 제도적
> 차원의 노력과 (㉡)과/와 같은 의식적 차원의 노력이 함께
> └ 사회 윤리적 관점으로, 사회 구조와   └ 개인 윤리적 관점으로, 개인의
>   제도 및 정책의 개선에 중점을 둔다.   양심 함양과 덕목의 실천에 중점을 둔다.
> 필요하다.

㉠에는 사회 통합을 이루기 위한 제도적 차원의 노력이, ㉡에는 의식적 차원의 노력이 들어가야 한다. 제도적 차원의 노력으로는 공정한 여론 수렴 절차 마련, 법치주의 확립, 적절한 보상 대책 수립 등을 들 수 있고, 의식적 차원의 노력으로는 양보와 관용의 정신 발휘, 다양성을 인정하는 자세, 갈등을 합리적으로 조정하는 자세 등을 들 수 있다.

바로잡기 ①, ② 양보와 관용의 정신 발휘는 의식적 차원의 노력에 해당한다.
④, ⑤ 법치주의 확립은 제도적 차원의 노력에 해당한다.

08 A에 들어갈 말은 구동존이(求同存異)이고, B에 들어갈 말은 해불양수(海不讓水)이다. 구동존이와 해불양수는 사회 통합을 강조하는 의미를 지닌 사자성어이다.

바로잡기 ②, ③ 화이부동(和而不同)은 남과 화목하게 지내지만 자기의 중심과 원칙을 잃지 않음을 의미한다.
④ 상선약수(上善若水)는 노자의 주장으로, 최상의 선이란 물과 같다는 의미이다. 노자에 따르면 물은 다투지 않는 부쟁의 덕과 여러 사람이 싫어하는 낮은 곳에 처하는 겸허의 덕을 지니고 있다.

09 ㉠은 지역 갈등이다. 지역 갈등은 자기가 사는 지역의 이익이나 행복만을 추구하는 지역 이기주의로 나타나기도 한다. 지역 갈등을 해결하기 위해서는 지역 이기주의에서 벗어나기위해 노력해야 한다.

바로잡기 ② 자신이 속한 지역에 대한 차별 의식이나 특권 의식은 지역 갈등을 일으키는 요인이 된다.
③ 세대 갈등을 해결하기 위한 방안에 해당한다.
④ 지역 갈등은 지역감정으로 드러나기도 한다. 지역감정은 특정한 지역에 살고 있거나 그 지역 출신인 사람에게 다른 지역 사람이 갖는 좋지 않은 생각이나 편견을 말한다.
⑤ 종교 간 갈등을 해결하기 위한 방안에 해당한다.

10 보편적 복지는 경제적 수준에 관계없이 모든 국민에게 복지 혜택을 제공하는 것이다. 반면 선별적 복지는 저소득층, 장애인 등 도움이 필요한 국민에게 복지 혜택을 제공하는 것이다.
ㄱ, ㄹ. 보편적 복지에 따르면 부정의 대답을 할 질문이다.
ㄴ, ㄷ. 보편적 복지에 따르면 긍정의 대답을 할 질문이다.

11 ㉡에는 기본 소득 제도의 도입을 반대하는 근거가 들어가야 한다. 기본 소득 제도의 도입을 반대하는 입장에서는 이 제도가 전체 계층의 근로 의욕을 떨어뜨리며, 세금 부담 증가와 막대한 정부 지출을 초래한다고 본다.

바로잡기 ㄴ, ㄹ. 기본 소득 제도를 찬성하는 입장에서는 이 제도가 복지 사각지대 해소로 저소득층의 삶의 질을 향상시키며, 빈부 격차를 완화해 준다고 본다.

12 제시된 시는 벼가 서로 어우러져 기대고 사는 것을 통해 서로 신뢰하고 돕는 삶의 모습을 형상화하고 있다. 사회 통합을 실현하기 위해서는 구성원 간에 상호 존중하고 신뢰하는 태도가 필요하다.

바로잡기 ① 사익을 포기하고 공익만 지나치게 강조할 경우 개인의 자유와 권리가 위축될 수 있다.
② 인간은 경제적이고 합리적으로 생활해야 하지만, 제시된 시를 통해 얻을 수 있는 교훈으로 적절하지 않다.
③ 인간의 특성 중 유희적 존재에 관한 설명으로, 답변과 무관하다.
⑤ 인간의 종교적 삶에 관한 설명으로, 답변과 무관하다.

13 제시문은 원효의 주장이다. 원효는 '모든 것은 마음이 지어낸다.'는 일체유심조(一切唯心造)를 주장하였으며, '말다툼, 즉 논쟁을 조화시킨다.'는 의미의 화쟁(和諍)을 강조하였다.

바로잡기 ㄴ. 원효는 본래 하나인 마음이 진리를 다른 관점에서 보기 때문에 다양한 이론이 생긴다고 보았으며, 자기 종파와 사상만을 옳다고 고집하지 말고 좀 더 높은 차원에서 종합할 것을 강조하였다.
ㄹ. 원효는 모든 이론 및 종파의 특수성과 상대적 가치를 인정하면서도 전체로서 조화를 꾀하고자 하였다.

원효의 사상

> 여러 종파 간의 이해를 위해 소통하는 자세를 중시한 원효의 사상은 자주 출제되므로 잘 정리해 두어야 한다.
>
> • 독창적인 불교 이론 전개 : 어떤 경전을 중시하는가를 따지는 중국과 달리 종합적으로 불교 사상을 이해하고자 함
> • 화쟁 사상 : 대립·갈등하는 여러 불교 종파의 주장들을 높은 차원에서 하나로 아우르려는 사상임
> • 일심 사상 : 일심은 깨끗함과 더러움, 참과 거짓, 나와 너 등 일체의 이원적 대립을 초월하는 절대불이(絕對不二)한 것이며 인간답게 사는 길은 존재의 원천인 일심으로 돌아가는 것임

14 A는 하버마스이다. 하버마스는 의사소통을 할 때 대화 참여자가 참되고 옳고 진실하며 상대방이 이해 가능한 말을 해야 하며, 시민은 공론의 장에서 이성적 토론을 거쳐 사회적 쟁점에 대해 합의를 해야 한다고 보았다.

바로잡기 ㉠ 하버마스는 전문가 집단만이 아니라 관련된 모든 당사자들이 공론의 장에서 이성적 대화와 합리적 논의를 통해 의사 결정을 할 수 있다고 보았다.
㉣ 하버마스는 의사 결정 과정에서 효율성이 아니라 의사소통의 합리성을 최고의 기준으로 삼아야 한다고 보았다.

15 제시문은 밀의 주장이다. 밀은 인간이란 끊임없이 잘못 판단하고 잘못 행동할 수 있는 존재라는 사실, 즉 인간의 오류 가능성을 전제한 후 열린 토론의 중요성을 강조하였다. 밀에 따르면 토론에 참여하는 사람들은 자신의 오류 가능성을 인정하고 열린 자세로 토론에 임해야 한다.

바로잡기 첫 번째 관점 : 밀은 인류 가운데 단 한 사람이 다른 생각을 하는 경우에도 이를 존중해야 한다고 보았다.

세 번째 관점 : 밀에 따르면 많은 사람이 자신의 주장에는 오류가 없다는 잘못된 믿음을 지니고 있는데, 토론은 이러한 잘못된 믿음을 깨뜨리는 데 도움을 준다.

16 피사는 한쪽으로 치우쳐 공정하지 못하고 편파적인 말을, 둔사는 스스로 이론이 궁색함을 알고 회피하려고 꾸며서 하는 말을 의미한다.

바로잡기 ①, ②, ③, ④ 음사는 음란하고 방탕한 말을, 사사는 간교하게 속이는 말을 의미한다.

소통을 방해하는 그릇된 언사 만점 공략 노트

맹자는 소통을 방해하는 그릇된 언사를 다음의 네 가지로 제시한다. 갈등 해결과 소통의 윤리에 관한 동양의 관점이 출제될 수 있으므로 정리해 두어야 한다.

피사(詖辭)	한쪽으로 치우쳐 공정하지 못하고 편파적인 말
음사(淫辭)	음란하고 방탕한 말
사사(邪辭)	간교하게 속이는 말
둔사(遁辭)	스스로 이론이 궁색함을 알고 회피하려고 꾸며서 하는 말

17 그림의 강연자는 도가 사상가인 장자이다. 장자는 서로 다른 것을 그 자체로 인정하고 만물의 상호 의존 관계를 이해해야 한다고 보았다.

바로잡기 ② 인의(仁義)를 실현하기 위한 수양을 강조하는 것은 유교의 입장이다.

③ 부처의 마음인 일심(一心)으로 돌아가 조화를 추구할 것을 강조한 사상가는 원효이다.

④ 장자는 모든 분별과 차별에서 벗어나 만물을 평등하게 볼 것을 주장하였다.

⑤ 해탈을 통해 생사의 윤회에서 벗어날 것을 강조하는 것은 불교의 입장이다.

18 ㉠은 스토아학파이다. 스토아학파는 헬레니즘 시대에 제논이 창시한 학파로, 스토아(stoa)는 '주랑(긴 복도)'을 의미하는데 아테네 광장에 있던 공회당의 주랑에서 제자를 가르쳤다고 해서 붙여진 명칭이다. 스토아학파는 모든 사람을 동등한 시민으로 대우해야 한다는 세계 시민주의를 제시하였다.

바로잡기 ①, ③, ④ 고대 그리스의 대표적인 철학자이다.

⑤ 에피쿠로스가 창시한 학파로, 스토아학파와 함께 헬레니즘 시대의 대표적인 사상이다.

19 A 윤리는 담론 윤리이다. 담론 윤리는 윤리적 의사 결정과 관련하여 의사소통의 합리성 실현을 강조한다. 이때 합의를 이루어 나가는 과정과 절차를 중시하며, 의사소통 과정에서 모든 당사자들이 지켜야 할 규범을 중시한다. 또한 담론 윤리는 모두의 동의를 얻을 수 있는 규범만이 타당하다는 실천적 담론 원칙을 중시한다.

바로잡기 ④ 담론 윤리에 따르면 어느 누구도 사회적·경제적 지위 등을 이유로 담론에서 배제되지 않아야 한다.

담론 윤리 만점 공략 노트

담론 윤리의 대표적 사상가인 하버마스의 입장을 묻는 문항은 자주 출제되므로 정리해 두어야 한다.

등장 배경	행정·경제 체제의 영향력이 과도하게 강화되면서 시민의 의사를 공적 결정에 제대로 반영하지 못하는 문제가 발생함
특징	• 옳고 그름에 대한 판단의 정당성을 공적 담론에서 확보함 • 이성적으로 논의하는 능력을 가진 시민이 사회 문제 해결에 적극 참여하는 주체가 되어야 함을 강조함
이상적 담화 조건	• 이해 가능성 : 서로 이해할 수 있어야 함 • 정당성 : 사회적으로 정당한 규범에 따르며 논쟁 절차를 준수해야 함 • 진리성 : 담화 내용이 참이어야 하며, 진리에 바탕을 두어야 함 • 진실성 : 상대방을 속이려는 의도 없이 말하려는 바를 진실하게 표현해야 함

20 가상 대담의 사상가는 마르크스이다. 마르크스는 프롤레타리아 혁명을 통해 자본주의는 필연적으로 붕괴하고, 사유 재산과 계급이 소멸한 평등한 이상 사회인 공산 사회가 도래할 것이라고 주장하였다. 또한 경제적 평등을 실현하기 위해 생산 수단의 공유화를 주장하였다.

바로잡기 ㄱ. 마르크스는 분업이 인간 소외를 심화시킨다고 보았다.

21 **이렇게 쓰면 만점** (2) 볼테르가 이성으로 갈등을 해결하는 합리주의적 계몽사상을 펼쳤다는 사실을 바탕으로 『관용론』에서 강조한 관용의 미덕을 포함하여 서술하면 만점이다.

22 **이렇게 쓰면 만점** (2) 화쟁 사상이 모든 종파와 사상의 특수성과 상대적 가치를 인정하면서도 전체로서 조화하고자 했음을 포함하여 서술하면 만점이다.

23 **이렇게 쓰면 감점** (1) 소통과 담론 과정에서 필요한 윤리적 자세를 한 가지만 서술하면 감점이다.

이렇게 쓰면 만점 (2) 하버마스가 제시한 이상적 담화 조건인 이해 가능성, 정당성, 진리성, 진실성을 모두 포함하여 서술하면 만점이다.

01 ② **02** ⑤ **03** ⑤ **04** ②

01 세대 갈등의 특징 자료 분석 노트

> ┌미래의 주인공이자
> └독창적인 시각으로 우리 사회를 이끌어 갈 인재이다.
>
> 기성세대와 청년 세대 사이에는 시대 차이로 인한 가치관과 행
> ┌오늘날 우리 사회를 일구어 낸 장본인으로,
> 이들이 가진 삶의 지혜를 존중해야 한다.
> 동 양식의 차이가 존재한다. 기성세대가 살아 온 생활 환경이
> 나 역사적 경험이 청년 세대와 많이 다를수록 두 세대 사이의
> 시대 차이는 더욱 크게 벌어진다. 그런데 이러한 시대 차이를
> └세대 간의 갈등이 심화될 수 있음을 의미한다.
> 기성세대는 작게 평가하는 경향이 있고, 청년 세대는 크게 평
> 가하는 경향이 있다. …… └세대 갈등이 발생하는 원인에 해당한다.

제시문에 나타난 사회 갈등은 세대 갈등이다. 세대 갈등은 기성세대와 청년 세대가 서로의 차이를 이해하지 못하여 발생한다. 세대 갈등은 서로 다른 세대에 대한 대화와 소통의 부족이 원인이 될 수 있다. 청년 세대의 실업 증가와 같은 경제적 요인은 세대 갈등을 심화시킬 수 있다. 일자리, 노인 부양 문제 등 사회적 쟁점을 둘러싸고 세대 갈등이 발생할 수 있다. 급격한 사회 변동을 경험한 사회에서는 세대 간 경험의 차이도 커지기 때문에 세대 갈등이 더 심하게 나타날 수 있다.

바로잡기 ② 세대 갈등은 어느 사회에나 존재하는 현상이다.

02 하버마스의 담론 윤리 자료 분석 노트

> 오늘날 시민은 공적 장소에서 토론할 기회를 제대로 가질 수
> 없을 뿐만 아니라, 그러한 공적 토론이 시민에게 권장되지도
> 않는다. 시민 간의 합리적 의사소통이 없으면 건강한 민주 사
> ┌담론 윤리의   ┌담론 참여자들이 합의 결과를 수용하고
> 등장 배경에 해당한다.   그것을 의무로 받아들이기 위해 필요하다.
> 회를 유지할 수 없게 된다. 이러한 문제를 극복하기 위해서는
> 자유롭고 평등한 시민들에 의해 공적 문제에 대한 문제 제기와
> 토론이 활성화되어야 한다. 민주적 공론장에서 이성적 시민이
> └시민 사회 내부에서 작동하는 의사소통의 망을 의미한다.
> 모두 합의할 수 있는 논증의 형태로 대화에 참가하고, 그 토론
> 담론 윤리는 합의를 지향해 나가는 과정을 중시한다.
> 의 결과가 법체계에 반영된다면 현대 사회의 다양한 정치적·
> 윤리적 문제를 해결할 수 있을 것이다.

제시문은 하버마스의 주장이다. 하버마스는 담론 과정에서 이해관계자들이 자신들의 문제를 자유롭고 평등하게 의사소통할 수 있어야 한다고 보았다. 그리고 다양한 주장들이 경쟁적으로 논증을 펼치는 담론 과정을 통해 주장의 타당성이 입증되고, 결과적으로 합의를 이룰 수 있음을 강조하였다.

바로잡기 ①, ②, ③ 하버마스는 지역 주민들이 공론의 장에서 이성적 대화와 합리적 논의를 통해 해결책을 마련해야 한다고 보았다.
④ 하버마스는 담론 과정에서 담론 참여자들이 개인적인 입장이나 바람, 욕구 등을 자유롭게 표현할 수 있다고 보았다.

03 사회 통합과 공유지의 비극 자료 분석 노트

> 마을 주민 누구도 이 초원을 소유하고 있지 않았지만, 마을 주
> 민이라면 누구든지 이곳에서 자신의 양을 먹일 수 있었다. 초
> 원의 풀이 무성할 때 이 공동 소유 제도는 별 문제가 없었다.
> └공유지의 비극을 파악할 수 있는 핵심이다.
> 그러나 마을 사람들이 더 많은 이익을 얻기 위해 양의 수를 늘
> 려 나가면서 초원은 풀을 스스로 보충하는 능력을 상실하였고,
> 결국 초원은 더 이상 양을 기를 수 없는 황무지가 되고 말았다.
> └개인이 지나치게 사익을 추구하면 결과적으로 자신을 포함한
> 공동체 전부가 피해를 입게 됨을 보여 준다.

(가)는 '공유지의 비극'의 사례이다. 공유지의 비극은 사익을 지나치게 추구하면 사회 전체의 효용을 저해할 수 있음을 보여 준다. 즉 지나치게 사익을 추구하면 공동선을 훼손할 수 있다는 것이다. 이를 통해 개인의 이익이 공동선과 조화를 이룰 수 있어야 한다는 교훈을 얻을 수 있다.

바로잡기 ㄱ. 공유지의 비극은 효율성을 중시한 경제적 선택이 공동선을 훼손하여 사회 통합을 어렵게 할 수 있음을 보여 준다.
ㄴ. 공유지의 비극은 공동선을 추구할 때 개인도 자유를 누리면서 혜택을 얻을 수 있음을 보여 준다.

04 밀과 원효의 사상 자료 분석 노트

> 갑 : 의견 발표를 억압하는 것은 그 의견을 지지하거나 반대하
> 는 사람 모두에게 손해를 끼친다. 한 사람 이외에 모든 인
> 류가 동일한 의견이고 한 사람만이 반대 의견을 갖는다 해
> 도 인류에게는 그 한 사람에게 침묵을 강요할 권리가 없
> 다. ┌밀은 소수의 의견이 진리이고 다수의 의견이 오류일 수 있고 또
> 한 소수의 의견이 오류라고 해도 부분적으로는 진리일 수 있다고
> 주장하였다.
> 을 : 바람 때문에 고요한 바다에 파도가 일어나지만 파도와 고
> 요한 바다는 둘이 아니다. 우리의 일심(一心)에도 깨달음
> └원효의 화쟁 사상은 상반된 것처럼 보이는 현상이 사실은 동일한 것임
> 을 깨닫는 데서 출발한다.
> 의 경지인 진여(眞如)와 무명(無明)이 동시에 있을 수 있으
> 나 이 역시 둘이 아닌 하나이다.

갑은 밀, 을은 원효이다. 밀은 인간이란 끊임없이 잘못 판단하고 잘못 행동할 수 있는 존재, 즉 과오를 범할 수 있는 존재이기 때문에 인간의 과오 가능성을 예방하고 검증하기 위한 토론이 중요하다고 보았다. 원효는 일심 사상을 바탕으로 모든 논쟁에 대해 화해를 추구하는 화쟁 사상을 제시하였다.

바로잡기 ① 밀은 진리에 대한 모두의 합의를 이끌어 내기 위해 자유로운 토론을 주장하지는 않았다.
③ 원효는 서로 다른 종파 간의 논쟁을 조화하는 화쟁 사상을 주장했다는 점에서 자기를 중심으로 만물을 분별하는 삶을 강조했다고 보기 어렵다.
④ 원효는 일심 사상을 바탕으로 대립적인 사고를 지양하고 조화를 강조하였다.
⑤ 밀은 소수가 주장하는 내용이 부분적으로 진리를 포함하거나 참된 진리일 수 있으므로 소수의 의견을 억압하는 것이 부당하다고 보았다.

02 민족 통합의 윤리

▶ 기초를 다지는 확인 문제 ____ 260쪽

01 (1) × (2) × (3) ○ (4) ○　　**02** (1) 분단 비용 (2) 통일 편익
(3) 열린 민족주의 (4) 남남 갈등　　**03** (1) ⓒ (2) ⊙

▶ 실력을 키우는 실전 문제 ____ 261~263쪽

01 ③　　**02** ④　　**03** ④　　**04** ④　　**05** ⑤　　**06** ③
07 ①　　**08** ④　　**09** ①　　**10** ⑤　　**11** ③

12 (1) 통일 편익　(2) **예시답안** 이산가족 문제 해결, 국제 사회에서의 위상 제고, 전쟁 위험의 해소 등
13 (1) **예시답안** 남북의 다른 체제와 제도 등을 통합하는 데 드는 비용이다. (2) **예시답안** 역사적으로 정체성을 회복하고 민족 공동체를 건설하기 위해 필요하다. 평화와 인권 같은 보편적 가치를 실현하기 위해 필요하다.
14 (1) **예시답안** 서로의 다름을 인정하면서도 동질성을 모색하는 공존의 노력이 필요하다. 북한은 경계의 대상이자 동반자라는 양면성을 인식해야 한다. (2) **예시답안** 사회 문화적 교류와 협력을 도모하여 상호 신뢰를 형성해야 한다. 국제 사회와 협력하여 평화적이고 민주적인 통일 방안을 모색해야 한다.

01 ㉠에는 통일을 반대하는 입장의 근거가 들어가야 한다. 통일을 반대하는 입장에서는 남북 간 이질화와 경제적 격차의 심화, 상호 간 적대감과 불신감, 통합 과정에서의 사회적·정치적·군사적 혼란, 천문학적 통일 비용 등을 근거로 제시한다.
바로잡기 ㄱ, ㄹ. 통일을 찬성하는 입장의 근거에 해당한다.

02 ㉠은 분단 비용이다. 분단 비용은 분단이 계속되는 한 지속적으로 발생하는 비용으로, 군사비, 외교 비용과 같은 유형의 비용과 전쟁 가능성에 대한 공포, 이산가족의 고통과 같은 무형의 비용이 모두 포함된다.
바로잡기 ①, ② 분단 비용에는 유형의 비용과 무형의 비용이 있으며, 민족 구성원 모두의 손해로 이어지는 소모적인 성격의 비용이다.
③ 통일 편익으로 이어지는 투자적인 성격의 비용은 평화 비용과 통일 비용이다.
⑤ 통일 이후 제도 통합 과정에서 소요되는 비용은 통일 비용이다.

03 평화 비용은 평화를 지키고 창출하기 위한 비용으로, 한반도 전쟁 위기를 억제하거나 안보 불안을 해소하기 위해 지출된다. 평화 비용은 남북 간 신뢰를 높이고 상호 이해를 확장시켜 한반도 평화 분위기 조성에 기여한다. 또한 평화 비용은 장기적으로 분단 비용과 통일 비용을 감소시키고 통일 편익을 증진시킨다. 한편, 통일 비용은 통일 이후 남북한 체제가 통합하는 데 드는 비용으로, 남북 간 격차 해소와 동질성 회복을 위해 지출된다.
바로잡기 ④ 분단의 종식과 함께 소멸하는 소모적인 비용은 분단 비용이다. 통일 비용은 통일 편익으로 이어지는 투자적인 성격의 비용이다.

04 수집한 자료를 통해 자유, 정의 등이 보장되지 않는 북한의 인권 침해 실태를 파악할 수 있다.
바로잡기 ①, ③, ④, ⑤ 수집한 자료와 거리가 먼 주제이다.

05 갑은 북한이 자국민의 인권을 보장할 역량이 부족하다고 보기 때문에 보편적 가치인 인권을 보장하기 위한 인도적 개입이 국제 사회의 의무라고 주장할 것이다. 반면 을은 국제 관계에서 내정 불간섭이 지켜져야 한다고 본다. 즉 북한의 인권 문제를 북한 당국이 스스로 해결해야 한다는 것이다.
바로잡기 ①, ④ 을의 입장과 일치하는 내용이다.
②, ③ 제시문과 거리가 먼 내용이다.

인권 문제 개입에 대한 찬반 근거　　**만점 공략 노트**

인권 문제 개입에 대한 찬반 입장을 비교하는 문제를 해결하려면 각 입장의 근거를 파악해 두어야 한다.

찬성 근거	• 국가의 정당성은 구성원의 권리를 보호하고 존중할 경우에만 인정됨 • 주권 원칙은 인권 원칙에 종속적이어야 함 • 인권 유린을 막기 위한 인도적 개입은 국제 사회의 의무임
반대 근거	• 근대 국가는 배타적 주권을 갖고 있고, 내정 불간섭은 국제 관계의 중요한 원칙임 • 약소국에 대한 강대국의 주권 침해일 수 있음 • 국제 사회가 인정할 만한 심각한 인권 침해의 기준을 세우기 어려움

06 스포츠 대회 단일팀 구성, 남북 정상 회담, 이산가족 상봉 등은 남북한 화해와 교류·협력의 사례이다.
바로잡기 ① 국제 정의는 크게 형사적 정의와 분배적 정의를 추구함으로써 실현할 수 있다.
② 한민족 네트워크는 국내외에 거주하는 한민족의 구성원들이 지속적인 상호 작용을 통해 유대감과 정체성을 유지·발전시키고 공동의 생존과 번영을 도모하는 연결망을 의미한다.
④ 북한 이탈 주민은 북한을 탈출하여 북한 이외의 지역에 체류하고 있는 북한 주민으로, 북한에 주소와 가족 등을 두고 있다.
⑤ 동아시아의 역사 갈등에는 중국의 동북공정, 일본의 역사 교과서 왜곡, 일본군 위안부 문제 등이 있다.

07 A에는 분단 비용에 해당하는 유형적 비용의 사례가, B에는 무형적 비용의 사례가 들어가야 한다. 유형적 비용에는 군사비, 안보비, 외교 비용 등이 있고, 무형적 비용에는 이산가족의 고통, 전쟁 가능성에 대한 공포, 이념적 갈등과 대립, 국토의 불균형 발전 등이 있다.
바로잡기 ②, ③ 군사비, 안보비는 유형적 비용이므로 B에 들어갈 적절한 사례가 아니다.
④, ⑤ 이념적 대립, 전쟁 가능성에 대한 공포는 무형적 비용이므로 A에 들어갈 적절한 사례가 아니다.

08 제시된 글의 '나'는 동질성 회복을 우선하고 이후에 외형적 통일을 하는 점진적인 통일 방식을 주장하는 반면, '어떤 사람

들'은 분단 비용을 고려하여 외형적 통일을 먼저 이루자고 주장하고 있다. 따라서 '나'는 '어떤 사람들'에게 진정한 통일을 위해서는 사회 통합과 같은 남북 간의 동질성 회복이 선행되어야 함을 간과하고 있다고 말할 수 있다.

바로잡기 ① '어떤 사람들'은 분단 비용을 고려하여 외형적 통일을 앞당기자고 주장하고 있다.
② 주변국의 이해관계에 대한 '나'와 '어떤 사람들'의 입장은 알 수 없다.
③ '어떤 사람들'은 제도적 통합의 중요성을 강조하고 있다.
⑤ '어떤 사람들'은 사회적·문화적 통합보다 정치적·지리적 통합, 즉 외형적 통합을 더 중요하게 여기고 있다.

09 가상 편지는 우리 사회에 통일에 대한 무관심과 회의론이 증가하고, 통일의 당위성에 대한 논란으로 남남 갈등이 발생하고 있다는 내용이다. 이러한 갈등을 극복하고 통일을 이루기 위해서는 통일의 필요성에 대한 국민적 이해와 합의가 중요하다.

바로잡기 ②, ⑤ 가상 편지와 거리가 먼 내용이다.
③ 가상 편지는 남북 간 언어 이질화가 아니라 남남 갈등을 극복하기 위한 노력을 강조하고 있다.
④ 가상 편지는 평화로운 통일을 위해 남남 갈등을 극복해야 한다고 주장하고 있다.

10 통일 한국은 사회 구성원의 삶의 질을 향상하고 풍요로운 복지 국가, 정치적으로 자유로운 민주 국가, 우수한 전통문화를 계승하고 다양한 문화를 주체적으로 수용하여 수준 높은 문화 국가, 개방적이며 인간의 존엄성을 최고의 가치로 여기는 국가를 지향해야 한다.

바로잡기 ⑤ 집단주의 체제에 기초해 경제적 평등을 실현한 국가는 사회주의 국가의 이상향이다.

11 A는 열린 민족주의이다. 열린 민족주의는 민족의 주체성을 유지하면서 다른 민족의 문화와 삶의 양식을 포용하는 것이다.

바로잡기 ① 연대 의식은 사회 구성원 상호 간 또는 구성원과 사회 간의 상호 의존을 지탱하는 의식이다.
② 세계 시민주의는 민족이나 국가 같은 지역 공동체에 속한다는 전통적 관점에서 벗어나 인류를 세계 시민적 관점에서 보는 것이다.
④ 배타적 민족주의는 자민족의 이익과 발전을 위해 다른 민족의 희생을 당연시하는 폐쇄적이고 닫힌 민족주의이다.
⑤ 소명 의식은 어떤 특별한 목적을 위해 부름을 받았다는 의식이다.

12 **이렇게 쓰면 감점** (2) 경제 외적 편익의 구체적 사례를 한 가지만 서술하면 감점이다.

13 **이렇게 쓰면 만점** (1) 통일 비용의 의미를 명확하게 서술하면 만점이다.
이렇게 쓰면 만점 (2) 통일의 필요성을 인정하는 입장을 지지하는 근거를 포함하여 서술하면 만점이다.

14 **이렇게 쓰면 감점** (1) 개인적 차원의 노력을 서술하지 않고 국가적 차원의 노력을 서술하면 감점이다.

이렇게 쓰면 감점 (2) 국가적 차원의 노력을 서술하지 않고 개인적 차원의 노력을 서술하면 감점이다.

등급을 올리는 **고난도 문제** _____ 264~265쪽

01 ④   **02** ④   **03** ⑤   **04** ⑤

01 분단 비용, 통일 비용, 통일 편익 　　**자료 분석 노트**

(가) 분단 상태가 지속됨으로써 발생하는 경제적·경제 외적 비용의 총체
└ 민족 구성원 모두의 손해로 이어지는 비용임을 알 수 있다.
(나) 통일에 수반되는 경제적·경제 외적 비용의 총체
└ 통일 이후 남북한 체제를 통합하는 데 드는 비용으로, 통일 과정과 통일 이후에 한시적으로 발생한다.
(다) 통일로 인해 얻게 되는 경제적·비경제적 보상과 혜택
└ 통일 이후 지속적으로 발생하기 때문에 통일 비용보다 크다.

(가)는 분단 비용, (나)는 통일 비용, (다)는 통일 편익이다. 분단 비용은 남북 분단으로 인해 발생하는 소모적 지출 비용이다. 통일 비용은 통일 편익으로 이어지는 투자적 성격의 비용으로, 제도 통합 비용, 위기 관리 비용, 경제적 투자 비용 등이 있다. 통일 편익은 통일로 얻게 되는 경제적·경제 외적 보상과 혜택으로, 규모의 경제 실현, 이산가족 문제 해결, 국제 사회에서의 위상 제고 등이 있다.

바로잡기 정 : 통일 편익은 통일 이후 지속적으로 발생한다.

02 독일 통일의 교훈 　　**자료 분석 노트**

갑작스럽게 통일이 이루어진 이후, 동서독 주민들은 통일 이
└ 통일을 이루기 위해서는 체계적이고 지속적인 준비가 필요하다.
전의 상이한 체제에서 비롯된 사고방식과 정서의 차이로 심각
한 갈등을 겪었다. 서독인은 동독인을 가난하고 게으르다는
└ 독일은 통일 이후 사회적·문화적 이질감으로 내면적 통합을 이루지 못하였다.
의미인 '오씨(Ossi)'로, 동독인은 서독인을 거만하고 잘났다는
└ 동서독 주민 간 편견과 갈등을 보여 주는 용어이다.
의미인 '베씨(Wessi)'로 부르는 현상이 나타났다.

(가)는 독일이 통일 이후 동서독 주민 간 내면적·정신적 통합을 이루지 못해 어려움을 겪었음을 보여 준다. 이를 통해 남북 간에도 사회적·문화적 교류와 협력을 통해 이질감을 극복하는 노력이 중요하다는 교훈을 얻을 수 있다.

바로잡기 ① 분단 상황 극복을 위한 방법이기는 하지만 (가)와는 관련이 없다.
② (가)를 통해 외형적 통합 못지않게 내면적 통합이 중요하다는 것을 알 수 있다.
③ 군사적 방법을 통해 통일을 이루는 것은 평화를 위협하므로 바람직하지 않다.
⑤ 통일 이후 통일 편익을 증진하기 위해 노력해야 하지만 (가)와는 관련이 없다.

03 통일에 대한 입장

┌통일에 대해 적극적 접근을 하고 있다.
갑 : 통일은 민족의 문제이므로 가능한 한 빠르게 이루어야 한
다. 이렇게 함으로써 우리는 분단 비용을 해소하고 새로운
└분단으로 인해 발생하는 유·무형의 비용이다.
가치를 창출해야 한다. 또한 남북 간 교류·협력과 북한에
└통일로 얻게 되는 보상과 혜택인 통일 편익을 의미한다.
대한 인도적 지원은 남북 간 신뢰 구축과 대화를 위한 통
로이므로 북핵 문제와 분리하여 추진해야 한다.
북한의 상황과 무관하게 대북 지원을 해야 한다는 인도주의 입장이다.
을 : 통일은 국제 공조를 바탕으로 여건이 성숙할 때까지 철저
히 준비하여 이루어야 한다. 이렇게 함으로써 우리는 통일
└통일에 대해 신중한 접근을 하고 있다.
비용을 더 적게 투입해야 한다. 또한 북한에 경제적 지원
통일 이후 남북의 서로 다른 체제와 제도 등을 통합하는 데 지출되는 비용이다.
을 하는 것은 핵 개발을 돕는 결과를 초래하므로 북핵 문
제를 해결하기 전까지는 남북 간 교류와 협력을 중단해야
한다. └북한에 일정한 변화를 요구하면서 대북 지원을 해야 한다는
상호주의 입장이다.

갑은 통일에 대한 적극적 입장으로, 신속한 통일 방식을 강조
하면서 인도주의에 따른 대북 지원 방식을 지지하고 있다. 또
한 분단 비용을 해소하고 새로운 가치를 창출하기 위한 외형
적·제도적 통합을 강조하고 있다. 반면 을은 통일에 대한 소
극적(신중한) 입장으로, 점진적 통일 방식을 강조하면서 상호
주의 원칙에 따른 대북 지원 방식을 지지하고 있다. 또한 통
일 비용 절감을 위한 국제 공조와 철저한 통일 준비를 강조하
고 있다. 따라서 갑의 입장에 비해 을의 입장은 X는 높음, Y
는 높음, Z는 낮음에 해당한다.

04 공리주의 관점에서 제시하는 통일의 필요성

• 도덕적 행위의 기준은 공리의 원리이다. 행위는 다수의 행복
└'유용성의 원리'라고도 한다.
을 증대하는 정도에 비례하여 옳고, 고통을 파생시키는 정도
에 비례하여 그르다. └벤담은 최대 다수의 최대 행복을 중시하였다.
• 인간은 쾌락을 최대화하고 고통을 최소화하기 위해 행동한
다. 행위의 옳고 그름을 평가하는 유일한 기준은 행위에 의해
└벤담은 인간이 쾌락과 고통이라는 두 군주의 지배를 받는다고 주장하였다.
생겨날 쾌락과 고통의 양이다.
벤담은 모든 쾌락은 질적으로 동일하며 양적인 차이만 있다고 주장한 양적 공
리주의자이다.

갑은 공리주의 사상가인 벤담이다. 공리주의는 '최대 다수의
최대 행복'을 추구하는 사상으로 가능한 한 많은 사람에게 최
대의 이익이나 행복을 가져다주는 행위를 옳은 행위라고 본
다. 따라서 벤담의 입장에서 볼 때, 통일은 분단 상태일 때보
다 우리에게 더 큰 통일 편익을 가져오기 때문에 통일을 해야
한다.

바로잡기 ①, ②, ③ 역사적·민족적 당위성에 근거한 통일의 필요성
이다.
④ 민족의 동질성 회복을 강조한 통일의 필요성이다.

---

03 지구촌 평화의 윤리

기초를 다지는 확인 문제 ___ 270쪽

01 (1) ○ (2) × (3) ○ (4) × (5) ×   02 (1) 겸애 (2) 세계화
(3) 형사적 정의 (4) 공적 개발 원조 (5) 노직   03 (1) ㉡ (2) ㉠
(3) ㉢

실력을 키우는 실전 문제 ___ 271~275쪽

01 ⑤	02 ①	03 ①	04 ④	05 ②	06 ②
07 ④	08 ④	09 ③	10 ④	11 ⑤	12 ②
13 ③	14 ③	15 ①	16 ③	17 ②	18 ④
19 ②					

20 (1) 구성주의 (2) **예시답안** 분쟁 해결을 위해 자국과 상대국이
긍정적인 상호 작용을 해야 한다.
21 (1) A : 소극적 평화 B : 적극적 평화 (2) **예시답안** ㉠은 폭행,
구타, 테러, 전쟁 등 물리적이고 의도적인 폭력을 의미한다. ㉡은
종교, 언어, 예술 등을 통해 직접적 폭력과 구조적 폭력을 용인하
고 정당화하는 기능을 수행하는 상징적인 폭력을 의미한다.
22 (1) 갑 : 싱어 을 : 롤스 (2) **예시답안** 인권이 보장되고 민주적
의사 결정이 이루어지는 사회이다. 구성원들의 선(善)을 증진해 주
면서도 구성원들이 동의한 정의관에 의해 효율적으로 규제되는
사회이다. 사회의 기본 제도가 공정으로서의 정의의 원칙에 따라
편성·운영되는 사회이다 등

01 현실주의에 따르면 인간은 이기적인 존재이며, 국가는 자국
의 이익만을 추구하고, 평화는 힘의 균형을 통해 전쟁을 예방
또는 억지하는 것이다.
바로잡기 갑 : 이상주의 입장에 해당한다.
을 : 구성주의 입장에 해당한다.

02 (가)는 현실주의, (나)는 정의 전쟁론의 입장이다. 현실주의 입
장에서는 모든 국가가 자국의 이익을 추구하며, 이러한 국가
들로 구성된 국제 사회는 권력을 극대화하기 위해 투쟁하고
있다고 본다. 한편, 정의 전쟁론의 입장에서는 무고한 사람의
인권 보호, 부당하게 침해된 권리의 회복, 적국의 침입에 대
한 방어 등을 위한 전쟁은 정당하며, 전쟁에 대한 도덕적 제
한 조치를 수용해야 한다고 본다. 따라서 (가)의 입장에 비해
(나)의 입장은 X는 낮음, Y는 높음, Z는 높음에 해당한다.

03 (가)는 이상주의, (나)는 현실주의 입장이다. 이상주의는 인간의
본성에 대해 낙관하면서 국제법이나 국제기구, 국제 규범을
통해 평화가 가능하다고 본다. 이와 달리 현실주의는 국가 간
세력 균형을 통해 평화가 가능하다고 본다. 현실주의는 군비
경쟁을 유도할 수 있고, 다양한 행위 주체의 존재와 협력 관
계를 설명하지 못한다는 한계가 있다.
바로잡기 ① 이상주의의 낙관적 기대는 현실에서 나타나는 국가 간
경쟁이나 갈등과 괴리가 있다는 한계가 있다.

현실주의와 이상주의를 비교하는 문항은 자주 출제되므로 잘 정리해 두어야 한다.

구분	현실주의	이상주의
핵심 개념	힘, 권력	이성
갈등 원인	자국 이익 추구	잘못된 제도
갈등 해결	국가 간 세력 균형	국제 기구, 국제법, 국제 규범을 통한 제도 개선
한계	군비 경쟁 유도, 다양한 주체의 존재와 협력 관계를 설명하지 못함	현실과 낙관적 전망 사이의 괴리

04 제시문은 헌팅턴의 주장이다. 헌팅턴은 종교를 기준으로 문명을 구분하였으며, 문명 간 차이로 인해 국제 분쟁이 발생한다고 주장하였다. 또한 단층선 분쟁을 예방하기 위해 자제의 원칙, 중재의 원칙, 동질성의 원칙을 제시하였다.

　바로잡기　ㄹ. 뮐러의 입장이다. 뮐러는 국제 분쟁의 원인을 소통과 단절로 인한 불안이라고 보아 문명 간 관용, 개방과 소통을 중시하였다.

05 A는 칸트이다. 그는 국제 관계를 이상주의 입장에서 파악하여 국가는 분쟁 관계에서 도덕성을 고려해야 하며, 평화 유지를 위해 자유로운 국가들 간의 연맹에 참여해야 한다고 본다.

　바로잡기　첫 번째 입장 : 칸트는 국제 평화를 위해서는 국제법이 필요하다고 보았다.
네 번째 입장 : 현실주의 입장에 해당한다. 칸트는 국가의 이익보다 인간의 존엄성, 자유, 평등 등 보편적 가치를 우선 달성해야 한다고 보았다.

06 묵자의 겸애 사상은 자기를 사랑하듯이 남을 사랑하고, 자기 집·자기 나라를 사랑하듯이 남의 집·다른 나라를 사랑하면 천하가 태평하고 백성이 번영한다는 의미를 담고 있다.

　바로잡기　① 묵자의 주장에 해당하지만 ㉠의 내용으로 적절하지 않다. ③은 장자의 제물(齊物), ④는 유교의 인(仁), ⑤는 장자의 소요(逍遙)에 관한 설명이다.

07 적극적 평화란 물리적 폭력은 물론 문화적 폭력과 구조적 폭력과 같은 간접적 폭력까지 모두 사라진 상태를 의미한다.

　바로잡기　①, ②, ③ 평화의 소극적 의미에 관한 설명이다.
⑤ 적극적 평화는 평화의 개념을 국가 안보 차원에서 인간 안보 차원으로 넓게 규정한 것이다.

08 제시문은 갈퉁의 주장이다. 갈퉁은 직접적 폭력뿐만 아니라 간접적 폭력까지 사라진 상태인 적극적 평화를 강조하였다.

　바로잡기　① 갈퉁은 구조적 폭력을 간접적 폭력으로 설명하였다.
②, ③ 갈퉁은 소극적 평화만으로는 진정한 평화를 이루기 어려우며, 소극적 평화뿐만 아니라 적극적 평화를 실현하기 위해 노력해야 한다고 주장하였다.
⑤ 갈퉁은 적극적 평화를 실현하려면 직접적·구조적 폭력을 정당화하는 문화적 폭력까지 제거해야 한다고 보았다.

09 제시문은 국제 형사 재판소와 같은 국제기구를 통해 반인도적 범죄에 대해 정당한 제재를 가함으로써 형사적 정의를 실현해야 한다고 강조한다. 콩고 반군 지도자 루방가의 사례를 통해 국제 범죄에 대한 정당한 처벌이 중요함을 추론할 수 있다. 반인도적 범죄는 국제법상 처벌이 정당화되는 국제 범죄에 해당한다. 반인도적 범죄 행위에 대해 합당한 처벌을 내려야 한다는 내용에서 형사적 정의의 실현을 강조함을 알 수 있다. 형사적 정의는 국제 사회의 평화와 질서를 해치는 사람이나 집단을 처벌하여 행동에 제한을 가할 수 있다는 것이다. 국제 형사 재판소는 반인도적 범죄를 저지른 가해자의 처벌을 주로 담당하는 상설 국제 재판소로, 국제 사회가 반인도적 범죄에 공동으로 대응하기 위한 방안에 해당한다.

　바로잡기　③ 지구촌 분배 정의 문제의 해결을 우선하는 것은 분배적 정의의 실현과 관련 있다.

10 제시문은 왈처의 주장이다. 왈처는 무력이 정의 실현을 위한 수단이 될 수 있다고 보지만, 전쟁의 시작, 수행 과정, 종식 이후에 정당성을 확보해야 한다고 주장하였다. 개전 명분과 상관없이 전쟁을 수행하는 과정에서도 민간인 피해를 최소화하는 등 정의를 지켜야 한다는 것이다.

　바로잡기　ㄷ. 왈처는 정의 전쟁론의 관점에서 전쟁의 도덕적 정당성 여부를 판단하므로 모든 형태의 전쟁을 도덕적 판단의 대상이라고 본다.

11 세계화를 부정적으로 보는 사람들은 세계화로 인해 일부 선진국이나 다국적 기업이 자본을 독점할 수 있다고 본다. 이에 지역의 전통이나 특성을 살려 다른 지역과 차별화된 경쟁력을 갖추려는 현상이나 전략으로 지역화를 제시한다. 그러나 지역화를 지나치게 강조하면 배타성과 폐쇄성으로 인해 갈등이 발생할 수 있다. 세계화와 지역화의 절충안으로 등장한 글로컬리즘은 지역의 전통이나 특색을 소중히 여기면서도 세계화하는 것이다.

　바로잡기　⑤ 글로컬리즘은 지역의 전통과 특색을 유지하면서도 세계화하려는 것으로, 자기 지역의 이익만을 도모하려는 것이 아니다.

12 국제 사회는 분쟁의 평화적 해결을 위해 국제 사법 재판소(ICJ)와 같은 기구를 활용하여 화해와 중재를 실천하고, 분쟁 당사국은 판정 결과를 겸허히 수용하는 자세를 가져야 한다.

　바로잡기　② 국제 형사 재판소(ICC)는 국제 사회의 형사적 정의를 실현하기 위해 만들어졌지만, 반인도주의적 범죄를 자행한 가해자 개인의 처벌을 주로 담당하고 있다.

13 형사적 정의는 범죄의 가해자를 정당하게 처벌함으로써 실현되는 정의이고, 분배적 정의는 재화의 공정한 분배를 통해 실현되는 정의이다. 국제 정의는 지구촌 구성원 모두의 인간다운 삶을 위해 필요하다.

　바로잡기　㉠은 분배적 정의, ㉢은 형사적 정의에 관한 설명이다.

ⓐ 국제 정의는 반인도주의적 범죄와 빈곤 문제를 해결하기 위한 것으로, 선진국의 경제적 이익을 극대화하기 위해 필요한 것이 아니다.

14 A에는 의무의 관점에서 '예', 자선의 관점에서 '아니요'라고 대답할 질문이, B에는 자선의 관점에서 '예'라고 대답할 질문이 들어가야 한다. 자선의 관점에서는 가난한 나라나 사람들을 돕는 원조 행위는 선택의 영역이라고 본다.

바로잡기 ①, ② 의무의 관점에서 '아니요', 자선의 관점에서 '예'라고 대답할 질문이다.
④, ⑤ 자선의 관점에서 '아니요'라고 대답할 질문이다.

해외 원조에 대한 입장 만점 공략 노트

해외 원조에 대한 입장은 대표적 사상가를 중심으로 명확하게 이해해 두어야 한다.

질문	의무의 관점	자선의 관점
원조는 윤리적 의무인가?	예. 해외 원조는 인류에게 주어진 의무이기 때문이다.	아니요. 해외 원조는 개인이나 국가가 선택할 문제이기 때문이다.
원조를 하지 않는 것은 비윤리적 행위인가?	예	아니요
대표적인 사상가는 누구인가?	• 칸트(의무론) • 싱어(공리주의) • 롤스(정의 실현)	노직(자유주의)

---

15 (가)는 해외 원조에 대한 아퀴나스의 입장, (나)는 싱어의 입장, (다)는 롤스의 입장이다. 아퀴나스, 싱어, 롤스는 원조의 필요성에 대한 근거는 각기 다르지만, 원조를 해야 한다고 보는 의무의 관점을 지니고 있다는 점에서 공통적이다.

바로잡기 ② 해외 원조에 대해 자선의 관점을 지닌 사상가는 노직이다.
③ 공리주의적 관점에서 해외 원조를 의무라고 보는 것은 싱어만이므로 공통 주제로 부적절하다.
④ 형사적 정의는 범죄의 가해자를 정당하게 처벌함으로써 실현된다.
⑤ 수집 자료는 해외 원조를 의무로 여기므로 해외 원조에 대한 책임을 긍정하는 입장이다.

16 A 사상가는 롤스이다. 롤스는 원조의 목적을 불리한 여건으로 고통받는 사회를 질서 정연한 사회가 되도록 돕는 것이라고 보았다. 그에 따르면 가난한 나라일지라도 질서 정연하다면 원조를 할 필요가 없다.

바로잡기 ㄱ, ㄴ. 롤스는 차등의 원칙을 국제 사회에 적용하는 것을 반대하고, 해외 원조를 경제적 분배의 과정으로 보아서는 안 된다고 주장하였다.

17 제시문은 지구촌 시대의 구성원으로서 국가 정체성과 세계 시민 의식을 조화시켜야 한다는 내용이다.

바로잡기 ① 국가 정체성은 국민적 단합과 국가에 대한 소속 의식을 강화하는 역할을 한다.

---

③, ⑤ 제시문은 국가 정체성과 세계 시민성이 양립할 수 있으며 상호 조화를 이루어야 한다는 내용이다.
④ 제시문은 배타적 국가주의가 바람직하지 않다는 내용이다.

18 자료 분석 노트

> 싱어임을 알 수 있는 핵심어이므로 기억해 두자.
> 갑 : 이익 평등 고려의 원칙에서 보면, 고통을 덜어 주어야 할 궁극적이고 도덕적인 이유는 고통은 그 자체로 바람직하지 않기 때문이다. 인종은 이익을 고려하는 데 아무런 상관이 없다. …… 그것이 특정한 인종이 겪는 고통이라는 이유로 고려를 덜 한다면 이는 자의적인 차별이 될 것이다.
> └ 인종 차별주의에 대해 비판하는 내용이다.
> 을 : 자유 세계에서 새로운 소유물은 자발적 교환과 행위에서 발생한다. 부유한 나라가 약소국에 원조를 하지 않는다고 해서 그것을 옳지 않다고 비난할 수 없다.
> └ 노직임을 알 수 있는 핵심어 이므로 기억해 두자. └ 원조는 의무가 아닌 선택임을 주장한다.

갑은 싱어, 을은 노직이다. 노직은 개인이 사적 차원에서 자발적으로 원조를 할 수는 있지만, 이를 의무로 요구하는 것은 개인의 소유권에 대한 권리 침해라고 본다.

바로잡기 ① 싱어의 입장이 아니다.
② 싱어는 원조를 통해 얻는 이익이 비용보다 클 경우 어떤 공동체의 구성원인지에 관계없이 도움을 주어야 한다는 입장이다.
③ 노직은 원조를 자선의 관점으로 접근한다.
⑤ 싱어는 해외 원조를 도덕적 의무로 보지만, 노직은 자선의 관점으로 본다.

19 제시문은 롤스의 주장이다. 롤스는 원조가 질서 정연한 사회를 만드는 것, 즉 자유 민주주의적인 제도가 정착된 사회를 형성하는 것에 대한 의무라고 본다. 싱어는 원조가 전 인류의 행복 증진을 목적으로 해야 한다고 본다. 따라서 롤스에게 원조의 목적은 형식이 아니라 인류의 실질적 행복 증진에 있다고 비판할 수 있다. 한편, 노직은 원조가 의무가 아닌 선의를 베푸는 자선 행위라고 본다. 따라서 롤스에게 원조는 의무가 아닌 선택 사항이라고 비판할 수 있다.

바로잡기 ㄴ. 롤스는 원조 여부를 결정할 때 그 사회의 정치·문화의 성숙도를 고려한다.
ㄹ. 롤스는 원조가 정의 실현을 위한 의무임을 강조한다.

20 이렇게 쓰면 **만점** (2) 구성주의 입장에서 분쟁을 해결하는 방안을 서술할 때 '긍정적 상호 작용'이라는 핵심어를 포함하여 서술하면 만점이다.

21 이렇게 쓰면 **감점** (2) 직접적 폭력의 의미와 문화적 폭력의 의미 중 한 가지만 서술하면 감점이다.

22 이렇게 쓰면 **만점** (2) 질서 정연한 사회는 인권과 민주적 질서가 보장되고 사회의 기본 제도가 정의의 원칙에 따라 운영된다는 점을 포함하여 서술하면 만점이다.

01 문명의 충돌과 문명의 공존   자료 분석 노트

갑 : 문명의 충돌은 세계 평화의 가장 큰 위협이다. 냉전 이후
  └ 문명 간의 갈등은 미시적 차원의 '단층선 분쟁'과
    거시적 차원의 '핵심국 분쟁'으로 발생한다.
  서로 다른 문명에 속한 집단, 인접 국가, 핵심 국가들 사이
  의 갈등이 지속되고 있다. 문명의 충돌은 종교와 같은 문
  화적 신념의 차이에서 비롯된다.
  └ 헌팅턴은 세계를 서구권, 중화권, 힌두교권, 아프리카권 등의 문명 권역으
    로 나누고 이들 문명을 지지하는 기반이 거대 종교라고 분석하였다.
을 : 문명의 차이는 갈등을 심화시키는 하나의 계기에 불과하
  며 국제 갈등은 복합적 요인으로 발생한다. 문명 간에는
  공통점이 많으며 공존을 위해 타 문명을 더 많이 배워야
  └ 서로의 공통점을 확인하면서 상대에 대한 경계를 풀고
    분쟁을 막을 수 있다는 것이다.
  한다. 따라서 문명의 공존 가능성에 주목해야 한다.
    └ 뮐러는 문명의 공존을 위해 동맹을 맺고 경제적으로 협력
      하는 것, 상대에 대한 관용 등의 방법을 제시하였다.

갑은 헌팅턴, 을은 뮐러이다. 헌팅턴은 분쟁의 원인이 문명의
이질성에 있다고 보며, 동일한 문명 혹은 공통의 문화를 가진
국가들은 핵심국을 중심으로 통합되는 데 비해 서로 다른 문
명권에 속한 나라와는 분열을 반복할 것이라고 주장하였다.
반면, 뮐러는 분쟁의 원인은 소통의 단절로 인한 불안이며,
따라서 서로 이해하려는 개방적인 자세가 필요하다고 보았
다. 또한 복잡한 국제 관계를 종교를 중심으로 한 문명 간의
충돌로만 단순화시켜 이해해서는 안 된다고 주장하였다.

바로잡기 ⑤ 탈냉전 시대에 이념이나 경제 대신 종교를 중심으로 한
문명권 간의 충돌을 국제 분쟁의 주요 요인으로 본 것은 헌팅턴이다.

02 왈처의 정의 전쟁론과 칸트의 이상주의   자료 분석 노트

  ┌ 왈처는 전쟁이 도덕적 제약을 받아야 한다고 강조한다.
갑 : 전쟁이 정의롭기 위해서는 전쟁 개시, 전쟁 수행 과정, 전
  쟁 종식과 평화 정착에서 정당성을 갖추어야 한다. 비록
  개전(開戰)의 측면에서 정당화될 수 없는 전쟁일지라도 그
  수행 과정과 전후 처리는 정의로워야 한다.
을 : 항구적인 평화를 위해 모든 국가의 시민적 정치 체제는 공
  화정체(共和政體)이어야 한다. 그리고 국제법은 자유로운
  여러 국가의 연맹 체제를 기초로 해야 하며, 세계 시민법
  └ 칸트는 각국이 국제법의 적용을 받는 평화 연맹을 구성할 것을 요구한다.
  은 보편적인 우호의 조건들에 국한되어야 한다.
    이방인이 다른 나라에 갔을 때, 그곳에서 이방인이 평화적으로
    행동하는 한 적대적으로 대우받지 않을 권리이다.

갑은 정의 전쟁론을 주장한 왈처, 을은 이상주의 입장인 칸트
이다. 왈처는 정당한 방어를 목적으로 하는 전쟁은 허용될 수
있으며, 개전에서 정당화될 수 없는 전쟁을 수행하는 경우라
도 그 과정은 정의롭게 이끌어져야 한다고 주장하였다. 한편,

칸트는 국제 연맹 하에서도 개별 국가는 주권을 가져야 하며,
전쟁을 방지하고 국가 간의 영원한 평화를 이루기 위해 모든
국가는 민주적 법치 국가가 되어야 한다고 보았다.

바로잡기 ⑤ 국가 간의 세력 균형을 강조하는 것은 현실주의이다.

03 세계화에 대한 부정적 입장   자료 분석 노트

과거에 선진국들은 보호 무역을 통해 경제 성장을 이루었습니
국내 산업이 국제 경쟁력을 가질 때까지 국가가 그 산업을 보호·육성하면서 대
외 무역(수입)을 통제하는 것으로서, 주로 관세, 수출 보조금, 수입 할당제 등의
수단으로 규제한다.
다. 하지만 자국이 막강한 경쟁력을 갖추게 되자 다른 나라들
에게는 세계적 기준이나 자유 무역을 따르라고 강요합니다.
국가가 외국 무역에 아무런 제한을 가하지 않고, 보호나 장려도 하지 않는 무역이다.
…… 이러한 일은 세계화 시대에 빈번하게 일어나며 점차 심화
하고 있습니다.
  └ 세계화에 대해 부정적 입장임을 알 수 있다.

강연자는 세계화에 대해 부정적인 입장이다. 세계화의 기준이
이미 우위를 선점한 선진국에는 유리하지만, 후진국에는 불리
하기 때문에 세계화가 자본과 시장의 독점을 발생시킬 수 있다
고 본다.

바로잡기 ② 강연자는 세계화가 선진국에만 유리하다고 본다.
③, ④ 자유 무역 확대와 자유 경쟁 강화는 경제적 효율성을 증진시킬
수 있지만, 이로 인해 선진국과 후진국 간 격차는 더욱 커질 것이다.
따라서 강연자가 지지할 주장과 거리가 멀다.
⑤ 세계화에 대해 긍정적인 입장의 주장이므로 강연자가 지지할 주장
과 거리가 멀다.

04 원조에 관한 싱어와 롤스의 입장   자료 분석 노트

갑 : 자원은 한정되어 있기에 최대의 이익이 산출될 수 있는 곳
    싱어는 공리주의에 입각하여 행복의 최대화를 추구한다.
  에 사용되는 것이 적절하다. …… 인류 전체의 이익 증진
  을 위해 절대 빈곤으로 고통받는 사회의 사람들을 원조해
  야 한다. └ 싱어는 빈곤으로 고통받는 사람들을 적극적으로 도와야
      한다고 주장한다.
을 : 자원이 부족하다고 해서 질서 정연한 사회가 될 수 없는
    └ 롤스에 따르면 자원이 부족하더라도 질서 정연한 사회일 수 있고,
      질서 정연하면 원조의 대상이 아니다.
  경우는 거의 없다. 어떤 사회가 질서 정연한 사회가 되는
  결정적 요인은 자원의 수준보다는 정치 문화이다. ……
    └ 롤스는 빈곤의 문제가 물질적 자원의 부족 때문이 아니라
      정치·사회적 결함 때문이라고 본다.

갑은 싱어, 을은 롤스이다. 싱어는 원조의 목적을 인류 전체
의 행복을 증진시키는 것이라고 보는 반면, 롤스는 고통받는
사회가 질서 정연한 사회가 되도록 돕는 것이라고 보았다. 싱
어와 롤스 모두 원조를 해야 하는 이유를 자선이 아닌 의무의
관점에서 이해하였다.

바로잡기 ㄴ. 싱어와 롤스는 국가 간 경제적 평등을 추구하지 않았다.
ㄹ. 롤스는 빈곤하지만 질서 정연한 사회라면 원조를 하지 않아도 된
다고 보았다.

유형 1 ①	유형 2 ②	유형 3 ③	유형 4 ④

유형 1 하버마스의 담론 윤리 이해하기

가상 대담의 사상가는 하버마스이다. 하버마스는 사회적 행위를 조정하는 행정 및 경제 체계의 영향력이 과도해지면서 시민의 의사가 공적 결정에 올바르게 반영되지 못하고 있다고 지적하였다. 이러한 문제를 해결하기 위해서는 의사소통의 합리성을 실현해야 하며, 공정한 담론 절차를 공적 의사 결정 과정에 적용함으로써 시민의 의사를 반영한 합의 결과를 도출할 수 있다고 보았다.

선택지 분석

✗ 공론장에서 행정 및 경제 체계의 효율성을 강조해야 합니다.
→ 효율성을 강조하면 행정 및 경제 체계의 영향력이 더 강화될 수 있다.

②공론장에서 기업과 정부가 시민의 의견을 경청해야 합니다.
→ 하버마스는 시민의 의사를 공적 결정에 올바르게 반영할 것을 주장하였다.

③공정한 담론 절차를 준수한 합의의 결과를 수용해야 합니다.
→ 하버마스는 공정한 담론 절차에 의한 합의와 합의 결과에 대한 수용을 강조하였다.

④시민이 참여할 수 있는 공론장의 개방성을 유지해야 합니다.
→ 하버마스는 시민은 누구나 평등하게 담론에 참여할 수 있어야 하며, 어떤 주장이든 자유롭게 개진할 수 있어야 한다고 보았다.

⑤공론장에서 정확하고 이해 가능하며 진실한 말로 주장해야 합니다.
→ 하버마스는 의사소통의 합리성을 실현하려면 담론에 참여한 사람들이 참되고, 옳고 진실하며, 서로 이해할 수 있는 말을 해야 한다고 보았다.

유형 2 칸트의 영구 평화론 이해하기

제시문은 칸트의 주장이다. 그는 개별 국가들이 정체성을 유지하면서 상호 우호적 관계에 근거한 국제 평화를 추구하는 것이 가장 바람직하며, 국가 간 영구적인 평화를 달성하는 것은 어렵기는 하지만 인간의 노력에 의해 실현 가능한 이상이라고 주장하였다.

선택지 분석

✗ 자유 국가들 간의 연방 단계에서 세계 정부를 수립해야 한다.
→ 칸트는 자유로운 국가들 간의 연맹 체제 구축을 주장하였다.

②세계 시민법은 보편적 우호 조건을 규정하는 데 국한되어야 한다.
→ 칸트가 제시한 영구 평화를 위한 확정 조항에 해당한다. 칸트가 주장하는 세계 시민법은 개별 국가들의 보편적 우호의 추구를 목적으로 한다.

✗ 도덕적 입법의 한계를 세계 정부의 강력력으로 보완해야 한다.
→ 칸트는 자유로운 국가들 간의 연맹 체제에 기초한 국제법을 강조하였다.

✗ 세계 평화의 정착을 위해 개별 국가의 주권은 폐지되어야 한다.
→ 칸트는 영구 평화를 위해서는 국가 간 주권을 보장해야 한다고 보았다.

✗ 세계 평화는 실제로는 불가능하나 정치적 의무로 설정해야 한다.
→ 칸트는 국제 관계에 대한 이상주의 입장으로, 영구 평화의 달성이 어렵기는 하지만 실현 불가능한 것은 아니라고 보았다.

유형 3 갈퉁의 평화론 이해하기

제시문은 갈퉁의 주장이다. 그는 평화를 소극적 평화와 적극적 평화로 구분하고, 소극적 평화는 테러, 전쟁과 같은 직접적 폭력이 없는 상태를, 적극적 평화는 직접적 폭력뿐만 아니라 간접적 폭력까지 모두 사라진 상태를 말한다. 갈퉁은 적극적 평화를 강조하면

서 눈에 보이는 직접적 폭력보다 더 심각한 것은 간접적 폭력, 즉 구조적 폭력과 문화적 폭력이므로 이를 인식하고 해소해야 한다고 주장하였다.

선택지 분석

✗ 적극적 평화를 위한 직접적인 폭력 사용은 인정되어야 한다.
→ 갈퉁은 직접적 폭력이 없는 상태를 지향하였다. 즉, 폭력 사용은 어떠한 경우에도 인정되지 않는다.

✗ 직접적인 폭력의 제거가 간접적인 폭력의 제거보다 중요하다.
→ 갈퉁은 적극적 평화의 실현을 위해 직접적 폭력뿐만 아니라 간접적 폭력도 제거해야 한다고 보았다.

③빈곤, 인권 침해 등으로 인간 삶의 질이 저하되는 상태도 폭력이다.
→ 갈퉁이 주장하는 간접적 폭력에는 빈곤과 인권 침해가 포함되며, 이러한 폭력까지 제거해야 적극적 평화를 실현할 수 있다.

✗ 국제 평화 개념은 국가 간에 전쟁이 없는 상태로 국한되어야 한다.
→ 갈퉁이 주장하는 국제 평화 개념은 국가 간 전쟁이 없는 소극적 평화뿐만 아니라 적극적 평화의 상태를 의미한다.

✗ 폭력의 개념은 공인되지 않은 비합법적인 무력의 사용으로 한정된다.
→ 갈퉁이 주장하는 폭력의 개념은 공인되지 않은 비합법적인 무력뿐만 아니라 공인된 무력의 사용까지 포함한다.

유형 4 해외 원조에 대한 롤스와 싱어의 입장 비교하기

자료 분석

갑 : 공정으로서의 정의와 달리 만민법은 사회·경제적 불평등이 최소 수혜자에게 이익이 될 것을 요구하지 않는다. 모든 사회가 '질서
└ 롤스는 차등의 원칙을 국제 사회에 적용하지는 않는다.
정연한 사회'가 될 때까지 만민법에 따라 원조의 의무를 이행해야
한다. └ 빈곤 문제가 정치·사회적 제도의 결함 때문이라고 보아, 빈곤하더라도 질서 정연하다면 원조의 의무를 이행할 필요가 없다고 주장한다.

을 : 세계를 지금 이대로 내버려 둔다면 수백만 명의 사람들이 자신의
└ 세계 시민주의 관점을 보여 준다.
나라가 '질서 정연한 사회'가 되기 전에 영양실조와 가난으로 죽어 갈 것이다. 원조의 의무는 인류 전체의 공리 증진을 위해 지속되어야 한다. └ 싱어는 롤스의 입장을 비판하며, 공리주의 입장에서 해외 원조가 인류의 의무임을 강조한다.

갑은 롤스, 을은 싱어이다. 롤스는 해외 원조를 국가 간의 경계를 중시하는 국제주의적 관점에서 보고, '고통받는 사회'를 '질서 정연한 사회'로 만드는 데 원조의 목적이 있다고 주장하였다. 한편, 싱어는 해외 원조를 공리주의 관점과 세계 시민주의 관점에서 보고, 인류 전체의 고통 감소와 행복 증진에 도움을 주는 데 원조의 목적이 있다고 주장하였다. 롤스와 싱어는 모두 해외 원조를 의무로 이해한다는 점에서 공통적이다.

선택지 분석

✗ 갑 : 모든 빈곤국을 원조의 대상으로 간주해야 한다.
→ 롤스는 질서 정연한 빈곤국은 원조의 대상이 아니라고 보았다.

✗ 갑 : 원조 정책은 지구적 차등 원칙에 근거해야 한다.
→ 롤스는 자신의 차등의 원칙을 지구적 차원으로 확장해야 한다고 보지 않았다.

✗ 을 : 질서 정연한 사회의 빈민은 원조의 대상일 수 없다.
→ 롤스의 입장에 해당한다.

④을 : 원조의 의무는 국경을 초월한 세계 시민적 의무이다.
→ 싱어는 국가에 상관없이 고통받는 사람에 대한 동등한 원조가 필요하다고 보았다.

✗ 갑, 을 : 원조를 통해 모든 사회의 복지 수준을 일치시켜야 한다.
→ 평등주의적 입장으로, 롤스와 싱어의 입장에 해당하지 않는다.

01 ⑤	02 ③	03 ①	04 ⑤	05 ④	06 ④
07 ⑤	08 ③	09 ②	10 ②	11 ⑤	12 ④
13 ④	14 ①	15 ①	16 ①		

17 (1) **예시답안** 사회 내 개인이나 집단이 상호 작용을 통해 하나로 통합되는 과정이다. (2) **예시답안** 개인의 행복한 삶을 실현하기 위해 필요하다. 사회 발전과 국가 경쟁력 강화를 위해 필요하다.

18 (1) **예시답안** 분단으로 인한 대립과 갈등으로 남북한이 부담하는 유·무형의 모든 비용을 말한다. (2) **예시답안** 군사비, 안보비와 같은 유형의 비용과 전쟁 가능성에 대한 공포, 이산가족의 고통과 같은 무형의 비용이 있다.

19 **예시답안** 인도적 차원에서 이산가족의 슬픔을 해소하고, 남북한의 이질성을 극복하기 위해서이다.

20 **예시답안** 이방인이 낯선 땅에 갔을 때 그가 평화적으로 행동하는 한 적으로 간주되지 않을 권리이자 존중받을 권리이다.

01 A는 세대 갈등, B는 지역 갈등이다. 우리 사회의 대표적인 사회 갈등으로 세대 갈등, 지역 갈등, 이념 갈등 등이 있다. 세대 갈등은 어느 사회에나 존재하는 현상으로, 이를 완화하기 위해서는 세대 간 차이를 자연스럽게 받아들이고 소통하며 공감대를 형성하는 자세가 필요하다. 한편, 지역 갈등은 정부 주도로 성장 가능성이 높은 지역을 집중적으로 개발하면서 나타나게 되었다.

바로잡기 ⑤ 연고주의는 혈연, 지연, 학연을 중심으로 파벌주의를 조장함으로써 공정성과 합리성을 저해할 수 있다.

02 갑은 보편적 복지를, 을은 선별적 복지를 주장한다. 보편적 복지는 소득 수준에 관계없이 모든 사람에게 복지를 고루 제공하는 것이고, 선별적 복지는 도움이 필요한 사람에게만 한정하여 복지를 제공하는 것이다. 따라서 갑의 입장은 C, 을의 입장은 B에 해당한다.

03 사회 통합을 이루기 위해서는 사회 윤리의 기본 원리인 연대성, 공익성, 보조성을 고려해야 한다. 연대성이란 개인과 개인, 개인과 사회, 국가와 국가 간 상호 의존을 기반으로 한다는 것이다. 공익성이란 사회 구성원이 공동선을 존중해야 할 책임과 의무를 지닌다는 것이다. 마지막으로 보조성이란 개인이나 하위 단체가 제 역할을 하지 못할 때 상위 단체가 개입해 도움을 주는 보충적·응급적 조치이다. 따라서 (가)는 보조성, (나)는 공익성, (다)는 연대성에 관한 설명이다.

04 제시문은 원효의 주장이다. 원효는 일심 사상을 바탕으로 화쟁 사상을 주장하였다. 화쟁 사상은 모든 이론과 종파의 특수성과 상대적 가치를 충분히 인정하면서 전체로서 조화를 꾀하는 것이다.

바로잡기 ① 사회 갈등을 더욱 심화시키는 원인이 된다.
②, ③ 화쟁 사상은 모든 이론과 종파의 특수한 상대적 가치를 인정하

고 동시에 전체로서 조화를 추구하며, 특정한 교설이나 학설을 고집하지 않고 좀 더 높은 가치를 이끌어 내는 사상으로, 고정된 사고방식에서 나오는 차별 의식을 지양할 것을 주장한다.
④ 원효의 일심 사상은 참과 거짓, 깨끗함과 더러움 등 일체의 인위적인 대립을 초월할 것을 지향한다.

05 제시문은 하버마스의 주장이다. 하버마스는 합리적 의사소통을 위해서는 돈이나 권력에 의한 왜곡과 억압이 없어야 하며, 이상적 담화 조건으로 이해 가능성, 정당성, 진리성, 진실성을 제시하였다.

바로잡기 두 번째 관점 : 하버마스는 담론 윤리를 통해 서로를 이해하여 합의를 이루어 나가는 과정을 중시하였다.

06 ㉠에 들어갈 내용은 통일을 희망하는 적극적 입장의 근거이다.

바로잡기 ④ 남북의 경제적 격차와 막대한 통일 비용은 통일을 반대하는 입장의 근거에 해당한다.

07 ㉠은 '코리아 디스카운트'이다. 통일로 인한 안보 위협의 해소는 코리아 디스카운트를 코리아 프리미엄으로 전환시킬 것이다.

바로잡기 ① 통일 비용은 남북 통일에 소요되는 비용을 의미한다.
② 통일 편익은 통일로 얻을 수 있는 편리함과 이익을 뜻한다.
③ 규모의 경제는 생산 규모의 증가에 따라 평균 생산비가 감소하는 현상을 뜻한다.
④ 코리아 프리미엄은 한국 증시에 외국인의 투자가 늘어나고, 한국의 대외적 국가 브랜드 가치가 상승함에 따라 경제 분야에서 나타나는 한국에 대한 선호 현상을 말한다.

08 신문 칼럼에 따르면 남북한은 가족이 닮은 것처럼 닮음의 끈을 가지고 있으므로 이를 잘 연결해 나가야 한다. 이때 닮음이란 이질성이 완전히 제거된 동일성이 아니라, 차이를 인정하면서 동질성을 추구하는 것이다.

바로잡기 ① 신문 칼럼은 남북 간 이질성의 온전한 제거가 아니라 차이가 있는 닮음을 강조한다.
② 신문 칼럼의 제목으로 적절하지 않다. 남남 갈등은 남북 관계를 둘러싼 남한 내에서의 이념적 갈등을 의미한다.
④ 정치적 통합이 비정치적 분야의 교류와 협력보다 선행할 경우 남북 주민 간 내면적 통합이 이루어지지 않을 수 있다.
⑤ 통일을 위해 우호적인 통일 환경을 조성해야 하지만, 신문 칼럼의 제목으로 적절하지 않다.

09 분단 비용은 분단으로 인해 남북한이 부담하는 유·무형의 모든 비용으로, 통일이 되면 소멸하는 비용이자 민족 구성원 모두의 손해로 이어지는 소모적 성격의 비용이다.

바로잡기 ① 할슈타인 원칙은 동독 정부를 승인한 나라와는 외교 관계를 맺지 않겠다는 서독의 외교 정책으로, 이로 인해 서독과 동독 간에 대결 국면이 조성되었다.
③ 통일 편익은 통일로 얻게 되는 보상과 혜택을 의미한다.
④는 비경제적 편익의 사례, ⑤는 경제적 편익의 사례에 해당한다.

10 갑은 현실주의 입장인 모겐소, 을은 구성주의 입장인 웬트, 병은 이상주의 입장인 칸트이다. 웬트에 따르면 자국과 상대국이 적, 친구, 경쟁자 중 어떤 관계인지에 따라 국익이 좌우된다.

바로잡기 ①, ⑤는 이상주의 입장. ③은 현실주의 입장에 해당한다. ④ 칸트에 따르면 분쟁 관계에서 국가는 도덕성을 고려해야 하며, 국가의 이익보다 보편적인 가치를 우선하여 달성해야 한다.

11 갑은 적극적 평화를, 을은 소극적 평화를 강조하는 입장이다. 을은 문화적 폭력과 구조적 폭력과 같은 간접적 폭력을 고려하지 않고 있으므로, 갑은 을에게 간접적 폭력을 간과하고 있다고 비판할 수 있다.

바로잡기 ㄱ. 을은 간접적 폭력을 간과하고 있지만, 물리적 폭력의 제거가 중요함은 강조하고 있다.
ㄴ. 을은 문화적 폭력과 구조적 폭력을 간과하고 있지만, 전쟁이나 테러와 같이 직접적 폭력의 종류가 다양함은 강조하고 있다.

12 제시문은 싱어의 주장이다. 그는 이익 평등 고려의 원칙에 따라 모든 인간의 고통을 동등하게 고려해야 한다고 주장하였다.

바로잡기 ① 싱어는 국가와 개인 모두 원조의 의무가 있다고 보았다.
② 싱어는 원조가 개인의 선택 문제가 아니라 의무라고 보았다.
③ 싱어는 자국민이나 다른 나라 사람들을 구분하지 말고 동등하게 대해야 한다고 보았다.
⑤ 싱어는 인간 개개인의 복지 증진을 위해 해외 원조를 강조하였다.

13 제시문은 세계화로 해외 자본의 유치가 중요해지면서 개별 국가들이 노동자의 이익보다 기업의 이익을 우선하고 있다는 내용이다. 따라서 계층 간 소득 양극화가 심화될 것이다.

바로잡기 ① 세계화로 인해 국가 간 경계 개념이 약화될 것이다.
② 세계화로 인해 국가 간 정부 정책은 임금, 환경 기준 등을 낮은 수준으로 유지하려는 유사성을 보일 것이다.
③, ⑤ 해외 자본 유치에 우호적인 기업 환경을 조성하기 위해 정부의 규제가 약화되고, 노동자의 이익을 억제함으로써 노동자의 삶의 질은 악화될 것이다.

14 갑은 싱어, 을은 노직, 병은 롤스이다. 싱어는 원조가 전 인류의 행복 증진을 목적으로 해야 한다고 보았다. 노직은 정당하게 취득한 재산에 대한 배타적 소유권을 강조하며, 원조는 개인의 자율적 선택이라고 보았다. 롤스는 원조를 개인에 대한 의무가 아니라 '고통받는 사회'에 대한 의무로 보았다. 따라서 원조의 의무를 실행하기 위한 과세는 강제 노동과 같다는 입장은 노직에게만 해당된다.

바로잡기 ㄷ. 롤스는 빈곤의 문제가 물질적 자원의 부족 때문이 아니라 정치·사회적 제도의 결함 때문에 생겨난다고 보았으며, 국제적 차원의 부의 재분배를 반대하였다.
ㄹ. 싱어는 원조의 목표를 국가의 경계를 뛰어 넘는 인류 전체의 행복 증진으로 보았고, 롤스는 원조의 목표를 '고통받는 사회'를 '질서 정연한 사회'로 만드는 것이라고 보았다.

15 제시문은 빈곤 문제가 열악한 제도, 미숙한 정부, 부패 정치 등 구조적인 문제와 연결되어 있기 때문에 단순히 물질적 원조만을 통해 해결되기 어렵다고 본다.

바로잡기 ㄱ. 제시문은 빈곤 문제가 단순히 자원이 부족하기 때문에 발생하는 것이 아니라고 본다.
ㄹ. 제시문은 물질적 원조가 오히려 원조 수혜국의 빈곤 상황을 악화시킬 수 있다고 본다. 따라서 물질적 원조와 원조 수혜국의 경제 성장률이 비례 관계에 있다고 보기 어렵다.

16 (가)는 국가 정체성의 확립과 자국의 이익 추구를 강조하는 입장이고, (나)는 인류 공동체의 가치를 바탕으로 세계 시민 의식을 강조하는 입장이다. 따라서 (가)의 입장에 비해 (나)의 입장은 X는 낮음, Y는 높음, Z는 높음에 해당한다.

17 **이렇게 쓰면 만점** (1) 사회 통합이 사회가 하나로 통합되고 결속되는 상태임을 포함해 서술하면 만점이다.
이렇게 쓰면 감점 (2) 사회 통합의 필요성을 한 가지만 서술하면 감점이다.

18 **이렇게 쓰면 만점** (1) 분단 비용이 남북 분단에 따른 대립과 갈등으로 발생하는 비용임을 포함해 서술하면 만점이다.
이렇게 쓰면 감점 (2) 분단 비용이 아닌 통일 비용이나 통일 편익의 예를 서술하면 감점이다.

19 **이렇게 쓰면 만점** 남북한이 교류하는 이유를 이산가족의 고통 해소, 이질성 극복, 동질성 회복 등의 내용을 포함해 서술하면 만점이다.

20 **이렇게 쓰면 만점** 환대의 권리란 이방인이 다른 나라에 갔을 때 적대적으로 대우받지 않을 권리라는 내용을 포함해 서술하면 만점이다.

짝짝짝!
수고하셨습니다.

NEW 내신 잡는 필수 개념서
올리드
Allead

학습하다가 이해되지 않는 부분이나
정오표 등의 궁금한 사항이 있나요?
미래엔 홈페이지에서 해결해 드립니다.
www.mirae-n.com

교재 내용 문의
나의 문의내역 | 수학 과외쌤
자주하는 질문 | 기타 문의

교재 정답 및 정오표
정답과 해설 | 정오표

교재 학습 자료
문제 자료 | MP3 | 실험컷 | 도표

실전서

기출 분석 문제집

1등급 만들기

완벽한 기출 문제 분석으로 시험에
대비하는 1등급 문제집

국어	문학, 독서
수학	고등 수학(상), 고등 수학(하), 수학 I, 수학 II, 확률과 통계, 미적분, 기하
사회	통합사회, 한국사, 한국지리, 세계지리, 생활과 윤리, 윤리와 사상, 사회·문화, 정치와 법, 경제, 세계사, 동아시아사
과학	통합과학, 물리학 I, 화학 I, 생명과학 I, 지구과학 I, 물리학 II, 화학 II, 생명과학 II, 지구과학 II

실력 상승 실전서

파사쥬

대표 유형과 실전 문제로
내신과 수능을 동시에 대비하는
실력 상승 실전서

국어	국어, 문학, 독서
영어	기본영어, 유형구문, 유형독해, 25회 듣기 기본 모의고사, 20회 듣기 모의고사
수학	고등 수학(상), 고등 수학(하), 수학 I, 수학 II, 확률과 통계, 미적분

수능 완성 실전서

수능 주도권

핵심 전략으로 수능의 기선을
제압하는 수능 완성 실전서

국어영역	문학, 독서, 화법과 작문, 언어와 매체
영어영역	독해편, 듣기편
수학영역	수학 I, 수학 II, 확률과 통계, 미적분

수능 기출서

수능 기출 문제집

N기출

수능N 기출이 답이다!

국어영역	공통과목_문학, 공통과목_독서, 공통과목_화법과 작문, 공통과목_언어와 매체
영어영역	고난도 독해 LEVEL 1, 고난도 독해 LEVEL 2, 고난도 독해 LEVEL 3
수학영역	공통과목_수학 I+수학 II 3점 집중, 공통과목_수학 I+수학 II 4점 집중, 선택과목_확률과 통계 3점/4점 집중, 선택과목_미적분 3점/4점 집중, 선택과목_기하 3점/4점 집중

N기출 모의고사

수능의 답을 찾는 우수 문항 기출 모의고사

수학영역	공통과목_수학 I + 수학 II, 선택과목_확률과 통계, 선택과목_미적분

미래엔 교과서 연계

자습서

미래엔 교과서 자습서

교과서 예습 복습과 학교 시험 대비까지
한 권으로 완성하는 자율 학습서

국어	고등 국어(상), 고등 국어(하), 문학, 독서, 언어와 매체, 화법과 작문, 실용 국어
수학	고등 수학, 수학 I, 수학 II, 확률과 통계, 미적분, 기하
사회	통합사회, 한국사
과학	통합과학(과학탐구실험)
일본어 I, 중국어 I, 한문 I	

평가 문제집

미래엔 교과서 평가 문제집

학교 시험에서 자신 있게
1등급의 문을 여는 실전 유형서

국어	고등 국어(상), 고등 국어(하), 문학, 독서, 언어와 매체
사회	통합사회, 한국사
과학	통합과학

기출 분석 문제집

1등급 만들기 로 1등급 실력 예약!

● **개념 핵심 잡기** 시험 출제 원리를 꿰뚫는 개념의 핵심을 잡는다.

● **1등급 도전하기** 선별한 고빈출 기출 문제로 1등급에 도전한다.

● **1등급 완성하기** 응용 및 고난도 문제로 1등급 노하우를 터득한다.

완벽한 기출 문제 분석,
완벽한 시험 대비!

국어 문학, 독서

수학 고등 수학(상), 고등 수학(하), 수학Ⅰ, 수학Ⅱ, 확률과 통계, 미적분, 기하

사회 통합사회, 한국사, 한국지리, 세계지리, 생활과 윤리, 윤리와 사상,
　　　사회·문화, 정치와 법, 경제, 세계사, 동아시아사

과학 통합과학, 물리학Ⅰ, 화학Ⅰ, 생명과학Ⅰ, 지구과학Ⅰ,
　　　물리학Ⅱ, 화학Ⅱ, 생명과학Ⅱ, 지구과학Ⅱ

구성보기

문학　　수학Ⅰ　　한국지리　　물리학Ⅰ